Über dieses Buch

Es ist kein Geheimnis mehr, daß der Mensch dabei ist, seine Umwelt auch für sich selbst endgültig zu zerstören (»Waldsterben«, »Treibhauseffekt«, »Ozonloch«). Daher mehren sich die Versuche, den schädlichen Wirkungen Einhalt zu gebieten (»Umweltschutz«).
Um die Umwelt retten zu können, muß man wissen, wie sie beschaffen ist. Die Ökologie versucht, sie zu beschreiben.
Die Ökologie (»Haushaltslehre«) wurde von dem Biologen Ernst Haeckel (1834–1919) als Teilgebiet der Biologie 1866 eingeführt und als »Wissenschaft von den Beziehungen des Organismus zur umgebenden Außenwelt« beschrieben. Inzwischen hat sich daraus eine zwischen Biologie, Geographie und Soziologie angesiedelte und diese Fächer verknüpfende eigene Disziplin entwikkelt. Untersucht werden die Wechselwirkungen von Pflanzen, Tieren und Menschen mit ihrer anorganischen Umwelt und auch untereinander, sowohl als Einzelwesen wie auch als Art oder Lebensgemeinschaft (»Biotop«, »Ökosystem«).
Der ›dtv-Atlas zur Ökologie‹ bringt eine geordnete Übersicht über die Gegenstände dieses Gebiets und die Methoden ihrer Untersuchung. Das bewährte dtv-Atlas-System, der Aufbau aus Tafel-Text-Einheiten, aus jeweils zusammengehörigen zwei Seiten, einer Farbtafel und einer gegenüberliegenden, ausführlichen Textseite, hat sich auch für die Darstellung der Ökologie bewährt.

Der ›dtv-Atlas zur Ökologie‹ ist Einführung und Nachschlagewerk für Schüler und Studenten besonders der Biologie und Geographie und auch ein Grundlagenwerk sowie Fakten- und Beispielsammlung für jeden am Schutz unserer Umwelt interessierten Menschen.

Bisher sind in dieser Reihe erschienen:

dtv-Atlas der Anatomie, 3 Bände, 3017, 3018, 3019
dtv-Atlas zur Astronomie, 3006
dtv-Atlas zur Atomphysik, 3009
dtv-Atlas zur Baukunst, 2 Bände, 3020, 3021
dtv-Atlas zur Biologie, 3 Bände, 3221, 3222, 3223
dtv-Atlas zur Chemie, 2 Bände, 3217, 3218
dtv-Atlas zur deutschen Literatur, 3219
dtv-Atlas zur deutschen Sprache, 3025
dtv-Atlas zur Mathematik, 2 Bände, 3007, 3008
dtv-Atlas zur Musik, 2 Bände, 3022, 3023
dtv-Atlas zur Ökologie, 3228
dtv-Atlas zur Physik, 2 Bände, 3226, 3227
dtv-Atlas der Physiologie, 3182
dtv-Atlas zur Psychologie, 2 Bände, 3224, 3225
dtv-Atlas zur Weltgeschichte, 2 Bände, 3001, 3002

Weitere dtv-Atlanten sind in Vorbereitung

Dieter Heinrich/Manfred Hergt:

dtv-Atlas zur Ökologie
Tafeln und Texte

Mit 122 farbigen Abbildungsseiten
Graphiker: Rudolf und Rosemarie Fahnert

Deutscher
Taschenbuch
Verlag

Originalausgabe
November 1990

Umschlaggestaltung: Celestino Piatti
Gesamtherstellung: Appl, Wemding
Offsetreproduktionen: Peter Wirth, Bielefeld
Printed in Germany · ISBN 3-423-03228-6

Vorwort

Die dringende Notwendigkeit, über Ökologie Bescheid zu wissen, ist spätestens seit den Veröffentlichungen des *Club of Rome (1970)* allgemein anerkannt. Die rasante Zunahme der Umweltprobleme in den letzten Jahrzehnten zeigt die Richtigkeit der damaligen Befürchtungen.
Dieses Buch versucht, die Grundlagen der Ökologie *(Allgemeine Ökologie)* darzustellen und sie durch Beispiele und Fallstudien *(Spezielle Ökologie)* zu verdeutlichen.
Folgende Konzeptlinien wurden dabei verfolgt,

für die Grundlagen:

- von der globalen Übersicht zur lokalen Betrachtungsweise;
- von physikalisch-chemischen Gesetzmäßigkeiten zu ihrer Bedeutung in biologischen Prozessen;

für die Fallstudien:

- von den Elementen ökologischer Prozesse zur punktuellen Analyse;
- von der lokal-regionalen Betrachtungsweise in den ökologischen Zonen zu globalen Problemen;

in den anthropogenen Einwirkungen und Folgen:

- von den elementaren ökologischen Problemen zu Lösungsansätzen, die nicht als »fertige Lösungen« verstanden sein wollen.

Einige Probleme sind wegen ihrer Komplexität, ihrer Bedeutung und neuen Eigenständigkeit als regionale oder globale Problemkreise gesondert bearbeitet worden.

Das Verständnis der Zusammenhänge sollte dringend Einfluß auf das Verhalten der Menschen bzw. Gesellschaften/Nationen nehmen.
Dabei bleibt die Frage, inwieweit individuelle Verantwortlichkeit gesteigert werden kann, damit ökologisch sinnvolles kollektives Verhalten resultiert.
Können wir uns ernsthaft für die Generationen nach uns - außerhalb unseres Verwandten- und Bekanntenkreises - verantwortlich fühlen?
Ist uns in den letzten Jahrzehnten wichtiges Verhalten früherer Generationen verloren gegangen (z. B. Vorsorgeverhalten für die Umwelt, Ernährung usw.)?
Wird unser Problembewußtsein durch Wohlstand verdrängt?
Können wir die speziellen Erkenntnisse der vielen Teilwissenschaften noch in einem widerspruchsfreien Gesamtbild sehen?

Unser Dank gilt dem Deutschen Taschenbuch Verlag, der das von uns konzipierte Buch ermöglichte, Winfried Groth, der uns als Lektor hilfreich und konstruktiv begleitete, Werner Hilgemann für ermunternde Unterstützung, Rosemarie und Rudolf Fahnert, die die Tafelseiten mit Sorgfalt graphisch und kartographisch gestalteten; aber auch unseren geduldigen Frauen und Kindern.

Bielefeld, den 21. Februar 1990 — Die Verfasser

Inhalt

Abkürzungs- und Symbolverzeichnis

Abkürzungen

ΔH	Aktivierungsenergie
∅	Durchmesser; Durchschnitt
Abb.	Abbildung
abs.	absolut
allg.	allgemein
bed.	bedeutend
Ber.	Bericht
bes.	besonders, besondere
best.	bestimmt
Bev.	Bevölkerung
Bez.	Bezeichnung
BR Dtl.	Bundesrepublik Deutschland
BSP	Bruttosozialprodukt
Def.	Definition
dt.	deutsch
ed.	editor (Herausgeber)
Einf.	Einführung
Ew.	Einwohner
geogr.	geographisch
ges.	gesamt
geschl.	geschlechtlich
Gl.	Gleichung
Hdb.	Handbuch
i. e. S.	im eigentlichen Sinne
industr.	industriell
Inst.	Institut
IR	Infrarot
Jh.	Jahrhundert
kin.	kinetisch
Koeff.	Koeffizient
konst.	konstant
KW	Kohlenwasserstoffe
lab.	labil
Lb.	Lehrbuch
lin.	linear
LNF	landwirtschaftliche Nutzfläche
max.	maximal
mech.	mechanisch
MG	Molekulargewicht
min.	minimal
mind.	mindestens
Mio.	Million
mod.	modern
Mrd.	Milliarde
n	Neutron
naturwiss.	naturwissenschaftlich
NPP	Nettoprimärproduktion
p	Proton
P.	Produzenten
PCB	polychlorierte Biphenyle
prim.	primär
PS I	Photosystem I
PS II	Photosystem II
rel.	relativ
s. (s. a.)	siehe (siehe auch)
S.	Seite
sek.	sekundär
sog.	sogenannt
spec.	species
spez.	speziell
strukt.	strukturell
symm.	symmetrisch
Temp.	Temperatur
UNEP	United Nations Environment Program
UV	ultraviolette Strahlung
UWS	Umweltschutz
veg.	vegetativ
versch.	verschieden
Vol.	Volumen
WHO	World Health Organisation
wiss.	wissenschaftlich
zus.	zusammen
zw.	zwischen
%	Teile pro 100
‰	Teile pro 1000
ppm	Teile pro Million
ppb	Teile pro Billion

Chemische Symbole und Verbindungsformeln

Al	Aluminium
Al^{3+}	Aluminium-Ion
Al_2O_3	Aluminiumoxid
As	Arsen
ATP	Adenosintriphosphat
B	Bor
C	Kohlenstoff
C^{14}	radioaktives Kohlenstoffisotop
$C_6H_{12}O_6$	Hexose (Zucker)
Ca	Calcium
Ca^{2+}	Calcium-Ion
$CaCO_3$	Calciumcarbonat
CaF_2	Calciumfluorid
CaO	Calciumoxid
$CaSO_4$	Calciumsulfat, Gips
CCl_2F_2	Dichlordifluormethan, F-12
CCl_3F	Trichlorfluormethan, F-11
CCl_4	Tetrachlormethan, Tetrachlorkohlenstoff
Cd	Cadmium
CH_4	Methan
CKW	Chlorkohlenwasserstoffe
Cl	Chlor
Cl^-	Chlorid-Ion
Co	Cobalt
CO	Kohlenmonoxid
CO_2	Kohlendioxid
CO_3^{2-}	Carbonat-Ion

Cr	Chrom
Cs	Cäsium
CTP	Cytosintriphosphat
Cu	Kupfer
DDT	Dichlordiphenyltrichlorethan
DNA, DNS	Desoxyribonukleinsäure
F	Fluor
FAD	Flavin-Adenin-Dinucleotid (Wasserstoffakzeptor)
FCKW	Fluor-Chlor-Kohlenwasserstoffe
Fe	Eisen
Fe^{2+}	zweiwertiges Eisen-Ion
Fe^{3+}	dreiwertiges Eisen-Ion
FeO	Eisen-(II)-oxid
Fe_2O_3	Eisen-(III)-oxid
$Fe_3(PO_4)_2$	Eisen-(II)-phosphat
GTP	Guanosintriphosphat
H, H_2	Wasserstoff
H^+	Wasserstoff-Ion
HCl	Chlorwasserstoff, Salzsäure
H_2CO_3	Kohlensäure
HCO_3^-	Hydrogencarbonat-Ion
HF	Fluorwasserstoff
HNO_2	Salpetrige Säure
HNO_3	Salpetersäure
H_2O, HOH	Wasser
H_3O^+	Hydronium
H_2S	Schwefelwasserstoff
H_2SO_3	Schweflige Säure
H_2SO_4	Schwefelsäure
He	Helium
Hg	Quecksilber
I	Jod
K	Kalium
KW	Kohlenwasserstoffe
Li	Lithium
Mg	Magnesium
Mg^{2+}	Magnesium-Ion
$MgCO_3$	Magnesiumcarbonat
$MgSO_4$	Magnesiumsulfat, Bittersalz
Mn	Mangan
Mo	Molybdän
NAD^+	Nicotinamid-Adenin-Dinucleotid (Wasserstoffakzeptor)
NADH	Nicotinamid-Adenin-Dinucleotid-Wasserstoff (Wasserstoffdonator)
N, N_2	Stickstoff
NH_3	Ammoniak
NH_4^+	Ammonium
NO_2^-	Nitrit
NO_3^-	Nitrat
NO_x	Stickoxide
N_2O	Distickstoffoxid, Lachgas
NO	Stickstoffmonoxid
NO_2	Stickstoffdioxid
Na	Natrium
Na^+	Natrium-Ion
NaCl	Natriumchlorid, Kochsalz
Na_2CO_3	Natriumcarbonat
Ni	Nickel
O, O_2	Sauerstoff
O_3	Ozon
OH^-	Hydroxyl-Ion
P	Phosphor
Pa	Palladium
Pb	Blei
PCB	polychlorierte Biphenyle
PO_4^{3-}	Phosphat-Ion
Pu	Plutonium
PVC	Polyvinylchlorid
Rn	Radon
RNA, RNS	Ribonukleinsäure
S	Schwefel
SCN^-	Rhodanid-Ion, Thiocyanat-Ion
SO_2	Schwefeldioxid
S^{2-}	Sulfid-Ion
SO_4^{2-}	Sulfat
Si	Silicium
SiO_2	Siliciumdioxid
Sr	Strontium
Th	Thorium
Ti	Titan
U	Uran
UTP	Uridintriphosphat
V	Vanadium
Xe	Xenon
Zn	Zink

Einheiten

Basiseinheiten (SI-Einheiten)

m	Meter
kg	Kilogramm
s	Sekunde
A	Ampere
K	Kelvin
mol	Mol

Weitere Einheiten

a	Ar
a	Jahr
°C	Grad Celsius
cd	Candela
d	Tag
dB	Dezibel
g	Gramm
h	Stunde
ha	Hektar
Hz	Hertz
J	Joule
km	Kilometer
l	Liter
lx	Lux
Ly	Langley
min	Minute
N	Newton
Pa	Pascal
V	Volt
W	Watt

Vorsätze für Maßeinheiten

Tera	T	10^{12}
Giga	G	10^{9}
Mega	M	10^{6}
Kilo	k	10^{3}
Dezi	d	10^{-1}
Zenti	c	10^{-2}
Milli	m	10^{-3}
Mikro	µ	10^{-6}
Nano	n	10^{-9}
Piko	p	10^{-12}

Umrechnung früher verwendeter Einheiten

1 Ångström (Å) = 10^{-10}m
1 Physikal. Atmosphäre (atm) = 1,013 10^5Pa
1 Kilopond (kp) = 9,81 N
1 Millibar (mbar) = 100 Pa
1 Torr (Torr) = 133,3 Pa
1 Erg (erg) = 10^{-7}J
1 Kalorie (cal) = 4,1868 J
1 m/sec = 1 m s^{-1}

Katastrophen

Natur- und Zivilisationskatastrophen

1500 v. C. **Vulkanausbruch** *Santorin*

79 n. C. **Vulkanausbruch** *Vesuv*

1788–1985 **Quecksilber-Immissionen** der *Chemiefabrik Marktredwitz;* öffentl. Sanierungskosten: 70–100 Mio. DM; Geldstrafen: 10500–100000 DM

1883 (27. 8.) **Vulkanausbruch** *Krakatau;* 36000 Menschen ertranken auf den Sundainseln, v. a. Sumatra

1902 (8. 2.) **Vulkanausbruch** *Martinique;* 26000 Tote in Saint Pierre

1906 (18. 4.) **Erdbeben** *San Francisco,* mehrere Tausend Tote

1908 (28. 12.) **Erdbeben** *Messina;* ca. 100000 Tote

1915 (13. 1.) **Erdbeben** *Rom/Abruzzen;* 29500 Tote

1928 (20. 5.) **Giftgasunglück** *Chemiefabrik Stoltzenberg* durch **Phosgen;** 150 Vergiftete, 10 Tote

1931 (1. 4.) **Erdbeben** *Managua;* Zerstörung der Stadt, 2000 Tote
(12. 11.) **Smogalarm** *Maastal (Belgien);* mehrere Opfer durch **Schwefelhydride**

1935 (26. 7.) **Hochwasser** *Jangtsekiang* 200000 Tote

1937 (31.1.) **Überschwemmung** *Kentucky (USA);* 700 Tote, 500 Mio. $ Schaden

1938–68 **Quecksilbereinleitungen** in die *Minimata-Bucht, Japan;* 1953 erste Erkrankungen, 300 Todesopfer bis 1970

1939 (seit) **DDT-Einsatz**

1944 (seit) **PCB-Anwendung;** 1966 in der Umwelt nachgewiesen, 1969 in 12000 angeschwemmten toten Seetieren
(1944) **2,4,5-T (Agent Orange)** erfunden, immer durch die **Ultragifte PCDD** (polychlorierte Dibenzodioxine) und **PCDF** (Dibenzofurane) verunreinigt

1947 (16. 4.) **Nitratexplosion** *Texas City;* Frachter mit Nitratladung explodiert, 550 Tote, 300 Verletzte, 35 Mio. $ Schaden

1951 **Uranstaubverseuchung** *Ohio;* Fernald-Werk gibt mit Wissen des Energieministeriums 200 t radioaktiven Uranstaub an Umwelt ab

1953 (1. 2.) **Sturmflut** *Holland;* 1487 Tote, 1 Mio. Evakuierte

1957 (Okt.) **Reaktorunglück** *Windscale;* Erzeugung von Pu und Po-210 für Atomwaffen; Unglück forderte 35 Tote, 30 Jahre Geheimhaltung

1958 schweres **Unglück mit radioaktivem Material** *Ural;* Verseuchung der Umwelt mindestens 100 km im Umkreis

1962 (17. 2.) **Flutkatastrophe** *Hamburg;* 312 Tote, 873 Mio. DM Schaden

1965–71 Einsatz des **Entlaubungsmittels Agent Orange** *Vietnamkrieg;* 170 kg Dioxin fordern ca. 1000 Tote, 13000 Stück Vieh; mind. 100 Jahre Regenerationszeit der Natur und Felder

1966 (17. 1.) **radioaktive Verseuchung** *Palomares;* B52-Bomber stürzt mit Kernwaffen ins Meer
(20. 2.) **Ölkatastrophe** *Nordsee;* 16800 t Öl fließen aus der *Anne Mildred Brovig* in die Nordsee
(2. 10.) **Wirbelstürme** *Ostpakistan, Karibik;* 3000 Tote bzw. 2200 Tote
(4. 11.) **Hochwasser** *Italien, Österreich;* 150 Tote

1967 (18. 3.) **Ölkatastrophe** *Scilly-Inseln;* 120000 t Rohöl fließen aus der *Torrey Canyon*
(25./26. 11.) **Überschwemmung** *Lissabon;* 316 Tote

1968 **Ozonloch** zum ersten Male erkennbar, 1977 nachgewiesen
(11. 1.) **Kältewelle** *USA;* –35 °C, 76 Tote
(1. 9.) **Erdbeben** *Iran;* 10000 Tote

1969 (20. 8.) **Hurrikan** Camille, *USA;* 196 Tote
(22. 10.) **Überschwemmung** *Tunesien;* 40 Tote
(27. 10.) **Erdbeben** *Banja Luka;* die Stadt wird zerstört

1970 (28. 3.) **Erdbeben** *Türkei;* 2000 Tote
(25. 5.) **Hochwasser** *Banat (Rumänien);* 200 Tote
(11. 9.) **Wirbelsturm** *Adria;* 41 Tote
(13. 11.) **Sturmflut** *Pakistan;* 300000 Tote durch Flutwelle, Cholera und Typhus

1971 (Juli) **geplante Meeresverschmutzung** *Nordsee; Stella Maris,* soll chlorierte KW verklappen, nach Protesten kehrt Frachter nach Rotterdam zurück

1973 (23. 1.) **Vulkanausbruch** *Heimaey (Island);* Evakuierung der Bevölkerung
Dürrekatastrophe *Sahel;* Tausende von Toten

1975 (1. 4.) **Ozonloch;** Zusammenhang mit Treibgasen erkannt

1976 (3. 1.) **Sturmflut** *Nordsee;* 40 Tote, hohe Sachschäden
(6. 5.) **Erdbeben** *Friaul (Italien);* 2000 Tote
(10. 7.) **Dioxin-Unglück** *Seveso;* 2,5 kg Dioxine werden frei, 750 Evakuierte, 35000 tote Tiere; schwere Erkrankungen (z. B. Chlorakne)

1978 (17. 3.) **Ölkatastrophe** vor *Brest (Frankreich); Amoco Cadiz* verliert 230000 t Rohöl, Zehntausende von Seevögeln sterben, Millionen von Muscheln und Kleinlebewesen, 1,15 Mrd. DM Schaden

1979 (28.3.) **Reaktorunglück** *Harrisburg (USA);* Kernteilschmelze, 4 Mio. Liter radioaktives Kühlwasser liefen aus, radioaktives

Cs ging mit Gebäude Verbindung ein, Entsorgung erst nach Jahrzehnten möglich, Kosten (für 150 t): 1 Mrd. $
(3. 6.) **Ölkatastrophe** *Golf von Mexiko;* 17 000 t Rohöl von einer Ölplattform freigesetzt, erst März 1980 gelingt das Schließen des Bohrlochs
(19. 7.) bisher größtes **Tankerunglück;** Zusammenstoß der *Atlantic Empress und Aegean Captain,* 276 000 t Rohöl fließen ins Meer
(24. 8.) **Thallium-Verseuchung** *Lengerich;* durch Abgase wird die gesamte Umgebung einer Dyckerhoff-Zementfabrik verseucht, Verlust der Feldfrüchte, Entlaubung
(6. 9.) **Giftmüllskandal** *Hamburg;* Verseuchung des Geländes der Firma Stoltzenberg durch Phosphor-Verbindungen aus der Tränengas- und Kampfstoffproduktion, 1 totes Kind

1980 (18./19. 5.) **Vulkanausbruch** *St. Helens (USA);* 1 km³ Asche, Magma und Staub, 22 Tote, 500 Mio $ Schaden in der Landwirtschaft

1981 (12. 8.) **Überschwemmung** *Jangtsekiang;* 23 Mio. Obdachlose, 8000 Tote
(21. 11.) **Ölkatastrophe** *Klaipeda (Memel), UdSSR; Globe Asami* verliert 16 493 Liter Öl, 60 000 Seevögel sterben
(auch 1982) **Sauerstoffmangel** *Ostsee;* Fischsterben

1983 (6. 3.) **Ölkatastrophe** *südafrikan. Küste;* 90 000 t Öl laufen aus, 100 000 t werden mit dem Wrack versenkt

1984 (11.–16. 11.) **Meeresverschmutzung** *Sellafield (UK);* Ablassen radioaktiven Tankspülwassers, Greenpeace wird wegen Aktionen zu 50 000 £ Geldstrafe verurteilt, die Firma zu 10 000 £, Rückgang einer Schwarzkopfmöwen-Kolonie von 12 500 auf 1500
(2. 12.) **Giftgasunglück** *Bhopal (Indien);* durch Methylisocyanat einer Pestizid-Fabrik (Union Carbid) 3400 Tote, 30–40 000 Schwerverletzte, 600 000 Personen stellten Schadensersatzansprüche, Entschädigung für einen Toten 1250 DM, für eine betroffene Familie 200 DM

1984/85 **Dürrekatastrophe** *Äthiopien;* mehr als 1 Mio. Tote

1986 (26. 4.) **Reaktorunglück** *Tschernobyl;* GAU (größter anzunehmender Unfall) fordert unmittelbar 35 Tote, 135 000 Menschen werden evakuiert, Vernichtung aller Pflanzen und Tiere im unmittelbaren Umkreis
(31. 10.) **Rheinverschmutzung** *Basel;* 400 Liter Pflanzenschutzmittel Atrazin werden von *Ciba-Geigy* über Abwässer in den Rhein abgelassen
(1. 11.) **Rheinverschmutzung** *Basel;* nach einem Großbrand bei *Sandoz* laufen mit Löschwasser Quecksilberfungizide in den Rhein, Fischsterben auf vielen km Länge

1987 **Erdrutsch** *Bormio (Italien);* 50 Tote

1988 (27. 5.) **Meeresverschmutzung** *Ärmelkanal;* Chemikalienfrachter *Anna Broere* sinkt, 248 hl explosives, krebserregendes Acrylnitril gelangen ins Meer
(Juni) **Rote Flut** *Nordsee;* sog. »Killeralgen«-Vermehrung durch Überdüngung, sauren Regen und möglicherweise Erwärmung durch Treibhauseffekt, Fischsterben
(Juli) **Dürrekatastrophe** *USA;* im Mittleren Westen Ernteverluste bis 100%
(Juli) **Seehundsterben** *Nordsee*

1989 (28. 1.) **Meeres- und Küstenverschmutzung** *Antarktis; Bahia Paraiso* verliert 680 t Dieselöl, die zur **größten Umweltverschmutzung in der Antarktis** führen
(24. 3.) **Ölkatastrophe** *Alaska; Exxon Valdez* verliert nach Auflaufen auf ein Riff 40 000 t Rohöl, Kapitän betrunken, Verschmutzung von 6700 km² Küste, **verheerendste Umweltkatastrophe Alaskas**
(10. 9.) **Wirbelsturm »Hugo«** verwüstet Teile *Mittelamerikas und der USA*
(19. 12.) **Ölkatastrophe** nördl. *der Kanarischen Inseln;* Tanker *Khark 5* explodiert, 70 000 t leichtes Rohöl, 260 km² Ölteppich bedrohen Marokkos Ferienküsten
(31. 12.) **Ölkatastrophe** vor *Madeira; Aragon* verliert 25 000 t Öl durch Havarie

1990 (25./26. 1.) **Orkan** »Daria« v. a. über *S-England;* 80 Tote
(3.–5. 2.) **Orkan** »Ida« in *Frankreich, BR Dtl., DDR;* Tote, Sachschäden in Mrd.-Höhe
(14./15. 2.) **Orkan** »Polly«, *S-Dtl., Frankreich, Österreich, Schweiz;* Wolkenbrüche, Erdrutsche, Lawinen, 12 Tote, Schiffbrüchige
(25./26. 2.) **Orkan** »Vivian« in *W- und Mitteleuropa;* Deichbrüche, Sturmfluten, 67 Tote
(28. 2./1. 3.) **Orkan** »Wiebke«; ca. 2 Mrd. DM Schaden in der BR Dtl., v. a. auch durch umgeknickte Bäume, 15 Tote

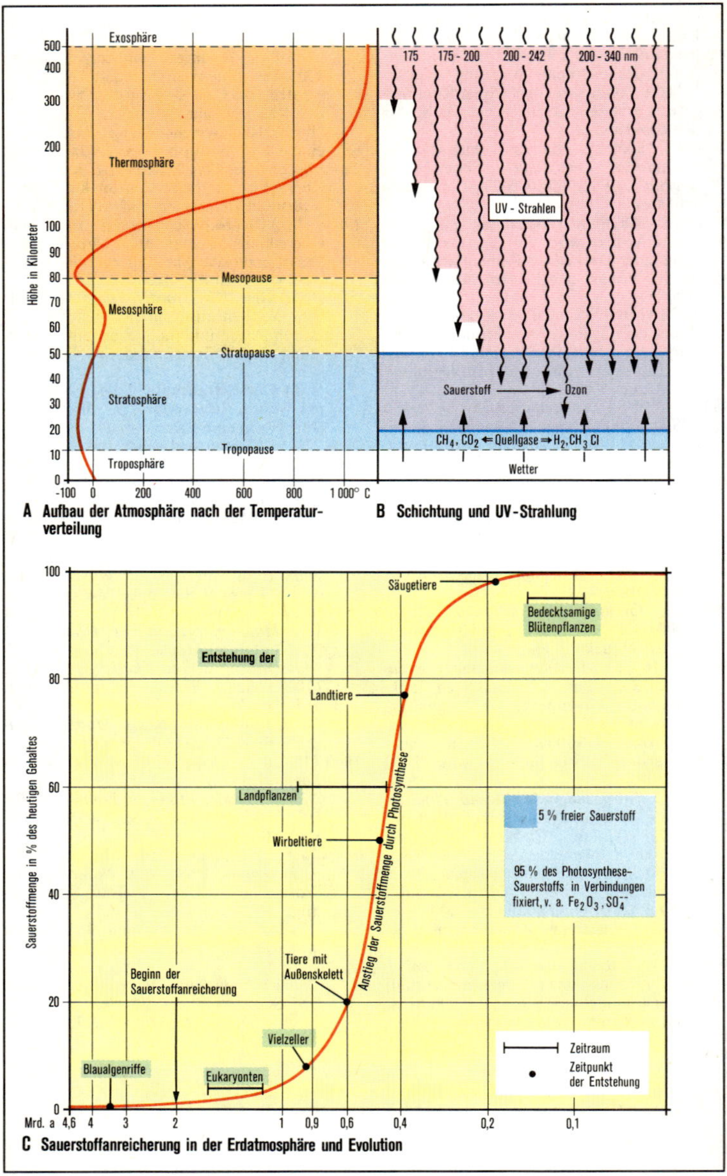

Aufbau und Sauerstoffentwicklung

Die **Atmosphäre**, die Lufthülle der Erde, besteht aus einem Gasgemisch, das heute in den unteren 20 km annähernd konstant aus
78,08 Vol.-% Stickstoff,
20,95 Vol.-% Sauerstoff und
0,93 Vol.-% Argon zusammengesetzt ist;
340 ppm Kohlendioxid,
18 ppm Neon,
5 ppm Helium und
2 ppm Ozon
bilden den Hauptanteil der Restgase.

Stickstoff hat sich im Verlauf der Erdgeschichte durch Ausgasen der Erdkruste und chem. Prozesse entwickelt und in der Atmosphäre angereichert, weil er chemisch inaktiv und kaum in die Stoffwechselprozesse der Lebewesen rückführbar ist.

Sauerstoff ist in der Uratmosphäre, die durch Entgasen des erkalteten Erdkerns entstand, zu einem Tausendstel der heutigen Menge durch Photodissoziation von H_2O und CO_2 freigesetzt worden:

$$2\,CO_2 + \text{UV-Strahlen} \rightarrow 2\,CO + O_2$$
$$2\,H_2O + \text{UV-Strahlen} \rightarrow 2\,H_2 + O_2$$

H_2O und CO_2 waren mit CH_4 und NH_3 die Hauptbestandteile der *Uratmosphäre*. Die ersten Lebewesen entwickelten sich wahrscheinlich vor ca. 3,5 Mrd. Jahren *(Prokaryonten)*; sie gewannen die für den Stoffwechsel notwendige Energie durch *Gärung*. Sauerstoff ist für sie ein Stoffwechselgift.

Der erste biologisch erzeugte Sauerstoff könnte von Blaualgen stammen und sich in der Uratmosphäre vor 2 Mrd. Jahren auf 1% angereichert haben. Blaualgen veratmen H_2S zu S oder SO_4^{2-}, z. B.

$$2\,H_2S + CO_2 \xrightarrow{h \cdot \nu} CH_2O + H_2O + 2\,S$$

Sauerstoff war die Lebensgrundlage der ersten Eukaryonten (Abb. C), deren Erbmaterial durch eine Kernmembran der Giftwirkung des Sauerstoffs entzogen ist.

Der heute vorhandene Sauerstoff ist als Nebenprodukt der Traubenzuckererzeugung bei der Photosynthese von Organismen freigeworden; vereinfachte Summenformel:

$$6\,CO_2 + 6\,H_2O \xrightarrow{h \cdot \nu} C_6H_{12}O_6 + 6\,O_2$$

Kohlendioxid macht mit 340 ppm nur einen geringen Teil der Lufthülle aus; es entsteht bei der *Dissimilation* (S. 45):

$$C_6H_{12}O_6 + 6\,O_2 \rightarrow 6\,CO_2 + 6\,H_2O + \text{Energie}$$

Die 20fache Atmosphärenmenge CO_2 ist als Calciumcarbonat im Kalkgestein gebunden, noch größere Mengen gelöst als Hydrogencarbonat- und Carbonat-Ionen (HCO_3^- bzw. CO_3^{2-}) in den Ozeanen.

Das CO_2 der Luft ist wie die Menge des *Wasserdampfes* durch Gleichgewichtsreaktionen eingestellt, die zwischen der Atmosphäre und den Bodenreservoiren ablaufen (Kohlenstoffkreislauf, S. 63; Wasserkreislauf, S. 20).

Ozon ist die dreiatomige Form des gewöhnlich zweiatomigen Sauerstoffs und entsteht in der Stratosphäre (Abb. B) in zwei Teilschritten:

1) Photodissoziation:

$$O_2 + \text{UV-Strahlen} \rightarrow O + O$$

2) chem. Reaktion:

$$O_2 + O + \langle M \rangle \rightarrow O_3 + \langle M \rangle$$
(‹M› = Fremdteilchen als Stoßpartner)

Die Gashülle wird im Schwerefeld der Erde festgehalten, nimmt nach oben in der Dichte schnell ab und ist vertikal geschichtet (Abb. A).

Temperaturverteilung und Schichtung

Die **Troposphäre** reicht vom Boden bis durchschnittlich 10 km Höhe. Sie enthält nahezu den gesamten Wasserdampf der Atmosphäre. Hier spielen sich das Wettergeschehen und die Luftbewegung ab. Die Luft der Troposphäre wird durch Abstrahlung der Sonnenenergie vom Boden erwärmt. Die Temp. nimmt von unten nach oben pro km um durchschnittlich 6,5 °C ab, um an der oberen Grenzzone, der *Tropopause*, − 50 °C zu unterschreiten.

Man unterscheidet eine *Bodenschicht* bis 2 m Höhe mit den meisten lebenden Pflanzen, in der sich ein Mikroklima ausbildet. Darauf folgt die bis 1000–2500 m reichende *Grundschicht* mit vertikalen Luftbewegungen. Sie grenzt mit einer Inversion (Zone mit Temp.-Zunahme) gegen eine Luftschicht mit vorwiegend horizontalen Strömungen ab, die für das Wetter verantwortlich sind.

Die **Stratosphäre** liegt zwischen 10 und 50 km Höhe. In ihr finden wegen der bis 30 km Höhe gleichbleibenden Temp. von − 90 °C über den Polen (isotherme Schicht) keine vertikalen Luftbewegungen statt. In der Stratosphäre liegt die

Ozonschicht, die die für die Organismen schädl. UV-Strahlen (200–340 nm) absorbiert; sie erwärmt sich dadurch bis 0 °C.

Die **Mesosphäre** erstreckt sich zwischen 50 und 80 km Höhe. In ihr steigt die Temp. weiter bis auf + 50 °C an (»Herdplatteneffekt« der oberen Stratosphäre). Die Temp. sinken dann bis zur *Mesopause* bis auf den Tiefstpunkt von

− 80 °C ab, so daß hier eine markante *Grenzschicht der Atmosphäre* existiert.

In der bis 500 km reichenden **Thermosphäre** *(= Ionosphäre)* steigen die Temp. bis auf 1200 °C an, die aber wegen der sehr dünnen Luft nicht mit Erdverhältnissen verglichen werden können. Die Luft ist durch elektr. Vorgänge und die schichtenweise starke Leitfähigkeit (Ionisierung) gekennzeichnet, verursacht durch die Energie der Sonneneinstrahlung.

Durch die Ionisierung wird die *tödliche* härteste UV-Strahlung von weniger als 175 nm verbraucht.

Ab 500 km beginnt die äußere Atmosphäre (**Exosphäre** oder *Magnetosphäre*) mit elektromagnet. Erscheinungen.

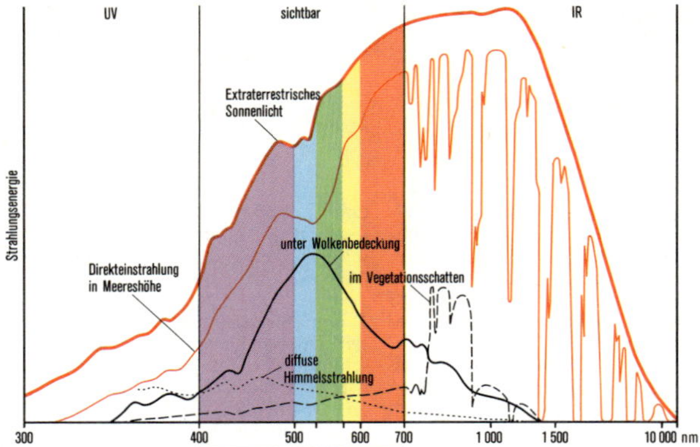

A Sonnenstrahlung und Strahleneinfall auf der Erde

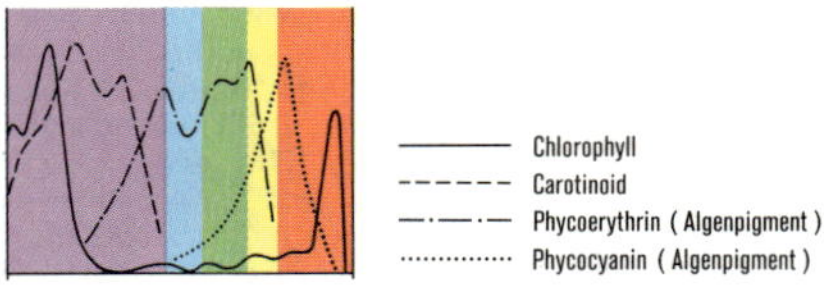

B Absorptionsspektren von Photopigmenten

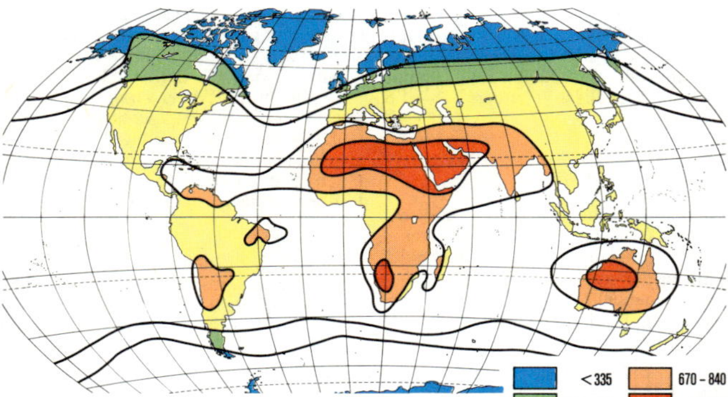

C Jährliche Sonneneinstrahlung

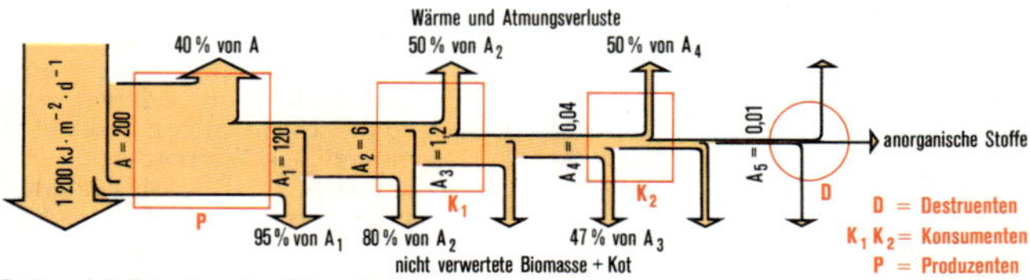

D Energiefluß in einem Landökosystem

Energiezufuhr und Energieverwertung

Die **Sonnenstrahlung** ist die Energiequelle für alle Lebensvorgänge auf der Erde. Die insgesamt auf die Erdoberfläche auftreffende Strahlungsmenge **(Globalstrahlung)** setzt sich aus der *direkten Sonnenstrahlung* und der *diffusen Himmelsstrahlung* zusammen.
Am Rand der Atmosphäre beträgt die Bestrahlungsstärke, die **Solarkonstante,**

$$8{,}123 \text{ J cm}^{-2} \text{ min}^{-1} \; (=1{,}35 \text{ kW m}^{-2})$$

Davon erreichen in den mittleren Breiten 5,44 J cm^{-2} min^{-1} das Meeresniveau.
Die in den Weltraum zurückgestrahlte Energie wird **Albedo** genannt.
Eine Zunahme der Albedo, z. B. durch Klimawechsel, würde eine Abkühlung der Erde, eine Abnahme, z. B. durch CO_2-Anreicherung, eine Erwärmung der Erde bewirken (CO_2-Problem, S. 165).

Die Staubanreicherung in der Atmosphäre durch den Ausbruch des Vulkans El Chichon (Mexiko) 1982 bewirkte in den entsprechenden geograph. Breiten eine Temperaturerhöhung von 1 °C.

Die auf die Erde auftreffende Strahlenmenge variiert großräumig nach der geograph. Breite eines Ortes und der globalen Verteilung der Bewölkung.

So sind die waldarmen Gebiete der subtrop. Trockengebiete um die Wendekreise mit 70% zugeführter Strahlung gegenüber dem Durchschnittswert von 49% strahlungsbegünstigt (Abb. C).

Neben der Energiemenge ist die Strahlungszusammensetzung (Abb. A) für das Leben auf der Erde von entscheidender Bedeutung. 10% der Strahlung bestehen aus der kurzwelligen, *ultravioletten Strahlung* (UV). Sie durchdringt Pflanzen und wird im Durchschnitt nur zu 3% reflektiert. Einige Blüten reflektieren UV in starkem Maße und locken Insekten an, die das UV-Muster erkennen können.

UV-Strahlung kann Sonnenbrand und Hautkrebs verursachen.

45% der Strahlungsenergie erreichen die Erde als sichtbares Licht mit Wellenlängen von 400–700 nm (Abb. A).

Die **photosynthetisch ausnutzbare Strahlung** liegt zwischen 380 nm und 740 nm, die Photosysteme (Photosynthese, S. 41/43) können nur Lichtquanten aus diesem Bereich absorbieren.

Die Strahlung wird von den pflanzl. Farbstoffen in einem spezif. Absorptionsbereich aufgenommen (Abb. B) und dient als Energiequelle für die Photosynthese.

Blau- und Rotlicht wird von der Vegetation sehr stark absorbiert, ebenso wie die langwellige Temperaturstrahlung im Infrarotbereich (»Kühle unter dem Blätterdach«). Weniger stark ist die Absorption im Grünbereich des sichtbaren Lichts (»grüne« Pflanzen) und im weniger langwelligen Infrarotbereich. Die nicht absorbierte Energie wird reflektiert oder transmittiert. Neben den grünen Blattfarbstoffen (Chlorophyll, S. 41) decken sog. *akzessorische Pigmente,* wie Carotin, andere Strahlungsbereiche ab und übertragen die Energie auf Chlorophyllkomplexe.

Die Phycocyanine und Phycoerythrine der Algen absorbieren in anderen Bereichen als die Landpflanzen (Abb. B).

Landpflanzen absorbieren etwa 50% der photosynthetisch ausnutzbaren Strahlung, das Phytoplankton nur 0,01 bis 3%. Der **photosynthetische Wirkungsgrad,** d. h. das Verhältnis von *eingestrahlter Energie* und dem *Energiegehalt* der durch die Photosynthese aufgebauten organ. Stoffe, erreicht bei den höheren Pflanzen nur Werte von 1–5%. Der photosynthet. Wirkungsgrad in bezug auf die resorbierte Energie erhöht sich durchschnittlich auf 5–10%, für Einzelblätter gelegentlich auf 24%.

Das sichtbare Licht, v. a. die Strahlungsdauer, beeinflußt die Tagesaktivität von Pflanzen (Öffnen der Blüten), Tieren (Nahrungssuche) und Menschen (jahreszeitlich bedingte Depressionen).

45% der Einstrahlung erfolgt im unsichtbaren Infrarotbereich (Abb. A) und erwärmt die Erdoberfläche.
Von der Erde in kurzwelliger Form aufgenommene Energie wird als langwellige Infrarot-Temperaturstrahlung an die Atmosphäre abgegeben, direkt oder auch indirekt durch die Verdunstung von Wasser. Der größte Teil der von der Erde zurückgestrahlten Energie wird in der Atmosphäre wieder absorbiert, v. a. durch Wasserdampf, Wolken, Kohlendioxid, Staub und Ozon, und zur Erde remittiert, wo sie zur erneuten Erwärmung beiträgt.

Nimmt der Anteil von Infrarot-Absorbern wie CO_2 in der Atmosphäre zu, dann erhöht sich die Temperatur auf der Erde (CO_2-Problem, S. 165).

Energiefluß

Die von den Pflanzen photosynthetisch aufgenommene Energie ist in organ. Verbindungen fixiert (**Produzenten** P, Abb. D) und wird in einem Ökosystem als **Bruttoprodukt** bezeichnet. Die Energie (A_1, A_2 ...) wird unter großen, v. a. Wärme- und Atmungsverlusten, über versch. **troph. Stufen** (Ernährungsstufen) von den Pflanzen (Produzenten) ausgehend über versch. **Konsumenten**stufen (K_1, K_2), v. a. Tiere, an die **Destruenten** (D) oder **Zersetzer** (Reduzenten) weitergegeben, die von toter tier. und pflanzl. Substanz leben (S. 61).
Im Unterschied zu der *Materie* in den Stoffkreisläufen (S. 62–65) fließt die **Energie** immer in einer Richtung von der Sonne über die Pflanzen, die Tiere bis zu den Destruenten (Bakterien, Pilze und saprophage Tiere), die energiereiche, organ. Substanz in energiearme, anorgan. Abbauprodukte umbauen.

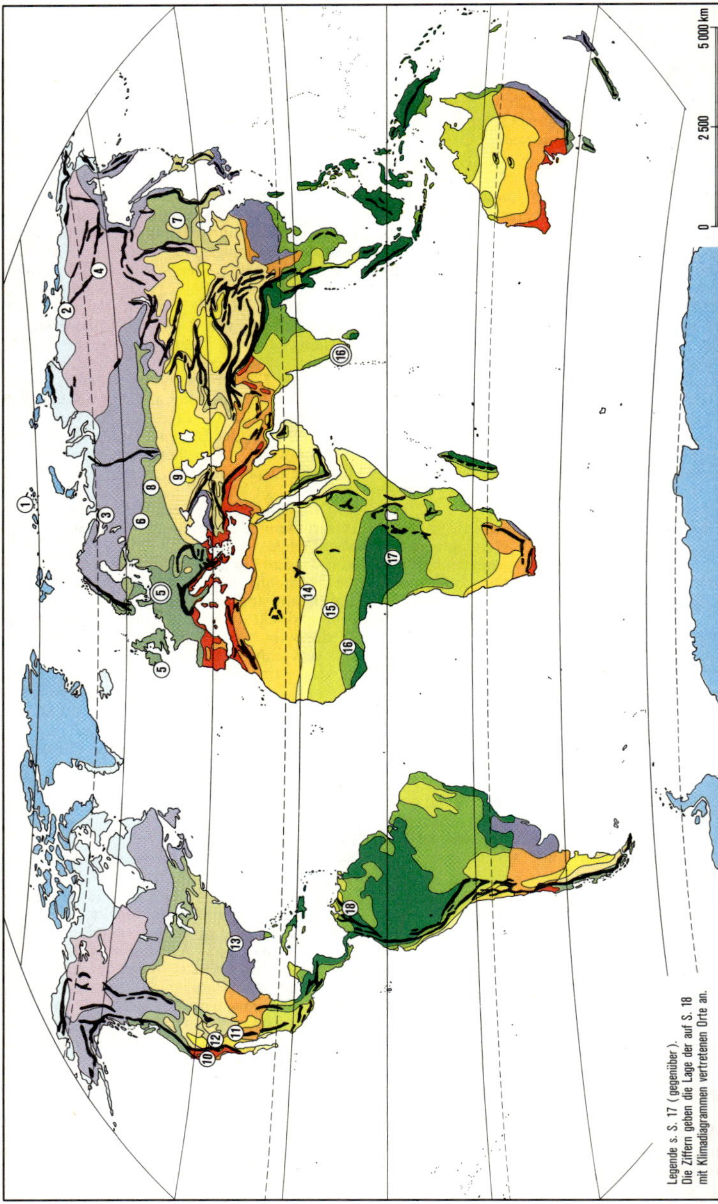

Legende s. S. 17 (gegenüber).
Die Ziffern geben die Lage der auf S. 18 mit Klimadiagrammen vertretenen Orte an.

Unter **Klima** versteht man die Summe der Witterungserscheinungen in der Atmosphäre über einen größeren Zeitraum hinweg. Das Klima ist ökologisch von Bedeutung, weil es als einziger abiot. Faktor die großräumige Verteilung der *Vegetation*, mit dieser zus. der *Böden* und z.T. auch der *Tierarten* bedingt.

Das **Makroklima** (Großklima) umfaßt abgrenzend und beschreibend die Klimazonen, die für die Ökologie die Grundlage für die Verteilung der Zonobiome sind (Abb.).

Das **Mesoklima** mit homogenen Klimaverhältnissen und ihren Veränderungen liegt innerhalb einer makroklimat. Zone; untersucht werden z.B. Klimaveränderungen durch die großflächige Landwirtschaft.

Jahreszeitenklimakarte der Erde
(vereinfacht nach TROLL/PAFFEN)

Polare und subpolare Zonen

- Polare Eis- und Frostschuttklimate (wärmster Monat < + 6 °C)
- Subpolare Tundrenklimate (wärmster Monat + 6° bis 10 °C, kältester Monat < - 8 °C)

Kaltgemäßigte Klimate

- Borealklimate (schneereiche Winter, Jahrestemperaturschwankung bis 40 °C)
- Hochkontinentale Borealklimate (trockene Winter, Jahrestemperaturschwankung > 40 °C)

Kühlgemäßigte Klimate

- Ozeanische und Übergangswaldklimate (kühle Winter, Jahrestemperaturschwankung < 25 °C)
- Sub- bis hochkontinentale Waldklimate (kalte Winter, Jahresschwankung > 20 °C bis > 40 °C)
- Sommerwarme Waldklimate (kältester Monat 0 °C bis -8 °C, wärmster Monat 20 °C bis 26 °C)
- Feucht- und Trockensteppenklimate > 5 Monate feucht / < 6 Monate feucht
- Halbwüsten- und Wüstenklimate

Warmgemäßigte Klimate (Suptropen)

- Mittelmeerklima (winterfeucht-sommertrocken, 5 humide Monate)
- Steppenklimate (< 5 humide Monate)
- Halbwüsten- und Wüstenklimate (< 2 humide Monate)
- Feuchtklimate der Ostseiten

Tropische Klimate

- Halbwüsten- und Wüstenklimate (< 2 humide Monate)
- Dorn- und Trockensavanne (2 bis 7 humide Monate)
- Feuchtsavanne (7 bis 9½ humide Monate)
- Immerfeuchter Regenwald
- Gebirge mit klimatischer Höhenstufung

Das **Mikroklima** (Kleinklima) wird von landwirtschaftl. Gegebenheiten bestimmt. Es kann z.B. das Klima unter einer Baumkrone oder im Windschatten eines Gebäudes sein; die Summe aller Kleinklimate der Gebäude, Verkehrsflächen usw. bildet das Mesoklima einer Stadt (*Stadtklima*, S. 152).

Zur Abgrenzung von Großklimazonen wurde häufig die Verteilung der natürl. Vegetation herangezogen. Klimakarten sind nicht selten Vegetationskarten, deren Grenzen weniger durch Meßwerte als durch Beobachtungskriterien festgelegt wurden.

Für eine Klimagliederung auf Vegetationsbasis eignen sich **kleinräumig** *Pflanzenassoziationen* (Phytozönosen, Pflanzensoziologie, S. 73) und immer wiederkehrende Artenkombinationen und **großräumig** die *Pflanzenformationen*, Vegetationseinheiten, die sich in ihrer Wuchs- und Lebensform (Physiognomie) unterscheiden.

Die Verteilung der Ökosysteme auf der Erde wird vorwiegend von den Großklimaten bestimmt, wie sie sich in der unteren Atmosphäre zeigen (WALTER 1976). Für die Kennzeichnung eines Großklimas unter ökolog. Fragestellung werden therm. und hygr. Werte herangezogen, die häufig über Indizes miteinander verbunden werden (z.B. Ariditätsindex), weil nicht nur die Höhe der Niederschläge für die Pflanzen relevant ist, sondern auch die Verdunstungsrate, die von der Temperatur mitbestimmt wird und die Verfügbarkeit von Wasser regelt.

Ökologisch entscheidend für die Verteilung der Lebewesen und Lebensformen sind nicht nur die reinen Klimaelemente und ihre Kombination, sondern deren typ. Verteilung im Jahresverlauf.

Aus ihr ergeben sich Klimazonen mit relativ gleichmäßiger Verteilung der Klimaerscheinungen im Jahresverlauf (Tropen) und Wechselklimate mit z.B. Sommer- oder Winterregen sowie unterschiedl. Temperaturverlauf.

In den Klimakarten werden als weitere differenzierende Bestandteile die Höhenlage und die Entfernung zum Meer berücksichtigt.

Eine weitgehende Übereinstimmung der Makroklimate mit den Vegetationszonen haben TROLL und PAFFEN mit ihrer Jahreszeitenklimakarte der Erde erreicht. Die Räume werden durch den spezif. jahreszeitl. Ablauf der Klimaelemente unterschieden.

Die weitere Untergliederung erfolgt in den gemäßigten Breiten temperaturorientiert, in den Tropen durch ombrotherm. (=hygrothermische) Indizes (LAUER 1952) und in allen anderen Räumen durch die Kombination des Temperatur- und Niederschlagsganges. In den Tropen ergeben sich aus den Indizes hygrische, in den gemäßigten Breiten therm. Jahreszeiten.

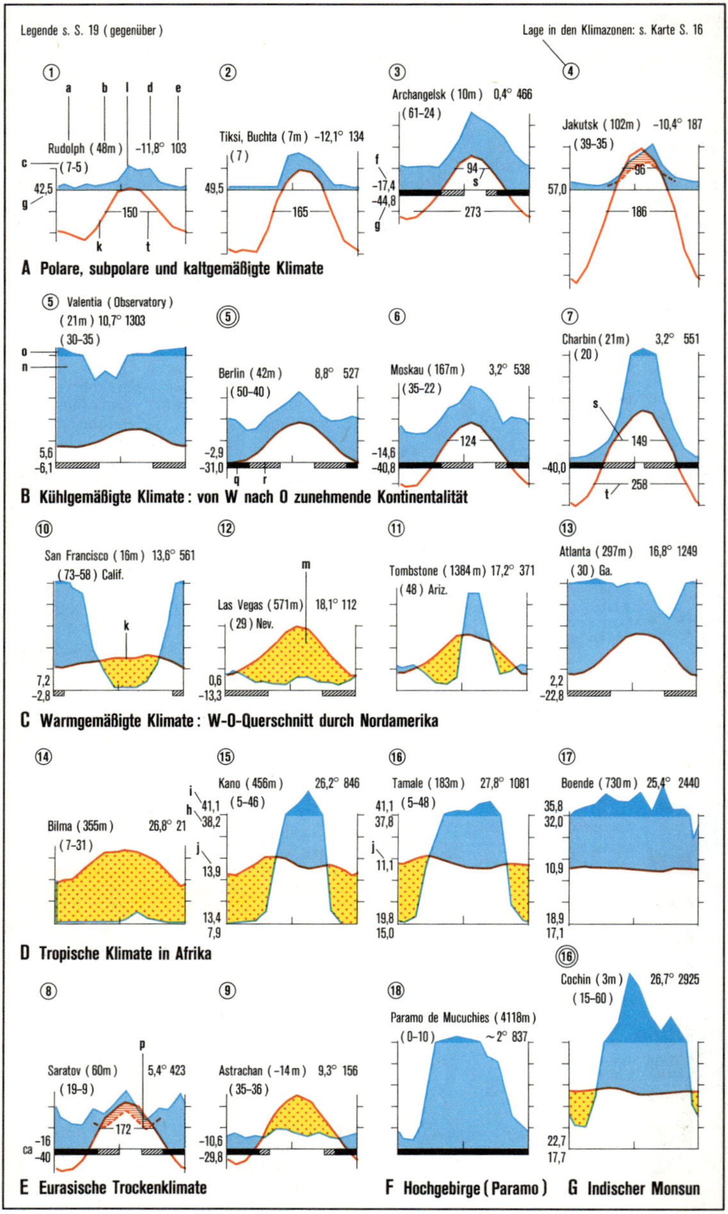

Legende s. S. 19 (gegenüber)
Lage in den Klimazonen: s. Karte S. 16
① a b l d e
Rudolph (48m) -11,8° 103
c (7-5)
42,5
g
150
k t
② Tiksi, Buchta (7m) -12,1° 134
(7)
49,5
165
③ Archangelsk (10m) 0,4° 466
(61-24)
f
-17,4
-44,8
g
94
s
273
④ Jakutsk (102m) -10,4° 187
(39-35)
57,0
96
186
A Polare, subpolare und kaltgemäßigte Klimate
⑤ Valentia (Observatory)
(21m) 10,7° 1303
(30-35)
o
n
5,6
-6,1
⑤ Berlin (42m) 8,8° 527
(50-40)
-2,9
-31,0
q r
⑥ Moskau (167m) 3,2° 538
(35-22)
124
-14,6
-40,8
⑦ Charbin (21m) 3,2° 551
(20)
s
149
-40,0
t
258
B Kühlgemäßigte Klimate: von W nach O zunehmende Kontinentalität
⑩ San Francisco (16m) 13,6° 561
(73-58) Calif.
k
7,2
-2,8
⑫ m
Las Vegas (571m) 18,1° 112
(29) Nev.
0,6
-13,3
⑪ Tombstone (1384m) 17,2° 371
(48) Ariz.
⑬ Atlanta (297m) 16,8° 1249
(30) Ga.
2,2
-22,8
C Warmgemäßigte Klimate: W-O-Querschnitt durch Nordamerika
⑭ Bilma (355m) 26,8° 21
(7-31)
⑮ Kano (456m) 26,2° 846
i
h 41,1 (5-46)
38,2
j
13,9
13,4
7,9
⑯ Tamale (183m) 27,8° 1081
41,1 (5-48)
37,8
j
11,1
19,8
15,0
⑰ Boende (730m) 25,4° 2440
35,8
32,0
10,9
18,9
17,1
D Tropische Klimate in Afrika
⑧ p
Saratov (60m) 5,4° 423
(19-9)
172
ca -16
-40
⑨ Astrachan (-14m) 9,3° 156
(35-36)
-10,6
-29,8
⑱ Paramo de Mucuchies (4118m)
(0-10) ~2° 837
⑯ Cochin (3m) 26,7° 2925
(15-60)
22,7
17,7
E Eurasische Trockenklimate
F Hochgebirge (Paramo)
G Indischer Monsun

Klimadiagramme begründen die Lage der Zonobiome und somit der Vegetationsverteilung. Sie veranschaulichen die Klimaverhältnisse von Standorten mit den Gunst- und Ungunstfaktoren für Tierwelt, Vegetation und Menschen.

Die von H. WALTER entwickelten ökolog. Klimadiagramme wurden (mit H. LIETH) zu einem Klimadiagramm-Weltatlas (1960–67) zusammengestellt, der ca. 8000 Stationen umfaßt. Die 20 Diagramme wurden so ausgewählt, daß jede Großklimazone der Jahreszeiten-Klimakarte (S. 16) mit wenigstens einer Station vertreten ist.

Die **polaren** bis **borealen** Klimate lassen in Abhängigkeit von der Temperatur eine deutliche N-S-Abfolge erkennen.

Jakutsk zeigt die Abwandlung durch *Kontinentallage* mit geringen Niederschlägen, sehr niedrigen Wintertemperaturen und hohen Temperaturschwankungen.

Die Diagramme umfassen von N nach S die Vegetationszonen der Kältewüsten, subpolaren Wiesen, Tundren und immergrünen Nadelwälder (Taiga).

Die Diagramme der **kühlgemäßigten Klimate** sind in Eurasien entsprechend der von W nach O abnehmenden *Maritimität* und zunehmenden *Kontinentalität* von Irland bis zur UdSSR ausgewählt. Hohe Niederschläge und relativ gleichmäßige Temperaturen mit geringer Frostgefahr lassen immergrüne Samenpflanzen im sommergrünen Laubwald des Westens gedeihen. Diese werden nach Osten mit zunehmender Winterhärte von Misch- und winterharten Nadelwäldern (Taiga) abgelöst.

Die W-O-Differenzierung durch die Wirkung der nördlich von 40° nördl. Breite vorherrschenden westl. Winde kann auch in N-Amerika im **warmgemäßigten Klimagürtel** veranschaulicht werden. Dem ausgeprägten Mittelmeerklima Kaliforniens mit Hartlaubgehölzen folgt die Sukkulenten-Halbwüste und Trockensteppe im Regenschatten der küstennahen Hochgebirge. Das Klima im SO der USA läßt unter ganzjährig feuchten Bedingungen einen sommergrünen Laubwald und Nadelwälder mit immergrünen Beständen wachsen.

In Afrika wird die breitenkreisparallele, dem Jahresgang der Sonne und den Zenitalniederschlägen entsprechende Anordnung der Klimazonen deutlich. Auf das Wüsten-Diagramm von **Bilma** folgen nach S Diagramme mit zunehmender Länge der Regenzeit und abnehmenden Jahresschwankungen, bei kaum abweichenden Werten von der Durchschnittstemperatur der **Tropen** von 26 °C. Der Trocken- und Feuchtsavanne folgt der trop. Regenwald. Von den Wendekreisen bis zum Äquator nimmt die Dichte der Vegetation und die Biomasse pro Flächeneinheit kontinuierlich zu.

Saratov und **Astrachan** liegen im **kontinental niederschlagsarmen** Bereich mit geringer Verfügbarkeit der niedrigen Winterniederschläge für die Vegetation. Halbwüsten und xeromorphe Strauchformationen bestimmen das schüttere Vegetationsbild dieser Ungunsträume.

Das Diagramm einer Páramo zeigt die Auswirkung der **Höhenlage** auf die Niederschlagsverhältnisse und Temperaturen (Dauerfrost), die die vertikale Anordnung der Pflanzenformationen verursachen (S.94–97, 110 f.).

Der in 3000 m Höhe liegende benachbarte Ort Mucuchies erreicht durchschnittlich 11 °C bei vier Frostmonaten und nur 577 mm Niederschlag.

Das **Monsundiagramm** zeigt die Extremverhältnisse an der ind. SW-Küste. Trotz der innertrop. Verhältnisse übersteigenden Niederschlagsmengen wachsen hier wegen der ausgeprägten Trockenzeit nur regengrüne Monsunwälder, die ihre Blätter in der Trockenzeit ebenso abwerfen wie die Laubbäume in den gemäßigten Breiten im Winter wegen der physiolog. Trockenheit.

Legende der Klimadiagramme (S. 18)

- **a** Station
- **b** Höhe über dem Meer
- **c** Zahl der Beobachtungsjahre (1. Zahl: Temperatur, 2. Zahl: Niederschlag)
- **d** mittlere Jahrestemperatur
- **e** mittlere jährliche Niederschlagsmenge
- **f** mittleres tägliches Minimum des kältesten Monats
- **g** tiefste gemessene Temperatur
- **h** mittleres tägliches Maximum des wärmsten Monats
- **i** höchste gemessene Temperatur
- **j** mittlere tägliche Temperaturschwankung
- **k** Kurve der mittleren Monatstemperaturen (1 Skalenteil = 10 °C)
- **l** Kurve der mittleren Monatsniederschläge (1 Skalenteil = 20 mm ≙ 10 °C)
- **m** relativ aride Zeit
- **n** relativ humide Zeit
- **o** mittlere monatliche Niederschläge überschreiten 100 mm (Maßstab auf 1/10 reduziert)
- **p** Niederschlagskurve im Verhältnis 10 °C ≙ 30 mm erniedrigt, punktierte Fläche: relativ trockene Jahreszeit = Trockenzeit
- **q** Monate mit mittlerem Tagesminimum unter 0 °C
- **r** Monate mit absolutem Minimum unter 0 °C
- **s** Zahl der Tage mit mittleren Temperaturen von mehr als 10 °C
- **t** Zahl der Tage mit mittleren Temperaturen von mehr als −10 °C

s und **t** nur bei kalten Klimaten; **h, i** und **j** nur bei tropischen Stationen; Leerstellen: Daten fehlen

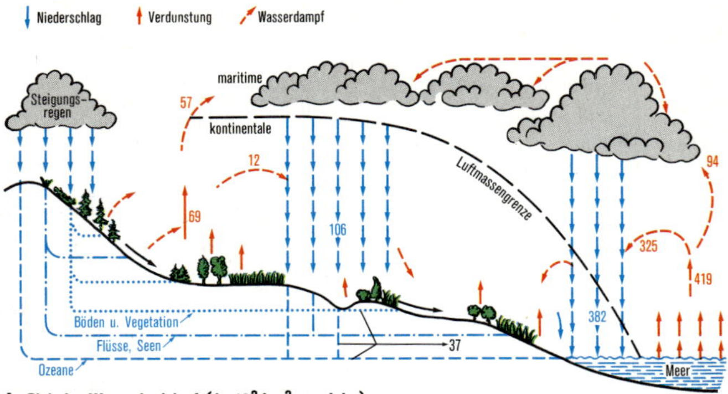

A Globaler Wasserkreislauf (in 10^3 km^3 pro Jahr)

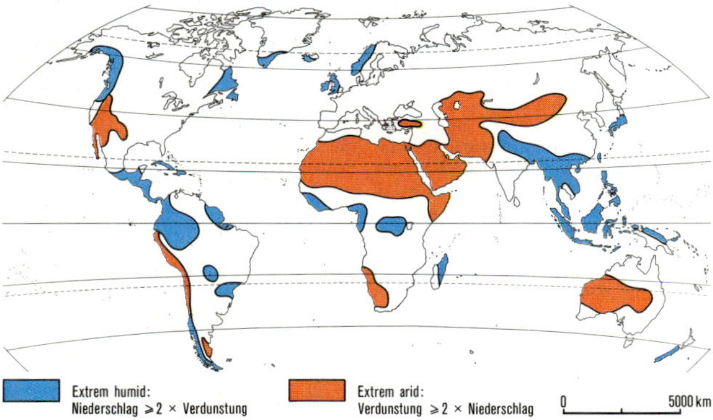

B Extrem aride und humide Regionen der Erde

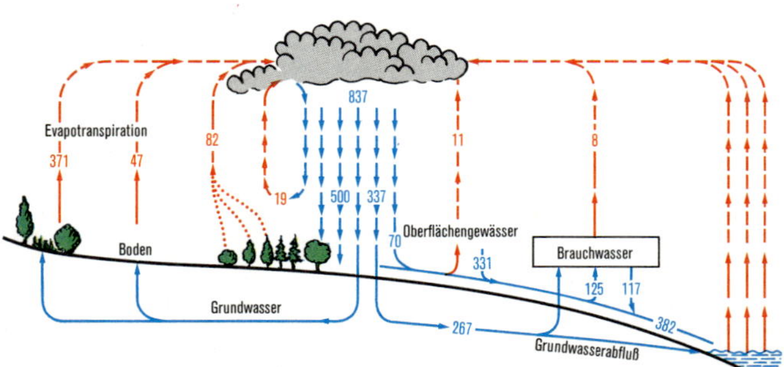

C Gebietswasserhaushalt der Bundesrep. Deutschland (1980 in mm pro m^2 im Jahr)

Globale und regionale Wasserverteilung

Die **Hydrosphäre** umfaßt das gesamte feste, flüssige und gasförmige Wasser der Erde.
Die Erdoberfläche ist zu 71% von Wasser bedeckt.
Zur Hydrosphäre gehören die Lebensräume der Meere (*marine Ökosysteme,* S. 124–133) und Binnengewässer (*limnische Ökosysteme,* S. 116–123) mit ihren Übergangs- und Randgebieten sowie das weniger belebte Grundwasser, unterird. Binnengewässer, Eis und Wasser der Atmosphäre.

Wasservorrat der Erde (DYCK/PESCHKE 1983)

Teil der Hydrosphäre	Menge in 1000 km^3	in % des Wassers insges.	in % des Süßwassers
Weltmeere	1338000	96,5	-
Unterird. Wasser	23400	1,7	-
davon Süßwasser	10530	0,76	30,1
Bodenfeuchte	16,5	0,001	0,05
Eis, Schnee	24364,1	1,766	69,56
Seen Süßwasser	91	0,007	0,26
Salzwasser	85,4	0,006	-
Sümpfe	11,5	0,0008	0,03
Flüsse	2,1	0,0002	0,006
Lebewesen	1,1	0,0001	0,0003
Atmosphäre	12,9	0,001	0,04

Die unterschiedlich starke Energieeinstrahlung auf der Erde, die geringere Wärmeabstrahlung des Wassers gegenüber dem Land und die Eigenrotation der Erde bilden die Antriebskräfte für den **globalen Wasserkreislauf** (Abb. A).
Er wird durch die Wärme verbrauchende *Verdunstung (Evaporation),* die Wärme freisetzende *Kondensation* des Wasserdampfes und die *Niederschläge* angetrieben. Auf dem Festland wird der Wasserkreislauf durch den unter- und oberird. *Abfluß,* die *Rücklage* (Bodenfeuchte, Eis, Seen) und den *Verbrauch* (Organismen, Mineralien) ergänzt.
Nur 0,77% des Gesamtvolumens nehmen am Süßwasserkreislauf teil, der größte Teil bleibt hier, wie auch in den Wasserkörpern der Ozeane, gebunden.
Fast 70% der Süßwasservorräte sind in Gletschern, Schnee und Eis gebunden; sie würden beim Abschmelzen einen Meeresspiegelanstieg von 66 m ergeben.
Durch den Wasserkreislauf wird der *Energiehaushalt der Erde* geregelt; Wärmeenergie wird durch Wassermoleküle von den intensiv bestrahlten Zonen in höhere geograph. Breiten verfrachtet. Mit dem Wasser werden Stoffe in gelöster Form oder als feste Feinpartikel transportiert (mit Meeresströmungen und Fließgewässern auch Lebewesen).
Der globale Wasserkreislauf wird über den Kontinenten in versch. groß- und kleinräumige Teilkreisläufe aufgelöst.

Es gibt *3 Hauptwasserkreisläufe:*
Meer – Atmosphäre – Meer
Meer – Atmosphäre – Land – Meer
Land – Atmosphäre – Land

Wenn der als Wassertröpfchen oder Eiskristall kondensierte Wasserdampf eine best. Masse erreicht hat, fällt das Teilchen aus dem Schwebezustand im Nebel oder in den Wolken als Niederschlag zur Erde. Hier kann er oberflächlich lagern (Schnee, Eis, abflußlose Seen), bei Gefälle abfließen oder versickern. Die abfließendes Wasser aufnehmenden Rinnsale, Bäche und Flüsse bezeichnet man in dieser Funktion als *Vorfluter.*
Über einer undurchlässigen Schicht kann das Wasser auch unterirdisch einem Vorfluter zufließen *(Zwischenabfluß).* Erreicht das Wasser in durchlässigem Gestein tiefere Zonen, so reichert es das *Grundwasser* an, das teilweise Flüssen und Seen zufließt.
Für den **Wasserhaushalt,** d. h. für den Gewinn und Verlust von Wasser in einem abgegrenzten Gebiet, ist die Pflanzendecke mitentscheidend (Abb. C).
Ein Teil des Niederschlagswassers wird von der Pflanzenoberfläche kurzzeitig zurückgehalten *(Interzeption)* und kann von hier wie auch vom Boden verdunsten. Das den Wurzelraum der Pflanze erreichende Wasser kann von dieser aufgenommen werden und über die Blätter wieder verdunsten *(Transpiration).*
Die *Evapotranspiration* umfaßt die Gesamtabgabe von Wasserdampf über einer definierten Fläche mit einheitl. Vegetation, d. h. die Verdunstung über dem Boden sowie den Pflanzen einschließlich der Transpiration.

Nur 11% der **Niederschläge** über dem Land stammen von der terrestr. Verdunstung, der überwiegende Teil wird den Kontinenten aus dem Wasserdampfüberschuß über den Ozeanen zugeführt.
Die *Niederschlagsverteilung* auf der Erde ist für die Ausbildung von Vegetationszonen von Bedeutung.
Sie ist von den therm. Verhältnissen, der Kontinental- und Höhenlage und v. a. zwischen den Wendekreisen von der Lage der Küsten zu den Hauptwindrichtungen abhängig.

Die Niederschlags- und Verdunstungshöhe sind wichtige Werte für die *Klimatypisierung.*
Übersteigt der Niederschlag die Verdunstung, ist das Klima **arid** (trocken), liegt der Verdunstungswert über dem Niederschlagswert, **humid** (feucht; Abb. B).
Die Lebewesen, v. a. die Pflanzen, sind durch spezif. Gewebestrukturen den unterschiedlich zur Verfügung stehenden Wassermengen angepaßt (Speichergewebe bei *Aridität,* Ausscheidungsgewebe bei *Humidität* u. a.). Die Verfügbarkeit von Niederschlagswasser für die Lebewesen wird auch durch die Bodenverhältnisse (Durchlässigkeit, Speicherfähigkeit) bestimmt.

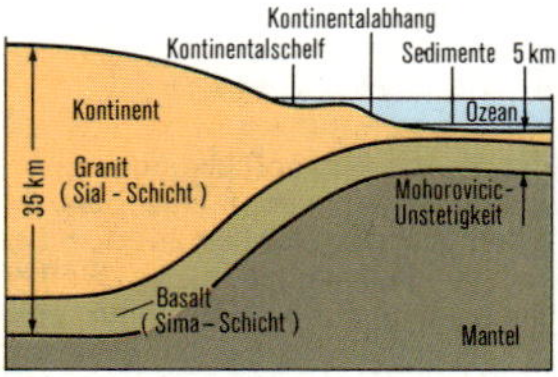

A Erdkruste unterm Kontinent und Ozean

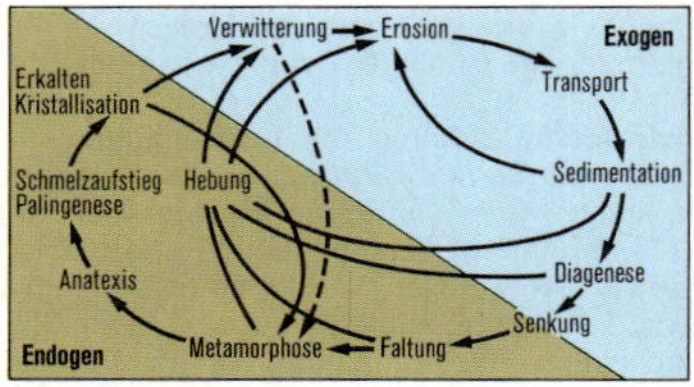

B Kreislauf der Gesteine

Minerale in den Gesteinen

Mineral		chemische Verbindung	Gew. -% der Erdkruste
Feldspate	Kalifeldspat (Orthoklas)	$KAlSi_3O_8$	58
	Natronfeldspat (Plagioklas)	$NaAlSi_3O_8$	
	Kalkfeldspat (Plagioklas)	$CaAl_2Si_2O_8$	
Quarz		SiO_2	12,5
Glimmer	Muskovit (hell)	$KAl_2(Si_3Al)O_{10}(OH)$	3,5
	Biotit (dunkel)	$K(Fe, Mg)_3(Si_3Al)O_{10}(OH)_2$	
Pyroxene	Augit	$(Ca, Mg, Fe, Al, Ti)_2(Si, Al)_2O_6$	16,5
Amphibole	Hornblende	$Ca_2(Mg, Fe, Al)_5(Si, Al)_8O_{22}(OH)_2$	
Olivine		$(Mg, Fe)_2SiO_4$	
Sekundäre Minerale durch Verwitterung und Neubildung			
Tonminerale	Kaolinit	$Al_2O_3(SiO_2)_2 \cdot 2H_2O$	1
Si-, Al-, Fe-, Mn-Oxide und -Hydroxide	z. B. Magnetit	Fe_3O_4	3,5
	Hämatit	Fe_2O_3	
Carbonate	z. B. Calcit	$CaCO_3$	1,5

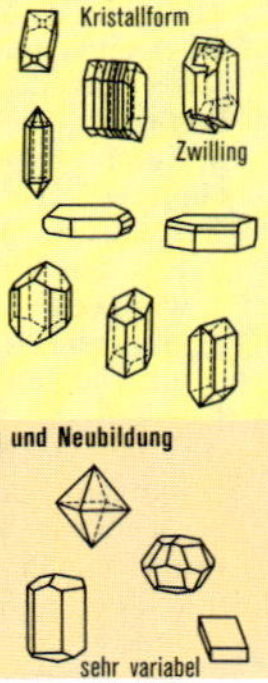

C Minerale in den Gesteinen der Erdkruste

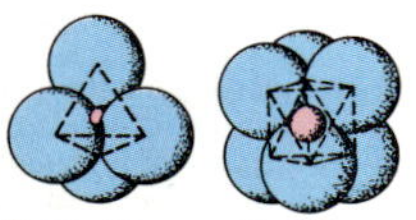

D Räumliches SiO_4-Tetraeder-Modell Räumliches $Al(O,OH)_6$-Oktaeder-Modell

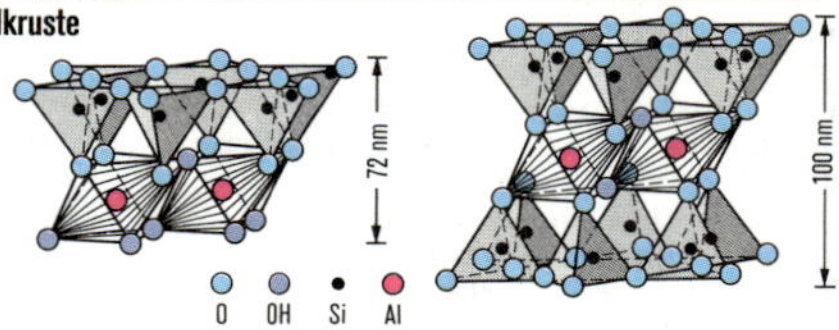

E Zweischichtenmineral Dreischichtenmineral

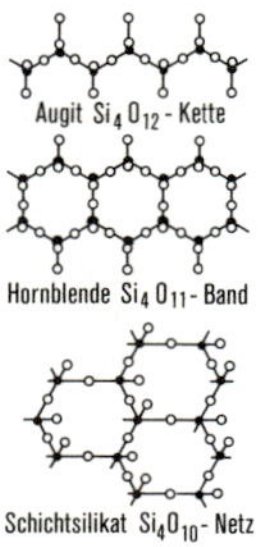

F Silikatstrukturen

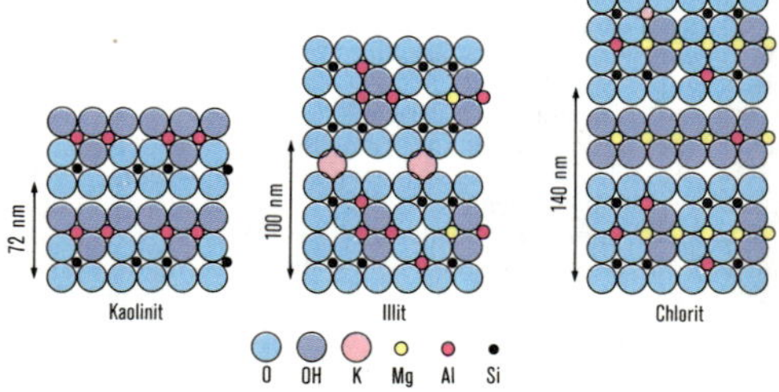

G Aufbau eines Zweischichtenminerals (Kaolinit) und von Dreischichtenmineralien (Illit, Chlorit)

Die Erdkruste, der Gesteinsmantel der Erde **(Lithosphäre)**, besteht aus über 30 km dicken *Festlandsplatten* und dünneren (5–10 km) *Ozeanplatten,* die auf dem zähflüssigen Erdmantel schwimmen (Abb. A). Sie ist nur in den obersten Bodenschichten **(Pedosphäre)** bis 5 m Tiefe von Bodenorganismen belebt. Mit ihrer Vielzahl chem. Elemente bildet die Erdkruste einen riesigen Vorratsraum für die Lebewelt und gibt so die anorgan.-unbelebte Grundlage für die Böden vor.

Unter den Elementen sind **O, Si, Al** und **Fe** am häufigsten vertreten und liegen fast immer in Oxidverbindungen vor: SiO_2 57,6 Gew.-%; Al_2O_2 15,3 Gew.-%; Fe_2O_3 und FeO 6,8 Gew.-% (Abb. C).

Die die Lithosphäre aufbauenden Gesteine unterliegen seit frühen erdgeschichtl. Zeiten Kreislaufprozessen, in denen sie durch *exogene* (außenbürtige) und *endogene* (innenbürtige) Kräfte umgestaltet werden (Abb. B).

Die exogenen Kräfte wirken durch **Verwitterung**, verlagern verwittertes Material in tiefere Schichten oder transportieren es zu neuen Ablagerungsorten **(Sedimentation).**

Dort kann sich das Sediment durch Verkittung oder Druck verfestigen **(Diagenese).** Die 8% Sedimente in der Lithosphäre bedecken 75% der Erdoberfläche. Nach geologisch langer Zeit kann sich eine zu dick und schwer gewordene Sedimentdecke einsenken und unterliegt den endogenen Kräften.

Die Platten der Erdkruste können durch Bewegungen auseinanderreißen oder aufeinanderstoßen **(Plattentektonik).**

Sie verursachen Faltungen, wobei sich durch Druck und hohe Temp. Gesteine umwandeln *(Metamorphose)*, aufschmelzen *(Anatexis)* und wieder erkalten können *(Kristallisation)* (Abb. B).

Die aus glutflüssigen Magmen entstandenen Gesteine *(Magmatite)* können in der Tiefe der Erdkruste langsam abkühlen und bilden dann Gesteine mit größeren Kristallen gleicher Zusammensetzung **(Minerale),** z. B. Granite, oder sie gelangen an die Oberfläche und erkalten schnell zu gestaltlosen *(amorphen)* Gesteinen *(Ergußgesteine),* z. B. Basalte.

Werden Magmatite oder Sedimente durch Druck und hohe Temp. angeschmolzen, so entstehen *Metamorphite* oder *Gneise* (20% in der Erdkruste).

Minerale sind chem.-physikal. einheitl. Bestandteile der festen Erdrinde. Die regelmäßige Anordnung der versch. Atome im Kristallgitter bestimmt die Dichte, Schmelztemperatur und Festigkeit des Minerals. In den meisten gesteinsbildenden Mineralen bilden Silikate die Grundstruktur. Das Silizium bildet mit 4 O-Atomen ein SiO_4-Tetraeder, dabei können O-Atome am Aufbau weiterer Tetraeder beteiligt sein (Abb. D).

Im *Quarz* ist jedes O-Atom gleichzeitig 2 Si-Atomen zuzuordnen (SiO_2). In Verbindung mit O oder OH-Gruppen baut Silizium versch. Strukturen auf: *Ketten, Bänder* und *Netze*, die auch die *Spaltbarkeit* der Minerale bestimmen (Abb. F).

Umgeben sich die größeren Ionen Al^{3+}, Fe^{3+}, Fe^{2+}, Mg^{2+} mit 6 O-Atomen bzw. OH^--Ionen, dann bilden sich Oktaeder (Abb. D).

Die (Si, Al) O_4-Tetraeder und die (Al, Mg, Fe) $(O, OH)_6$-Oktaeder sind über gemeinsame O-Atome bzw. OH^--Ionen zu Schichten verbunden (Abb. E).

Bei der Verwitterung bzw. durch Neubildung entstehen **Tonminerale:**

Zweischicht-Minerale, die aus einer Tetraeder- und einer Oktaederschicht aufgebaut sind (z. B. *Kaolinit, Serpentin*);

Dreischicht-Minerale, die aus zwei Tetraeder- und einer Oktaederschicht aufgebaut sind (z. B. *Illit, Chlorit, Smectit, Montmorillonit*) (Abb. G).

An der **Verwitterung** sind physikal., chem. und biolog. Vorgänge beteiligt.

Die *physikalische Verwitterung* bewirkt einen Zerfall der Gesteine durch *Temperatur-, Frost-* oder *Salzsprengung* in kleinere Teilchen, ohne daß die Minerale sich chemisch verändern. Die Oberflächenvergrößerung, und damit die Vergrößerung der Angriffsfläche für chem. Verwitterung, ist beträchtlich.

Zerfällt z. B. ein Würfel von der Kantenlänge 1 cm (6 cm^2 Oberfläche) in Würfel gleichen Volumens mit der Kantenlänge von 0,1 mm, so vergrößert sich die Oberfläche 10 000fach (= 6 m^2).

Die *Temperatursprengung* kommt bes. in Hitzewüsten zum Tragen, mit tägl. Schwankungen von 30–50 °C. Die unterschiedl. Ausdehnung der Minerale führt zu Sprüngen, scharfkantigem Blockschutt oder schaligem Abplatzen (Druckunterschiede bis 500 bar).

Bei *Gefrieren* vergrößert sich das Volumen des Wassers um ca. 10%. In Gesteinsspalten und -risse eingedrungenes Wasser entfaltet somit beim Gefrieren eine erhebliche Sprengwirkung (Höchstdruck bis 2200 bar).

Die *Frostsprengung* ist bes. wirksam in den subpolaren Zonen und im Hochgebirge, wo tägl. Temperaturschwankungen um den Nullpunkt liegen.

In Trockengebieten werden gelöste Stoffe nicht ausgewaschen, sondern reichern sich beim Verdunsten des Wassers in der äußeren Gesteinsschicht an. Das Volumen der gesättigten Lösung und ausgeschiedener Kristalle ist größer als das Volumen einer übersättigten Lösung. So kann die Salzsprengung Druck bis über 100 bar ausüben.

Die Pflanzen können durch Dickenwachstum der Wurzeln Risse und Spalten weiten (10–15 bar).

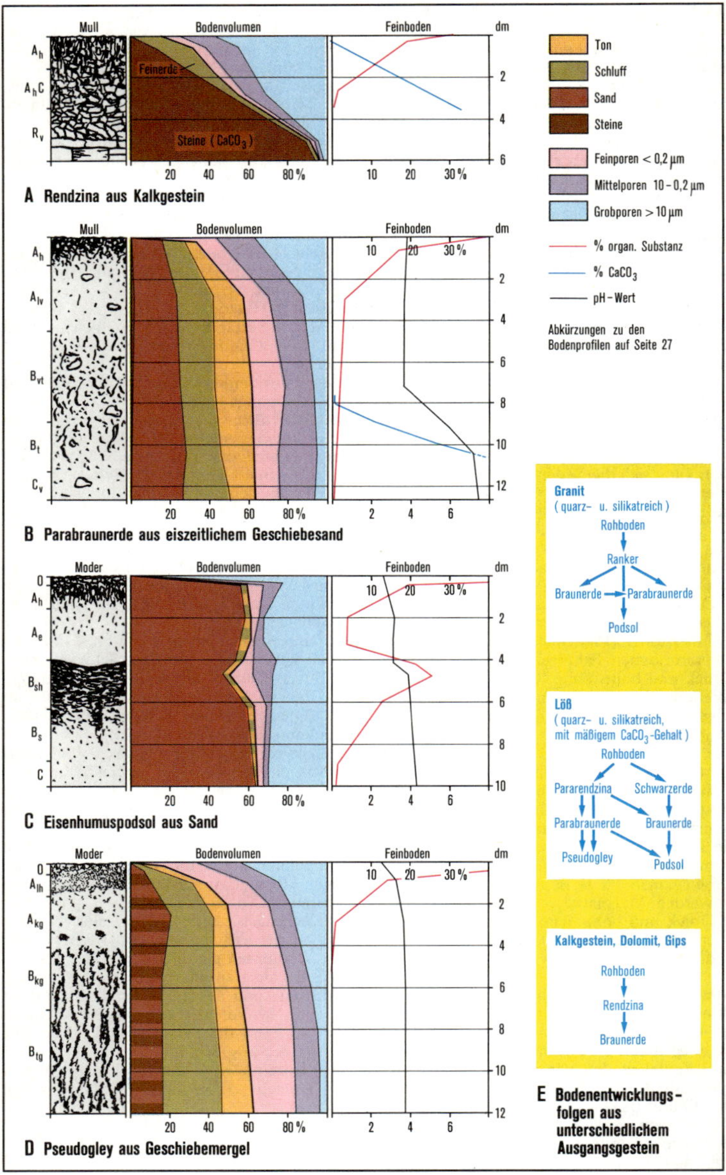

Bodenprofile Mitteleuropas

Eine Einteilung der Böden in ein natürl. System wurde 1953 von KUBIENA (1962/1985) in Verbindung mit der *Deutschen Bodenkundlichen Gesellschaft* ausgebaut. Eine international anerkannte Bodensystematik liegt bisher nicht vor.

Nach der **Einwirkung des Wassers** unterscheidet man (vgl. Humusformen, S. 47):

1. Landböden (terrestr. Böden),
2. Grundwasser- und Überflutungsböden (semiterrestr. Böden),
3. Unterwasserböden (subhydr. Böden, S. 49),
4. Moorböden (S. 27).

Landböden (terrestrische Böden)

Anfangsstadien der Bodenbildung sind die *Rohböden* mit einem humosen Oberboden <2 cm auf festem bzw. zerklüftetem Gestein (**Syrosem,** russ. = rohe Erde), früher auch als Schutt- oder Skelettboden bezeichnet.

Man findet diesen Bodentyp auf Felsvorsprüngen im Mittelgebirge, häufiger im Hochgebirge und in der Arktis.

Auf kalkfreiem, silikatischem Festgestein bildet sich bei fortschreitender Verwitterung der **Ranker** (Rank, österr. = Steilhang), ein junger Bodentyp mit steinig-humosem A-Horizont geringer Mächtigkeit.

Die **Rendzina** (poln. Bauername = Rauschen der vielen Steine am Pflug) entsteht als humus- und skelettreicher Bodentyp auf Kalkgestein bzw. Dolomit (Abb. A).

Starke Tätigkeit der Bodentiere sorgt für stabile Krümelung und gute Durchlüftung im A_h-Horizont. Ackerbau ist bei tiefgründigen Rendzinen möglich.

Die **Pararendzina,** ein Boden mit A-C-Horizont, bildet sich auf Löß, Geschiebe, Mergel und Sanden mit einem Kalkgehalt bis 70% im halbtrockenen Klima (z. B. Kaiserstuhl).

Bei Entkalkung im feuchten Klima geht die Pararendzina in Braun- oder Parabraunerde über (S. 46, Abb. B).

Intensive acker- und weinbauliche Nutzung ist möglich.

Die Silikatverwitterung (S. 45) im B_v-Horizont der **Braunerden** bewirkt durch Eisenoxid eine *Verbraunung,* die bei pH <7 beschleunigt wird. Im Ggs. zu den basenreichen Braunerden auf Moränen steht die nährstoffärmere **Sauerbraunerde** in Mittelgebirgslagen. Auf Sanden gehen sie in Podsole über.

Häufig Waldstandorte; ackerbaul. Nutzung bei Düngung möglich.

Parabraunerde/Fahlerde (Abb. B), der am weitesten verbreitete Boden im gemäßigt-feuchten Klima auf lockerem Mergelgestein, kalkfreien Lehmen und lehmigen Sanden, entwickelt sich aus Pararendzinen oder Braunerden.

Der nicht so mächtige humose A_h-Horizont geht in den humusarmen, fahlbraunen A_l-Horizont über, aus dem Feinton (<0,2 μm) in den tiefbraunen Unterboden (B_t-Horizont) ausgewaschen wird *(Tonverlagerung = Lessivierung).*

Bleicherde/Podsol (russ. Bauername = Ascheboden; Abb. C), entsteht in kalt-gemäßigt/feuchtem Klima auf kalk- und magnesiumarmem Gestein, häufig auf Sanden, Sandstein und Granit mit Nadelholz- oder Ericaceenvegetation.

Bei starker Wasserdurchlässigkeit verlagern sich Eisen, Aluminium und organ. Stoffe in tiefere Schichten.

Den sich nur langsam zersetzenden Streuauflagen (*Rohhumus,* S. 47) und dem geringmächtigen A_h-Horizont folgt der aschgraue *Auswaschungshorizont* (A_e = *Eluvialhorizont*). Im B_{sh}-Horizont (*Einwaschungs-* bzw. *Illuvialhorizont*) reichert sich humusreiche **Orterde** an, die sich bei Ausfällung von Eisenoxiden und Trockenheit zu **Ortstein** verfestigen kann.

Bei Bewässerung und starker Düngung hohe Erträge möglich.

Staut sich das Niederschlagswasser auf verdichtetem Unterboden, entsteht der **Pseudogley** (Abb. D), ein Stauwasserboden. Im Ggs. zu den Grundwasserböden wechselt hier Staunässe mit Austrocknung ab. Der zeitweilige Sauerstoffmangel führt zur Lösung und Umverteilung von **Fe** und **Mn** innerhalb der Horizonte. Die Oberflächen der Aggregate sind gebleicht, im Innern reichern sich Eisenoxide an.

Der Bodentyp liefert gute Wiesen- und Waldstandorte, die Nutzung als Acker ist durch Frühjahrsvernässung erschwert.

Stauwasserböden mit anhaltender Vernässung bilden **Stagnogleye.** Der Oberboden ist stark gebleicht. Die kühlen Bodentemperaturen hemmen den mikrobiellen Abbau, so daß der 10–30 cm mächtige Oberboden aus nährstoffarmem Grobhumus besteht.

Der luftarme, häufig stark versauerte Bodentyp ist für Land- und Forstwirtschaft wenig geeignet.

Grundwasserböden (semiterrestr. Böden)

Reicht das Grundwasser 0,5–1,0 m unter die Bodenoberfläche, bildet sich ein Grundwasserbodentyp (**Gley,** russ. = schlammige Bodenmasse) mit den Horizonten A_h-G_o-G_r. Der humose A_h-Horizont ist vom Grundwasser i. d. R. nicht beeinflußt. Im graugrünen bis blauschwarzen G_r-Horizont, Reduktionshorizont, löst das Grundwasser bei O_2-Mangel Fe und Mn. Diese steigen mit dem Kapillarwasser auf, oxidieren und fallen im G_o-Horizont aus. Das verursacht die rostgelb-braungraue Fleckung.

Auenböden sind weniger durch das zeitweise Überfluten des Wassers geprägt als durch die Ablagerungsprodukte der Bäche und Flüsse.

Marschböden, Flachlandböden der Küste in Meeresspiegelhöhe, bilden sich durch Ablagerung organ. und anorgan. Schwebstoffe im Watt. Sie gehen in *Salzmarschen* über, wenn sie nicht mehr täglich überflutet werden, und müssen in den Folgejahren aussüßen.

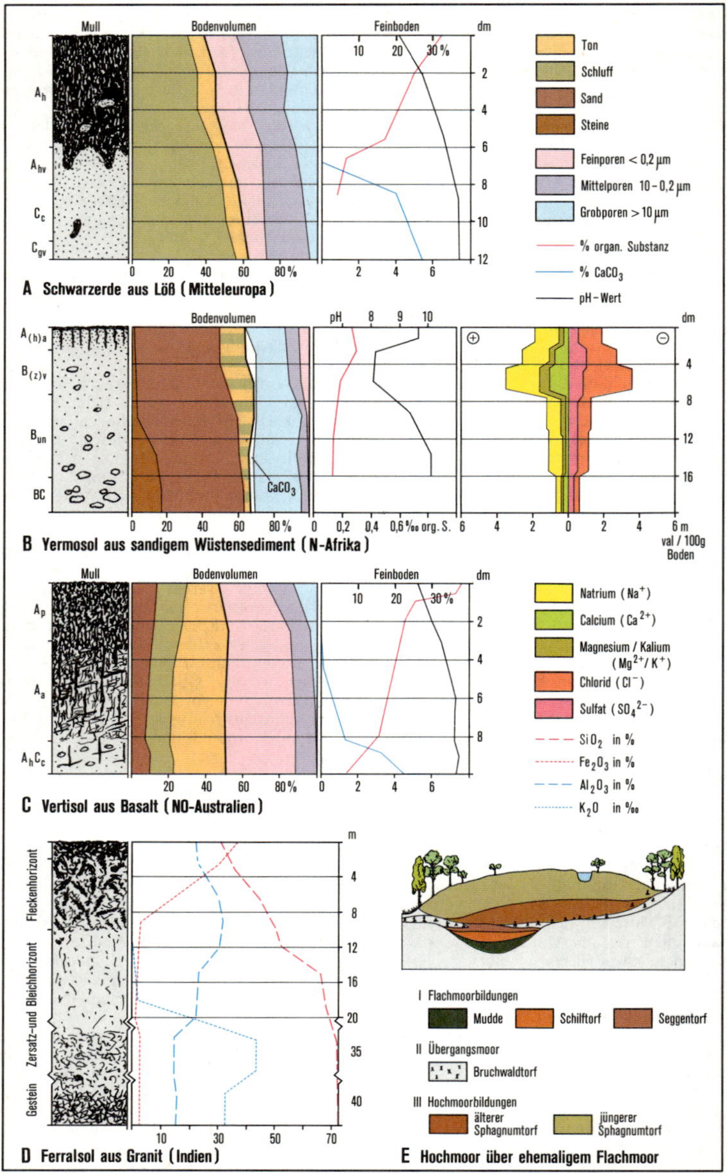

Bodenprofile wärmerer Klimate

Im kontinentalen Klima mit geringem Niederschlag (300–600 mm/a) ist die Auswaschung lösl. Bodenstoffe gering. Vielmehr werden Salze durch aufsteigendes Kapillarwasser angereichert. Es entwickeln sich überwiegend kalkhaltige Böden mit A-C-Horizonten.

Schwarzerde/Tschernosem (russ. = schwarze Erde) ist der typ. Boden der Steppe und Waldsteppe (Abb. A). Der schwarze, krümelige Mull im A_h-Horizont ist im halbtrockenen Klima mächtig entwickelt (> 40 cm).

Wühlende Bodentiere (Hamster und Ziesel) durchmischen und lockern den basenreichen Boden. Mit einer Wasserspeicherfähigkeit von ca. 200 mm Niederschlag im oberen Meter ist er der fruchtbarste Boden für den Ackerbau.

Im Übergangsbereich zu Trockengebieten nimmt die Mächtigkeit des Humushorizontes ab, da die Niederschläge (350–250 mm/a) die Pflanzenproduktion einschränken. Die Pflanzendecke ist nicht mehr geschlossen und birgt Gefahren für Bodenerosion. Der Bodentyp wurde nach dem kastanienfarbigen A-Horizont **Kastanosem** benannt.

Wenn der Boden auch grundsätzlich fruchtbar ist, zwingt er bei landwirtschaftl. Nutzung zu Maßnahmen der Wasseranreicherung (S. 141).

Xerosole (xeros, griech. = trocken) sind als graubraune bis braune *Halbwüstenböden* humusarm (vgl. **Yermosol** < 1%, Abb. B) und erhalten > 6 Monate im Jahr kein Wasser. Salze aus dem Regenwasser reichern sich im Unterboden an.

Die etwas krautreicheren Xerosole lassen extensive Beweidung zu. Ackerbaul. Nutzung ist nur mit künstl. Bewässerung möglich (S. 141).

Die tonreichen **Vertisole** (Abb. C) entstehen auf kalkhaltigen Gesteinen im wechsel-feucht-warmen Klima mit 3–4 Trockenmonaten und 300–1300 mm Niederschlag/a. Schrumpfungsrisse in Trockenzeiten und wiederholtes Quellen bei Feuchtigkeit bewirken intensive *Bodendurchmischung (Peloturbation)*. Der humose Gehalt liegt trotz dunkelgrauer Farbe meist < 3%.

Die jahrmillionen-alten **Ferralsole/Oxisole/Latosole** (Abb. D) sind intensiv und tiefgründig verwitterte Böden der Tropen und Subtropen. Der mit Fe-, Al-Oxiden und Kaolinit angereicherte *(ferralitisierte)*, meist gelb-rote B_u-Horizont enthält kaum noch Silikate. Nach Erosion des A-Horizontes verhärtet das Material infolge starker Austrocknung zu *Laterit* irreversibel (Lateritisierung, later, lat. = Ziegel).

Nur kurzfristige Nutzung für den Anbau von Kulturpflanzen (S. 143).

Moore/Moorböden

Die Humushorizonte der Moorböden enthalten > 30% organ. Substanz und sind häufig mehrere m mächtig. Moore entstehen, wenn Grund- oder Oberflächenwasser den Abbau der Streu hemmen.

Niedermoore (topogene Moore) sind häufig *Verlandungsmoore*, in denen Schilf, Rohrkolben und Seggen das Ausgangsmaterial zur Torfbildung liefern (Abb. E). Erreicht der Torf die Wasseroberfläche, stellt sich ein Erlen- oder Weidenbruchwald ein **(Übergangsmoor).** In nährstoffarmen Gebieten können auch anspruchslose Holzarten, Moorbirke und Kiefer, vorherrschen. Im atlant. Klima (> 800 mm/a) kann Torfmoos *(Sphagnum)* weiterwachsen und den Bruchwald verdrängen. Es entsteht das uhrglasförmig gewölbte **Hochmoor (Regenwassermoor, ombrogenes Moor).** Der meist jüngere *Weißtorf* ist im Ggs. zum *Schwarztorf* weniger humifiziert, so daß die Pflanzenreste erkennbar sind. Wegen der hohen Wasserspeicherung (Porenvolumen 80–95%) erwärmt sich der Boden im Frühjahr langsamer.

Legende der Bodenprofile (S. 24 u. 26)

Großbuchstaben kennzeichnen die Bodenhorizonte und deren Zugehörigkeit zum Humus- bzw. Mineralkörper. Für typische bodenbildende Prozesse werden Kleinbuchstaben nachgestellt, wenn nur schwach ausgeprägt, in Klammern.

O	*organischer* Horizont
A	oberster Mineralhorizont
B	Mineralhorizont im Unterboden, Verwitterung, Verlehmung bzw. Anreicherung
C/R	Lockergestein / Festgestein
a	*anmoorig*, mit Huminstoffen von Wassertieren und anaeroben Mikroorganismen
c	*kalkangereichert* (engl. calcic), i. d. R. > 15%
e	*eluvial*, sauer-gebleicht, nährstoffverarmt
g	*marmoriert*, rostfleckige Kerne, gebleichte Oberflächen
h	*huminstoffangereichert*
k	*Konkretionen:* verfestigte mineralische Zusammenschlüsse (z. B. Eisenoxide)
l	*lessiviert*, Auswaschung von Ton
o	*oxidiert*, rost- bzw. kalkfleckiger Horizont über Grundwasser
p	*gepflügt*, durch Bearbeitung durchmischt
r	*reduziert*, überwiegend anaerob
s	*sequioxidangereichert*, mit Fe_2O_3, Al_2O_3
t	*tonangereichert*
u	*ferralitisiert*, > 30 cm stark verwittert (B_u-typisch für Ferralsole)
v	*verwittert*, beim B-Horizont verbraunt, verlehmt
z	*salzangereichert*, pH > 8,5

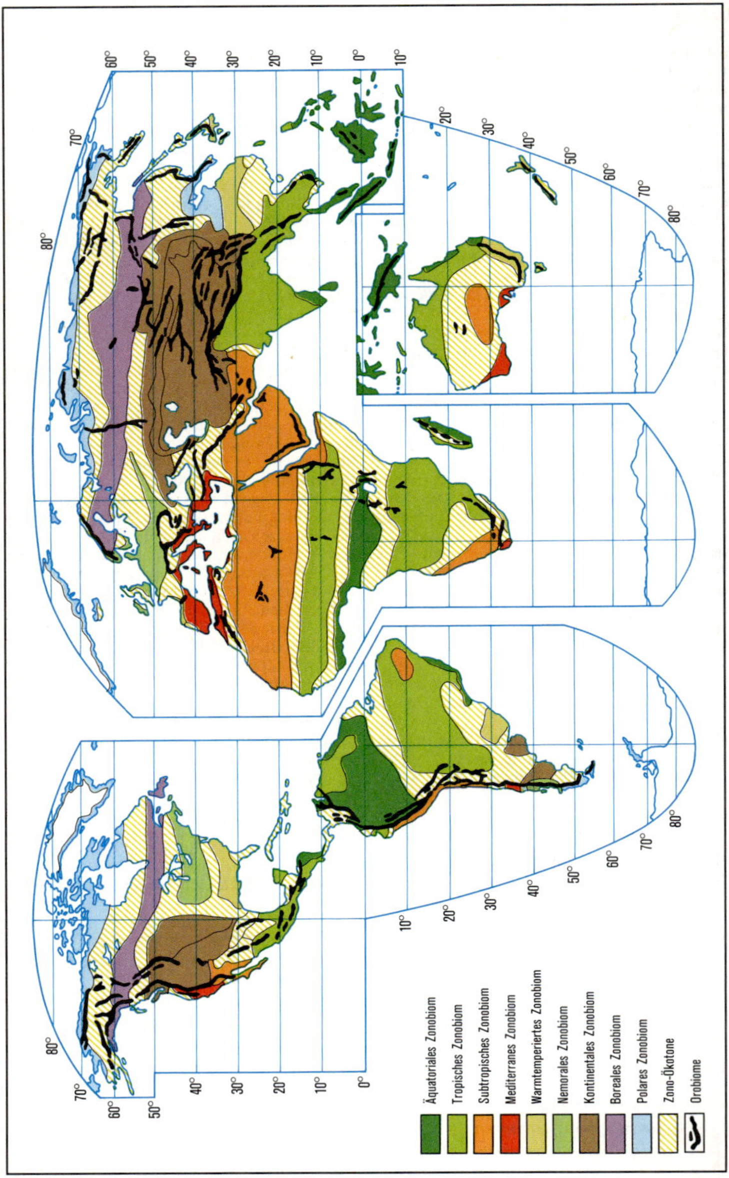

Ökologische Gliederung der Kontinente

Die **Biosphäre** (belebter Raum) umfaßt als Schicht von ca. 20 km nur einen dünnen Gürtel der Erde. Im terrestr. Bereich hängt die Durchdringungstiefe der Pedosphäre für Lebewesen von der klimaabhängig unterschiedl. Verwitterungstiefe des Gesteins ab.

Die *Pedosphäre* ist i. d. R. bis 5 m Tiefe bewohnt; abweichend davon fand man z. B. Regenwürmer im Ural in 8 m, Termitengänge im trop. Urwald Madagaskars in 25–50 m und anaerobe Bakterien in Erdöllagern bis 4000 m Tiefe.

Über den Boden ragen Pflanzen wegen des schwierigen Wassertransports gegen die Schwerkraft der Erde selten mehr als 50 m auf, Mammutbäume N-Amerikas erreichen 120 m.

In der Atmosphäre und Hydrosphäre sind der Sauerstoffgehalt und die Temperatur die wichtigsten begrenzenden Faktoren für die Ausbreitung der Lebewesen.

Unterhalb einer Dauertemperatur von 0 °C verringert sich die Artenzahl plötzlich, nur gleichwarme Tiere können sich den widrigen Umweltverhältnissen anpassen.

Vögel fliegen bis 2000 m auf, Insekten konnten noch um 4000 m über dem Boden nachgewiesen werden.

Grenzt man die Biosphäre streng nach dem Vorhandensein organ. Materie ab, so reicht sie in der Atmosphäre wegen der passiven Verfrachtung von Pollen und Bakteriensporen durch den Wind bis ca. 10 km Höhe.

In Tiefseegräben konnten anaerobe Bakterien noch in 10 000 m Tiefe nachgewiesen werden.

Die **Biosphäre** kann ökologisch in **Subbiosphären** (SCHUBERT) untergliedert werden, wobei die Atmosphäre als nur zeitweise belebter Raum nicht gesondert berücksichtigt wird. Die Subbiosphären:

Geobiosphäre = belebte Räume der Lithosphäre und Pedosphäre (Böden u. a.),

Hydrobiosphäre = belebte Räume der Hydrosphäre (Meere, Süßwasserseen, Flüsse),

Anthropobiosphäre = Räume mit menschl. Dominanz (Kulturlandschaften, Städte).

Die Untergliederung der Subbiosphären führt zu **Megabiomen** (SCHUBERT):

Geobiosphäre: semiterrestr. und terrestr. Megabiome;

Hydrobiosphäre: marine (Meeres-) und limn. (Süßwasser-) Megabiome;

Anthropobiosphäre: künstl. Megabiome.

Die Subbiosphären sind aus **Biomen** oder **Makroökosystemen** aufgebaut, denen vom Erscheinungsbild her einheitl. Lebensgemeinschaften zugeordnet werden können. Die terrestr. Biome werden durch die abiot. Faktoren Temperatur, Niederschlag und Verdunstung bestimmt und können häufig durch Vegetationsformationen abgegrenzt werden, die Gewässer durch Stoffgehalte (Salze, O_2).

H. WALTER hat den Wirkungszusammenhang von Temperatur und Niederschlag in den Jahreszeiten in ökolog. Klimadiagrammen dargestellt (S. 18). Aus deren räuml. Verteilung erschloß er die

Gliederung der Biogeosphäre in 9 **Zonobiome**, die sich z. T. über Vegetationsformationen, v. a. aber über die Tierreiche hinweg ausbreiten (S. 28; 30, Abb. A).

Lebewesen können ökologisch bedingt Biomen fest zugeordnet (endemisch) sein, i. d. R. dringen aber die Arten über die Grenzen vor und durchmischen sich.

Übergangs- und Austauschräume zwischen 2, manchmal auch 3 Zonobiomen bezeichnet WALTER als **Zono-Ökotone.**

Aus den Zono-Biomen und -Ökotonen müssen die Gebirge mit ihrer Höhengliederung **(Orobiome)** und die Boden-Lebensräume **(Pedobiome)** ausgegliedert werden. Die Pedobiome unterscheiden sich vom zonalen klimabedingten Bodentyp aufgrund bes. Untergrundeigenschaften (z. B. Sümpfe, Gestein). Sie treten nur in kleinen Flächen auf, wie die Mangrove an Küstenstreifen.

Zonobiom: Klima	Bodenzone	Vegetationszone
äquatorial: mit Tageszeitenklima, meist immerfeucht	äquatoriale Braunlehme, ferralitische Böden-Latosole	immergrüner tropischer Regenwald, jahreszeitliche Aspekte fast fehlend
tropisch: mit Sommerregenzeit und kühler Dürrezeit (humid-arid)	Rotlehme oder Roterden, fersiallitische Savannenböden	tropischer laubabwerfender Wald oder Savannen
subtropisch: arides Wüstenklima, spärliche Regenfälle	Sieroseme oder Syroseme (rohe Wüstenböden), auch Salzböden	subtropische Wüstenvegetation, Gesteine bestimmen das Landschaftsbild
mediterran: mit Winterregen und Sommerdürre (arid-humid)	mediterrane Braunerde, oft fossile Terra rossa	Hartlaubgehölze (Sklerophylle), gegen längeren Frost empfindlich
warmtemperiert: mit Sommerregenmaximum oder mild-maritim	rote oder gelbe Waldböden, leicht podsolig	temperierter immergrüner Wald, etwas frostempfindlich
nemoral: typisch gemäßigt, mit kurzer Winterkälte	Wald-Braunerde oder graue Waldböden (oft lessiviert)	nemoraler, im Winter kahler Laubwald, frostresistent
kontinental: arid-gemäßigt, mit kalten Wintern	Tschernoseme, Kastanoseme, Buroseme bis Sieroseme	Steppen bis Wüsten, nur Sommerzeit ist heiß, frostresistent
boreal: kalt-gemäßigt, mit kühlen Sommern (lange Winter)	Podsole oder Rohhumus-Bleicherden	boreale Nadelwälder (Taiga), sehr frostresistent
polar: arktisch und antarktisch, mit sehr kurzen Sommern	humusreiche Tundraböden mit starken Solifluktionserscheinungen	baumfreie Tundravegetation, meist über Permafrostboden

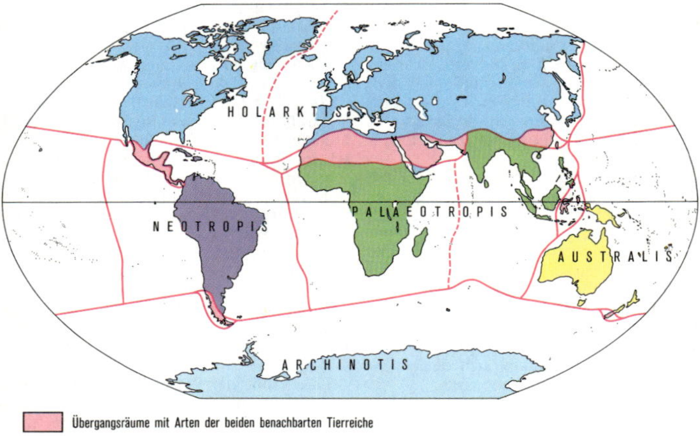

A Die Tierreiche der Erde

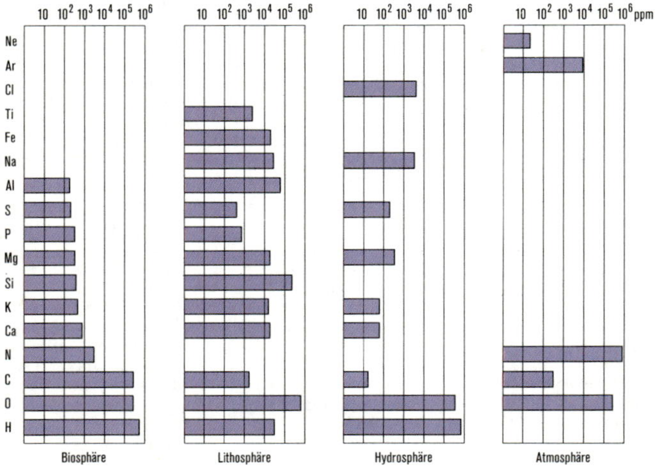

B Verteilung der chemischen Elemente auf der Erde

Biogeographen teilen die Erde unter genetisch-verwandtschaftl. Gesichtspunkten auf; aus ihnen ergibt sich auch die

Gliederung der *Tierreiche* mit Übergangsräumen einer Mischfauna, vergleichbar den Zono-Ökotonen (Abb. A).

Aus dem Angebot der in der Atmosphäre, Lithosphäre und Hydrosphäre zur Verfügung stehenden Elemente reichern die Lebewesen bestimmte an (Abb. B). Sie stellen in ihrer Element-Zusammensetzung als Biosphäre ein eigenständiges System dar, dessen Nutzung durch den Menschen Strukturveränderungen auslösen kann.

98 Gewichtsprozente der Biosphäre können auf den Grundbaustein mit der Summenformel ‹CH_2O› zurückgeführt werden, z. B. sind Glucose ($C_6H_{12}O_6$) und Zellulose Polymere von ‹CH_2O›.

In den chem. Bindungen der *Kohlenhydrate*, v. a. der Pflanzen, der *Eiweiß-* und *Fettmoleküle* der Tiere ist die durch die Photosynthese gewonnene Strahlungsenergie gespeichert.

Die Biomasse der Erde verteilt sich zu 99% auf die autotrophen Pflanzen, zu 0,9% auf die heterotrophen Pflanzen und zu nur 0,1% auf die Tiere.

Die räuml. Verteilung der Biomasse auf der Erde hängt von der **Bruttoprimärproduktion** ab. Sie umfaßt die gesamte durch *Photosynthese* und *Chemosynthese* der Produzenten gespeicherte Strahlungsenergie einschließlich der durch Atmung verbrauchten Moleküle.

Die **Nettoprimärproduktion** (NPP) ist die Biomasse, die einem Ökosystem nach Abzug der veratmeten Moleküle zur Verfügung steht (NPP = Nettoassimilationsrate · Blattflächenindex · Dauer der Vegetationsperiode):

		Netto-Primärproduktion (Trockensubstanz)			**Biomasse** (Trockensubstanz)		
Biom-Typ	Gebiet (10^6 km²)	Streuung ($g \cdot m^{-2} \cdot a^{-1}$)	Durchschnitt ($g \cdot m^{-2} \cdot a^{-1}$)	Total ($10^9 t \cdot a^{-1}$)	Streuung (kg / m²)	Durchschnitt (kg / m²)	Total (10^9 t)
tropischer Regenwald	17,0	1 000 - 3 500	2 200	37,4	6 - 80	45	765
tropischer Saison-Regenwald	7,5	1 000 - 2 500	1 600	12,0	6 - 60	35	260
gemäßigte Wälder:							
–immergrün	5,0	600 - 2 500	1 300	6,5	6 - 200	35	175
–laubabwerfend	7,0	600 - 2 500	1 200	8,4	6 - 60	30	210
Taiga	12,0	400 - 2 000	800	9,6	6 - 40	20	240
Wald- und Buschland	8,5	250 - 1 200	700	6,0	2 - 20	6	50
Savanne	15,0	200 - 2 000	900	13,5	0,2 - 15	4	60
Steppen	9,0	200 - 1 500	600	5,4	0,2 - 5	1,6	14
Tundren und alpine Biome	8,0	10 - 400	140	1,1	0,1 - 3	0,6	5
Wüsten und Halbwüsten	18,0	10 - 250	90	1,6	0,1 - 4	0,7	13
Extrem-Wüsten (Fels, Sand, Eis)	24,0	0 - 10	3	0,07	0 - 0,2	0,02	0,5
Kulturland	14,0	100 - 4 000	650	9,1	0,4 - 12	1	14
Sümpfe	2,0	800 - 6 000	3 000	6,0	3 - 50	15	30
Seen und Flüsse	2,0	100 - 1 500	400	0,8	0 - 0,1	0,02	0,05
Kontinente	149	-	782	117,5	-	12,2	1 837
offener Ozean	332,0	2 - 400	125	41,5	0 - 0,005	0,003	1,0
Litoral	0,4	400 - 1 000	500	0,2	0,005 - 0,1	0,02	0,008
Kontinental-Schelf	26,6	200 - 600	360	9,6	0,001 - 0,04	0,001	0,27
Algenzonen und Riffe	0,6	500 - 4 000	2 500	1,6	0,04 - 4	2	1,2
Ästuarien	1,4	200 - 4 000	1 500	2,1	0,01 - 4	1	1,4
Meere	361	-	155	55,0	-	0,01	3,9
Meere und Kontinente	510	-	336	172,5	-	3,6	1 841

Netto-Primärproduktion der Biosphäre

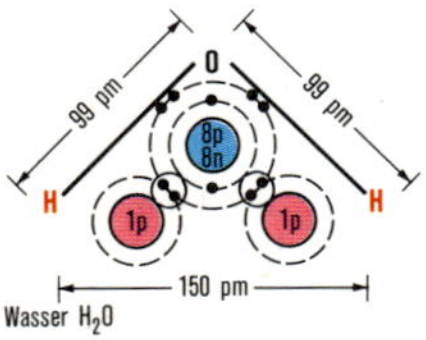

A Molekülaufbau

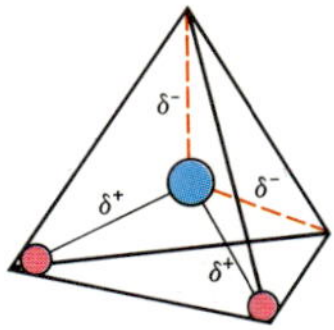

B Dipolbildung

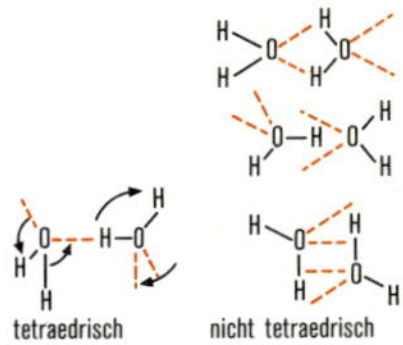

C Wasserstoffbrücken

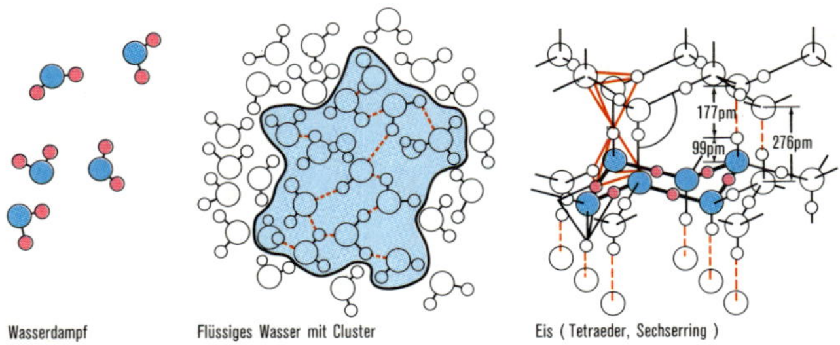

D Aggregatzustände des Wassers

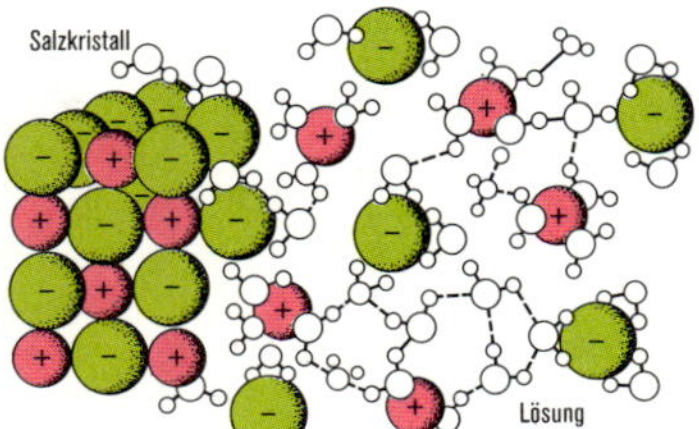

E Lösungen: Ionenkristall

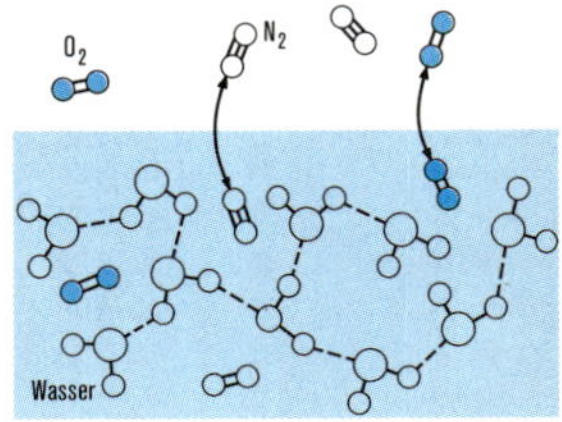

Gase

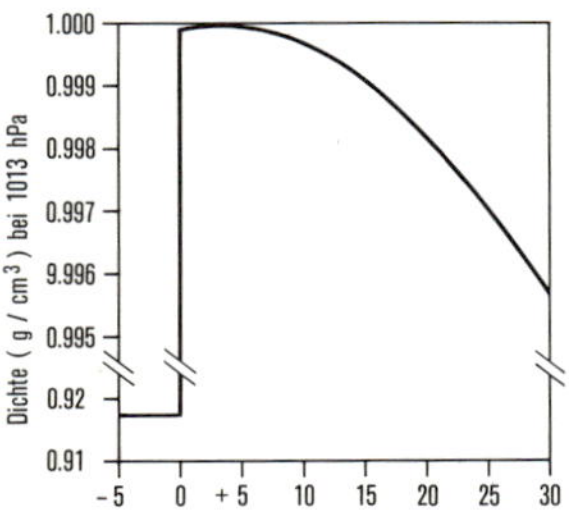

F Dichteanomalie

Löslichkeit bei	0 °C	10 °C	20 °C
Luft			
(78,0 Vol.-%) N_2	22,4	17,45	14,2
(20,1 Vol.-%) O_2	14,5	11,1	8,9
(0,03 Vol.-%) CO_2	1,0	0,7	0,51
Stickstoff (N_2)	28,8	22,6	18,6
Sauerstoff (O_2)	69,5	53,7	43,3
Kohlendioxid (CO_2)	3350	2320	1690
Ammoniak (NH_3)	1000	690	540
Schwefelwasserstoff (H_2S)	7100	5300	4000
Chlor (Cl_2)	14600	9700	7000
Ozon (O_3)	1360	1100	7700

G Löslichkeit von Gasen in H_2O (mg/l)

Eigenschaften des Wassermoleküls

Das auf der Erde vorkommende **Wasser** ist durch Ausgasen der Magma entstanden und wird biochemisch bei der Mineralisierung organ. Stoffe, bei der Photosynthese und bei biochem. Redox-Vorgängen freigesetzt.

Wasser besteht aus Molekülen, in denen die beiden Wasserstoffatome mit dem Sauerstoffatom kovalent gebunden sind, im Winkel von 104° 27′ zugeordnet (Abb. A, B).

Durch die im Vergleich zu der des Wasserstoffs (+1) hohen Kernladungszahl des Sauerstoffs (+8) werden die negativ geladenen Bindungselektronen stärker zum O-Kern als zu den H-Kernen hingezogen (Teilchenmodell): die Ladungsschwerpunkte fallen nicht zusammen, das Molekül stellt einen permanenten **Dipol** dar, der mit positiven und negativen Ladungsträgern in Wechselwirkung treten kann.

Über die Pole von Wassermolekülen können Bindungen aufgebaut werden **(Wasserstoffbrückenbindung)**, deren Trennung *(Dissoziationsenthalpie)* einen Energieaufwand von ca. 20–42 kcal/mol erfordert.

Die Wassermoleküle können sich unstrukturiert zu **Clustern** zusammenlagern (flüssiges Wasser) oder im Eis tetraedrische und ringförmige Kristall-Grundeinheiten bilden (Abb. D). Bei 0°–4 °C bestehen die Cluster aus ca. 90, bei 70 °C aus ca. 25 Molekülen, die sich fortlaufend bilden und auflösen.

Durch die Cluster wird der Schmelzpunkt des Wassers von theoretisch −100 °C auf 0 °C und der Siedepunkt von ca. −70° auf +100 °C angehoben, wodurch Wasser bei den durchschnittl. Oberflächentemperaturen der Erde statt im gasförmigen im flüssigen Aggregatzustand vorliegt.

Das **flüssige Wasser** wird von den Lebewesen als *Wärme- und Stofftransportmittel* in den Leitungsbahnen der Pflanzen und den Blutgefäßen genutzt; und es bildet die *aquatischen Lebensräume*.

So wie der CO_2-Gehalt oft ein produktionsbegrenzender Faktor in den Gewässern ist, so determiniert das Wasser die terrestr. Produktivität (S. 101, 141).

Durch den Dipolcharakter ist Wasser ein bes. gutes *Lösungsmittel* für zahlreiche Stoffgruppen. Die Lösungsfähigkeit wird auch von der **Dissoziationsfähigkeit** des Wassers beeinflußt:

$$2H_2O \rightleftharpoons H_3O^+ + OH^- \text{ (Ampholyt).}$$

Die Konzentration der Hydronium-Ionen (H_3O^+) bzw. Hydroxid-Ionen (OH^-) zeigt an, wie sauer bzw. alkalisch eine Lösung ist. Wenn H_2O Protonen abgibt, z. B.

$$H_2O + NH_3 \rightleftharpoons NH_4^+ + OH^-,$$

reagiert es **chemisch** als Säure (Protonendonator), wenn es Protonen aufnimmt, z. B.

$$H_2O + HCl \rightleftharpoons H_3O^+ + Cl^-,$$

als Base (Protonenakzeptor); wenn ein Molekül sowohl als Säure als auch als Base reagieren kann, bezeichnet man es als **amphoter.**

Nichtmetalloxide bilden mit Wasser Säuren, z. B.

$$SO_2 + H_2O \rightleftharpoons 2H^+ + SO_3^{2-}$$

(SO_2-Problem, S. 169),
einige *Metalloxide* Laugen, z. B.

$$CaO + H_2O \rightleftharpoons Ca^{2+} + 2OH^-.$$

Metallsalze werden durch Dissoziation gelöst (Abb. E), als Salze schwacher Säuren und Basen **hydrolytisch** gespalten, z. B.

$$Na_2CO_3 + H_2O \rightleftharpoons 2Na^+ + HCO_3^- + OH^-.$$

Wasser kann in Kristallgitter eingelagert werden **(Hydratbildung)**.

Wasser löst polare Stoffe, z. B. Salze, gut (**hydrophile** Wirkung), meistens unter **Ionenbildung**, unpolare schlechter oder, wie Fette, gar nicht (**hydrophobe** Wirkung).

Die **Löslichkeit von Gasen**, die mit Wasser chemisch nicht reagieren, ist temperatur- und druckabhängig (Abb. G), z. B. nimmt der Sauerstoffgehalt in einem See in der Regel von oben nach unten zu.

Für die stehenden Gewässer ist die **Dichteanomalie** von Bedeutung (Abb. F). Wasser hat bei 4 °C die größte Dichte, kälteres wieder eine geringere. 0–4 °C kaltes Wasser hat die kälteste Schicht also an der Oberfläche, wo sich bei weiterer Abkühlung Eis bildet, das wegen des weiträumigen Kristallgitters (Abb. D) von noch geringerer Dichte schwimmt.

Das Zufrieren von oben nach unten erlaubt den Fischen in genügend tiefen Seen das Überleben im Restwasser (S. 116–119).

Die Dichte wird auch durch den Salzgehalt und den Druck beeinflußt. So bietet dichteres Salzwasser dem Plankton bessere Schwebebedingungen als das ionenarme Wasser oligotropher Seen.

Wasser besitzt eine große **spezifische Wärmekapazität:** 4,187 kJ K^{-1} kg^{-1};
d. h. 4,187 kJ werden benötigt, um 1 kg Wasser bei Normaldruck um 1K (= 1 °C) zu erwärmen. Die Schmelzwärme beträgt 333,7 kJ/kg Eis, die Verdampfungswärme 2255 kJ/kg Wasser, die als Kondensationswärme beim Verflüssigen von Wasserdampf frei wird. Durch die hohe Wärmekapazität kann Wasser große Wärmemengen speichern und bildet im Vergleich zu terrestr. Verhältnissen einen thermisch rel. stabilen Lebensraum.

Wasser verfügt über eine große **Viskosität** und **Oberflächenspannung**, die temperatur- und druckabhängig sind. Die Viskosität (»Zähigkeit«) wirkt gegen die Bewegung im Wasser und ermöglicht dem Plankton den Schwebezustand. Die Oberflächenspannung kommt durch Kohäsionskräfte zwischen den Wassermolekülen im Grenzbereich zur Luft zustande (Neuston, S. 118/119), es entsteht ein sog. Oberflächenhäutchen.

Eine wichtige Eigenschaft des Wassers für die Biozönosen der Gewässer ist seine **Lichtdurchlässigkeit** (S. 116, Abb. A).

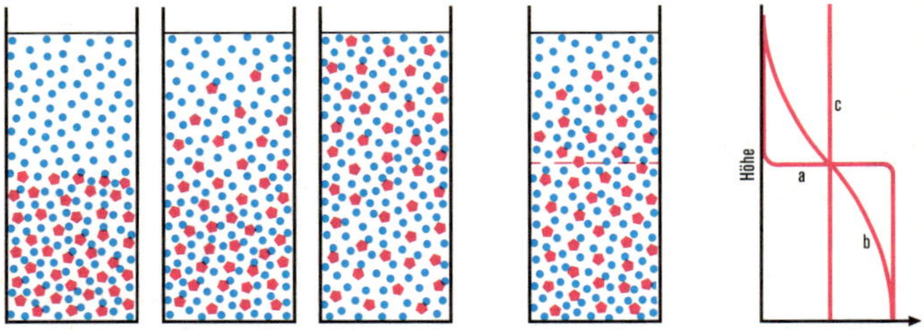

A Diffusion

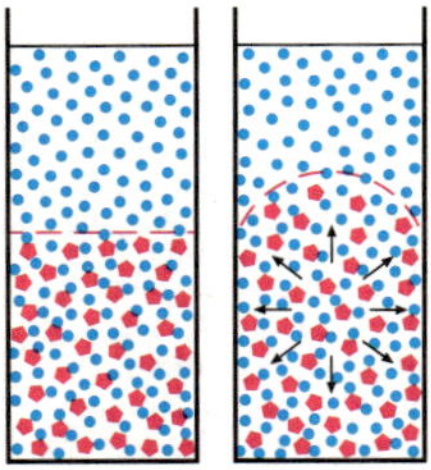

a Reines Lösungsmittel auf semipermeable Membran + Lösung gegeben
b Lösungsmittel in die Lösung gewandert, Druck hat semipermeable Membran gedehnt

B Osmose

% rel. Luftfeuchte ≙ % Hydratur	π in 10^5 Pa
100	0
99,5	6,7
99	13,5
98	27,2
97	41,0
95	69,1
90	141
80	301
70	481
50	933

C Gleichgewicht zwischen relativer Wasserdampf konzentration in der Luft und π einer Lösung

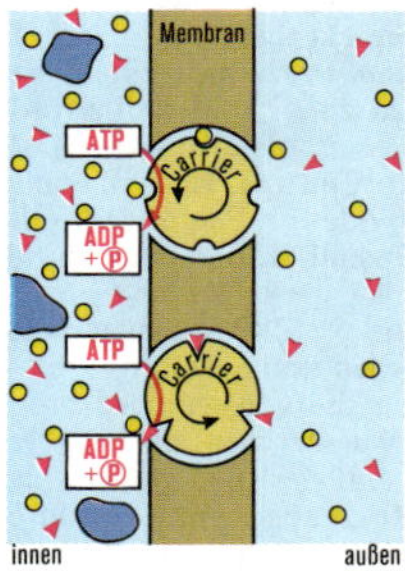

D Aktiver Transport

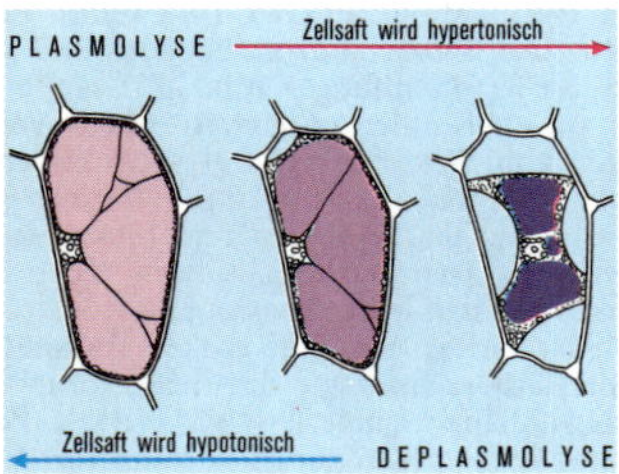

E Plasmolyse und Deplasmolyse

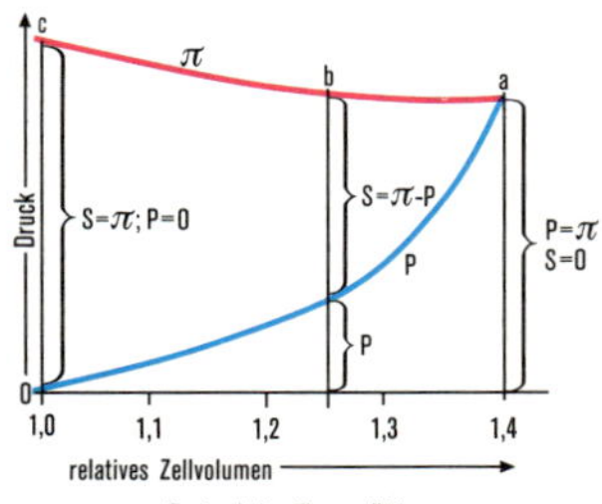

a Zustand der Wassersättigung
b Zelle wasseraufnahmefähig
c Zellwand entspannt (Grenzplasmolyse)
P = Turgordruck/Wanddruck
S = Saugspannung
π = potentieller osmotischer Druck

F Osmotisches Zustandsdiagramm

Wasser ist für den Ablauf von Stoffwechselprozessen in den Zellen lebensnotwendig. Es ist ein ideales Lösungsmittel für anorgan. und organ. Stoffe. Salze *dissoziieren* beim Lösen in einzelne Ionen, Säuren meist nur zum Teil. Die im Wasser leicht löslichen Stoffe, z. B. Salze, Zucker, Aminosäuren, Eiweiße, nennt man **hydrophil**, die schwer oder gar nicht löslichen, z. B. Fette, **hydrophob.**

Die lösl. Moleküle verhalten sich im Wasser wie Gasmoleküle, die mit anderen Gasen gemischt sind. Die Teilchen sind in ständiger Eigenbewegung **(Brownsche Molekularbewegung)**. Sie ist von der Wärmezufuhr abhängig und steigt bei Temperaturzunahme. Sind die Moleküle in einem Raum in ungleicher Konzentration verteilt, so gleicht sich dieser Unterschied mit der Zeit aus:

es bewegen sich mehr Moleküle vom Ort höherer Konzentration zu Orten niederer Konzentration.

Dieser physikal. Konzentrationsausgleich wird **Diffusion** genannt und bedarf keiner weiteren Energiezufuhr. Er ist abhängig von der Molekülgröße, vom Konzentrationsunterschied, dem Querschnitt, durch den die Moleküle wandern können, der Strecke und der Zeit (Abb. A). Kurze Strecken können durch Diffusion sehr schnell überbrückt werden, größere nur langsam.

Deshalb benötigen sehr kleine Tiere (Diffusionsstrecke <1 mm) kein Blutgefäßsystem zum Transport von Gasen bzw. Nährstoffen.

Mit Hilfe von Zellmembranen oder Körperhüllen verschiedenster Struktur bzw. Materials grenzen sich Lebewesen von ihrer Umgebung ab und halten ein *gleichbleibendes inneres Milieu* aufrecht.

Die Zellmembran ist **semipermeabel**, d. h. sie ist nur für bestimmte Moleküle (z. B. Wasser) durchlässig, für andere nicht (z. B. Salze, Zucker).

Trennt man zwei Räume mit unterschiedl. Konzentrationen durch eine *semipermeable Membran*, so ist eine Verdünnung durch Diffusion des gelösten Stoffes nicht möglich, sie kann nur durch Eindringen des Wassers erfolgen **(Osmose)**.

Durch die Brownsche Molekularbewegung verlassen mehr Wassermoleküle den Raum niedriger Konzentration *(hypoton. Lösung)*, als Wassermoleküle den Raum höherer Konzentration *(hyperton. Lösung)* verlassen können (Abb. B).

Dadurch erhöht sich der Druck im hyperton. Raum, den man z. B. durch die Höhendifferenz in einer Wassersäule *(hydrostat. Druck)* messen kann. Der Druck, den man den eindringenden Wassermolekülen entgegensetzen muß, bis die Zahl der einströmenden Moleküle gleich der Zahl der ausströmenden ist, ist der **potentielle osmotische Druck.** Er wird in Pascal angegeben (früher in atm oder bar).

Osmose und Diffusion sind passive Membran-Transportvorgänge, die dem Organismus keine Energie abverlangen. Die lebende Zelle muß aber das Zellvolumen, den pH-Wert und die Ionenzusammensetzung in der Zelle *regulieren* können, um die Voraussetzungen für Enzymaktivitäten sicherzustellen. Sie muß Moleküle aus der Umgebung anreichern und giftige Substanzen ausscheiden können (z. B. *Ionentransport an den Nerven- und Muskelfasermembranen, Abgabe von H^+-Ionen in den Magensaft, Rückgewinnung von Salzen und Zucker in der Niere)*.

Der Transport läuft über enzymartige Eiweißmoleküle (**Carrier** oder **Permeasen**) ab, die in der Membran sitzen (Abb. D).

Diese »erkennen« die zu transportierenden Moleküle nach dem *Schlüssel-Schloß-Prinzip* an der Form bzw. Ladungsverteilung. Die Transportgeschwindigkeit hängt von der Zahl der Carrier in der Membran und den freien Stellen auf ihnen ab.

Mit dem Konzentrationsgefälle kann der Transport spontan erfolgen **(passiver Transport)**. Gegen das Konzentrationsgefälle muß Konzentrationsarbeit geleistet werden. Dieser Transport benötigt Energie, die er in Form von chem. Energie als **ATP** aus dem Stoffwechsel bezieht:

aktiver Transport (Abb. D).

Die **Pflanzen** haben um ihre Zellmembranen dehnbare Zellwände, die bei Wasseraufnahme der Vakuole und des Zellplasmas dem Druck *(Turgordruck, Turgor, Turgeszenz)* entgegenwirken *(Wanddruck)* und ein Platzen der Zelle verhindern (Abb. F, a).

Krautige Pflanzen erhalten ihre Festigkeit durch den Turgor und erschlaffen bei dessen Abnahme. Beim Welken steigen Zellsaftkonzentration bzw. *potentieller osmotischer Druck* (π) an. Der Wanddruck (P) verringert sich bzw. geht gegen Null. Die Zelle kann in zunehmendem Maße Wasser aufnehmen, ihre *Saugspannung* (S) steigt.

$$S = \pi - P \quad \text{(Abb. F, b und c)}$$

Auch über die Situation b und c hinaus kann der Zelle Wasser entzogen werden, z. B. wenn das Außenmedium hypertonisch ist (**Plasmolyse**, Abb. E). Das Volumen von Vakuole und Zellplasma verringert sich. Wurde dabei die Membran nicht geschädigt, kann der Vorgang in einer hypoton. Lösung rückgängig gemacht werden **(Deplasmolyse)**.

Die in osmot. Systemen (z. B. Zellplasma, Vakuolensaft, Körperflüssigkeit) frei verfügbaren Wassermengen können in der Wirkung mit *Wasserdampfkonzentrationen in der Luft* gleichgesetzt werden.

Diesen Wasserzustand hat H. WALTER **Hydratur** genannt. Sie ist am höchsten im Fall dampfgesättigter Luft oder reinen Wassers (Abb. C).

Pflanze		Wassergehalt
Kopfsalatblatt		95
Tomate (reif)		94
Rettichwurzel		94
Wassermelone	Fruchtfleisch	92
Apfel	Fruchtfleisch	84
Kartoffelknolle		78
frisches Holz		50
Bohnensamen		11
Erdnuß		5
Luftalge in Latenz		5

A Wassergehalt in % Frischgewicht

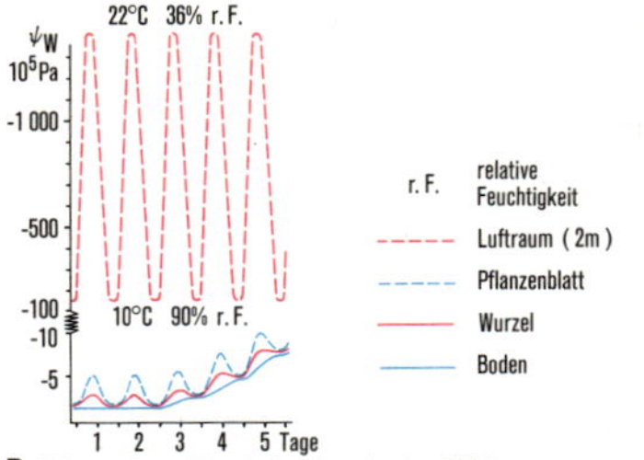

B Wasserdampfdruck bei konstanter Witterung

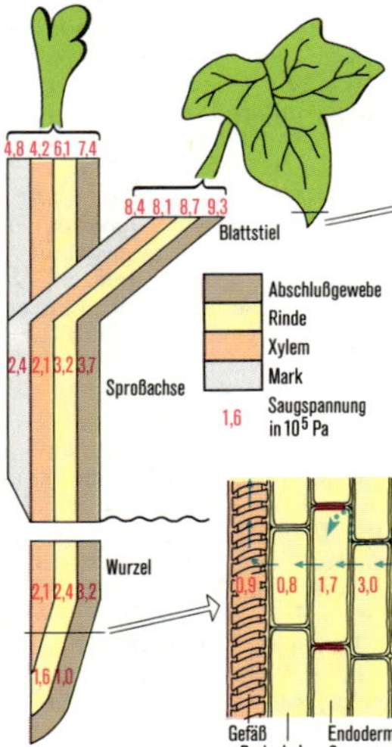

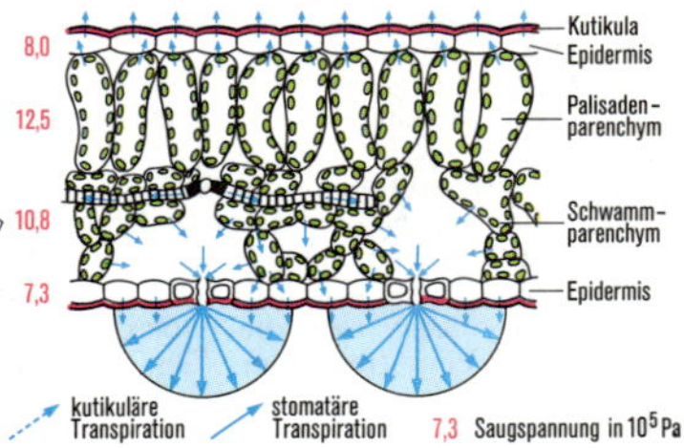

D Transportwege des Wassers im Blatt

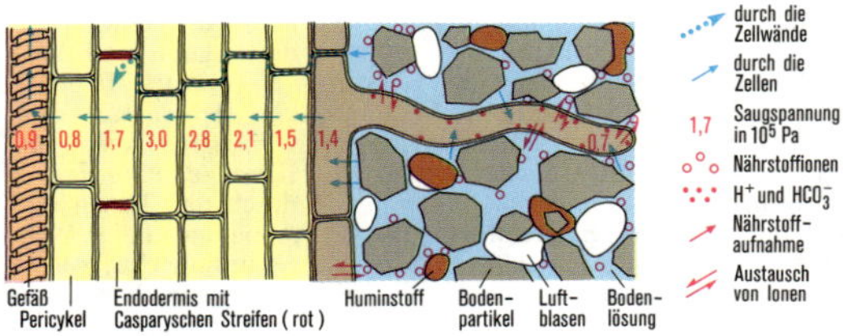

C Saugspannung im Gewebe des Efeus

E Ionen- und Wasseraufnahme durch die Wurzel

Hauptnährelement	Aufnahme als	Bedeutung
C, O, H	Kohlendioxid CO_2 bzw. Wasser H_2O	in allen Kohlenstoffverbindungen, Aufbau von Aminosäuren, Eiweißen, Nukleinsäuren (DNA / RNA)
N	Nitrat NO_3^-, teils als Ammonium NH_4^+	in allen Kohlenstoffverbindungen, Aufbau von Aminosäuren, Eiweißen, Nukleinsäuren (DNA / RNA)
S	Sulfat SO_4^{2-}	in den Aminosäuren Cystin, Cystein und Methionin, Co-Enzym A
P	Phosphat $H_2PO_4^-$	Nukleotide, (DNA / RNA) Phospholipide
K	Kaliumion K^+	Co-Faktor bei Enzymreaktionen, nast. Bewegungen
Ca	Calciumion Ca^{2+}	als Salz gelöst, Einlagerungen
Mg	Magnesiumion Mg^{2+}	Chlorophyllmolekül

Spurenelement	Aufnahme als	Bedeutung
Fe	Eisenion Fe^{2+} oder Fe^{3+}	in den Molekülen Cytochrom, Hämoglobin, Ferredoxin
Mn	Manganion Mn^{2+}	bei Enzymreaktionen beteiligt bzw. Enzymbestandteil
B	Borat BO_2^-	bei Enzymreaktionen beteiligt bzw. Enzymbestandteil
Zn	Zinkion Zn^{2+}	bei Enzymreaktionen beteiligt bzw. Enzymbestandteil
Cu	Kupferion Cu^{2+}	bei Enzymreaktionen beteiligt bzw. Enzymbestandteil
Mo	Molybdat MoO_4^{2-}	bei Enzymreaktionen beteiligt bzw. Enzymbestandteil
Cl	Chloridion Cl^-	bei Enzymreaktionen beteiligt bzw. Enzymbestandteil
Na	Natriumion Na^+	bei Enzymreaktionen beteiligt bzw. Enzymbestandteil

F Nährelemente der Pflanze

Da die Atmosphäre i. d. R. nicht wasserdampfgesättigt ist, gibt ein feuchter Körper Wasser an die Luft ab **(Evaporation)**.

Der Wassergehalt des stoffwechselaktiven Zellplasmas schwankt zwischen 50 und 90% (Abb. A).

Lagerpflanzen (Thallophyten: Bakterien, Luftalgen, Flechten), *Einzeller, Fadenwürmer* und *Bärtierchen, Pilze* sowie *Sporen* und *Pflanzensamen* verhalten sich in bezug auf den **Wasserhaushalt** wie tote Quellkörper ohne Regulationsmöglichkeit. Sie sind wechselfeucht **(poikilohydrisch)**. Ihr Wassergehalt hängt von der Umgebung ab. Sie müssen Austrocknen durch leblose Dauerstadien **(Latenz)** überstehen können.

Eigenfeuchte **(homoiohydre)** Arten regeln ihren Wasserhaushalt und machen sich dadurch weitgehend unabhängig vom Wassergehalt der Umgebung. Die *Gefäßpflanzen* (Kormophyten) sind mit ihren Vakuolen als Wasserreservoir homoiohydrisch. Zum Schutz gegen zu starken Wasserverlust durch Verdunstung **(Transpiration)** bilden sie äußere Zellwandbeläge mit *Cutin-* und *Wachseinlagerungen*. Auch bei Pflanzen feuchter Standorte verringert die dünne *Kutikula* die Transpiration auf $<10\%$ der Evaporation einer freien Wasserfläche (Nadelblätter $<0{,}5\%$, Kakteen $<0{,}05\%$).

Im Ggs. zur **kutikulären Transpiration** kann die Wasserabgabe durch *Spaltöffnungen (Stomata)* meist auf der Unterseite der Blätter reguliert werden **(stomatäre Transpiration**; Abb. B, D).

Mit geöffneten Stomata verdunsten die Pflanzen erheblich mehr Wasser und nehmen das für die Photosynthese notwendige CO_2 auf.

Die **Wasseraufnahme** erfolgt über die Wurzeln, von wo aus das Wasser in toten Zellröhren, dem Xylem, zu den Pflanzenorganen transportiert wird (Abb. C, E).

Die Wasseraufnahmefähigkeit hängt ab von der *Wurzeloberfläche*, dem *Wasserdampfdruckunterschied* **(Wasserpotentialgefälle)** zwischen Wurzel und Boden und der Summe der *Transportwiderstände* (z. B. Zellwand, Durchmesser der Xylemröhren usw.).

Für eine Roggenpflanze hat man eine Gesamtwurzeloberfläche von 400 m^2 in einem Bodenvolumen von 56 dm^3 errechnet (= 80mal die oberird. Pflanzenoberfläche).

Der **potentielle osmotische Druck** (π) der meisten Böden liegt $>5 \cdot 10^5$ Pa (Salzsteppen $> 30 \cdot 10^5$ Pa, Wüsten $>1000 \cdot 10^5$ Pa). Der π der Wurzelzellen ist je nach Standort und Pflanzenart verschieden (Gartenbohne 2–3,5 $\cdot 10^5$ Pa, Pelargonie ca. $5 \cdot 10^5$ Pa). *Feuchtigkeitsbedürftige Pflanzen* können ihre **Wurzelsaugspannung** höchstens bis auf Werte von $10 \cdot 10^5$ Pa steigern, *Kulturpflanzen* 10–20 $\cdot 10^5$ Pa, *Waldbäume* bis ca. $30 \cdot 10^5$ Pa, *Halophyten* $20 \cdot 10^5$ Pa, *Wüstenpflanzen* $>100 \cdot 10^5$ Pa.

Das größte Wasserdampfdruckgefälle bzw. die größten Schwankungen bestehen an der Grenzfläche Pflanze/Luft (Abb. D).

Durch das Dampfdruckgefälle wird ohne Energieaufwand der Pflanze Wasser vom Boden durch die Pflanze in die Atmosphäre befördert. Die notwendige Energie zum Übertritt des Wassers aus der flüssigen in die gasförmige Phase liefert die Sonne bzw. Umgebungstemperatur.

An den Grenzflächen und in den Wasser verbrauchenden Teilen entsteht ein *Sog*, der aufgrund der *Kohäsion* der Wassermoleküle bis in die Wurzel reicht (Abb. B, C).

Die Wasserbewegung beginnt morgens in der Krone und setzt sich stammwärts fort. Baumstämme sind bei starker Transpiration mittags schlanker. Abends und nachts werden die Transpirationsverluste wieder aufgefüllt.

Wasser kann von den Pflanzen auch in flüssiger Form als Tropfen ausgeschieden werden **(Guttation)**, wodurch die Aufnahme von Nährstoffen gesichert wird, wenn an wasserdampfgesättigten Standorten die Verdunstung zu gering ist.

Von den 10 **Makronährelementen** (Hauptnährelementen) werden **C, O** und **H** als $\mathbf{CO_2}$ und $\mathbf{H_2O}$, die übrigen nur in Form von **Ionen** aufgenommen. **Fe** wird in geringem Maße benötigt und leitet zur Gruppe der **Mikronährelemente** (Spurenelemente) über, die in geringen Mengen genauso unentbehrlich sind wie die Hauptnährelemente (Abb. F).

LIEBIG erkannte schon 1840, daß jeweils derjenige Faktor das Wachstum begrenzt, der in der relativ geringsten Menge vorliegt (meist N, P und K): **Gesetz des Minimums.**

Nur 0,2% des Nährstoffvorrats liegen im Boden in gelöster Form vor, 2% sind an den Oberflächen adsorbiert und ca. 98% sind in Huminstoffen oder Mineralen fest gebunden.

Die an Oberflächen adsorbierten Nährstoffionen können gegen H^+-Ionen oder HCO_3^--Ionen, die die Pflanzenwurzel abgibt, ausgetauscht werden (Abb. E).

Ein Teil der fest gebundenen Nährstoffionen kann durch H^+-Ionen oder organ. Säuren aufgeschlossen werden.

Die Nährstoffaufnahme erfolgt über zwei Wege. Durch Diffusion oder mit dem passiv einströmenden Wasser gelangen die Ionen in die Zellwände und Interzellularen der Wurzelrinde bis zum *Casparyschen Streifen* in der Endodermis **(apoplasmatischer Transport).**

Die Zellwände sind an dieser Stelle durch Cutineinlagerungen undurchlässig, so daß ein weiteres Einströmen blockiert wird. Spätestens dort müssen die Nährstoffionen durch die Zellmembran in das Zellplasma übernommen werden *(Selektion)*.

Das geschieht mit Hilfe des energieverbrauchenden *aktiven Transports*.

Der **symplasmatische Transport** erfolgt über das Zellplasma bis in die Xylembahnen. Die Nährsalze verteilen sich mit dem Transpirationsstrom in der Pflanze.

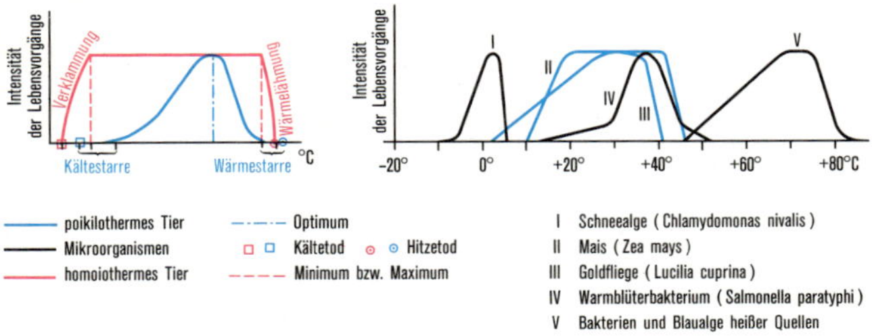

A Abhängigkeit der Intensität der Lebensvorgänge von Körpertemperatur

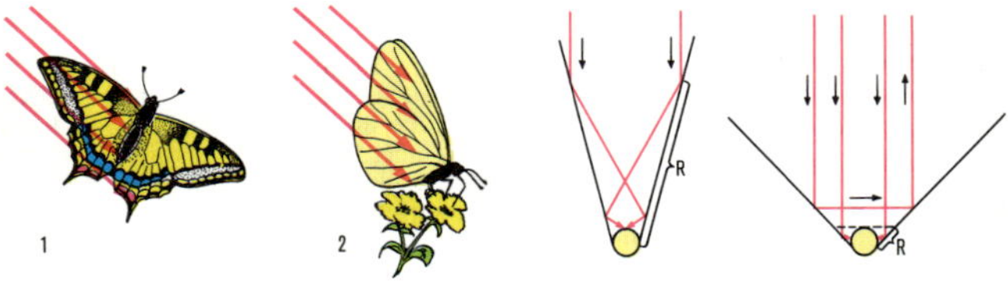

Absorptionssonnen. Rückenstellung (1) Seitenstellung (2)

Reflexionssonnen. R auf den Körper reflektierende Flügelfläche

B Flügel als Sonnenkollektoren

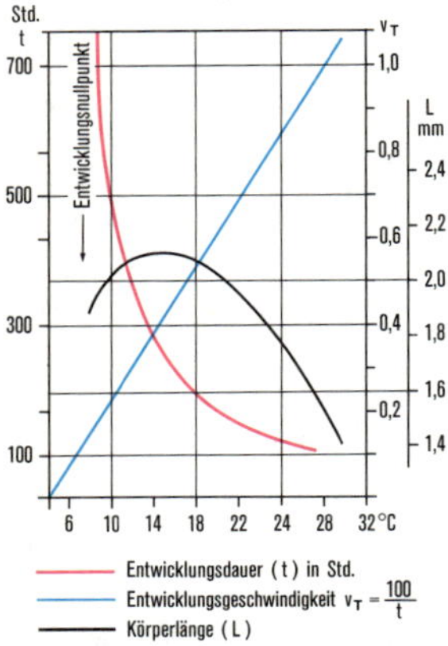

C Temperatureinfluß auf Entwicklung: Schwarze Bohnenblattlaus (Aphis fabae)

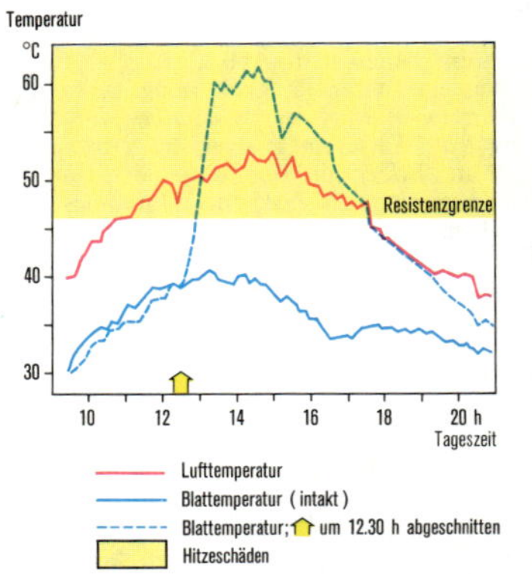

D Kühleffekt durch Transpiration: bewässerte Koloquinte (Citrullus colocynthis, afrikanische Kürbispflanze)

Temperatureinflüsse auf Stoffwechsel, Wärmehaushalt

Der **Stoffwechsel** der Lebewesen läuft im Temperaturbereich von −10 °C bis +50 °C ab. An der unteren Grenze beschränkt das gefrierende Wasser die Aktivität der Enzyme. An der oberen Grenze verlieren die Enzyme ihre charakterist. Molekülstruktur, sie denaturieren, oder es treten Membranschäden auf. Ungünstige Zeiten können durch Ruhephasen **(Latenz)** bzw. ungünstige Jahreszeiten durch latente Lebensphasen überbrückt werden **(Dormanz)**.

Echt thermophile Organismen sind Spezialisten mit thermostabilen Enzymsystemen und Zellbestandteilen. Ihr Temperaturoptimum liegt zw. +45 °C und +95 °C (z. B. Mikroorganismen heißer Quellen, Abb. A).

Nach dem **van't Hoffschen Gesetz** steigt die Reaktionsgeschwindigkeit bei einer Temperaturerhöhung um 10 °C auf das 2–3fache **(Reaktion-Geschwindigkeit-Temperatur-Regel, RGT-Regel**; Abb. C). Wachstum, Entwicklung und Aktivität der meisten Organismen sind mehr oder weniger von der Umgebungstemperatur abhängig. Sie sind

poikilotherm (wechselwarm); *stenotherme Organismen* sind an einen engen Temperaturbereich angepaßt, *eurytherme* vertragen einen weiten Temperaturbereich (Abb. A).

Nur Vögel und Säugetiere können die Stoffwechselwärme so nutzen, daß ihre Innentemperatur weitgehend unabhängig von Temperaturschwankungen in der Umgebung konstant bleibt. Sie sind

homoiotherm (gleichwarm, Abb. A). Je nach Art liegt die Körpertemperatur der Säugetiere zw. 35 °C (Koala) und 39,5 °C (Kaninchen), die der Vögel zw. 37 °C (Strauß) und 42 °C (Zaunkönig).

Poikilotherme Tiere suchen Orte mit geringer Wärmeabgabe auf, um den Körper in optimale Temperaturbereiche (um +27 °C) zu bringen *(Vorzugstemperatur = Temperaturpräferendum)*. Eidechsen und Insekten erwärmen sich durch Sonnenbaden; z. B.

Schmetterlinge mit dunklen Flügeln absorbieren die Sonnenstrahlung, die über die Körperflüssigkeit durch Flügeladern in den Körper gelangt. Helle Flügel reflektieren die Sonnenstrahlung auf den dunklen Körper bzw. dunklen Flügelansatz (Abb. B).

Durch Flügelschwirren erreichen viele Insekten die notwendige Betriebstemperatur (+30 °C bis +40 °C) vor dem Abflug.

Termiten unterstützen ihre Temperaturregulation im Bau dadurch, daß sie die oberird. Teile in N/S-Richtung anlegen.

In nördl. Breiten vordringende bzw. im Gebirge lebende Reptilien bringen ihre Jungen lebend zur Welt *(Ovoviviparie)*.

Sinkt die Außentemperatur unter 0 °C, fallen poikilotherme Tiere in eine **Kältestarre.** Bei weiterem Absinken der Temperatur tritt der **Kältetod** ein (Abb. A).

Homoiotherme Tiere besitzen eine für den Stoffwechsel optimale Körpertemperatur; gegen zu hohe Wärmeverluste bei niedriger Außentemperatur sind sie durch Federkleid bzw. Fell isoliert:

in der Oberschicht durch musterbildende Deckfedern bzw. Grannenhaare, in der Unterschicht durch Dunen bzw. Wollhaare.

Wird der Energieverlust des Körpers in der kalten Jahreszeit zu hoch, legen Warmblüter eine Ruheperiode ein. Während der **Winterruhe** setzen z. B. Dachs, Eichhörnchen und Bär ihre Körpertemp. um einige Grade herab. Kleinere, primitivere Warmblüter fallen in den **Winterschlaf.**

Alle Lebensfunktionen sind stark herabgesetzt; die Tiere leben vom Körperfett.

Fällt die Körpertemp. bis zu einer *Minimaltemperatur*, setzen temperaturregulierende Maßnahmen ein.

Temperaturresistenz ist die Fähigkeit eines Organismus, Kälte oder Hitze ohne bleibenden Schaden zu überleben. Die Temperaturtoleranz des Zellplasmas ist erblich festgelegt und ist art-, rasse- bzw. ökotypenspezifisch.

Landbewohnende Sproßpflanzen sind (weil sie nicht ausweichen können) unterschiedl. Bestrahlungen und großen Temperatursprüngen stärker ausgesetzt als Tiere.

Aktives Wachstum ist zwischen +5 °C und +40 °C möglich **(Vegetationsperiode)**.

Wasserpflanzen und viele Lagerpflanzen sind stenotherm.

Pflanzen heißer Gebiete können die Blätter parallel zur Einstrahlung stellen und stomatäre Transpiration kann effektiv wirken (Abb. D).

Die **Kälteresistenz** der Pflanzen ist unterschiedlich. Das Zellplasma kann durch Temperaturerniedrigung *(Erkältungstod)* oder durch Gefrieren geschädigt werden *(Frosttod)*.

Pflanzen der gemäßigten Zone überstehen Temperaturen bis −30 °C (S. 127), Pflanzen kälterer Gebiete bis über −70 °C.

Die Fähigkeit, bei extrazellulärer Eisbildung im Gewebe zu überleben **(Frosthärte)**, muß im Herbst erworben werden und geht bei Erwärmung auf über 0 °C schnell verloren.

Durch Anreicherung gelöster Stoffe und wasserbindende Moleküle (Zucker, Aminosäuren, Eiweiße, Salze, organ. Säuren) wird der Gefrierpunkt erniedrigt.

So gefriert das Gefäßwasser und Wasser in den Zellzwischenräumen bei knapp <0 °C, Zellsäfte je nach Konzentration der gelösten Inhaltsstoffe zw. −1 °C und −6 °C.

Insekten nutzen dieses System. Glycerol und andere Alkohole wirken als *»Frostschutzmittel«*.

Man fand bei arkt. Laufkäfern im Winter bei −35 °C einen Glycerolgehalt von 22% in den Zellen, im Sommer 1% (diese Form würde bei −6,6 °C sterben).

Antifrostproteine von Eis-Salzwasserfischen setzen den Gefrierpunkt des Blutserums herab.

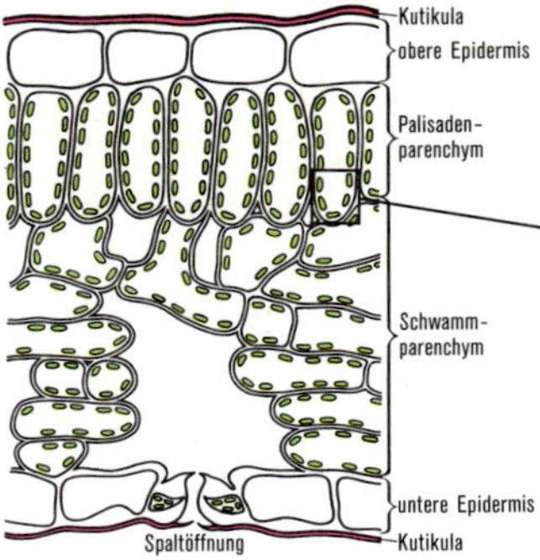

A Aufbau eines Blattes

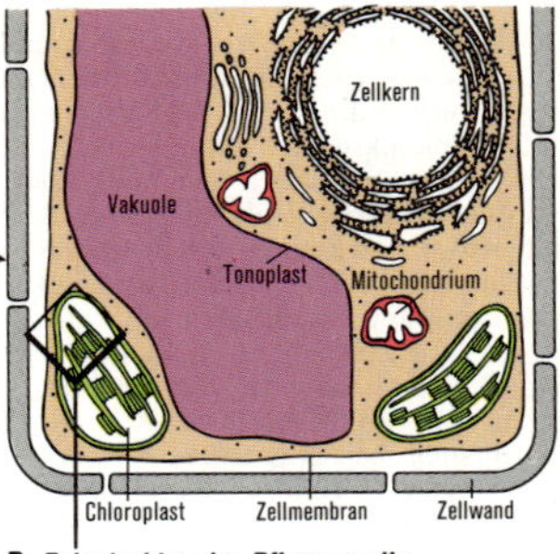

B Feinstruktur der Pflanzenzelle

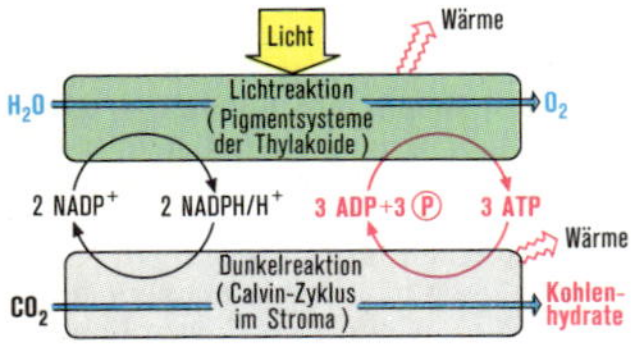

C Schema der Photosynthese

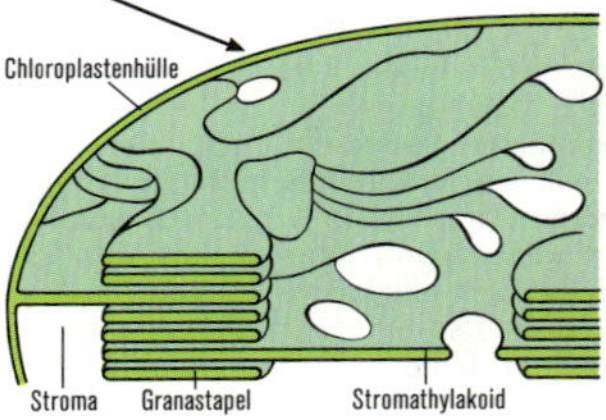

D Chloroplastenausschnitt

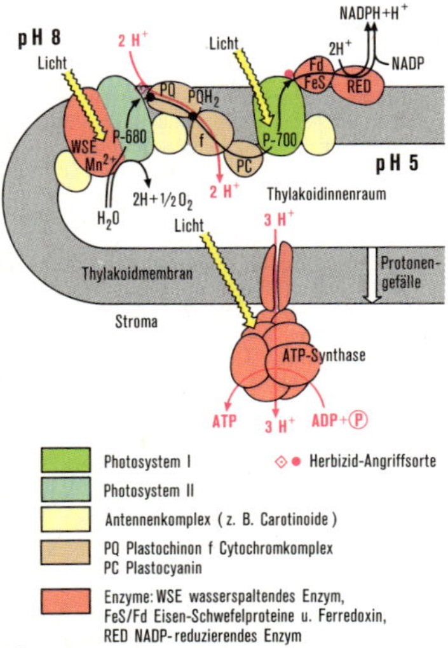

E Protonen- und Elektronentransport in der Thylakoidmembran

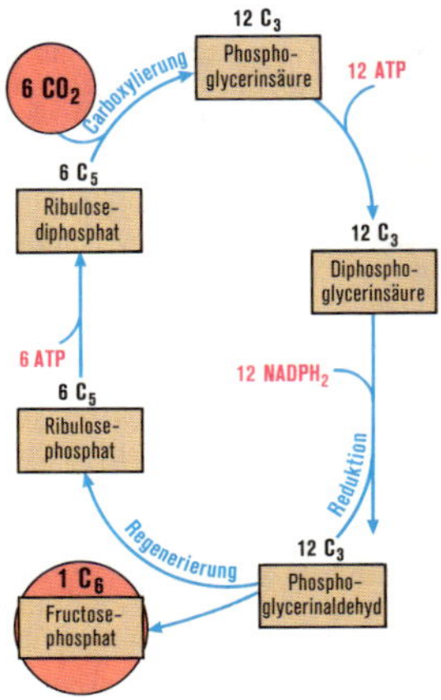

F Calvin-Zyklus

Der Organismus ist ein offenes System, dessen Gesamtheit chem. und energet. Umsetzungen (Stoffwechsel = **Metabolismus**) mit der Umgebung im Gleichgewicht steht *(Fließgleichgewicht).*

Aus der Umgebung aufgenommene Materie kann in den Körper eingebaut werden *(Baustoffwechsel),* aus energieärmeren Verbindungen werden Stoffe mit höherem Energiegehalt synthetisiert **(Assimilation, Anabolismus)**.

Durch abbauende Prozesse **(Dissimilation, Katabolismus)** wird aus energiereicheren Stoffen Energie zur Aufrechterhaltung der Lebensfunktionen gewonnen (z. B. *Betriebsstoffwechsel:* Atmung bzw. Gärung).

Der ständige Stoffaustausch mit der Umgebung läuft über die Körperoberfläche bzw. über bestimmte Organe ab.

Im Organismus wirken **Enzyme,** häufig mit Hilfsstoffen, den *Coenzymen,* auf Stoffe ein und bestimmen so den Reaktionsablauf.

Durch Raumstruktur und Ladungsverteilung im aktiven Zentrum »erkennen« sie die umzusetzenden Moleküle *(substratspezifisch),* vermindern die notwendige Anfangsenergie **(Aktivierungsenergie)** und »entscheiden« über die am Substrat durchzuführenden Veränderungen *(wirkungsspezifisch).*

Durch Enzymwirkung wird das Gleichgewicht zw. Ausgangsstoffen und Endprodukten *nicht* verschoben.

Wird bei einer Reaktion Energie frei **(exergonische R.)**, so kann die Reaktion bei Anwesenheit des spezif. Enzyms spontan ablaufen. Muß Energie zugeführt werden, um das Endprodukt zu erreichen **(endergonische R.)**, kann die Reaktion weder spontan noch durch Enzymkatalyse ablaufen; sie muß mit einer zweiten, stark exergon. Reaktion *gekoppelt* werden.

Meistens geschieht das durch Übertragung eines oder beider Phosphorsäurereste von **ATP (GTP, UTP** oder **CTP)** auf den energieärmeren Reaktionspartner, der dadurch eine energiereiche Bindung bekommt. Bei Abspaltung des Phosphorsäurerestes wird genügend Energie frei, um das energet. Defizit der endergon. Reaktion auszugleichen.

Autotrophe Organismen nützen die Energie des Sonnenlichts zur Synthese energiereicher Verbindungen (Abb. A).

$$6CO_2 + 12H_2O \xrightarrow[\text{Chlorophyll}]{\text{Licht}} C_6H_{12}O_6 + 6H_2O + 6O_2\uparrow$$

Die **Photosynthese** läuft in zwei voneinander abhängigen Teilreaktionen ab:

der *lichtabhängigen* Primärreaktion **(Lichtreaktion)** und der *lichtunabhängigen* Sekundärreaktion (**Dunkelreaktion**, Abb. C).

In den *Thylakoidmembranen* der Chloroplasten (Abb. B, D) werden mit Hilfe der *lichtabsorbierenden Pigmente* - bis 400 Chlorophyllmoleküle u. a. pro Lichtsammelfalle (Abb. E) - Elektronen (e^-) auf Empfängermoleküle transportiert, die im **Photosystem I** als starkes Reduktionsmittel und im **Photosystem II** als starkes Oxidationsmittel wirken.

Das Absorptionsmaximum des Photosystems I liegt bei 700 nm *(P 700)* und besitzt im Dunkeln ein Redoxpotential von +0,4 V. Durch Licht angeregt verändert sich das Redoxpotential auf −0,6 V. Das genügt, um e^- auf eine *Ferredoxin reduzierende* Substanz (FRS) zu übertragen und eine Transportkette zum $NADP^+$ in Gang zu setzen (Abb. E).

$$2FRS_{\text{reduziert}} + 2H^{\oplus} + NADP^{\oplus} \longrightarrow 2FRS_{\text{oxidiert}} + NADPH + H^{\oplus}$$

Im **Photosystem II**, das bei 680 nm *(P 680)* sein Absorptionsmaximum hat, aktiviert das Licht ein starkes Oxidationsmittel, das fähig ist, dem H_2O die e^- zu entziehen, wobei O_2 entsteht *(Photolyse des Wassers).*

$$2H_2O \longrightarrow 4H^+ + O_2 + 4e^-$$

ATP kann gebildet werden, wenn e^- vom Photosystem II über eine Elektronen-Transportkette zum Photosystem I fließen **(nichtzyklische Photophosphorylierung)**, um die fehlenden e^- im Photosystem I zu ersetzen. Außerdem kann ATP beim zykl. e^--Fluß im Photosystem I entstehen **(zyklische Photophosphorylierung)**, wenn nicht genügend $NADP^+$ zur Verfügung steht.

Nach MITCHELL (1961) wird auf Grund des Protonengefälles *(elektrochem. Potentialdifferenz)* zwischen Thylakoidinnenraum und Stroma beim Transport von Protonen durch die Membran ATP gebildet.

Licht muß die inaktive Form der ATP-Synthase aktivieren, damit sich der H^+-Kanal öffnet und ADP fest anlagern kann.

Die **Dunkelreaktion (Calvin-Zyklus)** benötigt $NADPH/H^+$ und ATP aus der Lichtreaktion (Abb. C) und kann, solange diese Produkte zur Verfügung stehen, ohne Lichtzufuhr ablaufen. O_2 erscheint hier als »Abfallprodukt«. In der Dunkelreaktion, die im Stroma der Chloroplasten abläuft, reagiert CO_2 mit Ribulosediphosphat unter Bildung von 2 Phosphorglyceraten (Moleküle mit 3 C-Atomen, *C_3-Pflanzen*); damit ist das gasförmige CO_2 zu Kohlenhydratvorläufern reduziert und fixiert (Abb. F). Zum weiteren Umbau zu Fructose-6-Phosphat bzw. Glucose-6-Phosphat liefert ATP die Energie und $NADPH/H^+$ den reduzierenden Wasserstoff. Das entstandene ADP + P und $NADP^+$ muß in der Lichtreaktion zu ATP und $NADPH/H^+$ regenerieren. Summenformel der Photosynthese:

$$6CO_2 + 18ATP + 12NADPH_2 + 12H_2O \xrightarrow[\text{Chlorophyll}]{\text{Licht, Enzyme}} C_6H_{12}O_6 + 18ADP + 18(P) + 12NADP^+ + 6O_2$$

Der Photosyntheseapparat wird nicht nur von Umweltgiften gestört, sondern ist auch gezielter Angriffsort vieler Herbizide (S. 197).

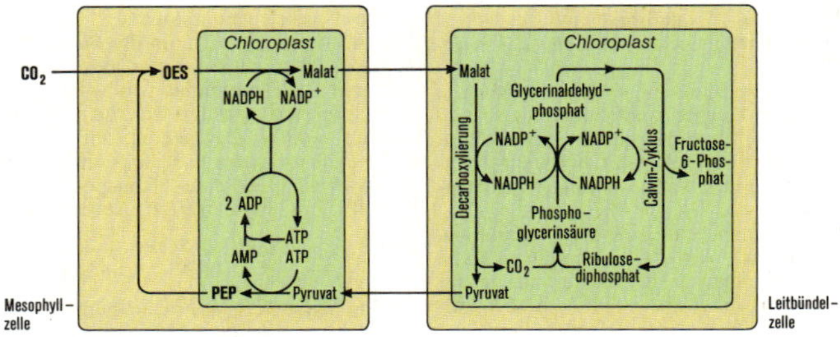

A Dicarbonsäure-Zyklus einer C_4-Pflanze

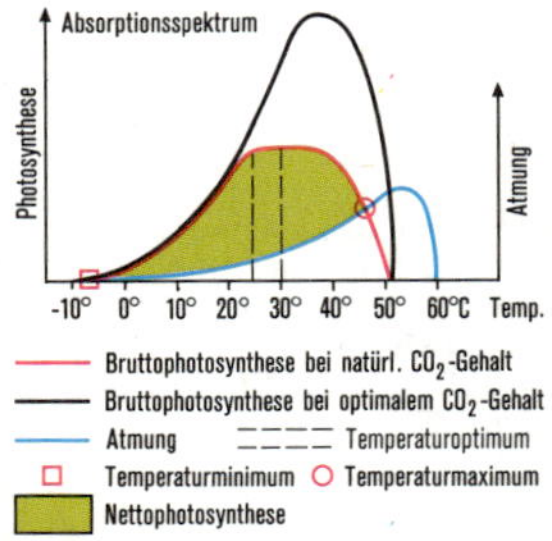

B Temperaturabhängigkeit der Photosynthese und Atmung

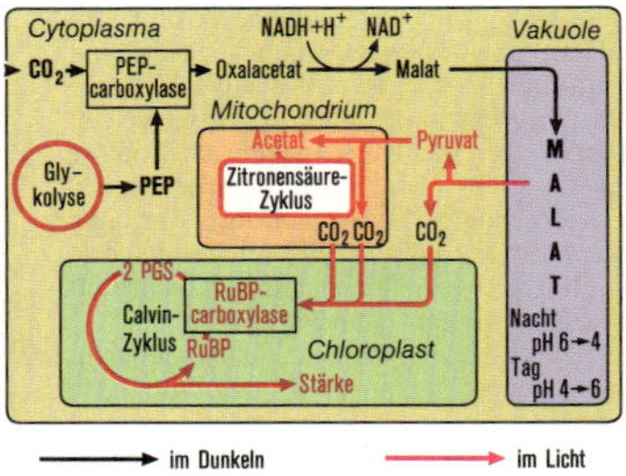

C Diurnaler Säurerhythmus der CAM-Pflanze

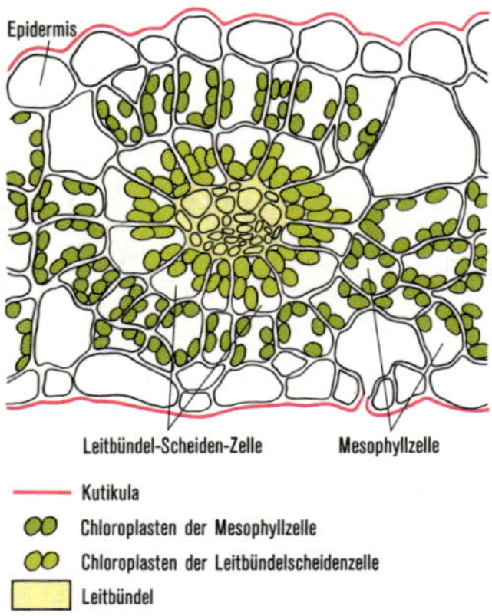

D Blattquerschnitt einer C_4-Pflanze

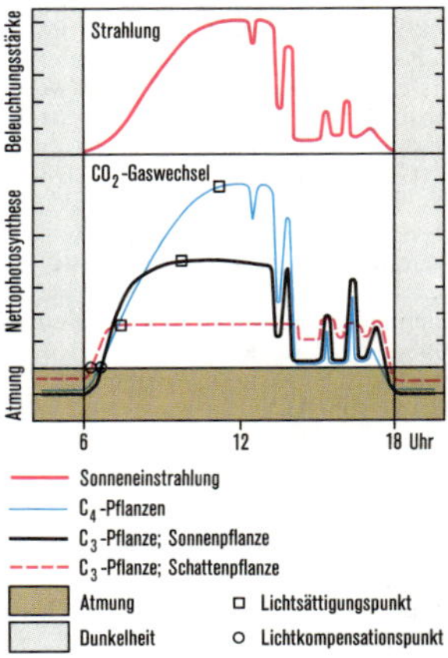

E CO_2-Verbrauch in Abhängigkeit von der Einstrahlung

Photosynthesetypen und Umweltfaktoren

In den C_3-Pflanzen entsteht als erstes CO_2-Fixierungsprodukt *Phosphoglycerinsäure* (S. 41). **C_4-Pflanzen** (z. B. Mais, Hirse, Savannengräser, Zuckerrohr) bilden als erstes CO_2-Fixierungsprodukt *Oxalessigsäure* (OES), ein Molekül mit 4 C-Atomen. Ihre Photosynthese ist räumlich auf zwei versch. Gewebe verteilt, die kranzförmig um das Leitbündel liegenden **Leitbündelscheidenzellen** und die Schwammparenchymzellen (**Mesophyllzellen**, Abb. D). Die Chloroplasten der Mesophyllzellen besitzen Lamellenstapel (Granastapel), aber keine Stärke. Letztere lagern CO_2 zunächst an Phosphoenolpyrovat (PEP) an, woraus OES entsteht (eine Dicarbonsäure, **Dicarbonsäure-Zyklus**). Diese wird in *Malat* oder *Aspartat* umgewandelt und in die Chloroplasten der Leitbündelscheide transportiert, wo es zu CO_2 und *Brenztraubensäure (Pyruvat)* zerlegt wird. Das frei gewordene CO_2 wird durch das Enzym PEP-Carboxylase an *Ribulosediphosphat* (RudP) gebunden und schleust es damit in den **Calvin-Zyklus** ein (Abb. A).

PEP-Carboxylase kann CO_2 noch bei einer Konzentration von $\approx 10 \mu l/l$ binden, während das Enzym *RudP-Carboxylase* der C_3-Pflanze erst bei Konzentrationen von $30–50 \mu l/l$ effektiv arbeitet.

Bei stärkerer Bestrahlung und optimaler Temp. übertreffen C_4-Pflanzen die C_3-Pflanzen in der Photosyntheseleistung (Abb. E).

Sie sind an Orte intensiver Einstrahlung besser angepaßt.

In den *sukkulenten Pflanzen* (zuerst in Crassulaceen) wurde eine zeitl. Variante der Photosynthese entdeckt (**»Crassulacean Acid Metabolism« = CAM)**. Um die Kohlehydratversorgung an trockenen Standorten zu sichern, müssen die CAM-Pflanzen (z. B. Agavaceen, Bromeliaceen, Cactaceen, Crassulaceen) im Dunkeln CO_2 aufnehmen, da geöffnete Spaltöffnungen am Tage zuviel verdunsten. CO_2 wird an PEP gebunden, die entstandene OES als Malat (Apfelsäure) in die Vakuole transportiert und gespeichert (Ansäuerung über Nacht). Am Tage verläuft die Photosynthese wie bei den C_4-Pflanzen. Der pH-Wert steigt (**diurnaler Säurerhythmus**, Abb. C).

Die im Licht gemessene O_2-Entwicklung oder der CO_2-Einbau einer Pflanze liefert das Maß für die **Netto-Photosynthese** (*apparente Photosynthese*, Abb. B). Das ist die **Brutto-Photosynthese** abzüglich der Verluste, die durch Atmung entstehen.

Man unterscheidet zwei Formen der Atmung: Die **Lichtatmung** *(Photorespiration)* und die **»Dunkelatmung«**. Letztere läuft in den Mitochondrien ab und entspricht der Atmung der heterotrophen Organismen (S. 45). Die »Dunkelatmung« hält sowohl bei Licht als auch im Dunkeln die Stoffwechselleistungen der Pflanzenzelle aufrecht.

Die bes. Form der **Lichtatmung** wird nur bei Belichtung in den Chloroplasten und Peroxisomen nachgewiesen. Sie kann bei C_3-Pflanzen $\approx 30\%$ der durch die Photosynthese aufgebauten Stoffe wieder abbauen.

Bei C_4-Pflanzen ist sie erst bei sehr hohen Lichtintensitäten nachweisbar.

Freigesetztes O_2 konkurriert mit CO_2 um die Anlagerung an RudP (S. 41). Es entstehen Stoffe, die zu Aminosäuren umgebaut in den *Eiweißstoffwechsel* münden. Man nimmt an, daß außerdem Photopigmente und Eiweiße des Photosystems II vor Oxidation durch überschüssiges O_2 bei hohen Lichtintensitäten geschützt werden müssen.

Außer Licht und Temperatur wirken als **Umweltfaktoren** auf die Photosynthese das Angebot an Wasser, Mineralstoffen und CO_2 ein. Lichtintensität und -qualität verändern sich je nach Standort der Pflanze.

Pflanzen sind entwicklungsphysiologisch als *Sonnen-* bzw. *Schattenpflanzen* oder genetisch als C_3- bzw. C_4-Pflanzen angepaßt.

Die kleinste Lichtmenge, bei der maximale Photosynthese auftritt **(Lichtsättigungspunkt)**, ist bei sonnenexponierten Pflanzen bzw. Blättern größer als bei Pflanzen bzw. Blättern im Schatten (Abb. E), die mit weniger Licht die maximale Photosynthese erreichen.

Ungewöhnlich starke Lichtintensität hemmt die Photosynthese *(Photoinhibition)*.

Auch die Lichtintensität, bei der sich Atmung und Photosynthese die Waage halten **(Lichtkompensationspunkte)**, unterscheiden Schatten- und Sonnenpflanzen (Abb. E).

Die Aktivität der Photosynthese pro eingestrahltem Lichtquant **(Wirkungsspektrum)** ist abhängig von der Wellenlänge des Lichtes; z. B. kann nur 39% des von Carotinoiden absorbierten Lichtes bei höheren Pflanzen zur Photosynthese genutzt werden (S. 15).

Unter optimalen Laborbedingungen konnten an Blättern Photosynthese-Wirkungsgrade zw. 15% und 25% gemessen werden. Freilandwerte liegen weit darunter (Maiskulturen max. 2%; trop. Regenwald max. 4,5%; Zuckerrohr max. 8%).

Das Temperaturoptimum für Photosynthese liegt zw. 15 °C und 40 °C, wohingegen Teilprozesse andere Optima aufweisen (Sauerstoffbildung und Phosphorylierung ≈ 35 °C, Calvin-Zyklus ≈ 50 °C, nächtl. CO_2-Fixierung der CAM-Pflanzen ≈ 13 °C). Mit steigender Temperatur nimmt die Löslichkeit von Gasen in Wasser und die Anlagerungsfähigkeit von CO_2 an RudP-Carboxylase zugunsten der Anlagerungsfähigkeit von O_2 ab.

In einem Pflanzenbestand ist tagsüber die CO_2-Konzentration im Bereich der Blätter vermindert und kann die Photosynthese begrenzen. Sie steigt nachts wieder an.

Im Gewächshaus nutzt man ein erhöhtes CO_2-Angebot zur Photosynthesesteigerung sowie Ertragssteigerung **(CO_2-Düngung)**.

	Art	A/C	P/A	R/A
wechselwarm	Rädertier	19	57	43
	Webspinne	85	67	33
	Assel	25	16	84
	Spanner	32	60	40
	Schnecke	45	14	86
	Forelle	69	29	71
	Karpfen	84	42	58
gleichwarm	Ammer	90	1	99
	Elefant	33	1,5	98,5
	Maus	91	2	98

MR= aus dem System entnommene Nahrung
C=konsumierter Teil F=Faeces U=Exkrete
A=assimilierter Teil der Nahrung
R=veratmeter Teil der Nahrung
P=Produktion: P_g=Wachstum, P_r=Fortpflanzung
E=eliminierter Teil (Mauser, Häutung)

A1 Ökologische Effizienzen verschiedener Tierarten

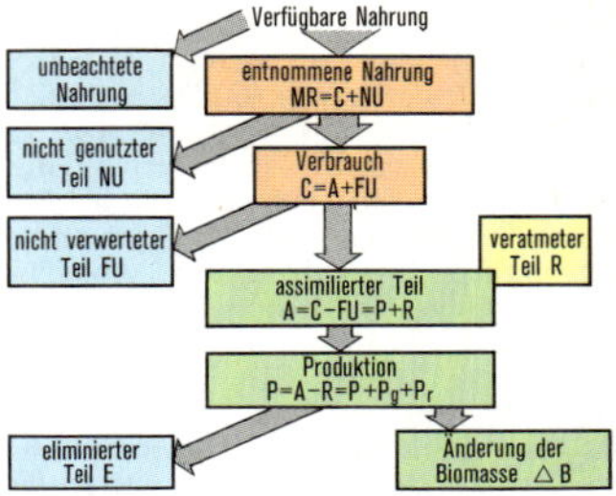

A2 Produktionsökologie. Stoff- und Energiefluß durch Organismus oder Population

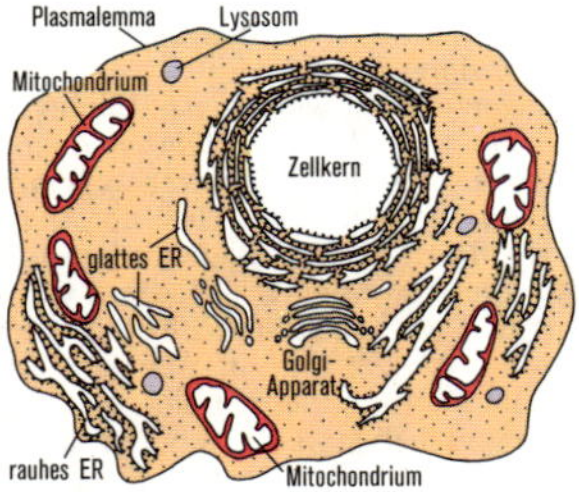

B Feinstruktur einer Tierzelle

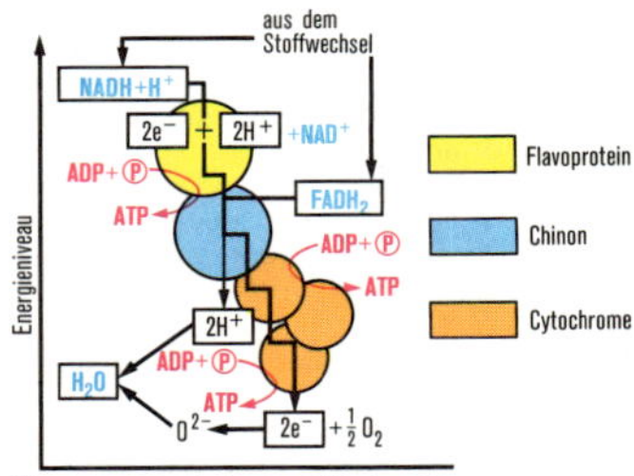

C Atmungskette in den Mitochondrien

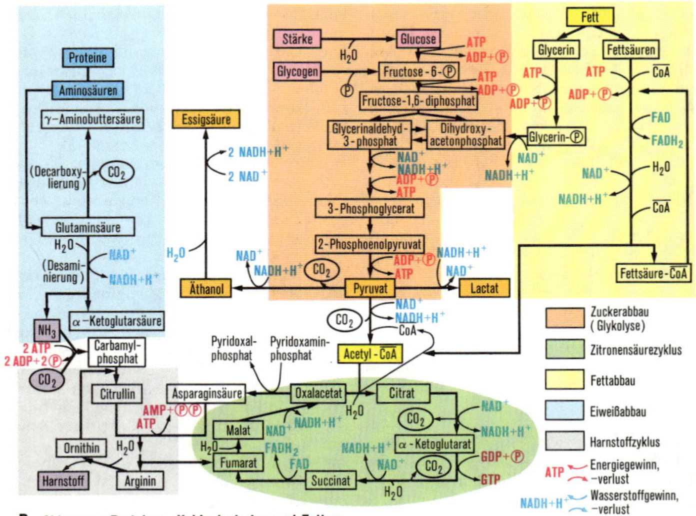

D Abbau von Proteinen, Kohlenhydraten und Fetten

Die **heterotrophen Organismen** (viele Bakterien, Pilze und Tiere) sind auf die Aufnahme von energiereichen organ. Stoffen als Kohlenhydratquelle angewiesen und somit von der Produktion der autotrophen Lebewesen abhängig. Nach der Nahrungsaufnahme unterscheidet man

pflanzenfressende *(phytophage)* Tiere (**Herbivora**, z. B. viele Insekten, Nagetiere, Huftiere),
fleischfressende *(zoophage)* Tiere (**Carnivora**, die sich von lebenden Tieren ernähren, z. B. Skorpione, Spinnen, Raubtiere) und
Allesfresser (**Omnivora**, z. B. Schaben, Vögel, Schwein, Mensch).

Nahrungsspezialisten sind mit ihrer Enzymausstattung an eine best. Nahrung angepaßt (z. B. Seidenraupe - Maulbeerblätter).

Saprophage Organismen ernähren sich von Tier- und Pflanzenleichen (z. B. Tubifexe im Süßwasser; Pierwurm im Watt; Regenwurm im Boden).

Die Nahrung wird von Enzymen zersetzt bzw. so umgebaut, daß sie von der Außenwelt in das Körperinnere aufgenommen **(Resorption)** und in körpereigene Stoffe umgewandelt werden kann **(Assimilation).**

Bakterien verdauen außerhalb des Zellkörpers, Vielzeller im Körperinnern, dem Verdauungstrakt.

Spinnen und einige Insekten (z. B. Laufkäfer, Gelbrandkäferlarve) dagegen spritzen Verdauungssäfte in die Beute und saugen den verflüssigten Nahrungsbrei auf *(extraintestinale Verdauung).*

Körper geben Stoffe, die eine Funktion erfüllen, nach außen oder in Körperhohlräume ab (**Sekretion**, z. B. Galle). Nicht mehr für den Organismus verwendbare Stoffe werden ausgeschieden **(Exkretion)**.

Stoffe, die weder oxidiert noch ausgeschieden werden können, reichern sich im Körper an (DDT, PCB, Blei, Quecksilber).

Warmblütige Tiere assimilieren 80-90% der aufgenommenen Energie, wechselwarme Pflanzenfresser nur 20-40% (Abb. A). Zur optim. Ausnutzung der Nahrung, bes. zum schwierigen Zellulose-Abbau, benötigen viele Pflanzenfresser *Symbionten* (Bakterien, Protozoen) im Verdauungstrakt, die zelluloseabbauende Enzyme bilden können.

Von der assimilierten Energie werden 90-99% im *Betriebsstoffwechsel* verbraucht, 1-10% gehen in den Aufbau körpereigener Substanz.

Es kostet viel Energie, hohe Körpertemperaturen aufrecht zu erhalten (Abb. A).

Die Nahrung liefert dem Organismus zum einen *Energieträger* (z. B. Kohlenhydrate, Fette), zum anderen *Funktionsträger,* die mehr oder weniger hohe Energiebeträge besitzen können, von der stoffl. Eigenart aber bedeutungsvoll sind (Vitamine, Mineralstoffe und Wasser). Die Eiweiße müssen beiden Stoffgruppen zugerechnet werden, da sie außer Energie auch wichtige N- und S-Verbindungen liefern.

Vitamine und Mineralstoffe sowie bestimmte Aminosäuren müssen in der Nahrung enthalten sein, da sie nicht selbst vom Organismus hergestellt werden können; sie sind *essentiell.*

Bei den abbauenden Stoffwechselvorgängen der Heterotrophen entstehen aus energiereichen organ. Verbindungen energieärmere **(Katabolismus = Dissimilation)**. Aus der Energiedifferenz decken die Heterotrophen ihren Energiebedarf.

Pflanzen gewinnen auf die gleiche Weise Energie, wenn die Photosynthese nicht ablaufen kann und Speicherstoffe abgebaut werden.

In der Zellatmung werden organ. Moleküle unter Sauerstoffverbrauch abgebaut **(aerobe Dissimilation)**. Dabei freigesetzte Energie wird in energiereichen Verbindungen (z. B. ATP) gespeichert. Die vollständige Oxidation der Kohlenhydrate zu H_2O und CO_2 gliedert sich in 4 Abschnitte:

Glykolyse, oxidative Pyruvat-Decarboxilierung, Citrat-Zyklus und Endoxidation (Abb. C, D).

In der **Glykolyse** wird der phosphorylierte Zucker (Fructose-1,6-diphosphat) in Einheiten mit 3 C-Atomen (Dihydroxy-aceton-phosphat und Glycerinaldehyd-3-phosphat) gespalten. Glycerinaldehyd-3-phosphat wird über exergon. Reaktionsschritte, die zur ATP-Bildung genutzt werden, zu *Brenztraubensäure (Pyruvat)* umgewandelt. Die Glykolyse verbraucht keinen Sauerstoff *(anaerob).*

Pyruvat kann in den Mitochondrien in *Ethanol* **(alkoholische Gärung)**, *Lactat* **(Milchsäuregärung)** oder *Acetyl-Coenzym A* (Eintrittsmolekül in den Zitronensäure-Zyklus) umgewandelt werden. Nur durch Regenerierung des NAD^+ bei der Reduktion des Pyruvat zu Lactat oder Ethanol kann der Ablauf der Glykolyse unter *anaeroben* Bedingungen aufrecht gehalten werden.

Im **Citrat-Zyklus** enden alle zur Oxidation bestimmten Nahrungsmoleküle. Sie treten als Essigsäurerest (Acetyl-Coenzym A) oder α-Ketoglutarsäure ein. Beim Durchlauf eines Acetyl-Coenzym A verlassen 2 CO_2 den Zyklus, der anfallende Wasserstoff wird auf NAD^+ und FAD übertragen. Es fällt nur ein energiereiches Molekül (GTP) an.

Zwar verbraucht der Citrat-Zyklus selbst keinen Sauerstoff, er ist jedoch auf die Bereitstellung oxid. NAD^+ und FAD aus der Atmungskette angewiesen.

In der **Endoxidation (= Atmungskette)** werden Elektronen von $NADH + H^+$ bzw. $FADH_2$ über eine Reihe von Elektronenträgern (versch. *Cytochrome*) auf O_2 übertragen. Durch die hohen Redox-Potential-Unterschiede kann an 3 Stellen ATP gebildet werden *(oxidative Phosphorylierung).*

Aus der vollständigen Oxidation eines Glukose-Moleküls zu CO_2 und H_2O entstehen 36 ATP.

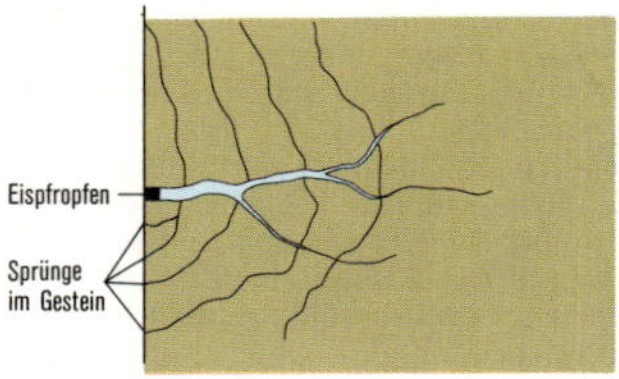

A Eissprengung

Korngrößenfraktion	Symbol	mittl. Korndurchmesser in mm
Ton	T	< 0,002
Schluff	U	0,002 – 0,063 (0,002 – 0,02)
Sand	S	0,063 – 2,0
(Feinsand)		(0,02 – 0,2)
(Grobsand)		(0,2 – 2,0)
Kies, Steine	G, X	> 2,0

B Korngrößentabelle (Vorschlag der Int. Bodenkundl. Ges.)

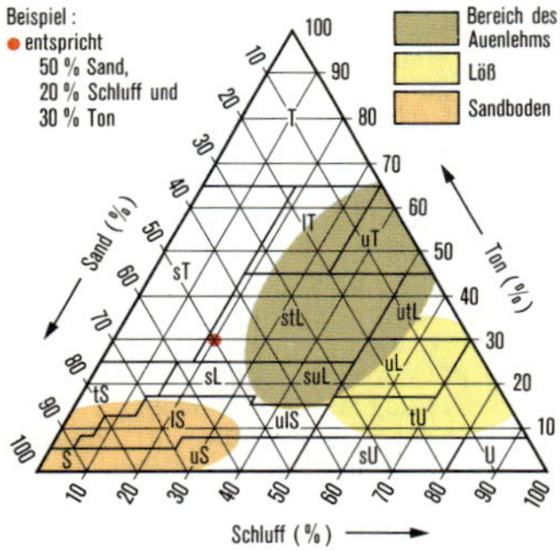

C Dreiecksdiagramm der Bodenarten

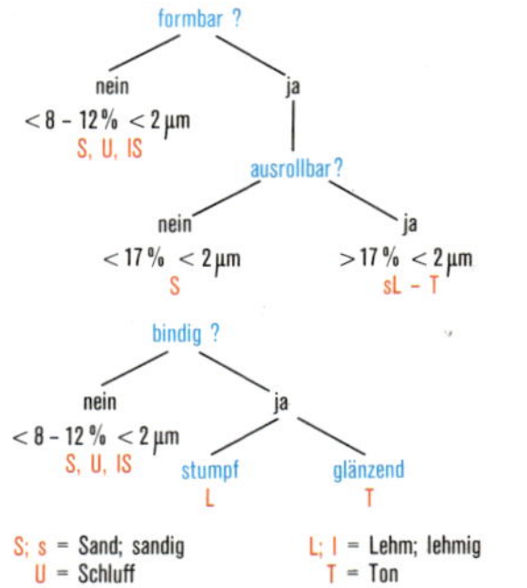

D Arbeitsschema zur Bestimmung der Bodenart durch Fingerprobe

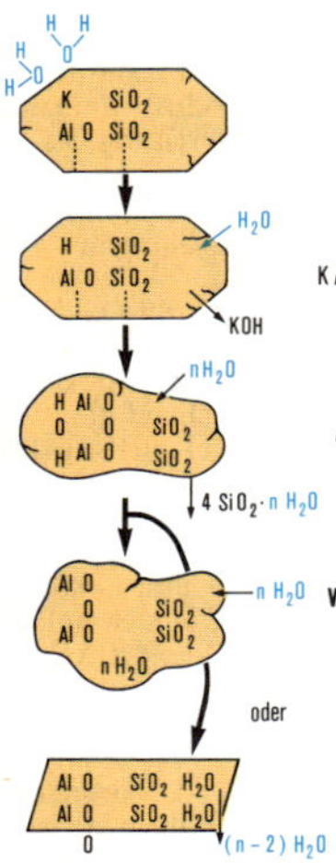

Frisches Material

Mineralauflockerung
$KAlSi_3O_8$
(Kalifeldspat)

Entbasung (Hydrolyse)
$KAlSi_3O_8 + H_2O \Rightarrow HAlSiO_8 + KOH$

Verlust der Kieselsäure
$4\,SiO_2 + nH_2O \Rightarrow (SiO_2)_4 \cdot nH_2O$
(Kieselsäure-Gel)

Vollständiger Zerfall des Minerals
$Al_2O_3(SiO_2)_2 \cdot nH_2O + H_2O$
(kolloidaler Tonkomplex)

Kristallisation
$Al_2(OH)_4SiO_5$
(Tonmineral Kaolinit)

E Verwitterung des Kalifeldspats zum Tonmineral Kaolinit

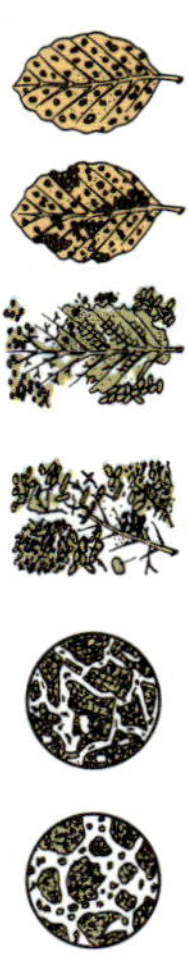

Laubfall
Fensterfraß
Öffnung der Blatthaut für Mikroflora
Größere Springschwänze, Rindenläuse

Fenster- und Lochfraß
Kleinere Zweiflügler-Larven

Loch- und Skelettfraß
Schnecken, Asseln, Tausendfüßler, Ohrwürmer, größere Zweiflügler-Larven, größere Moosmilben

Stärkste mikrobielle Verwesung durch vergrößerte Oberfläche
Fraß von Enchyträen, kleinen Springschwänzen und Moosmilben

Aufnahme der verwesenden Masse, Vermischung mit Mineralien, Bildung von Ton-Humus-Verbindungen; versch. Regenwürmer

Auflockerung und Bildung von Rollaggregaten; alle grabenden, den Boden durchwühlenden Tiere
Mull

F Buchenblatt: Streuzersetzung und Mullbildung

Verringert die **physikalische Verwitterung** im wesentlichen die Korngrößen, so löst die **chemische Verwitterung** Minerale völlig auf *(Lösungsverwitterung)* oder verändert deren chem. Aufbau.

Die Lösung eines Minerals beginnt, indem sich Kationen und Anionen mit Wassermolekülen umgeben und eine Wasserhülle bilden *(Hydratation)*.

Sie ist die Ursache für Quellung von verwitterten Feinböden (z. B. Ton) bzw. für Mineralauflockerung (Abb. E).

Schwerlösl. Ionen werden durch leichter austauschbare ersetzt.

Zuerst verarmt das Gestein an Na, Ca und Mg, dann an K, schließlich an Si und Mn. Unter den Anionen wird Chlorid (Cl^-) leichter als Sulfat (SO_4^{2-}) ausgewaschen.

Da die H^+ um die Position der Metallionen konkurrieren, sind saure Lösungen verwitterungswirksamer. CO_2 der Luft bzw. von den Wurzeln und Bodenorganismen löst sich ständig im Wasser und bildet *Kohlensäure*

$$H_2CO_3 + H_2O \rightarrow H^+ + HCO_3^- + H_2O$$

z.B. reagiert schwerlösl. Dolomit mit Kohlensäure zu leicht lösl. Hydrogencarbonaten:

$$CaMg(CO_3)_2 + 2\,H_2CO_3 \rightarrow Ca(HCO_3)_2 + Mg(HCO_3)_2$$

H^+-Ionen ersetzen Metall-Ionen und Si in Silikaten bzw. C in Carbonaten.

Werden z.B. im Kalifeldspat ($HAlSi_3O_8$) Kalium- durch H^+-Ionen ersetzt, dann kann das freigewordene K^+ mit OH^--Ionen zur Kalilauge (KOH) reagieren oder als K^+ für Pflanzenwurzeln verfügbar werden bzw. KOH und K^+ werden mit der Wasserbewegung im Boden fortgespült (Abb. E).

Die Oberfläche des Minerals ist nun weniger stabil als vorher, zerfällt durch weitere Wasseranlagerung in Kieselsäure und Al-Oxid, die überwiegend gelartig lösbar sind *(Bodenkolloide)*. Bodenkolloide können unter Wassereinlagerung auskristallisieren und sekundäre Tonminerale bilden (hier das Kaolinit).

Eisen(II)haltige Minerale bilden nach Herauslösen der Silikate rotbraunes Eisenhydroxid ($Fe(OH)_3$), das die allg. Braunfärbung der Böden bedingt.

Bes. bei hohen Temperaturen und großer Feuchtigkeit, z. B. in den Feuchttropen, wird Si stark ausgewaschen *(Desilifizierung)*, und Fe- und Al-Oxide bzw. -Hydroxide reichern sich neben Kaoliniten an.

Die **Bodenarten** werden nach dem Gehalt der versch. Korngrößen benannt (Abb. B). Man unterscheidet *Ton* mit Korngrößen $< 2\ \mu m$, *Schluff* mit Korngrößen von 2–63 µm, *Sand* (63 µm bis 2 mm) und grobere Steine und Kiese (gerundet). Feinböden besitzen Korngrößenfraktionen < 2 mm, Bodenskelette $>$ 2 mm.

Bodenarten können im Boden optisch und fühlbar mit Hilfe der *Fingerprobe* unterschieden werden (Abb. D). Eine durchfeuchtete Bodenprobe wird zwischen den Fingern solange geknetet, bis mit Entfernen überschüssigen Wassers jeder Glanz verschwindet.

Ton ist bindig, klebrig und formbar;
Schluff hat eine samtig-mehlige Beschaffenheit und ist nicht mehr bindig, haftet aber noch in den Fingerrillen;
Sand haftet nicht und ist sichtbar körnig.

Da diese Bodenarten in der jeweiligen Korngrößenfraktion selten rein vorliegen, wird der Hauptanteil um die vorherrschende Nebenfraktion als Eigenschaftswort ergänzt, z. B. schluffiger Ton (uT).

Im **Lehm** sind die drei Korngrößen Sand, Schluff und Ton etwa gleich vertreten.

Bei genauer Korngrößenanalyse im Labor (Sieb- oder Schlämmanalyse) wird zur Bestimmung der Bodenart das *Dreiecksdiagramm* benutzt (Abb. C).

Der **Löß**, ein in den Eiszeiten (Mitteleuropa) aus den nackten, trockengefrorenen Böden um die Gletscher herum ausgewehtes und im Vorland (Wald) der Gebirge abgelagertes Windsediment, besteht zu 70–80% aus Schluff und läßt sich als flächiger Bereich im Dreiecksdiagramm ausweisen.

Der **Humus** ist die organ. Substanz, die sich im und auf dem Boden als abgestorbenes Pflanzen- und Tiermaterial *(Streu)* ansammelt bzw. zu anderen organ. Stoffen *(Huminstoffen)* umwandelt.

Die lebenden Organismen, Bodenflora und -fauna *(Edaphon)*, gehören nicht dazu.

Der Abbau der organ. Substanzen beginnt, wenn Pflanzenteile (Blätter, Nadeln, Zweige, Wurzeln) und Bodentiere oder Mikroorganismen absterben. Dann zerlegen gewebeeigene Enzyme Zellinhaltsstoffe in Einzelbausteine, die von Bodentieren *(Makro-* und *Mesofauna*, S. 53) zerkleinert und gefressen werden.

Dabei vergrößert sich die Oberfläche des Materials erheblich, so daß Mikroorganismen *(Mikrofauna)* für ihre Enzyme eine größere Angriffsfläche bekommen.

Die organ. Substanz wird zum größten Teil zu Kohlendioxid (CO_2), Wasser, Ammoniak (NH_3), Phosphat (PO_4^{3-}), K^+, Ca^{2+} usw. vollständig abgebaut **(Mineralisierung)**, und z. T. entstehen aus Zwischen- und Endprodukten neue bodeneigene organ. Substanzen, die Huminstoffe **(Humifizierung)**.

Der Humus enthält gelb bis gelbbraune *Fulvosäuren, Huminsäuren* und die unlösl. *Humine.* Durch alkal.-wässrige Extraktion lösen sich die *Fulvosäuren,* eine Vielzahl versch. Verbindungen mit Molekülmassen bis 9000. Sie können Fe-Oxide lösen und Metallionen komplex binden (S. 48). *Huminsäuren* werden aus dem alkal. Bodenextrakt durch starke Säuren ausgefällt. Die großen Moleküle (MG bis 100000) sind im Wasser schwerer löslich *(Kolloide)* und enthalten prozentual weniger Carboxylgruppen ($-COOH$) und phenol. OH-Gruppen als die Fulvosäuren.

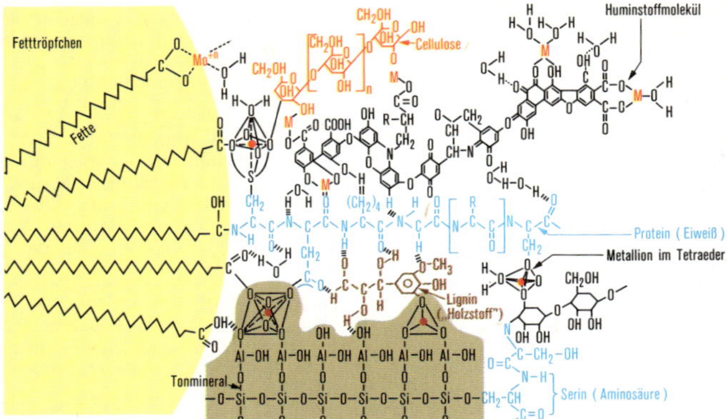

A Ton-Humus-Komplex

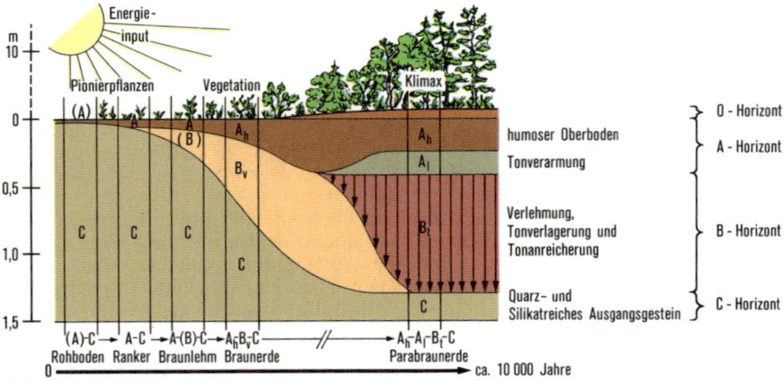

B Bodenentwicklung auf Silikatgestein

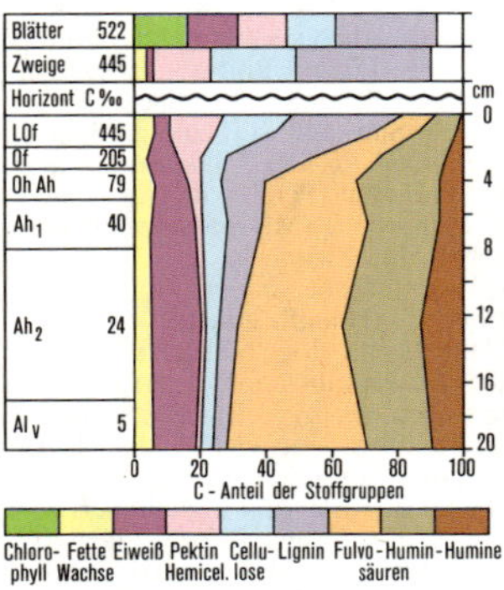

C Stoffgruppen im Mull unter Buche und Eiche auf Parabraunerde

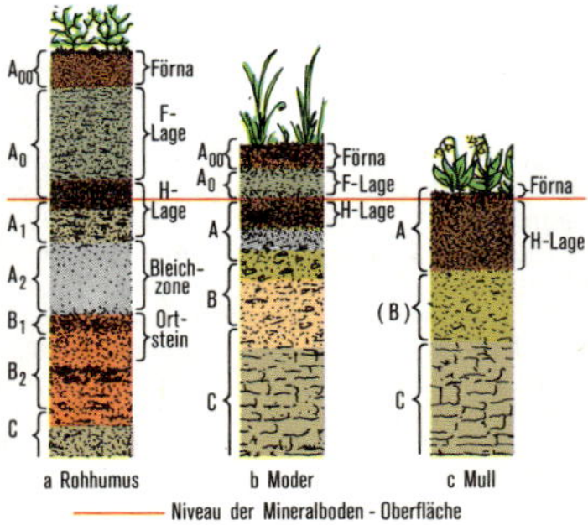

D Terrestrische Humusformen

Bodenhorizonte und Bodenentwicklung

Die Streu wird mit anderen Bodenpartikeln (z. B. Tonmineralen) intensiv durchmischt, bes. vom Regenwurm. Dunkle hochmolekulare, organ. Verbindungen **(Huminstoffe)**, die nur schwer abbaubar sind, reichern sich an und färben die oberen Bodenschichten braun bis schwarz. Sie bestehen aus aromat. 5- und 6-Kohlenstoffringen, die über versch. Brücken (-O-, -NH-, -N-, $-CH_2-$, -S-) miteinander verknüpft sind, und tragen versch. *funktionelle Gruppen:* Carboxy- (-COOH), Hydroxy- (-OH) und Carbonylgruppen (-HCO). Die Carboxygruppe gibt wie die Kohlensäure H^+-Ionen an Wasser ab und säuert den Humus an.

Viele der organ. Riesenmoleküle binden sich, bes. die Carboxy- und Amino-Gruppen, an die Oberfläche von Tonmineralen und bilden **Ton-Humus-Komplexe** (Abb. A).

Die **Bodengenese** beschreibt die bodenbildenden Faktoren.

»Ein Boden ist ein Naturkörper, bei dem ein Gestein an der Erdoberfläche unter einem best. Klima, einer best. streuliefernden Vegetation und Population von Bodenorganismen durch bodenbildende Prozesse (Verwitterung und Mineralbildung, Zersetzung und Humifizierung, Gefügebildung und versch. Stoffumlagerungen) umgeformt wird« (SCHEFFER/SCHACHTSCHABEL, 1984).

Die Entwicklung beginnt zunächst an der Gesteinsoberfläche und schreitet im Laufe der Zeit fort, indem sich mehr oder weniger gleichartige Bodenschichten **(Horizonte)** bilden (Abb. B).

Von oben bilden sich streuähnl. *Auflagehorizonte* organ. Ursprungs und von unten gesteinsähnl. *Mineralhorizonte* anorgan. Ursprungs, die zus. im senkrechten Schnitt das **Bodenprofil** ergeben.

Die Wechselwirkungen bodenbildender Faktoren eines Standorts (Wärme, Wasser, Luft und Nährstoffe) und die zeitl. Wirkungsdauer bestimmen den **Bodentyp** (gleichart. Böden im gleichen Entwicklungszustand).

Es gibt versch. **Humusformen.** Art und Menge des Humuskörpers hängt von der jährl. produzierten Streumenge und -zusammensetzung sowie von den Lebensbedingungen der versch. Bodenorganismen ab.

In trockenheißen Steppen hemmt die Trokkenheit die Streuzersetzung, in den kalten Zonen die niedrigen Temp., und in den heißen Feuchttropen wird der Humus so rasch zersetzt, daß er sich kaum anreichern kann.

Im *mitteleuropäischen Waldboden* lassen sich 3 Lagen im Humus erkennen (Abb. D):

1. *L- oder Streulage* (= Förna oder litter-Horizont), überwiegend unzersetzte Blätter, Nadeln, Samen, Zweige.
2. *O_f- oder Fermentationslage* (= Grobhumus bzw. Vermoderungshorizont), halb zerfallene Blätter und Nadeln, Kleintierkot; 10–70% als Feinhumus.
3. *O_h- oder Humifizierungslage* (= Feinhumus bzw. Humusstoffhorizont), überwiegend Feinhumus, Streureste mit erkennbarer Gewebsstruktur < 30%. Der Feinhumus bildet eine eigene Krümelung durch die Tätigkeit der Bodentiere (Aggregate, S. 46, F).

Man gliedert in **Humusformen** des Landökosystems **(1. terrestrische)**, durch Wasser geformte **(2. hydromorphe)** und unterhalb der Wasseroberfläche entstandene **(3. subhydrische)**:

Zu 1. Im **Rohhumus** sind die L-, O_f- und O_h-Lagen deutlich begrenzt. Die Vegetationsdecke (Heiden, Nadelwälder) liefert schwer abbaubare und nährstoffarme Streu. Bei kühl-feuchtem Klima ist die Streuzersetzung stark gehemmt, es fehlt die Vermischung durch Bodentiere. Verhältnis Kohlenstoff : Stickstoff (C/N) > 30, pH 3–4.

Im **Moder** sind alle Auflagehorizonte noch vorhanden, jedoch mit unscharfen Übergängen. Die Streu der krautarmen Laub- und Nadelwälder auf rel. nährstoffreichen Böden wird im kühl-feuchten Klima etwas besser zersetzt. Die Durchmischung durch Bodentiere nimmt zu. Die lockeren Humuslagen zeigen den typ. »Moder«-Geruch. C/N ~20, pH über Silikatgesteinen 3–4, über Kalkgesteinen > 7.

Im **Mull** fehlt die Humusauflage fast ganz, der Ah-Horizont ist als graubraun-schwarzer Humuskörper mächtig entwickelt. Die Steppenvegetation bzw. der krautreiche Laubwald liefert nährstoffreiche, leicht mineralisierbare Streu. Wühlende und erdfressende Bodentiere sorgen für eine gute Durchmischung (»frischer Erdgeruch«). C/N 10–15, pH schwach sauer bis alkalisch.

Zu 2. In nassen nährstoffreichen Böden hemmt der durch Wasserabschluß entstehende Sauerstoffmangel die Zersetzung, organ. Material reichert sich an. Es entstehen *Anmoor-Böden* mit 10–30% Humusgehalt, die Huminstoffe von Wassertieren und teils anaerob lebenden Strahlenpilzen enthalten.

Zeigen nährstoffarme Böden geringe Tiertätigkeit und einen Gehalt von > 30% organ. Substanz, so spricht man von **Torf**. Durch die versch. natürl. Vegetationen der Moore (S. 87) entstehen Torfe mit unterschiedl. Zusammensetzung.

Zu 3. Unter Wasser und damit ständig unter Luftabschluß entstehen **Mudden**. Der *Braunschlamm (Dy)* ist fast frei von Organismenresten und entsteht in nährstoffarmen, huminsauren Braunwässern. Der *Grauschlamm (Gyttja)* ist stärker mit Organismen durchsetzt und entsteht in sauerstoffreichen eutrophen Gewässern. Der *Faulschlamm (Sapropel)* sammelt sich am Grunde eutropher, O_2-armer Gewässer. Anaerobe Zersetzer bewirken durch H_2S-bzw. CH_4-Bildung den Fäulnisgeruch.

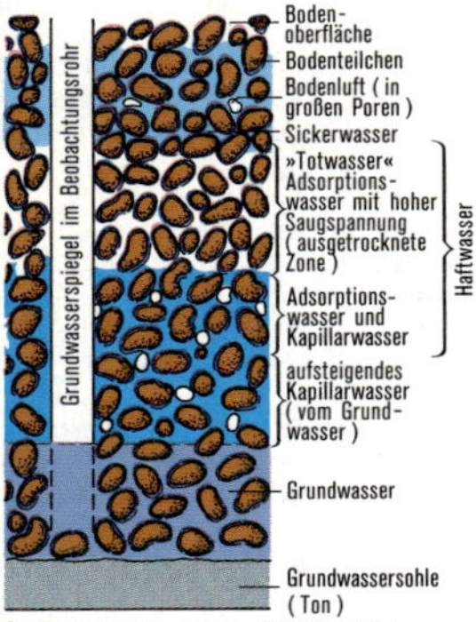

A Boden mit neuem Niederschlag nach Austrocknung

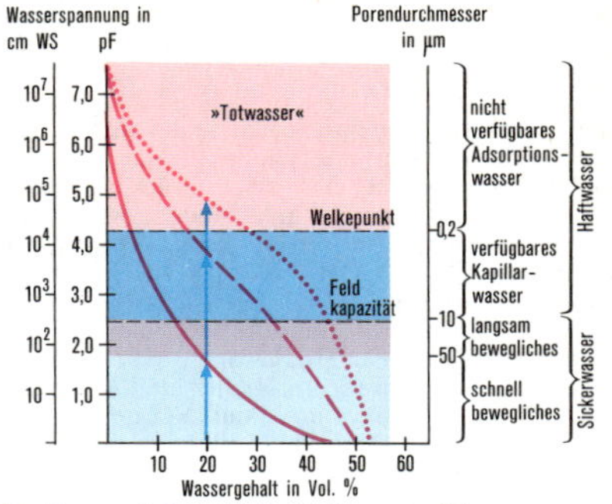

B Wassergehalt in Abhängigkeit von der Wasserspannung in Sand —— Lehm – – – und Ton ·······

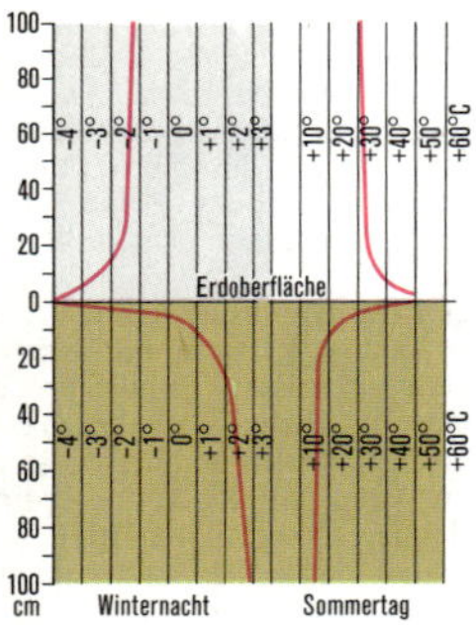

C Luft- und Bodentemperatur

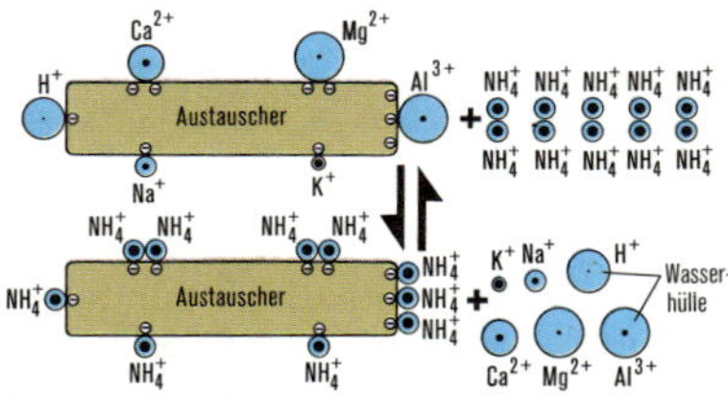

D Schema zum Kationenaustausch

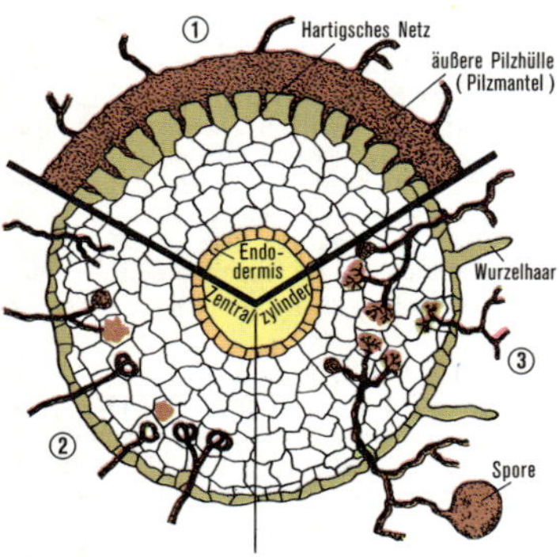

E Mykorrhizaformen: 1 ektotrophe, 2 endotrophe, 3 vesikulär-arbuskuläre Mykorrhiza

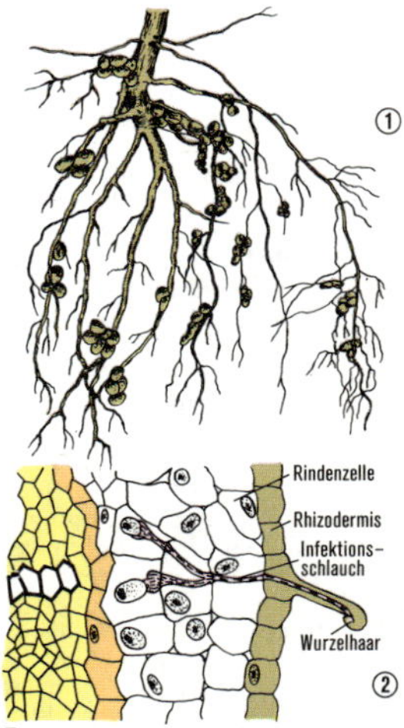

F 1 Knöllchen an der Erbsenwurzel 2 Infektion durch Bakterien (Rhizobium)

Die **abiotischen** *(Wasser-, Wärmehaushalt, Austauschkapazität von Ionen)* und **biotischen Eigenschaften** *(Mykorrhiza, Stickstoffixierung in Wurzelknöllchen)* des Bodens bestimmen entscheidend die Pflanzen- und Tierwelt.

Wasser: Niederschlagswasser dringt in den Boden ein und gelangt als *Sickerwasser* durch die Poren zum Grundwasser oder es fließt als *Oberflächenwasser* ab und kann bei fehlender Pflanzendecke Boden abtragen (Bodenerosion).

Reichert sich jahreszeitl. Wasser oberflächennah an, so spricht man von *Stauwasser.*

Ein Teil des Bodenwassers wird gegen die Schwerkraft von den Bodenteilchen festgehalten *(Haftwasser).*

Um die Bodenteilchen bilden sich Wasserhüllen aus *(Hydratation)*, in denen die Dipole des Wassers fest an die unterschiedlich geladenen Oberflächen der Bodenteilchen gebunden sind *(Adsorptionswasser).*

Mit zunehmender Entfernung nehmen die Bindungskräfte zwischen Wasser und festen Bodenteilchen *(Adhäsion)* ab.

Die zwischenmolekularen Anziehungskräfte der Wassermoleküle *(Kohäsion)* halten das Wasser in den Bodenporen und Porenwinkeln fest bzw. sorgen für das Aufsteigen von Grundwasser *(Kapillarwasser)* (Abb. A).

Die **Bodenarten** verhalten sich nach den Korngrößen unterschiedlich. Beim Wassergehalt von 20% fühlt sich ein *Sandboden* naß, ein *Schluffboden* feucht und *Ton* trocken an.

Mit zunehmender Oberfläche der Bodenteilchen (z. B. Ton) ist mehr Wasser adsorptiv gebunden, die **Wasserspannung (Saugspannung)** steigt. Um das Wasser-Festhaltevermögen zu messen, wurde der **pF-Wert** (log cm Wassersäule) eingeführt.

Bei einem pF-Wert von 1,8-2,5 erreicht ein natürl. gelagerter Boden nach ausreichender Beregnung die Wassermenge, die er gegen die Schwerkraft speichern kann **(Feldkapazität)**.

In humiden Klimaten entwickeln die Wurzeln eine Saugspannung bis zu ca. 16×10^5 Pa = pF 4,2, folglich können die Pflanzen nur den Wasseranteil aufnehmen, der unter pF 4,2 *(Welkepunkt)* liegt;

d. h. für sie ist nur das Kapillarwasser und kurzfristig das durchsickernde Wasser nutzbar **(pflanzenverfügbare Wasserkapazität)**, Bodenwasser mit höherer Saugspannung nicht *(Totwasser).*

Wärme: Die Bodenoberfläche wirkt tagsüber bei Sonnenbestrahlung als Aufheizfläche und nachts als Ausstrahlungsfläche von langwelligen Wärmestrahlen (Abb. C). Dabei erwärmen sich die bodennahen Luftschichten, ein anderer Teil der Wärme wird im Boden weitergeleitet oder geht bei feuchten Böden als Verdunstungswärme verloren.

Nasse Böden benötigen 3-4mal mehr Wärme, um ihre Temp. um den gleichen Betrag zu erhöhen, als trockene Böden.

Ionen: Tonminerale und organ. Substanzen sind an den Oberflächen überwiegend negativ geladen und können in äquivalenten Mengen Ionen, bes. Kationen, aus dem Bodenwasser anlagern bzw. angelagerte mit neu ankommenden austauschen (Abb. D). Die Ionen werden so für gewisse Zeit gegen Auswaschung geschützt und als Nährstoffe für die Aufnahme durch Pflanzenwurzeln bereitgehalten.

Die Summe der austauschbaren Kationen bzw. Anionen wird in mmol/100 g Boden gemessen **(Ionenaustauschkapazität)**.

Es binden sich die Kationen (in abnehmender Intensität):

$Al^{3+} > Ca^{2+} > Mg^{2+} > NH_4^+ > Na^+$,

die Anionen

$PO_4^{3-} > SO_4^{2-} > NO_3^- > Cl^-$.

Mykorrhiza: Viele Bäume, Sträucher und Orchideen bilden mit ihren Wurzeln und best. Pilzen (z. B. Steinpilz) eine Symbiose, die **Mykorrhiza.**

Das Pilzgeflecht (Myzel) umgibt mantelartig die Wurzel und hemmt deren Längenwachstum (Abb. E).

Bei der *Ektomykorrhiza* wachsen die Pilzfäden (Hyphen) aus dem Mantel zwischen die nicht verdickten Rindenzellen der Wurzel. Die *endotrophen Mykorrhiza*-Pilze bilden nur ein lockeres Hyphennetz aus, die Hyphen dringen in die Rindenzellen ein. Bei der *VA-Mykorrhiza (vesikulär-arbuskuläre M.)* wachsen die Hyphen blasen- oder bäumchenförmig in die Rindenzellen hinein. Im Ggs. zu den anderen Formen unterdrücken sie nicht die Wurzelhaarbildung. *Vorteile für die Pflanze:*

das Pilzgeflecht vergrößert die resorbierende Oberfläche, es nimmt die mineral. Nährstoffe (N, P und K) effektiver auf und es schützt vor krankheitserregenden Pilzen.

Das Pilzgeflecht erhält aus den Rindenzellen der Wurzel energiereiche Verbindungen (Kohlenhydrate). Mykorrhiza-Wurzeln zeigen eine 2-4fach höhere Atmungsintensität als Nichtmykorrhiza-Wurzeln.

Wird die Mykorrhizabildung unterbunden, zeigen die Pflanzen schwere Schäden.

Knöllchenbildung: Pflanzen wären mit dem Stickstoff (N) der Luft (78%) übermäßig gut versorgt. Da sie **N** jedoch nur in Form von Ammonium- oder Nitrat-Ionen aufnehmen können, wird der **N** im Boden zum begrenzenden Faktor. Nur wenige freilebende Bakterienarten (Azobacter, Spirillum, Enterobacter) können den Luftstickstoff im Boden binden.

Effektiver arbeiten **symbiont. Bakterien** (*Rhizobium* in *Leguminosen*). Die Bakterien dringen über feine Wurzelhaare in die Wirtspflanze ein, vermehren sich in den Rindenzellen und regen die Zellen zu Teilungen an *(Wurzelknöllchenbildung).* Sie liefern organ. N-Verbindungen **(Stickstoffixierung** 200-400kg N/ha·a) und werden schließl. aufgelöst und verdaut.

Einige *Strahlenpilze (Aktinomyceten)* bilden mit Erle, Sanddorn und Ölweiden Symbiosen und können bis 60kg N/ha·a binden.

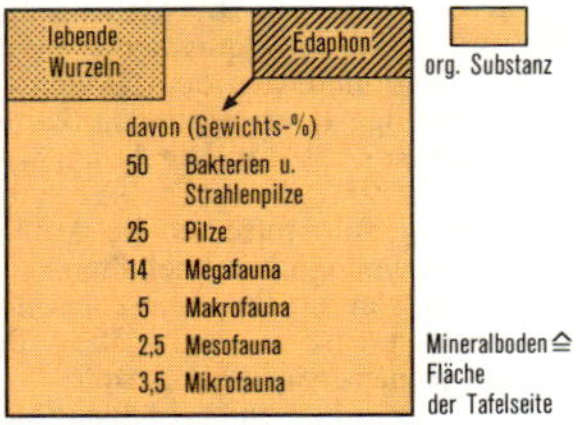

A Edaphon im Laub-Mischwald (Fläche ≙ Gewichtsanteil)

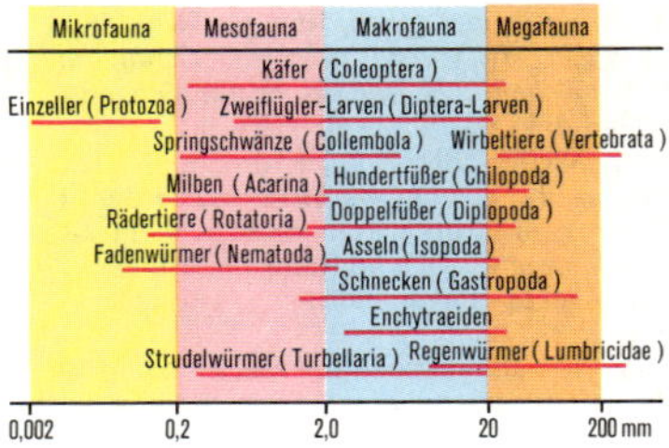

B Größenklassen der Bodenfauna

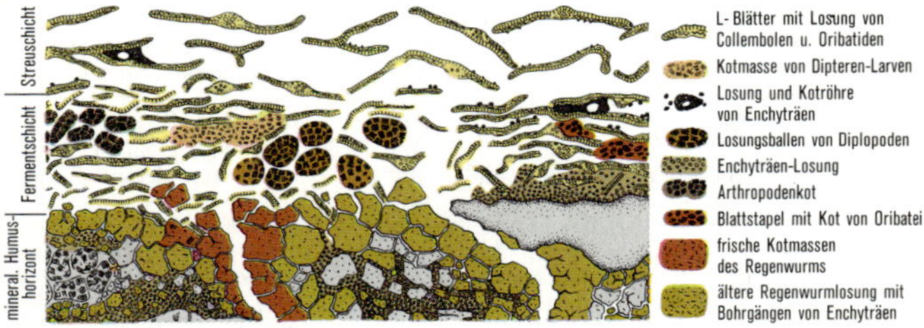

C Waldboden und tierische Zersetzer

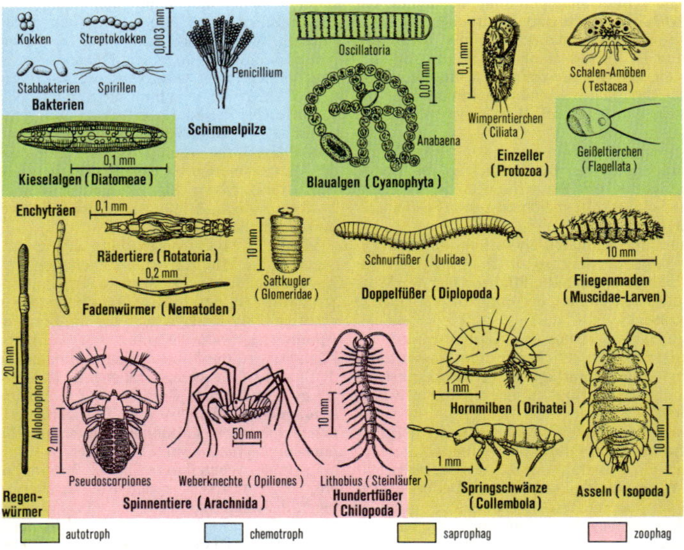

D Wichtige Bodenorganismen

Streuzersetzung, Edaphon

Die in senkrechter Abfolge gelagerten Horizonte sind der *Lebensraum für Bodenflora und -fauna* **(Edaphon)**. Die Verteilung der Lebensräume versch. Populationen erfolgt innerhalb des Bodens auf kleinstem Raum **(Dispersion von Mikrohabitaten)**. Sie hängt von abiot. Faktoren, von der Nahrungsverteilung, den Schlupfwinkeln und dem intraspezif. Verhalten ab.

Der Gehalt organ. Stoffe in Landböden liegt zwischen 3 und 10 Gew.-%, wovon das Edaphon 10% nicht überschreitet, d. i. < 1% des Bodengewichts (Abb. A). Er reichert sich in den oberen 5–10 cm, im aufliegenden Humus und im A-Horizont an.

Es gibt keinen Boden, in dem **alle** Bodenorganismen reichlich vertreten sind. Pilze herrschen auf sauren Böden vor, wo Regenwürmer zurücktreten. Auf kalkhaltigen Böden ist das umgekehrt. Auf engstem Raum schichten sich tote organische Substanz, Feinwurzeln und Mikroflora.

Einen bes. Lebensraum bietet die Wurzelumgebung *(Rhizosphäre)*. Der Mikroorganismenbesatz ist andersartig und dichter. Er lebt von den Ausscheidungen der Wurzeln und toten Geweberesten.

Die Bodenorganismen (Abb. D) lassen sich nach mehreren Prinzipien klassifizieren. Nach der **Bewegungsweise:**

Bodenhafter (Bakterien, Pilze) wachsen über Bodenteilchen oder in Hohlräume hinein;
Bodenschwimmer bewegen sich mit Geißeln oder Wimpern im Bodenwasser (Geißel-, Wimpern-, Rädertierchen);
Bodenkriecher schieben sich durch Hohlräume (Wurzelfüßer, Faden-, Borsten-, Regenwürmer, Tausendfüßer, Asseln, Milben, Springschwänze und Insektenlarven);
Bodenwühler vermischen durch Graben, Wühlen und Hindurchfressen den Boden. Sie lockern den Boden und verbessern die Durchlüftung (Maulwurfsgrille, Mist-, Aaskäfer, Drahtwürmer, Zweiflüglerlarven, Maulwurf und Wühlmäuse).

Nach der Größe teilt man die Bodenfauna ein in **Mikro-**, **Meso-**, **Makro-** und **Megafauna** (Abb. B).

Unter *Mikroflora* faßt man Bakterien, mikroskopische Pilze und Algen zusammen.

Die Bodenorganismen sind durch ihren *zylindrischen* (z. B. Kurzflügler), *wurmförmigen* (Springschwänze, Borstenwürmer) oder *kugelförmigen* (Milben) Körperbau an das Bodensubstrat angepaßt (Abb. D).

Körperanhänge und Beine sind kurz bzw. zurückgebildet. Einige können sich abkugeln (Hornmilben, Landasseln, Doppelfüßer).

Die Bedeutung des Edaphon für die Pflanzen liegt im Abbau der organ. Substanz zu *pflanzenverfügbaren Nährstoffen* und in der CO_2-Produktion.

Mikroorganismen sind in der Nährstoffaufnahme effektiver und legen einen Teil der Nährstoffe durch den Einbau in ihre körpereigene Substanz fest, so daß es zu Engpässen für die Pflanzen kommen kann.

Viele Waldbäume gehen mit speziellen Pilzarten eine Symbiose ein (**Mykorrhiza**, S. 50).

Sommertrockenheit und Temperaturen unter 0 °C hemmen die Tätigkeit des Edaphons.

Bei genügender Feuchte und einem Temperaturanstieg von 10 °C erhöht sich der Stoffwechsel um das 2–3fache. Die größte Tätigkeit liegt im Frühjahr bis Frühsommer und ggf. im Herbst aufgrund der neu anfallenden Streu.

Im Buchenwald werden 3,5 t organ. Substanz ha^{-1} a^{-1} zersetzt.

Nur wenige cm unter der *Streuschicht* sind die Feuchte- und Temperaturverhältnisse über das Jahr ausgeglichen. Die unteren Lagen verdichten sich, die Zersetzung beginnt (Abb. C).

Die **Primärzersetzer** (*Insektenlarven, Diplopoden, Asseln, Regenwürmer* und *Schnecken*) zerkleinern und fressen Pflanzenteile.

Diese Oberflächenvergrößerung ist wichtig für weiteren Aufschluß durch Enzyme, die von Mikroorganismen abgegeben werden. Leicht abbaubare Stoffe (Zucker, Fette, Eiweiße) werden schnell zersetzt (*Bakterien, Strahlen-* und *Schimmelpilze*).

Pilze sind wichtige Eiweißzersetzer und liefern NH_4^+ als Pflanzennährstoff **(Ammonifikation)**.

In fruchtbaren Böden wirken viele Bakterien mit.

Auch bei der Bildung von NO_2^- und NO_3^-, der **Nitrifikation**, sind Bakterien, Blaualgen und Pilze beteiligt (S. 65).

Ernährungsspezialisten – Bakterien, Schlauch- und Strahlenpilze – beginnen, schwer zersetzbare Substanzen (z. B. *Zellulose*) anzugreifen. Das noch schwerer abbaubare *Lignin* wird von den Pilzen (*Basidiomyceten* und *Ascomyceten*) abgebaut. Freiwerdende Gerbstoffe *(Tannin)*, phenolische Verbindungen sowie starke Ansäuerung durch schwer abbaubare Humussäuren hemmen die Enzymaktivität der Mikroorganismen.

Der *F-Horziont* ist der Horizont stärkster Umsetzung.

Kot der Larven und Borstenwürmer (Losung) mischt sich vermehrt mit noch deutlich erkennbaren Pflanzenresten (Abb. C).

Die Pilzgeflechte *(Myzele)* sind stark entwikkelt und mit bloßem Auge erkennbar.

Der Regenwurm vermischt als Erdfresser Humusteilchen mit Tonmineralen und beschleunigt so die **Humifizierung** (S. 49).

Kotablagen und Schleimabsonderungen der Regenwürmer stabilisieren die Bodenoberfläche und Röhrenwände *(Lebendverbauung)*. Sie wirken der Mikroerosion entgegen. In den Röhren wachsen meist Pflanzenwurzeln.

Im H-Horizont ist die O_2-Diffusion durch zunehmende Dichte erschwert. Regenwürmer und Springschwänze kommen bei O_2-Mangel (Starkregen) an die Oberfläche, wo Regenwürmer durch die UV-Strahlung verenden.

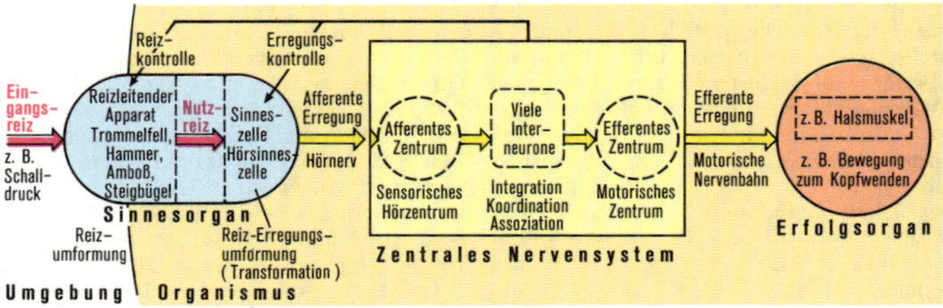

A Reiz- und Erregungsfluß im Tierkörper (z. B. Gehörsinn)

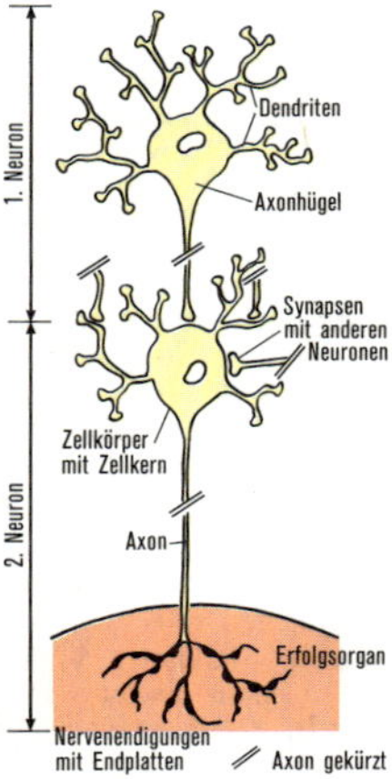

B Verschaltung von Nervenzellen

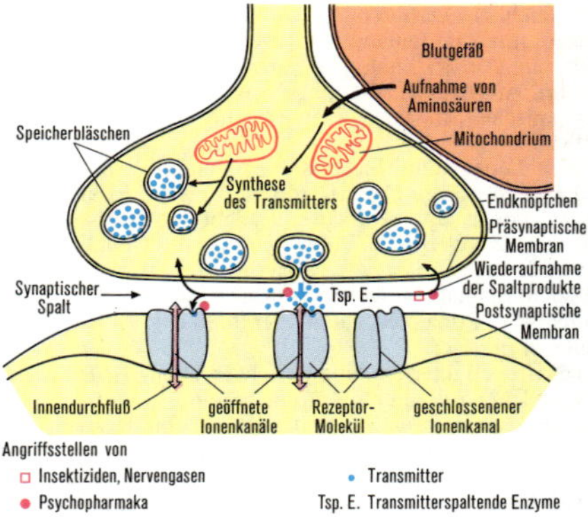

C Vorgänge an der Synapse

D Sproß der Mimose

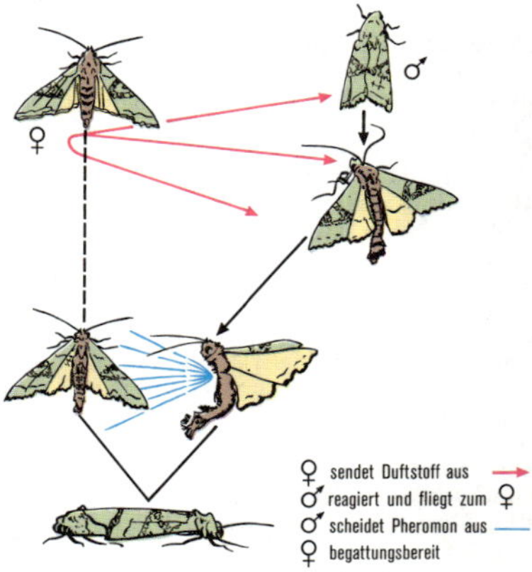

E Partnerfindung durch Pheromone (Achateule)

Ein Organismus muß sich in Raum und Zeit orientieren können, um seine Beziehungen zur Umgebung zu optimieren. Mit Hilfe der *Reizbarkeit* lebender Zellen - ein Grundphänomen des Lebendigen - haben Tiere und Pflanzen Methoden entwickelt, Informationen (Reize) aus der Umgebung aufzunehmen, zu verarbeiten und auf sie zu reagieren. In Anlehnung an den Stoffwechsel bzw. -fluß spricht man hier von **Informationswechsel** bzw. **-fluß**.

Ein **Reiz** ist eine Energieänderung in der Umwelt, auf die ein Lebewesen reagieren kann.

Im Tierkörper haben sich die meisten Sinnesorgane an der Körperoberfläche ausgebildet und mit der Höherentwicklung im Kopfbereich konzentriert und verfeinert *(Spezialisierung)*. Der eingehende Reiz wird im Sinnesorgan den **Sinneszellen (Rezeptoren)** zugeleitet, die für best. Reizqualitäten (z. B. therm., hygr., chem., elektr., mechan. Reize, Licht, Schwerkraft) empfindlich sind (Abb. A).

Die Dominanz best. Sinnesorgane entspricht allg. dem Umweltcharakter des Lebensraumes, z. B. nachtaktive Tiere hören und riechen besser als sie sehen, die Tastsinnesorgane der Erdbewohner sind bes. entwickelt, baumlebende Tiere zeichnen sich durch exakte Raumwahrnehmung aus.

Jede Tiergruppe nimmt den Leistungen ihrer Sinnesorgane entsprechend *selektiv* Reize aus der Umwelt wahr *(informative Umwelt)*.

So kann ein Sinnesorgan nur entsprechend der Grundeigenschaft der aufgenommenen Reize genutzt werden.

Licht, Schall und Erdanziehungskraft gehen vom Entstehungsort in mehr oder weniger gerader Richtung aus und dienen als verläßl. Reizquelle zur *Fernorientierung*.

Langsam und unregelmäßig sich ausbreitende Reize wie Hitze, Geruch sind im Nahbereich nutzbar *(Nahorientierung)*, wobei Orientierung nach dem Reizgefälle (Gradient) möglich ist.

Für Tierwanderungen haben sich spezielle Orientierungssysteme herausgebildet.

Zugvögel orientieren sich am Magnetfeld der Erde, an Geländemarken oder entsprechend gespeicherten Duftmarken der Landschaften (z. B. Rotkehlchen, Tauben).

Viele Wanderinsekten nutzen außer der Orientierung im polarisierten Licht das Magnetfeld der Erde.

Dieses Verhalten ist ohne komplizierte Verrechnungsmechanismen im Gehirn nicht möglich *(Kompaßorientierung)*.

Pheromone sind Signalstoffe, die zwischen Individuen ausgetauscht werden. Sie dienen

(1) zum Finden der Keimzellen bei niederen Pflanzen und Fischen *(Gamone)*,
(2) als *Sexuallock-* (Abb. E), *Versammlungs-* oder *Alarmstoffe*.

Im Tierkörper stehen 2 Systeme zur Weitergabe von Informationen zur Verfügung: das **Hormonsystem** und das **Nervensystem**.

Die Hormone wandern über Blutbahnen zu best. Empfängerstellen *(Rezeptormolekülen)* in den Erfolgsorganen; die Nervenimpulse *(Aktionspotentiale)* wirken schneller und gezielter über die Nervenbahnen auf die Erfolgsorgane.

In den höher entwickelten Tieren hat sich das Nervensystem entsprechend der Lage der Sinnesorgane im Kopfbereich konzentriert und Gehirnstrukturen ausgebildet **(Zerebralisation)**. Das zentrale Nervensystem (Gehirn, Rückenmark) dient der Integration, Assoziation und Koordination der ankommenden Nervenimpulse *(afferente Erregung)* und schickt über herausführende Nervenbahnen *(efferente Erregung)* Nervenimpulse zu den Erfolgsorganen (peripheres Nervensystem) (Abb. A).

I. d. R. haben die Nervenzellen keinen direkten elektr. Kontakt miteinander, sondern müssen einen winzigen Spalt *(Synapse)* mit Hilfe chem. Substanzen (*Transmitter*, TM, meist Aminosäuren oder Amine) überbrücken.

Die TM lagern sich an Eiweißmoleküle *(Rezeptormoleküle)* in der Membran der Folgezellen an *(postsynaptische Membran)* und verändern so die Ionendurchlässigkeit, indem Ionenkanäle geöffnet werden und Nervenimpulse in der Folgezelle entstehen. Der TM wird durch die präsynapt. Membran resorbiert oder von Enzymen abgebaut.

Insektizide, Nervengase und Psychopharmaka wirken auf die synapt. Übertragung:

z. B. Hemmung des Enzyms, das den TM abbaut (*Nervengase* und *Insektizide:* z. B. Organophosphate hemmen das Enzym Acetylcholinesterase). Acetylcholin reichert sich an *(Acetylcholinvergiftung)* und reizt fortwährend Nervenzellen und Organe.

Taxien kommen bei frei bewegl. Organismen als zielgerichtetes Ausrichten des Körpers und der Fortbewegung vor:

Hydrotaxis von Amphibien; Thermotaxis von Warmblüter-Parasiten (Wanzen, Läuse, Stechmücken).

Tropismen sind Bewegungen festsitzender Organismen bzw. Organe, die durch einen einseitigen Reiz hervorgerufen und in ihrer Richtung bestimmt werden. Einseitiger Lichteinfall verursacht Wachstumskrümmungen bei Pflanzen in eine vorteilhafte Lage *(Phototropismus)*.

Hauptwurzeln, Rhizoide von Algen und Farnen wachsen in Richtung der Erdanziehungskraft (pos. *Geotropismus*).

Nastische Bewegungen der Pflanzen sind nicht von der Richtung des auslösenden Reizes abhängig und entstehen durch Turgoränderung der Zellen (z. B. Schließen/Öffnen der Blüte, Spaltöffnungen, Schlafstellung der Blätter).

Die Mimose reagiert auf Reize mit Schwankungen der Ionenladung an der Zellmembran, die in den Gelenken die Membrandurchlässigkeit für Wasser ändert (Abb. D).

	①	②	③	④	⑤
Tropische Zone: Seychellen	6	12	5	**61**	16
Wüstenzone: Cyrenaika	14	19	8	9	**50**
Mediterrane Zone: Italien	6	29	11	12	**42**
Gemäßigte Zone: Pariser Becken	6,5	**51,5**	25	8	9
Arktische Zone: Spitzbergen	22	**60**	15	1	2
Nivale Höhenstufe: Alpen	24,5	**68**	4	-	3,5

Anteil der Typen in %

überwinternde Pflanzenteile schwarz
-7 / -20 Temperaturgrenzen der Kälteresistenz in °C (empfindlichere / resistentere Arten)

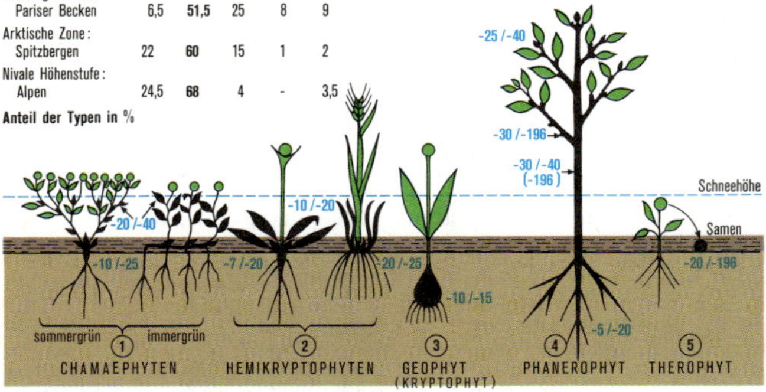

A Lebensformtypen (nach RAUNKIAER) in winterkalten Gebieten

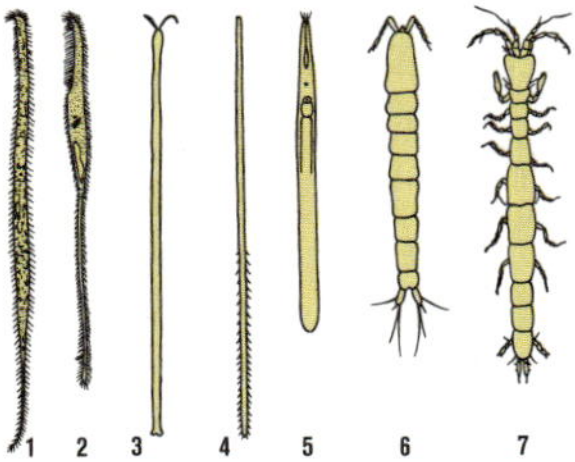

1 u. **2** Wimperntiere, **3** Urringelwurm, **4** Ringelwurm, **5** Plattwurm, **6** Ruderfußkrebs, **7** Assel

B Lebensformtypen des Sandlückensystems (Meeresstrand)

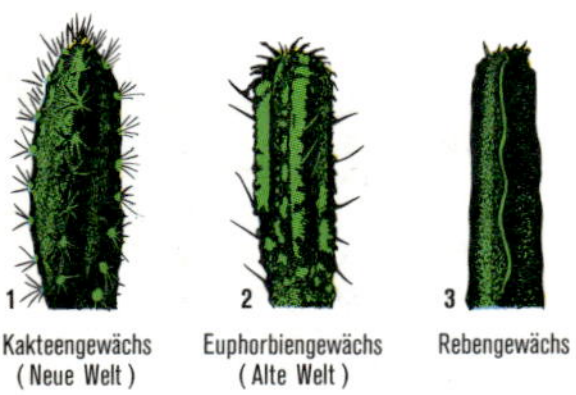

Kakteengewächs (Neue Welt) — Euphorbiengewächs (Alte Welt) — Rebengewächs

C Stammsukkulenz in trockenen Klimaten (Konvergenz)

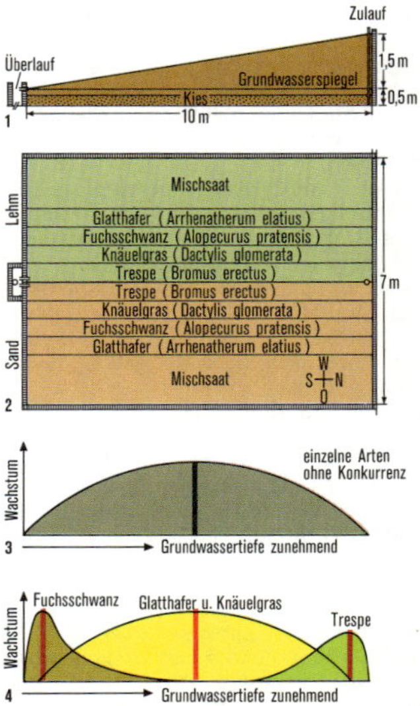

1 Seitenansicht, **2** Draufsicht, **3** u. **4** Wachstum von Wiesengräsern
— physiologisches Optimum aller Arten bei Reinsaat
— ökologisches Optimum bei Mischsaat

D Hohenheimer Grundwasserversuch

Alle Lebewesen stehen in einem Entwicklungsprozeß, der seit der Entstehung des Lebendigen wirkt und in der stammesgeschichtl. Entwicklung der Organismen *(Phylogenese)* nachvollzogen werden kann. Das Entwicklungsgeschehen **(Evolution)** ist zunächst nicht ohne weiteres zu erkennen, da bei der Vererbung von Merkmalen bzw. Eigenschaften *Konstanz* in der Weitergabe von Erbinformationen *(Genen)* zur nächsten Generation zu beobachten ist.

Alle Individuen einer **Art (Population)** sind deshalb in der Gestalt gleich *(morphologischer Artbegriff)* und können sich untereinander uneingeschränkt fortpflanzen *(genetischer Artbegriff).*

Eine Tier- oder Pflanzenart steht in Auseinandersetzung mit den abiot. und biot. Umweltfaktoren und kann nur überleben **(Selektion),** wenn das Fortbestehen der Art gesichert wird.

Dabei hilft die Fähigkeit der Lebewesen, sich über Generationen hinweg anpassen zu können **(Adaptation).**

Die Gene können sich bei der geschlechtl. Fortpflanzung zwar neu kombinieren, so daß neue Merkmalskombinationen im Individuum in Erscheinung *(Phänotyp)* treten; aber da sich die Umweltsituation im Laufe der Erdgeschichte ändert, reicht das Neukombinieren von Genen allein nicht aus, um den veränderten Umweltansprüchen gerecht zu werden.

Im Erbgut einer Art **(Genpool)** treten spontan oder durch Umwelteinflüsse induziert (z. B. energiereiche Strahlung) Erbveränderungen auf *(Mutationen),* die zufällig sind.

Erweist sich unter den Mutationen eine in der Anpassung als erfolgreich, kann diese Erbvariante *(Ökotyp, ökologische Rasse)* eine neue Planstelle im System besetzen *(Einnischung).*

Unter einer **ökologischen Nische** versteht man weniger den Raum, in dem eine Art lebt (*Habitat* = »Adresse«), als vielmehr die funktionale Beziehung (Ansprüche an Ernährung, Konkurrenten, Feinde u. a. Umweltfaktoren), in der eine Art zum Ökosystem steht (*Wirkungsfeld* = »Beruf«).

Sind die neuen Rassen nicht mehr mit den ursprüngl. fortpflanzungsfähig *(genet. Isolation),* ist eine neue Art entstanden **(Speziation).**

Eine Tier- oder Pflanzenart kann mit Hilfe ihres Genpools Umweltfaktoren mehr oder weniger gut ausnutzen, überwinden oder ertragen *(ökologische Potenz).* Entsprechend formuliert man in Blickrichtung auf das Lebewesen die

ökolog. Valenz, die den Schwankungsbereich der Umweltfaktoren darstellt, bei dem eine Art auf Dauer lebensfähig ist.

Ertragen Arten größere Schwankungen der Umweltfaktoren, sind sie **euryök,** bei enger Toleranzspanne **stenök.**

Auf einen Faktor bezogen, z. B. Temperatur, Feuchtigkeit bzw. Salzgehalt, kann es sich um *eurytherme – stenotherme, euryhygre – stenohygre* bzw. *euryhaline – stenohaline* Arten handeln.

Bietet die Umwelt an versch. Orten auf der Erde ähnl. auslesende Faktoren, kommt es zu morphologisch-funktionell gleichartigen Lebensformen **(Konvergenz);**

z. B. hat eine Fülle von Tieren aus sehr versch. Familien (Krebse, Borstenringelwürmer, Wimperntiere, Platt-, Fadenwürmer u. a.) Zwischenräume im Meeressand besiedelt (Abb. B).

Nur wurmförmige Tierkörper konnten in diesem **Sandlückensystem** erfolgreich sein.

Die **Xerophyten** müssen ihre Wasserabgabe einschränken und Wasser im Stammgewebe speichern können *(Stammsukkulenten).*

So haben sich in versch. Familien völlig unabhängig gleichartige Lebensformen entwikkelt (Abb. C).

In winterkalten Gebieten haben die Pflanzen (Raunkiaer, 1910) versch. Überwinterungsformen entwickelt (Abb. A). Man unterscheidet

Phanerophyten, Bäume und Sträucher, die mit ihren Erneuerungsknospen über die Schneedecke reichen.

Die *Chamaephyten* sind Kleinsträucher, deren immergrüne Blätter und Knospen im Winter unter der Schneedecke bleiben.

Ausdauernde krautige Pflanzen mit Erneuerungsknospen knapp über der Bodenoberfläche sind *Hemikryptophyten.*

Die *Kryptophyten* sterben oberirdisch ab, überdauern mit ihren Knospen im Boden.

Therophyten sind einjährige Pflanzen, die die ungünstige Jahreszeit als Samen überdauern.

Viele Tierpopulationen besitzen ähnl. Merkmalsvarianten, die eine Abhängigkeit zu geograph. Klimafaktoren zeigen **(Ökogradientenregeln).**

Die Körpergröße von Warmblütern nimmt in den kälteren Klimaten zu *(Bergmannsche Regel),* Körperanhänge (Extremitäten, Ohren, Schwanz) sind kürzer *(Allensche Regel).*

Unterarten in warmen und feuchten Gebieten sind stärker pigmentiert als in kühleren und trockneren *(Glogersche Regel).*

Die zwischenartl. Konkurrenz sorgt für die Ausbreitung im zur Verfügung stehenden Raum. Folglich müssen sich zwei in einem Lebensraum vorkommende Tierarten ökologisch unterscheiden, wenn sie auf Dauer existieren wollen.

Die Verteilung der Pflanzen ist das Ergebnis starker zwischenartl. Konkurrenz.

Arten gedeihen, solange sie der Konkurrenz anderer nicht ausgesetzt sind (Abb. D).

Zwar sind die Umweltfaktoren am Wuchsort *(Standortfaktoren)* für den Pflanzenwuchs wichtig und wirken an extremen Standorten durchschlagender, aber dennoch

bestimmen hemmende Einflüsse durch den Wettbewerb mit anderen Pflanzenarten **(Konkurrenzdruck)** die tatsächl. Verbreitung einer Art.

Das *physiolog. Optimum* einer Pflanzenart ist nicht gleich dem *ökolog. Optimum.*

		µSv / a
1.	**Natürliche Strahlenexposition**	ca. 1 100, davon
1. 1.	durch kosmische Strahlung in Meereshöhe	ca. 300
1. 2.	durch terrestrische Strahlung von außen	ca. 500
	bei Aufenthalt im Freien	ca. 430
	bei dauerndem Aufenthalt in Häusern	ca. 570
1. 3.	durch inkorporierte radioaktive Stoffe	ca. 300
2.	**Künstliche Strahlenexposition**	ca. 600, davon
2. 1.	durch kerntechnische Anlagen	10
2. 2.	Verwendung radioaktiver Stoffe und ionisierender Strahlung in Forschung und Technik	20
	durch technische Strahlenquellen	10
	durch Industrieerzeugnisse	10
	durch Störstrahler	10
2. 3.	beruflich strahlenexponierte Personen (Beitrag zur mittleren Strahlenexposition des Menschen)	ca. 500
2. 4.	durch Anwendung ionisierender Strahlen und radioaktiver Stoffe in der Medizin	ca. 500
	Röntgendiagnostik	ca. 500
	Strahlentherapie	10
	Nuklearmedizin	ca. 20
2. 5.	Strahlenunfälle und besondere Vorkommnisse	0
2. 6.	durch Fall-out von Kernwaffenversuchen	10
	von außen im Freien unabgeschirmt	10
	durch inkorporierte radioaktive Stoffe	10

A Genetisch signifikante Strahlenexposition des Menschen in der Bundesrepublik Deutschland 1977

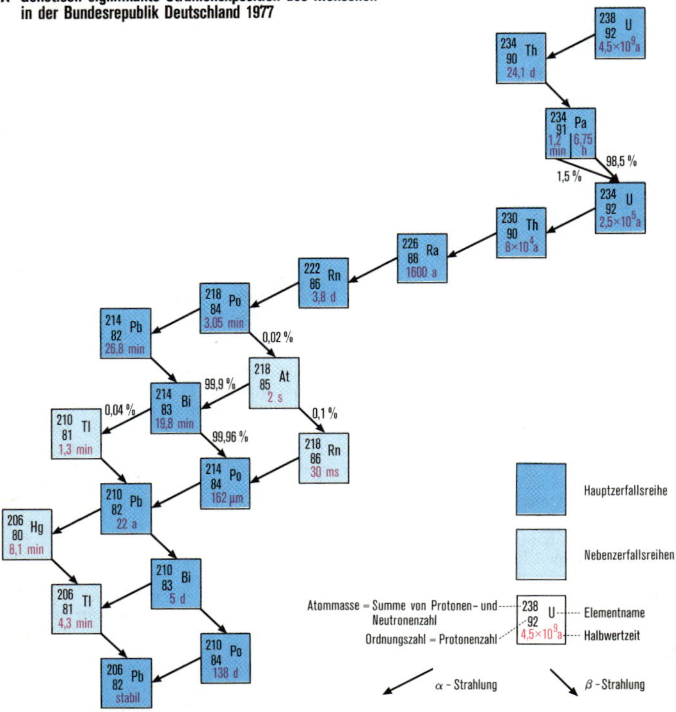

B Uran-Radium-Zerfallsreihe

Strahlenexposition, Nuklidzerfall

Der Mensch und seine Umwelt sind ständigen natürl. Strahlungen aus dem Kosmos und der Erdkruste ausgesetzt.

Die **Sekundärstrahlung** erreicht die Erde nach Durchdringung der Atmosphäre als Rest der **Primärstrahlung** (S. 14, Abb. A).

Die Strahlung des Erdreichs entsteht durch radioaktive Zerfallsvorgänge natürlich vorkommender Atomkerne.

Zu dieser *natürl. Belastung* sind seit Entdekkung der radioaktiven Strahlung *techn. Strahlenquellen* hinzugekommen, radioaktive Stoffe und Röntgenstrahlung in Forschung, Technik und Medizin sowie Kernwaffen und Kernkraftwerke.

Entsprechend der Herkunft der Strahlung unterscheidet man die *natürliche* und *künstliche Strahlenexposition* und insgesamt die *genetisch signifikante Strahlenexposition* eines Organismus (Abb. A).

Radionuklide sind Atomkerne, die spontan eine Teilchen- oder elektromagnet. Wellenstrahlung aussenden.

Radioisotope sind Isotope eines Atomkerns, die sich bei gleicher Protonen- und Elektronenzahl nur durch Neutronenzahl und somit die Atommasse unterscheiden, z. B. die Radioisotope $^{234}_{92}U$ und $^{238}_{92}U$ (Abb. B).

Die Zerfallsgeschwindigkeit eines Radionuklids ist durch

die *physikalische Halbwertszeit* gekennzeichnet: die Zeit, in der die Hälfte der Nuklidkerne zerfällt.

Nach den heute noch in der Natur vorkommenden Mutternukliden U-235, U-238 und Th-232 unterscheidet man drei von ihnen ausgehende Zerfallsreihen (Abb. B).

Bei den Kernspaltungsprozessen werden vier Strahlenarten frei:

Die **Alphastrahlung** ist eine *Teilchenstrahlung* (Korpuskularstrahlung) aus positiv geladenen *Heliumkernen* des Isotops $^{4}_{2}He$. Sie entsteht in den drei natürl. Zerfallsreihen.

Alphateilchen sind mit 1-10 MeV energiereich, haben aber wegen des Teilchencharakters nur eine geringe Durchdringungsfähigkeit und werden schon durch ein Blatt Papier absorbiert.

Die **Betastrahlung** ist auch eine *Teilchenstrahlung* (Energie 0,001-1 MeV). Beim Betazerfall von Atomen werden positive *(β^+-Strahlung)* oder negative Elektronen *(β^--Strahlung)* freigesetzt.

Protonen des Kerns zerfallen durch radioaktive Umwandlung in ein Neutron (n), ein Positron (β^+) und ein *Neutrino* (ν), z. B.:

$$^{30}_{15}P \rightarrow ^{30}_{14}Si + \beta^+ + \nu + n$$

Kernneutronen können zu Protonen, Elektronen (β^-) und Antineutrinos ($\bar{\nu}$) zerfallen:

$$^{234}_{91}Pa \rightarrow ^{234}_{92}U + \beta^- + \bar{\nu}$$

Die Kernteilchen Neutrino und Antineutrino sind elektrisch nicht geladen und biologisch inaktiv.

Die β- und α-Teilchen können wegen ihrer geringen Reichweite nur nach Aufnahme entsprechender Nuklide im Körper wirksam werden.

Die **Neutronenstrahlung** ist eine *Teilchenstrahlung* mit sehr unterschiedl. Energiegehalt. Sie ist im Bereich der natürl. Radioaktivität unbekannt, weil Neutronen von Atomkernen eingefangen werden, die dann als Nuklide durch Kernzerfall weiterreagieren *(Neutron-Gamma-Reaktion)*. Freie Neutronen sind instabil mit einer Halbwertszeit von 1 s bis mehrere Minuten. Man unterscheidet nach der Geschwindigkeit *langsame Neutronen* (10 eV), *mittelschnelle* ($10\text{-}10^5$ eV) und *schnelle Neutronen* (ab 0,1 MeV). Schnelle Neutronen entstehen bei Kernspaltungen.

Nach dem Entstehungszeitpunkt unterscheidet man

verzögerte Neutronen, die nicht unmittelbar bei der Kernspaltung, sondern verspätet infolge radioaktiver Umwandlung von Spaltprodukten emittiert werden; und

prompte Neutronen, die unterhalb von 10^{-14} s bei der Kernspaltung entstehen und die in den meisten Kernreaktoren durch Moderatoratome auf therm. Energie abgekühlt werden und als *thermische Neutronen* die Spaltungskettenreaktion aufrechterhalten.

U-238 wird durch schnelle Neutronen, U-235 durch thermische und Pu-239 durch schnelle und therm. Neutronen gespalten.

Neutronen können in Brutreaktoren die Reaktorbrennstoffe Plutonium (Pu-239) aus U-238 und U-233 aus Thorium (Th-232) erbrüten.

Die Reichweite der Neutronenstrahlung hängt von ihrer Geschwindigkeit ab und ist bei schnellen Neutronen am größten:

Sie können Panzerplatten durchdringen (Neutronenbombe) und vernichten Leben.

Gammastrahlung und Röntgenstrahlung sind biologisch aktive *elektromagnetische Wellenstrahlungen.*

Die **Gammastrahlung** begleitet oft die Zerfallsvorgänge und entsteht, wenn ein energetisch angeregter Atomkern die aufgenommene Energie wieder abgibt und in den Grundzustand zurückfällt (Energie 0,0001-10 MeV).

Gammastrahlen haben eine hohe Durchdringungsfähigkeit sowie Reichweite und können (wie Röntgenstrahlen) durch Bleiplatten zurückgehalten werden.

Die **Röntgenstrahlung** umgreift auch den Energiebereich der Gammastrahlung. Fängt ein Atomkern eigene (meist innere) Elektronen ein, so wird die Überschußenergie als Röntgenstrahlung emittiert, wobei gleichzeitig ein Proton frei wird, z. B.:

$$^{49}_{23}V \rightarrow ^{48}_{22}Ti + p + \text{Röntgenstrahlen}$$

Dimension	SCHMITHÜSEN 1949	MEYNEN / SCHMITHÜSEN 1953, KLINK 1966	NEEF 1963	HERZ 1974	WALTER 1984
topologisch	Fliese	naturräumliche Grundeinheit	Ökotop	Physiotop	Biogeozönose
chorologisch	Fliesengefüge naturräumliche Haupteinheit	naturräumliche Teileinheit naturräumliche Untereinheit naturräumliche Haupteinheit	Ökotopgefüge Mikrochore Mesochore	Mikrochore Mesochore untere Stufe Mesochore obere Stufe	Biogeozönkomplex
regionisch	naturräumliche Großeinheit	Gruppe von naturräumlichen Haupteinheiten naturräumliche Region naturräumliche Großregion	Makrochore Megachore, Region	Makrochore	Biom
geosphärisch	geograph. Zone	Zone	Bioregion	Megachore, Gürtel	Zonobiom

A Gliederungssysteme von Naturräumen

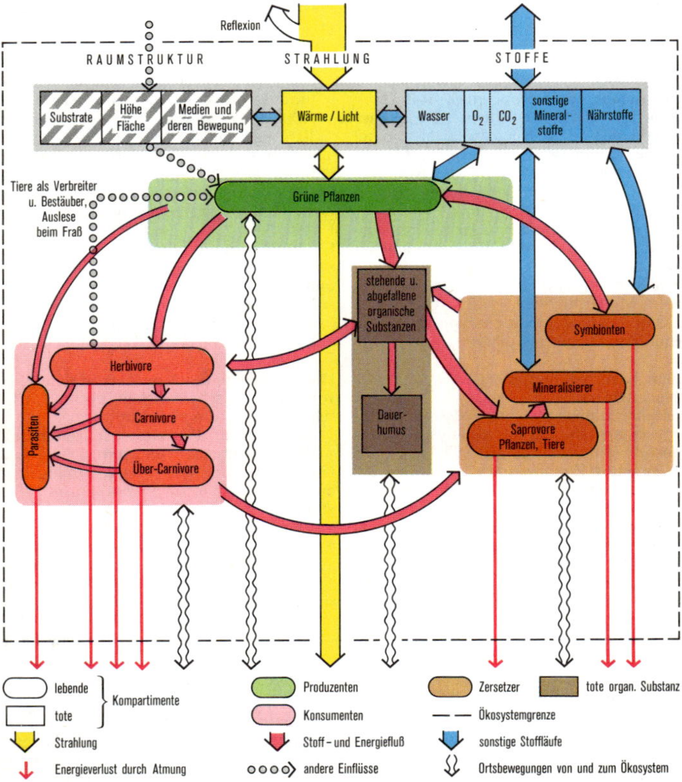

B Ökosystem

Aufbau des Ökosystems

Das **Ökosystem** (Biogeozönose) ist die *kleinste Einheit,* die von der *Ökosystemforschung* untersucht wird (Abb. A).

»Unter einem Ökosystem versteht man ein ganzheitl. Wirkungsgefüge von Lebewesen und deren anorgan. Umwelt, das zwar offen, aber bis zu einem gewissen Grad zur Selbstregulation befähigt ist« (ELLENBERG, 1973).

Mehrere Ökosysteme bilden **Ökosystem-Komplexe** (Biogeozön-Komplexe), die sich durch gemeinsame Entstehung oder ähnl. dynam. Vorgänge auszeichnen (z. B. Ökosystem-Reihe an einem Hang).

Biome umfassen mehrere Ökosystem-Komplexe. Sie sind Lebensräume (geograph. Räume) einer einheitl. Landschaft und bilden die Untereinheiten der durch Klimazonen geprägten **Zonobiome** (S. 31). Diese werden in der **Biosphäre** zur **Geobiosphäre** zusammengefaßt.

Die **Hydro-Biosphäre** ist nicht vergleichbar gegliedert.

1866 führte E. HAECKEL den Begriff *Ökologie* (»Haushaltslehre«) ein und beschrieb die Ökologie als

»Wissenschaft von den Beziehungen des Organismus zur umgebenden Außenwelt, wohin wir im weiteren Sinne alle Existenzbedingungen rechnen können«.

Das war zunächst ein *autökolog. Konzept.* K. MOEBIUS legte 1877 den Grundstein für die *Synökologie,* indem er die Lebensgemeinschaft der Austernbank als **Biozönose** beschrieb. Später kam der Begriff **Biotop,** Lebensraum der Biozönose, hinzu.

1918 untersuchte A. THIENEMANN die Wechselbeziehungen zw. Lebensgemeinschaften und Lebensraum in Binnengewässern.

Benutzt die Biologie die Begriffe *Biozönose* und *Biotop* als funktionale Einheiten, so kamen aus der Geographie die Begriffe *Fliese, Ökotop* und *Physiotop* (S. 69) als kleinste geograph. relevante Raumeinheit (Abb. A).

Der Biologe R. WOLTERECK sprach 1927 von ökologischen Systemen, A. G. TANSLEY (1935) von *»ecosystems«.* Konzepte zur Pflanzensoziologie (J. BRAUN-BLANQUET, 1928) und zur Landschaftsökologie (C. TROLL, 1939) wurden formuliert (s. S. 69). 1964 führte SUKATSHEV für terrestr. Ökosysteme den Begriff **Biogeozönose** ein. Es entwickelten sich die Forschungsbereiche:

Autökologie, Beziehungen des Einzelorganismus *(physiologische Ökologie)* zu einzelnen Umweltfaktoren,

Demökologie *(Populationsökologie),* Beziehungen einer Population zur Umwelt,

Synökologie, Beziehungen der Lebensgemeinschaft zur Umwelt.

1967 begann das *Internat. Biologische Programm zur Ökosystemforschung.* Modellvorstellungen wurden entwickelt (Abb. B).

Das **Ökosystem-Modell** hebt vor allem *troph. Beziehungen* (Ernährung bzw. geochem. Stoffkreisläufe), die Wirkung *abiot. Faktoren* (Klima, Nährstoffe) und *biot. Faktoren* (Arten, Population, Biozönosen) hervor. Deutlich wird die völlige Abhängigkeit von der Sonnenenergie und die Einteilung in mehr oder weniger abgrenzbare **Kompartimente** (compartments). Diese sind weitgehend homogen, haben bestimmte Funktionen im Ökosystem und können durch versch. Ein- und Ausgangsgrößen charakterisiert werden.

Die *Produktivität* des gesamten Ökosystems kann als Ertrag an Biomasse (g, kg oder t) pro Flächeneinheit (m^2 oder ha) in der Zeit (Tag, Jahr) bestimmt werden.

Die Pflanzen entnehmen als **Produzenten** mit ihren Wurzeln Wasser und Nährstoffe aus dem Boden und bilden mit Hilfe des Sonnenlichts und CO_2 Glukose (Traubenzucker), die der Ausgangsstoff für weitere organ. Verbindungen ist *(Photosynthese).* Diese Verbindungen nutzen die Pflanzen zur Erhaltung des Stoffwechsels (Betriebsstoffwechsel) und zum Aufbau körpereigener Substanzen **(Phytomasse).** Dabei geht Energie durch Veratmung und Wärmeabgabe verloren. Nur ein geringer Teil der Lichtstrahlung/Strahlungsenergie, ca. 1%, wird in chem. Energie umgewandelt.

Nur die Produzenten können aus anorgan. Stoffen organische aufbauen **(autotroph).**

Die **Konsumenten** sind tierische Organismen. Sie sind von anderen Lebewesen abhängig, da sie zur Ernährung energiereiche organ. Stoffe benötigen **(heterotroph),** um daraus körpereigene Substanzen aufzubauen **(Zoomasse).** Ein Teil der Energie geht durch Atmung verloren.

Die *Konsumenten 1. Ordnung* sind **Pflanzenfresser (Herbivore),** z. B. pflanzenfressende Insekten.

Sie können *Konsumenten 2. Ordnung* **(Carnivore),** z. B. Eidechsen, als Nahrung dienen.

Die wiederum sind Nahrung für die *Konsumenten 3. Ordnung,* z. B. Bussarde (**Nahrungskette; Nahrungsnetze,** wenn es für eine Art versch. Konsumenten gibt).

Die heterotrophen **Destruenten (Reduzenten),** v. a. Bakterien und Pilze, bauen organ. Substanzen zu anorgan. Stoffen ab **(Mineralisierung).**

Ihre Leistung wird im Ökosystem von vielen kleinen Wirbellosen unterstützt (Asseln, Milben, Insektenlarven).

Die **saprophagen** Tiere ernähren sich von toter organ. Substanz; die **koprophagen** Arten fressen tier. Exkremente; dabei bilden die sich darauf ansiedelnden Bakterien und Pilze einen wichtigen Nahrungsteil; die **nekrophagen** Tiere sind Aasfresser.

Die Leistungen der Destruenten schließen den Stoffkreislauf durch Bildung von CO_2, NH_3, H_2S, CH_4, H_2 und Ionen wie PO_4^{3-}, Cl^-, Na^+, K^+, Ca^{2+} u. a.

Produzenten und Destruenten allein bilden den *kurzen Kreislauf.* Im *langen Kreislauf* schieben sich die Konsumenten dazwischen.

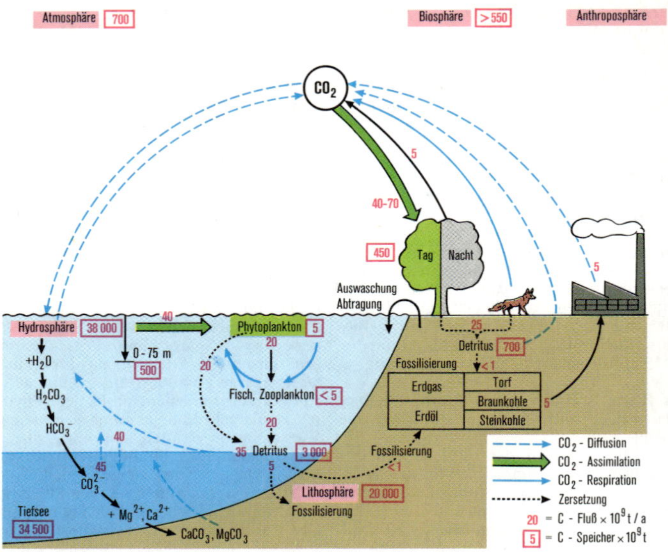

A Kohlenstoffkreislauf

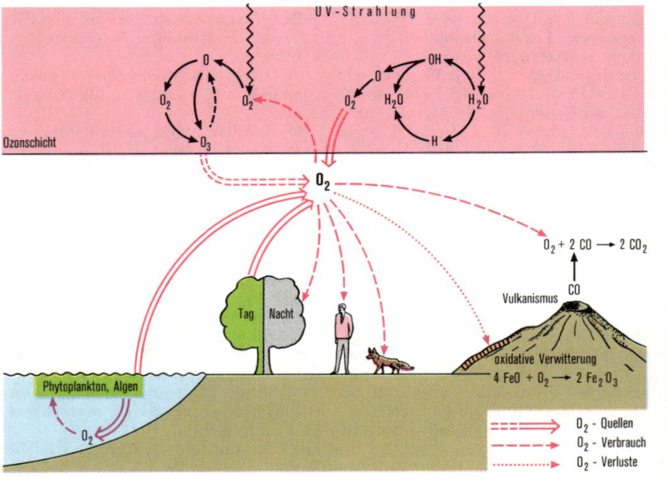

B Sauerstoffkreislauf

Kreisläufe von Kohlenstoff und Sauerstoff

Von den über 100 chem. Elementen sind etwa 40 lebensnotwendig. Im Unterschied zum Energietransport, der in einem Ökosystem nichtzyklisch erfolgt (S. 15, 61),

verläuft der Materialtransport in Kreisläufen, über die die Lebewesen mit ihrer Umwelt in Beziehung stehen.

Der Stofftransport ist in einem Ökosystem selten ausgeglichen. Mängel werden über die Verbindung mit anderen Ökosystemen überwunden, so

z. B. die negative Calcium-Bilanz der terrestr. Ökosysteme durch die marinen über den Wasserkreislauf.

Die Elemente **H, O, C** und **N** dominieren in der Biosphäre mengenmäßig. **Ca, K, Si, Mg, P, S** und **Al** sind noch in beträchtl. Mengen vorhanden, essentiell sind aber auch **Cl, Fe, J, F, B, Zn** und **Mo**.

Mg und **Fe** z. B. sind als Zentralatome in *Chlorophyll-*(Blattgrün-) bzw. *Hämoglobinmolekülen* (roter Blutfarbstoff) gebunden.

Die Menge der Ionen, die Pflanzen zur Verfügung stehen, begrenzt die biol. Produktivität von Ökosystemen.

Die Stoffkreisläufe werden als **biogeochemische Kreisläufe** bezeichnet, weil die Elemente einmal in anorgan. Molekülen das Gestein, den Boden, das Wasser und die Luft durchlaufen und in organ. Molekülen die Lebewesen. Man unterscheidet *Gaskreisläufe* und *sedimentäre Kreisläufe.*

Der Kreislauf ist für ein Element am ehesten geschlossen, wenn es über Gasphasen transportiert wird.

In sedimentären Kreisläufen *(Mineralkreisläufen)* wird der Materialfluß durch Erosion und Auswaschung aus dem terrestr. Bereich in marine Sedimente unterbrochen, und das Element steht über geolog. Zeiten hinweg den Lebewesen nicht mehr zur Verfügung.

In der Landwirtschaft müssen solche Elemente wie **P, N** und Spurenelemente durch Düngung ersetzt werden.

C, O und **H** machen 97% der Protoplasmamasse aus und durchlaufen Gaskreisläufe. Für die Ökosysteme stellt die *Atmosphäre* das wichtigste Reservoir dieser Elemente dar, wobei **H** vorzugsweise über den Wasserkreislauf transportiert wird (S. 21).

Der wichtigste Stickstoffspeicher ist die Atmosphäre; sie kann aber nur von wenigen Stickstoff bindenden Organismen und über techn. Verfahren genutzt werden, weil Stickstoffatome sehr fest zu N_2-Molekülen verknüpft sind.

Kohlenstoffkreislauf

Der Kohlenstoffkreislauf ist vorwiegend ein *CO_2-Kreislauf.* Er ist einmal mit dem Sauerstoffkreislauf unmittelbar verbunden, zum anderen aber auch mit dem Energietransport, der über organ.-chem. Moleküle (Fette und Kohlenhydrate v. a.) mit Kohlenstoffketten als Grundbausteinen abläuft.

Die wichtigsten Wege der Zirkulation sind durch die **Assimilation von CO_2** durch autotrophe Organismen in der Photosynthese und durch die **Veratmung (Respiration)** von Kohlenhydratmolekülen zur Energiegewinnung bestimmt, durch die CO_2 an die Umwelt zurückgeführt wird (S. 40–45).

C-Reservoire sind die Karbonate (v. a. $CaCO_3$, $MgCO_3$, Na_2CO_3) der Hydrosphäre, Biosphäre (Muschelschalen, Knochen) und Lithosphäre (Kalk $CaCO_3$), organ. Abfallstoffe (Detritus) und fossile Brennstoffe (Erdöl, Erdgas, Steinkohle, Braunkohle, Torf), über deren Verbrennung der Mensch in den Kohlenstoffkreislauf eingreift. C-Verluste durch Erosion, Auswaschung und Abtragung der Karbonate auf den Landflächen werden durch CO_2-Freisetzung aus den aquat. Ökosystemen und Transport über die Atmosphäre ersetzt. Die Gewinn-Verlust-Bilanz ist auf der Erde unter natürl. Bedingungen ausgeglichen, obwohl dem Kreislauf unter Luftabschluß Kohlenstoff durch *Fossilisierung* verlorengeht.

Sauerstoffkreislauf

Sauerstoff spielt eine entscheidende Rolle bei den *oxidativen* und *reduktiven* Reaktionsschritten in allen Stoffkreisläufen. Sein Transport ist unmittelbar an den CO_2- und H_2O-Kreislauf gekoppelt.

O_2 wird molekular in der Atmosphäre und Hydrosphäre v. a. durch **Photosynthese** freigesetzt, aber auch durch **photochemische Spaltung** von Wassermolekülen.

Letztere stellte in der Erdentwicklung die erste Quelle molekularen Sauerstoffs dar.

Sauerstoff ist für die Lebewesen als starkes Oxidationsmittel ein Zellgift, gegen das Schutzeinrichtungen entwickelt werden mußten (Haut, Fixierung in Akzeptormolekülen wie Hämoglobin). Der photochemisch entstandene Sauerstoff wurde durch die oxidative Verwitterung unschädlich gemacht, so daß sich Lebewesen in einem anaeroben Milieu entwickeln konnten (Blaualgen, S. 13).

Der Sauerstofftransport erfolgt in den Ökosystemen vorwiegend in Verbindungen, v. a. CO_2, H_2O und Kohlenhydraten. Der molekulare Sauerstoff wird durch die Oxidation, heute in geringem Maße von anorgan. Stoffen, überwiegend von organ. Molekülen bei der **Atmung zur Energiegewinnung (ATP)** in Mitochondrien verbraucht.

Zur Zeit hat sich mit einem O_2-Anteil von ca. 21 Vol.-% in der Luft ein stabiler Zustand eingestellt, der v. a. durch die marinen Gasaustauschvorgänge stabilisiert ist.

Störungen des Gleichgewichts betreffen v. a. die aquat. Ökosysteme durch den O_2-Verbrauch organ. Abwässer und durch Verbrennungen, die aber von 1910 bis 1970 nur einen Verlust von 0,005 Vol.-% ausmachten (L. MACHTA/E. HUGHES).

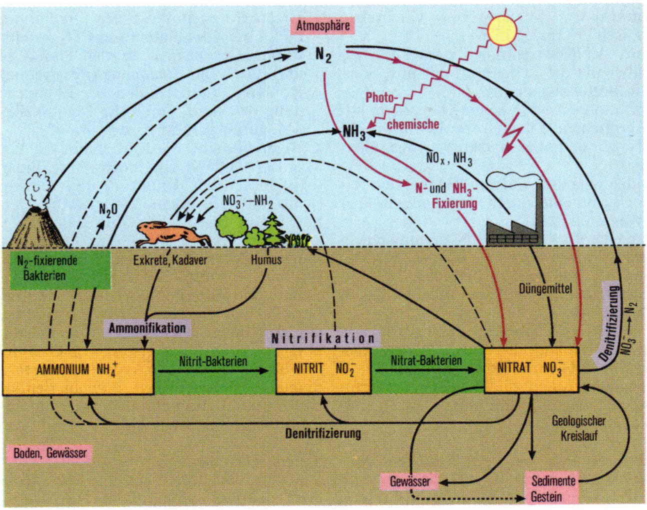

A Stickstoffkreislauf

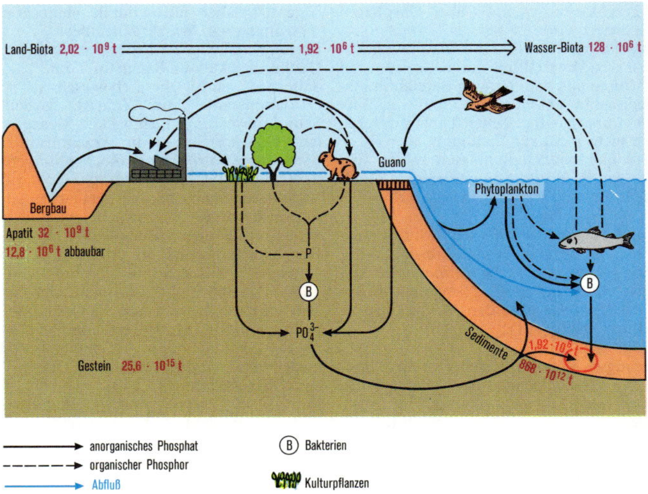

B Phosphorkreislauf

Kreisläufe von Stickstoff und Phosphor

Stickstoffkreislauf

Stickstoff (N) ist Strukturbestandteil der *Aminosäuren* und *Proteine*, der *Ribonukleinsäure (RNA)*, der *Erbsubstanz Desoxyribonukleinsäure (DNA)* und zahlreicher *organ.-chem. Ringverbindungen*. Lebewesen können Stickstoff i. d. R. nur als Verbindung, meist als *Nitrat* (NO_3^-), aufnehmen. Der in den Kreislauf eingeschleuste Stickstoff stammt aus dem Luftstickstoff, auch die heute in der Lithosphäre vorkommenden Nitrate. Er gelangt auf zwei Wegen in die Ökosysteme:

1) Die **photochemische Umwandlung** von Luftstickstoff zu NH_3 und NO_x durch energiereiche Höhenstrahlungen liefert im Durchschnitt 35 mg m^{-2} a^{-1} (HUTCHINSON, 1944).
2) Die **Stickstoffixierung** durch *Blaugrünalgen* und *Bakterien* bringt 140 mg m^{-2} a^{-1} ein.

Beide Prozesse reichern den Stickstoffkreislauf nur um jährl. 6,7% an, deshalb ist die Rückführung von Stickstoffverbindungen aus Abfallstoffen in den Kreislauf ökologisch wichtig. Die Stickstoffixierung wird von den Mikroorganismen auf vielfältige Weise bewältigt. In den Meeren sind es weitgehend freilebende *Bakterien (Azobacter, Clostridium, Desulfovibrio)* und *Blaugrünalgen (Nostacaceae, Anabaena, Trichodesium)*. Im terrestr. Bereich überwiegen symbiont. Bakterien, z. B. *Knöllchenbakterien*, die Pionierpflanzen wie *Schmetterlingsblütlern* und *Erlen* die Besiedlung stickstoffarmer Böden erlauben (S. 50).

Luftstickstoffixierung

$N_2 \rightarrow 2N \qquad \Delta H = +670$ kJ

$2N + 3H_2 \rightarrow 2NH_3 \qquad \Delta H = -54$ kJ

Da Stickstoff das Wachstum begrenzt und mit dem Ernten den Kulturflächen entzogen wird, muß der Mangel durch *Stickstoffdüngung* ersetzt werden. Durch die techn. Fixierung des Luftstickstoffs für die Kunstdüngerherstellung und Verbrennungsprozesse

führt der Mensch den Ökosystemen Nitrate und Stickoxide gleichgewichtsstörend zu.

Die Wiederverwertung des einmal in den Kreislauf eingeschleusten Stickstoffs wird von *Mikroorganismen* vorgenommen, die Licht nicht als Energiequelle nutzen können. Sie gewinnen die für die Synthese notwendige Energie aus der chem. Bindungsenergie der organ. *(organotroph)* oder anorgan. *(lithotroph)* Moleküle **(Chemosynthese)**.

In sauerstoffreicher Umwelt werden organ. Moleküle wie Aminosäuren, Ammoniak (NH_3) und Nitrit (NO_2^-) oxidiert.

Ammonifikation, z. B. *Pseudomonas:*

$$2CH_2NH_2COOH + 3O_2 \rightarrow 4CO_2 + 2H_2O + 2NH_3$$
$$\Delta H = -737 \text{ kJ/Mol Glycin}$$

Nitrifikation, z. B. *Nitrosomas:*

$$2NH_3 + 3O_2 \rightarrow 2H^+ + 2NO_2^- + H_2O \qquad \Delta H = -552 \text{ kJ}$$

z. B. *Nitrobacter:*

$$2NO_2^- + O_2 \rightarrow 2NO_3^- \qquad \Delta H = -146 \text{ kJ}$$

Unter anaeroben Bedingungen, z. B. bei Staunässe und in eutrophen Gewässern, nutzen Bakterien NO_3^--Ionen als Sauerstoffquelle bzw. H^+-Akzeptor. Die Nitratreduktion verläuft über Nitrit bis zum Ammoniumion NH_4^+ *(Nitratammonifikation)*, N_2O und elementaren Stickstoff *(Denitrifikation)*. Als N_2O und N_2 ist der Stickstoff für die Lebewesen verloren.

Nitratammonifikation, z. B. *Pseudomonas:*

$$2C_6H_{12}O_6 + 6NO_3^- \rightarrow 12CO_2 + 6OH^- + 6NH_3$$

(Energiegewinn: keine Angaben)

Denitrifikation, z. B. *Nitrococcus denitrificans:*

$$C_6H_{12}O_6 + 6NO_3^- \rightarrow 6CO_2 + 3H_2O + OH^- + 3N_2O$$
$$\Delta H = -2282 \text{ kJ/Mol Glucose}$$

$$5C_6H_{12}O_6 + 24NO_3^- \rightarrow 30CO_2 + 18H_2O + 24OH^- + 3N_2$$
$$\Delta H = -2387 \text{ kJ/Mol Glucose}$$

z. B. *Thiobacillus denitrificans:*

$$5S + 6NO_3^- + 2CaCO_3 \rightarrow 3SO_4^{2-} + 2CaSO_4 + 2CO_2 + 3N_2$$
$$\Delta H = -553 \text{ kJ/Mol Schwefel}$$

Phosphorkreislauf

Phosphor ist das wichtigste *wachstumslimitierende* Element des Ökosystems. **P** wird dem mineral. Kreislauf als Phosphat-Ion (PO_4^{3-}) zugeführt. Phosphate werden bei der Verwitterung von Muttergestein ausgewaschen und stehen dann den Pflanzen zur Verfügung, oder sie werden durch bergmänn. Abbau gewonnen. Zahlreiche Phosphate sind schwerlöslich und werden dem Kreislauf durch Sedimentation entzogen. Eine Gasphase fehlt in diesem im Vergleich zum Stickstoff einfachen Kreislauf.

Der **endogene Kreislauf des P** in den Lebewesen kann sehr schnell verlaufen.

Phytoplankton nimmt Phosphate in 5 min auf. Die Abgabe erfolgt durchschnittl. nach 3 Tagen wieder ins freie Wasser oder an das Zooplankton, das tägl. soviel Phosphat ausscheidet wie die Organismen selbst enthalten (L. R. POMEROY).

Ein Teil des Phosphats verbleibt in den Pflanzen 15–20 Tage, was mit internen Kreisläufen erklärt wird (C. R. BALL/ F. F. HOOPER).

In den Organismen liegt mehr als die Hälfte des **P** als Phosphat vor, der Rest in anorgan. Molekülen oder in organ. Verknüpfung.

Phosphat spielt eine bes. Rolle im *Energiestoffwechsel* der Lebewesen, wobei durch Übertragung eines Phosphat-Ions auf ein *ADP-Molekül* das energiereiche, leicht transportable *ATP-Molekül* entsteht (S. 41).

Große Phosphormengen enthalten im Organismus v. a. die *Nukleinsäuren RNA* und *DNA* und die *Membranen* als *Phospholipide*.

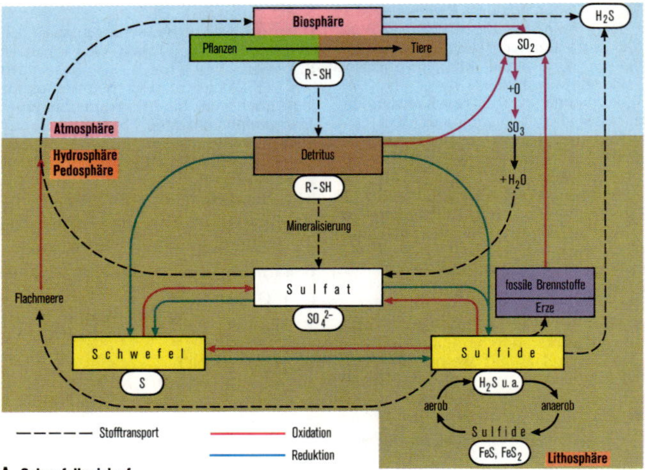

A Schwefelkreislauf

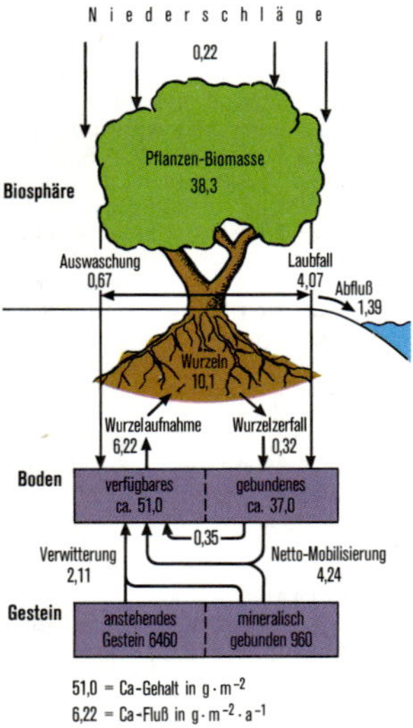

B Calciumkreislauf (Waldökosystem)

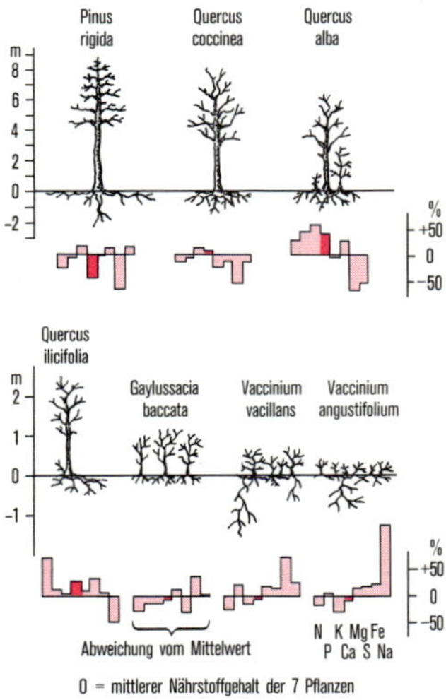

C Nährstoffanreicherung in einem Waldökosystem Nordamerikas

Kreisläufe von Schwefel und Calcium

Schwefelkreislauf

Der **Schwefelkreislauf** (Abb. A) umfaßt geringere Materialmengen als der P- und N-Kreislauf, weil Schwefel als Strukturbestandteil der Aminosäuren *L-Methionin* und *L-Cystein* nur in anteilig kleinen Mengen in den Organismen vorkommt. Schwefel und S-Verbindungen sind im Energiestoffwechsel zahlreicher Bakterien- und Pilzarten wichtig.

Obwohl einige Mikroorganismen das Element aus Schwefelquellen durch Oxidation in ihren Stoffwechsel einbringen können, sind doch die mineralisch vorkommenden *Sulfate* (SO_4^{2-}), v. a. im *Gips* ($CaSO_4$) und *Bittersalz* ($MgSO_4$), Hauptquelle des in den Kreislauf eingeschleusten Schwefels. Die Sulfate werden von den Pflanzen direkt über die Wurzeln aufgenommen, im Stoffwechselprozeß reduziert und

in S-*haltige Aminosäuren* eingebaut, wo sie in sulfid. Bindung **(R-SH)** vorliegen.

Die Weitergabe des Elements erfolgt einmal über die Nahrungskette an die Konsumenten, zum anderen über den Detritus an die Destruenten. Der größte Teil des Schwefels wird durch die Zersetzung der Abfallstoffe durch Bakterien und Pilze *(Aspergillus, Neurospora)* für den Kreislauf erhalten.

Unter anaeroben Bedingungen werden die organ. S-Verbindungen von Bakterien der Gattungen *Escherichia* und *Proteus* zu Sulfiden bzw. H_2S reduziert.

Heterotrophe, sulfatreduzierende anaerobe Bakterien wie *Desulfovibrio* nutzen SO_4^{2-} als Protonenakzeptor wie die denitrifizierenden Bakterien Nitrat und Nitrit.

Die Sulfatreduktion, i. d. R. bis zum Schwefel, kann sogar, unterstützt von *Aerobacter*-Arten, beim Sulfid (S^{2-}) enden.

Sulfidhaltige Gewässer sind für höhere Organismen lebensfeindlich, bieten aber unter aeroben Bedingungen farblosen **Schwefelbakterien** einen Lebensraum.

In Tiefengewässern oxidiert z. B. *Beggiatoa* H_2S zu elementarem Schwefel und *Thiobacillus* zu SO_4^{2-}, wodurch H_2S in das für Pflanzen resorbierbare Sulfat umgewandelt wird **(Sulfurikation).** Diese Bakterien gewinnen ihre Energie *chemoautotroph* aus der Oxidation des anorgan. Schwefels und Sulfids, die benötigt wird, um den für den Aufbau organ. Substanz erforderl. Kohlenstoff durch Reduktion von CO_2 zu gewinnen.

Grün- und *Purpurbakterien* nutzen in Flachwasserzonen die Lichtenergie und H_2S als Sauerstoffakzeptor, um CO_2 zu reduzieren. *Grünbakterien* oxidieren dabei Sulfid zu elementarem S, *Purpurbakterien* zu Sulfat.

Unter anaeroben Bedingungen reagiert Eisen mit H_2S zu *Eisensulfiden,* die in neutralem und alkal. Milieu unlöslich sind und den Schwefel dem Biokreislauf entziehen.

Während der Entwicklung des Lebens entzogen Eisenkrusten und elementare Metalle wie Cu, Cd, Zn und Co den Lebensräumen den giftigen H_2S.

Die Metallsulfide stehen heute dem Menschen als Erze zur Verfügung.

Ein weiterer ökolog. Vorteil der Eisensulfidbildung ist die gleichzeitige Freisetzung von Phosphat aus $Fe_3(PO_4)_2$ zur Förderung des Wachstums.

Calciumkreislauf

Der Ca-Durchgang durch die Ökosysteme ist beispielhaft für einen sedimentären Kreislauf ohne Gasphase (Abb. B).

Ca ist häufig an Phosphat gebunden und ist in Knochen, Zähnen und organ.-chem. Verbindungen Strukturatom. In Ionenform wird Ca^{2+} in Stoffwechselprozessen, bei der Erregungsleitung von Nerven- und Muskelzellen sowie bei membrangebundenen Prozessen benötigt. Über Ca^{2+} wird das osmot. Gleichgewicht zwischen den tier. bzw. pflanzl. Gewebezellen aufrechterhalten. Zahlreiche Tierarten benötigen *Kalk* ($CaCO_3$) als Gerüst- und Schalenmaterial (Korallen, Schnecken u. a.).

Die wichtigste Ca-Quelle der Ökosysteme sind die Böden, denen das Element ionisiert über die Verwitterung von Gesteinen (z. B. $CaCO_3$, $CaSO_4$, Dolomit $CaMg(CO_3)_2$) zugeführt wird. Ca steht den Pflanzen im Boden in Ton-Humus-Komplexen gebunden zur Verfügung, freie Ionen werden leicht ausgewaschen.

Calcium im Waldökosystem

Bormann und Likens ermittelten, daß den Pflanzen in einem Eichen-Kiefern-Mischwald in N-Amerika im Boden und der Streu 690 kg Ca/ha zur Verfügung stehen, von denen jährl. ca. 7% in den biolog. Kreislauf einbezogen werden. Die terrestr. Ökosysteme verlieren mit etwa 2%/a geringe Mengen Ca durch Auswaschung. Die Verluste können in natürl. Ökosystemen aus der Verwitterung der nahezu unerschöpfl. Gesteinsreserven ersetzt werden.

Tiefwurzelnde Bäume, wie z. B. *Hartriegel,* übernehmen in den Wäldern die Aufgabe, Ca aus den tiefliegenden Verwitterungsschichten in die bodennahen Bereiche zu transportieren.

Sind solche Bäume z. B. in flachwurzelnden Fichten-Monokulturen oder auf Kulturflächen nicht vorhanden, treten Ca-Defizite auf, die durch Kunstdünger ersetzt werden müssen.

In Mischkulturen nehmen die Pflanzen die Ionen der Nährsalze unterschiedlich auf und übernehmen eine spezif. Rolle bei der Nährstoffanreicherung.

Flachwurzler, wie *Quercus coccinea,* können mit ihrem weitausladenden Wurzelteller Nährstoffe in größerem Maße aus den Humusschichten zurückgewinnen als tiefwurzelnde Bäume.

Tiefwurzler, wie *Pinus rigida,* erreichen mit ihren Pfahlwurzeln tiefere Grundwasserschichten und tragen zur Ca-Anreicherung des Ökosystems bei. Sie zeigen dafür aber auch einen unausgeglicheneren Ionengehalt als flachwurzelnde Bäume (Abb. C).

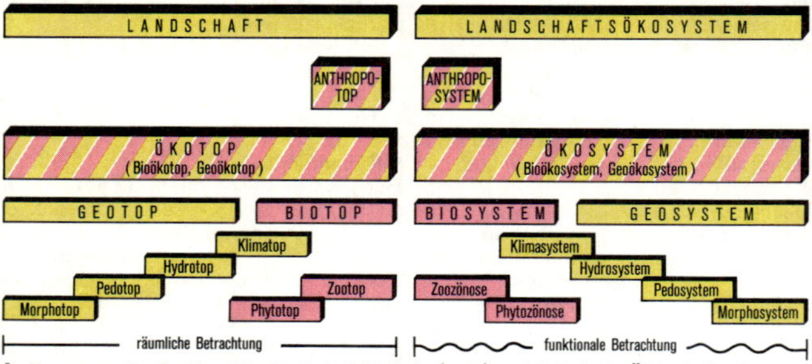

A Abgrenzung der Fachbereiche Landschaftsökologie (gelb) und biologische Ökologie (rot)

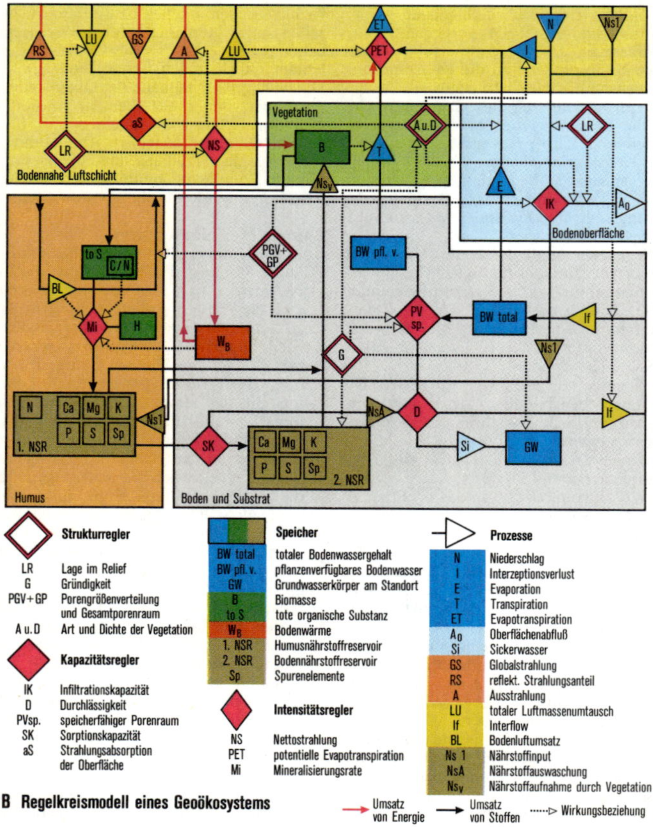

B Regelkreismodell eines Geoökosystems

Die **Landschaftsökologie (Geoökologie)** ist eine Teilwissenschaft der Geographie. Sie untersucht aus geowiss. Sicht den Landschaftshaushalt in seinen räuml. Auswirkungen.

Die kleinste systemat. Einheit ist das **Geoökosystem** (Abb. A). Es entspricht räuml. dem (Bio-)Ökosystem in der Ökologie.

Erforscht die *(Bio-)Ökologie* vorrangig die Beziehung Organismus – Umwelt auf Auswirkungen für die Lebewesen, so untersucht die Geoökologie das Gefüge der Umweltfaktoren, das zwischen den Gliedern des Systems, den Elementen (z. B. Mikroklima, Relief, Boden, Vegetation und Tierwelt), besteht. Der im Raum ablaufende Stoff-Energie-Umsatz und dessen Veränderungen stehen im Mittelpunkt des Interesses. Auswirkungen des Menschen bzw. der Gesellschaft auf den Naturraum *(technogene Wirkungsbeziehungen)* werden in die Untersuchungen einbezogen.

Das Ökosystem (Geo- bzw. Bio-) kann *strukturell* und *funktional* untersucht werden. Die *Strukturanalyse* geht auf physikal. Zusammenhänge des Raumes ein.

Topen sind *kleinste, homogene Raumeinheiten;* sie sind die räuml. Gegenstücke der *Systeme.*

Die Systeme können willkürl. als *Funktionseinheiten* abgegrenzt werden (Abb. A):

Morphosystem als Funktionseinheit des **Morphotops,** der durch die die Erdoberfläche gestaltenden Prozesse entsteht;

Pedosystem als Funktionseinheit des **Pedotops,** der durch die physikal. und chem. Eigenschaften des Untergrundes entstanden ist und zu typ. Bodenformen (oberflächennaher Untergrund (Substrat) + Bodentyp) führt;

Hydrosystem als Funktionseinheit des **Hydrotops,** durch Vorgänge im Wasserhaushalt gestaltet;

Klimasystem als Funktionseinheit des **Klimatops,** durch die klimat. In- und Outputs und Bodenbedeckung bestimmt.

In der **Bioökologie** wird einerseits die Pflanzengemeinschaft *(Phytozönose)* als Lebenseinheit bearbeitet, die vom abiot. Faktorengefüge des Geosystems wesentlich bestimmt wird, andererseits die Tiergemeinschaft *(Zoozönose),* die vorwiegend von der Verflechtung in Nahrungsketten beeinflußt wird.

In der räuml. Ausdehnung werden sie als **Phyto-** bzw. **Zootope** beschrieben und als **Biotope** zusammengefaßt.

Im **Ökosystem** wirken abiot. und biot. Faktoren zusammen in einem offenen, von Stoff- und Energiefluß geprägten System. Es bildet ein dynam. Abhängigkeits- und Wirkungsgefüge, das trotz Schwankungen in den Populationen oder anderer Störfaktoren zum Gleichgewicht tendiert:

biozönotisches Gleichgewicht = *Fließgleichgewicht* = *steady state.*

Der **Ökotop** ist ein Ausschnitt der Geobiosphäre, nach Inhalt und Struktur homogen und dadurch gegen andere abgrenzbar (naturräuml. Grundeinheit, S. 61).

Forschungen zum Ökosystem, möglichst viele stoffl. und energet. Beziehungen meßbar bzw. rechnerisch darzustellen, sind von NEEF, HAASE, KLUG u. a. durchgeführt worden. Die anfänglich entwickelten Modelle sind Fließdiagramme mit Systemelementen und qualitativen Unterscheidungen in den Beziehungen untereinander. Spätere Modelle

folgen dem *Regelkreisschema* aus der Kybernetik. Sie versuchen, für das Ökosystem charakterist. und meßbare Größen zur Synthese des komplexen Zusammenhanges zu nutzen.

Den Modellvorstellungen liegt der vertikale Schichtenaufbau eines Standortes zugrunde:

Luftschicht, Vegetationsschicht, Boden, Grundgestein, Grundwasserkörper (Abb. B).

Die **Geoökosysteme** bzw. deren **Elemente** sind durch versch. Vorgänge miteinander verknüpft.

Die **Input-Output-Beziehungen** stellen Stoff- und/oder Energietransfer zwischen den Elementen bzw. den einzelnen Ökosystemen dar.

Elemente, die Energie oder Masse kurz- oder langfristig zurückhalten, nennt man **Speicher.**

Regler sind die Elemente, die die Verteilung *(Entscheidungsregler)* oder die Quantität *(Intensitätsregler)* im Fluß der Materie oder Energie steuern.

Verstärkende Beziehungen *(positive, kumulative Relationen)* zwischen den Elementen führen zu **positiven Rückkopplungen.** Wirken diese lange, gefährden sie das Gleichgewicht, da sie sich aufschaukeln. Sie kommen in natürl. Systemen kaum und nur kurzfristig vor.

Dämpfende Beziehungen *(negative, kompensierende Relationen)* zwischen den Elementen sichern schließlich das Gleichgewicht **(negative Rückkopplung).**

Die Vielfalt der Einzelfaktoren und -größen ist ein Problem für die **praktische geoökologische Felduntersuchung.** Man reduziert die Vielfalt der Systemelemente und

untersucht bevorzugt Untergrund und Boden (Bodenformen), Bodenwasserhaushalt, Mikroklima, Lage und Reliefstruktur wegen ihrer überragenden Bedeutung für das Geoökosystem.

Der untersuchte **Standort (Tessera)** hat eine Fläche von ca. 100 m². Er wird so gewählt, daß möglichst alle wichtigen Beziehungen im Geoökosystem repräsentiert sind. Die Meßgeräte sind möglichst dicht verteilt, um flächendeckende Aussagen machen zu können (**landschaftsökologische Komplexanalyse,** s. S. 222).

Die geoökolog. Forschung strebt an, genügend repräsentative kleinräumige Landschaftsausschnitte zu untersuchen, um die planer. und landeskundl. Beurteilung zur Bewertung des Raumes und zum Erkennen von Belastungen durchführen zu können.

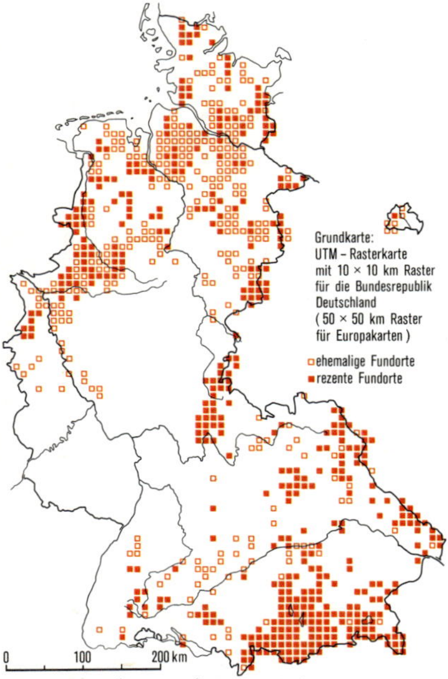

A Vipera berus (Kreuzotter). Fundortkataster der Bundesrepublik Deutschland. UTM 15. 03. 77

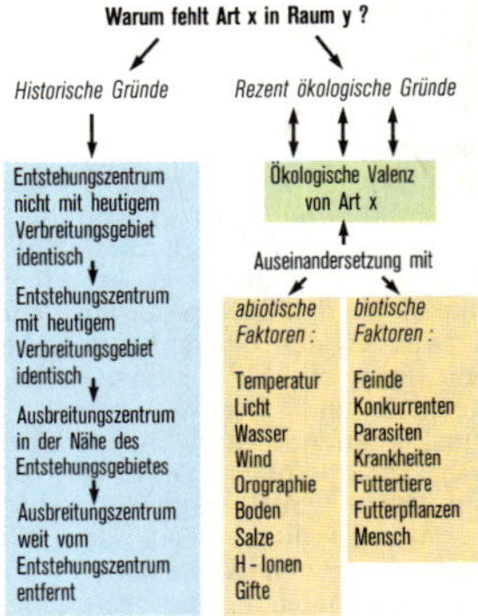

B Fragestellung der Biogeographie

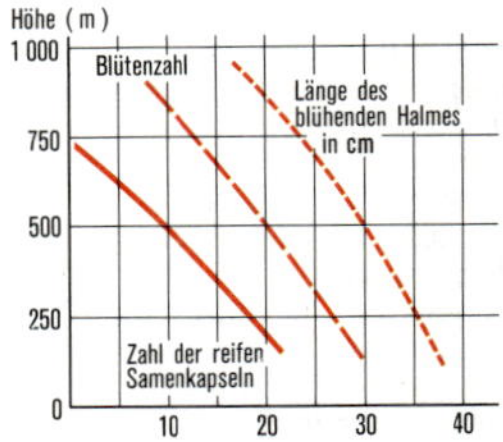

C Wirkung der Höhenlage auf die Sparrige Binse (Juncus squarrosus)

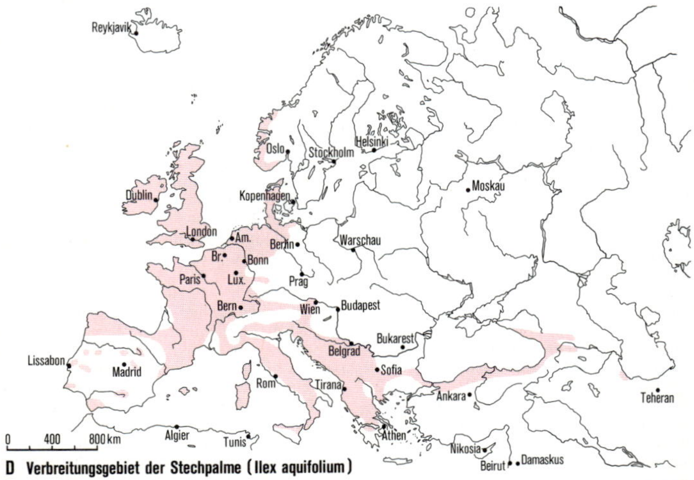

D Verbreitungsgebiet der Stechpalme (Ilex aquifolium)

Rasterkarte und Artenverbreitung

Die **Biogeographie** geht der Frage nach, warum die Verbreitung einer Art auf einen best. Raum beschränkt ist. Dafür gibt es

1. **geschichtliche Gründe,**
2. **rezent ökologische Gründe,** die in der Überlebensfähigkeit (ökolog. Valenz, genet. Variabilität und Fortbewegungsmöglichkeit) liegen (Abb. B).

Als Grundeinheit und einheitl. Forschungsobjekt dient das **Arealsystem,**

»ein von der ökolog. Valenz, genet. Variabilität und Phylogenie von Populationen und der räumlich und zeitlich wechselnden Wirkungsweise abiot. und biot. Faktoren bestimmtes adaptives Teilsystem der Biosphäre, das sowohl ökolog. als auch phylogenet. Funktionen besitzt und dessen flächenhafte Ausdehnung durch ein dreidimensionales Verbreitungsgebiet unterschiedl. Größe und Struktur gekennzeichnet werden kann.« (MÜLLER, 1976)

Das zentrale biolog. Element im Arealsystem ist entweder eine *Rasse* oder eine *Art* bzw. *Population* (S. 75). Im Unterschied zum tatsächl. Verbreitungsgebiet (Wohnraum, Wanderraum) stellt es den Raum dar, in dem sich eine Art, ohne ständigen Zuzug von außen, dauerhaft fortzupflanzen vermag (Fortpflanzungsraum).

Die *Arealgrenze* kann in der Praxis auch willkürlich festgelegt werden, z. B. als Linie, an der die Populationsdichte auf 1/20 der max. Dichte fällt. Der Vorteil liegt in der zahlenmäßigen Erfassung der Individuen.

Es gibt Tier- und Pflanzenfamilien, -gattungen oder -arten, die in allen Bioreichen der Erde vertreten sind, die **Ubiquisten** oder **Kosmopoliten.** Man unterscheidet Kosmopoliten, die schon weltweit verbreitet waren, und solche, die durch den Menschen weltweit eingebürgert wurden. Sie zeichnen sich durch weite ökolog. Valenz, gute Fortbewegungsmöglichkeit oder enge Bindung zum Menschen aus (Haustiere, Parasiten, leicht verschleppbare Arten).

Kosmopolitische Pflanzenfamilien: Gräser, Korb-, Schmetterlings-, Lippen-, Rachenblütler, Orchideen-, Lilien-, Rauhblatt-, Enziangewächse.

Kosmopolitische Tierfamilien: Hundeartige, Mäuseverwandte und Falken.

Klimamaxima bzw. **-minima** bestimmen die Arealgrenzen.

Die *Stechpalme* wächst im wintermilden-humiden (atlant.) Klima als wintergrüne Halbschattenpflanze.

Ihre Arealgrenze fällt annähernd mit der Linie 345 Tage im Jahr über 0 °C zusammen. Eine direkte Begründung durch *nur einen* Klimafaktor ist aber nicht möglich (Abb. D).

Die *Sparrige Binse* wird in Großbritannien bis zu einer Höhe von fast 1000 m gefunden.

In 230 m Höhe endet die Blütezeit im Juni, in 660 m beginnt sie Ende Juli, in 830–1000 m benötigt die Binse bis Ende August (Abb. C).

Die winzige *Sackträgermotte (Coleophora caespititiella),* deren Larven sich von heranwachsenden Samen der Sparrigen Binse ernähren, legt die Eier nur im Juni und Juli an die Blüten.

So wird keine Motte oberhalb 600 m gefunden.

Extreme Klimaschwankungen erfordern komplizierte Anpassungsstrategien.

Eine einjährige Wüstenpflanze muß in einer Saison Samen produzieren, um im latenten Lebenszustand die nächste passende Regenzeit zu erreichen.

Würden alle Samen beim ersten geringfügigen Regen ohne nachfolgende Niederschläge keimen, verdorrten alle Pflanzen vor der neuen Samenreife. Um das zu verhindern, keimt im ersten Jahr nur ein Teil der Samen, ein anderer im nächsten oder übernächsten Jahr.

Standortfaktoren allein reichen nicht aus, die Verbreitung zu erklären. In Gärten und Parks können Pflanzen gedeihen, die ohne Einflußnahme des Menschen wieder verschwinden würden.

Die *zwischenartliche (interspezif.) Konkurrenz* **(Wettbewerbsfähigkeit)** ist in artenreichen Lebensräumen (trop. Regenwald, Savanne, Korallenriff, Felsküste) stärker als in artenärmeren (Tundra, offenes Meer, Agrarlandschaft). Sie erlangt dort die größte Bedeutung für Pflanzen und seßhafte bis weniger bewegl. Meerestiere, für Netzspinnen, staatenbildende Insekten, Parasiten und Wirbeltiere mit Territorialverhalten.

Innerhalb einer Art *(intraspezifisch)* bewirkt der **Konkurrenzdruck** eine bessere Verteilung im Raum (Wohn- und Brutplätze) und Ausnutzung der Nahrungsquellen.

Für manche Arten ist der heutige Lebensraum zugleich *Entstehungszentrum,* für andere Rückzugsraum **(Refugium und Reliktareal).**

Klimaschwankungen verändern die Areale; so entstanden **Arealdisjunktionen,** Art-, Gattungs- oder Familienareale, die sich in isolierte Teilareale aufgliedern.

Bipolare Areale existieren in höheren Breiten der Nord- und Südhemisphäre (z. B. Buchen-, Krähenbeerengewächse).

Die *räumliche Verteilung von Erbstrukturen* (S. 77) ist für die intraspezif. Arealgliederung und **Entstehung neuer Arten** (S. 57) von großer Bedeutung. Bes. bei Pflanzen kommt es mit Zunahme der geograph. Breite oder mit steigender Höhe

zur Vervielfachung der Chromosomensätze **(Polyploide).**

Die *chorologische räuml. Erfassung* versch. Tier- und Pflanzengruppen macht mit Hilfe von **Rasterkartierungen** (Abb. A) Rückmeldungen zur Belastung von Ökosystemen möglich *(Raumqualitätsindikator).*

Dominanz
Bedeckung der Bodenfläche

1	1/20	bedeckend
2	1/20 - 1/4	bedeckend
3	1/4 - 1/2	bedeckend
4	1/2 - 3/4	bedeckend
5	3/4 - 4/4	bedeckend

Abundanz
Individuenzahl / Flächeneinheit

1 sehr spärlich
2 spärlich
3 wenig zahlreich
4 zahlreich
5 sehr zahlreich

Artmächtigkeit
Abundanz und Dominanz kombiniert

r rar (äußerst spärlich) mit sehr geringem Deckungswert
+ spärlich mit sehr geringem Deckungsgrad
1 reichlich vorhanden, 5% der Aufnahmefläche bedeckend
2 sehr zahlreich, 5 - 25% der Aufnahmefläche bedeckend
3 25 - 50% der Aufnahmefläche bedeckend
4 50 - 75% der Aufnahmefläche bedeckend
5 75 - 100% der Aufnahmefläche bedeckend

Soziabilität
Wuchsverhalten einzelner Arten

1 einzeln wachsend
2 gruppen- u. horstweise wachsend
3 truppweise wachsend (Flecken oder Polster)
4 in kleinen Kolonien wachsend oder größere Flecken bildend
5 in großen Herden wachsend

Stetigkeitsklassen

I	selten vorhanden	1 - 20 %
II	nicht oft vorhanden	21 - 40 %
III	oft vorhanden	41 - 60 %
IV	meist vorhanden	61 - 80 %
V	stets vorhanden	81 - 100 %

A Indizes der Pflanzensoziologie

Einheit	Endung	Beispiel
Klasse	- etea	Querco Fagetea (Laubmischwälder)
Ordnung	- etalia	Fagetalia sylvaticae (Buchenmischwälder)
Verband	- ion	Fagion sylvaticae (Buchenwald)
Assoziation	- etum	Melico-Fagetum (Perlgras-Buchenwald)
Subassoziation	- etosum	Melico-Fagetum allietosum (Bärlauch-Buchenwald)

B Pflanzensoziologische Einheiten

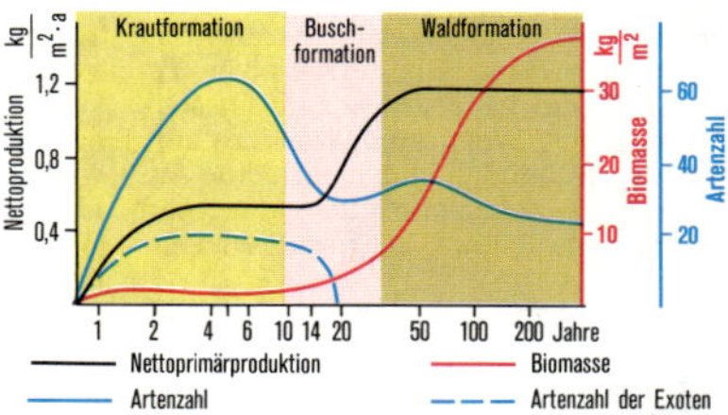

C Sukzessionen der Vegetation: Eichen-Kiefern-Wald (Brookhaven, New York)

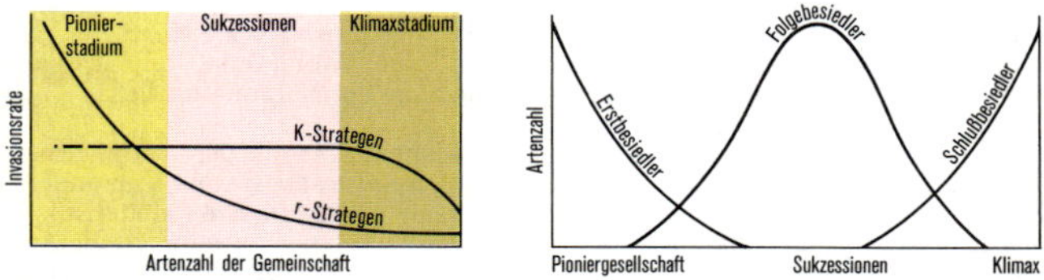

D Hypothesen zur Pflanzensukzession

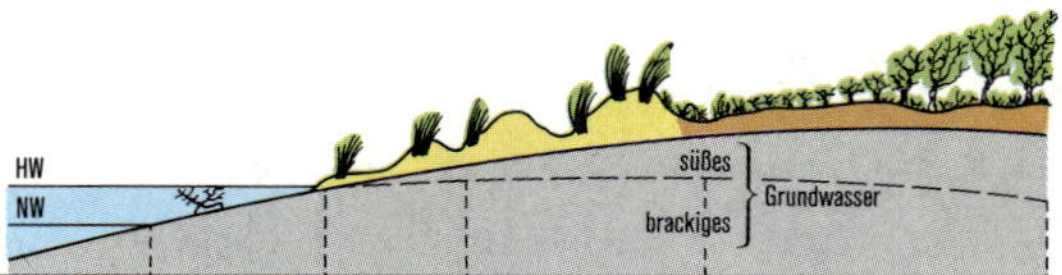

Landschaft		Strand	Primärdünen	Sekundärdünen	Tertiärdünen
Benennung nach Bodenfarbe			Weißdünen		Grau- und Braundünen Entbasung, Humusbildung
Pflanzenwuchs			Dünenquecken-Gesellschaft	Strandhafer-Gesellschaft	Krähenbeerheiden, Dünengebüsche, Dünenwäldchen

E Dünenlandschaft entspricht möglicher Primärsukzession

Die **Vegetation** ist ein auffälliges, leicht zu beobachtendes Merkmal der Landschaft. Sie wurde daher schon früh vor allen anderen Elementen eines Ökosystems zur Charakterisierung herangezogen. Die Studien von HUMBOLDT (1807) und GRISEBACH (1838) zur Pflanzengeographie gingen vom *physiognomischen Aspekt* aus, indem sie die Wachstumsformen best. Pflanzenarten bzw. -gemeinschaften untersuchten. Regional und methodisch entwickelten sich versch. Schulen der Vegetationskunde (skandinav.-balt., russ., amerikan.).

Der Schweizer BRAUN-BLANQUET begründete 1928 die **Pflanzensoziologie,** indem er einen Pflanzenbestand als eine Art »Organismus« ansah. Das pflanzensoziolog. Arbeiten nach BRAUN-BLANQUET schließt 3 Phasen ein:

1) In der *analyt. Phase* werden auf einer Fläche (Krautfluren 20-100 m^2, Waldgesellschaften 100-500 m^2) mit gleichartiger Vegetation und einheitl. Standortbedingungen alle Pflanzenarten bestimmt. Dabei wird die mengenmäßige Verteilung der einzelnen Pflanzenarten, das Wuchsverhalten und die Vitalität berücksichtigt (Abb. A).

Die *Abundanz,* die Häufigkeit der Individuen pro Flächeneinheit, wird geschätzt und in einem Schlüssel von 1-5 wiedergegeben.

Die *Dominanz* bedeutet die Deckung des Flächenanteils durch Pflanzenarten; geschätzt und mit 1-5 angegeben.

Die *Artmächtigkeit* kombiniert Abundanz und Dominanz.

Das Wuchsverhalten einzelner Pflanzenarten kennzeichnet der Begriff *Soziabilität* (Geselligkeit).

2) In der *synthet. Arbeitsphase* vergleicht man die Ergebnisse der versch. Untersuchungsflächen. Die versch. Pflanzenarten kommen unterschiedlich stark in den versch. Pflanzengesellschaften vor. Zur Kennzeichnung wurden *Stetigkeitsklassen* von I-V eingeführt (Abb. A).

Ferner lassen sich beim Vergleich von Pflanzengemeinschaften *Kennarten, (Charakterarten)* und *Trennarten (Differenzialarten)* unterscheiden.

Kennarten zeigen stets dominierendes Vorkommen in der Gesellschaft, ggf. in höheren Ordnungsstufen.

Trennarten kommen untergeordnet vor; sie haben einen best. Zeigerwert und können in anderen Gesellschaften als Kennarten auftreten.

3) In der *syntaxonom. Arbeitsphase* ordnet man die Grundeinheit der Pflanzensoziologie, die **Assoziation,** in eine formale Hierarchie ein (*Verband, Ordnung, Klasse;* Abb. B).

Pflanzengesellschaften können nur vage als Indikatoren für Standorte gelten. Von der einzelnen Pflanzenart lassen sich keine direkten Beziehungen zu den Standortbedingungen herstellen.

Fauna und Vegetation unterliegen erdgeschichtlich einem ständigen Wandel, der aus den sich ändernden Umweltfaktoren und der genet. Artenvielfalt (Genpool) bzw. der Entstehung neuer Arten resultiert.

Eine Biozönose ist bemüht, Veränderungen im Ökosystem durch neu sich ordnende Organismengemeinschaften auszugleichen **(Sukzessionen).**

Bei Neubesiedlung von Flächen verändert bes. die Vegetation Umweltfaktoren des Standortes (z. B. Temperatur, Luftfeuchtigkeit, organ. Material), indem sie sich z. B. von Pioniergesellschaften über Kraut-, Strauch- zu Waldgesellschaften entwickelt.

Typisch für eine Sukzession ist die zunächst ansteigende Artenzahl und die zunehmende Biomasse (Abb. C).

Dabei findet auch ohne merkliche Standortveränderungen ein *Wandel* in der *Artenzusammensetzung* statt.

1. Hypothese: Unter den einwandernden Arten sind *Opportunisten (r-Strategen)* und *Gleichgewichtsarten* (*K-Strategen,* S. 75).

Die r-Strategen (z. B. einjähr. Pflanzen, Blattläuse) besiedeln rasch (hohe Fortpflanzungsrate, kurzer Entwicklungszyklus, starke Tendenz zum Verlassen des Biotops).

Die K-Strategen (z. B. Bäume, große Tiere) sind langlebig, gut an den Lebensraum angepaßt.

Zwischen beiden Typen gibt es viele Übergänge. Die Artenzusammensetzung geht aus den Nachbarbiotopen hervor. Auf einer Fläche können beide Typen verstreut in angemessener Distanz koexistieren. Ansonsten

verdrängen die K-Strategen durch ihre hohe Konkurrenzfähigkeit die r-Strategen (Abb. D).

2. Dreistrategien-Hypothese (GRIME, 1979):

Erstbesiedler verbrauchen die meisten Reserven für Fortpflanzung und Verbreitung,
Folgebesiedler (Konkurrenten) benötigen die meisten Reserven für den Wettbewerb,
Schlußbesiedler sind stresstolerante Konkurrenten und benötigen die Reserven für Wettbewerb *und* Belastungswiderstand.

Das würde den kontinuierl. Wandel dichter Populationen großer Pflanzen und die Schwierigkeit erklären, die Artenzusammensetzung der Sukzession vorherzusagen. Die Sukzession ist eine unvermeidliche Konsequenz der Koexistenz von Arten mit versch. Strategien.

Erstmalige Besiedlungen und Sukzessionen lassen sich heute noch auf erstarrter Lava, auf Gebirgsrohböden, kahlen Sandflächen und bei Verlandungsprozessen beobachten (**Primärsukzession,** Abb. E).

Das Endstadium der Sukzession ist eine recht stabile Schlußgesellschaft **(Klimax).**

Stellt sich die Klimax-Gesellschaft nach starken natürl. (Windbruch, Brandflächen) oder anthropogenen Eingriffen ein, spricht man von **Sekundärsukzession.**

Intensive und regelmäßige Eingriffe des Menschen führen zur Ausbildung naturferner bzw. naturfremder Pflanzengesellschaften **(Ersatzgesellschaften).**

	1933	1934	1935
Zahl der untersuchten Fliegen	10 000	14 765	6 960
Trident (Thorax-Merkmal)	2 096	1 096	1 001
Borsten abnorm	372	127	19
Augenfarbe abnorm	24	2	5
Körperfarbe abnorm	4	7	1
Flügel abnorm	23	23	2
Tumoren	0	5	0
Abnormalitäten insges.	2 519	1 260	1 028
in %	25,52	8,5	14,8
ohne Trident	423	164	27
in %	4,2	1,1	0,4

A Genfrequenzschwankungen einer Drosophila-melanogaster-Population

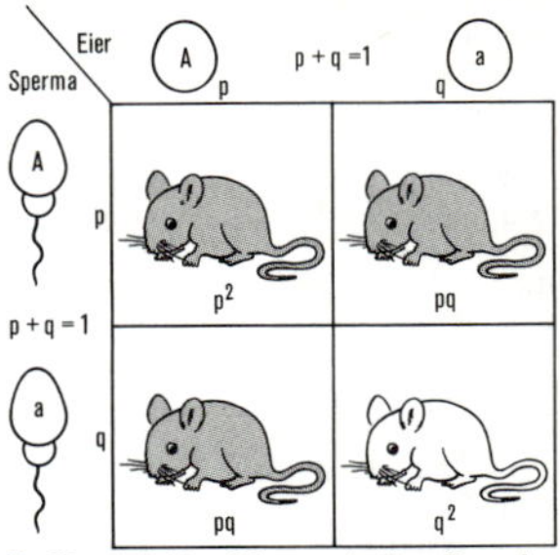

B Monohybrider Erbgang als Grundlage des Hardy-Weinberg-Gesetzes

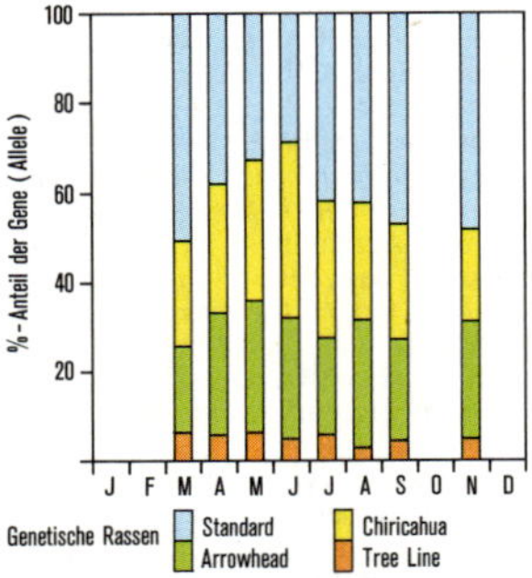

C Wandel der Genfrequenz einer Population im Jahresverlauf (Drosophila pseudoobscura)

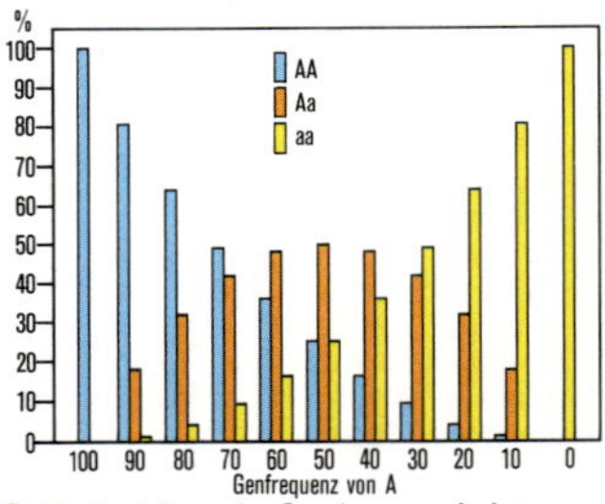

D Idealverteilung der Genotypen nach dem Hardy-Weinberg-Gesetz

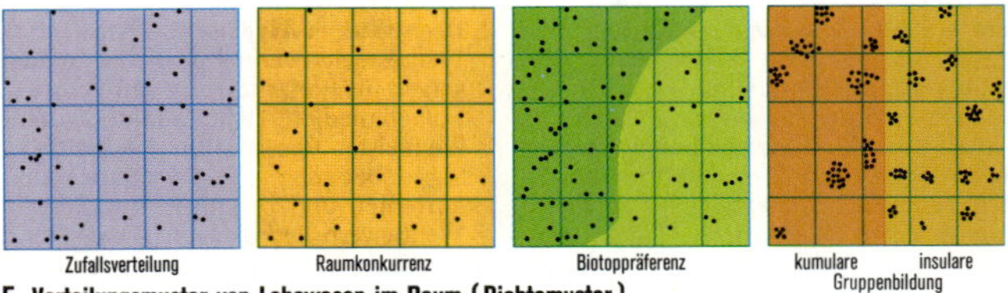

E Verteilungsmuster von Lebewesen im Raum (Dichtemuster)

F Verteilung durch Wurzelkonkurrenz (Creosot-Strauch, Halbwüste Arizona)

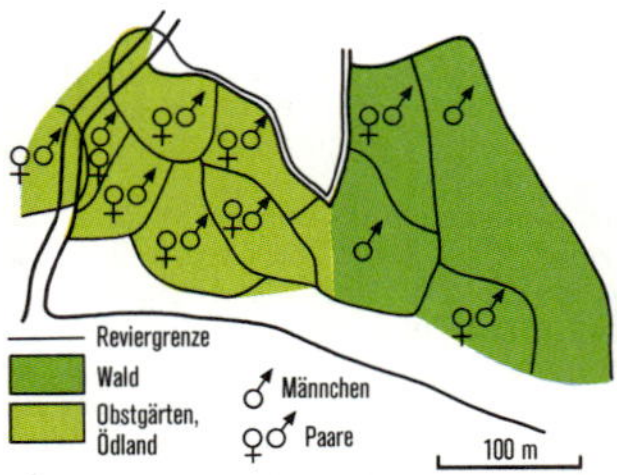

G Brutreviere des Rotkehlchens (S-England)

Populationsgenetik, Dichteverteilung im Raum

Die **Populationsökologie** *(Demökologie)* setzt sich mit den Faktoren auseinander, die die Beziehungen zwischen den Lebewesen eines abgegrenzten Raums beeinflussen.

Alle Individuen, die eine Fortpflanzungsgemeinschaft bilden, faßt man unter dem Begriff **Art** zusammen.

Die Gesamtheit der Lebewesen einer Art in einem abgegrenzten Raum bezeichnet man als **Population.**

Die einzelnen Mitglieder einer Art stehen in ständigem genet. Austausch *(Genfluß),* verfügen aber nur über einen Teil der genet. Gesamtinformation der Population *(Genpool).* Zwischen versch. Populationen besteht keine genet. Kommunikation. Die Häufigkeit der Gene *(Genfrequenz)* einer Population variiert. (Abb. A).

Populationsgenetik

Die **Populationsgenetik** untersucht die Gesetzmäßigkeit der genet. Veränderungen innerhalb einer Population und der die Häufigkeit der Gene beeinflussenden Evolutionsfaktoren. Die statist. Grundlage ist das **Hardy-Weinberg-Gesetz,** das die *ideale Population* zugrundelegt:

- die Genfrequenz ist konstant;
- individuenreich, um die zufällige Verschiebung der Häufigkeiten zu vermeiden;
- jedes Individuum muß die gleiche Chance zur Paarung besitzen *(Panmixie);*
- Ausschluß von *Mutation* und *Selektion;*
- Fremdorganismen werden nicht eingekreuzt *(keine Migration).*

Betrachtet man 2 Gruppen von diploiden Lebewesen, die sich nur in einem Gen unterscheiden, dessen Allele mit A (Genotyp AA, dominant) und a (Genotyp aa, rezessiv) gekennzeichnet werden, so ist die Häufigkeit p des Allels A genauso groß wie die Häufigkeit q des Allels a; es gilt $p = q$ und $p + q = 1$ (100%), also $p = 0{,}5$.

Bei ungerichteter Partnerwahl und zufälliger Paarung gilt für beide Allele die gleiche Fortpflanzungswahrscheinlichkeit (Abb. B):

$$(p+q)\cdot(p+q) = (p+q)^2 = p^2 + 2pq + q^2$$

Die Genfrequenzen ergeben ein charakterist. Verteilungsbild (Abb. D).

Kommen die Allele verschieden häufig vor, so gilt, z. B. wenn $p(A) = 0{,}4$ und $q(a) = 0{,}6$ (mit $p + q = 1$), nach der Kreuzung:

$$p^2 + 2pq + q^2 = 0{,}16 + 0{,}48 + 0{,}36 = 1$$

16% der Lebewesen haben den Genotyp AA, 48% den Genotyp Aa und 36% den Genotyp aa. Kreuzt man diese Individuen wieder untereinander, so gelangen die Gene mit folgender Häufigkeit in die Keimzellen: A der Individuen AA zu 16%, 24% A und 24% a von den Lebewesen Aa und 36% a vom Genotyp aa. Die Summen ergeben für A + A wieder 40% und für a + a 60%, d. h.

auch *bei wiederholter Paarung steht* unter Hardy-Weinberg-Bedingungen *die Verteilung der Genotypen nach der ersten Generation fest.*

Weichen die Zahlenverhältnisse innerhalb einer Generation ab, so sind Grundbedingungen des Gesetzes nicht erfüllt.

Sie ändern sich z. B. für Drosophila mit rascher Generationsfolge schon im Jahresverlauf (Abb. C).

Lebewesen sind für die Raumbesiedlung genetisch versch. ausgestattet und verfügen über unterschiedl. Strategien.

Die **r-Strategen** (r = endogene Wachstumsrate; *Lotka-Volterra-Gleichung,* s. S. 77) oder **Opportunisten** können Lebensräume mit kurzfristig wechselnden Bedingungen rasch besiedeln, z. B. Tümpel, und kommen in Wüsten, Halbwüsten und in der borealen sowie arkt. Klimazone vor. Sie erzeugen zahlreiche Nachkommen in dichter Generationsfolge, Kleinorganismen (Wasserflöhe, Blattläuse) häufig durch unkomplizierte *Parthenogenese.* Nur selten erreicht die Population die Kapazitätsgrenze eines Raums.

Die r-Strategen sind Umweltveränderungen minimal angepaßt und dadurch oft katastrophalen Sterblichkeitsraten ausgesetzt.

Sie entwickeln sich rasch und sind früh, i. d. R. nur einmal, reproduktionsfähig *(Semelparitie).* Ihre Lebensdauer ist kurz, meist geringer als 1 Jahr. Die Körpergröße ist gering.

K-Strategen (**K** = Kapazitätsgrenze eines Raums) oder **Persistenten,** z. B. Bäume, bevorzugen stabile Lebensräume mit konstanten Umweltbedingungen, deren Wandel voraussagbar ist. Sie besiedeln den Raum dauerhaft und erreichen dort häufig dessen max. Tragfähigkeit. Die artgemäße Verteilung und Dichte werden durch Konkurrenz und Territorialverhalten geregelt (Abb. E–G).

Übervölkerungen *(Gedrängefaktor)* können durch Auswanderung ausgeglichen werden, plötzliche Verluste durch Erhöhung der Reproduktionsrate.

K-Strategen haben wenige Nachkommen und erreichen durch die längere Lebensdauer von mehr als einem Jahr ein höheres Gewicht und eine z. T. beträchtliche Größe (Bäume, Elefant). Es herrscht *bisexuelle Reproduktion* vor, die durch unproduktive Kind- und Jugendstadien verzögert wird, sich aber in einer Generation vielfach wiederholt *(Iteroparitie).*

Die Biomassenspeicherung vergrößert die Widerstandsfähigkeit, bes. von größeren Lebewesen. Sie benötigen zum Überleben der Art eine geringere Fortpflanzungsrate als kleine Arten (Adler 1–2 Junge, Meisen 10 Junge pro Jahr und mehr).

In den genet. Eigenschaften eines Lebewesens sind r- und K-Strategie meist verschränkt **(r-K-Kontinuum).**

Rädertierchen vermehren sich z. B. in größeren Gewässern parthenogenetisch und schalten beim Erreichen der Kapazitätsgrenze auf bisexuelle Vermehrung um.

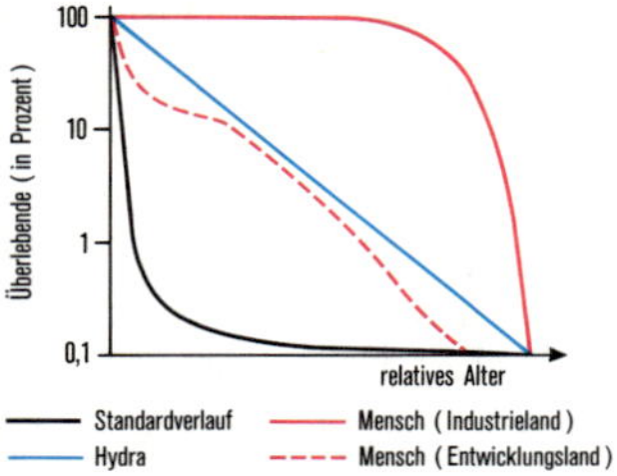

A Überlebenskurven

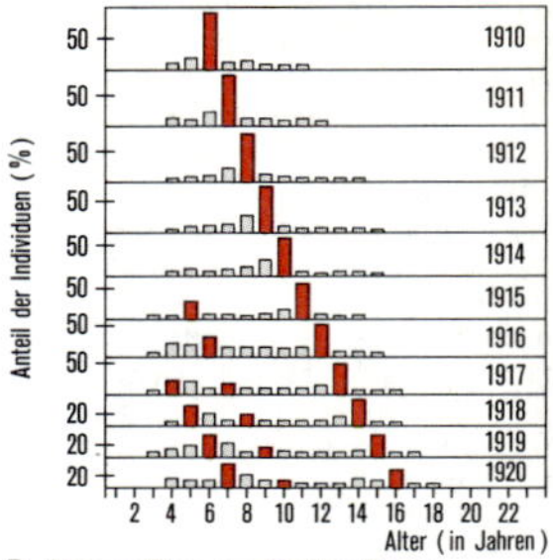

B Altersaufbau von Heringsfängen

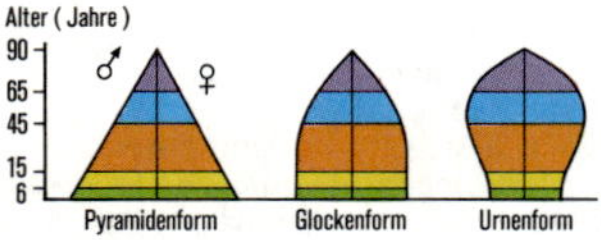

C Alterspolygone von Populationen

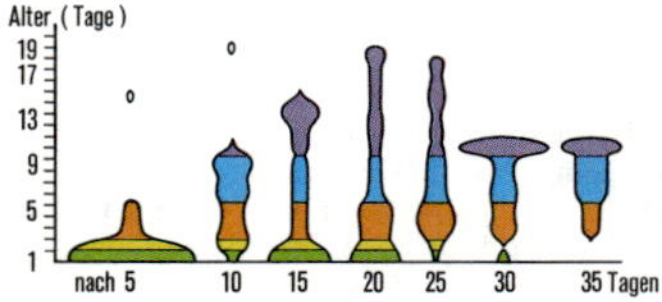

D Entwicklung der Alterspolygone einer Kultur von Drosophila melanogaster

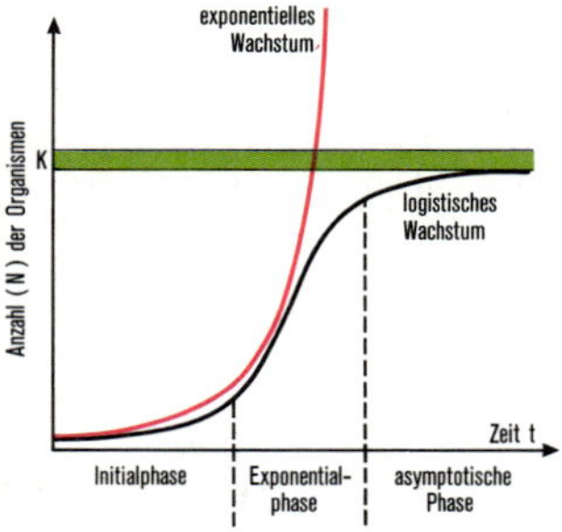

E Wachstumskurven

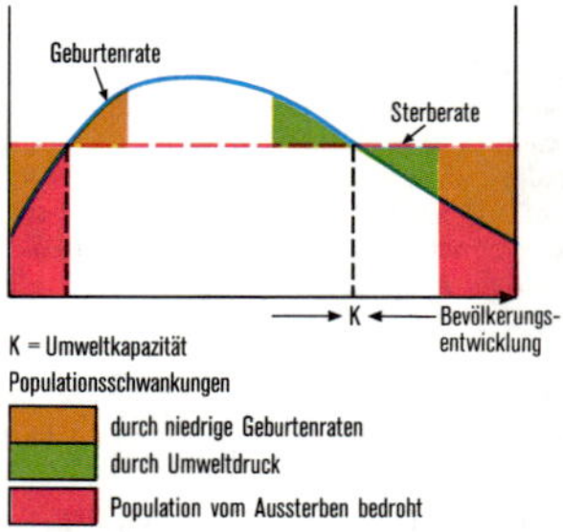

F Dichteabhängige Geburtenrate (Allee-Effekt)

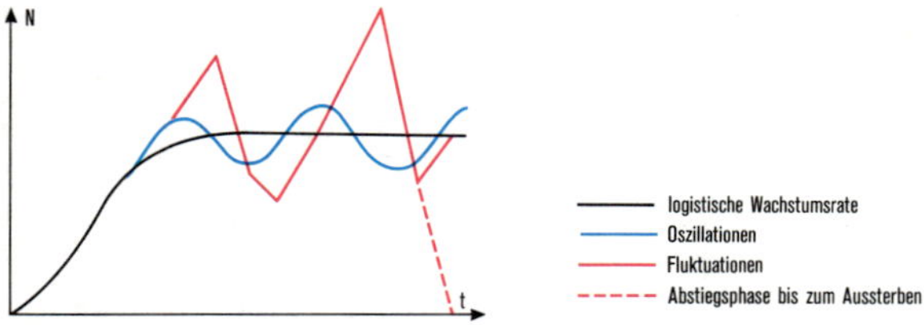

G Phasen der Veränderung der Wachstumskurve einer Population

Bevölkerungsdynamik

Die **Bevölkerungsdynamik** *(Bevölkerungsbewegung)* umschreibt die Schwankungen der Bevölkerungsgröße und -zusammensetzung, die durch Geburten und Sterbefälle *(natürl. Bevölkerungsdynamik)* sowie Zu- und Abwanderungen *(räuml. Bevölkerungsdynamik)* verursacht werden.

Die **potentielle** (ideale) **Natalität** gibt die artspezifisch max. mögl. Nachkommenerzeugung in einer idealen Population an (S. 75).

Die unter gegebenen Umweltverhältnissen verwirklichte **reale ökologische Natalität** unterschreitet immer die ideale.

Mit der **allgemeinen Natalität** erfaßt man den wahren Individuenzugang einer Population in einer best. Zeit, mit der **spezifischen Natalität** die Nachkommen eines Individuums.

Die **potentielle** (ideale) **Mortalität** (Sterblichkeit) gibt an, wieviele Lebewesen einer idealen Population artspezifisch in einer best. Zeit sterben.

Sie liegt immer unter der **realen Mortalität** bei natürl. Umweltbedingungen, durch die die physiolog. mögliche Altersgrenze selten erreicht wird.

Die **allgemeine Mortalität** erfaßt den Individuenabgang einer Population. Da sich ein Lebewesen mehrmals vermehren, aber nur einmal sterben kann, wird zwischen allg. und spezif. Mortalität nicht unterschieden.

Die Mortalität steht in enger Beziehung zum Alter.

Mortalitätskurven *(Überlebenskurven)* zeigen für jede Art einen charakterist. Verlauf (Abb. A).

Der Altersaufbau der Population läßt sich durch **Bevölkerungpolygone** darstellen:

Pyramide = zunehmende Bevölkerung
Glocke = stagnierende Bevölkerung
Urne = abnehmende Bevölkerung

Jugendformen einer Population überleben bei günstigen Umweltbedingungen überdurchschnittlich. Diese Altersklasse ragt dann während ihrer gesamten Lebenszeit hervor (Abb. B).

Die **Fruchtbarkeit** (Fertilität) eines Weibchens kann durch seine Gesamt-Nachkommenschaft charakterisiert werden. Sie kann vom Durchschnittswert der Fertilität der Population abweichen.

Die Geburten und Verstorbenen werden auf die Gesamtpopulation oder Teile derselben, z. B. eine Altersgruppe, in einer best. Zeit bezogen:

Natalitäts-/Mortalitätsrate bzw.
Geburten-/Sterberate
(Angaben in % oder ‰).

Das Verhältnis von allg. Natalität und Mortalität ergibt die **allgemeine Wachstumsrate.** Die **spezifische Wachstumsrate** resultiert aus dem Verhältnis von spezif. Natalität und allg. Mortalität.

Da Eltern ihre Nachkommen häufig um mehr als eine Generation überdauern und mehr als zwei Nachkommen haben, wächst eine Population ohne Umwelteinflüsse **exponentiell** (Abb. E).

Die begrenzte **Umweltkapazität K** schränkt den Zuwachs ein **(logistisches Wachstum)** durch:

intraspezifische Wechselbeziehungen = innerartliche Nahrungs- und Balzkonkurrenz;
interspezifische Wechselbeziehungen = Nahrungskonkurrenz, Feinde, Parasiten.

Der **K-Wert** kennzeichnet in der logist. Kurve das Gleichgewicht zwischen dem *Vermehrungspotential* einer Population und dem *Valenzpotential* der Umwelt (Abb. E). In der *Initialphase* ist die Zuwachsrate durch die geringe Bevölkerungsdichte eingeschränkt. Sie steigt mit zunehmender Individuendichte *exponentiell* an. Mit größerer Dichte und zunehmendem Umweltwiderstand steigen die Sterblichkeitsraten bis zum Gleichgewicht von Mortalität und Natalität *(asymptotische Phase).*

I. d. R. nähert sich die Wachstumskurve dem K-Wert nicht asymptotisch, sondern schießt über die Kapazitätsgrenze hinaus **(Überbevölkerung).** Die Population kann nicht unmittelbar reagieren.

Sie antwortet dann, z. B. bei Nahrungsmangel, mit Verzögerung der Reproduktion; die Dichtewerte der Population fallen unter den K-Wert usw.

Die Dichtewerte können im Jahresverlauf regelmäßig und geringfügig um die Wachstumsrate schwanken **(Oszillationen),** können aber auch durch starke und unregelmäßige Ausschläge gekennzeichnet sein (**Fluktuationen,** Abb. G). Fluktuationen können aus versch. Gründen durch regelmäßigen Zusammenbruch der Population (*r-Strategen,* S. 75) zu period. **Populationszyklen** führen.

Mäuse, Lemminge, Schneehase und Luchs haben z. B. einen 4-Jahreszyklus.

Bei Arten, deren Wachstum dichteunabhängig ist, werden Schwankungen ausschließlich von Umwelteinflüssen verursacht. Andere Arten zeigen dichteabhängige Regulationsmechanismen des Wachstums.

Bei sozialen Wirbeltieren wird die Wachstumsrate bei zu hoher oder zu niedriger Populationsdichte verringert und bei mittl. Dichte ein Optimum an Produktivität erreicht **(Allee-Effekt).**

Eine Verschlechterung des K-Wertes wird ohne Beeinträchtigung der Population ertragen.

Die Wachstumskurven werden mathematisch über die **Lotka-Volterra-Gleichungen** erfaßt:

$$\frac{dN}{dt} = rN \qquad \text{(exponentielle Kurve)}$$

$$\frac{dN}{dt} = rN\left(\frac{K-N}{K}\right) \qquad \text{(logistische Kurve)}$$

N = Individuenzahl, r = potentielle Wachstumsrate, K = Aufnahmefähigkeit (Kapazität) des Raums.

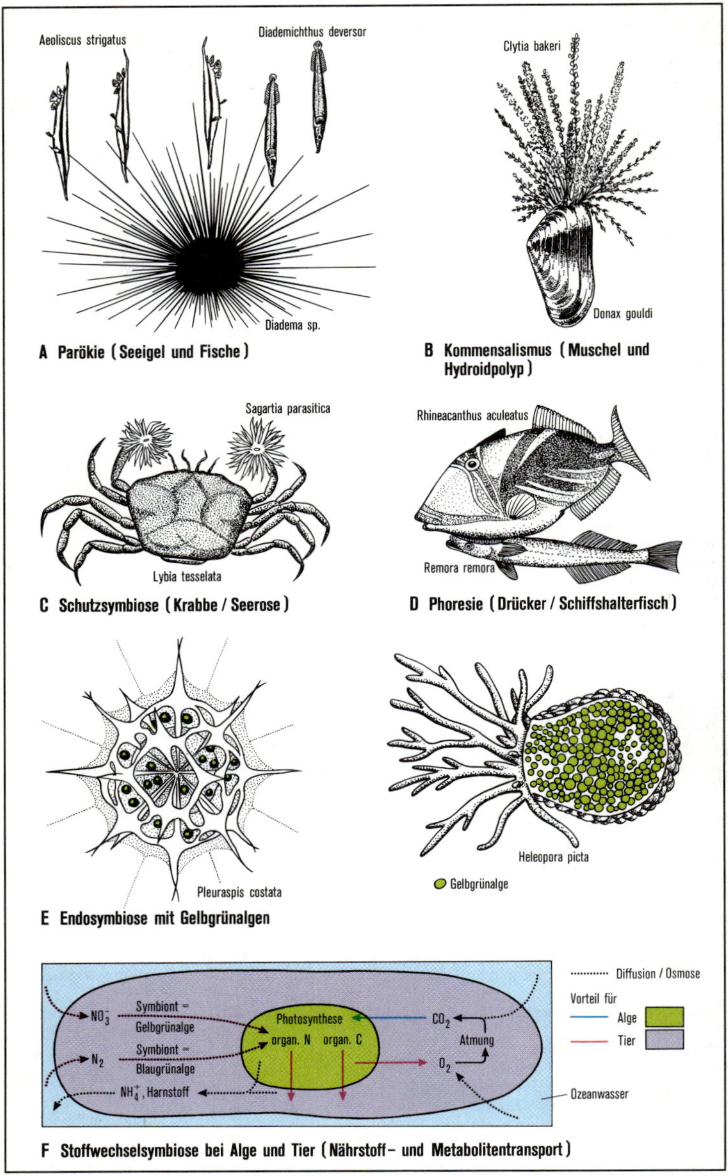

Nutzbringende Beziehungen zwischen Lebewesen

Intraspezifische Beziehungen
verbinden Lebewesen der *gleichen* Art. Es entstehen häufig Zufallsgemeinschaften mit gegenseitigem Vorteil **(Allianz):**

Wandergesellschaften (z. B. Zugvögel); *Schlaf-* und *Überwinterungsverbände* (z. B. Fledermäuse);
Jagd- und *Fraßgesellschaften* (z. B. Löwen);
Fortpflanzungs- und *Brutgesellschaften* (z. B. Seevögel).

Die Größe der Verbände bietet Schutz vor Feinden bzw. Wärmeverlust oder erhöht den Erfolg bei der Jagd und Fortpflanzung.

Interspezifische Beziehungen
verbinden Lebewesen *verschiedener* Arten. Die Beziehungen reichen von der Nutznießung bis zum Räubertum.

Die **Probiose** *(Nutznießung)* bevorteilt eine Art, ohne die andere zu schädigen: Tiere suchen die Nachbarschaft anderer Arten zum Schutz gegen Feinde (**Parökie** = *Beisiedlung*):

Einzeln brütende Eiderenten nisten in Seeschwalbenkolonien, kleinere Singvögel in der Nähe oder in Greifvögelhorsten; Fische und Krebse suchen den Schutz von Medusen oder Seeigeln (Abb. A).

Seßhafte Arten können auf der Oberfläche anderer siedeln (**Epökie** = *Aufsiedlung*):

Pflanzliche nichtparasitäre Epiphyten (Algen, Flechten, Moose in feuchtkalten Klimaten, höhere Pflanzen wie Bromelien in den Tropen) erreichen so die durchlichtete Wipfelhöhe der Bäume; Tiere (Epizoen) der marinen Ökosysteme (z. B. Seepocken) nutzen den lebenden Untergrund (z. B. Schnekken, Wale) als Wohnort.

Häufig nutzen Tiere die Nist- und Wohnbauten anderer Tiere, ohne diese zu schädigen (**Synökie** = *Einmietung*):

Brandenten nisten in bewohnten Kaninchenbauten auf den fries. Inseln; Einmieter *(Inquiline)* bewohnen die Fraßgänge von Wattwürmern; vorübergehende Gäste *(Nidicole)*, v. a. Insekten, leben in Vogelnestern von Abfallstoffen und Nistmaterial.

Die Schutzeinmietung kann auch in Körperhohlräumen anderer Lebewesen erfolgen **(Entökie),** ohne diese zu schädigen:

Krabben *(Pinnixa spec.)* und Fische *(Fierasfer acus)* suchen den Darm von Seewalzen auf; das Kanalsystem von Schwämmen dient Krebsen und Vielborstern als Rückzugsraum.

Für manche seßhafte Formen sind artfremde Partner als Transportmittel für die Verbreitung wichtig **(Phoresie).** Der Partner kann zufällig gefunden oder aktiv aufgesucht werden:

Anophelesmücken verbreiten Malariaerreger, Seepocken werden von Schnecken zeitlebens mitgenommen, Pflanzensamen werden durch Insekten und Vögel verbreitet, Schiffshalterfische heften sich an schnellere Fische an (Abb. D).

Parabiose: Tiere sind von anderen stärker abhängig, z. B. wenn sie mit diesen in einer *Tischgemeinschaft* leben **(Kommensalismus).**

Die Kommensalen, z. B. Hyänen, Geier, folgen carnivoren Raubtieren und genießen deren Nahrungsüberschüsse. Die Jäger können gelegentlich geschädigt werden, wenn die Kommensalen durch Massenauftreten zu Nahrungskonkurrenten werden (Abb. B).

Metabiose: Die Lebenstätigkeit einer Art ist unabdingbar Voraussetzung für die Existenz einer anderen; beide Arten schädigen sich nicht.

Grünspechte, auch Hohltauben, sind wegen ihrer weichen Schnäbel auf den Wohnhöhlenbau anderer angewiesen.

Symbiose
Symbiosen sind Beziehungen zum gegenseitigen Vorteil zweier Partner.

Die lockerste Beziehung zum gegenseitigen Vorteil stellt die **Allianz** dar.

Madenhacker und Kuhreiher befreien Großsäuger von Parasiten und gewinnen Schutz und Nahrung.

Mit dem **Mutualismus** werden existenzerleichternde Lebensbeziehungen zwischen Arten umschrieben, die so eng werden können, daß sie für einen der Partner lebensnotwendig sind, z. B.

die *Blütenbestäubung* und *Samenverbreitung* durch Tiere *(Zoochorie)*. Die Tiere ernähren sich von beiden und sichern die Fortpflanzung der Pflanzen.

Bei der **Symbiose im engeren Sinne** sind beide Partner voneinander abhängig. Beispiele für *Symbiosen zwischen Pflanzen:*

Mykorrhiza (S. 51), Flechten, Wurzelknöllchen (S. 51).

Bei **Ektosymbiosen** *zwischen Tieren* verbleibt der Partner außerhalb des anderen:

Putzsymbiosen dienen der Gesunderhaltung des einen und der Ernährungssicherung des anderen Partners;
Schutzsymbiosen bieten z. B. einem Krebs Schutz, der Seerose Verbreitung (Abb. C);
Ernährungssymbiosen (Trophobiosen) kommen häufig im marinen Ökosystem vor (Abb. E, F).

Ameisen beschützen, pflegen und transportieren Blattläuse, die auf Druckreize hin zuckerhaltigen »Honigtau« aus Nahrungsüberschüssen ausscheiden (*Symphilie:* Symbiose zwischen Partnern, von denen einer Schutz, der andere Nahrung bietet).

Bestäubungssymbiosen gibt es zwischen Insekten sowie Vögeln mit Blütenpflanzen.

Bei **Endosymbiosen** lebt der eine Partner in dem anderen:

Ernährungssymbiosen, z. B. bei Wiederkäuern, die zellulosespaltenden Bakterien und Ciliaten in ihrem Magen Nahrung liefern und selbst abgestorbene Mikroben verdauen.

Stoffwechselsymbiosen: Korallen (s. S. 128 f.), Radiolarien (Abb. E, F).

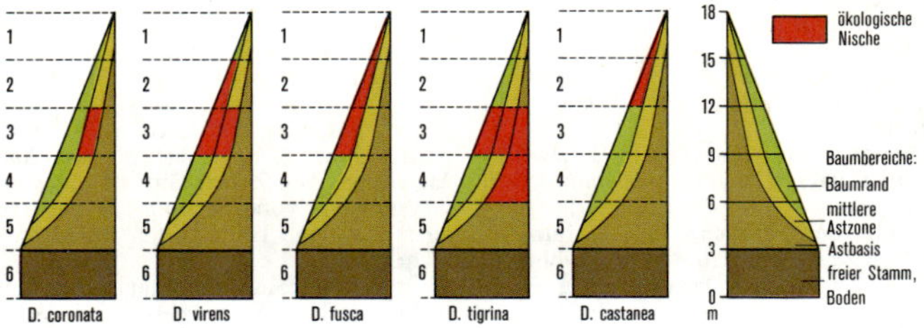

A Ökologische Nischen von Waldlaubsängern, Gattung Dendroica (Fichten, NO-USA)

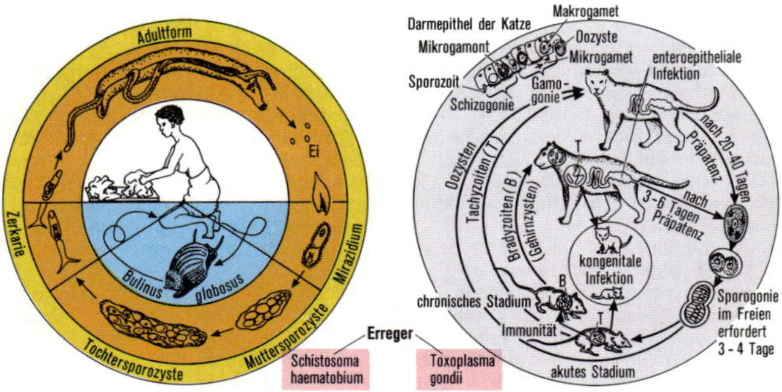

B Pathogenie: Bilharziose

C Pathogenie: Toxoplasmose

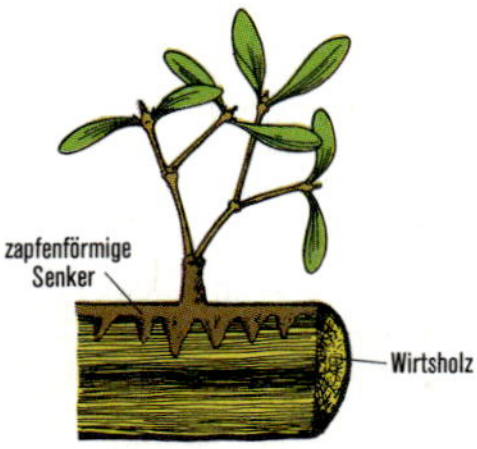

D Halbschmarotzer (Mistel)

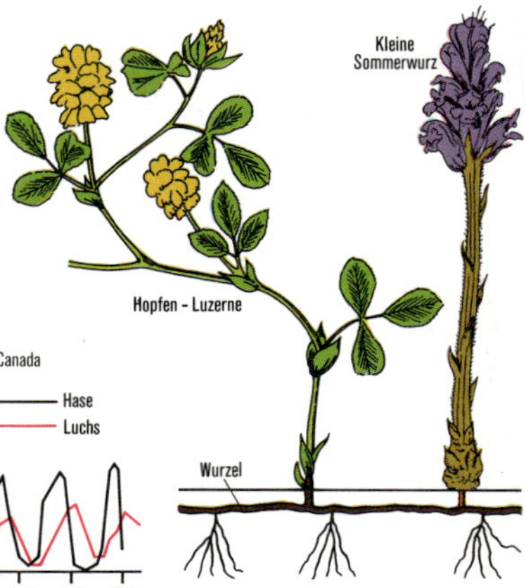

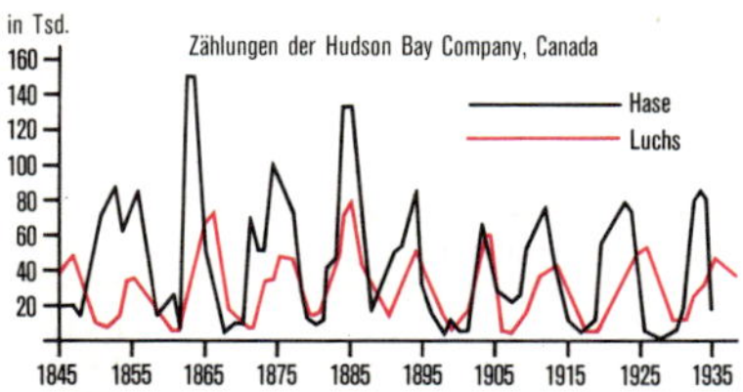

E Räuber-Beute-Beziehung (Luchs und Hase)

F Vollschmarotzer (Sommerwurz)

Im Gegensatz zur Pro-, Para- und Metabiose (S. 79) wird bei der **Antibiose** eines der beiden zusammenlebenden Lebewesen geschwächt oder geschädigt:

indirekt durch **Interferenz** und **Konkurrenz;**
direkt durch **Parasiten** (Schmarotzer), **Pathogene** (Krankheitserreger) und **Prädatoren** (Räuber, Episiten).

Interferenz
Individuen werden bei zunehmender Dichte der eigenen Artgenossen in ihrer Raumbeanspruchung eingeschränkt. Die Abgrenzung erfolgt

bei den Tieren durch *Aggressionsverhalten* und erzeugt *sozialen Streß.*
Pflanzen behaupten den Raum durch hemmende Stoffe (*Allelopathie,* S. 74, Abb. E), die v. a. durch die Wurzel ausströmen.

Konkurrenz
Die Konkurrenz ist ein Wettbewerb um begrenzte Ressourcen, bei Pflanzen um die Standortbedingungen (Licht, Wasser, Nährsalze), bei Tieren um Nahrung, geeigneten Wohnraum, Niststätten, Geschlechtspartner.

Die **intraspezifische Konkurrenz** ist dichteabhängig (S. 77).
Die **interspezifische Konkurrenz** zwischen versch. Arten zwingt diese dazu, im Ökosystem eine best. Stelle, die *ökologische Nische,* einzunehmen, in der v. a. der Nahrungserwerb gesichert ist (Abb. A, s. a. S. 57).

Parasitismus
Parasiten leben auf oder in einem Wirt. Sie sind zur Befriedigung ihrer Bedürfnisse (Aufenthalt, Nahrung, Fortpflanzung) vom Wirt abhängig, den sie **temporär** (kurzzeitig) meist nur zur Nahrungsaufnahme *(Stechmücken)* aufsuchen, **periodisch** in best. Entwicklungsstadien (Abb. B) oder permanent schädigen.

Fakultative Parasiten (Fäulnisbewohner: *Bakterien, Pilze*) sind nicht auf einen Wirt angewiesen, können ihn aber befallen und sogar seinen Tod verursachen.
Obligate Parasiten brauchen einen Wirt. Die Abhängigkeit kann bis zur *Wirtsspezifität* reichen.

Pflanzl. Parasiten unterteilt man in **Holoparasiten** *(Vollschmarotzer),* die ganz auf den Wirt angewiesen sind, und **Hemiparasiten** *(Halbschmarotzer),* die nur einen Teil der Nährstoffe vom Wirt beziehen (Abb. D, F).

Ektoparasiten besiedeln die Oberfläche des Wirts, **Endoparasiten** leben in dessen Innerm.
Nach der Art der Wirte unterscheidet man **Human-, Zoo-** und **Phytoparasiten.**
Hyperparasiten befallen andere Parasiten.

Wenn der Parasitenbefall eindeutig mit *Krankheitsbildern* verbunden ist, spricht man von **Pathogenie.** Sie ist oft mit *Entwicklungszyklen* und einem *Generationswechsel* unter Einbeziehung versch. Wirte verbunden (Abb. B, C).
Parasitoide (Raubparasiten) töten den Wirt nach Befall langsam (z. B. *Schlupfwespen*). Sie leiten zu den Räuber-Beute-Beziehungen über.

Prädatoren (Räuber)
Räuber-Beute-Beziehungen sind reine Nahrungsbeziehungen, in denen der **Räuber** die **Beute** tötet. Der Räuber reagiert auf den Rückgang der Beute

entweder durch Verringerung der eigenen Populationsdichte mit Erhalt der Angriffsrate *(numerische Reaktion)* oder bei Erhalt der Dichte durch Abschwächung der Angriffsrate *(funktionelle Reaktion).*

Die Reaktionen verursachen **Populationsschwankungen** (Abb. E).
Zu den Räuber-Beute-Beziehungen gehören auch die *Pflanzenfresser* und der *Brutparasitismus,* u. a. des Kuckucks.

Parasiten- und Räuberabwehr
Die einfachste Form der Parasitenabwehr ist die Resistenz, die die Infektion (Ausbreitung des Erregers) verhindert.
Die Abwehr kann unspezifisch auch durch **Phagocytose** erfolgen:

Freßzellen nehmen den Erreger auf und verdauen ihn.

Der Parasit kann auch durch **Abkapselung** unschädlich gemacht werden.
Die meisten Parasiten, die den Körper durch den Verdauungstrakt erreichen, werden durch **Magensäure** abgetötet.
Das **Immunsystem** richtet sich gezielt gegen einzelne Parasiten. Entweder werden durch den Erreger oder Gifte spezifisch *Lymphzellen aktiviert,* oder *Plasmazellen* eines Wirts entwickeln *Antikörper,* Glykoproteine, die im Körper nach dem Kontakt mit körperfremdem Material *(Antigen)* gebildet werden. Antigen und Antikörper lagern sich zusammen, können im Blut ausgefällt und der Phagocytose zugeführt werden.
Schutzanpassungen schirmen potentielle Beutetiere gegen Räuber ab:

Feste Hüllen und **Gehäuse** schützen Tiere und Pflanzen passiv.
Gift wird passiv und aktiv eingesetzt.
Beutetiere versuchen, den Räubern durch **Flucht-, Droh-** und **Ablenkungsverhalten** ebenso zu entgehen wie durch **Einrollung** und den **Totstellreflex.**

Schutztrachten (Form, Färbung, Verhalten) dienen der Täuschung des Räubers. Tiere können sich durch **Färbung, Farbwechsel** und **Flächenauflösung** (z. B. Zebra) unsichtbar machen **(Tarnung).** Durch Nachahmung der Farbe und Form anderer Objekte (Steine, Pflanzenteile, Tiere) wird eine wirksame Tarnung erreicht **(Mimese).**
Droh-, Schreck- und **Warntrachten** sind abschreckende Signale, z. B. die *Augenflecken von Faltern* oder die *Streifung von Wespen.*

Körpermuster wehrhafter Tiere werden als Scheinwarntracht **(Mimikry)** imitiert, z. B. Wespenmuster von den *Schwebfliegen.*

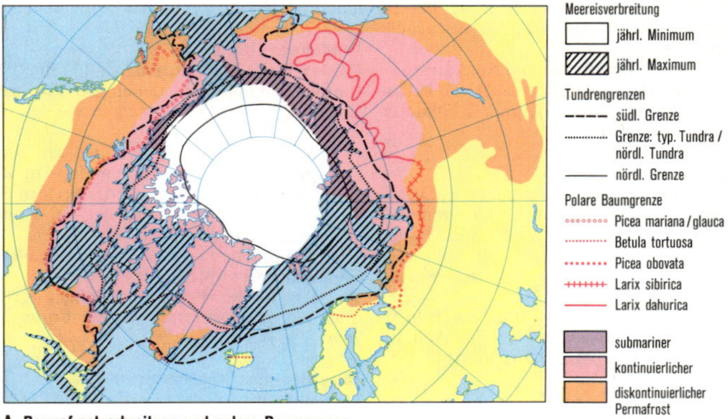

A Permafrostverbreitung und polare Baumgrenze

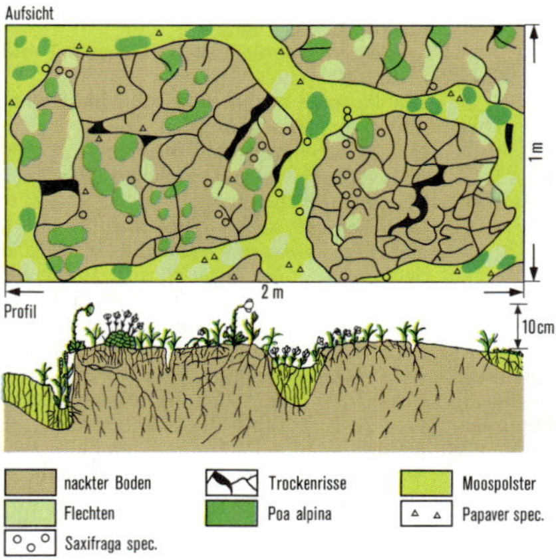

B Fleckentundra

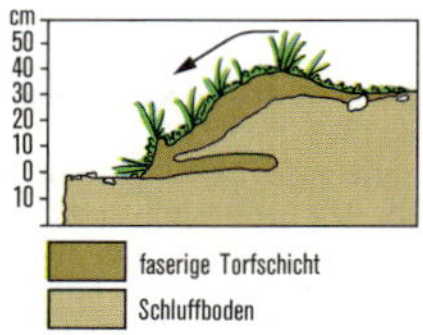

C Bodenfließen

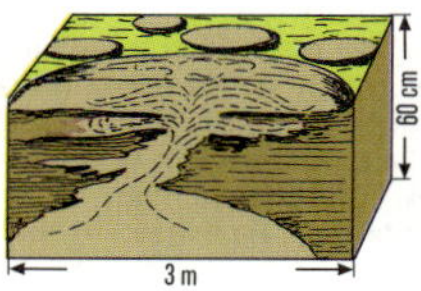

D Fleckentundra

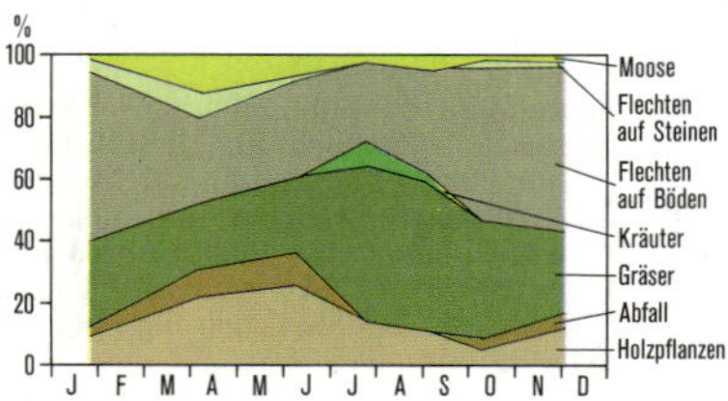

E Mageninhalt von Rentieren

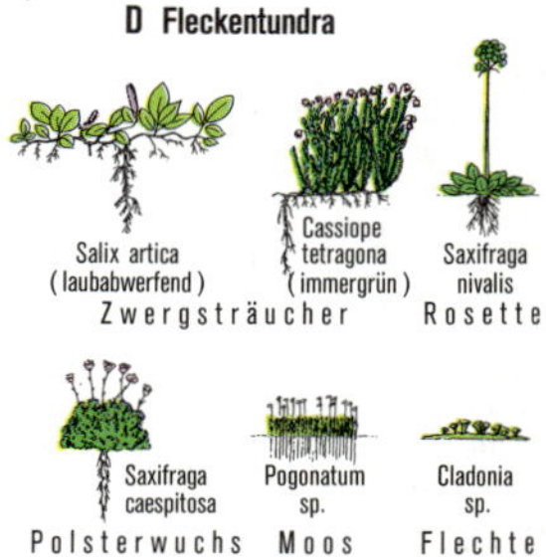

F Wuchsformen von Tundrapflanzen

Die **Tundra** (*tunturi*, finn. = baumlose Höhen) liegt als zirkumpolare Zone zwischen der borealen Zone im Süden und den polaren Eiswüsten im Norden (Abb. A). Sie kommt auf der Südhalbkugel nicht vor. Breitenparallel können 4 Zonen *(Subzonobiome)* unterschieden werden:

Waldtundra, das Ökoton zwischen borealem Nadelwald und Tundra,
südliche Tundra (Buschtundra),
typische Tundra (mittl. Tundra) und
nördliche Tundra (arktische Tundra).

Die **Vegetationszeit** dauert höchstens von Juni bis September. Die Tagesmitteltemperatur liegt nur an 55-118 Tagen > 0 °C. Bei mehr als 30 Tagen mit einem Tagesmittel > + 10 °C entwickelt sich *Waldtundra*.

Liegt die Vegetationszeit < 3 Monate, reifen die Nadeln nicht aus **(Baumgrenze)**.

Die Kutikula bleibt zu dünn; im Frühjahr verdunstet die Pflanze durch intensive Sonnenstrahlung mehr Wasser, als sie aus dem noch gefrorenen Boden aufnehmen kann. (Schaden: *Frosttrocknis*).

Der *Schnee* bleibt 200-280 Tage liegen; die **Schneedecke** ist im ozean. Gebiet ~50 cm hoch, im kontinentalen 10-30 cm. Der Wind bläst die Höhen frei und verlagert den Schnee in Senken.

Eiskorngebläse schädigt die Pflanzenteile über der Schneedecke und löst darunter dichtes Verzweigen aus.

So bestimmt die Schneehöhe häufig die *Vegetationshöhe*.

In der **südl. Tundra** ist die *Vegetationsdecke* geschlossen und artenarm. Holzpflanzen *(Zwergweiden, -birken)* sind häufig. Auf nassen Böden wachsen Seggen (*Carex-*, *Eriophorum-*Arten) und Moose.

In der **typ. Tundra** lockert sich die Vegetationsdecke mosaikartig auf. Freie Bodenflächen wechseln mit *Weiden-Seggen-Moos-Tundra, Dryas-Seggen-Moos-Tundra* und *Flechten-Moos-Tundra* ab.

In der **nördl. Tundra** nehmen die nackten Bodenflächen über 50% der Oberfläche ein. Die Wirkung des Frostes dominiert *(Frostsprengung)*. Der dauernd gefrorene Untergrund taut im Sommer unter der feuchten Vegetation nur wenige dm, im nackten, sandig-kiesigen Boden 0,8-1,5 m auf **(Permafrostboden)** (Abb. A).

Die niedrigen Bodentemperaturen verzögern das Wurzelwachstum. Der Permafrost bildet eine Wurzelbarriere; er läßt das Wasser nicht versickern, so daß die Böden vernäßt sind. Bei Frost wölbt sich der nasse Boden samt Steinen auf (Volumenvergrößerung ~1/9). Taut der Boden nur oberflächlich auf, sackt die Feinerde zusammen, der im unteren Teil gefrorene Boden schiebt Steine wenige mm nach oben bzw. zur Seite **(Kryoturbation)**.

Der häufige Frostwechsel strukturiert den Boden. Es entstehen *Steinringe, -netze* (= *Polygone* 0,5-2,5 m ∅), die im Zentrum Feinerde enthalten. An Hanglagen verformen sie sich durch Bodenfließen **(Solifluktion)** zu *Steinstreifen*. Das Bodenfließen beginnt schon auf < 2° geneigten Flächen, wo nasse Oberböden auf gefrorenem Untergrund mit der Pflanzendecke abrutschen (Abb. C).

Durch die Fröste ab Ende August frieren zuerst die Oberflächen der nassen Feinerde. Die noch nicht gefrorene Feinerde zwischen gefrorener Oberfläche und dem Permafrostuntergrund wird an die Oberfläche über die Pflanzendecke gedrückt (**Fleckentundra,** Abb. B, D).

Die extremen klimat. Verhältnisse bedingen die **Wuchsform der Pflanzen** in der Tundra. *Chamae-* und *Hemikryptophyten* herrschen vor. Sie wachsen sehr langsam *(Zwergwuchs)*, zerstreut, häufig als Rosette mit blattlosem Stengel und Blüten oder in Polstern (Abb. F).

Die Samen reifen nicht jedes Jahr aus, Blütenknospen werden oft im Vorjahr angelegt und überwintern. Die Blätter tragen eine dicke Epidermis und sind häufig fleischig, nadelförmig oder flach an den Stengel gepreßt *(xeromorpher Charakter)*.

Vorteil für die **Photosynthese** sind die langen Tage im Sommer. Die höheren Temp. entstehen direkt an der Bodenoberfläche bzw. an den Pflanzen, so daß das *Mikroklima* bedeutend abweichen kann (Westgrönland: 18 °C Luft, 29-33 °C Pflanze). Nur Pflanzen mit niedrigem Photosynthese-Optimum (~15 °C) können sich behaupten.

Die *Photosyntheserate* ist schon bei 0 °C deutlich positiv, sinkt an trüben Tagen unter 0, in den hellen Sommertagen (24 Std.) können 100 mg CO_2 dm^{-2} assimiliert werden.

Warmblüter können an weniger geschützten Körperteilen die Blutzufuhr drosseln und so dort die *Körpertemperatur* herabsetzen (in °C):

	Körper	Schnauze	Beine	Luft
Ren	38	20	9	− 31
		Füße	Zehen	
Möwe	38	7	0-5	− 16

Nur wenige Arten bleiben im Winter in der Tundra *(Moschusochse, Polarfuchs, Lemminge)*. Die *Rentiere* unternehmen oft lange Wanderungen zu Nahrungsgebieten.

Ihre Winterweide kann sich auf Flechten (Produktion 350 kg ha^{-1} a^{-1}) reduzieren (Abb. E). Die Kälber, im Frühjahr auf der Nordwanderung geboren, können die frischen, proteinreichen Pflanzen nutzen.

Wechselwarme Pflanzenfresser fehlen.

Die **wechselwarmen Karnivoren** sind klein *(Mücken, parasit. Zweiflügler, Spinnen)* u. entwickeln sich über mehrere Jahre.

Die **wirbellosen Bodenorganismen** konzentrieren sich auf die obersten cm des Bodens im Torf-Humus, unter Moosen oder Flechtenkrusten auf nacktem Fels.

Der geringe Energiefluß, hohe Feuchtigkeit, O_2-Armut und hoher Säuregehalt des Bodens bewirken extremen **N-** und **P-Mangel.**

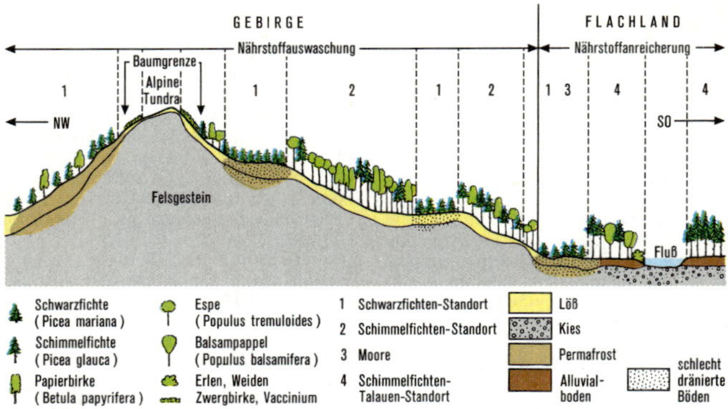

A Ökosystemtypen im Profil von Fairbanks (Alaska)

Phytomasse in t·ha⁻¹ (TG)	Holz	Blattorgane	oberirdisch	unterirdisch	insgesamt	Phytomassezuwachs	davon Holzzuwachs im Jahr
nördliche Taiga (64° 30' N)	50	8	87	29	116	3,75	1,35
mittlere Taiga (62° N)	102	8	135	31	166	7,5	3,4
südliche Taiga (58° N)	292	12	307*	85	392	15,5	11,75

*u. a. 0,7 Flechtenbehang, 1,0 Moose

Zoomasse in kg·ha⁻¹	oberirdisch in Kronen	unterirdisch	Holzfresser (Xylophagen)
südliche Taiga	15	240	20

B Produktion der Fichtenwälder in der Taiga

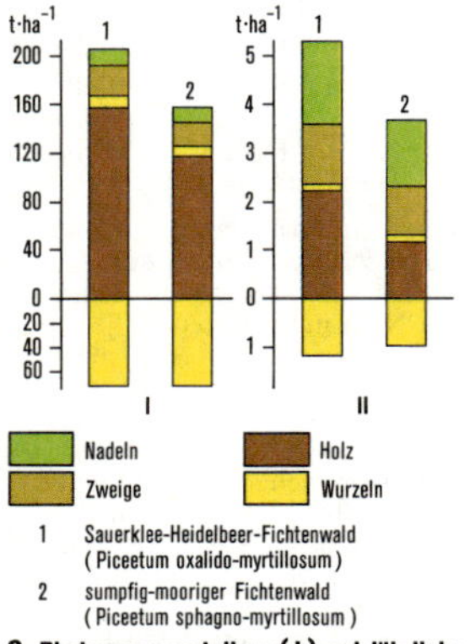

C Phytomasseverteilung (I) und jährliche Primärproduktion (II) in Fichtenwäldern (Waldai-Höhen, UdSSR)

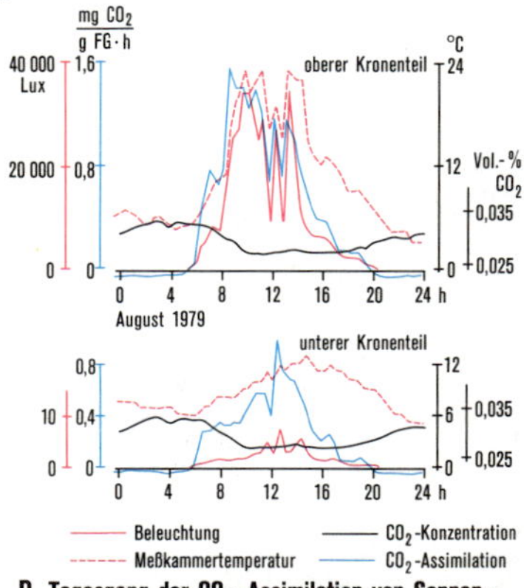

D Tagesgang der CO_2-Assimilation von Sonnen- und Schattennadeln einer Fichte (Waldai-Höhen, UdSSR)

Die **boreale Nadelwaldzone (Taiga)** umgibt die Arktis; sie fehlt auf der Südhalbkugel fast völlig. Die kalte Jahreszeit mit einer Tagesmitteltemperatur >0 °C dauert über 6 Monate. Die kurzen Sommer (unter 120 Tage) haben eine Tagesmitteltemperatur >10 °C. Der Boden taut nur 10–50 cm auf und bleibt darunter dauerhaft gefroren (*Permafrost*).

Der Klimatyp ist humid, da bei niedrigen Temperaturen und geringen, über das Jahr verteilten Niederschlägen die potentielle Evapotranspiration (PET) unter der Jahresniederschlagsmenge liegt. Nur in den kontinentalen Regionen ist die PET im Sommer größer als der Jahresniederschlag.

Bes. **Klimafaktoren** sind die *stark schwankenden Tageslängen*, der *niedrige Einstrahlungswinkel* des Sonnenlichts mit langen Dämmerungszeiten und die großen *Expositionsunterschiede*, die bes. die Südhanglagen im Frühjahr bevorteilen.

Die Nordhänge tragen kalte, nasse Böden mit Wäldern geringster Produktivität (Abb. A).

Der weit verbreitete Bodentyp ist ein *Podsolboden* mit dünner Rohhumusschicht. Bei Vernässung wird er zum *Gleyboden* bzw. neigt zur *Torf-* und *Moorbildung*.

Für die Produzenten sind Bodenvernässungen (O_2-Mangel für die Wurzeln) genauso ungünstig wie Trockenjahre. Bei andauernder Vernässung geht die Produktion der Baumschicht zurück (Abb. B).

In Eurasien teilt sich der boreale Nadelwald mit abnehmender Produktivität in eine südl., mittl. und nördl. Zone auf.

Der **Nadel-Laubmischwald** der *südlichen Taiga* besteht aus einer ~2,5 m hohen Baumschicht mit *Fichte* und *Zitterpappel* und einer ~16 m hohen Baumschicht mit *Winterlinde, Spitzahorn* und *Flatterulme*. Darunter wächst eine Strauchschicht mit 30–80% Deckung (*Waldhasel, Rotes Geißblatt*) und eine Krautschicht.

In der *mittleren Taigazone* besteht die Baumschicht aus Fichten (~20 m hoch), Strauch- und Krautschichten sind je nach Nährstoffgehalt und Nässe mehr oder weniger entwickelt. An nährstoffarmen Standorten ersetzt die Kiefer die Fichte.

Die *Zwergsträucher* (z. B. *Blaubeere*) der *nördlichen Taigazone* überwintern unter der Schneedecke. Nach Norden nimmt die Phytomasse pro ha ab. Flechtenbewuchs auf den Ästen (Nordtaiga 0,8 t ha^{-1}) behindert zunehmend die Photosynthese (Abb. B).

Die **sibir. Taiga** teilt sich in die Dunkle und die Helle Taiga.

Die **Dunkle Taiga** ist eine bes. schattige Waldformation mit *Sibir. Fichte, Sibir. Tanne, Sibir. Lärche, Sibir. Kiefer;* sie erstreckt sich im weniger kontinentalen Teil Osteuropas und geht in Westsibirien zunehmend in Moore über.

In der **Hellen Taiga**, einer lichten bis parkartigen Waldformation Zentral- und Ostsibiriens, dominieren die flachwurzelnde *Dahurische Lärche* und *Sibir. Fichte*. Nur wenn es das Klima zuläßt, ca. alle 5 Jahre, reifen die Samen.

Im Tagesgang der Photosynthese der Fichte erreichen die Schattennadeln die Hälfte der CO_2-Assimilation der Sonnennadeln, obwohl letztere die 7-fache Lichtmenge bekommen (Abb. D).

Untersuchungen in der **Taiga Alaskas** zeigten, daß Flußauen günstige Standorte sind, deren Böden genug Nährstoffe bereithalten (Abb. A).

An ungünstigen Standorten der Nordhanglagen kann die langsam wachsende *Schwarzfichte* noch existieren.

In der *nördl. Taiga* stehen nur 30–40 Tage mit Temperaturen von 12–20 °C zur intensiven Photosynthese zur Verfügung, in der *mittleren Taiga* 70–80 Tage. Die Produktion ist außerdem durch Kälteeinbrüche polarer Luftmassen und tiefe Bodentemp. beeinträchtigt.

Wahrscheinlich ist die mikrobielle Tätigkeit eher durch Energiemangel begrenzt als durch Feuchtigkeitsmangel oder niedrige Temperaturen.

Stickstoff fällt unter den Nährstoffen ins Minimum. *Blaualgen* sind für die N-Fixierung wichtiger als Bakterien. So ist der Stoffkreislauf in der Schwarzfichten-Streu der langsamste in der Taiga Alaskas.

Viele Pflanzengesellschaften sind nicht im *Klimaxstadium*, da natürl. entstandene Feuer die Sukzession neu beginnen lassen. Eine Sukzession bis zur Klimax dauert >500 Jahre.

Streubrände übersteht die Kiefer unbeschadet, Kronenbrände nicht.

Viele *Konsumenten* sind Winterschläfer, die Mehrzahl der Vögel Zugvögel. Winteraktive Großherbivore (Elch, Schneehase) beweiden bes. schnellwüchsige, schmackhafte Pflanzenarten, die kaum chem. Abwehrstoffe einlagern. In der Sukzession werden sie schließlich durch langsamwüchsige, unschmackhafte Immergrüne ersetzt.

Unter der Schneedecke sind Wühl- und Spitzmäuse aktiv.

Fast 90% der Tiere (*Zoomasse:* 150–300 kg Frischgewicht ha^{-1}) leben in der Streuschicht; von der oberird. Zoomasse sind 60% phytophag (Schmetterlingsraupen, Larven, Blattläuse, Gallenerzeuger) und 30% zoophag (Spinnen, Marienkäfer u. a.), 10% saprophag.

Die Wirbeltiere machen nur 1–3% der gesamten Zoomasse aus.

Die jährl. *Streu* von 5–6 t ha^{-1} kann bei den niedrigen Temperaturen und Harzeinlagerungen nur langsam abgebaut werden.

Unter den Destruenten treten die Regenwürmer zurück, da die schwer zersetzbare Nadelstreu sauer reagiert.

Die Enchyträen-Fauna, Pilze, Hornmilben und Springschwänze überwiegen.

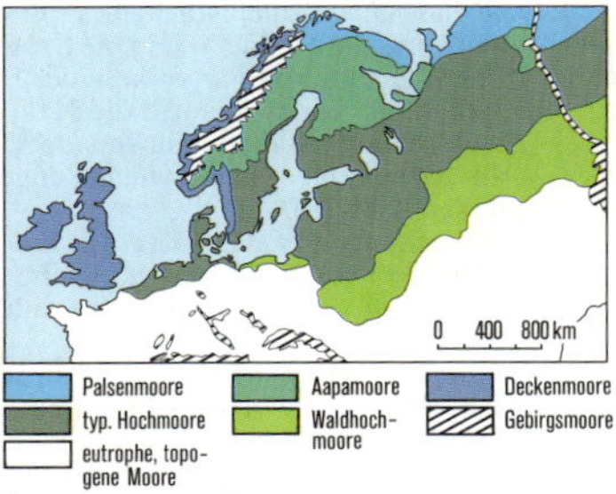

A Verbreitung der Moortypen

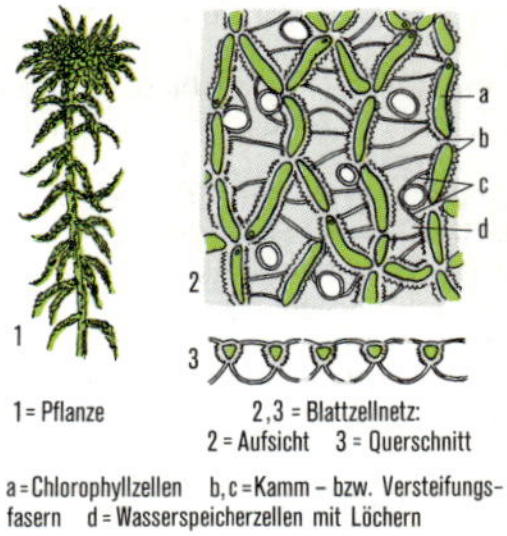

B Torfmoospflanze (Sphagnum)

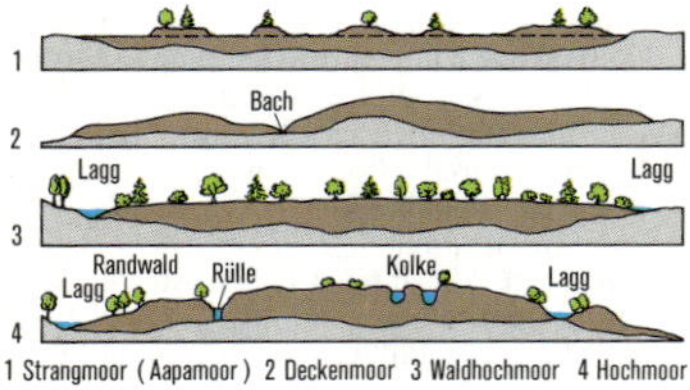

C Oligotrophe Moore

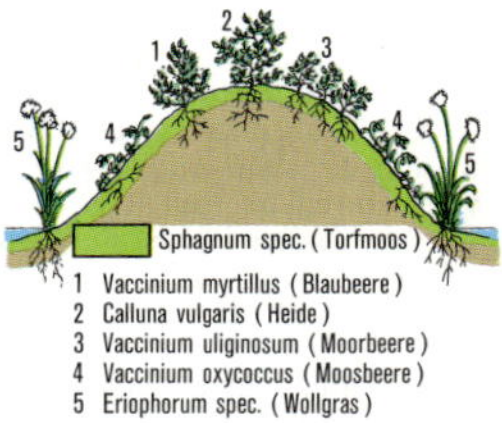

D Pflanzenarten auf Hochmoorbulten (NW-Deutschland)

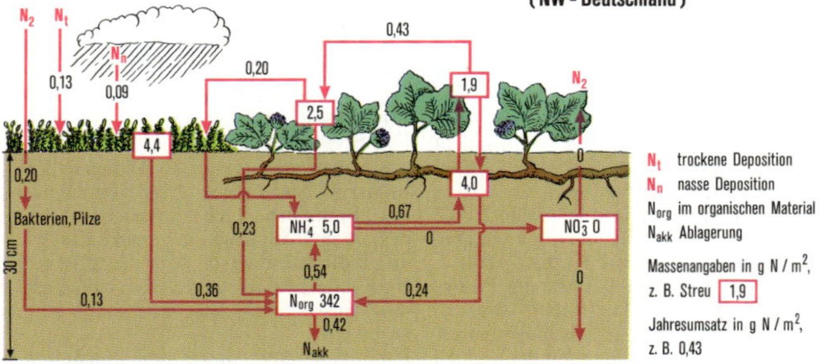

E Stickstoffhaushalt im ombrotrophen Moor (Stordalen, N-Schweden)

F Vegetationszonen und Torfablagerungen des Flachmoores (Nordamerika)

Moore

Moore sind weltweit anzutreffen, wo immer Feuchtigkeit und Niederschläge hoch genug sind oder die hydrolog. Situation eine Anreicherung von **Torf** bedingt. Am häufigsten kommen Moore in den gemäßigten bis kühlen Zonen vor, vielfach als Reste nacheiszeitl. Urlandschaft. In den trop. und subtrop. Zonen liegen sie meist im Gebirge oder in Deltaregionen.

Moore entstehen, wenn organ. Material nur z. T. abgebaut wird. Unter Wasser zersetzt es sich bei Sauerstoffmangel in dem meist sauren Milieu sehr langsam und reichert sich als **Torf** an. Man unterscheidet versch. Torfbildungsprozesse:

freischwimmende oder im tiefen Wasser wurzelnde Pflanzen bilden die Mudde (*subhydrisch*);

am oder gerade unter dem mittleren Wasserstand durch Schilf und Rohrkolben (*telmatisch*);

durch über dem Wasserspiegel wurzelnde, aber saisonal überflutete Seggen, Kräuter und ggf. Holzpflanzen (*semiterrestrisch*).

Anhand der Farbe des Torfs und den noch erkennbaren Pflanzenstrukturen bestimmt man das **Humifizierungsstadium** (**Zersetzungsgrad**). Bis zu 20% des Torfs sind nicht brennbares, anorgan. Material.

Topogene Moore sind vom Relief vorgegeben und weitgehend unabhängig vom Klima. Sie entstehen aus aquat. Ökosystemen, die verlanden (**Verlandungs-, Nieder-** oder **Flachmoore**), aus terrestr. Ökosystemen, wenn das Grundwasser steigt (**Versumpfungs-, Niedermoore**) oder durch andauerndes Überfluten. Ihre Nährstoffe beziehen sie aus dem mineral. Untergrund (*minerotroph*), sind daher mineralreich. (Abb. F)

Ombrogene Moore bilden sich unabhängig vom Relief bes. in den kühl-gemäßigten, ozean. Klimagebieten. Sie werden nur vom Niederschlagswasser gespeist (*ombrotroph*), sind extrem nährstoffarm und können als **Decken-** oder **Hochmoore** den Untergrund überwachsen.

In der Tundra bilden sich Torfhügel (3-6 m hoch und ca. 100 m ∅), die einen dauerhaft gefrorenen Kern enthalten (**Torfhügelmoor = Palsenmoor**).

Südlicher, z. B. in Finnland, entstehen auf flachem Gefälle **Strangmoore** (**Aapamoore**) mit hangparallelen Strängen.

Über undurchlässige Bodenschichten wird diesen Mooren zusätzlich Wasser zugeführt (**soligene Moore**). Die Vegetation auf den Strängen lebt ombrotroph und an den tieferen Stellen minerotroph.

In den kontinentaleren Klimaten wachsen die Torfmoose langsamer; Bäume können wachsen (**Waldhochmoore**, Abb. A u. C).

Das **Torf-** oder **Bleichmoos** (**Sphagnum**) mit seinen spezif. Eigenschaften ist für die Entstehung eines Hochmoores Voraussetzung.

Sphagnum kann aus dem nährstoffarmen Regenwasser Kationen gegen H^+-Ionen austauschen. Das säuert das umgebende Wasser an und hemmt die abbauenden Mikroorganismen.

Die schwammähnl. Struktur der Pflanze hält Wasser zurück (Abb. B). Sie wächst auf den eigenen durch Licht- und Luftmangel absterbenden unteren Pflanzenteilen weiter.

In NW-Dtl. erreichen Sphagnumarten jährl. einen Höhenzuwachs von 3,5-12 cm, so daß vergesellschaftete Blütenpflanzen, z. B. durch Ausläufer, mitwachsen müssen.

Das Höhenwachstum der Moorschichten beträgt dagegen durch den zunehmenden Druck und die Vertorfung nur 0,5-1 mm a^{-1}.

Die wassergesättigte Torfmasse erhebt sich mit der Zeit uhrglasförmig über dem Untergrund und bildet am Rande Flachwasserbereiche (**Lagg**; Abb. C).

Zwischen dem zurückgehaltenen Wasser im Hochmoor und dem Bodenwasser besteht durch die kaum wasserdurchlässigen, gepreßten Torflagen kein Austausch mehr. Die Mineralzufuhr erfolgt ausschließlich über das nährstoffarme Niederschlagswasser (pH $< 5,5$).

An der Mooroberfläche wachsen versch. Kleingesellschaften auf polsterartigen, trockeneren Buckeln (**Bulte**), *Torfmoose* mit *Zwergsträuchern* und dazwischen in den wassergefüllten Vertiefungen (**Schlenken**) meist *Torfmoose* mit *Wollgras* (Abb. D).

Bes. problematisch für die Moorpflanzen sind der **O_2-Mangel** in den wassergesättigten Böden und die **Nährstoffarmut**. Nur die oberen 10 cm sind periodisch belüftet und enthalten wichtige aerobe Bodenorganismen. Fällt die O_2-Konzentration im Pflanzengewebe unter 1%, kann der aerobe Stoffwechsel nicht mehr ablaufen, anaerobe Stoffwechselprodukte reichern sich an (z. B. Ethanol).

Nur Pflanzenwurzeln mit Belüftungskanälen (*aerochymat. Wurzeln*) durchdringen die tieferen Schichten.

In einigen Holzpflanzen sind Teile des Xylems mit Luft gefüllt, z. B. die alten Tracheiden der Kiefer. **O_2** oxidiert die reduzierten, hochtox. Ionen (**Fe, Mn** und **S**). Sie werden abtransportiert, ausgefällt oder in Zellwände eingelagert.

Bei der Nährstoffarmut vieler Moore sind *immergrüne Blätter* vorteilhaft, die mehr als eine Vegetationsperiode halten. Die extreme N-*Knappheit* führt trotz Wasserreichtum zur Xeromorphie der Blätter (**Mangelformen = Peinomorphose**).

Im *Stordalen-Moor* (Abisko, Schweden) wurde der Stickstoffhaushalt genauer untersucht (Abb. E).

In den aktiv wachsenden Pflanzenteilen reichern sich K, N und P an. Über 95% des **N** und **P** im Torf ist für Pflanzen nicht verfügbar. Die Pflanzenwurzeln stehen in Konkurrenz um N und P mit den Mikroorganismen. Zur Deckung des Bedarfs von **Na, Ca, S** und **Mg** reicht die *atmosphär. Deposition* aus.

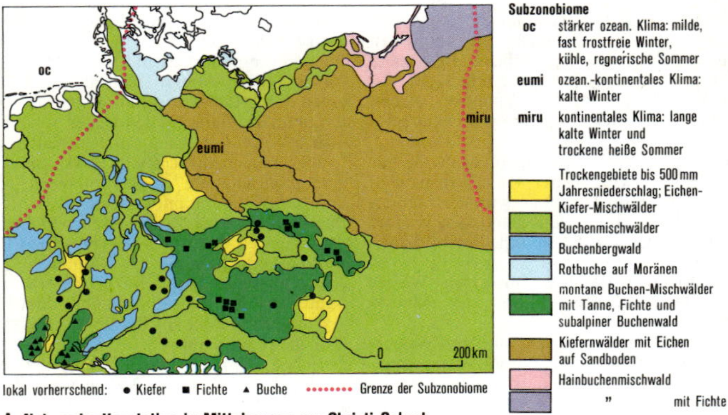

A Naturnahe Vegetation in Mitteleuropa um Christi Geburt

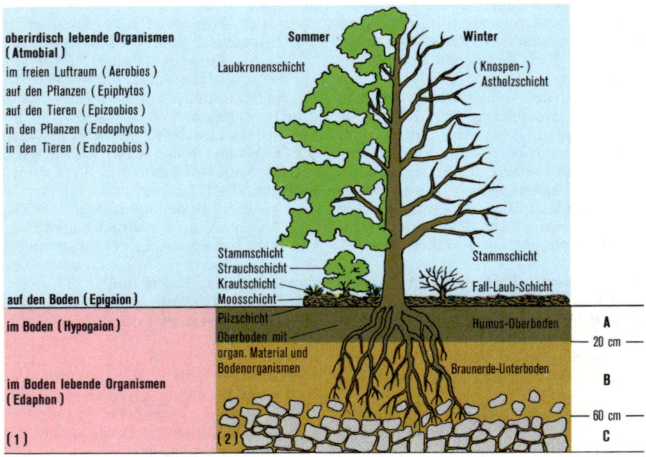

B Lebensräume der Tiere (1) und Schichtenaufbau im Sommer- bzw. Winterwald (2)

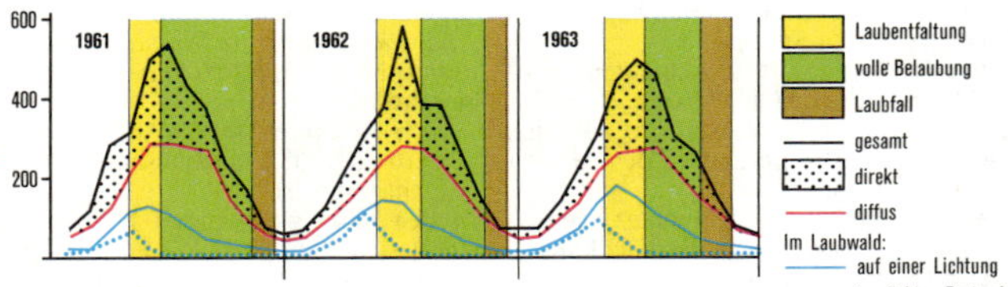

C Sonnenstrahlung im Monatsmittel (Cambridge, England)

Das **gemäßigte (temporierte) Zonobiom** nimmt Teile des östl. Nordamerikas und Ostasiens ein und reicht von Mitteleuropa mit einem Keil bis nach Osteuropa (S. 30). Auf der Südhalbkugel ist die gemäßigte Zone auf kleine Gebiete Südamerikas und Neuseelands beschränkt.

Die *Vegetationszeit* von 4–6 Monaten mit einem mäßigwarmen Sommer ist durch milde Winter mit Frösten begrenzt. Der Niederschlag verteilt sich über das Jahr, Trockenzeiten treten nicht auf. Mit zunehmender Kontinentalität nimmt die Luftfeuchtigkeit ab, die Jahrestemperaturschwankungen und Frostdauer steigen (S. 18).

Man teilt nach der **Ozeanität** bzw. **Kontinentalität** in *Subzonobiome* ein (Abb. A).

Die natürliche Pflanzenformation ist der **sommergrüne Laub-** bzw. **Laubmischwald.**

Typisch für Mitteleuropa sind: *Buchen-* und *Eichen-/Buchen*wälder auf sauren Böden, *Eichenmischwälder,* auf ärmeren Sandböden *Kiefernwälder,* in der montanen Stufe *hochstaudenreiche Bergmischwälder* oder *Fichten-Tannen-Mischwälder* (Abb. A).

Braunerden, Parabraunerden oder podsolierte Böden sind häufig (S. 24).

Die Pflanzenarten des artenreichen *Mischwaldes Nordamerikas* (ca. 800 Baumarten; 50 in Mitteleuropa) sind genetisch nah verwandt mit den europäischen.

Südlich der großen Seen dominieren auf eiszeitl. Ablagerungsböden *Hemlocktanne* (*Tsuga*), *Linde, Birke* und *Liriodendron tulipifera* (*Tulpenbaum*), auf dem nicht-eiszeitl. Appalachen-Plateau gemischte *mesophyt. Wälder* mit *Linde, Roßkastanie* und versch. *Eichenarten.* Am weitesten verbreitet ist die *Eichen-Hickorynußbaum-Gesellschaft.* Kiefernarten (*Pinus rigida = Pechkiefer*) herrschen auf armen Böden vor.

Die *sommergrünen Laubwälder* der Südkontinente (*Nothofagus-Wälder*) unterscheiden sich ökologisch und in ihrer Artenzusammensetzung grundlegend von denen der Nordhalbkugel. Seit dem Miozän haben sich Pflanzen und Tiere getrennt entwickelt.

Die **sommergrünen Wälder** zeigen schichtenartigen Aufbau (*Kronen-, Stamm-, Strauch-* und *Krautschicht*) und ihr Aspekt ist durch den jahreszeitl. Klimawechsel bestimmt (Abb. B).

Die Frühlingsblüher (*Geophyten* oder *Ephemeroiden*) sind vom Licht abhängig, das durch die Baumschicht fällt. Mit Hilfe der versch. Speicherorgane (Rhizome, Zwiebeln oder Knollen) können sie in der Ende April bis Mai schon stark erwärmten Streuschicht (25–35 °C) rasch austreiben, blühen und fruchten (**Frühlingsaspekt**). Sie sind Ernährungsgrundlage für jetzt schlüpfende Tiere.

Mit der Laubentfaltung verändern sich die *Licht-* und *Temperaturbedingungen* am Boden (Abb. C).

Die **Strauch-** und **Krautschicht** wächst in dem von der Baumschicht gestalteten **Mikroklima** (ausgeglichene Temperatur, verringerte Lichtmenge und Luftbewegung, rel. hohe Luftfeuchtigkeit).

Der Wettbewerb der versch. Baumarten hängt von der *Mindestlichtmenge* ab, die die Jungpflanzen benötigen.

Fortpflanzung in den *Samenjahren* und rasches Zunehmen der Wuchshöhe im Jugendstadium sind oft entscheidend. Für das Wachstum liegt das Lichtminimum selten unter 1% des vollen Tageslichts. Der Lichtbedarf steigt mit zunehmendem Säuregehalt bzw. Nährstoffarmut im Boden.

So kommt den wandernden *Lichtflecken* auf dem Waldboden große Bedeutung zu.

Die Übergangszeiten (*Frühling/Herbst*) sind im ozean. Klima Westeuropas länger als im kontinentalen Klima Osteuropas. Der Laubabwurf wird durch die verkürzten Tageslängen eingeleitet.

Bei Temperaturen ~0 °C beginnt die **Frostabhärtung** (Vorabhärtung).

Die Zuckerkonzentration des Zellsaftes wird erhöht. Die Durchlässigkeit der Zellmembranen wird gesteigert, die Vakuole in viele kleine Vakuolen geteilt.

Die Frostresistenz nimmt bei Temperaturen > 0 °C im Frühjahr rasch ab, wobei plötzl. Spätfroste Schäden verursachen können.

Im Herbst beschränkt sich das oberird. Leben auf bodennahe Schichten. Zahlreiche Tiere überwintern im Boden. Der Nahrungsmangel und die Kälte im Winter erzwingen **Winterruhe** bzw. **-starre** für wechselwarme Tiere und einige Säuger.

Bei mäßig niedrigen Temperaturen, auch unter der Schneedecke, bleibt die Bodenfauna aktiv.

Der Wald liefert den Tieren viele *Habitate* und *Ernährungsgrundlagen* (Blätter des Kronendaches, Streu, Totholz).

Der Energieumsatz der von lebendem Pflanzenmaterial existierenden **Phytophagen** ist im Hainsimsenbuchenwald gering. Die Minderung der Nettoprimärproduktion (NPP) durch sie wird auf > 4% geschätzt. Als »Vorzersetzer« regen sie durch Kot und Leichen die Tätigkeit der Bodenlebewelt an.

Die **Arthropoden** nehmen als *Blatt-, Wurzelfresser* oder *Saftsauger* eine wichtige Stellung im Ökosystem ein.

Die **Saprophagen** sind für das Ökosystem die bedeutendste Tiergruppe. Ihnen bleiben > 96% der NPP zur Zersetzung.

Den größten Anteil des jährl. Streufalls zersetzen *Bakterien* und *Pilze* (80%), nur 20% vertilgen die *Saprovoren.*

Vertreter der **Zoophagen** sind Arthropoden (Laufkäfer, Spinnentiere, Fliegen), Vögel und Spitzmäuse. Große Zoophagen (Bär, Wolf, Luchs) sind ausgerottet, so daß große Herbivore ohne natürl. Feinde sind, und der Mensch als Jäger die Populationsdichten reguliert. Hasen bzw. Kaninchen haben noch natürl. Feinde (Fuchs und Greifvögel).

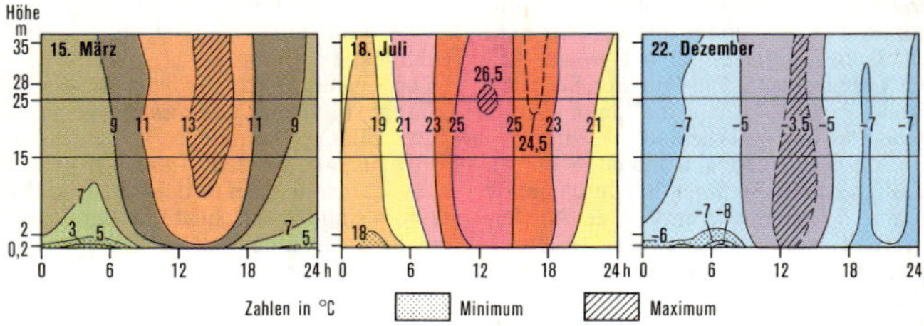

A Tagesgang der Lufttemperatur im Buchenwald (Schönwettertage 1972)

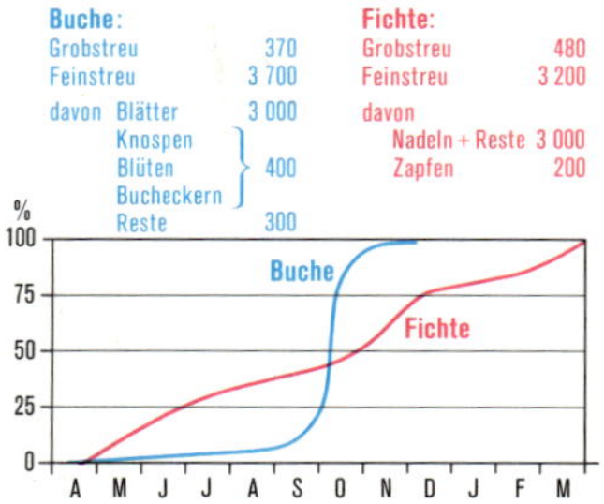

B Verlauf und Jahressummen der Feinstreu bei der Buche und Fichte (kg TG · ha^{-1})

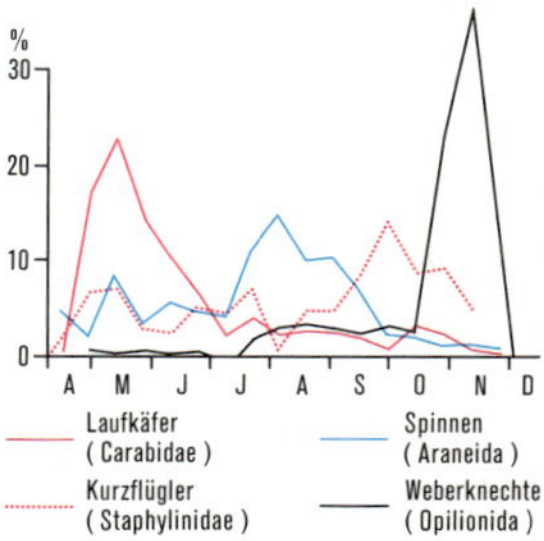

C Aktivität der wichtigsten Zoophagen auf dem Buchenwaldboden

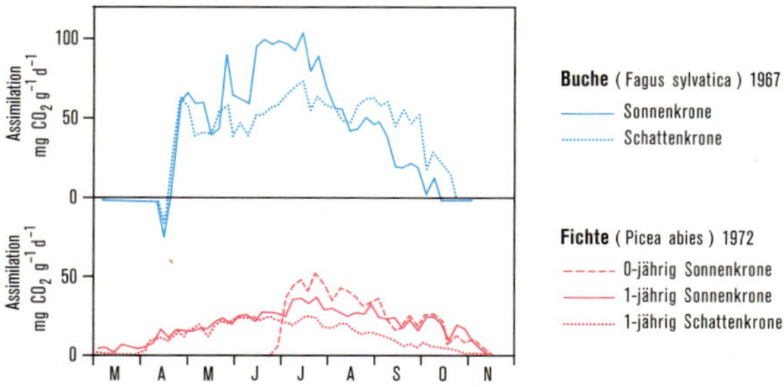

D Tagesbilanzen (5-Tage-Mittel) des CO_2-Gasaustausches

	Buche: Sonne	Schatten	Fichte:	Sonne	Schatten
jährlicher CO_2-Gewinn der Blätter ($gCO_2 \cdot g^{-1}$ TG $\cdot a^{-1}$)	9,8	9,2	0-jährig	4,5	2,8
			1-jährig	5,2	3,2
			2-jährig	3,2	2,0
			3-jährig	2,8	2,7
Tage mit positiver CO_2-Aufnahme ($d \cdot a^{-1}$)	176			260	
Wachstum an diesjährigen Blattorganen (kg TG $\cdot m^{-2} \cdot a^{-1}$)	0,3041			0,289	
ältere Blattorgane (kg TG $\cdot m^{-2} \cdot a^{-1}$)	0			1,786	
jährlicher C-Gewinn (kg C $\cdot m^{-2} \cdot a^{-1}$)	0,788			1,384	

E CO_2-Assimilation und Kohlenstoffbilanz der Buche und Fichte (TG=Trockengewicht)

Buchen- und Fichtenwald

Im Rahmen des **Internationalen Biologischen Programms** (IBP) wurde 1966–86 ein Forschungsprojekt im Solling durchgeführt.

Untersucht wurden **Buchenwälder** (~500 m ü. NN) im Alter von 60, 80 und 130 Jahren.

Zum Vergleich dienten 40-, 85- und 115jährige **Fichtenforste.**

Die Wald-Vegetation schafft einen spezif. **Mikroklimaraum.** Die Niederschläge werden im Laubwald (Stammabfluß) anders verteilt als im Nadelwald. Obwohl Luftbewegungen gedämpft sind, tauschen sich kleinere Luftmassen auch bei Windstille durch Erwärmung aus und verringern die Temperaturunterschiede. Dadurch erwärmt sich das Buchenblatt nur 2–3 °C stärker als die umgebende Lufttemperatur.

Die *Temperaturmaxima* liegen nach dem Laubaustrieb im Kronendach (Abb. A).

Nachts sinkt die Kaltluft auf den Boden (*Temperaturminimum*).

Bildet sich im Winter eine geschlossene Schneedecke aus, sinken auch bei starken Frösten die Temp. im Boden kaum unter 0 °C: die Mikroorganismen bleiben aktiv.

Auch für die Buche ist der Winter keine vollständige Ruhephase.

Ab November setzt bei Temp. über 0 °C verstärktes Wurzelwachstum mit Hilfe der *Mykorrhiza* ein (s. S. 51).

Dennoch treibt die Buche im Frühjahr erst aus, wenn die *Bodentemperatur* des Wurzelraumes auf > 7 °C ansteigt.

Die *Photosyntheseleistung* **der Buche** wird durch schlechte Belichtung (Bewölkung, Tagesdämmerung und Beschattung) eingeschränkt. Im Jahresdurchschnitt wirken Temp. und Luftfeuchtigkeit weniger beeinträchtigend, so daß die *Sonnenblätter* bei 57%, die *Schattenblätter* bei 45% ihrer max. Leistung arbeiten. Zwei Monate nach Austrieb erreichen die Sonnenblätter Höchstleistungen. Sie verfärben sich schon Anfang August. Die Schattenblätter dagegen erreichen noch Höchstleistungen kurz vor dem Laubfall.

Darum sind die *Photosyntheseleistungen* beider Blattypen in der Jahressumme fast gleich.

Im Vergleich mit der **immergrünen Fichte** hat die Buche eine geringere *CO_2-Assimilation* pro Jahr (Abb. E).

Die Fichte erreicht nur hohe Syntheseraten in den *diesjährigen Nadeln,* die jedoch unter den Leistungen der Buchenblätter bleiben.

Sie treibt im Juni neue Nadeln aus, die Buche ihre Blätter im April/Mai.

Die starke Zunahme des Trockengewichtes der Fichtennadeln führt im Spätsommer zum Absinken der gewichtsbezogenen Assimilationsraten der diesjährigen Nadeln. Mit steigendem Nadelalter nimmt die Assimilationsleistung weiterhin ab.

Der Vorteil der Fichte liegt in der *längeren Vegetationsperiode* und der *Langlebigkeit der Blattmasse.*

Zwar wird in Frostnächten der CO_2-Gasaustausch vollständig eingestellt, doch können die Nadeln schon bei leichten Erwärmungen im Frühjahr mit der Photosynthese beginnen. Die Buche verbraucht einen großen Anteil der Kohlehydrate zum Aufbau ihrer Blattorgane.

Die **oberirdische Biomasse** (ohne Blätter) beträgt im 130jähr. Buchenbestand 310 t ha^{-1}. Einschließl. der Blattmasse (3 t ha^{-1}) liegt die *oberird. Produktionsrate* bei 10 t $ha^{-1}a^{-1}$. Die Fichtenbestände erreichen diesen Wert nur im jungen Zustand.

Die NPP der Bodenvegetation (Kräuter, Farne, Moose) ist im Fichtenforst mit 20–30 kg ha^{-1} a^{-1} größer als im Buchenwald.

Die größte Biomasse der *Feinst-* und *Feinwurzeln* (> 2 mm∅) der Buche befindet sich im Humus und der obersten Mineralbodenschicht (Biomasseproduktion: 1500 kg ha^{-1} a^{-1}).

Der **Laubfall** beginnt im September in der Sonnenkrone und ist meist Anfang November abgeschlossen. Die Fichte wirft im März bis Mai sowie im Oktober bis November verstärkt Nadeln ab. Ihre gesamte Streumenge liegt im Jahr nur 10% unter der der Buche (Abb. B).

Im Buchenwald des Sollings leben 1500–1800 Tierarten, davon die meisten in der Moderschicht des Bodens.

Wirbeltiere haben einen geringen Einfluß auf das Artengefüge und die Struktur.

Die Nahrungskette beginnt bei den Buchenblättern, -wurzeln und Blüten bzw. Samen. Unter den **Phytophagen** sind die *Blattfresser* (Rüsselkäfer, Schmetterlingsraupen), *Blattminierer* (Larven vom Buchenspringrüssler), *Gallenerzeuger* (Gallmücken und Gallmilben), *Saftsauger, Wurzel-, Blüten-* und *Samenfresser* zu nennen.

Die zweite Nahrungskette führt zu den **Saprophagen**, die vom toten organ. Material (*Laubstreu/Holz*) abhängig sind. Da tote organ. Stoffe schnell von *Pilzen* und *Bakterien* durchsetzt sind, verzehren auch die Saprophagen größere Mengen Lebendmaterial. Das Nahrungsspektrum der primären Zersetzer ist weit gestreut (s. S. 53). *Regenwürmer* sind auf kalkarmen Böden des Sollings kaum anzutreffen.

Die Nahrungsbeziehungen sind kompliziert, da Lebenszyklen und -räume zusammentreffen müssen.

Viele **Zoophagen** zeigen unterschiedl. *Aktivitätsmuster* (Abb. C), die an Lebenszyklen und Jahreszeiten gekoppelt sind.

Der lang andauernde **Säureeintrag** (ca. das 100fache des natürlichen) hat im Boden des Sollings die *Elementvorräte* an **Mg** und **Ca** aufgebraucht. Für **K, Mg** und **Ca** wird der jährl. Zuwachs an in der Biomasse gespeicherten Elementen durch die *Deposition* (Niederschlag und Immission) gedeckt. Der Eintrag an **S, Na** und **Cl** übersteigt den Bedarf für die Biomasse mehrfach. Die austauschbaren Nährstoffvorräte sind im Boden nicht größer als die in der Biomasse gespeicherten.

Produktivität in t · ha⁻¹	Osteuropa: Wiesensteppe	Osteuropa: Trockene Steppe	Zentralasien: Steppenhalbwüste
Phytomasse	23,7	22,8	9,8
grüne Teile	3,7 (16 %)	2,0 (9 %)	1,4 (14 %)
Wurzeln und Rhizome	20,0 (84 %)	20,0 (91 %)	8,4 (86 %)
Jahresproduktion = Abfall	10,4	8,7	4,2
in % der Phytomasse	44 %	40 %	43 %
grüne Teile	3,7 (36 %)	2,0 (23 %)	1,4 (33 %)
unterirdische Teile	6,7 (64 %)	6,7 (77 %)	2,8 (67 %)

Pflanzenmasse in g · m⁻² (ofentrocken)	Nordamerika: Wüste 230 unbeweidet	Wüste 230 beweidet	Plains; Kurzgrassteppe 300 unbeweidet	Kurzgrassteppe 300 beweidet	Prärie; Gemischte Steppe 380 unbeweidet	Gemischte Steppe 380 beweidet	Prärie; Langgrassteppe 940 unbeweidet	Langgrassteppe 940 beweidet
oberirdisch	81	50	69	43	154	95	256	221
tote Pflanzenteile	1	1	26	18	80	59	204	44
Streu	69	52	98	89	448	239	111	206
unterirdisch, tote und lebende	197	185	1600	1800	1213	2086	893	781

beweidet unbeweidet 300 mm Jahresniederschlag

A Produktivität in Steppengesellschaften

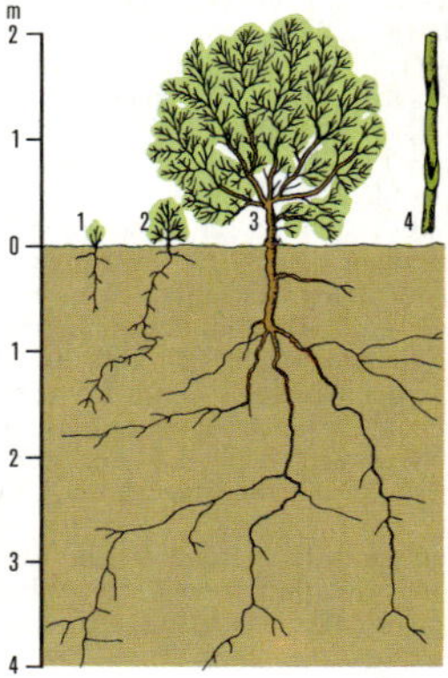

1 = einjährig
2 = zweijährig
3 = 15-jährige Pflanze
4 = Sproß mit Schuppenblättern

B Sproß- und Wurzelentwicklung von Haloxylon persicum (Weißer Saksaul)

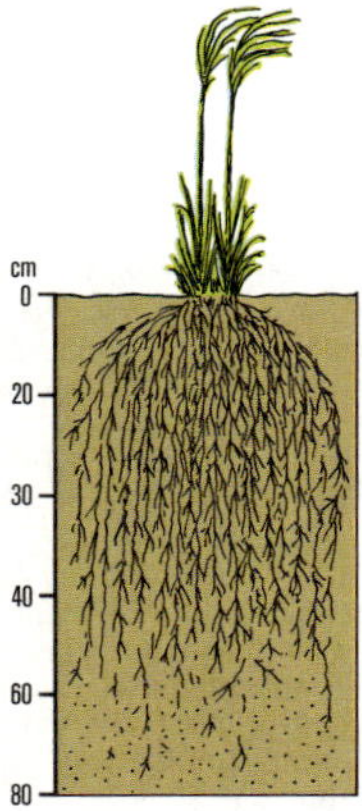

C Wurzelsystem von Stipa spec.

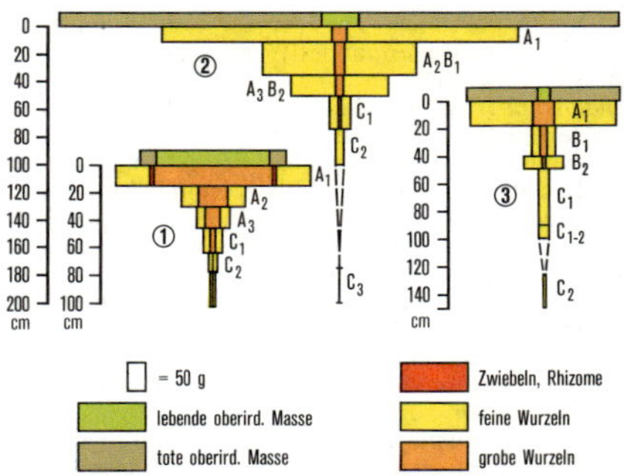

① Krautreiche Stipa-Festuca-Steppe, ② Pyrethrum-Festuca-Steppe auf leicht versalzener Schwarzerde, ③ Kochia-Festuca-Halbwüste auf Salzboden

D Verteilung der Pflanzenmasse in g Trockengewicht

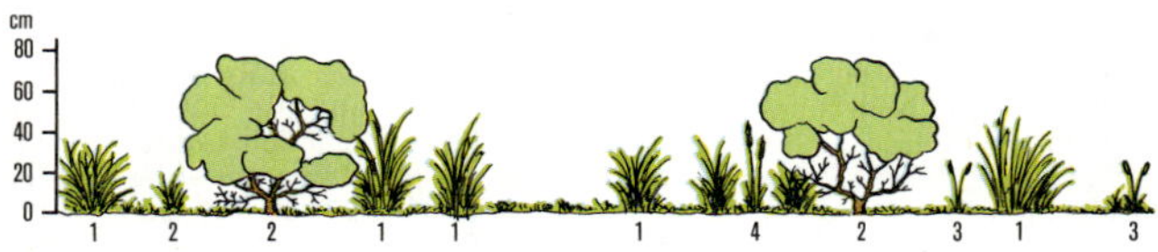

1 Agropyron spicatum 2 Artemisia tridentata 3 Poa secunda 4 Poa cusickii

E Sagebrush-Halbwüste (Nordamerika)

Im Vergleich zum ozean. Klima der gemäßigten Zone sind im kontinentalen Klimabereich die Sommer heißer, die Winter kälter und der Jahresniederschlag geringer (s. S. 18, 5-10). Der natürl. Laubwald geht in die **Waldsteppe** über, ein Mosaik aus Wald und Steppe.

Die *potentielle Evaporation* übersteigt den Jahresniederschlag (500-600 mm). *Wasserverfügbarkeit* wird zum begrenzenden Faktor für den Baumwuchs.

Die **Steppe** ist als baumloses Grasland der semiariden, gemäßigten Zone definiert. Sie nimmt große Flächen im Inneren der Kontinente ein:

Schwarzmeersteppe u. *Kasachische Steppe* (Asien), *Prärie* u. *Great Plains* (N-Amerika) und *Pampa* (S-Amerika).

Nehmen die Trockenzeiten zu, geht die Steppe in Halbwüste bzw. Wüste über. Das Wasser der geringen Regenfälle im Frühjahr und das der Schneeschmelze kann im Boden gespeichert werden (keine Auswaschung).

Humusreiche **Schwarzerden** sind typisch (S. 26). Das aufsteigende Kapillarwasser in den trockenen Sommer- und Herbstmonaten führt zu *Kalkausfällungen* bzw. zur *Verbasung* des Bodens.

In den Halbwüsten versalzen die Böden.

In *Eurasien* entwickeln sich auf den nach der Schneeschmelze gut durchfeuchteten Böden bei rasch ansteigenden Temp. im Frühjahr **krautreiche Wiesensteppen.**

Den **Zwiebelgeophyten** (*Tulipa-*, *Ornithogalum-* und *Crocus-Arten*) folgen zahlreiche **Hemikryptophyten.**

Weiter südl. sind artenärmere **Federgrassteppen** anzutreffen. Schon im Juli färben sich die Blätter wegen der Trockenheit braun. Oberird. Pflanzenorgane sterben ab, *Erneuerungsknospen* überwintern nahe der Bodenoberfläche.

Mit zunehmender Trockenheit nach Süden nimmt der unterird. Anteil der Phytomasse zu (Wurzelsysteme; Abb. C).

Die Jahresproduktion ist in feuchten Jahren bis zu 9mal höher als in trockenen. Da sich die unterird. Phytomasse kaum ändert,

entspricht die **jährl. Nettoproduktion** der Streuproduktion (Abb. A).

Das natürl. Gleichgewicht wurde schon in prähistor. Zeit durch den Menschen gestört.

Viehherden (*Saiga-Antilope, Wildschaf, Tarpane* (Wildpferde) und *Kulane* (Wildesel)) wurden ausgerottet.

Die meist nachtaktiven Nagetiere (*Maulwurfsratte, Ziesel, Murmeltier*) leben in Bodenbauten und decken ihren Wasserbedarf durch frische Pflanzen bzw. leben in der Trockenheit vom *Stoffwechselwasser* (S. 100).

Sie sind Nahrungsgrundlage für die Carnivoren (*Wolf, Adler, Habicht*).

Sinkt der Jahresniederschlag < 300 mm, geht die Steppe in die **Halbwüste** über. Bei einer Bodenbedeckung von 20-45% produziert die artenarme Vegetation wenig Humus. Es bilden sich **kastanienfarbige Böden.**

In den extrem ariden Wüsten Mittelasiens mit 80-100 mm Jahresniederschlag und > 1500 mm jährl. Evaporation entstehen **Rohböden** mit einem Humusgehalt < 1%, die versalzen. Pflanzen, die Wasserlinsen unter den Dünen nutzen können, siedeln sich stellenweise an (z. B. *Ammodendron = Sandakazie*).

Der *Saksaul (Haloxylon)* assimiliert mit Hilfe blattloser Sprosse, die am Ende der Vegetationsperiode absterben (Abb. B).

Die Prärie und die Great Plains Nordamerikas teilen sich meridional in 3 Gürtel:

Die **Langgrassteppe** im Osten, die **Gemischte Steppe** und die **Kurzgrassteppe** im Westen.

Im Osten geht die natürl. Vegetation in Waldinseln (*Quercus, Hickory = Carya*) und krautreiche Langgrassteppen mit *Andropogon-, Panicum-* und *Sorghastrum-Gräsern* (1,5-2,4 m hoch) über. In der Übergangssteppe mit mittlerer Wuchshöhe (0,6-1,2 m) sind *Federgras* und Kurzgräser (*Büffelgras = Buchloe* und *Bouteloua*) häufig. In der Kurzgrassteppe (bis 60 cm) treten die Kräuter zurück, *Bouteloua-* und *Buchloe-Gesellschaften* dominieren.

Bedeutende **Herbivore** (*Bison*) waren in Steppe und Waldlandschaft verbreitet. Wie in Eurasien besiedeln viele Nager die Prärie, z. B.

Präriehunde und *Zieselarten*, die Nahrung für *Klapperschlangen, Eule, Habicht, Fuchs* und *Koyote* sind.

Im Great Basin und Colorado-Plateau zwischen den Gebirgsketten der Rocky Mountains geht die Steppe in die **Sagebrush-Halbwüste** über (Abb. E). *Artemisia-Zwergbüsche* (*sagebrush*) nehmen neben mehrjährigen Horstgräsern und Kräutern 70% der Vegetationsbedeckung ein, d. i. 90% der Biomasse. Die Gesamtphytomasse variiert: 2-12 t ha^{-1}.

Der *Sagebrush* zeigt Anpassungen:

in den Blättern angereicherte Terpenoide und Kumarine schützen vor Tierfraß;

allelochem. Stoffe reduzieren Samenkeimung und Wurzelatmung der Konkurrenten;

große Blätter, die im Frühjahr bis zur Sommertrockenheit aktiv sind, und kleine überdauernde Blätter, die im späten Frühjahr austreiben.

Die **Pampa** in Südamerika ist klimatisch deutlich von den Steppen der Nordhalbkugel verschieden. Im Osten fallen ~900 mm a^{-1} Niederschlag, im Westen und Süden ~450 mm. Typ. Gräser der artenreichen Pampa sind: *Briza, Bromus, Panicum, Paspalum* und *Lolium*. Die Böden sind den Schwarzerden sehr ähnlich. Die entspr. ökolog. Nischen besetzen:

Pampashirsch, Nagetiere wie *Viscachas, »Pampashase«; Pampaswolf, Klapperschlange* und der flugunfähige *Nandu*.

Pollenanalysen zeigen, daß in den humiden Teilen der Pampa vor 2300 Jahren *Nothofagus-Wälder* wuchsen, so daß die Baumlosigkeit wohl anthropogenen Ursprungs ist.

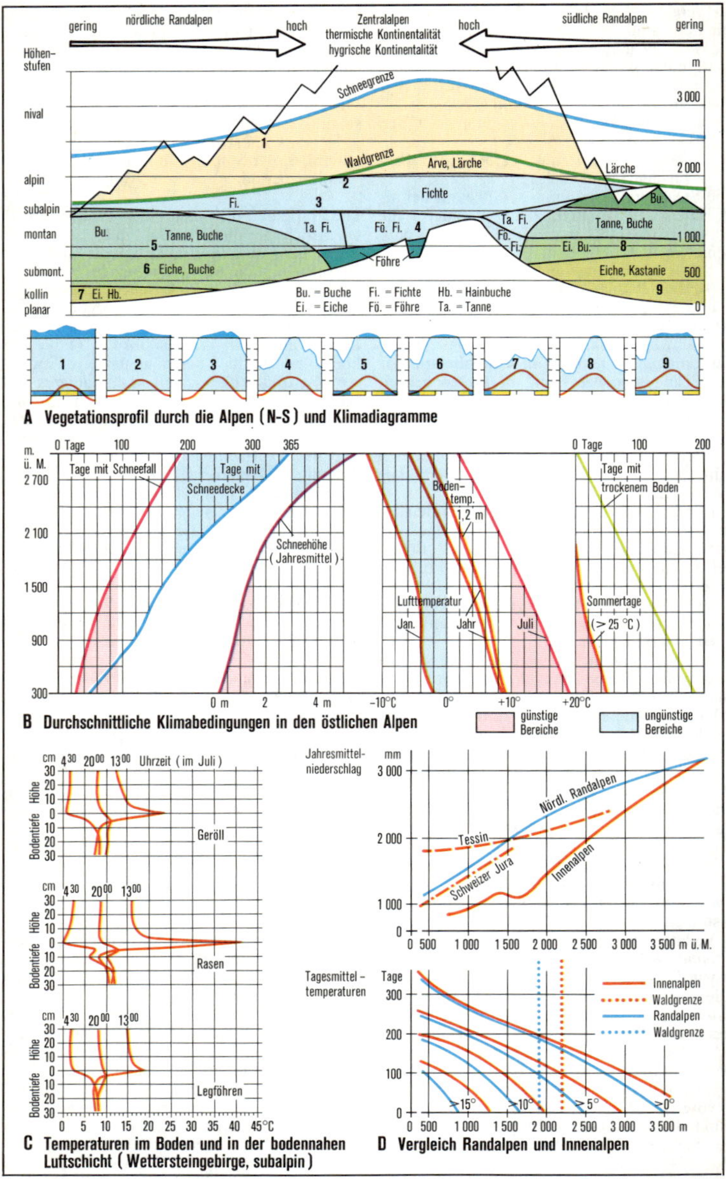

A Vegetationsprofil durch die Alpen (N-S) und Klimadiagramme

B Durchschnittliche Klimabedingungen in den östlichen Alpen

C Temperaturen im Boden und in der bodennahen Luftschicht (Wettersteingebirge, subalpin)

D Vergleich Randalpen und Innenalpen

Höhenstufen, Klimadaten (Alpen)

Hochgebirge ist ein Teil der Erdoberfläche, der durch (geologisch) junge Hebung oder raschen Aufbau zu großen Höhen über NN gelangt ist und dessen Gestein durch intensive Abtragung weithin freigelegt wurde, in dem ferner

»Steilrelief und vertikaler Wandel der ökolog. Bedingungen mit ausgeprägten Höhenstufen und Höhengrenzen vorherrschen« (RATHJENS, 1982).

Die Lebensräume des Hochgebirges unterscheiden sich dadurch deutlich von der Umgebung, daß

die **Klimabedingungen** mit steigender Höhe extremer werden.

Durch die Abnahme der atmosphär. Dichte in der Höhe (Luftdruck in 6000 m Höhe ca. die Hälfte von NN) und der Lufttrübung (Wasserdampf und Aerosole) verändert sich der Strahlungshaushalt zugunsten der direkten Sonneneinstrahlung mit hohem UV-Anteil. Dagegen nimmt die diffuse Strahlung ab.

Das bewirkt lokal intensive *Bodenerwärmung* (Abb. C) sowie *Verdunstung* und verstärkt die Kontraste zwischen Sonnen- und Schattenhang (**Exposition**).

Dennoch nimmt die Lufttemp. mit zunehmender Höhe ab (Abb. B) wegen der verstärkten langwelligen Ausstrahlung und dem **adiabat. Temperaturgradienten.**

Der durchschnittl. Temp.-Abfall von 0,5 °C/100 m Höhe variiert nach Jahreszeit und Klimazone.

Isoliert aufsteigende Gipfel haben einen größeren Temp.-Gradienten und sind bei gleicher Höhe kühler als geschlossene Gebirgsmassive oder Hochplateaus (**Gesetz der Massenerhebung**).

In der *atmosphär. Zirkulation* sind Hochgebirge die größten Hindernisse. Großräumig kommt es zu ausgeprägten

Luv- (mit erhöhtem Niederschlag durch Staueffekte) und *Leeseiten* (mit verringertem Niederschlag).

Durch das Hochgebirgsrelief bildet sich zusätzlich eine Fülle von lokalen Luftströmungen. Am Tag bewegt sich die Luft vom Außenrand des Gebirges in die Talräume und an den Hängen talaufwärts.

Der *Talwind* setzt vormittags ein und wird in der Nacht vom *Bergwind* abgelöst, der gegen Morgen seine größte Stärke erreicht.

Außerdem treten örtlich *Gletscher-* oder *Firnwinde* auf (*Fallwinde*), die durch Abkühlen der Luftmassen direkt über dem Gletschereis zustande kommen. In Tälern und Becken können sich *Kaltluftseen* bilden, die durch Temp.-Inversion und stabile Luftschicht gekennzeichnet sind.

In außertrop. Hochgebirgen steigt die Niederschlagsmenge mit der Höhe (Abb. D).

Das große Gebirgsmassiv der Alpen zeigt Randzonen mit feucht kühlem (mehr ozean.) und eine Zentralzone mit trockenerem, im Sommer wärmerem (mehr kontinentalem) Klimatyp (Abb. A).

Es fallen häufiger Starkniederschläge als im Flachland, die Hochwasser, Bergrutsche und Muren bedingen können.

Ein Teil der Niederschläge fällt als Schnee und verfestigt sich zu *Firnschnee* und *Gletschereis*, das sich langsam talwärts schiebt. 10–12 cm lockere Pulverschneedecke bzw. 3 cm Altschnee (Pappschnee) entsprechen 1 cm Niederschlag als Regen.

Die *physikal. Verwitterung* durch hohe Temp.-Unterschiede oder durch den Wechsel von Gefrieren und Auftauen (**Frostsprengung**) überwiegt die chem. Verwitterung, die aus Wärmemangel nur langsam voranschreitet.

Es entstehen **großskelettige Verwitterungsdecken** (reich an Steinen und Grus).

Die **Schneedecke**, die mit der Meereshöhe zunimmt (Abb. B), wird bes. oberhalb der Waldgrenze zum beherrschenden Faktor für die Vegetation. Wind und Sonneneinstrahlung führen reliefbedingt zu sehr unterschiedl. *Ausaperungszeiten.*

Bei harten Frösten schützt die Schneedecke die Vegetation (gemessene Temp. bei 60 cm Schneehöhe im Dezember: −25 °C auf der Schneeoberfläche, 0 bis −1 °C auf der Bodenoberfläche).

Die Globalstrahlung durchdringt die Schneedecke nur zum Teil.

In einer Altschneedecke nimmt die Strahlungsmenge in 2 cm Tiefe auf die Hälfte, in 8 cm auf ¼, in 18 cm auf ⅒ ab.

Das **Bodenfließen** (**Solifluktion**) tritt im Hochgebirge verstärkt auf. Nasse Bodenschichten rutschen über häufig gefrorenen Untergrund und bewirken *Rasengirlanden* oder *-buckel.*

Je höher man im Gebirge steigt, desto weniger entwickelte **Bodenprofile** trifft man an. Die Horizonte machen schließlich nur wenige cm aus, bis sie in alpine Rohböden übergehen. In der alpinen Stufe entwickelt sich

auf saurem Gestein Podsol, auf silikat. Rasenbraunerden, über Kalkgestein Rendzina, in staunassen Mulden alpiner Pseudogley.

Mikroklimatisch gibt es keinen größeren Gegensatz als den zwischen dem Bestandsklima eines Waldes und einer offenen Vegetation. Eine **natürl. Bodenbedeckung** verändert die Temp.-Verhältnisse an der Bodenoberfläche erheblich (Abb. C).

Der Meßtermin 4.30 Uhr, kurz vor Sonnenaufgang, entspricht der Zeit der stärksten Ausstrahlung (niedrigste Temp. an der Bodenoberfläche).

Um 13.00 Uhr, zur Zeit der stärksten Einstrahlung, erwärmt sich die Rasenoberfläche bis >40 °C, während die Lufttemp. 10 cm über dem Boden dahinter zurückbleibt.

Der Übergang von überwiegender Einstrahlung zur vorherrschenden Ausstrahlung liegt um 20.00 Uhr.

In 30 cm Bodentiefe stellt man kaum noch Temp.-Unterschiede fest. Dem steht

der ausgeglichenere Temp.-Gang im Legföhrenbestand gegenüber (Abb. C).

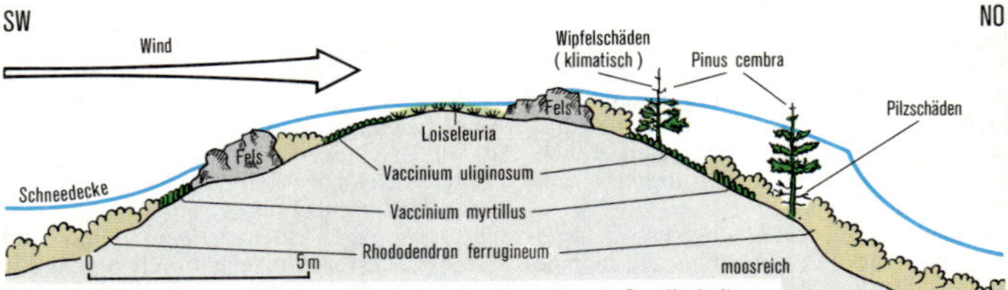

A Windbedingte Schneeverteilung und Zonierung der Zwergstrauch-Gesellschaften an einer Hangrippe nahe der Baumgrenze (Oberengadin)

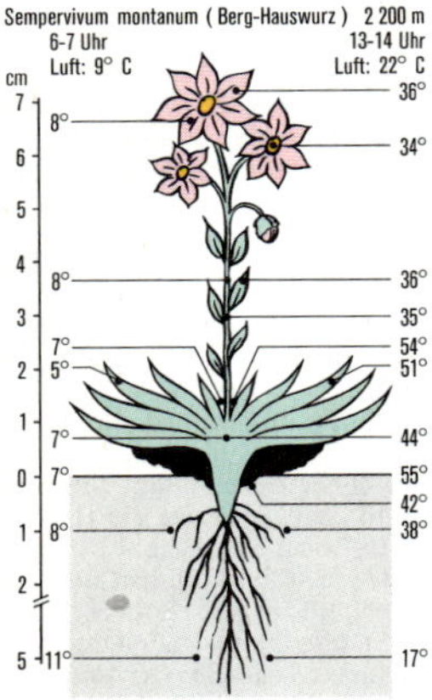

B Morgen- und Mittagstemperaturen an der Berg-Hauswurz (sonniger Augusttag)

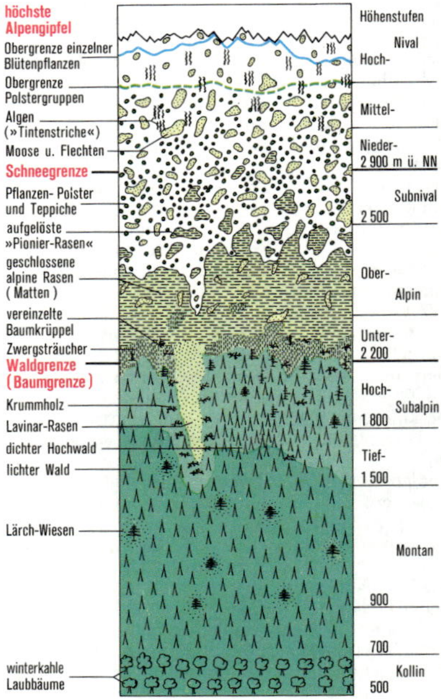

C Höhenstufung (kollin bis zur nivalen Stufe)

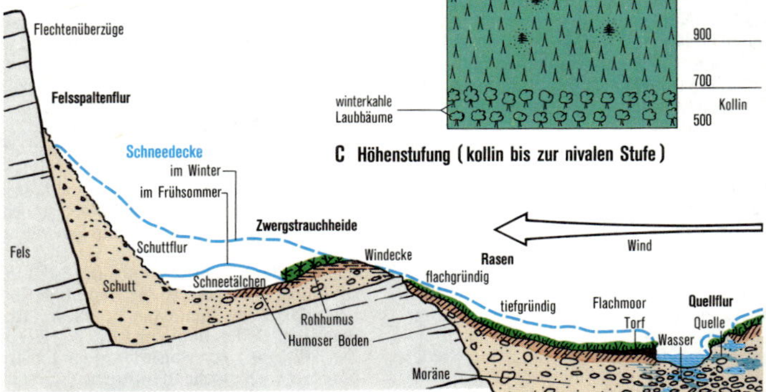

D Alpine Stufe. Charakteristische Vegetationsformationen, deren Böden, Dauer und Höhe der Schneedecke

Die extremen Umweltbedingungen des Hochgebirges schließen mit steigender Höhe immer mehr Pflanzenarten von der Konkurrenz um den Lebensraum aus. Der hohe Anteil an *UV-Strahlen* bewirkt i. d. R.

Sproßverkürzung, näher zusammengeschobene Blätter, reichl. Assimilationsgewebe mit weniger Chlorophyll, lebhafter gefärbte Blüten.

Zum Schutz gegen die Strahlung bilden die Pflanzen eine starke UV-Strahlung absorbierende Blattaußenschicht aus (*Kutikula, Epidermis*).

Die hohen Temp.-Gegensätze belasten thermisch die Standorte (Abb. B).

Mit zunehmender Höhe wird die **Vegetationszeit** (Tagesmitteltemp. über 5 °C) oder Wachstumsperiode je 100 m um ca. 6–7 Tage kürzer (Schweizer Alpen: 1000 m ü. M. 125–210 Tage, 2000 m nur 25–120 Tage). Es kommt zur

ausgeprägten **Höhenstufung der Vegetation** (Abb. C; S. 94, Abb. A).

Einige Blütenpflanzen reichen bis in die **hochnivale Stufe:**

Ranunculus glacialis (Gletscherhahnenfuß), Saxifraga oppositifolia (Roter Steinbrech), Saxifraga aspera (Rauhblättriger Steinbrech), Androsace alpina (Gletscher-Mannsschild), Gentiana bavarica (Bayr. Enzian).

Hier fällt mehr Schnee, als auftauen kann. Da Wärme- und Vegetationsdauer extrem lebensbegrenzend sind, tritt wie auch in der alpinen Stufe die **Wuchsform** in *Polstern* oder *Teppichen* bes. hervor. Das mildert Temperatur- und Feuchtigkeitsextreme.

Die **klimat. Schneegrenze** trennt die **nivale** von der **subnivalen Stufe**; sie schwankt außerordentlich

(in kühlen niederschlags- und wolkenreichen Klimaten bei der Jahresmitteltemp. von 4 bis 5 °C und in trockenen strahlungsreichen Klimaten bei −8 bis −10 °C).

Die **alpine Stufe** ist geprägt von *Grasheidegesellschaften, Krummseggenrasen* (*Curvuletum*), *Blaugras-Horstseggenhalden* (*Seslerieto-Semperviretum*), *Polsterseggenrasen* (*Firmetum*), stellenweise übergehend in *Zwergstrauchheiden* (Wimperalpenrose (*Rhododendron hirsutum*), *Gamsheide-Teppiche* (*Loiseleuria procumbens*) u. a., die zus. mit *Legföhrengebüschen, Lärchen-Arvenwäldern, Fichtenwäldern* in die **subalpine Stufe** übergehen können.

Die **Baum-** und **Waldgrenze** trennt die alpine von der hochmontanen Stufe. Probleme gibt es bei der exakten Grenzziehung. Definitionsgemäß

hat ein *»Baum«* einen mindestens 2 m hohen Stamm (Holtmeier, 1967),

ist ein *Wald* vorhanden, wenn bei gleichmäßiger Durchwurzelung der Zwischenflächen ein Kronenschluß von 30–40% erreicht wird (Ellenberg/Müller-Dombois, 1967).

An der Waldgrenze machen die geschlossenen Bestände der Baumindividuen halt, bis zur Baumgrenze stehen noch einzelne freistehende Bäume (*Krüppelwuchs*). Die *klimat. Waldgrenze* wird nur in unbeeinflußter Naturlandschaft ziemlich geschlossen angetroffen, so daß Baum- und Waldgrenze zusammenfallen.

An die **alpine Waldgrenze** reichen *Lärchen-Arvenwälder, Fichtenwälder* und *Bergkiefernwälder mit Latschengebüsch.*

Untersuchungen in den Zentralalpen, wo die Arve (Zirbelkiefer, Pinus cembra) die Baumgrenze bildet, zeigten, daß nicht einzelne Klimafaktoren die Grenze festlegen.

Nach Abschluß der Vegetationsperiode erwerben die Pflanzen die Frosthärte, d. h. sie werden *kälteresistent*:

1) sie reichern in den Zellen Zucker u. a. Schutzstoffe an, verringern den Wassergehalt und überstehen so geringe Fröste ohne Eiskristallbildung.

2) Biomembranen und Enzyme werden so umgebaut, daß ein noch stärkerer Wasserentzug durch Eisbildung überstanden wird.

Diese allmähl. Abhärtung läßt die Pflanzen tiefe Fröste aushalten. Mit Tauwetter nimmt die Widerstandsfähigkeit ab. Darum sind plötzl. Fröste im April/Mai extrem gefährdend.

Reifen die jungen Triebe in den kurzen Vegetationsperioden nicht aus, trocknen sie bei Frost aus (*Frosttrocknis*).

Pflanzenteile, die über die Schneedecke ragen, stehen von September bis April, da der Boden gefroren ist, unter *Trockenheitsstreß*.

Die Wurzeln können kein Wasser aufnehmen. Obwohl der Schluß der Spaltöffnungen die Transpiration einschränkt, kann die kutikuläre Transpiration nicht beeinträchtigt werden.

83% aller Tage von September bis Mai liegen mittags über 0 °C.

Unausgereifte Triebe mit zu dünner Kutikula trocknen aus.

Für Mitteleuropa unterscheidet man vier Höhenstufen mit Hilfe vorherrschender Baumarten:

1) In der **planaren Stufe** (Flachland) kommen Eichen in Gebieten mit relativ hohen Durchschnittstemperaturen, aber geringem Niederschlag, und Kiefern in kontinentalerem Klima auf Sandböden sowie Bruchwaldtorfen vor.

In den tiefgelegenen Hügelländern, der **kollinen Stufe**, findet man artenreiche *Eichen-Hainbuchen-Mischwälder.*

2) Die **submontane Stufe** beginnt im Norden Mitteleuropas bei 250 m ü. M., im Süden 550 m und wird von Buchen geprägt.

3) Ist die Durchschnittstemp. um $\geqq 3\,^\circ$ geringer als in Tieflagen, spricht man von der **montanen Stufe**. Sie beginnt im Norden Mitteleuropas bei etwa 500 m und im Süden bei 900 m. Neben der Buche treten verstärkt Nadelhölzer auf.

4) Die **subalpine Höhenstufe** bildet die letzte Waldstufe in den europ. Mittelgebirgen und den Alpen. Nadelhölzer herrschen vor (Fichte, Tanne, Bergkiefer).

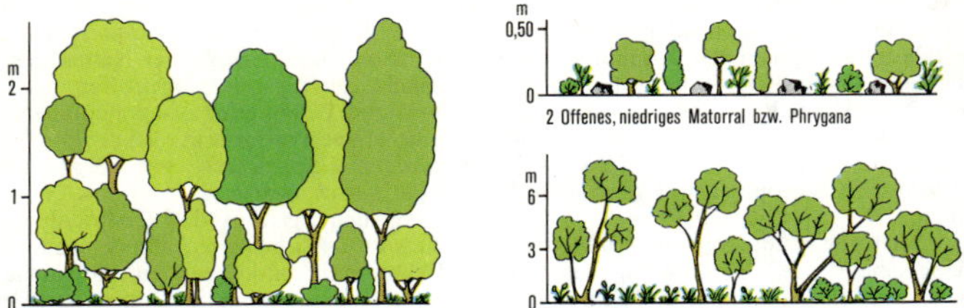

1 Dichtes, hohes Matorral bzw. Macchie

2 Offenes, niedriges Matorral bzw. Phrygana

3 Kraut-Mallee und Heide-Mallee (Australien)

A Arten und Profile mediterraner Hartlaub-Formationen

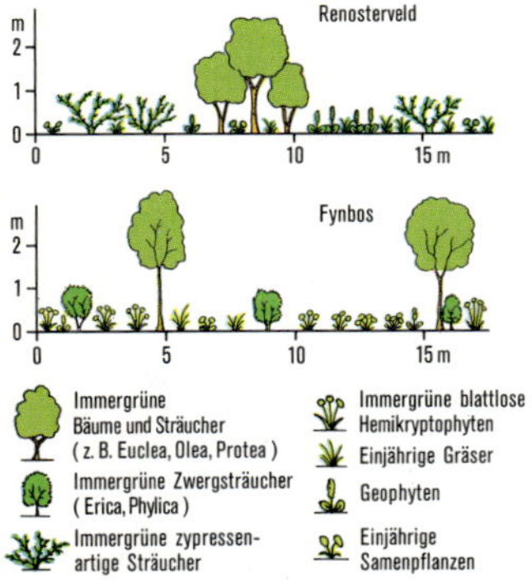

B Mediterrane Hartlaub-Formationen Südafrikas

Vegetationstyp	Immergrüner Wald	Immergrüne Sträucher		Zwergsträucher
Formation	Immergrüner Eichenwald	Chaparral	Garigue	Phrygana
Lokalität	Frankreich	Kalifornien	Frankreich	Griechenland
Alter des Bestandes in Jahren	150	17–18	17	?
Höhe (m)	11	~1,5		<1
Blattflächenindex $m^2 \cdot m^{-2}$	4,5	2,5	-	1,7
Biomasse $kg \cdot m^{-2}$				
Sproß	26,9	2,04	2,35	1,1
Holz	26,2	1,67	1,95	0,89
Blätter	0,7	0,37	0,4	0,21
Wurzeln	~ 5,0	~ 1,22	-	1,62
Streu	1,14	1,36	-	-
Biomasse insges.	33,04	4,62	-	-
Wurzel / Sproß-Verhältnis	0,19	0,6	-	1,5
Produktion in $kg \cdot m^{-2} \cdot a^{-1}$				
Biomasse über Erdoberfläche	0,26	0,13	0,11	0,20
Streufall	0,39	0,28	0,23	0,21
Sproß (netto)	0,65	0,41	0,34	0,41
Streuabbau in $kg \cdot m^{-2} \cdot a^{-1}$	0,3	0,26	-	-

C Produktivität mediterraner Hartlaub-Formationen

1 Steineichenwald

2 Kermes-Eichen (Garigue)

3 Grasflur

4 Überweidungsstadium

D Degradationsreihe eines Steineichenwaldes auf Kalkgestein (Südfrankreich)

Das **Mediterrane Zonobiom** bildet die Übergangszone zwischen gemäßigter und trop. Zone bzw. feuchten und ariden Räumen. Die 5 Gebiete (der Größe nach: *Mittelmeerraum, Süd- und Südwestaustralien, Kalifornien, Chile, Südafrika*) liegen zw. 30 ° und 40 ° geogr. Breite. Nur das Mittelmeergebiet keilt bis ca. 44 ° n. Br. aus (S. 16). Hauptkennzeichen des Klimas sind die

heißen Sommer mit ausgeprägter Trockenheit und die milden Winter mit regelmäßigen Niederschlägen, selten Fröste (S. 18).

Nur in den mediterranen Gebieten Südafrikas und Australiens kommen nicht vorhersagbare, bedeutendere Sommerregenfälle vor.

Pflanzen und Tiere aus trop. und gemäßigten Zonen koexistieren hier neben den Arten, die sich seit den Eiszeiten im mediterranen Klima entwickelt haben. Die heutige Vegetation ist das Ergebnis menschl. Eingriffe seit mehr als 5000 Jahren. Charakterist. sind

immergrüne Baum- bis *Strauchformationen* mit steifen, verdickten (*sklerophyllen*) Blättern (**Hartlaubvegetation**, Abb. A).

In der Unterschicht können ein- und mehrjährige krautige Pflanzen vorkommen. Die Hartlaubvegetation überdauert den Sommer fast ohne Blattabwurf. Sie hat lokal unterschiedl. Namen:

Macchie in Frankreich, Israel; **Chaparral** in Kalifornien; **Matorral** in Spanien, Chile; **Renosterveld** in Südafrika; **Mallee** in Australien.

An feuchteren Standorten geht die mediterrane Strauchvegetation in *immergrüne Wälder* über. In den heiß-trockenen mediterranen Gebieten wird die Vegetation niedriger, offener und verstreuter mit einem größeren Anteil an laubabwerfenden Sträuchern in der Dürrezeit. Die trockenen Vegetationstypen heißen:

in Frankreich **Garigue**, in Griechenland **Phrygana**, in Israel **Batha**, in Chile **Jaral**, in Kalifornien **Sagebrush**.

SPECHT (1979) unterscheidet 3 Hauptbodentypen im mediterranen Zonobiom:

1) gemäßigt ausgewaschene Böden mit immergrünen, sklerophyllen Bäumen oder Sträuchern, in der Unterschicht saisonabhängige ein- oder mehrjähr. Gräser und Kräuter;
2) stark ausgewaschene (*oligotrophe*) Böden, Oberschicht wie 1), aber verkümmert; die heideartige Unterschicht mit immergrünen kleinen Phanerophyten, Chamaephyten und Hemikryptophyten;
3) Ca-reiche Böden mit hohem pH-Wert, Oberschicht wie 2), mit einer Unterschicht von saisonalen Gräsern und Kräutern bis immergrünen Chamaephyten, Hemikryptophyten und Sukkulenten.

Die Photosynthese wird durch Nährstoff- und Wassermangel im Sommer/Herbst begrenzt. Der Produktionsanteil, der für Trockensubstanz in Wurzel oder Stamm anstelle produzierender Pflanzenteile aufgewandt wird, ist umweltabhängig.

Die Waldformationen zeigen die größte oberird. Produktion und Streumenge mit hohem Blattflächenindex und niedrigem Wurzel/Sproß-Quotienten.

Die in der Dürre abfallenden Blätter sind wenig aufwendig aufgebaut; sie zeigen in der kurzen aktiven Periode höhere Photosyntheseraten als Hartlaubgewächse.

Die **mediterrane Zone des Mittelmeerraumes** wird durch die erdgeschichtl. jungen Gebirge in zahlreiche Landschaften mosaikartig zergliedert. Sommertrockenheit und tiefste Temperaturen im Winter bestimmen die Artenzusammensetzung der Vegetation. Wenn das Klima nicht zu trocken ist, wird der Wald als theoret. Klimaxgesellschaft angesehen. Bei mäßiger Einflußnahme des Menschen (extensive Beweidung oder Laubfuttergewinnung durch Beschneiden der Bäume) bildet das baumartige, dichte Matorral bzw. die Macchie ein Degradationsstadium aus sklerophyllen Eichenarten.

Durch mehrjähriges Schlagen der Bäume, Brennen und intensives Beweiden verschwinden die Baumarten. Mehr oder weniger offene Gesellschaften mit niedrigen Büschen stellen sich ein (Abb. D).

In gemäßigten mediterranen Klimaten gesellen sich laubabwerfende Pflanzen zur Macchie, z. B. Quercus pyrenaica und Qu. rotundifolia in Spanien (*Pseudo-Macchie*).

Die **Mallee-Formation Australiens** besteht aus *Eukalyptus-Sträuchern* in der Oberschicht und heideartigem Unterwuchs bzw. aus Gräsern und Kräutern. Die Ähnlichkeit mit den Heidelandschaften auf nährstoffarmen Böden in der gemäßigten Zone ist groß. In den feuchteren Gebieten wird die Vegetation dichter und geht in offene *Eukalyptuswälder* über. Im Ggs. zu allen anderen mediterranen Formationen, wo Pflanzen im Frühjahr austreiben,

zeigt die Mallee-Formation zu Beginn der trockenen Zeit das Hauptwachstum.

Die Vegetation des **mediterranen Zonobioms Südafrikas** bildet ein eigenes artenreiches Florenreich (*Capensis*).

Heideartige Formationen (*Fynbos*) breiten sich auf den oligotrophen Böden aus (56% der Fläche), *Renosterveld*-Formationen auf etwas fruchtbareren Böden (36% der Fläche, Abb. B).

Pflanzen der Familien Proteaceae und Ericaceae haben einen bedeutenden Anteil an der Hartlaubvegetation.

Der **Chaparral Kaliforniens** ist die einzige natürl. Vegetation des mediterranen Zonobioms. Sie ist artenreich und verarmte nicht durch die Eiszeiten, da die Arten nach Süden ausweichen konnten.

So wie der Chaparral setzt sich auch der **Matorral Chiles** aus einer Mischung trop. und gemäßigter Arten zusammen.

Für beide Gebiete ist der Küstennebel ein zusätzl. Klimafaktor.

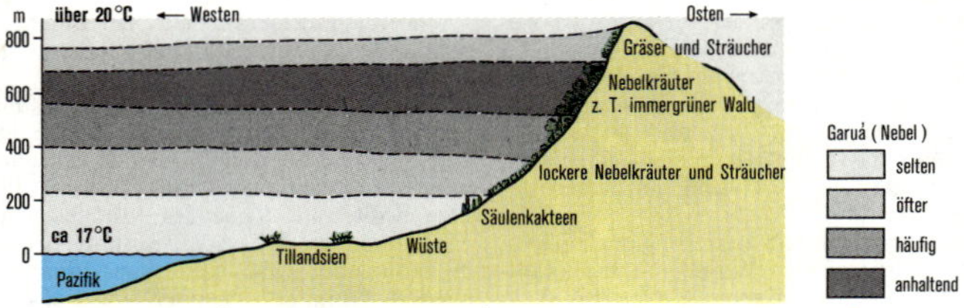

A Nebelwüste: Loma (peruanische Küstenwüste)

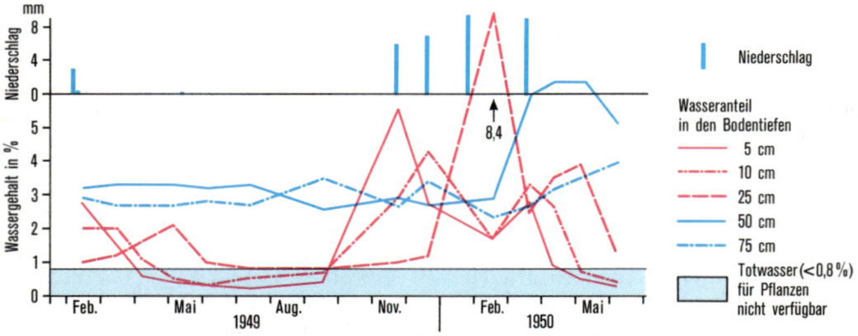

B Heiße Wüste: Wassergehalt des Sandbodens (Wüste östlich Kairo)

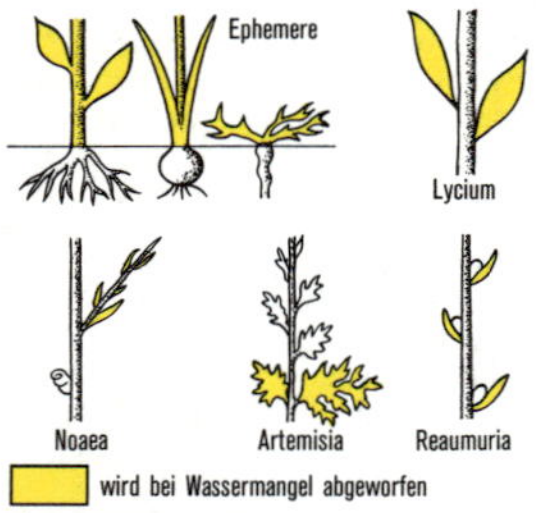

C Xerophyten: Wasserhaushaltstypen (Naher Osten)

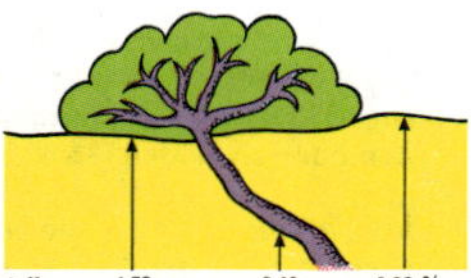

Kohlenstoff	1,50	0,40	0,38	%
Stickstoff	0,14	0,06	0,04	%
Phosphor	4,4	4,4	0,8	mg / 100 g Boden
Kalium	121	55	5,6	mg / 100 g Boden
Stickstoff-fixierung	100	72	7,5	%

E Bodendaten um Anabasis aretioides (Chenopodiaceae, Stammsukkulente; Zentralsahara)

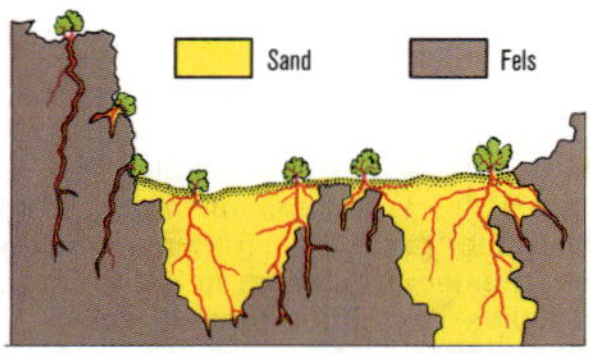

D Boden-Wurzel-Profil (südalgerische Sahara)

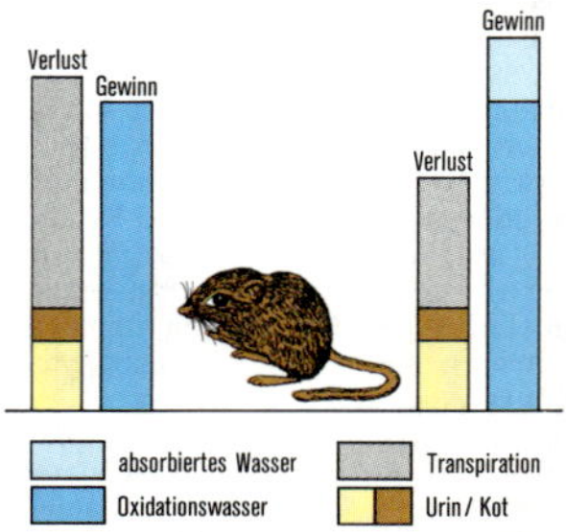

F Wasserhaushalt der Taschenspringmaus (Arizonawüste) bei 25 °C und relativer Luftfeuchtigkeit von 0 % (links) bzw. 50 % (rechts)

Die in der **Zone der innertrop. Konvergenz** (ITC) aufsteigenden Luftmassen sinken in den Subtropen zwischen dem 15.–40. Breitengrad ab und bauen dort dauernde Hochdruckgebiete auf. Die absinkende Luft erwärmt sich pro 1000 m um 10 °C; dabei nimmt die rel. Luftfeuchtigkeit stark ab. Wolken lösen sich auf, es entstehen die **heißen Trockengebiete.**

Niederschläge gelangen nur *episodisch* in das Gebiet.

Die Mittelwerte der Klimadiagramme (< 200 mm/a) täuschen Regelmäßigkeit vor (S. 18, Nr. 14). Dabei kann es zu extremen Regengüssen kommen, deren Abflüsse stark erodieren (*Wadis, Riviere*).

Die **Nebelwüsten** sind best. schmale W-Küstenstreifen (z. B. Atacama, Namib), die selten Niederschlag erhalten, weil östl. Luftströmungen sich an Gebirgen vor der Wüste abregnen und als *trockene Fallwinde* die Küste erreichen. Feuchte Luftmassen aus dem W regnen sich über den *kalten Meeresströmungen* vor der Küste ab (Humboldt-Strom/S-Amerika, Benguela-Strom/S-Afrika) oder kondensieren zu **Nebel**. Regen kann lange ausbleiben, z. B.

von 20 Jahren 17 ohne Regen in Antofagasta (Chile).

In Trockengebieten gelangt 90% der Sonneneinstrahlung bis auf den Boden (in feuchten Klimaten nur 40%). Bei <2 humiden Monaten ist die Vegetation spärlich und unregelmäßig verteilt.

Quotient Niederschlag/Evaporation <0,2.

Wind gewinnt als Klimafaktor an Bedeutung; er verweht Staubteilchen und lagert sie in benachbarten Zonen als Löß ab. Sand wandert in versch. *Dünenformen.*

Die **Böden** sind **Rohböden** (*Lithosole, Syroseme* oder *Yermosole,* S. 26, Abb. B). Das Muttergestein bestimmt im wesentlichen die Bodeneigenschaften.

Organ. Material reichert sich nur unter mehrjährigen Pflanzen an.

Durch die hohe Evaporation werden in den oberen Bodenhorizonten *Salze angereichert* ($NaCl$, $MgCl_2$, $CaSO_4$). Außerdem fallen salzhaltige Niederschläge. Das führt z. B. auf Ton zur **Verbrackung** bzw. Ausbildung von **Salzpfannen** (*Dayas, Schotts, Sebkhas*).

Prinzipiell haben die **Wüstenlebewesen** keine absolut neuen Mechanismen entwickelt, die Dürre zu überwinden. Anpassungen, die auch aus anderen Klimazonen bekannt sind, wurden verfeinert oder ausgebaut. Die Luftfeuchtigkeits- oder Temp.-Schwankungen am Tage sind erheblich (>80% bzw. bis 50 °C).

Nur **poikilohydre Pflanzen** (*Algen, Flechten, Pilze, Tillandsien*) können Feuchtigkeit durch oberird. Organe direkt aufnehmen (Regen, Tau oder Wasserdampf bei 70% Luftfeuchtigkeit) oder bei zu großer Trockenheit ihre Lebensfunktionen einstellen (*Anabiose*).

Die **homoiohydren Pflanzen** müssen ihren Wasserhaushalt sichern, daher sind die *Wurzelsysteme* stark entwickelt und oberird. Pflanzenteile reduziert.

Viele **einjährige Samenpflanzen** keimen, blühen und bilden neue Samen während einer Feuchtperiode (*Ephemere,* Abb. C). Die **Samenproduktion** ist beträchtlich, die Samen bleiben lange keimfähig, es keimt nur ein Teil im 1. Jahr aus. Die Sämlinge haben Schwierigkeiten zu überleben.

In der *Sonora-Wüste* blieben auf einer Fläche von 557 m² mit 923 Keimlingen nur 4 über 5 Jahre am Leben.

Vegetative Vermehrung durch Ausläufer ist häufig.

Viele **mehrjährige Pflanzen** sind **Geophyten** oder **Hemikryptophyten**, die überdauernde Organe (*Knollen, Rhizome*) besitzen und bei Wassermangel trockene Jahre in Ruhephasen überdauern.

Bei Regen setzt ein schnelles Wachstum der Feinwurzeln ein.

Die Transpiration wird durch *Kutikulaverdikkung, Einsenkung der Spaltöffnungen* und *Verringerung der photosynthet. aktiven Oberflächen* eingeschränkt (**Xerophyten**, Abb. C).

Zur Vermeidung von Überhitzung können Blattflächen parallel zur Sonneneinstrahlung gestellt werden.

Viele Pflanzen bilden einen schützenden Haarfilz bzw. reflektieren Sonneneinstrahlung von ihrer Oberfläche. Sie zeigen hohe Temp.-Optima in der Photosynthese (C_4-Pflanzen, S. 43) und häufig hohe Toleranz gegenüber anorgan. Ionenanreicherungen in den Zellen (ggf. Salzdrüsen).

Die **Blatt-** und **Stammsukkulenten** speichern während der Regenzeit Wasser und verbrauchen es während der trockenen Zeit in kleinen Mengen.

Für viele Sukkulenten ist die *CAM-Photosynthese* (S. 43) hilfreich, obwohl Wasser ausreichend verfügbar sein muß.

Die CO_2-Aufnahme wird vom Tag auf die Nacht verlagert, so daß unnötige Wasserverluste durch Spaltöffnungen vermieden werden.

Mehrjährige Pflanzen sind häufig auf unterird. Wasserzufluß angewiesen und treten deswegen an best. Stellen in der Landschaft auf:

kontrahierte Vegetation in Erosionsrinnen, Felsspalten und Dünen (Abb. D).

Unter Dünen sammelt sich ein Teil des Niederschlags, da Regenwasser sofort versickert.

Nur 2–10% der Blatt- und Sproß-Biomasse wird von **Herbivoren** verbraucht. Der größte Teil bleibt als tote Biomasse zurück.

72% der **Wüstensäugetiere** leben tagsüber in Bodenhöhlen und sind in der Trockenzeit nur morgens oder nachts aktiv. Sie können lange Zeit ohne Trinken auskommen, geben stark konzentrierten Urin und trockenen Kot ab.

Sie können das *Stoffwechselwasser* (s. S. 45) aus der Nahrung nutzen (Abb. F).

Den Hitzestreß entschärfen einige Tiere durch schwankende Körpertemperaturen (Kamel, 35–41 °C).

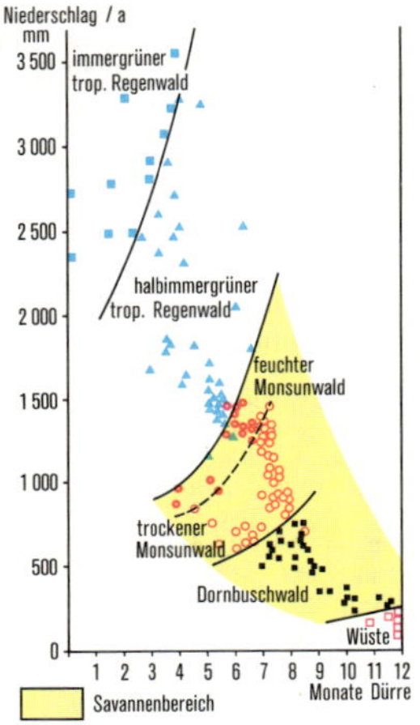

A Niederschlag und Vegetation in Indien

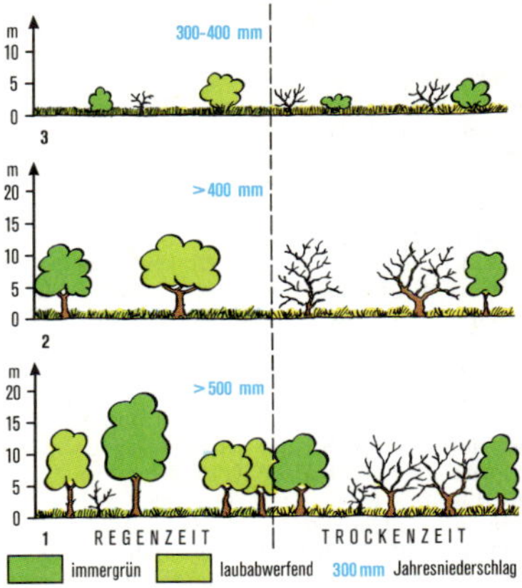

B 1 Waldsavanne. 2 Baumsavanne. 3 Strauchsavanne

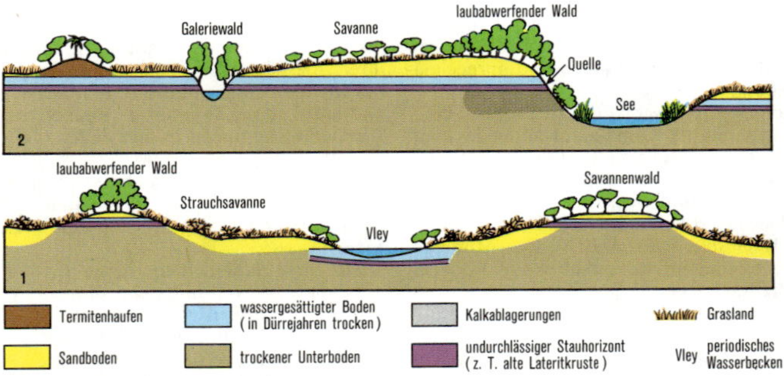

C 1, 2 Bodenprofile in der südostafrikanischen Savanne

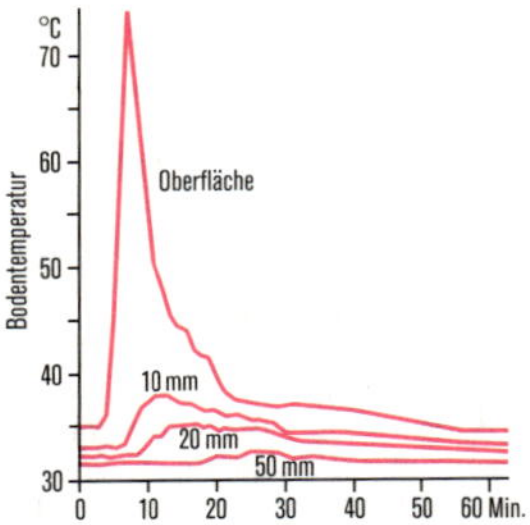

D Bodentemperatur während eines Brandes (Campo cerrado)

E Baumsavanne (beim Jahresniederschlag >400 mm): Wurzelkonkurrenz um das Bodenwasser

Formationen der Savanne

Die **trop. Savanne** bildet die Übergangszone zwischen immergrünem, feuchtem Regenwald und trop.-subtrop. Trockengebiet (Abb. A) in Afrika, Mittel- und Südamerika, Indien, Südostasien und Australien.

Das **Savannenbiom** ist durch zerstreut stehende Holzpflanzen (Bäume/Sträucher) in einer mehr oder weniger geschlossenen Grasschicht mit Kräutern gekennzeichnet.

Waldsavanne, Bäume und Sträucher bilden ein lichtes Kronendach (laubabwerfende Trockenwälder);

Baumsavanne, Bäume und Sträucher stehen verstreut, kann in die

Buschsavanne übergehen (Abb. B). In der **Grassavanne** fehlen Holzpflanzen bzw. reichen nicht über die Grasschicht.

Die Ausprägung des Savannentyps kann das Ergebnis natürl. Prozesse oder menschl. Aktivitäten (*anthropogen*) sein.

An feuchteren Stellen durchsetzt Wald mosaikartig die Savanne, z. B. **Galeriewald**, Waldwuchs entlang von Flußläufen (Abb. C), und bildet andersartige Biotope (**Parklandschaften**).

Bestimmende Naturfaktoren sind: Wechsel zwischen Regen- und Trockenzeit, Wettbewerb zwischen Holzpflanzen und Gräsern um das verfügbare Bodenwasser, Auswirkungen des Feuers und der Herbivoren, Mangel bestimmter Bodennährstoffe.

In Savannen mit einem Jahresniederschlag von 1000–1400 mm, der in 5–7 humiden, warmen Monaten häufig in starken Güssen fällt (**Regenzeit**), fließt mehr Wasser oberflächlich ab, als im Boden einsickert und ihn auswäscht. Die regenlose, häufig kühlere Dürrezeit (**Trokkenzeit**) läßt die Sequioxide (Al_2O_3, Fe_2O_3) im Boden zu steinharten, irreversiblen *Lateritkrusten* austrocknen (S. 26).

Die Lateritschichten können wasserundurchlässig sein und den Wasserhaushalt des Bodens verändern (Abb. C), so daß für die Vegetationszone untyp. Pflanzengemeinschaften entstehen können.

In den **Llanos** Venezuelas und Kolumbiens wäre bei 1300–1500 mm Jahresniederschlag und einer Jahresmitteltemp. von 27–28 °C laubabwerfender trop. Wald zu erwarten.

Die tatsächl. vorhandene Baumsavanne wird durch Ablagerungen von *Fe-Oxidschichten* im tertiär-pleistozänen Meeresbekken erklärt, die sich in 30–80 cm Tiefe zu einer wasserundurchlässigen Lateritkruste (*Arecife*) verfestigen (Wurzelbarriere).

Nur durch Risse in der Kruste können Baumwurzeln den feuchten Unterboden erreichen, so daß die häufig immergrünen Baumarten in der Dürrezeit neue Blätter bilden.

Die Grenze der Savanne zum trop. Saisonregenwald (2–3 Mon. Trockenzeit) bilden **laubabwerfende Trockenwälder** mit >4 Mon. Trokkenzeit,

z. B. **Mopane-Wald** und **Miombowald** in Afrika, **Quebracho-Wald** in Südamerika.

Die Böden sind in der Regenzeit sehr feucht, aber gut durchlüftet und behalten gewisse Wasserreserven für die Dürre.

Der *Laubfall* ist fakultativ und liegt um so später, je günstiger die Wasserversorgung ist.

Durch den Laubabwurf wird die Transpiration während der Dürrezeit stark herabgesetzt. Dennoch benötigen kahle Holzpflanzen einen Restvorrat Wasser im Boden.

Immergrüne Holzpflanzen besitzen harte Laubblätter (*Sklerophylle*) und können die Transpiration stark einschränken. Andere Holzpflanzen haben sich angepaßt.

»Flaschenbäume«, wie der *Affenbrotbaum (Adansonia digitata),* der im Stamm bis 120000 Liter speichert, brauchen im blattlosen Zustand kein Wasser aufzunehmen.

In der heißesten Zeit kurz vor Ende der Dürrezeit, wenn die Luftfeuchtigkeit (Schwüle) steigt, beginnt die *Blütezeit*.

Die Bäume stehen im **Wettbewerb** mit den Gräsern um das Bodenwasser. In einer geschlossenen Grasdecke können sich Baumsämlinge kaum ansiedeln. Die Gräser verbrauchen das obere Bodenwasser,

so daß die Bäume nur das Wasser des Unterbodens nutzen können (Abb. E).

Bei einem Jahresniederschlag von <400 mm erreicht das Wasser den Unterboden nicht. Bäume überleben nicht, eine Strauchsavanne stellt sich ein.

Verlassene *Termiten-* und *Ameisennester* sind geeignete Ansiedlungsflächen für Gehölze (Abb. C).

Das schnelle Wachstum der **Gräser** (meist C_4-Pflanzen) in der Regenzeit ist charakteristisch, da freigesetzte Nährstoffe, die sich während der Trockenzeit angesammelt haben, genutzt werden können.

Die Gräser (z. B. *Stipagrostis, Aristida, Eragrostis*) können in der Trockenzeit die sehr starke Transpiration nicht genügend unterbinden, werden gelb (»verbrennen«) und sterben ab. Trockene Blattscheiden umhüllen die Vegetationskegel und schützen diese vor *Austrocknung*.

Im Vergleich mit anderen Biomen tritt in der Savanne das **Feuer** als natürl. Faktor am häufigsten auf. Auch vom Menschen wird es seit Jahrtausenden zur Freilegung von Nutzflächen eingesetzt.

Die beim Brand erreichten Temp. liegen an der Oberfläche bei 80 °C und nehmen im Boden rasch ab (Abb. D).

Die Nährstoffe werden in Form von Asche dem Boden schneller zugeführt. Feuer verringert zwar die Artenzahl, schadet dem Graswuchs jedoch nicht. Baumsämlinge kommen nicht auf, Holzpflanzen werden in Masse und Artenzahl erheblich reduziert. Wenige feuerresistente Holzarten überleben.

Akazien können z. B. nach Verlust der Sproßteile von unten her austreiben.

Feuer bewirkt bei vielen Pflanzen das Ende der *Samenruhe*.

	Verdauungs-effizienz	Produktions-effizienz	ökolog. Effizienz
Herbivoren	A / C	P / A	P / C
Heuschrecken	32	21	7
Raupen	43	15	6
Wasserbock	84	1	1
Impala	59	4	2
Elefant	30	2	0,5
Carnivoren			
Spinnen	95	53	50
Amphibien	83	21	18
Detritivoren			
Regenwurm	9	4	0,6

A Energieumsatz in einigen Tierpopulationen (Afrika)

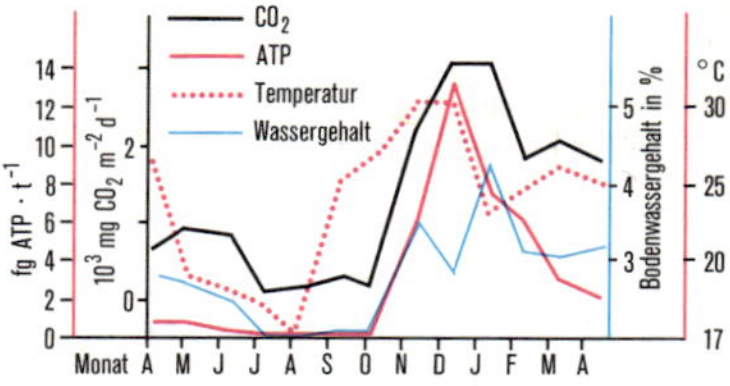

B Bodenaktivität als CO_2-Ausscheidung und ATP-Gehalt (Burkea-Savanne, Afrika)

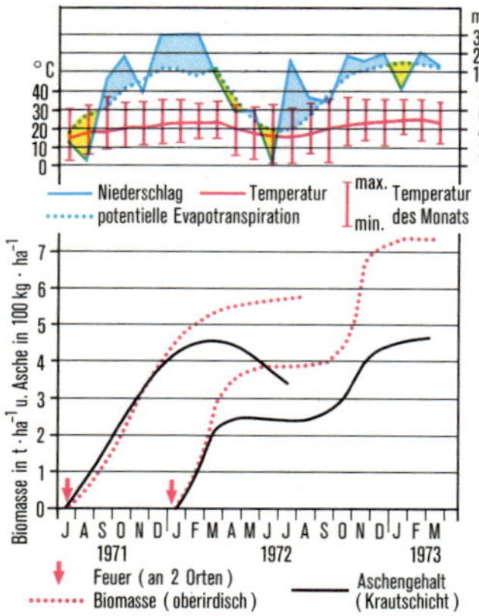

C Campo cerrado im Bundesstaat Sao Paulo (Brasilien)

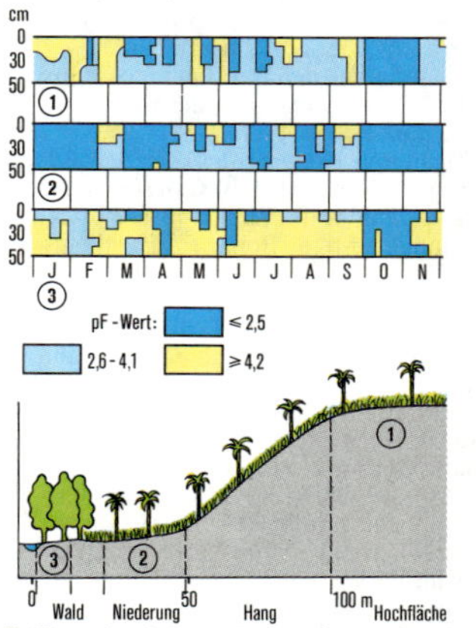

D Wasserhaushalt des Bodens in verschiedenen Niveaus der gleichen Savannenlandschaft (Lamto, Elfenbeinküste)

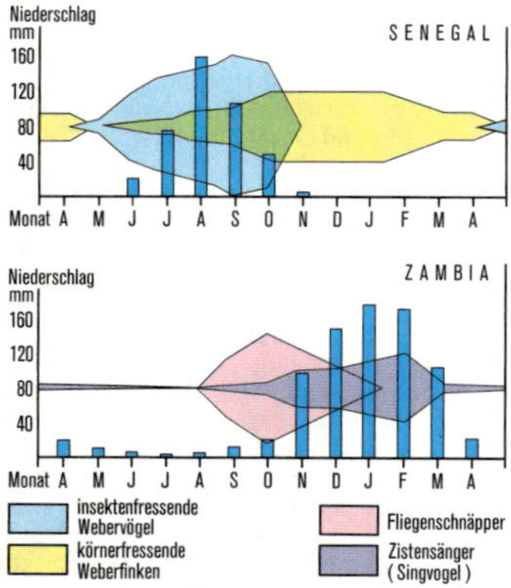

E Brutphasen afrikanischer Savannenvögel

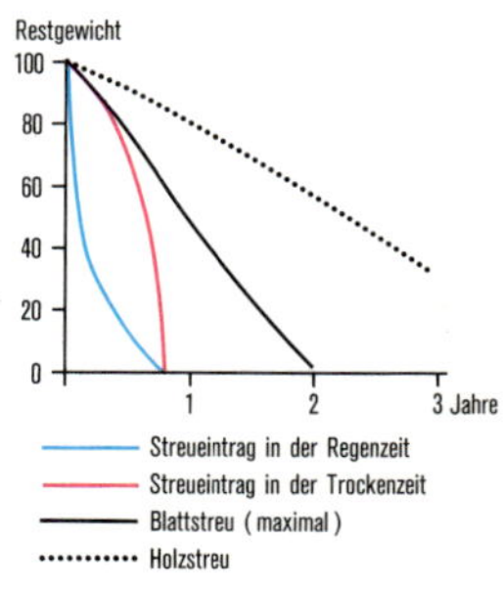

F Streueintrag und Streuabbau

Konsumenten und Destruenten in der Savanne

Die **Artenzahl** ist in der Savanne geringer als im trop. Regenwald.

Die **Netto-Primärproduktion** liegt mit 21,5–35,8 t ha^{-1} a^{-1} relativ hoch.

Bezieht man die jährl. Primärproduktion auf die durchschnittl. Biomasse, ergibt der Quotient für den Regenwald der Elfenbeinküste 0,03.

In der nach Norden anschließenden Baumsavanne liegt er bei 0,43 bis 0,55 (dsgl. in Fete Ole, Sahel-Senegal).

Der starke jährl. Wandel im Biom (Abb. B, C) bringt schnelle Veränderungen in den Populationen vorherrschender Arten mit sich. Die meisten Pflanzen sind kurzlebig.

Der Hauptanteil der **Biomasse** befindet sich im Boden, z. B.

Grasland N-Senegal 1,2 t ha^{-1} über dem Boden und 1,48 t ha^{-1} im Boden.

In der Waldsavanne von Lamto (Elfenbeinküste) ist der Anteil der Krautbiomasse unter der Bodenoberfläche 3–5mal größer als über dem Boden. Der gleiche Trend wird bei Büschen und Bäumen in der *Trockensavanne* beobachtet.

Die große Artenvielfalt der **Huftiere** ist kennzeichnend für die afrikan. Savanne. In der südamerikan. Savanne fehlen große pflanzenfressende Säuger, in der austral. nehmen Känguruharten die ökolog. Planstellen der Huftiere ein. Durch den starken Bevölkerungsdruck wurden in Asien die Wildherden vernichtet.

Die **Konsumenten** (v. a. Huftiere und Insekten, bes. Termiten und Heuschrecken) können 30–40% der ges. Phytomasse vertilgen.

Die natürl. *Beweidung durch Großwildarten* vernichtet die Pflanzendecke nur dort, wo versch. Populationen in hoher Dichte zusammentreffen, z. B. Elefanten, Büffel und Wasserböcke an den Wasserstellen.

Einige Großwildarten können lange Zeit auskommen, ohne Wasser zu trinken (Elen- und Oryx-Antilope 6–9 Monate).

Bei Elefanten wurde beobachtet, daß sie an einem Tag durch Laub- und Rindenfraß bis zu 4 Bäume vernichtend schädigen können.

In den gelichteten Gehölzen kann das Feuer besser vordringen.

Zwischen *Herbivoren* und den *Pflanzen* der Savanne hat eine **Koevolution** stattgefunden. Den Selektionsdruck durch Herbivore überlebten nur Pflanzen mit *physikal.* und *chem. Abwehrmitteln:* sie verstärkten und verkieselten die Zellwände.

Dagegen entwickelten herbivore Säugetiere Wiederkäuermägen mit versch. Symbionten zum Abbau unverdaul. Zellulose.

Die Samen der Akazien passieren unverdaut den Darm und finden im Dung ein gutes Keimbett. Die Ausbildung von Dornen fast aller Holzpflanzen wird durch auslesende Wirkung des Großwildfraßes erklärt.

In der Savanne Kenias z. B. hat der Günsel (*Ajuga remota*) zur chem. Abwehr von Insekten *Phytoecdysteroide* (chem. Nachahmung des Insekten-Häutungshormons *Ecdyson*) entwickelt, die tödl. Fehlentwicklungen während der Verpuppung verursachen.

Unter den **Arthropoden** stellen die Feldheuschrecken (*Acrididae*) zusammen mit den Raupen in der Regenzeit die Hauptgruppe der Primärkonsumenten. Sie können in der Fraßwirkung die grasenden Säuger übertreffen.

Um die drast. Bedingungen der Trockenzeit zu meiden, haben viele Insekten Fluchtstrategien entwickelt oder überdauern in **Trockenstarre** im Boden.

Die **Brutzeit der Vögel** in der Savanne ist auf die Verfügbarkeit von Wasser und Nahrung abgestimmt.

Insektivore Vögel mußten sich mit ihrer Brutphase bes. an die Regenzeit anpassen (Abb. E).

Bei baum- und grasnistenden Körnerfressern ist der jahreszeitl. Zyklus nicht so ausgeprägt.

Die **Streuproduktion** ist bes. in der Trockenzeit erheblich (Abb. F).

In den feuchteren regengrünen Wäldern von Shaba liegt sie bei 9,1 t ha^{-1} a^{-1}, in den trockneren bei 4,3 t ha^{-1} a^{-1}.

Streu im **Miombo-Wald** (Afrika; in t ha^{-1} a^{-1}):

trockene Gräser	3,2
Blätter	2,9
Früchte	0,5
Holz	4,5

Die Tätigkeit der **Destruenten** ist in der *Trockenzeit* stark eingeschränkt (Abb. B).

In der *Regenzeit* können die nährstoffreiche Grasstreu und andere nichtholzige Netto-Primärprodukte durch die kombinierte Arbeit von Pilzen und Bakterien fast völlig abgebaut werden (Abb. F).

Die bedeutendsten **Holz-Destruenten** sind die *Termiten*, die auch während der Trockenzeit mit Hilfe von Pilzzuchten in ihrem unterird. Bau Holz zersetzen lassen.

Abb. D zeigt, wie Hanglagen und Vegetation die Feuchtigkeit im Savannenboden verändern.

Die **Stickstoffmineralisierung** ist meist schwächer als in den gemäßigten Steppen, ebenso die Stickstoff-Freisetzung aus den Mineralien, so daß Stickstoff zum limitierenden Faktor in den trop. Savannenböden wird. In der *südafrikan. Savanne* und in den *südamerikan. Campos cerrados* bedingt anscheinend der **Mangel** an **N** und **P** die geringe Bodenfruchtbarkeit und damit die Formation der Savanne.

Die alten Festlandskerne unterliegen seit erdgeschichtl. langer Zeit den wirkenden Naturfaktoren, so daß Nährstoffe, die das verwitternde Gestein nicht nachliefert, verarmten (z. B. P-*Mangel* in der Kalahari).

Einige Untersuchungen weisen auf hohe Al-Sättigung im Boden hin, die zur *Aluminium-Vergiftung* bes. der Bäume führen kann (Kalahari-Sande und Kurzgrasebenen Ostafrikas auf vulkan. Böden).

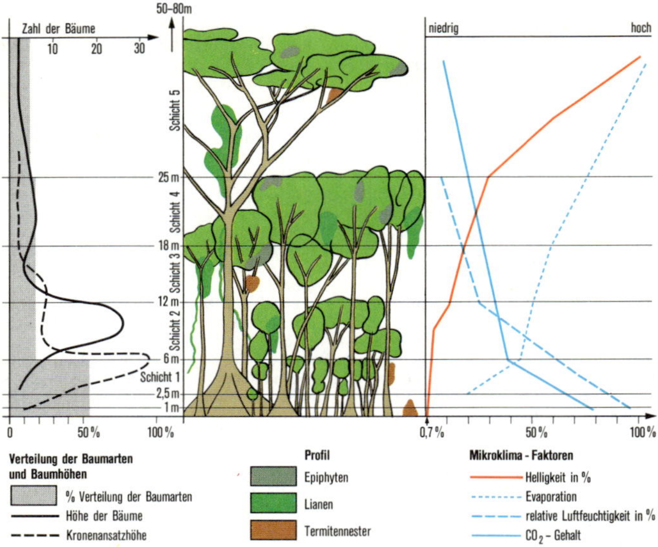

A Profil des immergrünen Regenwaldes (ohne Vegetation < 2,5 m)

Phytomasse in t ha^{-1}	
gesamte Blattmasse	18
Zweige und Äste	202
Stämme	468
Lianen	46
Epiphyten	0,1
Parasiten	0,1
oberirdische Phytomasse insgesamt	734
Wurzelmasse insgesamt	255
pflanzliche Biomasse insgesamt	989
Zoomasse in kg ha^{-1}	
Herbivore	30
Carnivore	15
Bodenfauna	165
Zoomasse insgesamt	210 (= 0,21 t ha^{-1})

B Biomasse (Frischgewicht) im Amazonas-Regenwald

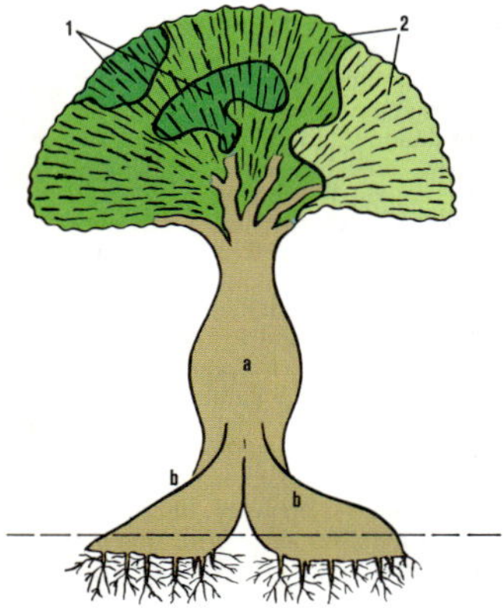

1 astweise
2 größere Kronenteile
a bauchig verdickter Stamm
b Brettwurzeln

C Laubwechsel eines Kapokbaumes (Ceiba pentandra)

Ökosystem immergrüner Regenwald

Die hohen Niederschläge (> 2000 mm/a) und die über das Jahr gleichbleibende Tagesmittel-Temp. (um 26 °C) mit Tagestemperaturschwankungen zwischen 5 und 10 °C (*Tageszeitenklima*) bestimmen nicht ausschließlich

den **immergrünen Regenwald**, das **äquatoriale Zonobiom**. Die unterschiedl. *Mikroklimastandorte* (kurze Trockenperioden, Hangneigung, Struktur und Zusammensetzung des Bodens, Meereshöhe, Überschwemmungsgebiete) bringen eine Vielzahl versch. Regenwaldtypen hervor.

Die Fülle der *Lebensformen* und die große Zahl *versch. Arten* ist für den Betrachter überwältigend. Nach dem Erscheinungsbild läßt sich eine begrenzte Zahl von **Synusien** (Ansammlung von Arten gemeinsamer Lebensform) erkennen, die an best. Schichten gebunden sind (Abb. A):

1. herausragende Baumriesen,
2. Bäume der unteren Stockwerke,
3. Strauchschicht,
4. Lianen oder verholzte Kletterer,
5. Krautschicht,
6. Gefäß-Epiphyten,
7. Gefäß-Parasiten,
8. Gefäß-Saprophyten.

Die **Stratifikation** (Schichteneinteilung) ist phänomenologisch, d. h. statisch, und gibt keine Erkenntnisse über die Dynamik im Regenwald. Ein Baum ist beim Wachsen durch die versch. Schichten unterschiedlichen abiot. und biot. Faktoren ausgesetzt.

Am Boden bis zu 1 m ist der CO_2-Gehalt am höchsten, die rel. Luftfeuchtigkeit immer 90%, die Temperatur ca. 6 °C kühler als außerhalb des Waldes, die nächtl. Temperaturinversion am stärksten, fast kein Licht (< 1%); der inter- und intraspezif. Wettbewerb maximal.

Die versch. Mikroklimate im Wald bedingen eine Vielfalt unterschiedl. **ökologischer Nischen**, die außerdem durch Blattdichte, Art und Häufigkeit der Nahrungsstellen in den einzelnen Niveaus geprägt werden.

Viele Pflanzen- und Tierarten haben ihren Lebensraum in die oberen Vegetationsschichten verlagert:

Lianen, Epiphyten, Baumnester der Termiten, Ameisen, Wespen und Bienen; baumbewohnende Laufkäfer, Frösche, Reptilien, Faultiere, Affen und Flugspringer.

Tiere übernehmen i. d. R. die *Bestäubung* (Insekten, Vögel und Fledermäuse) und *Verbreitung* der häufig fleischigen *Früchte* (S. 108, Abb. B). *Windbestäubung* ist sehr selten.

Große Säugetiere, wie in der offenen Savanne, fehlen. Altertüml. Pflanzen- und Tierarten haben sich im Regenwald erhalten können, z. B. Baumfarne, Stummelfüßer (*Peripatus*), Gürteltiere, Ameisenbären und Spitzhörnchen.

Ein relatives Maß für die immense **Artenvielfalt** kann anhand der Baumarten (Brusthöhendurchmesser, BHD, der Baumstämme von > 10 cm) pro Fläche gewonnen werden: über 100 Baumarten/ha gegenüber ca. 5 in der gemäßigten Zone.

Ursache für die Artenvielfalt:

1. der Reichtum enger ökolog. Nischen, in denen Arten unter starkem *Konkurrenzdruck* stehen,
2. die klimat. Stabilität ohne Zwang zur Anpassung an jahreszeitl. Änderungen; sie ermöglicht eine rasche *Spezialisierung* (Mutualismus, Mimese und Mimikry sind häufig).

Steht in den gemäßigten Zonen die Auseinandersetzung mit physikal. Umweltfaktoren und die Nahrungsspeicherung im Vordergrund, so

rückt in den Tropen der *Wettbewerb um die Lebensräume* an die erste Stelle.

Die äußerst geringen Populationsdichten einer Art bilden in horizontaler Verbreitung isolierte Flecken (Mosaike) und begünstigen so die **Gendrift**.

Unter den **Produzenten** haben sich durch Anpassung an den Lebensraum bes. Lebensformen entwickelt.

Die Bäume tragen meist dünne, weißlich gefärbte Rinden.

Die feuchten, häufig durch Niederschläge verdichteten Böden bringen Probleme in der O_2-Versorgung für die Wurzeln. **Brettwurzeln** vergrößern die Standfläche der Bäume und

dringen mit der Hauptwurzelmasse nur 10–30 cm tief in den Boden ein (Abb. C).

Der mehr oder weniger sterile Untergrund ist kaum durchwurzelt.

Das Blühen und Fruchten ist über das ganze Jahr verteilt. Einige Pflanzen blühen nur selten (*Shorea-Arten* alle 6, *Strobilanthus-Arten* alle 13, *Bambus-Arten* alle 30 Jahre).

Laub und Knospen treiben ohne schützende Schuppen innerhalb eines Tages (**Laubschüttung**) aus.

Die jungen Triebe, weißlich oder durch *Anthozyane* rötlich gefärbt, hängen zuerst ohne ausreichende Stützgewebe schlaff herab und ergrünen und festigen sich später.

Die Anlage von Blüten bzw. Früchten an blattlosen, verholzten Stämmen (**Kauliflori**) findet man bei ca. 1000 Arten in den Tropen (z. B. Kakaobaum).

Ca. 80% der immergrünen Blätter werden jedes Jahr erneuert. Der Laubwechsel verläuft bei versch. Arten nach einer *endogenen Rhythmik* unterschiedlich.

Eine Baumkrone kann teils belaubt, teils unbelaubt sein (Abb. C).

Trockenere Jahreszeiten synchronisieren den Laubfall.

Viele Blattflächen besitzen eine *Träufelspitze*, die das Wasser rasch ableiten soll. Die Blattflächen sind i. d. R. um so größer, je humider das Klima ist; das gilt auch für die Belaubung im Mikroklima der vertikalen Schichtung.

Die Bäume mit sonnenexponierten Kronen sind stärkerem Wasserverlust in den Blättern ausgesetzt; das erklärt evtl. die *Lederblattstruktur*.

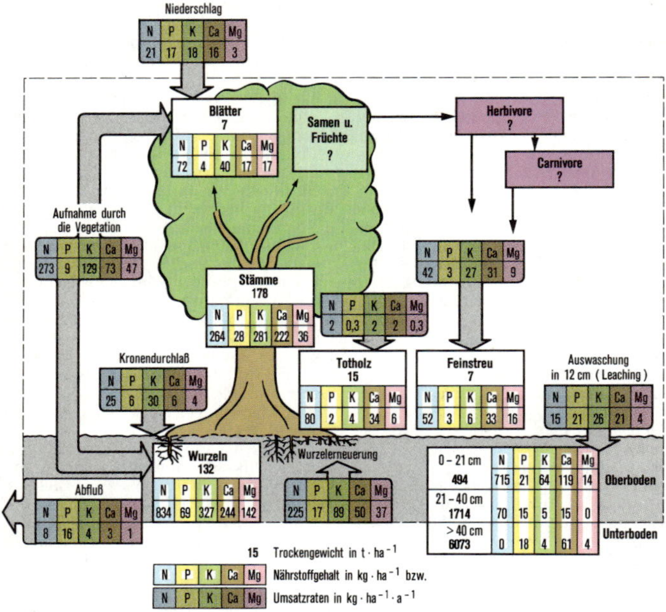

A Oligotropher Regenwald (San Carlos am Rio Negro, Venezuela)

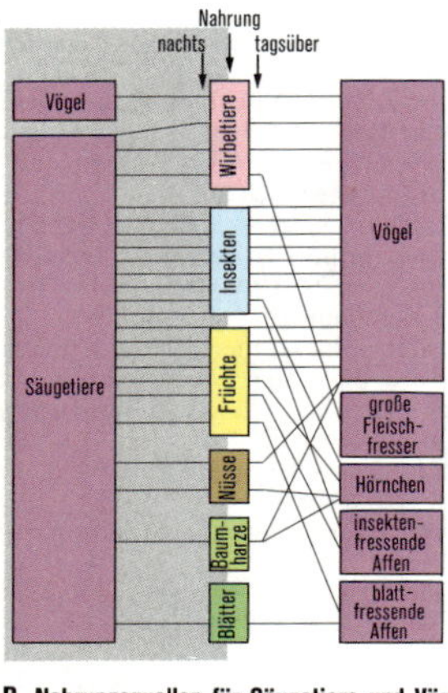

B Nahrungsquellen für Säugetiere und Vögel im gleichen Biotop (Gabun, Afrika)

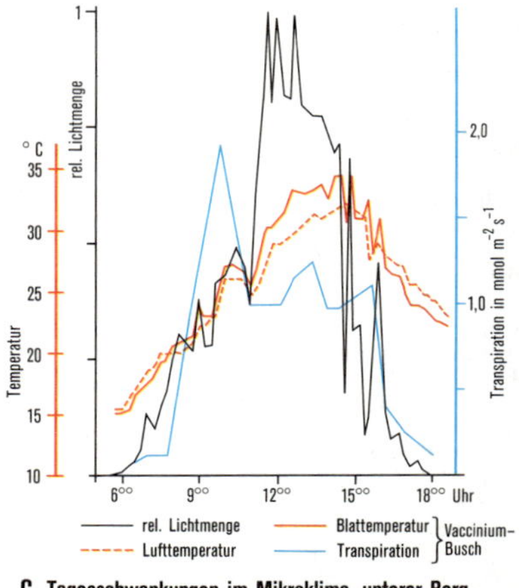

C Tagesschwankungen im Mikroklima, unterer Berg-Regenwald (Wau, 1100 m, Neuguinea, 27. 10. 1980)

Ökosystem immergrüner Regenwald

Die *Zellsaftkonzentrationen* der sonnenexponierten Blätter sind mit 8–15 bar recht niedrig und liegen unter denen der Holzgewächse in der gemäßigten Zone. Bei Waldrodung kann der Wert über 20 bar ansteigen (Savanne 10–25 bar).
Ohne Beschattung kann die Blattemperatur in der Sonne von 28 °C auf 48 °C ansteigen. Das erhöht die Transpiration um das 3–5fache. Die höchste Photosyntheseaktivität liegt daher zwischen 6 und 9 Uhr morgens, da dann die Spaltöffnungen der Blätter am weitesten geöffnet sind.
Bei hohem Sonnenstand drehen sich die Blätter parallel zum Sonneneinfall und schließen die Spaltöffnungen (Abb. C).

Die **Lianen** (90% aller Arten sind auf die Tropen beschränkt), **Hemi-Epiphyten, Makro-Epiphyten** (Farne und Blütenpflanzen) und **Epiphylle** (s. u.) haben ihre photosynthet. und generativen Organe in die oberen Stockwerke verlegt, ohne einen Stamm auszubilden, dessen Aufbau eine große Masse organ. Stoffe verbrauchen würde.
Die **Lianen** wurzeln im Boden und verwenden andere Holzgewächse als Stütze:
1) es gibt *windende* und *rankende Lianen;*
2) die *Spreizklimmer* halten sich durch Stacheln, Dornen oder Haken fest;
3) die *Wurzelkletterer* befestigen sich mit ihren Wurzeln an der Rinde des Baumstammes.

Die **Hemi-Epiphyten** keimen auf den Bäumen und bilden so lange Luftwurzeln, daß diese den Boden erreichen. Die Versorgung mit Wasser und Nährstoffen ist dann aus dem Boden möglich (einige Ficus-Arten, z. B. Würgerfeigen).
Die **Epiphyten** leben auf anderen Pflanzen ohne Kontakt zum Boden und haben versch. Arten der Wassergewinnung bzw. -speicherung entwickelt: *Luftwurzeln, Blattzisternen, Saugschuppen, Blattrosetten* u. a. Einige Epiphyten bilden eigenen Humusboden mit Kleintierlosung, Schneckenschalen etc. (Stickstoffarmut, C/N-Verhältnis 50:1). Viele Epiphyten weisen einen *diurnalen Säurerhythmus* auf (S. 43).
Epiphylle, meist Flechten, Algen und Lebermoose, wachsen an extrem feuchten Standorten auf den Oberflächen von größeren Blättern. Bakterien, Hefen und Pilze können damit vergesellschaftet sein.

Im **Tiefland-Regenwald** von Costa Rica bilden Bäume der Gattung *Cecropia* mit Ameisen der Gattung *Azteca* eine Symbiose.
Die Ameisen ernähren sich von den an der Basis der Blattstiele gebildeten Haarpolstern, die in den Knöllchen Glykogen (tierische Stärke) enthalten, und bauen in den hohlen Sprossen der Bäume ihre Nester. Dafür halten die Ameisen Äste der Wirtsbäume frei von Epiphyten und Epiphyllen.
Versuche zeigten, daß die Ameisen aufgebundenes Moos entfernen.

Die hohe *Laubproduktion* im Regenwald führte zu dem Eindruck, daß die **Holzproduktion** im Vergleich zu Wäldern in der gemäßigten Zone ebenfalls hoch sei.
Sowohl im natürl. Wald als auch in der Plantage ist die Holzproduktion/a nicht wesentlich höher als in der gemäßigten Zone.
Der größte *Nährstoffanteil* im äquatorialen Zonobiom liegt in der lebenden Biomasse der Pflanzen gebunden vor und begrenzt so den Stoffkreislauf zwischen Boden und Pflanzen (Abb. A).
Die Umsetzungsfähigkeit der *Destruenten* überschreitet in den feuchten Tropen den jährl. Eintrag an Streu.
Dadurch ist die Streuschicht sehr dünn, und die streufressenden Populationen sind begrenzt. Elemente können ggf. mehrfach im Jahr zirkulieren.
Der Laubabfall über das ganze Jahr bildet eine kontinuierl. Quelle für die Aufnahme der Nährstoffe durch die Baumwurzeln.
Die Oberflächenwurzeln ziehen in einem kurzen Kreislauf mit Hilfe der **Mykorrhiza** (S. 51) die Nährstoffe aus der Streu, tiefere Wurzeln bringen nur Spuren von Elementen aus dem Untergrund.
Die Mykorrhiza vergrößert die Oberfläche der *Haarwurzeln*, verbessert die Nährstoffaufnahme der Haarwurzeln und kann so eine lebende Brücke zwischen Streu und Wurzeln bilden. Dadurch wird der Verlust durch *Auswaschung* aus dem Ökosystem möglichst klein gehalten (Abb. A).
So fungieren z. B. die **Nester** der **Blattschneiderameise** in Amerika (*Atta* spec.) und **Termitennester** in Afrika als Nährstoffreservoire für die Pflanzenwurzeln.

Die immergrüne Vegetation des Regenwaldes ist nicht oder nur wenig mit der chem. Zusammensetzung im Boden korrelierbar. Die *Niederschläge* und der *Staub* bilden den wichtigsten Eintrag an Elementen in das Ökosystem (Abb. A). So wird ein Teil der Nährstoffe durch das Kronendach aus dem Regen und Staub entnommen.
Interzeption: 15–25% der Niederschläge.
Ein anderer Teil wird aus den Pflanzenorganen wieder ausgewaschen (**Leaching**) und erscheint im Tropfwasser (ggf. 5–10mal mehr Mineralstoffe als im Regenwasser).
Bei einem Alter der Bäume von über 100 Jahren gewinnt der Elementeintrag durch die Niederschläge und Deposition große Bedeutung.
Im **Stoffkreislauf** sind die Elemente **P** und **K** stark in der lebenden Biomasse konzentriert. Zyklusraten zwischen Boden und Biota sind hoch (Abb. A).
Da andere Elemente in sehr unterschiedl. Mengen im Substrat vorkommen und zirkulieren, wird daraus geschlossen, daß Phosphat und Kalium im Stofffluß begrenzend wirken.

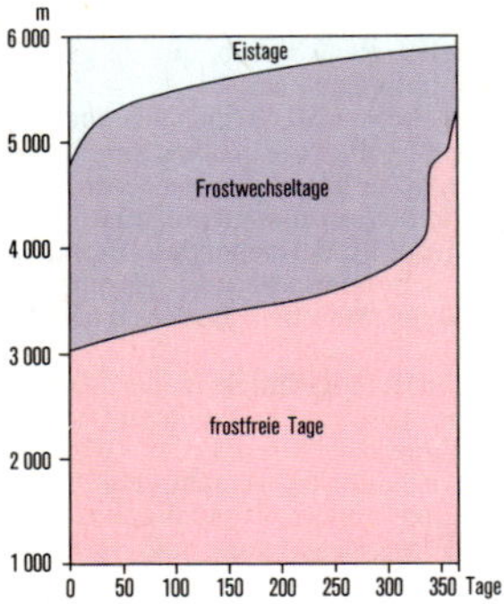

A Vertikale Temperaturverteilung (südperuanische Anden)

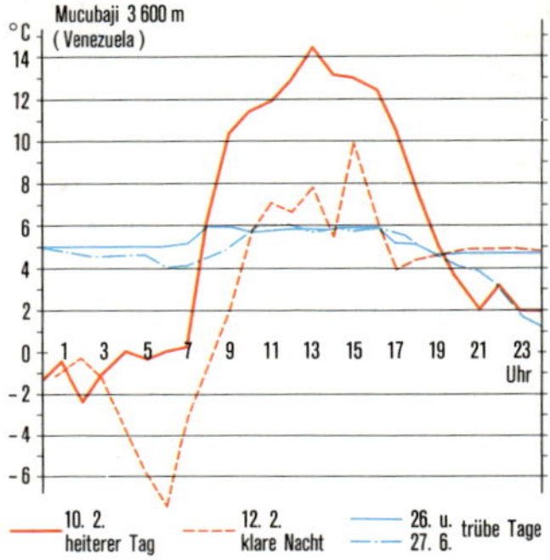

B Tagesgang der Temperatur

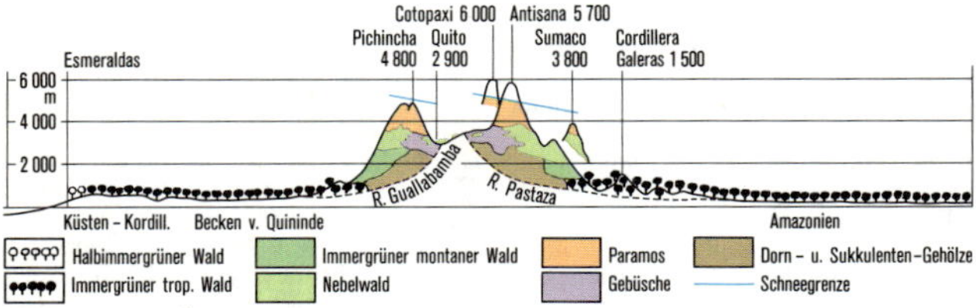

C Andenprofil am Äquator

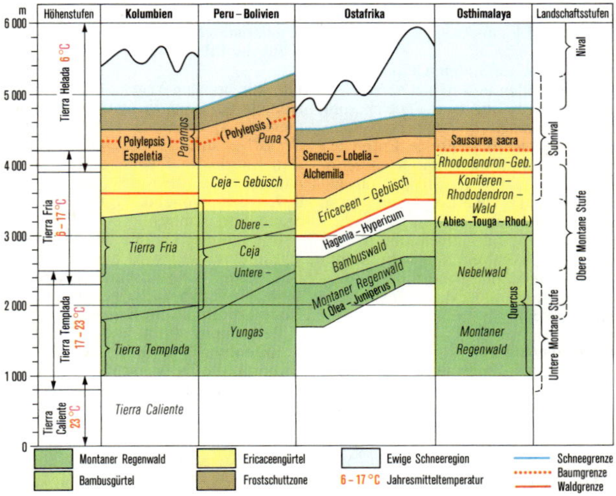

D Höhenstufen tropischer Gebirge

Wie im Tiefland der feuchten Tropen ist im **tropischen Hochgebirge** die mittlere Tagestemperaturschwankung größer als die jährliche (**Tageszeitenklima**). Nur Windverhältnisse und Niederschläge lassen evtl. eine jahreszeitl. Rhythmik erkennen. Folglich

verschieben sich die Höhengrenzen im Laufe des Jahres nur wenig.

Die *absolute Frostgrenze*, bis zu der Frost gelegentlich als Extremwert der Tagestemperatur auftritt, liegt in den inneren Tropen bei ≈3000 m Höhe. Oberhalb ist Bodenfrost wegen der hohen Ausstrahlung bei Nacht sehr häufig. So erlangen die **Frostwechseltage**, an denen die Temperatur die 0 °C-Grenze überschreitet, eine entscheidende Bedeutung.

In den *Anden* (S-Peru u. Bolivien) sind in 4000–5000 m Höhe 330–350 Tage mit Frostwechsel die Regel.

An den **Eistagen** steigt die Temperatur nicht über 0 °C (Abb. A, B).

Ist in den außertrop. Hochgebirgen mit zunehmender Höhe grundsätzlich ein Anstieg der Niederschläge verbunden (*außertropisch advektiver Typ*), so ergeben sich in den trop. Hochgebirgen zwei Maxima in der vertikalen Niederschlagsverteilung (*tropisch konvektiver Typ*).

Das erste und größere Maximum liegt in der Nähe der Wolkenbasis (1000–1400 m; *1. Kondensationsniveau*).

Die Niederschläge werden zum großen Teil durch die kräftige Bodenerwärmung und Thermik hervorgerufen (**Konvektion**).

Das zweite, kleinere Maximum der Niederschläge bei 3000–3500 m Höhe (*2. Kondensationsniveau*) wird durch ein zweites höher liegendes Wolkenstockwerk gespeist.

Niederschläge fallen häufig in Form der Nebelfeuchtigkeit.

In den immerfeuchten Tropen ist der Wald in allen Höhenstufen *immergrün*. Die **Höhenstufung** ist eher am Wechsel des artenreichen Pflanzenbestandes und in der *Abnahme der Wuchshöhe* zu erkennen.

Mit zunehmender Höhe reagieren zahlreiche trop. Pflanzen auf die sinkenden Tages-Temperaturminima (Temperaturabnahme pro 100 m: 0,4–0,5 °C in der Trockenzeit; 0,5–0,6 °C in der Regenzeit).

So »erkälten sich« einige Arten (z. B. der *Kapok-Baum Ceiba pentandra* bei +15 °C, andere bei +4 °C), d. h. die Proteinsynthese wird gestört, und die Pflanzen sterben langsam ab.

In den feuchten Tropen *Südamerikas* geht der immergrüne Tiefland-Regenwald schon in der *Tierra templada* in den **Bergwald** (*Yungas*) über, der weitgehend für Kulturpflanzenanbau gerodet wurde (Terrassenfeldbau).

Ab ca. 2500 m beginnt der **Nebelwald** und reicht bis 3000 m Höhe (*Ceja*) (Abb. C, D).

Zu den an sich schon hohen Niederschlägen (≈2000 m/a) kämmt die Vegetation größere Mengen als Nebeltröpfchen aus.

In den 5–15 m hohen immergrünen Beständen mit kugelschirmförmigen Kronen finden sich häufig *lorbeerblättrige Bäume, Baumfarne, Palmen, Koniferen* (*Podocarpus, Libocedrus, Juniperus*), in *Äthiopien* auch die *Baumheide* (*Erica arborea*), im *Himalaya Rhododendronbäume. Bambus,* hohe Gräser und großblättrige Stauden bilden das Dickicht. Die große Zahl der **Epiphyten** ist kennzeichnend (*Flechten, Laub-* und *Lebermoose, Baumfarne, Orchideen, Bromelien*). Sie halten ebensoviel Regenwasser zurück, wie das gesamte Baumlaub.

Die **Waldgrenze** wird in den Tropen nicht durch baumartige Vorposten aufgelockert. Die Waldbäume gehen kontinuierlich in Buschform über.

Als begrenzender Faktor für Baumwurzelaktivität und Keimung der Baumsamen wird die konstante *Bodentemperatur* von 7 °C angesehen.

Schnee ist selten und bleibt nicht lange liegen.

Oberhalb des Buschgürtels schließt sich die baumlose Zone der *Schopf-* und *Wollkerzenpflanzen* an, die **alpine Stufe** der trop. Hochgebirge:

eine Pflanzenformation mit offener Vegetation, die durch Frostwechsel zu allen Jahreszeiten mit häufiger Nebelbildung gekennzeichnet ist (in Lateinamerika *Paramo*) (Abb. D).

Die Niederschläge liegen zwischen 750–2500 mm/a und können sich kleinräumig erheblich ändern. In den Monaten der extremeren Tagesschwankungen blühen und fruchten die Pflanzen der Paramo.

Die ähnl. Klimabedingungen in den versch. trop. Hochgebirgen der Kontinente führten zu *gleichartigen Wuchs- und Lebensformen* der Pflanzen (**Konvergenz**):

den Wollkerzen-Rosetten-Pflanzen, deren riesige Blütenkerzen den Blätterschopf überragen, und

den stammbildenden Wollschopf-Pflanzen.

Die filzige Behaarung, Stamm- und Rosettenbildung schützen die Pflanzen vor Frost, Strahlung und Verdunstung.

Die **»Höhengrassteppe«**, *Puna*, tritt bes. in den *Anden* zwischen 3300 m und 4700 m auf:

eine trockene bis halbtrockene Vegetationsformation mit extremen Klimafaktoren.

Zu den Wendekreisen hin weist die Temperatur einen deutl. Jahresgang auf, allerdings überwiegen die tägl. Temperaturschwankungen noch die jährlichen. Die Vegetation, meist *Tussock-Gräser* (*Calamagrostis, Festuca, Stipa-Gräser*), zieht sich zu Grashorsten zusammen, und freibleibende Bodenflächen sind der Wind-Erosion ausgesetzt. Die Puna wird nach der verfügbaren Feuchtigkeit (humide Monate) eingeteilt in:

Graspuna	7–10
Trockenpuna	5–7
Dorn-Sukkulenten-Puna	2–4
Wüste- und Salz-Puna	0–2

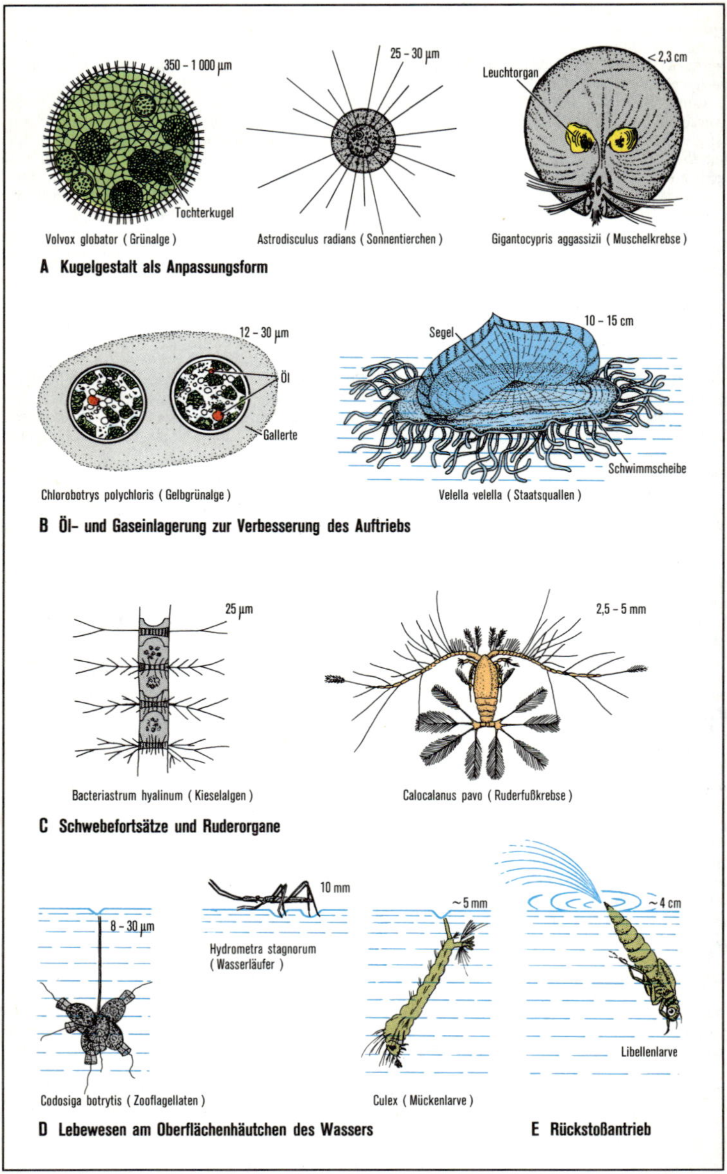

Schwimmen und Schweben

Das **Wasser** wird von Lebewesen auf versch. Art **als Lebensraum** genutzt: frei schwebend, schwimmend, an der Oberfläche, auf dem Untergrund. Ständiges Leben im Wasser erfordert bzw. erlaubt bes. Lebensformen und Anpassungen.

So gibt es nur im Wasser kugelförmige Organismen, da in ihm für schwebende und schwimmende Lebewesen allseits annähernd gleiche Umweltbedingungen herrschen (Abb. A).

Von best. Reizen abhängige Schwebetiere zeigen eine *Polarisierung der Organe*. Die Reize (Schwerkraft, Bodenberührung, Luft, Licht) lösen häufig best. Bewegungen und Orientierungen (Taxien) aus.

Ein Körper **schwebt** im Wasser, wenn seine Dichte der des Wassers entspricht; ist sie kleiner, schwimmt er, ist sie größer, sinkt er.

Da die Dichte des reinen Plasmas mit 1,04 g/ml die des Süßwassers (1,0 g/ml) und Meerwassers (bis 1,03 g/ml) übersteigt, kann der **Schwebezustand** von Lebewesen nur über *Hilfsmittel* erreicht werden.

Eine Möglichkeit ist die *Verringerung der Dichte* des Organismus (D_0) durch Einlagerung von Stoffen, deren Dichte geringer ist als die des Wassers (D_w), wie Öle oder Gase (Abb. B).

Auch schon ein hoher Wassergehalt senkt D_0, z. B. durch hohe Gallertanteile:

Quallen haben einen Wasseranteil von 98–99% des Körpergewichts.

Eine geringere Dichte ergibt sich natürlich auch aus der Verminderung schwerer Bestandteile:

Plankton-Kieselalgen haben im Vergleich zu bodenlebenden zartere Skelette.

Nach OSTWALD ist die Sinkgeschwindigkeit *S* proportional dem Übergewicht ($D_0 - D_w$) und umgekehrt proportional dem Formwiderstand *(F)* und der Viskosität *(V)*, d. h.

$$S \sim \frac{D_0 - D_w}{F \cdot V}$$

Die *Viskosität* (innere Reibung, Zähigkeit) des Wassers ist jeweils vorgegeben; sie ist temperaturabhängig und im Winter doppelt so hoch wie im Sommer.

Der *Formwiderstand* der Organismen hängt von ihrer Gestalt ab; er wird durch von der Kugelform abweichende Strukturen erhöht, z. B. Kettengestalt oder Schwebefortsätze (Abb. C), ebenso durch eine größere spezif. Oberfläche (Verhältnis von Oberfläche zu Volumen).

Auch (geringe) Größe und die Lage im Wasser spielen eine Rolle:

Bakterien mit 0,001 mm Durchmesser sinken kaum; längsgeformte, parallel zur Wasseroberfläche ausgerichtete Kieselalgen sinken langsamer ab als bei senkrechter Lage.

Turbulenzen verringern die Sinkgeschwindigkeit.

Plankton-Kieselalgen treiben bei Wind häufig in sehr großer Individuenzahl an die Gewässeroberfläche; sie sinken bei Windstille in die dunkle Tiefenzone.

Das **Schwimmen** an der Oberfläche ist eine Sonderform des Schwebens. Lebewesen schwimmen auf dem Wasser, wenn ihr Auftrieb die Sinkgeschwindigkeit übersteigt. Bes. Einrichtungen, wie gasgefüllte Hohlräume bei Tieren und Pflanzen, ermöglichen es dem Organismus, im Grenzbereich von Wasser und Luft zu schwimmen oder Teile im oder über dem Wasser senkrecht zu halten (Abb. B; S. 114, Abb. A–D).

Das »Gassegel« dient z. B. dem Hydropolypenstock *Velella* als Angriffsfläche für den Wind, die Schwimmscheibe mit Luftkammern hält ihn an der Oberfläche.

Um an der sauerstoffreichen Oberfläche des Wassers leben zu können, nutzen einige Lebewesen die *Oberflächenspannung* des Wassers. Sie heften sich entweder von unten an das »Wasserhäutchen« an oder bewegen sich auf ihm (Abb. D).

Algen mit großer Oberfläche können auf dem Oberflächenhäutchen schwimmen, die Eizellen von Meeräschen und Anchovis haften an ihm.

Das Wasser setzt den sich in ihm bewegenden Lebewesen durch die Kohäsion der Moleküle *Widerstand* entgegen. Um den Reibungswiderstand zu verringern, haben Freiwasserbewohner bes. glatte Oberflächen. Gallerte auf der Schuppenhaut der Fische verringern das bremsende Verwirbeln des vorbeigleitenden Wassers bei rascher Bewegung.

Da die *Torpedoform* die strömungsgünstigste Form darstellt, haben sich in den versch. Stammesgruppen entsprechende Strukturen durchgesetzt (Abb. E).

Eine bes. Anpassung an die *Strömungskräfte* stellt die Reduzierung der Blattfläche submerser Pflanzenteile dar, die so dem strömenden Wasser weniger Widerstand entgegensetzt (S. 114, Abb. A).

Einige Tiere verfügen über an das Wasserleben angepaßte *Antriebsorgane:*

Flossen und Ruderorgane bei Fischen, Vögeln, Säugern und Krebsen u. a. (Abb. B), Nutzung des Rückstoßantriebs durch Tintenfische, Quallen und Libellenlarven (Abb. E).

Horizontale oder vertikale Schlängelbewegungen unterstützen die Antriebsorgane; in einigen Fällen bilden sie die einzige Bewegungsmöglichkeit (Meerechsen).

Am *Gewässergrund* lebende Organismen sind häufig sehr flach gebaut, um ein strömungsbedingtes Verdriften zu vermeiden, bzw. um sich, am Boden angeschmiegt, zu tarnen.

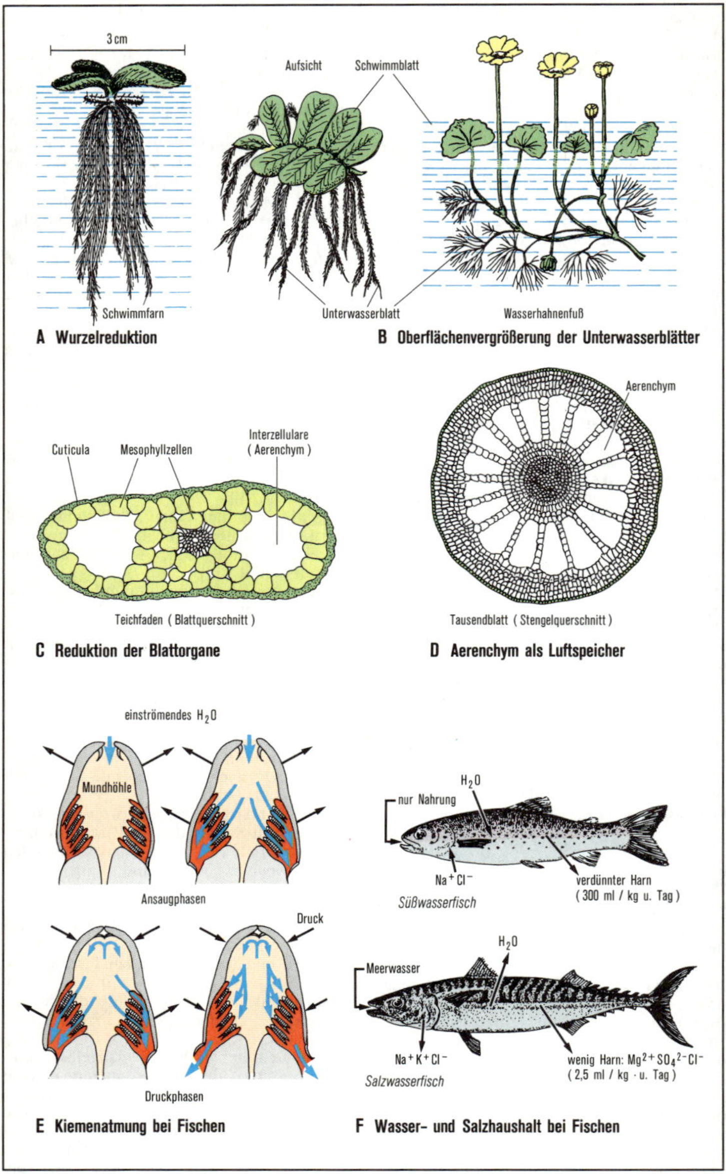

Anpassung an das Wasserleben

Wasser als Lebensraum fordert Organismen besondere Anpassungen ab, bietet ihnen aber auch eine ständige Wasser- und Ionenversorgung.

Die **Hydrophyten** haben wegen der ständigen Verfügbarkeit von Wasser reduzierte Wurzelsysteme oder kleine Wurzeln, wie der Schwimmfarn *Salvinia natans*.

Dessen zwei, mit einem Luftspeichergewebe *(Aerenchym)* ausgestattete Schwimmblätter gewährleisten den ständigen Aufenthalt an der Wasseroberfläche. Das dritte, untergetauchte, stark zerteilte und behaarte Blatt übernimmt die Funktion der fehlenden Wurzel (Abb. A).

Unterwasserteile von Pflanzen sind weniger differenziert aufgebaut. Es fehlt häufig das Palisadenparenchym, die Photosynthese wird vom kräftiger ausgeprägten Schwammparenchym wahrgenommen.

Die Epidermiswände und die Cuticula sind sehr dünn, die Blattoberflächen der Unterwasserblätter durch Zerteilung vergrößert (Abb. B, C).

Festigungsgewebe sind i. a. nur bei Pflanzen im strömenden Wasser ausgebildet. Da keine Regelung gegen Wasserverluste notwendig ist, fehlen den Unterwasserblättern Spaltöffnungen, die bei den Schwimmblättern an der Blattoberseite liegen.

Das **Aerenchym** dient nicht nur dem Schwimmen bzw. der Standfestigkeit der Pflanze, es erleichtert auch den Gasaustausch zwischen den untergetauchten (submersen) Pflanzenteilen und den Schwimmblättern und dient als Gasspeicher (Abb. C, D).

Die Versorgung der Gewebe mit dem lebensnotwendigen **Sauerstoff** ist ein Problem, weil die Löslichkeit des Gases gering und temperaturabhängig ist (S. 32).

Süßwasser enthält in vergleichbaren Volumina nur 0,5–1% der Sauerstoffmenge der Luft, Salzwasser noch einmal ⅕ weniger.

Pflanzen können sich jedoch über das Aerenchym als Atmungsorgan mit Luftsauerstoff versorgen, das von den Spaltöffnungen der Blätter ausgehend weit in die Stengel reicht (Abb. D).

Schwimmkäfer, z. B. Gelbrandkäfer und Mükkenlarven nehmen an der Wasseroberfläche Luft auf, ebenso lungenatmende Wirbeltiere wie Wale und Robben.

Als effektives Atmungsorgan haben Wassertiere in versch. Stammesgruppen **Kiemen** entwikkelt (Würmer, Weichtiere, Fische u. a.), die nur strömendem Wasser O_2 entziehen können. Die Strömung erzeugen die Fische nach dem Blasebalgprinzip selbst.

Das bei der Einatmung aufgenommene Wasser wird bei geschlossener Mundhöhle beim Ausatmen über die O_2 aufnehmenden Kiemenspalten nach außen gedrückt (Abb. E).

Die Versorgung der Wasserpflanzen mit CO_2 für die Assimilation stellt kein größeres Problem dar, da der CO_2-Gehalt des Wassers und der Luft volumenbezogen nahezu gleich ist.

Der unterschiedl. **Ionengehalt** im Süß- und Salzwasser erfordert bes. osmot. Anpassungen zur Regelung des Wasserhaushaltes.

Organismen können nur bei *pH-Werten* von 3 bis 9 existieren, weil außerhalb dieses Bereiches die Proteine zerstört werden (denaturieren).

Natürl. Gewässer haben i. a. pH-Werte von 7–8,5 und erfordern keine bes. Anpassungen.

Lebewesen bevorzugen aber best. pH-Bereiche und sind deshalb in den natürl. Gewässerzonen unterschiedlich verteilt vertreten. Sie können als *Bioindikatoren* herangezogen werden.

Die meisten Süßwasserorganismen bevorzugen pH-Werte von 4,5–9, sie sind **euryion** (z. B. Strudelwürmer, Krebse, Meeresorganismen).

In ausschließlich sauren Gewässern leben die **stenoionen** Organismen, wie der Ruderfußkrebs *Cyclops languidus;* in den sehr sauren Torfmoorgewässern (pH 3,8) **polyhydrogenione** Lebewesen, z. B. das Rädertierchen *Elosa worallii.*

Solange das Leben an das Meerwasser gebunden war und die Konzentration der Körperflüssigkeit der des Meerwassers (3,5% Salzgehalt) entsprach **(isotonisch)**, gab es keine osmot. Probleme. Für den Übergang aufs Land bzw. in das *Süßwasser* mußten sich Systeme entwickeln, die den Wasserverlust an Land bzw. den ständigen Wassereinstrom im Süßwasser ausgleichen. Lebewesen, die nur in engen Salzkonzentrationsbereichen leben können, sind

stenohalin, z. B. die mit dem *Meerwasser* isoton. wirbellosen Meerestiere und primitiven Fische.

Knorpelfische reichern im Blut Harnstoff an, um den osmot. Unterschied zwischen Körperflüssigkeit und Meerwasser auszugleichen. Die Konzentration des Blutes der Knochenfische liegt unter der des Meerwassers, sie

sind gegenüber dem Meerwasser **hypoosmotisch,** ihnen wird Wasser entzogen.

Um den Verlust auszugleichen, trinken sie Meerwasser und scheiden überflüssige Salze durch aktiven Transport über die Kiemen und Nieren aus (Abb. F).

In die gegenüber Süßwasser **hyperosmotischen** Knochenfische dringt passiv Wasser ein.

Sie transportieren Salze aktiv über Kiemen ins Blut und geben verdünnten Harn ab, um den Wasserüberschuß und die Salzverluste bzw. -verdünnung auszugleichen.

Aale, Lachse und Chin. Wollhandkrabben können in Gewässern mit unterschiedl. Salzgehalt leben, sie sind

euryhalin. Sie können Salz über ihre Kiemen aufnehmen oder ausscheiden, um Salzdefizite bzw. -überschüsse, z. B. im Gezeitenbereich der Küsten, auszugleichen.

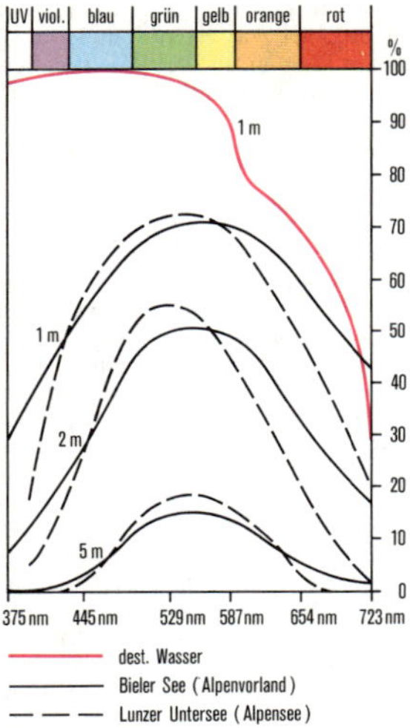

A Lichtzusammensetzung in Stillgewässern in Abhängigkeit von Gewässertiefe und Wellenlänge

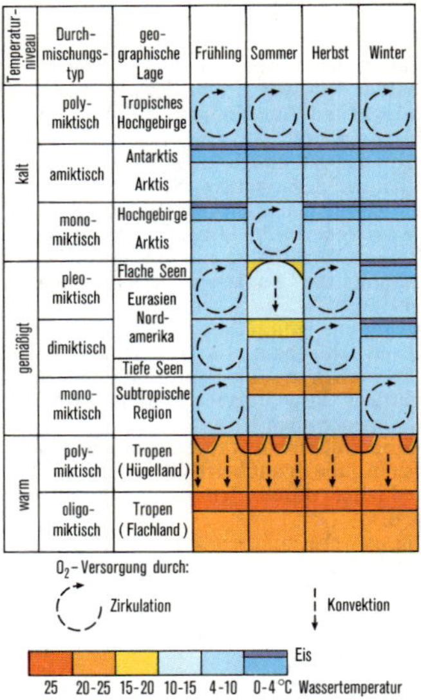

B Temperaturschichtung in Seen

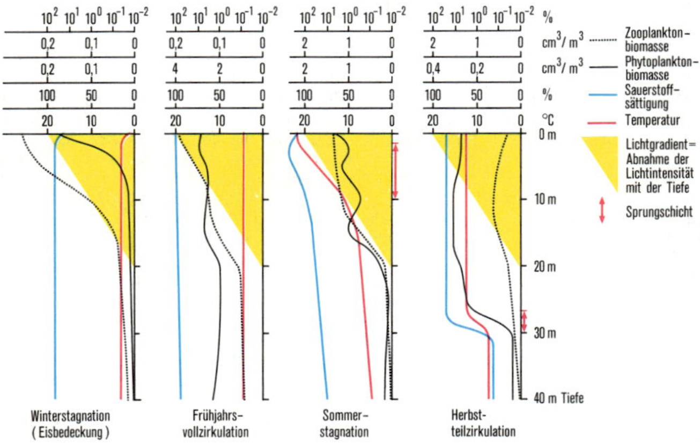

C Dimiktischer See im Jahresverlauf

Jahresabläufe in Seen

Stehende und fließende Gewässer bilden die **limnischen Ökosysteme** (Süßwasser-Lebensräume).

Stehende Gewässer werden nach der Größe und Tiefe unterschieden:

Tümpel, flache temporäre Süßwasseransammlungen mit stark schwankenden Wasserständen;

Weiher, Flachwasserseen geringer Tiefe, in denen Schwimmpflanzen mit ihren Wurzeln größtenteils den Gewässergrund erreichen;

tiefe *Seen,* in denen sich eine Temperaturschichtung entwickeln kann.

Sonderformen sind, künstlich angelegt, *Teiche* und, mit abiot. Extrembedingungen, salzarme *unterirdische Binnengewässer* (Grundwasser, Höhlenseen) und *heiße Süßwasserseen* bzw. *Quellen.*

Die Lebensbedingungen in den Stillgewässern werden v. a. von den **Lichtverhältnissen** bestimmt. Das Sonnenlicht wird, in Abhängigkeit von Einstrahlungswinkel *E reflektiert*

($E = 60°$, Reflexion 6%; $E = 80°$, Reflexion 34%; Mitteleuropa: Sommer 12 h mind. 2,5%, Winter 12 h mind. 14%).

Der größte Teil der Strahlung dringt in den Wasserkörper ein *(Transmission).* Verluste *(Extinktion)* durch Streuung und Absorption, v. a. durch Wasserinhaltsstoffe, vermindern die Lichtintensität, die exponentiell mit zunehmender Tiefe abnimmt *(Beer-Lambertsches-Gesetz).*

Schon in dest. Wasser erreicht nur 50% der Lichtmenge einen Meter Wassertiefe.

Licht kurzer Wellenlängen durchdringt das Wasser am tiefsten, Rotlicht am wenigsten.

Schwebende wie gelöste Stoffe (Plankton, Huminsäuren u. a.) verändern die Absorptionsspektren der Gewässer zu *individuellen Lichtprofilen* (Abb. A):

Die kurzwelligen Lichtanteile werden unter Wärmeabgabe zum langwelligen Bereich hin verschoben.

Im Lunzer Untersee bewirkt die selektive Absorption durch gelöste Stoffe, daß nur 50% des Blau-grün-Anteils 2 m Wassertiefe erreicht (zum Vergleich: 100 m in dest. Wasser).

Außer von der Topographie und dem Licht wird die Seennatur durch die **Temperaturverhältnisse,** das **Nährstoffangebot** (S. 112/113) und den **Sauerstoffgehalt** (Abb. B, C) bestimmt. Die Strahlungsenergie v. a. des langwelligen Lichts regt Moleküle zur Bewegung an und wird so in Wärmeenergie umgewandelt; Gewässer erwärmen sich von oben.

Bei fehlender Zirkulation entsteht eine Temperaturschichtung, die global und jahreszeitlich unterschiedlich ausfällt.

Wind und Wärmekonvektion sorgen für eine Durchmischung von warmem und kaltem Wasser und für Sauerstofftransporte zwischen den Wasserschichtungen. Man unterscheidet global **Zirkulationstypen** (Abb. B):

Polymixie mit jahreszeitl. anhaltender atmosphär. Zirkulation (Wind) in den Hochgebirgen und Konvektionszirkulation im Hügelland der Tropen;

Monomixie, Zirkulation nur in einer Jahreszeit;

Dimixie, Zirkulation in zwei Jahreszeiten, sonst Stagnation.

Trop. Flachlandseen verhalten sich *oligomiktisch.* Das stark erwärmte leichte Oberflächenwasser schirmt das kältere Tiefenwasser ab, nur selten durchbrechen unregelmäßige Zirkulationen die Dauerstagnation.

Arkt. und antarkt. Gewässer sind von Dauereis bedeckt, das den Sauerstoffeintrag verhindert *(Amixie).*

Flachgewässer der mittleren geograph. Breiten erfahren eine Wasserdurchmischung durch Konvektion und Wind *(Pleomixie).*

Salzlösungen sind spezifisch dichter als reines Wasser, sie sinken in die Tiefe und behindern die totale Durchmischung des Wasserkörpers, die nur im oberen Teil erfolgt *(Meromixie).*

In den gemäßigten geograph. Breiten ist ein dimiktischer Jahresverlauf typisch:

Im Frühjahr erwärmt sich das oberflächennahe Wasser. Frühjahrsstürme sorgen für eine vollständige Durchmischung des leichten warmen Oberflächenwassers mit dem schweren kalten Tiefenwasser und die Versorgung des gesamten Wasserkörpers mit Sauerstoff (*Frühjahrszirkulation,* Abb. C).

Zum Sommer hin vermehrt sich die Menge des warmen Oberflächenwassers, nur in diesem findet noch eine Zirkulation statt und seine Temperatur stabilisiert sich.

Die warme Oberflächenschicht **(Epilimnion)** wird durch eine Sprungschicht mit raschem Temperaturabfall **(Metalimnion)** vom gleichmäßig kalten Tiefenwasser **(Hypolimnion)** getrennt (Abb. C).

Zwischen Oberflächen- und Tiefenwasser findet kaum Sauerstoffaustausch statt *(Sommerstagnation).*

Im Herbst kühlt das Wasser ab, verdichtet sich und sinkt ab. Mit ihm senkt sich auch die zunehmend engräumigere Temperatursprungschicht.

Es setzt sich, unterstützt durch die Herbststürme, die Durchmischung des Sees durch Vollzirkulation wie im Frühjahr durch *(Herbstzirkulation).*

Der Wasserkörper ist ca. 4 °C kalt und mit Sauerstoff durchmischt.

Im Winter verliert das Wasser durch weitere Abkühlung an Dichte.

Durch die Dichteanomalie des Wassers entwickelt sich eine instabile inverse Temperaturverteilung mit kälterem Oberflächenwasser über 4 °C kaltem Tiefenwasser (S. 32 f.).

Eis bedeckt die Seeoberfläche, weil die Eisdichte bei 0 °C nur neun Zehntel der Wasserdichte erreicht. Das Eis stabilisiert die Temperaturschichtung *(Winterstagnation).*

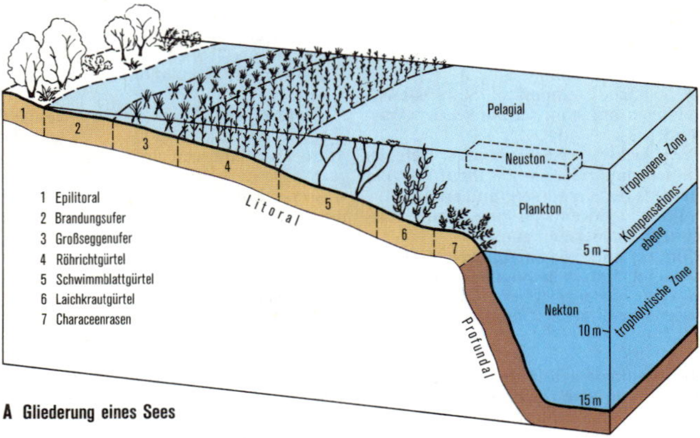

A Gliederung eines Sees

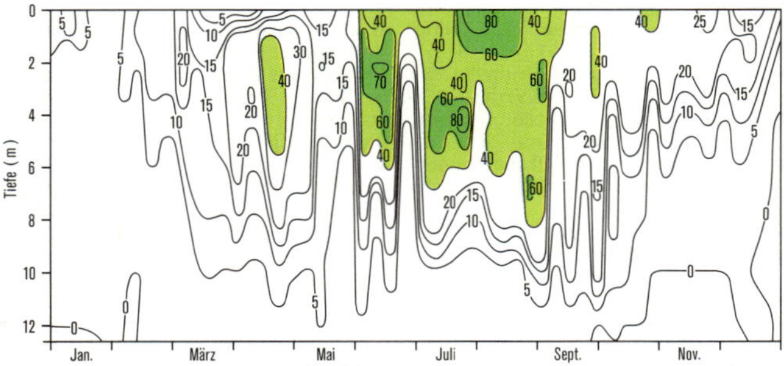

B Phytoplanktonproduktion in mg C m^{-3} d^{-1} (Lawrence Lake, Michigan)

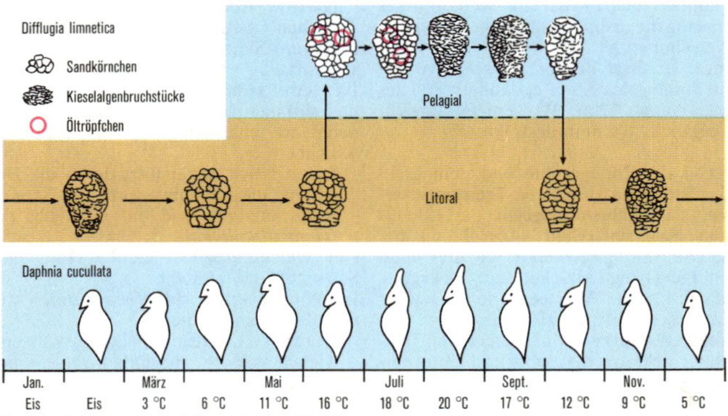

C Aufenthalts- und Gestaltswandel bei Planktern

Leben in dimiktischen Seen

In den Ökosystemen der stehenden Gewässer werden als Lebensräume der Lage nach

Freiwasserzonen **(Pelagial)** und
Bodenzonen **(Benthal)**

unterschieden. In beiden Zonen ergibt sich die Tiefengliederung aus der Lichtmenge, die von autotrophen Pflanzen und Bakterien noch zur Photosynthese verwertet werden kann.

Die **trophogene Zone** umfaßt den ausreichend durchleuchteten *(euphotischen)* Bereich des Oberwassers mit positiver Photosynthesebilanz (Erzeugung organ. Nährstoffe). Diese wird durch die **Kompensationsebene,** die von ca. 1% des Oberflächenlichts erreicht wird, von der lichtlosen *(aphotischen)* **tropholytischen Zone** mit negativer Photosynthesebilanz (Nährstoffzehrung) getrennt (Abb. A).

In der Dämmerungszone *(dysphotische Zone)* tiefer klarer Seen ist auch in größeren Tiefen noch Licht kurzer Wellenlängen meßbar, das aber keine Primärproduktion ermöglicht.

Die Kompensationsebene teilt die Bodenzone *(Benthal)* in die

Uferzone **(Litoral)** und
Tiefenzone **(Profundal,** Abb. A).

Die oberste, vom Spritzwasser nicht erreichte Uferzone *(Epilitoral)* bietet den an feuchte Standorte angepaßten Hydrophyten günstige Lebensbedingungen. Der Bereich wird u.a. von lichten Erlenbruchwäldern mit Schwarzerlen *(Alnus glutinosa),* Moorbirken *(Betula pubescens),* Weiden *(Salix spec.)* und starkem Unterwuchs aus Moosen, Farnen, Gräsern und stickstoffliebenden Kräutern, z. B. Brennnesseln, eingenommen. Der Boden ist mit Detritusfressern *(Milben, Regenwürmern, Asseln, Schnecken)* angereichert. Herbivore Insekten und Zoophagen, v. a. Spinnen und Stechmücken, bieten einer artenreichen Vogelfauna von Busch- und Bodenbrütern eine optimale Nahrungsgrundlage.

An das Epilitoral schließt sich ein Lebensbereich an, der dem Spritzwasser oder durch Wasserstandsschwankungen ständig wechselnden abiot. Bedingungen ausgesetzt ist (Brandungsufer, *Supralitoral*), so daß sich eine Makrophytenflora kaum entwickeln kann. Dieser Lebensraum wird von sauerstoffliebenden Lebewesen mit best. Haftorganen, wie Strudelwürmern *(Turbellarien)* und krustenbildenden Blaualgen *(Cyanophyta),* besiedelt. In diese unmittelbare Seerandzone können Weiden vordringen. Sie bilden *Adventivwurzeln* aus, die die Funktion der bei längerem Hochwasser absterbenden Bodenwurzeln übernehmen.

Im Bereich zwischen der Hoch- und Niedrigwasserzone leitet eine *Großseggenzone* zum *Sublitoral* (im Süßwasser auch *Infralitoral*), der ständig unter Wasser stehenden Uferzone, über, deren Gliederung nach Pflanzengesellschaften vorgenommen werden kann, die den unterschiedl. Licht-, Druck- und Untergrundverhältnissen angepaßt sind (Abb. A).

Blütenpflanzen reichen wegen der Druckempfindlichkeit ihrer Interzellularen bis max. 10 m Tiefe, darunter wird die Ausbreitung von Moosen und Algen bis max. 30 m Tiefe durch Licht bestimmt,

wobei braune und rote Pigmente als Akzeptormoleküle für das tief eindringende grüne Licht dienen. Das Sublitoral ist durch den Aufwuchs *(Periphyton),* der auf anorgan. oder organ. Untergrund haftet, bes. artenreich.

Das **Profundal** wird von Konsumenten, v. a. Sedimentfressern, bewohnt, die von der vom Litoral und Pelagial sowie über Zuflüsse zugeführten Biomasse leben.

Die Lebewesen des **Pelagials** sind durch bes. Körpereigenschaften entweder fähig zu schweben **(Plankton)** oder können aktiv, auch gegen die Wasserbewegung, schwimmen **(Nekton,** S. 106).

Nach der Gruppenzugehörigkeit unterscheidet man

pflanzliches *(Phytoplankton;* v. a. Blau- und Grünalgen, Kieselalgen),
tierisches *(Zooplankton;* v. a. Rädertierchen, Blatt- und Ruderfußkrebse) und
bakterielles Plankton *(Bakterioplankton;* Kokken, Stäbchen, Vibrionen).

Plankton wird der Größe nach unterteilt in:

Ultraplankton (v. a. Bakterien)	< 10 μm
Nanoplankton (v. a. Algen)	10–50 μm
Mikroplankton (Algen/Tiere)	50–500 μm
Makroplankton (Algen/Tiere)	500–2000 μm
Megaplankton (Tiere)	> 2000 μm

Im limn. Bereich gibt es nur eine geringe Schichtung in der vertikalen Verteilung des Planktons. Während der Stagnationsperioden im Sommer und Winter reichert sich das Phytoplankton und somit das Zooplankton in der trophogenen Zone an.

Während der Zirkulation verteilt sich das Plankton bei völliger Durchmischung des Sees im Frühjahr und Herbst im belichteten Bereich des gesamten Wasserkörpers (Abb. B).

Zahlreiche Zooplankter können zykl. Gestaltveränderungen **(Zyklomorphosen)** als Anpassung an Temperatur, Turbulenz, Futter und Licht vollziehen und so ihre Schwebe- und hydrodynam. Eigenschaften optimieren (Abb. C). Andere verbringen, anders als das immer schwebende Plankton *(Holoplankton),* durch Gas- oder Fetteinlagerung einen Teil ihres Lebens schwebend im Plankton, den Rest durch Einlagerung von Sandteilchen in ihre Körperhülle am Boden des Gewässers *(Meroplankton,* Abb. C).

Zum **Nekton** gehören vorwiegend räuberische, planktonfressende Fische.

Auf der Wasseroberfläche existiert eine Schwimmlebensgemeinschaft **(Pleuston)** mit Schwimmpflanzen (Wasserlinsen, Wasserhyazinthen, Wasserfarn) und Schwimmtieren.

Das **Neuston** heftet sich an das Wasserhäutchen der Grenzfläche Wasser/Luft an und lebt entweder auf der Oberfläche *(Epineuston)* oder als *Hyponeuston* darunter (S. 112, Abb. D).

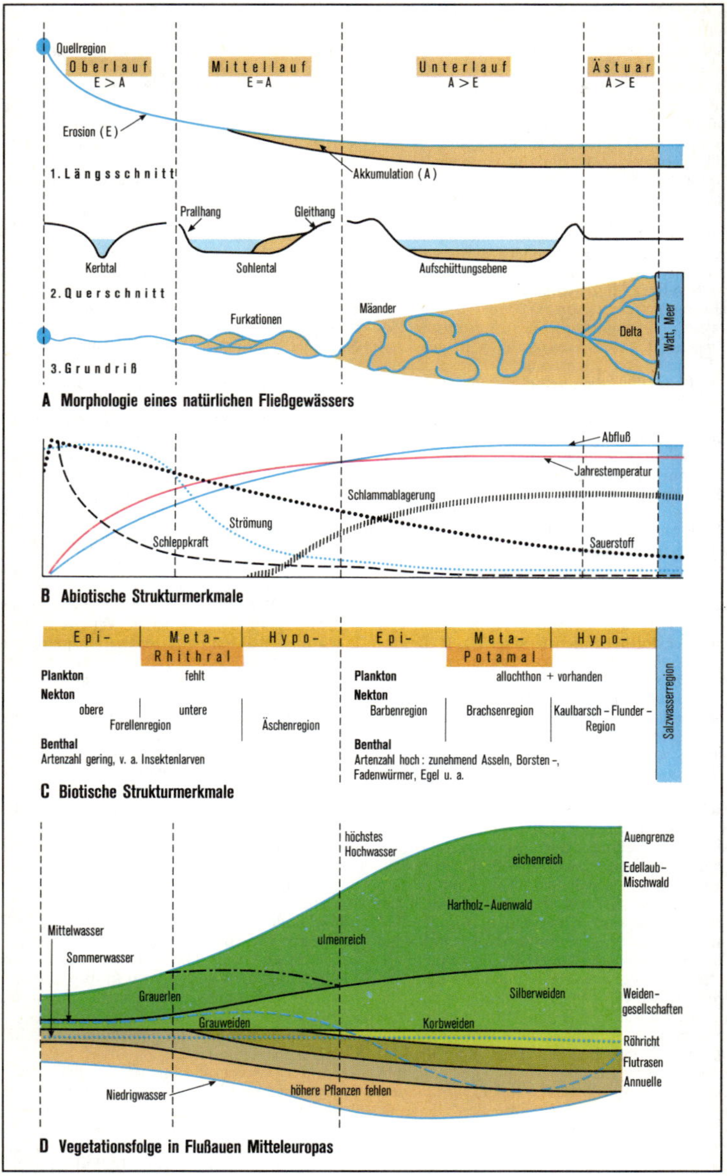

Längszonierung von Fließgewässern

Stehende Gewässer stellen trotz ihrer Zu- und Abläufe relativ geschlossene Ökosysteme dar. **Fließgewässer** sind *offene Ökosysteme* mit enger Verbindung zu den Landökosystemen und ständiger Gestaltänderung durch Abtragung (Erosion) und Aufschüttung (Akkumulation) des Bodens.

Die Flüsse kann man nach der Wasserspiegelbreite, Wasserführung, Fließgeschwindigkeit und Strömungsverhältnissen einteilen:

Nach der **Wasserspiegelbreite** unterscheidet man:

Quellbäche (bis 1 m Breite, Einzugsbereich unter 2 km^2), zu denen auch die *Binnen-Vorfluter* (Abflüsse aus Entwässerungsanlagen, Kläranlagen, Industrie und Haushalt) des Flachlands zählen. Es folgen stromabwärts
große Bäche (1-3 m, 2-50 km^2),
kleine Flüsse (3-10 m, 50-300 km^2) und
große Flüsse und *Ströme* (über 10 m, im Bergland 50-500 km^2, im Flachland 300-500 km^2).

Bestimmendes Merkmal der Fließgewässer ist die **Strömung** und die sich aus ihr ergebende *Längszonierung* (Abb. A-D).

Bei Fließgeschwindigkeiten von 1-3 m/s schneiden sich Gewässer in die Gesteinsunterlage bis zum Erreichen der absoluten Erosionsbasis, dem Meer, ein.

Der Fluß zeigt eine längsgestreckte Ausrichtung (Abb. A, 3). Die Wasserführung ist sehr ungleichmäßig (Schmelzwasser, Steigungsregen).

Die Temperaturen sind niedrig und erreichen im Gebirgsbach nur 1-5 °C. Dem Bereich mit reiner Tiefenerosion (*Oberlauf*, 5-10 °C), schließt sich der *Mittellauf* (10-15 °C) mit verringertem Gefälle und niedrigerer Strömungsgeschwindigkeit an.

Im Fließbereich des Stromstrichs und in den Außenbögen erodiert der Fluß (Tiefen- und Seitenerosion), in den Stillwasserzonen der Innenbögen lagert sich durch Verringerung der strömungsabhängigen Schleppkraft Lockermaterial ab (Akkumulation).

Gleiche Summenwerte von Erosion und Akkumulation kennzeichnen den Mittellauf eines Flusses.

Bei großer Materialführung (z. B. Alpenflüsse) kommt es in breiten Schotterbetten zu Flußverlagerungen und Verzweigungen (Furkationen), v. a. während der Frühjahrshochwasser.

Der *Unterlauf* eines Flusses ist Ablagerungsgebiet.

Durch Seitenerosion bildet der Fluß Mäander, aus denen sich ökologisch wichtige Stillwassergebiete (Altwasser) bilden können (Abb. A).

In der **Quelle** tritt das Grundwasser aus. Aus Sturzquellen *(Rheokrenen)* fließt das Wasser ohne Beckenbildung mit Gefälle ab; solche Quellen bieten keinen Lebensraum. Tümpelquellen *(Limnokrenen)* speisen vom Grund her ein stehendes Gewässer, das ein Quellbach über einen Überlauf verläßt. Sicker- oder Sumpfquellen *(Helokrenen)* treten aus größeren Flächen aus (Quellsumpf). Das Wasser verläßt erst nach einer längeren Standzeit die durchfeuchtete Sumpffläche.

Helo- und Limnokrenen stellen ökologisch wichtige aquatische oder amphibische Lebensräume dar, z. B. als Bruträume des Nektons und der Amphibien. Das nährstoff- und sauerstoffarme Quellwasser reichert sich bei den niedrigen Temperaturen rasch mit Sauerstoff an. Trotzdem ist die Produktivität gering, da die Organismen andere Biotope bevorzugen.

Mineralquellen und *Thermen* sind Quellen mit hohem Nährsalzgehalt bzw. bes. Temperaturverhältnissen. Thermen können auch bei höheren Temperaturen besiedelt sein.

Temperaturgrenzen: Bakterien 88 °C, Blütenpflanzen 40 °C, Fische 37,5 °C.

Die abiot. Verhältnisse im **Oberlauf** eines Flusses werden vom schnell fließenden Wasser bestimmt, das in einem Bachbett mit wechselnder Breite über ein Substrat aus Gestein, Geröll, Kies oder Sand fließt und die Ränder auskolkt (Stillwasserbereiche). Bei niedrigen und kaum schwankenden Wassertemperaturen ist die Primärproduktion gering.

Die räuml. Strukturierung und damit die Produktivität des Fließgewässers beginnt bei abnehmenden Strömungsgeschwindigkeiten (unter 1,7 m/s).

Bis 2 m Tiefe dominiert das Gewässerbett als Lebensraum mit Kleinbiotopen, die von der Lage zu Strömung und Licht abhängig sind.

Bei mehr als 2 m Wassertiefe gewinnt die fließende Welle zunehmend als Lebensraum an Bedeutung.

Spezifische Kleinbiotope in **Mittel-** und **Unterlauf** sind Sandbänke (Psammal) sowie Schlick- und Schlammablagerungen mit ihrem ständigen Wechsel der Wasserstände.

Die Schlickzone zwischen den niedrigsten und höheren Wasserständen ist Kampfzone von Wasserpflanzen bei längerem Niedrigwasser (Algenrasen) und höheren Pflanzen (wie Wasser-Sumpfkresse, Wasser-Ehrenpreis) beim Trockenfallen des Gewässers.

Die Lebensräume des Ober- und Mittellaufs **(Rhithral)** werden biozönotisch durch Fischzonen vom Tieflandsfluß **(Potamal)** abgegrenzt (Abb. C). Die Grenze stimmt etwa mit der Temperaturgrenze der Tagestemp. des Wassers von 20 °C überein.

Im ruhigen Wasser des Potamals kommt es wegen verringerter Umschichtung von Teilen des großen Wasserkörpers zu jahreszeitl. Schichtungen und Tageszyklen der Temperatur, vergleichbar mit den Seen.

Das **Litoral** umfaßt die Biotope unterhalb des Mittelwassers. Oberhalb liegen die **Flußauen** bis zur höchsten Hochwassergrenze. Ihnen folgen die **Außenauen** ohne rezente fluviatile Ablagerungen mit direktem Grundwassereinfluß.

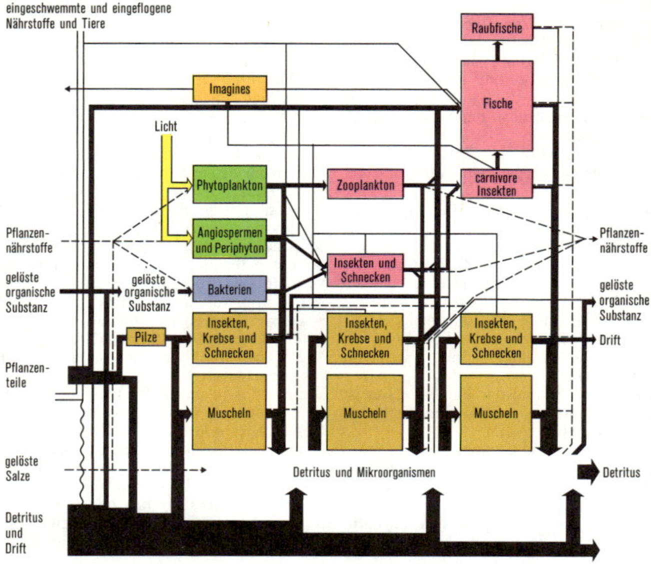

A Nährstoffkreisläufe im Rhithron

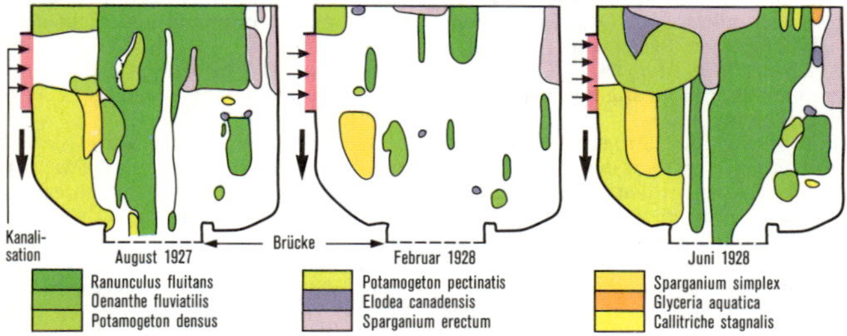

B Makrophyten im River Lark (Suffolk, Großbritannien; Aufsicht)

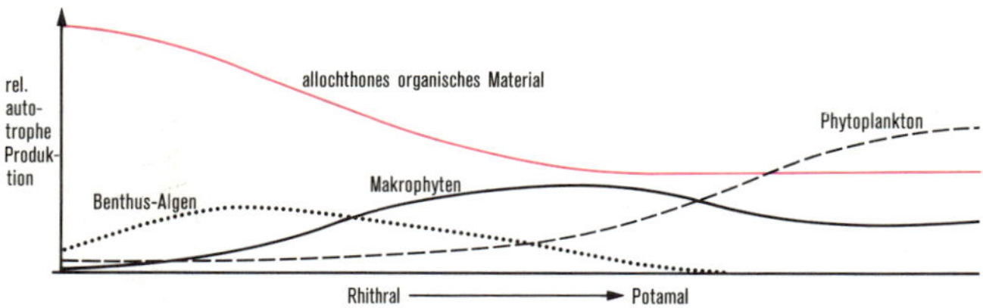

C Bioproduktion im natürlichen Fließgewässer

Jedes Fließgewässer hat eine individuelle Charakteristik. Eine allgemeingültige Gliederung auf biolog. Grundlage ist wegen der ständigen strömungsbedingten Veränderungen schwierig und kann nur großflächig erfolgen, für Europa z. B. durch die Fischzonengliederung von ILLIES (S. 120, Abb. C).

Eine linienhafte Abgrenzung ist wegen der Beweglichkeit der Tiere nicht möglich, da diese bei kleinsten Veränderungen ab- oder zuwandern. Leitarten besiedeln auch gemeinsam Übergangsräume.

Die Fischzonengliederung Europas kann über den Vergleich der Lebensformen auf andere geograph. Bereiche übertragen werden.

Fließgewässer sind ökologisch über ihren Energiehaushalt sehr eng mit den terrestr. Ökosystemen verbunden. Im Ober- und Mittellauf natürl. Fließgewässer verhindern überhängende Äste durch Lichtabschirmung die fluviatile Primärproduktion soweit, daß bis zu 99% der Konsumentennahrung als Fallaub, Äste, Früchte und gelöste organ. Substanz allochthonen Ursprungs ist, durchschnittl. 40–75%.

Die geringe Eigenproduktion macht diese Bereiche bes. empfindlich für Fremdstoffeinleitungen.

Anders als Seen mit ihrer zumindest jahreszeitl. Trennung der Assimilations- und Dissimilationsräume sind Fließgewässer durch mehrmalige ständig kurzgeschlossene Nährstoffzyklen gekennzeichnet, die teils ortsfest benthisch, teils submers im Bewegungszustand entlang der Fließrichtung ablaufen und durch verschiedenste Organismen und Nahrungsketten verkoppelt sind (Abb. A).

Der Quellregion *(Krenal)* mit ihrer eigenständigen Lebensgemeinschaft *(Krenon)* folgen flußabwärts die beiden Biozönosen *Rhithral* und *Potamal* mit den Biotopen *Rhithron* und *Potamon* (S. 120, Abb. C).

Alle Flußbiozönosen sind mit ihren Uferbereichen durch vielfältige Kleinbiotope mit räuml. Präferenz und jahreszeitl. Dynamik gekennzeichnet (Abb. B).

Das **Krenon** wird vom Kalkgehalt des Wassers bestimmt. In kalkarmen Weichwasserquellen findet man als Produzenten *Gemeines Quellmoos* und *Bitteres Schaumkraut,* als Konsumenten die detrivore *Quellschnecke.* In Kalkquellen können sich *Echtes Löffelkraut* und Lebermoosüberzüge entwickeln; typisch sind hier der *Alpen-Strudelwurm* und gelegentlich eingeschwemmte Grundwasserarten wie *Höhlenkrebse* und *Höhlenassel.*

Die Produktivität des Krenons ist wegen der i. d. R. niedrigen Temperaturen und häufigen Beschattung gering.

Mikroorganismen und Fische fehlen. Die Konsumenten leben von allochthonem Material, ansonsten von Bakterien, Pilzen und Algen.

Der an die Quellregion anschließende Oberlauf des Fließgewässers ist für die benthischen Algen und Makrophyten von den natürl. Umweltverhältnissen her optimaler Lebensraum (Abb. C).

Die Primärproduktion nimmt mit verringertem Gefälle und steigenden Wassertemperaturen zu.

Typisch sind für das **Rhithron** Rotalgen-Überzüge auf steinigem Substrat (kalkarm: rote *Hildenbrandia,* braune *Lemnanea;* kalkreich: grüne *Vaucheria* und *Cladophora*). Im kalkarmen *Epi-* und *Metarhithral* dominieren häufig *Wasserstern* und *Tausendblatt,* im kalkreichen *Wasserhahnenfuß.*

Die Makrophytenvegetation findet v. a. im Flachwasser günstige Lebensmöglichkeiten und breitet sich teppichartig aus (Abb. B).

Bei einer Vorzugstemperatur von 10,4 °C findet die *Bachforelle,* in Nordamerika die *Regenbogenforelle,* optimale Lebensbedingungen im sauerstoffgesättigten Wasser. Sie ist im Epirhithral dominant und im Metarhithral mit anderen kalt-stenothermen Fischen *(Koppe, Bachneunauge)* vergesellschaftet.

Im *Hyporhithral* (3–15 °C) dominiert in zahlreichen mitteleurop. Gewässern die *Äsche* wegen ihrer höheren Vorrangtemperatur und Bevorzugung breiterer Gewässerschnitte. Die immer noch beträchtl. Fließgeschwindigkeit erfordert bei den Invertebraten bes. Anpassungen

(starke Klauen: *Hakenkäfer, Eintagsfliegenlarven;* Saugnäpfe: *Lidmücken;* klebrige Haftsekrete: *Kriebelmücken;* strömungsgünstige Gestalt: *Mützenschnecke;* starke Körperabplattung: *Groppe, Steinfliegenlarven).*

Autochthone Planktonarten fehlen oder werden aus Stillwasserzonen eingedriftet.

Zum Tiefland hin verbessern sich die Lebensbedingungen für das **Potamon,** v. a. für die Makrophyten (kalkarm: *Igelkolben, Wasserpest;* kalkreich: *Igelkolben, Laichkraut*).

Ihr Produktivitätsanteil verringert sich aber bei Wassertiefen von 2 m an und bei stärkerer Schwebstofführung zugunsten des Phytoplanktons.

Im Benthal leben Zehrschichtorganismen vom zu Boden sinkenden zugeführten Detritus.

In gebirgsnahen Ebenen *(Epipotamal)* dominiert die *Barbe.* Im Tieflandsüßwasser *(Metapotamal)* mit stärkerer Ablagerungstendenz und Weichboden-Mikrofauna leben langsamere Fischarten, v. a. *Brachsen.*

Unter Salzwassereinfluß leitet das *Hypopotamal* mit dominierenden *Kaulbarschen* als limnischer und der *Flunder* als mariner Charakterart zum marinen Ökosystem über.

Fließgewässer werden je nach den edaphischen Bedingungen von wechselnden amphib. *Litoral-* und *Auen-Biozönosen* mit typ. Zonation begleitet, die Refugien für wassergebundene Spezialisten in der heute häufig ausgeräumten Landschaft darstellen (S. 120, Abb. D).

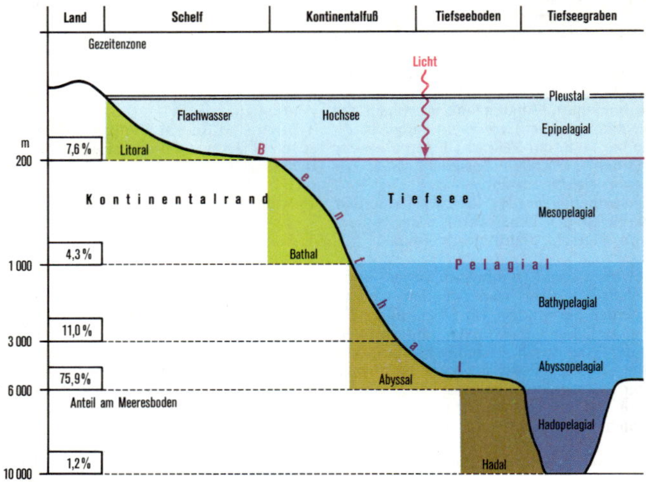

A Topographische und ökologische Meeresbereiche

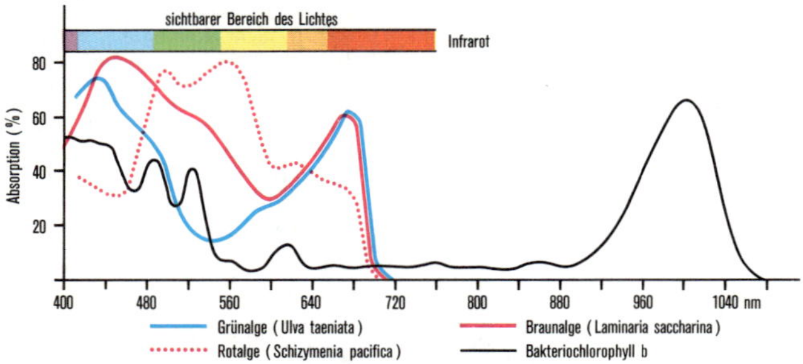

B Lichtabsorption von Algen- und Bakterienfarbstoffen

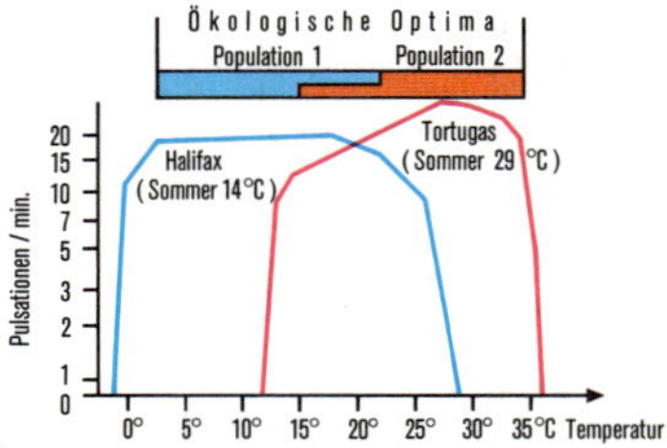

C Schwimmaktivität der Ohrenqualle Aurelia aurita in getrennten Populationen

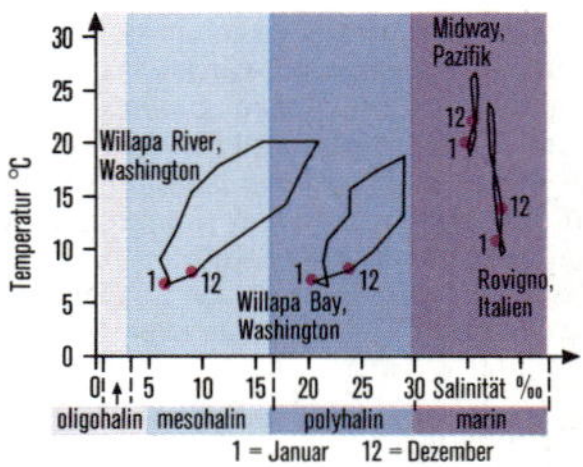

D Jahresgang von Temperatur und Salinität in Ästuaren und Meeren

Ausdehnung, Gliederung (Abb. A)
Die **Weltmeere** stellen mit 70,8% der Oberflächenbedeckung und 1,4 Mrd. km^3 Wasserinhalt das größte Ökosystem der Erde dar.

Die Horizontalgliederung der Meere in *Meeresbecken,* interkontinentale *Mittelmeere* und *Randmeere* grenzt Räume unterschiedl. ökolog. Bedeutung ab.

Die topograph. Vertikalgliederung unterscheidet zwischen **Kontinentalrand** mit *Gezeitenzone, Schelf, Kontinentalfuß, Tiefseeboden, Tiefseegraben* und **Tiefsee.** Die **Flachmeere** reichen bis zur Kontinentalkante, wo sie bei ca. 200 m Tiefe in die küstenferne **Hochsee** übergehen.

Ein bes. Merkmal der Meere ist ihre Tiefe: mittl. Tiefe 3792 m, Challenger-Tief 11278 m.

HAECKEL unterschied im Freiwasserraum **neretische** (küstennahe = Litoral) und **pelagiale** (ozeanische) Lebensräume.

Den ozean. Raum gliedert man ökolog. nach der Tiefe in **Epipelagial, Mesopelagial, Bathypelagial, Abyssopelagial** und **Hadopelagial.**

Vom eigentl. Pelagial ist der Grenzsaum zwischen Wasser und Luft, das **Pleustal**, abzugrenzen. Hier findet man als Lebensform das *Pleuston,* an Treibholz gebundene oder mit bes. Körperfortsätzen versehene Organismen (z. B. *Velella,* S. 112, Abb. B), die, von Wind und Strömung angetrieben, auf der Wasseroberfläche treiben.

Im oberflächennahen Wasser leben die Organismen des *Neustons* (S. 112, Abb. D).

Entsprechend der Tiefenabgrenzung der Freiwasserzonen unterscheidet man im Bodenbereich des Meeres **(Benthal)** das küstennahe **Litoral** und die Randzonen der **Tiefsee,** die durch die Lichtgrenze bei ca. 200 m getrennt sind.

Den stehenden Gewässern vergleichbar unterteilt man das Litoral in

Supralitoral (Spritzwasserzone, v. a. an Steilküsten), *Eulitoral* (Zone der Wasserstandschwankungen, Gezeitenzone, Watt) und *Sublitoral* (zwischen Niedrigwasser und Kontinentalschelfkante).

Das innere Sublitoral (Infralitoral) reicht von der mittl. Niedrigwasserlinie bis zur unteren Verbreitungsgrenze benthischer Makrophyten, je nach geograph. Breite und Küstenform bis −15/−80 m Tiefe. Darunter erstreckt sich das äußere Sublitoral (Circalitoral).

Benthial, Abyssal und **Hadal** sind die Benthal-Lebensräume der Tiefseeorganismen.

Licht, Temperatur, Salzgehalt
Nur 10% des Meerwassers hat ausreichende **Lichtbedingungen** für die Photosynthese. 90% liegt in totaler Finsternis und erhält Nährstoffe v. a. durch Absinken aus dem euphotischen Bereich.

UV- und langwelliges Licht dringt weniger tief ein als blaugrünes. Oberflächennahe Pflanzen, z. B. *Ulva spec.,* absorbieren Lichtanteile wie die Landpflanzen. Rotalgen nutzen tief eindringendes grün-gelbes Licht mit Hilfe *akzessor. Pigmente* (S. 15), die die Energie auf Chlorophyll a übertragen.

Die Absorption der Bakterienfarbstoffe reicht weit in nicht sichtbare Lichtbereiche hinein (Abb. B).

Produzenten können in marinen Ökosystemen durch Anpassung der Absorptionssysteme an die versch. Lichtzonen bis in Tiefen von ca. 200 m existieren.

Die *Lichtkompensationsebene* (Photosynthese = Dissimilation) liegt im klaren Wasser der Subtropen ca. 100 m tief, durch den Trübstoffgehalt im N-Atlantik ca. 40 m, in der Nordsee ca. 25 m und in Küstennähe wenige Dezimeter.

Landpflanzen erreichen eine hohe Lichtausbeute durch extreme Vergrößerung der Blätter.

Die Zellen des Meeresplanktons sind extrem klein und erzielen durch das günstige Verhältnis von Oberfläche/Volumen eine ähnlich optimale Lichtausnutzung wie die Landpflanzen.

Der große Wasserkörper des Meereswassers ist unterhalb 140–300 m temperaturstabil. Im ozean. Bereich sind die **Temperaturschwankungen** gering, hier leben v. a. *stenotherme* Arten.

Das **Litoral** (z. B. Watt) wird bei Schwankungen von −5° bis +35 °C von *eurythermen* Arten bewohnt.

Tiere gleicher Art können ihr Aktivitätsverhalten durch Prägung in der Entwicklungsphase an die Umgebungstemperatur anpassen (Abb. C).

Ökologisch bedeutend sind Sprungschichten *(Thermoklinen),* die die warme *Thermosphäre* an der Oberfläche von der kalten *Psychrosphäre* trennen.

Die unterschiedl. Wasserdichte beeinflußt die Schwebeeigenschaften des Planktons, wodurch es an der Thermokline zu großen Massenwechseln dieser Lebewesen kommt.

Der **Salzgehalt** (*Salinität,* ∅3,5%) des Meeres wird von Kochsalz (NaCl, 77%) bestimmt.

Der *Nährsalzgehalt* ist gering und wichtiger wachstumslimitierender Faktor.

Der Salzgehalt schwankt jahreszeitlich v. a. in den Küstenregionen, in den Tropen und Subtropen sowie im Polarbereich durch Eisschmelze.

Thermo-Salinitäts-Diagramme verdeutlichen die Jahresabläufe der beiden wachstumsbegrenzenden Faktoren (Abb. D).

Man unterscheidet nach dem Salzgehalt *oligo-, meso-, polyhaline* und *marine* Bereiche.

Salzwasser stellt für die Organismen durch den erzeugten osmot. Druck ein ökolog. Problem dar (S. 35).

Die meisten Wirbellosen, Pflanzen, auch Haie sind *isotonisch.* Ihr Ionengehalt entspricht dem Außenwert.

Die meisten Arten bevorzugen Gebiete mit stabilem Salzgehalt, sie sind *stenohalin. Euryhaline* Arten können sich wechselnden Salzkonzentrationen anpassen. Sie bewohnen die Ästuare und Litoralbereiche.

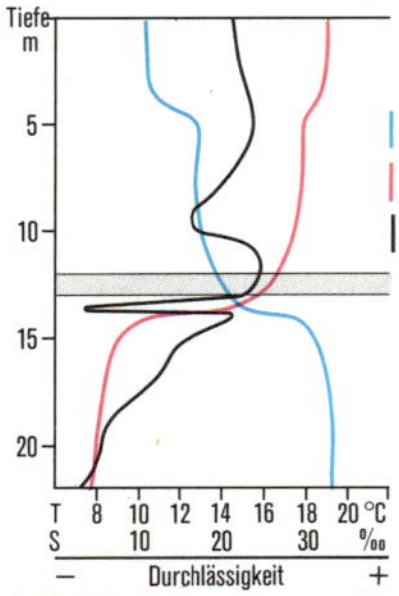

A Salinität, Temperatur und Durchlässigkeit (Øresund)

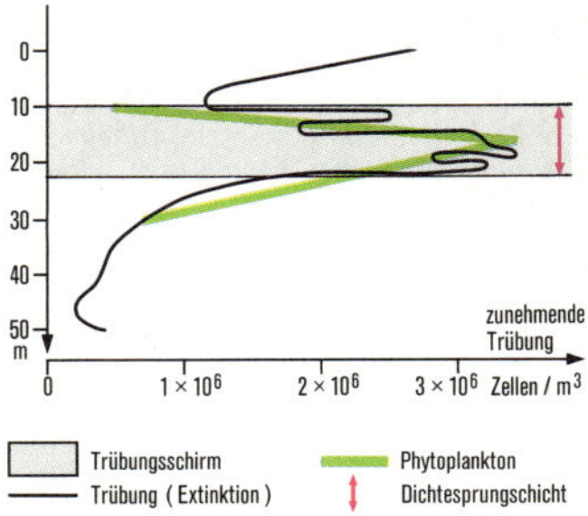

B Trübungsschirm auf Dichtesprungschicht (Hokkaido)

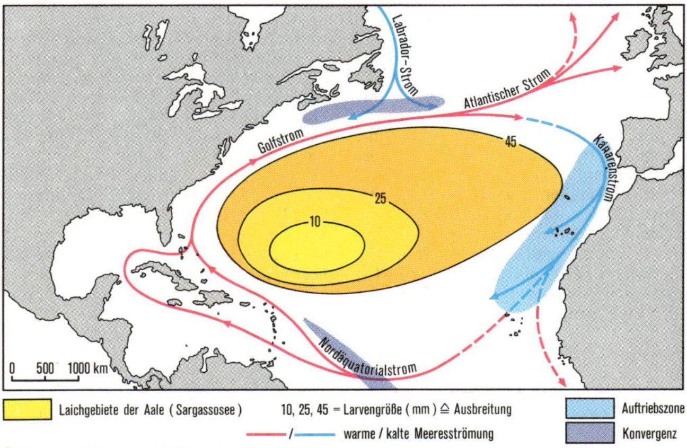

C Meeresströmung und Aalwanderung

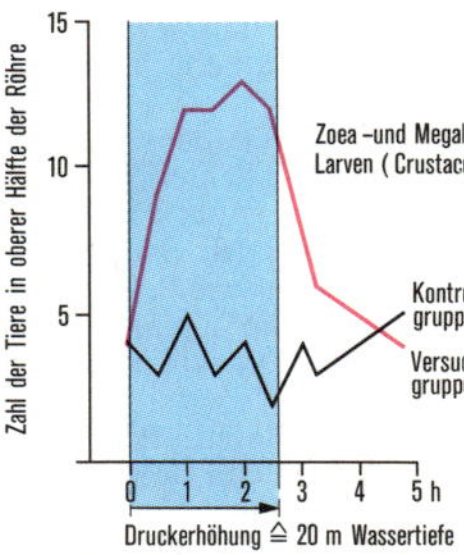

D Druck- und Verhaltensänderung

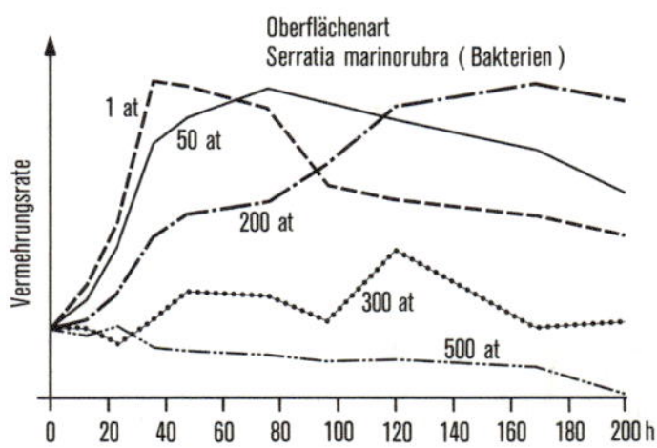

E Hydrostatischer Druck und Vermehrung

Dichte

Salzgehalt und Temperatur bestimmen die Dichte des Meerwassers.

Bei 24,7‰ Salzgehalt liegt die *größte Dichte* unterhalb des Gefrierpunktes und sinkt bei 35‰ auf −1,91 °C (Nordsee).

Im Meerwasser sammelt sich beim Abkühlen von +4° auf 0 °C kein leichtes Wasser an der Oberfläche wie beim Süßwasser. Es entwickelt sich keine Wintersprungschicht. Das schwerere Wasser sinkt solange ab *(Gradientströmung)*, bis sich Eis bildet.

Therm. und haline Sprungschichten sind auch *Dichtesprungschichten* und Sperrschichten für den vertikalen Wasseraustausch (Abb. A).

Über dichterem Unterwasser sammeln sich Sinkstoffe und bilden *Plankton-* und *Trübstoffschirme* (Seston), die sich aus dem *Bioseston* (Planktonorganismen und aktiv eingewanderte Kleinlebewesen, Abb. B) und nicht lebenden Schwebstoffen *(Abioseston, Tripton)* wie Tonen, Sand und Detritus zusammensetzen. Die Nährstoffsammlung dient zahlreichen pelag. Formen als Nahrungsquellen.

Meeresströmungen

Ständige Winde erzeugen **Triftströmungen** an der Wasseroberfläche, die von entgegengesetzten

Ausgleichs- oder **Kompensationsströmungen** in der Tiefe begleitet werden.

Die Strömungsrichtung wird von der Erdumdrehung, Meeresschwellen, Form der Kontinente und Gezeiten bestimmt.

Durch die Erdrotation (Corioliskraft) wird die Strömung auf der N-Halbkugel nach rechts, auf der S-Halbkugel nach links abgelenkt, wobei die Ablenkung im Flachwasser und in Äquatornähe am niedrigsten ist.

Da, wo Meeresströmungen aufeinander treffen (z. B. Golf- und Labradorstrom), sinkt das kalte O_2-reiche Oberflächenwasser unter das warme **(Konvergenzen).**

An den W-Seiten der Kontinente wird das durch Winde weggeführte Oberflächenwasser durch Tiefenwasser ersetzt **(Auftriebsströmungen).** Das kalte nährstoffreiche Wasser gleicht Nährstoffverluste durch absinkenden Detritus in die großen Meerestiefen aus und kann mehr O_2 aufnehmen als das wärmere Oberflächenwasser.

Die Auftriebszonen des Peru-, Benguela- und Kanarenstroms u. a. gehören zu den produktivsten Meeresbereichen der Erde. In ihnen wurden Massenentwicklungen von Phytoplanktern beobachtet *(Algenblüten, »red tide«)*. Sie bilden eine Nahrungskette bis zu den Vögeln, die z. B. auf den peruan. Küsteninseln riesige Kotmengen ablagern **(Guano).**

Gefälls- oder **Gradientenströmungen** entstehen durch Abkühlung und Absinken sowie stärkere Erwärmung und Verdunstung von Oberflächenwasser. Dadurch steigt der Salzgehalt und die Dichte des Wassers. Es sinkt ab, wie z. B. im Golf von Mexiko:

Der 400 m tiefe und 50 km breite *Golfstrom* führt den Wasserüberschuß (Erwärmung und Ausdehnung des Wasserkörpers) ab. Das Gesamtsystem wird durch den N-Äquatorialstrom ergänzt. Die in der Sargassosee geschlüpften Aallarven nutzen den Golfstrom für ihre Wanderungen nach W- und N-Europa (Abb. C).

Gezeitenströmungen beeinflussen in flachen Meeresteilen, Buchten und Flußmündungen durch den Wechsel entgegengesetzter Strömungen die Lebewesen der Litoralbiotope. Sie bewirken einen bes. intensiven Stoffaustausch und können Lebewesen ständig verdriften.

Hydrostatischer Druck

Der hydrostat. Druck nimmt pro 10 m Wassersäule um ca. 10^5 Pa ($\approx$ 1 atm) zu, so daß in den Tiefseegräben mehr als 100 Mio. Pa erreicht werden. Eine druckabhängige Tiefenzonierung der Lebewesen konnte noch nicht nachgewiesen werden. Oberflächennah lebende Arten zeigen aber eine hohe Druckempfindlichkeit; immerhin verdoppelt sich der *Druckgradient* beim Abstieg von der Wasseroberfläche auf 10 m Tiefe (jeweils auf das Dreifache).

Der Druckwechsel von 0 auf 20 m entspricht einem solchen von 2000 auf 6000 m in die Tiefe (jeweils auf das Dreifache).

Die Physiologie der *Druckanpassung* ist kaum erforscht. Druck verändert die Stoffwechselaktivität, z. B. durch Erhöhung des CO_2-Gehalts im Protoplasma. Eiweißmoleküle werden unter Druck umgeformt, so daß sich die Enzymfunktion und die Permeabilität der Membranen ändern. Druckzunahme vergrößert die Schwimmaktivität.

Stenobathe Arten reagieren auf minimale Druckänderungen (Abb. D) und werden in ihrer Entwicklung beeinflußt (Abb. E).

Eurybathe Arten, wie der Borstenwurm *Amphicteis gunneri*, bewegen sich über große Tiefenbereiche hinweg (20–5000 m; Fische bis 400 m, Krebse bis 200 m). Ihnen fehlen gasgefüllte Hohlräume, so daß sie nicht deformiert werden, wenn sie untertauchen, weil Wasser und Körperflüssigkeiten unter Druck kaum zusammengepreßt werden.

Tiere mit Schwimmblase müssen den Außendurch Innendruck ausgleichen. Bei tieftauchenden Säugern wird die Lunge zusammengepreßt und die Luft in die versteiften Bronchialäste und Luftröhren gedrückt. Die O_2-Versorgung wird über die Freisetzung aus dem Muskel-Myoglobin gewährleistet.

Der Herzmuskel von Walen und Robben (Tauchtiefe: Pottwale 100 m, Robben 30 m) enthält 8% O_2-speicherndes Myoglobin (Mensch 0,5%).

Diese Tiere reduzieren den O_2-Verbrauch durch Pulssenken und begrenzen die periphere Durchblutung so, daß nahezu nur noch das Gehirn versorgt wird.

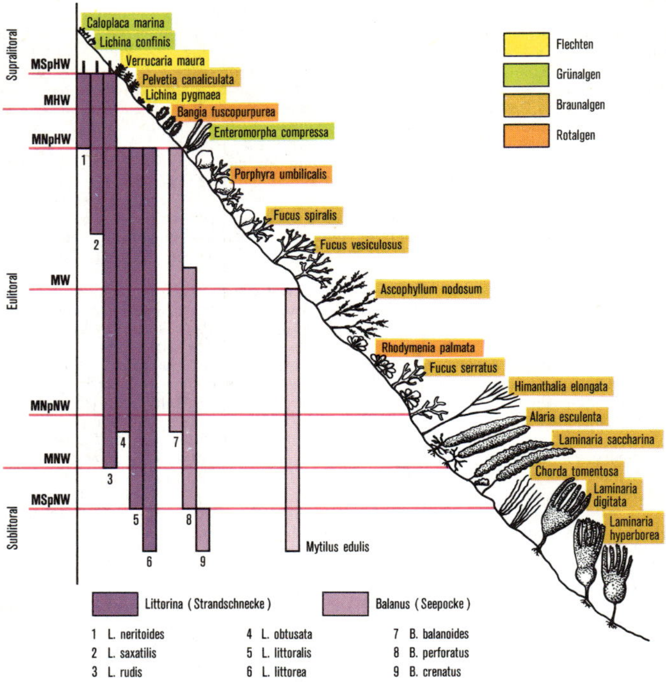

A Pflanzen- und Tierzonierung an atlantischen Felsküsten Europas

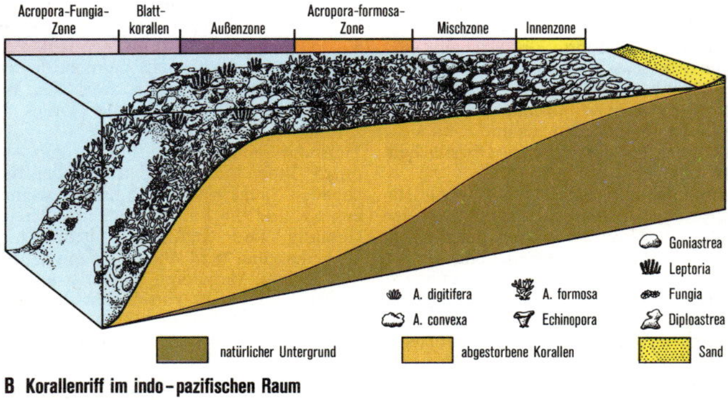

B Korallenriff im indo-pazifischen Raum

Felsküste, Korallenriff

Meeresküsten sind Übergangsräume *(Ökotone)* zwischen Land und Meer mit meist **vertikaler Zonierung.** Die Variabilität der physikal. und chem. Faktoren (O_2-Gehalt, Salinität, Sediment, suspendierte Partikel) sowie der biot. Umwelt (Konkurrenz, Räuber-Beute-Beziehungen) führt zu lokal unterschiedl. Differenzierung der küstenparallelen Vertikalzonen.

Im **Spritzwasserbereich** des *Supralitorals* (S. 117) herrschen ökolog. Extrembedingungen durch ständige Verdunstung und Salzanreicherung bei Trockenheit und Süßwasserauswaschung durch Niederschläge.

Das *Eulitoral* ist durch den **Gezeitenwechsel** tägl. rhythm. Veränderungen unterworfen. Beim **Trockenfallen** erleiden die Lebewesen Wasserverluste und können durch *Dehydratation* sterben. Es gibt keine sowohl an die Luft- als auch an die Wasseratmung angepaßten Organe:

Luftatmer besiedeln die oberen Grenzsäume des Litorals oder können sich einen Luftvorrat sichern, z. B. der Springschwanz *Anurida maritima* zwischen Körperhärchen.

Tiere entziehen sich der trockenen Phase, indem sie ständige Feuchtbereiche aufsuchen (Tümpel, Felsspalten, dicht bewachsene Algenrasen), oder sie ziehen sich in das Ufersediment (Schlick, Sand) zurück.

Schalen bieten Schutz, weil sie bis auf einen dünnen Spalt für den Gasaustausch verschlossen werden können.

Die Napfschnecke *Patella spec.* paßt ihre Schalenränder dem felsigen Untergrund nahezu luftdicht an und sucht nach der Nahrungssuche den gleichen Sitzplatz wieder auf.

Eine **dicke Kutikula** vermindert die Austrocknungsgefahr, z. B. bei Braunalgen; ebenso **schleimige Oberflächen** (Alge *Fucus spec.*, Seerose *Actinia equina*).

In den **Brandungszonen** können Tiere verdriftet, durch Reibungskräfte der bewegten Sande und Steine verletzt und verschüttet werden.

Röhrenbewohner sind im Lebensraum Sand *(Psammal)* geschützt.

Festsitzende *(sessile)* Arten heften sich an hartes Substrat an, wie

die Miesmuschel mit Byssusfäden, die Alge *Laminaria spec.* durch krallenartige Pseudopodien und Seepocken, die die Schale am felsigen Untergrund anzementieren.

Felsküsten, Felswatt

Das harte Gestein der Felsenküsten bietet *Haftformen* einen stabilen Untergrund. Die ständige Wasserbewegung und Lichtdurchflutung ermöglicht eine hohe *floristische Besiedlungsdichte (Algen).*

Durch die dichte Flora (Nahrung, Schutz) und die optimale O_2-Versorgung sind die Felsküsten von einer artenreichen Fauna besiedelt.

Der Gradient unterschiedl. Lebensbedingungen (mechan. Kräfte, Salinität, Lichtmilieu) bewirkt eine deutl. **Zonierung,** v. a. des Algenbewuchses, weniger deutlich auch der Tierwelt (Abb. A).

Im **Supralitoral** können nur Salzflechten und Seepocken andauernd überleben. Muscheln und Schnecken dringen temporär vom Meer her ein.

Im **Eulitoral** siedelt eine Algengesellschaft:

Grünalgen (Photopigmente: Chlorophylle a und b) leben im gut durchlichteten Eulitoral;

Rotalgen (Chl. a + Phycobiline = Rotfärbung) reichen bis zu dessen Untergrenze;

Braunalgen (Chl. a + Fucoxanthin = Braunfärbung) bestimmen die Sublitoralflora.

In Stillwasserzonen können »Großalgen-Wälder« aufwachsen, z. B.

die *Kelpwälder* vor der kaliforn. Küste mit der bis zu 50 m langen *Macrocystis pyrifera.*

Die **Fauna** der Algenzonen besteht v. a. aus Hohltieren, Schwämmen, Moostierchen, Muscheln, Kleinkrebsen und Schnecken.

Korallenriffe

sind biolog. Ursprungs und wachsen vom Meeresboden zur Oberfläche empor. Typ. Riffbildner sind

die **Steinkorallen** *(Madreporaria),* z. B. *Acropora spec.*, aber auch andere Arten, wie **Röhrenwürmer** (*Sebellaria,* »Sandkorallen«) und **kalkbildende Rotalgen** *(Lithothamnia).*

Die Korallenpolypen leben, mit Grünalgen vergesellschaftet, im klaren Wasser bis max. 70 m Tiefe in mindestens 20 °C warmem Wasser (Tropen, Subtropen). Sie leben mit den Algen in Symbiose. Diese liefern Photosyntheseprodukte und erhalten aus dem Abbau des von den Polypen eingefangenen Zooplanktons CO_2 und schwer zugängl. Nährstoffe, z. B. **P.** Insbes. ist die Photosynthese mit dem Korallenmetabolismus durch im Polypenkörper lebende (endozoische) Dinoflagellaten *(Symbiodinium microadriaticum)* verkoppelt.

Dieser kurzgeschlossene Nährstoffkreislauf ist mit den Verhältnissen im trop. Regenwald vergleichbar, dessen Artenvielfalt der des Korallenriffs entspricht.

Die Korallenriffe wachsen 0,1-3 cm/a. Bei Fehlen der Algen vermindert sich das Wachstum auf 1/10, möglicherweise weil wegen fehlenden CO_2-Verbrauchs der Algen kaum molekularer Kalk freigesetzt wird:

$$Ca^{2+} + 2\ HCO_3^- \rightarrow \mathbf{CaCO_3} + CO_2 + H_2O$$

Gegen das Riffwachstum wirken Erosion, Korallenfresser *(Papageienfische, Dornenkronenseestern)* und Kalkzerstörer (z. B. *Bohrschwämme*).

Es gibt drei Rifftypen:

Saumriffe um Inseln, küstenparallele **Barriereriffe** und ringförmige **Atolle** um abgesunkene Inseln.

Die Korallen nehmen von abiot. Faktoren bestimmte Zonen ein (Abb. B).

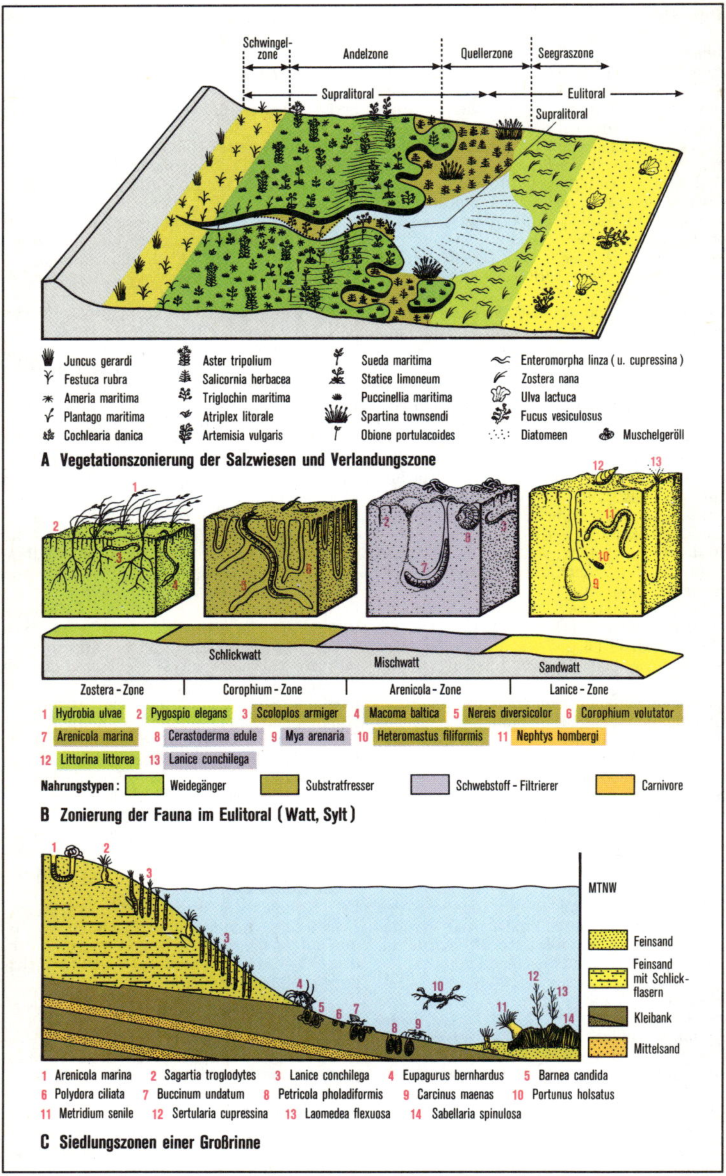

Flora und Fauna im Wattenmeer

An Flachküsten lagern sich Schlick und Sand ab. Die feinen Schwebstoffe des *Schlicks* (Feinsand, Ton, Schluff, Salz, Detritus) setzen sich in Stillwasserzonen meist küstennah ab, der *Sand* im bewegten Wasser. Aus den Sandablagerungen wird Material ausgeweht (Dünen) bzw. durch strömendes Wasser verfrachtet (Sandplaten).

Die Materialablagerung führt zur *Verlandung*, die Sedimentationsfolge zu einer topograph., florist. und faunist. Gliederung der Landschaft (Abb. A).

Zum **Supralitoral** gehören die Bereiche oberhalb der MTHW-Linie:

Strand, Sandplaten, Düneninseln, Salzwiesen;

zum **Eulitoral** die bei Niedrigwasser auftauchenden Ablagerungsbereiche des **Watts:**

Schlickwatt, Mischwatt und Sandwatt;

zum **Sublitoral** die ständig Wasser führenden

Priele und *Rinnen*.

Salzwiesen

nehmen den nur bei extremem Hochwasser überfluteten Meer-Land-Übergangsraum ein. Sie tragen geschlossene krautige halophile Blütenpflanzen-Bestände in salzabhängiger Sukzession und Zonierung (Abb. A).

In die **Schwingelzone** *(Festucetum rubreae)* können euryöke Landpflanzen, z. B. Löwenzahn, eindringen, weil das nach hohen Sturm- und Springfluten eingeschwemmte Salz durch Niederschläge wieder ausgewaschen wird.

Charakterpflanzen sind *Roter Schwingel* und *Salzbinse*.

Die **Andelzone** *(Puccinellietum maritimae)* wird von Spring- und Hochfluten regelmäßig überschwemmt und nur von Halophyten besiedelt.

Charakterarten: *Andelgras, Meerstrandaster, Milchkraut, Strandflieder* in tieferen, *Grasnelke* in höheren Lagen.

Als Schutz gegen die lebensbedrohende Salzanreicherung bei Trockenheit durch Verdunstung dienen Filzüberzüge, Sukkulenz sowie die Verfestigung und Verkleinerung der Blattorgane.

In die Salzwiesen dringen vom Land her auf dem Boden lebende Makrobionte wie *Feldmaus, Feldhase, Vögel, Insekten* und *Spinnen* ein; sie sind für zahlreiche Vögel *(Rotschenkel, Austernfischer)* Brutraum. Nordeurop. Zugvögel überwintern und rasten hier.

Vom Meer her erreichen nur wenige Mikrobionte die Salzwiesen, wie Strudel- und Fadenwürmer, Ruderfüßler und Meeresmilben.

Verlandungsgürtel

Die **Quellerzone** *(Salicornietum herbaceae)* im Bereich des MTHW ist den Gezeiten ständig ausgesetzt. Bei Stillstand verliert das Wasser seine Transportfähigkeit. Es kommt zu zweimaliger tägl. Sedimentation.

Als Pionierpflanzen dringen Queller und Reisgras bis unter die MTHW-Linie vor und erhöhen die Ablagerungsgeschwindigkeit.

Der Verlandungsraum ist durch die große Variationsbreite der abiot. Faktoren von nur wenigen Tierarten besiedelt. Im reinen Sandboden lebt der *Sandkäfer*. Detritusablagerungen von Algen dienen Bakterien als Nahrung.

Die Substratfärbung ist charakteristisch **(Farbstreifenwatt):**

Kieselalgen-weiß, *Grünblaualgen*-grün, *Purpurbakterien*-rot, *Schwefelbakterien*-schwarz (Eisensulfide).

Gut durchspülte Sande mit ausreichender O_2-Versorgung beherbergen zwischen den Körnern langgestreckte schmale Tiere versch. Gattungen *(Sandlückensystem)*.

Wattflächen

In das Watt dringt als höhere Pflanze das *Zwergseegras* vor. Es bildet auf hartem Untergrund erhöhter Flächen gemeinsam mit haftfähigen Algen eine eigenständige Pflanzengesellschaft *(Zosterum nanae)*.

Die Pflanzen liefern Nahrung für eine artenreiche *Ektofauna* (*Strand-, Wattschnecke, Uferkrebs* u. a.) und *Endofauna* (*Herz-* und *Plattmuschel* u. a.).

Die Wattiere bewohnen weitgehend das Substrat (Abb. B).

Bei Niedrigwasser weisen Kriech- und Fraßspuren, Öffnungen von Wohnröhren und Kothäufchen auf die dichte Untergrundbesiedlung hin. Die meist in U-förmigen Röhren lebende Bodenfauna zeigt hohe Reproduktionsraten.

Die Regulation des Bestandes erfolgt schwankend durch hohen Feinddruck auf seine Jugendformen, nicht durch Konkurrenz, so daß sich kein biozönot. Gleichgewicht einstellen kann.

Im lagebeständigen **Schlickwatt** wird in der 3–4 cm dicken Oxidationszone eine Siedlungsdichte von 5000–40000 Individuen/m^2 erreicht. Leitart ist der

Schlickkrebs *Corophium volutator*, der wie andere Arten *(Nereis, Heteromastus)* in verfestigten Gängen wohnt.

Im **Mischwatt** mit bis zu 400 Tieren/m^2 sind die Lebensgemeinschaften des Sand- und Schlickwatts verzahnt. Der Pierwurm *Arenicola marina* herrscht mengenmäßig vor. In seinen U-Röhren leben häufig O_2-liebende Kleinorganismen. Als Leitart kann

der 10–15 mm lange Rasen-Ringelwurm *Pygospio elegans* in seinen Y-förmigen Röhren angesehen werden (Abb. B).

Das tiefer gelegene **Sandwatt** wird von Strömung und Seegang am stärksten beeinflußt. Detritus des untergetaucht lebenden Seegrases *Zostera marina* und von Algen bildet die Nahrung für die sedentäre Leitform,

den 5 cm langen Bäumchen-Röhrenwurm *Lanice conchilega*.

Priele und Rinnen

In den Prielen und Rinnen trennt die Niedrigwasserlinie Watt- und Tiefenarten in vertikaler Zonierung (Abb. C).

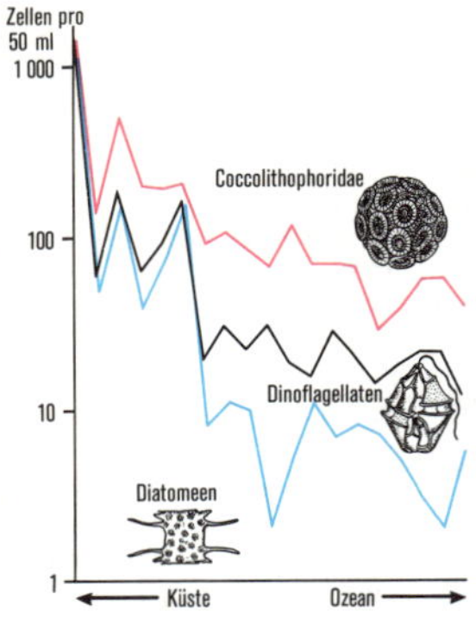

A Mikrophytoplankton von der Küste Venezuelas bis zur Karibischen See

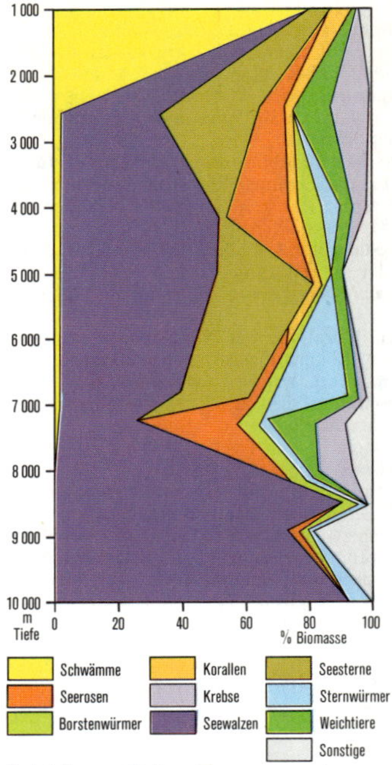

B Anteile verschiedener Tiergruppen an der benthischen Biomasse

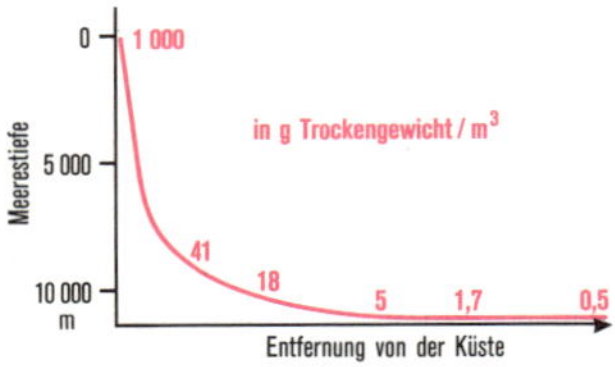

C Abnahme der Biomasse von der Küste zur Hochsee

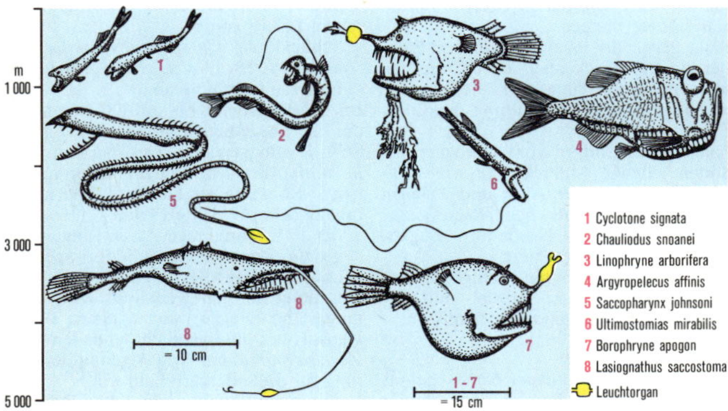

D Bathypelagische Tiefseefische

Lebewesen in der Hochsee

Nährstoffkreislauf

Die *Produktivität* der Hochsee (Primärproduktion: 0,5 g Trockenmasse/m^2 am Tag) ist den Wüsten vergleichbar. Nur im Litoral und den Auftriebszonen werden den Steppen und Savannen vergleichbare Werte erreicht, begrenzt auch im Bereich untermeerischer Schwefelquellen (Fumarolen), wo Schwefelbakterien (Chemosynthese, CO_2-Fixierung, s. S. 67) am Anfang der Nahrungskette stehen.

Die Lebensgemeinschaften des Hochseepelagials und -benthals erhalten ihre *Nährstoffe* v. a. aus der bis zu 200 m tiefen Produktionszone des Epipelagials.

Produzenten sind Phytoplankter, v. a. Dinoflagellaten und Kieselalgen, dazu Cyanophyceae, Coccolithophoridae und Silicoflagellatae.

Das Plankton nimmt von der Wasseroberfläche bis zu einer Tiefe von 2000 m exponentiell ab (Abb. C), ebenso mit der Entfernung von der Küste (Abb. A).

70% des Phytoplanktons wird von den **Primärkonsumenten** verzehrt, v. a. Zooplanktern, von denen 70% Kleinkrebse sind. 30% der Biomasse sinkt, v. a. als Detritus ab und dient *Suspensionsfressern (Strudlern, Filtrierern), Tentakelfängern, Epistrat-* und *Substratfressern* als Nahrung, die wiederum vom größeren **Nekton** (Meeressäuger, Fische, Tintenfische u. a.) gefressen werden.

Die nicht verwerteten organ. Nährstoffe können in größeren Tiefen noch von Bakterien und Pilzen remineralisiert werden. Die Endprodukte stehen dann dem Nährstoffkreislauf wieder zur Verfügung, wenn sie durch Strömungen ins Flachwasser verfrachtet werden oder durch Auftriebswasser an die Oberfläche gelangen.

Gliederung

Die Zonierung der Tiefsee ergibt sich aus dem kontinuierlichen Wechsel der abiot. Faktoren (Druck, Temperatur v. a.) und dem damit verbundenen *Faunenwandel* (Abb. B).

Nur die photische Zone des Epipelagials ist von Pflanzen belebt.

Das in der Tiefe anschließende **Mesopelagial** wird nach unten durch die 10 °C-Isotherme begrenzt, die auch die Oberflächenisotherme zur Abgrenzung der Polarregion ist.

Das **Bathypelagial** umfaßt die Temperaturbereiche 10–4 °C.

Im darunterliegenden **Abyssopelagial** und **Hadopelagial** sinken die Temperaturen nur noch geringfügig ab (S. 125).

Lebensformen

Beim Zooplankton überwiegen *holoplanktische Formen*, häufig mit verkürzten Lebenszyklen (*Neotenie:* Geschlechtsreife in Larven- bzw. Jugendstadien; *Viviparie:* Lebendgebären). Viele Tiefseeformen betreiben Brutpflege. Häufig fehlen pelag. Larvenstadien, so daß die Ausbreitung der Art eingeschränkt ist.

Die größten lebenden Wirbeltiere (Blauwal: Länge bis 32 m, Raubhai: 18 m) sind *Planktonfiltrierer* und leben deshalb in 10–50 m Tiefe. Sie ernähren sich von Kleinkrebsen, v. a.

Krill in der Antarktis, der mit 400–500 Mio. t die größte Biomasse einer Art auf der Erde erreicht.

Die Krebse ernähren sich vom Phytoplankton, das sich von Sept. bis März trotz der Kälte durch die Tageslänge zahlreich entwickelt.

Die Tiefsee wird von *kaltstenothermen* Arten bewohnt. Wegen der fehlenden Primärproduktion bilden chemosynthet. Bakterien und Pilze die Nahrungsgrundlage.

Räuberische Formen sind durch große Mäuler, kräftige Zähne und dehnbare Mägen an die geringe Nahrungsdichte angepaßt (Abb. D).

Ihr Anteil nimmt mit der Tiefe ab. Wo genügend sedimetäres Material bereitsteht, wie am Kontinentalrand, überwiegen *Sedimentfresser,* in den zentralen oligotrophen Tiefseebecken *Suspensionsfiltrierer.*

Die Biomasse und das Faunenspektrum der Freiwasser- sowie Bodenfauna verarmen mit zunehmender Tiefe wegen der Anpassungsprobleme an Druck, Temperatur und Nahrungsangebot.

Die Tierstämme besitzen in den versch. Tiefen unterschiedl. Anteile (Abb. B).

Wegen der rel. gleichen ökolog. Bedingungen findet man in der Tiefe zahlreiche Kosmopoliten, in den Tiefseegräben wegen der Isolation zahlreiche endemische Arten.

Die Arten des Hadals und Hadopelagials sind bleich gefärbt, haben reduzierte Augen oder sind blind.

In unterschiedl. Klassen (Asseln, Scherenasseln, Flohkrebsen u. a.) besteht die Tendenz zu Riesenwachstum, das funktional noch nicht geklärt ist.

Bemerkenswert ist die Vielfalt skurriler Formen der Tiefseeorganismen, die mit langen Extremitäten, Stacheln und anderen Stützen ausgestattet sein können, um das Einsinken in die meist vorhandenen Sedimente zu verhindern. Bes. Tastorgane (Fühler, Beine, Flossenstrahlen) ermöglichen die Orientierung (Abb. D).

Ein bes. Phänomen ist die häufig vorhandene Fähigkeit der Lichterzeugung *(Biolumineszenz).* Das Licht wird durch die oxidative Umwandlung sog. Luziferine erzeugt, entweder extrazellulär, indem unterschiedl. Drüsen den Leuchtstoff bzw. das Enzym Luziferase abgeben oder intrazellulär in bes. Leuchtorganen (*Photophoren,* Abb. D).

Die Lichtabgabe dient als Leuchtköder, der Art- und Geschlechtererkennung, als Warnsignal und zur Abschreckung (z. B. Leuchtwolken).

An der Meeresoberfläche ist der plankt. Flagellat *Noctiluca* für das *Meeresleuchten* verantwortlich.

Zeit	Einflußnahme	Auswirkungen
5000-4000 v. Chr.	Erste Waldrodungen in Griechenland	Erosionen, Flußaufschüttungen in Südgriechenland
um 4000	Einführung des Pflugbaus	
vor 750	Anhaltende Waldvernichtung	Bodenerosion (vgl. Plato 400 v. Chr.)
ab 750	Griechische Kolonisation (Dalmatien)	Erste Siedlungsperiode, Waldvernichtung durch Inkulturnahme
ab 229	Römische Kolonisation (Küste von Istrien / Dalmatien)	Besiedlung nach Erschließung
um 0	Intensive Nutzbarmachung im röm. Einflußbereich	Kaum Schadensauswirkungen, geordnete Wirtschaftsweise, Bevölkerungszustrom
500 n. Chr. Völkerwanderung	Zerstörung bäuerlicher Wirtschaft Auflassung bewirtschafteter Flächen (Südgriechenland)	Bodenerosion durch Abschwemmung, Überschwemmungen / Aufschüttung
580	Slavenausbreitung, Besiedlung der Höhenlagen (Dalmatien)	Beweidung, Laubfuttergewinnung, Wurzelstockrodung. Starke Degradation. Erosion
bis 1200	Bäuerliche Landbaunutzung im Mittelalter	Regenerationsphase
ab 1200	Waldabholzungen zum Schiffbau (venezianische Herrschaft)	Zerstörung größer als früher
16. Jh.	Zunahme der Viehwirtschaft	Fortschreitende Degradation
15.-19. Jh.	Große Waldvernichtung (griech. Befreiungskriege, 1822-1830)	
1756	Grimani-Gesetz: Verbot der Ziegenweide auf Waldflächen, wenig beachtet (Dalmatien)	Fortschreitende Intensivbeweidung und Vegetationszerstörung. Rückgang der Siedlungsdichte
bis 20. Jh.	Weitgehende Vernichtung des Waldes	Erosion der Hangflächen: Fels- und Steinlandschaften
20. Jh.	Regionale Aufforstungsprogramme	Aleppo- und Schwarzkiefernpflanzungen auf nicht beweideten Flächen

A Landschaftszerstörung in Südosteuropa

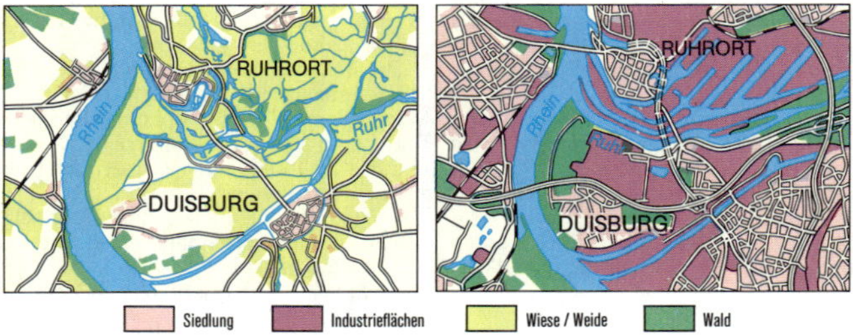

B Duisburg 1840 (vorindustrielle Phase) Duisburg 1970

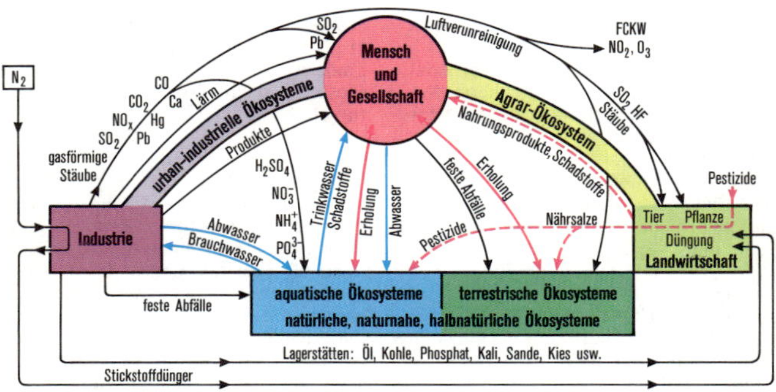

C Mensch-Umwelt-System in der industriellen Phase

Landschaftswandel; Mensch–Umwelt

In vorgeschichtl. Zeit, als der Mensch Sammler und Jäger war, blieben Einflüsse auf die *Naturlandschaft* gering. Er war in den Naturhaushalt integriert.
In der Jungsteinzeit (vor ca. 7000 Jahren) wird der unmittelbare Eingriff des Menschen durch Brandrodung und Beweidung sichtbar. Ackerbau und Viehzucht bedingen neue Sozialformen, der Mensch wird *seßhaft*. Bevorzugte Siedelgebiete sind trockene, warme Eichenmischwälder.

Jede techn. Verbesserung zur Ausnutzung vorhandener Naturressourcen steigert Nahrungsangebot und Bevölkerungswachstum.

Für die Bronzezeit wurden erste Heiden in NW-Dtl. nachgewiesen.
Seit ca. 1100 v. Chr. (Eisenzeit) vergrößern sich die Kulturflächen durch Benutzung des Hakenpflugs, der Holzbedarf (Eisenerzeugung) steigt.

Im Mittelmeerraum führte die Tätigkeit des Menschen schrittweise zur *Degradation* des Waldes bis zur Waldvernichtung (Abb. A).

Vor 800 n. Chr. war die düngerlose *Feld-Graswirtschaft* üblich (Ackerbau und Brache wechselten ab).

Um 800 entwickelte sich in **Franken** ein dreijähriger Zyklus mit einem Wechsel von Wintergetreide, Sommergetreide und Brache *(Dreifelderwirtschaft)*.

Im Brachejahr konnten sich Bodennährstoffe ergänzen, das wirkte der raschen Bodenmüdigkeit entgegen. Später wurden Wald- und Heidestreu oder Grassoden zur Düngung in den Boden eingebracht.

Die **Bevölkerungsdichte** stieg von 4-5 Ew./km^2 um 800 n. Chr. auf 12-15 um 1150 n. Chr. (42 Ew./km^2 um 1800 n. Chr.).

Mit Zunahme der Bevölkerung, des Handels und der gewerbl. Arbeitsteilung entwickelten sich Verdichtungsgebiete, städt. Siedlungen.

Umweltverschmutzungen oder -belastungen (z. B. durch Kupfer- und Eisengruben) blieben lokal beschränkt, nahmen jedoch mit Intensivierung der Nutzung zu.

Neue, vom Menschen beeinflußte Ökosysteme entstehen:

Acker, Weiden, Heiden, Magerrasen, Streuwiesen **(naturnahe Kulturlandschaft).**

Konnte unter dem **Bevölkerungsdruck** die landwirtschaftl. Produktion nicht erhöht werden, versuchte man, die

landwirtschaftl. Nutzfläche durch *Neurodungen* zu vergrößern.

Seit dem 17./18. Jh. wurden auch *Moore* großflächig entwässert, abgetorft und *kultiviert*.

Mit der **industriellen Revolution** (seit ca. 1800 in Mitteleuropa) nahm die Größe und Reichweite der Eingriffe erheblich zu. Erfindungen und Entdeckungen brachten eine Fülle von Veränderungen, die auf Mensch, Gesellschaft und Landschaft einwirkten.

Fortschrittsglaube und das Ziel, die Produktion zu steigern, wurden vorrangig.

Mechanisierung und *Technisierung der Landwirtschaft* veränderten die Betriebsstrukturen, Bodenordnungen und Landbausysteme. Mineraldünger ersetzte Naturdünger. Der Produktionswert der Industrie überstieg den der Landwirtschaft. Starkes Bevölkerungswachstum führte zur Abwanderung in die Städte.

Der **Landschaftswandel** in dieser Zeit ist beträchtlich (Abb. B).
Die naturnahe Kulturlandschaft entwickelt sich zur

naturfernen Kulturlandschaft mit ihren belastenden und gefährdenden Einflüssen auf den Menschen und die Nachbarökosysteme.

In den letzten Jahrzehnten entwickelte die *konventionelle Landwirtschaft* (S. 139) hochrationalisierte, kapitalintensive, aber arbeitsextensive Betriebe (S. 151).

Emissionen der Landwirtschaft oder Industrie überschreiten zeitweise und stellenweise krit. Grenzwerte für Pflanzen, Tier und Mensch.

Mit wachsender Bevölkerung steigt die **Umweltbelastung** zunehmend. Es ist unklar, inwieweit gefährdende Prozesse rückgängig gemacht werden können; viele lassen sich nicht lokal beschränken und können nur international oder global verändert werden.

Sich abzeichnende krit. Entwicklungen für die Menschheit wurden schon im *Bericht des Club of Rome* von 1970 veröffentlicht:

1) *Grenzen des Weltsystems* und die daraus erwachsenden Zwänge für die Aktivität des Menschen;
2) *Beachtung global langfristig wirkender Kräfte und Beziehungen.*

Viele Prozesse zeigen exponentielles Wachstum und müssen eingedämmt bzw. umgangen werden.

Der vorauseilende naturwiss.-techn. Fortschritt und die Weiterentwicklung der gesellschaftl.-polit. Formen bzw. die Menschen als biolog. Wesen mit ihren physiolog. und psych. Grenzen klaffen auseinander.

Der Mensch (Individuum, Gruppe, Gesellschaft) tritt in der biolog. Ebene als Konsument auf, hat aber

durch seine **Grunddaseinsfunktionen** *(Wohnen, Arbeiten, Sich-Versorgen, Sich-Bilden, Sich-Erholen* und *Kommunizieren)* weitere Bedürfnisse und Ansprüche an seine Umwelt.

Das setzt Strukturen und Leistungspotentiale der **Ökosysteme** *(Verfügbarkeit, Veränderbarkeit und Reproduzierbarkeit ökolog. Strukturen und Funktionen)* unter Streß.

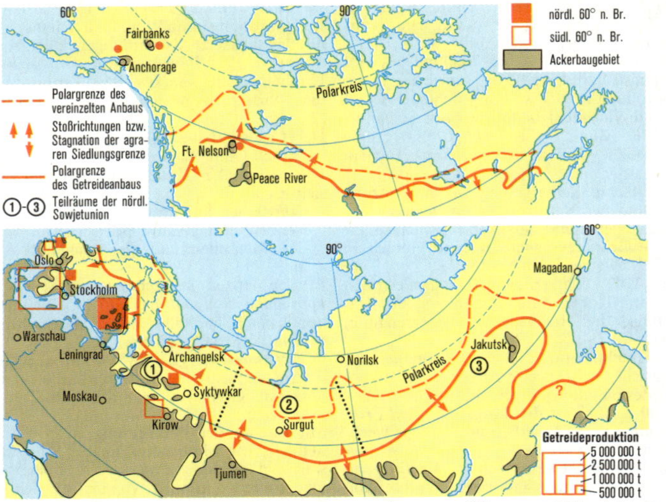

A Getreideproduktion nördlich 60° n. Br. (1970-75)

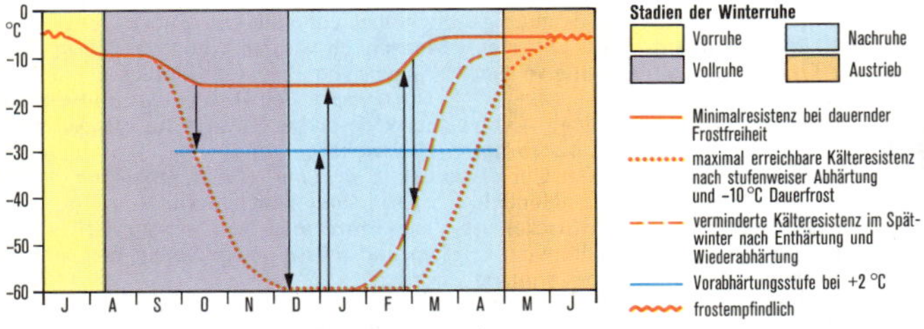

B Kälteresistenz der Knospen (Apfelsorte Antonovka)

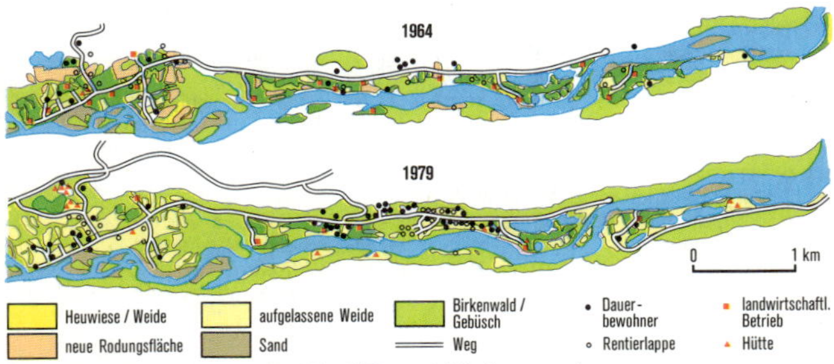

C Wandel der Landnutzung im Dorf Masi (Finnmark / Nordnorwegen)

Agrare Nutzungsgrenzen und deren Dynamik, Frosthärte

Die **agrare (polare) Kältegrenze der Landwirtschaft** ist eine klimatisch-wirtschaftl. Grenze in den hochindustrialisierten Staaten der Nordhemisphäre. Man unterscheidet versch. Grenzverläufe:

Grenze der *äußersten klimatisch möglichen agraren Nutzung,*

Grenze der *tatsächlich geschlossenen* bzw. *äußersten agraren Nutzung (Ausläufer, Inseln des Anbaus),*

Grenze der *Rentabilität* agrarer Nutzung.

Verschiebt sich der Grenzverlauf nach Norden, spricht man von *expandierender Grenze,* geht er zurück, von *kontrahierender,* bleibt er unverändert, *stagniert* die Grenze.

Von größter Bedeutung für die Kulturpflanzen sind die

Vegetationsdauer (Tage mit $>10\,°C$ Tagesmitteltemp.) und **plötzliche Starkfröste** ($< -4\,°C$).

Die Zahl der anbaufähigen Kulturpflanzen nimmt zur polaren Kältegrenze stark ab. Sie leben in der borealen Vegetationszone am Rande ihrer Existenz. Der Wärmemangel wird durch die hellen Nächte von Mai bis Juni nur teilweise ausgeglichen. Die **Bodentemperatur** ist entscheidend für Gewinne bei der Nettophotosynthese. Unterhalb 8–11 °C nimmt die Wurzelmasse auf Kosten der Grün- und Körnermasse zu.

Getreidesorten wie Sommerweizen *(Red Fife, Marquis)* verschoben nach 1910 den Anbau des Getreides nach Norden. Sie benötigen von der Aussaat bis zur Reife gegenüber den anderen Sorten nur 110 Tage Vegetationsdauer.

Hafer-, v. a. aber Kartoffel- und Gerstesorten kommen mit 90–100 Tagen Vegetationsdauer aus und bilden häufig die *Anbaugrenze.*

Der Schwerpunkt der landwirtschaftl. Nutzung verlagert sich von Getreide auf Futterpflanzen für die Viehwirtschaft (v. a. Gräser, Rüben, Stammkohl).

Bei *Dauergrünland* fallen Wachstumsverluste durch Bodenbearbeitung, Bestellung und Ernte weg, da die gesamte Vegetationsperiode genutzt werden kann.

Global gilt 60° nördl. Breite als *nördliche Grenze des Getreideanbaus.*

Nur Norwegen, Schweden und Finnland weisen durch die Klimagunst des Golfstromes noch nennenswerte Getreideproduktionen nördlich 60° auf (Abb. A).

Die klimat. Unsicherheiten, bes. *plötzliche Tieffröste* in der Vegetationsperiode, führen zu **extremen Ertragsschwankungen,** z. B. in 10 Jahren 2 Mißernten und 3 Magerernten.

Hier werden Gunstlagen der Anbauflächen bedeutungsvoll.

Die **Kälteresistenz** der Pflanzen ist genetisch festgelegt und variiert je nach Ökotyp der Sorte. Im Herbst erwerben die Pflanzen ihre **Frosthärte** (S. 39), das ist die Fähigkeit, extrazelluläre Eisbildungen im Gewebe zu überleben.

Mehrfache Temperaturminima um den Nullpunkt bewirken in Phasen die *Frostabhärtung* (Abb. B).

Zucker und andere den Gefrierpunkt herabsetzende Stoffe werden im Zytoplasma angereichert, die große Vakuole in kleinere zerlegt. So überstehen die Pflanzen Fröste zwischen $-3\,°C$ und $-5\,°C$, ohne zu gefrieren.

Um tiefere Temperaturen auszuhalten, müssen Membranen und Enzyme umgebaut werden, damit sie durch die *Eisbildung* nicht geschädigt werden.

Nach der Winterruhe geht die Kälteresistenz durch wärmere Wetterlagen rasch zurück *(Enthärtung),* dann gefährden Spätfröste die Kulturpflanzen (Abb. B).

An der Anbaugrenze bleibt das Getreide im **Grenzertragsbereich,**

die Qualität (graues Getreide und minderwertiges Mehl durch Nichtausreifen) und die Quantität nehmen stark ab, der Erlös aus den Erträgen sinkt unter die Kosten der Erzeugung.

Die Grenzen verlaufen nicht linienhaft, sondern bilden Übergangszonen. Besonders polit., technolog. und wirtschaftl. Einflüsse verändern den Grenzverlauf.

Seit 2 Jahrzehnten stagniert die Grenze der agraren Nutzung oder sie wandert zurück. Der Grund liegt im geringen Bevölkerungsdruck der Industriestaaten und in deren Nahrungssicherung auf klimatisch günstigeren Flächen mit hoher Überproduktion.

Die Nutzung in den skandinav. Grenzertragsräumen dient zur *Eigenversorgung* (Nebenerwerbsbetriebe) oder zur Belieferung des lokalen Marktes, wo bei geringer wirtschaftl. Konkurrenzfähigkeit das Kapital i. d. R. aus anderen Erwerbsbereichen kommt:

in Norwegen v. a. aus der *Fischerei,* in Finnland aus der *Forstwirtschaft* und im gesamten Norden aus der *Rentierwirtschaft.*

Die Zahl der Hofstellen mit <6 ha hat sich, obwohl der Staat hohe Subventionen zahlt, in den letzten 25 Jahren auf die Hälfte verringert.

Weideflächen und aufgelassene Landflächen haben zugenommen (Abb. C).

Andere Erwerbszweige wie Rohstoff- oder Energiegewinnung (Wasserkraftwerke) haben kaum positiven Einfluß auf die Agrarproduktion (Arbeitsplätze, Markt für Agrarprodukte).

Nach 1945 mußten in Finnland 400000 Menschen aus Karelien umgesiedelt werden. Die landwirtschaftl. Nutzfläche wurde durch Agrarkolonisation weit nach Norden verschoben, bis die Steigerungen auf ökolog.-ökonom. günstigeren Standorten die Erträge unrentabel machten und die agrare Siedlungsgrenze zurückdrängten.

Seit 1969 fördert der Staat die Aufgabe landwirtschaftl. Betriebe und die Umwandlung von Acker- in Waldland.

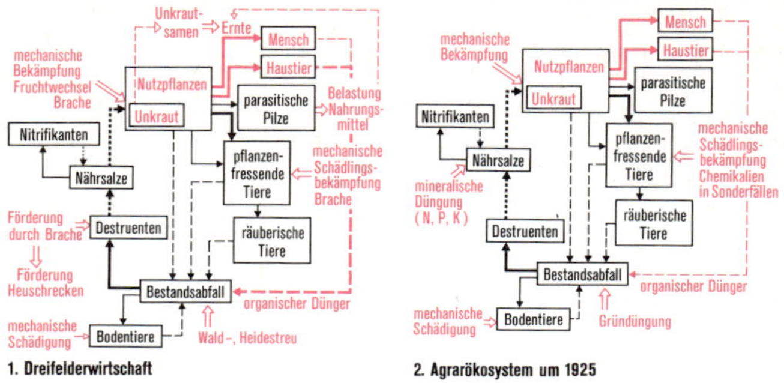

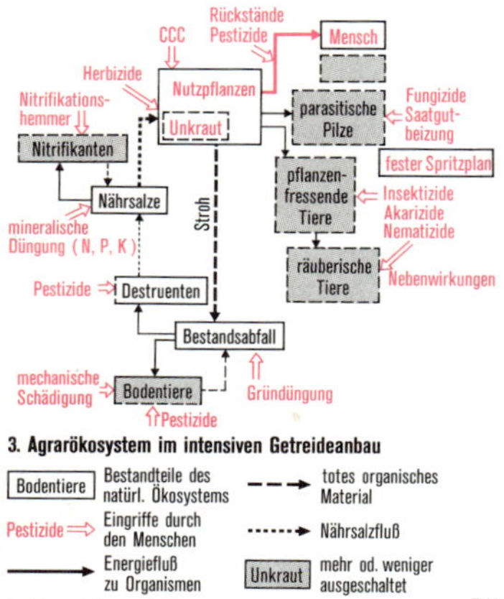

A Agrarökosysteme

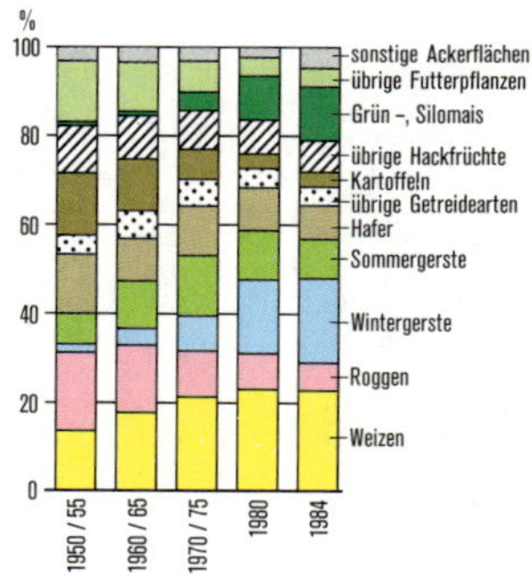

B Nutzung des Ackerlandes nach Kulturarten

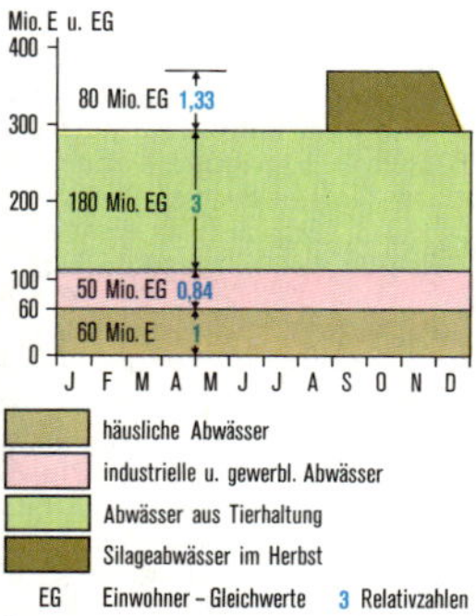

C Anfall biologisch abbaubarer Rohsubstanzen (Bundesrepublik Deutschland)

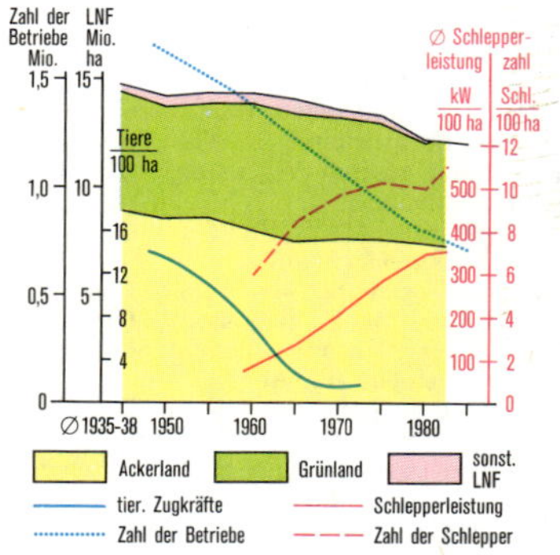

D Entwicklung der landwirtschaftlichen Nutzfläche (LNF); Schlepperzahl, -leistung und tierische Zugkräfte pro 100 ha LNF

Entwicklung zum intensiven Landbau

Der Mensch greift zur *Nahrungsmittel- und Rohstoffversorgung* in die Naturlandschaft ein, indem er gezielt die biolog. Erzeugungsfähigkeit von Pflanzen- und Tierbeständen nutzt.

Seit ca. 8000 Jahren werden systematisch Pflanzen angebaut und Tiere gezähmt.

Die zuerst empirisch zufälligen Verbesserungen in der Landwirtschaft wurden in der Mitte des 19. Jh durch die wissenschaftl. Untersuchungen ersetzt. Bis dahin hatte man

das System Wintergetreide, Sommergetreide und Brache *(Dreifelderwirtschaft)* entwickelt (Abb. A_1).

Organ. Abfälle dienten als Dünger, so war die Verknüpfung von Ackerbau und Viehhaltung vorteilhaft. Futter lieferte jahrhundertelang der Wald. Beweidung in der Allmende, als Gemeinschaftswald nicht gepflegt, degradierte den Wald. **Halbnatürl. Ökosysteme** entstanden:

Heiden, Triften und *Niederwälder.*

Strukturwandel und Produktionssteigerung

Im 18. Jh setzte die planmäßige Humuswirtschaft ein. Regional unterschiedlich entwickelte sich *Streu- und Plaggendüngung*.

Statt Brache im 3. Jahr wurde eine Blattfrucht (Klee-Gras-Mischung, Rüben oder Kartoffeln) eingeschoben.

Die Bodenverbesserung lag in der Humusvermehrung durch das dichte, feine Wurzelwerk und die Luftstickstoff-Bindung der Leguminosen. Die Waldweide wurde verboten, Acker bzw. Grünland mußten das Viehfutter liefern.

1840 begründete JUSTUS VON LIEBIG die **anorganische (mineralische) Düngung** wissenschaftlich. In der Landwirtschaft begann ein Strukturwandel, der durch *verbesserte Düngung und Fruchtfolgesysteme, Mechanisierung, Pflanzen- und Tierzüchtung* geprägt war und vor allem der **Produktionssteigerung** diente (Abb. A_2).

1880–1980 vervierfachen sich die durchschnittl. Flächenerträge bei Winterweizen, -roggen und Spätkartoffeln.

Die in der Landwirtschaft Tätigen nehmen von 40% auf <5% ab.

Die LNF und Zahl der Betriebe nehmen ab (Abb. D).

1930–50 wächst die Intensivierung durch Entwicklung neuer Techniken und verstärkten Einsatz von Dünge- und Pflanzenschutzmitteln. Wurde bis dahin das Unkraut durch gezielte Fruchtfolgen und Eggen bekämpft, so konnten zweikeimblättrige Pflanzen nun durch *Wuchsstoffherbizide* (β-Indolyl-Essigsäure) mit einem Min. an Arbeitszeit beseitigt werden.

Unkräuter wie Ackerdistel, Ackerhohlzahn, Hederich, Knöterich, Kornblume, Mohn und Senf verschwanden weitgehend.

Unkräuter, die nicht darauf ansprachen (Vogelmiere und Kamille bzw. Ungräser wie Akkerfuchsschwanz, Flughafer, Windhalm, Quekke), nahmen stark zu und wurden zu Problemunkräutern.

Hochzuchtsorten der letzten Jahrzehnte verlangen intensive Düngung. Dadurch konnte die *Fruchtfolge* weiter eingeschränkt werden, z. T. bis auf eine Kulturpflanze.

Erhöhte N-Verfügbarkeit führt zum Umknikken der Halme, folglich wurde *CCC (Chlorcholinchlorid)* zur Verdickung und Verkürzung der Halme eingesetzt. Halm- und Ährenerkrankungen durch Pilze nahmen zu.

Das Ausbringen von *Blattfungiziden* wurde zur Standardmaßnahme (Abb. A_3).

Die Vernichtung der Wirtspflanzen (Unkräuter) für Nutzinsekten ließ die Blattschädlinge (Blattläuse) zunehmen.

Flurbereinigung und Agrarökosystem

Alle produktionsfördernden Maßnahmen sind *Störungen im Ökosystem:* Pflügen, Düngen, Unkraut- und Schädlingsbekämpfung. War die *Kulturlandschaft* vor 50 Jahren noch genügend kleinräumig gegliedert und enthielt sie zahlreiche Rückzugsgebiete für Pflanzen und Tiere *(Feldraine, Hecken, Kleingewässer),* so

ging die *kleinräumige Nutzungsvielfalt* durch die **Flurbereinigung** verloren (FlurbG 1976).

Damit verbunden waren Bodenverbesserungsmaßnahmen *(Meliorationen)* wie Untergrundlockerung, Dränage und Trockenlegung von Feuchtgebieten. Das Zusammenlegen der Flurstücke *(Schläge)* führte zum **Ausräumen der Landschaft.**

Allein die Hecken Schleswig-Holsteins (Knicks) nahmen 1950–80 auf ⅓ ab, wodurch der Lebensraum für 800000 Vogelbruten vernichtet wurde (S. 150/51).

Moderner Landbau (nach 1960)

Der Einsatz von ertragsteigernden und -sichernden **Produktionsmitteln** nimmt bei gleichzeitig sinkender LNF zu. Die durchschnittl. Betriebs- und Parzellengröße wächst. Ackerbau und Viehzucht entkoppeln sich, da sich immer mehr *Betriebe spezialisieren.*

1971–79 nahmen *Gemischtbetriebe* um 65% ab, Veredelungsbetriebe um 41,4% zu.

Die Zahl der Kulturpflanzen in der Fruchtfolge nimmt weiter ab, und die Produktpalette engt sich ein (Ackerlandnutzung, Abb. B).

Die **Viehhaltung** spaltet sich in die *flächenabhängige Rindviehhaltung* auf der Grundlage von *Dauergrünland* mit ergänzendem Ackerfutterbau und die *flächenunabhängige Schweine- und Geflügelhaltung,* die vom Importfutter oder von der Futterproduktion auf betriebsfremden Ackerflächen abhängig ist. Dauergrünland wird in Futterbauflächen (Maisanbau, Ansaatgrünland) umgewandelt.

Probleme bereitet der *Kotanfall* in der **Massentierhaltung** (Abb. C), für dessen *Ausbringung* die eigene Betriebsfläche nicht ausreicht (S. 195).

Der **Spezialisierungstrend** verstärkt die Belastung der Agrarökosysteme erheblich durch die ständig steigenden Vorleistungen für die Produktion (Pflanzenschutz- und Futtermittel, Energie, Dünger: 1960: 38%, 1982: 51% des nominellen Produktionswertes).

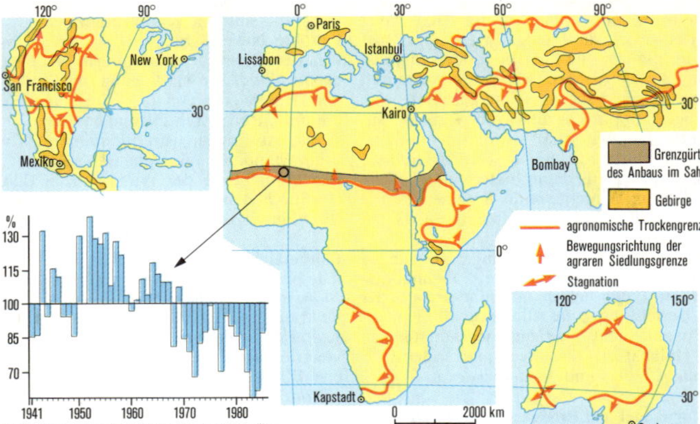

1 Abweichung vom Mittelwert der Jahresniederschläge (20 Stationen im Westsahel)

2 agronomische Trockengrenze

A Trockengrenze

Vorteile	Nachteile
wassersparend	Verunreinigungen verstopfen leicht die Tröpfelköpfe
Verluste durch Evaporation oder Windverdriftung gering (bei Beregnung bis 50%)	Salzanreicherung an den Grenzen der befeuchteten Zone (bes. an der Bodenoberfläche)
Wasser mit hoher Salzfracht verwendbar	Dränage zum Auswaschen der Salze nach einigen Jahren erforderlich
keine Oberflächenkruste durch Einschlemmen feinster Bodenteilchen	
nur Wurzelraum der Kulturpflanzen befeuchtet, verringerte Unkrautbildung	
Nährstoffe in den Wurzelraum der Kulturpflanzen transportierbar	

B Tropfbewässerung

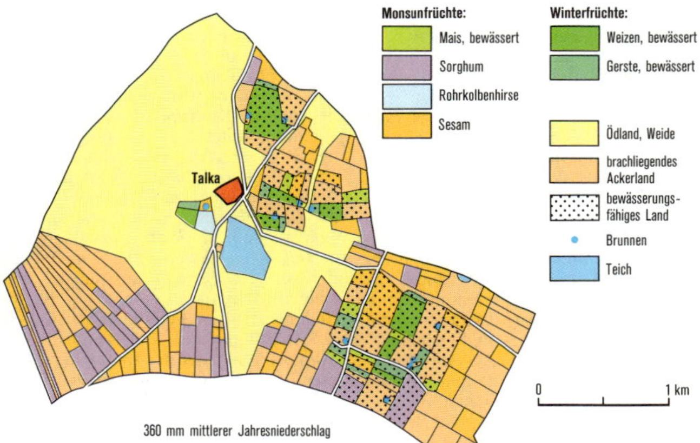

C Anbau im semiariden West-Rajasthan (Arawalli-Vorland)

Der Anbau, der noch mit natürl. Niederschlägen auskommt, ist der **Regenfeldbau.** Seine Grenze ist

die **agronomische Trockengrenze.** Sie verläuft in den Tropen zwischen Trocken- und Dornbuschsavanne mit 8½ ariden Monaten, in den Subtropen zw. Hartlaubgehölzzone und Dornsteppe mit 8 ariden Monaten (Abb. A).

Nur bei *günstigster Niederschlagsverteilung* reichen 300–400 mm Niederschlag pro Jahr (N/a) aus, um in den Tropen Hirse oder Erdnuß, in den Subtropen Weizen oder Gerste anzubauen. Sicherer Ackerbau auf sandigen Böden ist ab 500 mm N/a und auf tonigen Böden, wegen der geringeren Infiltrationsrate, ab 600 mm möglich.

Die Wachstumsperiode ist durch die **Wasserverfügbarkeit** festgelegt.

In den *semi-ariden Gebieten Indiens* bedeuten mindestens 2 aufeinander folgende Tage mit >20 mm Niederschlag (N), daß gesät werden kann. Die Wachstumsperiode dauert so lange, wie mit ⅔-Wahrscheinlichkeit noch >10 mm Niederschlag pro Woche fallen. **Bewässerungsfeldbau** und **Regenfeldbau** sind kombiniert (Abb. C).

In die Fruchtfolge werden **Schwarzbrachen** eingeschoben. Damit ein Teil der N für die Fruchtfolge im Boden gespeichert werden kann, wird der Boden tiefgründig gepflügt und geeggt, um das Aufsteigen des Kapillarwassers zu verhindern. **Dry-farming-system,** USA (jedes 2.–4. Jahr Schwarzbrachen):

Schwarzbrache dient hier weniger dem Aufschluß neuer Pflanzennährstoffe als der *Wasserkonservierung,* da nackter Boden ohne Pflanzenbewuchs weniger verdunstet.

Fallen die nicht vorhersagbaren N-Schwankungen zu groß aus, ist nur noch **Weidewirtschaft** möglich, denn *Dürrejahre* sind durch Viehwanderungen, -verkauf und Futterzukäufe leichter zu überstehen als ausbleibende Ernten.

Bei 350–400 mm N/a ist Mutterkuhhaltung mit Kälberaufzucht möglich, bei 250–300 mm N/a nur Magerviehaufzucht.

Bei 100–200 mm N/a reicht die spärliche Vegetation nur für anspruchslose Schafe, die rohfaserreiche Nahrung verdauen können und gezielt nährstoffreiche Pflanzenteile fressen. Nur anspruchslose Tierarten bzw. -rassen *(Kamele, Buckelrinder, Fettschwanzschafe)* überstehen futter- und wasserknappe Zeiten.

Nomaden, nicht seßhafte Viehhirten, kommen ohne Anbau aus. Eine Nomadenfamilie (6–8 Pers.) muß 30–40 Rinder (incl. Jungvieh) oder 16 Kamele halten, um ihre Ernährung (¾ Milch, ¼ Fleisch) zu sichern *(Subsistenz-Nomadismus).*

I. d. R. werden 2–3mal größere Herden als erforderlich gehalten. Die Viehbestände liegen damit beträchtlich über der geschätzten Tragfähigkeit der Savannen/Grasländer **(Überstockung).**

In der herkömmlichen **Bewässerung** wird häufig zu stark bewässert. Zu hoher Wasserstand und offene Bewässerungsanlagen (Kanäle, Gräben) fördern die Verdunstung bzw. ungenutzte Versickerung.

Bei einer Bewässerung mit 10000 m^3 Wasser/ha (Trinkwasserqualität) werden dem Boden 2000–3000 kg Salz/ha zugeführt, die zum großen Teil nach Verdunstung des Wassers und der Ernte im Boden zurückbleiben.

Soll Versalzung vermieden werden, ist ein wirksames Dränagesystem zur Auswaschung überschüssiger Salze notwendig.

Tropfbewässerung (trickle irrigation) verteilt das Wasser in einem Rohrleitungssystem mit blinden Seitenenden, das in Pflanzabständen Düsen trägt, aus denen Wasser tropft.

Es befeuchtet den Boden mit 2–4 l/h und kann mit Dünger angereichert werden.

Um Versalzungen zu vermeiden, muß dräniert werden (Abb. B).

Versalzung

Es gibt keine halophilen Kulturpflanzen, die Erträge nehmen bei zunehmendem Salzgehalt ab. Etwas salztolerant sind Dattelpalme, Hirse, Gerste, Zuckerrübe, Baumwolle und Spinat.

Die leichtbeweglichen Ionen $\mathbf{Na^+}$, $\mathbf{Ca^{2+}}$ und $\mathbf{Mg^{2+}}$ steigen mit dem Kapillarwasser auf und fallen nach Verdunstung des Wassers an der Oberfläche aus *(Salzkrusten).* Die Kationen lagern sich an die meist negativen Oberflächen der Tonminerale an.

Ca^{2+} hat in geringen Mengen positive Wirkungen auf die Bodenfeinstruktur, bei höherer Konzentration fällt Gips ($CaSO_4$) oder Kalk ($CaCO_3$) aus.

Die Wirkung von $\mathbf{Na^+}$ ist bes. nachteilig; es verursacht im feuchten Zustand eine starke Quellung, so daß Krümelung und Durchlüftung des Bodens verloren gehen. Beim Austrocknen entstehen durch die *extreme Schrumpfung steinharte Schollen mit faustbreiten Trockenrissen.*

Diese Böden reagieren **alkalisch** (pH 11), weil sich bei Wasserzufuhr Na^+-Ionen an den Bodenmineralen mit den H^+ austauschen. Eine landwirtschaftl. Nutzung oder Regenerierung ist nahezu ausgeschlossen.

Desertifikation

Die destruktive Landnutzung im *Sahel* (Abb. A) durch Weidewirtschaft und erosiven Ackerbau verschärfte sich in den letzten 50 Jahren durch Bevölkerungszunahme aufgrund der Einführung veterinär-medizin. Möglichkeiten, tieferer Bohrlöcher und des aufkommenden Marktes für Fleisch. Das beste Weideland wurde in Ackerland umgewandelt.

So schob sich die *tatsächliche Ackerbaugrenze* in den feuchteren Jahren (1950–68) in der Sahelzone Afrikas ~300 km über die ökologisch angepaßte *agronom. Trockengrenze* hinaus.

Land oder Gebiet	Niederschläge in mm/Jahr	Feldfrüchte	Anzahl der Erntejahre /	Brachejahre	Ernteflãche in % des verfügbaren Landes
Sarawak (Borneo)	ca. 3750	Bergreis	1	≥ 12	< 8
Liberia	2000 – 4500	Reis, Maniok	1 - 2	8 - 15	11 - 12
Sumatra	ca. 2250	Reis, Knollenfrüchte	2	10 - 16	11 - 17
Assam (NO-Indien)	ca. 2500	Reis, Hirse, Mais	2	10 - 12	14 - 17
Sierra Leone	2250 – 3250	Reis, Maniok	1,5	8	16
Zentralkongo	1750 u. mehr	Reis, Mais, Maniok	2 - 3	10 - 15	17
Guatemala	3075	Mais	1	4	20
Philippinen	2500 u. mehr	Reis, Mais, Knollenfrüchte	2 - 4	8 - 10	20 - 28
Westafrika (wechselfeuchter Wald)	1500 – 2000	Mais, Maniok	2 - 4	6 - 12	25

A Waldbrandwirtschaft in feuchten Tropen (Urvegetation: Regenwald)

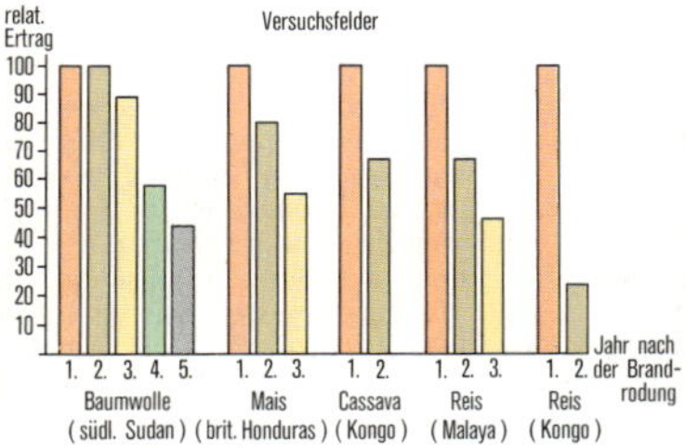

B Ertragsabfälle in den feuchten Tropen bei zunehmender Dauer der Ackernutzung (Waldbrandwirtschaft)

C Beginnender Wanderfeldbau mit Bergreis (Vordergrund) und jungen Kautschukbäumen in Zentral-Sumatra

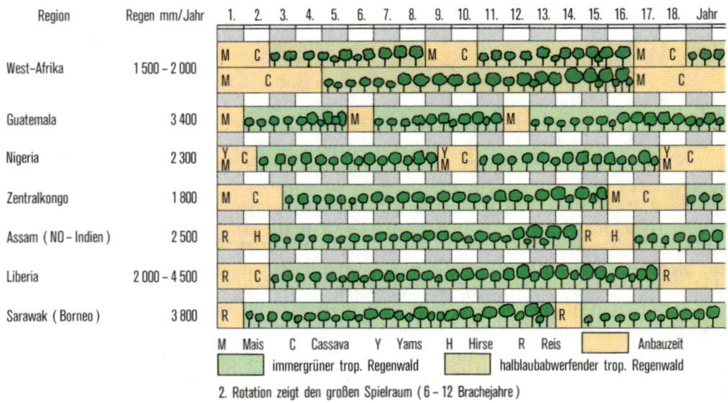

D Feld-Brache-Wechsel der shifting cultivation bei Langzeitnutzung

Wanderfeldbau

Klima und volkswirtschaftl. Entwicklungsstufe prägen den

Landbau in den feuchten Tropen. Der bis Anfang der 30er Jahre als der fruchtbarste und potentiell tragfähigste angesehene Landschaftsgürtel sollte eine *Bevölkerungsdichte* von 200 E/km^2 gegenüber nur 100 E/km^2 im Bereich der außertrop. Waldregion tragen (PENCK, 1924).

Der Wirtschaftsgeograph H. CAROL errechnete 1972 für das trop. Afrika eine »theoret. Ernährungskapazität« für über 3 Milliarden Menschen.

Dagegen hatte K. SAPPER schon 1939 auf die geringen Hektarerträge für Mais und Weizen hingewiesen:

»daß eine Ernte in der gemäßigten Zone bei guter Düngung etwa soviel Ertrag bringt, wie zwei Ernten in den Tropen auf der gleichen Fläche«.

Bereits im Zeitalter der Entdeckungen zeigten die Tropen große *Entwicklungsunterschiede* gegenüber den Außertropen. Es wurde mehrfach versucht, den Entwicklungszustand mit den natürl. Voraussetzungen zu begründen **(Determinismus).**

B. W. HODDER (1973) lehnt eine direkte Korrelation zwischen natürl. Ressourcen und der ökonom. Entwicklung ab.

Das bedeutendste Landnutzungssystem der feuchten Tropen ist **shifting (-field) cultivation** (Abb. C), der **Wanderfeldbau,** eine Feld-Wald-Wechselwirtschaft mit kurzen Ernteperioden auf wechselnden Feldflächen *(Rotation)* und langen Perioden der *Waldbrache* (Abb. D).

I. d. R. wird ein Wechsel der Siedlungen nach 10-15 Jahren notwendig. Das neue Feld (¼-½ ha) wird durch *Brandrodung* **(Waldbrandwirtschaft**; Abb. A) freigelegt.

Sehr große Bäume läßt man stehen, der Rest wird grob beseitigt. Asche bleibt als Dünger auf der Bodenoberfläche liegen, dann wird ohne weitere Düngung und Bodenbearbeitung gepflanzt. Hauptwerkzeuge sind Hacke und Pflanzstock, heute auch Handsägen *(Hackbaukultur).*

Shifting cultivation kommt mit der menschl. Arbeitskraft aus (Brandroden, Unkrautjäten).

Nach der ersten kurzlebigen Frucht pflanzt der Bauer meist mehrjährige Pflanzen *(Cassava, Banane)* auf dasselbe Feld **(mixed cropping).** In der nächsten Ernteperiode wird auf dem Stück ein Teil geerntet, während der Rest bis zum max. 4. Jahr bleibt. In dieser Zeit gehen die Erträge der Nutzpflanzen rapide zurück und

die natürl. Vegetation dringt in die Kulturfläche ein (Abb. B).

In zeitl. Verzögerung folgt dieses Vorgehen auf 2-3 weiteren Feldern.

Shifting cultivation liefert beim 2. oder 3. Durchgang bereits so geringe Erträge, daß ein Ortswechsel unausweichlich ist.

Die Ursachen für die rapide Ertragsminderung werden v. a. in der geringen Bereitstellung und der geringen Adsorptionsfähigkeit **(Kationenaustauschkapazität)** von Pflanzennährstoffen im **Boden** gesehen. Zum einen bewirkt die intensive *chem. Verwitterung* über kohlensäurehaltige Niederschläge bei gleichbleibend hohen Temperaturen eine tiefgründige Zersetzung des mineral. Untergrundes mit hohen Verlusten an Silizium (S. 47), wodurch die Tonminerale in Aluminium- und Eisenoxide bzw. -hydroxide verwandelt werden. Zum anderen fallen die aus den Pflanzen- und Tierleichen entstehenden Huminsäuren, die mit den Tonmineralen *(Ton-Humus-Komplexe)* Austauschfähigkeit besitzen, in geringen Mengen an.

Die meist **endotrophe Mykorrhiza** (S. 51) überträgt direkt die aus zersetztem Holz entstandenen anorgan. Nährstoffe auf die wachsende Pflanze.

Beim Brand entweichen große Teile des Stickstoff- und Schwefelgehaltes in die Atmosphäre. Kurzfristig steigen die Werte der übrigen Nährstoffe *(Aschedüngung).* Heftige Regenfälle in der Zeit zwischen Brand und Wiederbedeckung des Bodens spülen einen erhebl. Anteil ab bzw. aus.

Der Versuch, den Mangel an Nährstoffen durch Düngung zu ersetzen, wird durch die geringe Kationenaustauschkapazität feuchttrop. Böden begrenzt.

Die **Kulturpflanzen** leisten keinen Neuaufbau der Wurzelpilzflora. Die oberflächennahe Humussubstanz und die Mykorrhiza wurden zum großen Teil durch den Brand zerstört. Es entsteht ein artenärmerer **Sekundärwald** mit geringer Biomassenproduktion.

Shifting cultivation erscheint als die *angepaßte Landnutzungsform der Feuchttropen.*

Die Vorteile liegen in der max. Nutzung von Licht und Nährstoffen, der günstigen räuml. und zeitl. abgestimmten Blatt- und Wurzelentwicklung, fast kontinuierl. Bodenbedekkung mit guter Wurzeldurchdringung des Bodens zur Erosionsminderung, Verminderung von Krankheitsbefall und -ausbreitung sowie von klimat. Schädigungen durch gemischten Anbau.

Er steht andererseits einer Mechanisierung im Wege. Auch beansprucht **shifting cultivation** eine vielfach größere Fläche pro Betriebseinheit als ein Dauerfeld-Nutzungssystem.

Probleme bringen die *steigenden Bevölkerungszahlen* und die *Verknappung des verfügbaren Landes.* Das erzwingt eine zu kurze Waldbrache bzw. den Übergang von der Wald-Feld- zur Busch-Feld-Wechselwirtschaft oder eine Ertragssteigerung.

Angaben über die krit. Bevölkerungsdichte, die **shifting cultivation** trägt, können nicht verallgemeinert werden. Sie darf i. d. R. als gering angesetzt werden (2-40 Ew./km^2).

Ausnahme: junge basische Vulkanböden (Java $<$200 Ew./km^2).

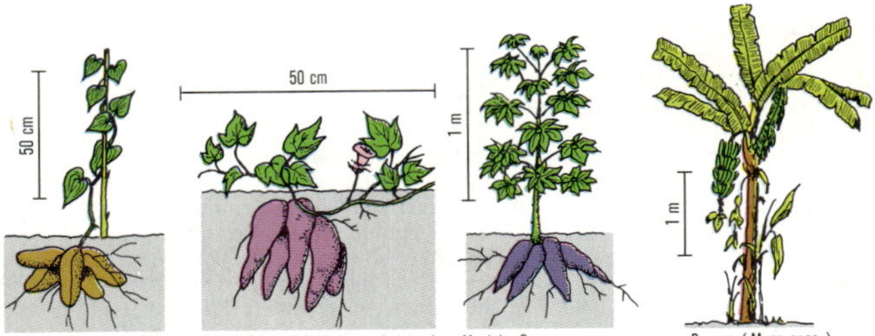

Yam (Diascorea spec.) einjähriges Liliengewächs

Batate, Süßkartoffel (Ipomoea batatus) einjähriges Windengewächs

Maniok, Cassava (Manihot esculenta) mehrjähriges Wolfsmilchgewächs

Banane (Musa spec.) mehrjährige Staude

A Tropische Blattfrüchte

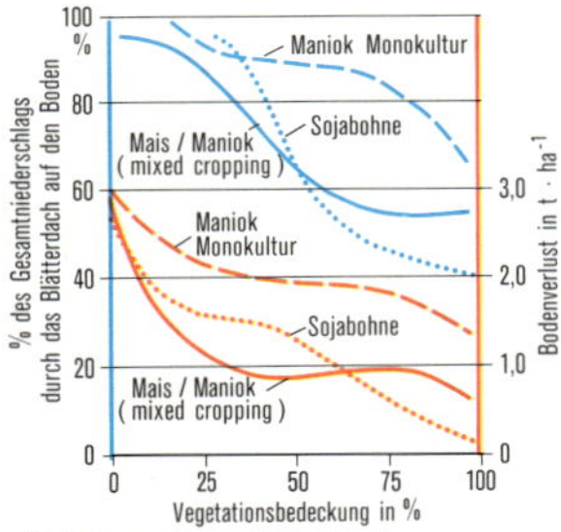

B Interzeption und Erosion in verschiedenen Anbausystemen

	Mais	Sorghum	Maniok	Batate	Yam	Banane
tropischer Durchschnittsertrag in $t\ ha^{-1}$	1,24	0,83	8,72	6,45	7,0	13,0
eßbarer Energiewert in $MJ\ kg^{-1}$	15,2	14,9	6,3	4,8	4,4	5,4
eßbare Energie pro ha in MJ $\times 10^3$	18,8	11,1	45,6	27,2	26,2	41,4
durchschn. Wachstumsperiode in Tagen	130	110	330	140	280	365
eßbare Energie pro ha und Tag in MJ	145	101	138	194	94	113
%-Anteil am Frischgew.						
Eiweiß	9,2	10,5	0,9	1,6	1,8	1,2
Fett	3,8	3,9	0,4	0,6	0,2	0,2
Kohlenhydrat	71,0	70,7	32,0	26,6	23,8	23,3
Wasser	12,5	12,1	65,0	69,2	72,0	73,9

C Energiegehalte und Inhaltsstoffe von Halm- und Blattfrüchten

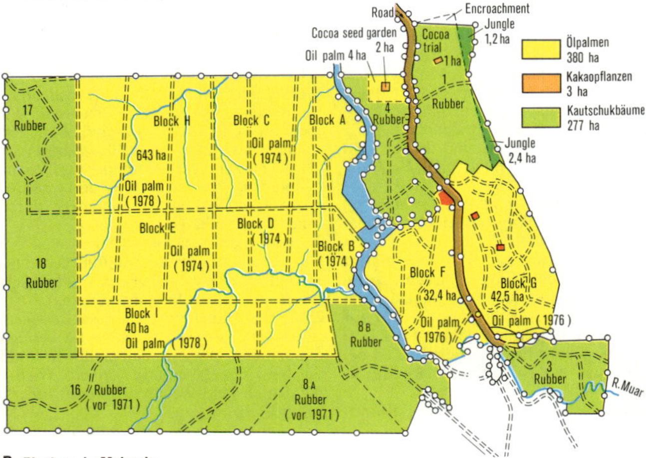

D Plantage in Malaysia

Die Ernährungsgrundlage der Menschen in den feuchten Tropen bilden die **Nichtgetreidepflanzen** (Blattfrüchte):

Wurzel- und *Knollenfrüchte Maniok (Cassava), Süßkartoffeln (Bataten), Yam (Dioscorea)* und die einkeimblättrige Staude *Banane (Musa).*

Ihr Anbau erfordert geringeren Arbeitsaufwand, und in der längeren Wachstumszeit werden mehr Kohlenhydrate aufgebaut als bei den Halm- und Hülsenfrüchten.

Unter den Halmfrüchten steht *Sorghum* an 1. Stelle.

Mais gewinnt in letzter Zeit als C_4-Pflanze mit hohen Wachstumsraten (0,5 t ha^{-1} d^{-1}) an Bedeutung.

Hülsenfrüchte, die als C_3-Pflanzen 0,2–0,4 t ha^{-1} d^{-1} Zuwachs erreichen, können für den lokalen Markt wichtig sein.

Großtierhaltung kommt wegen trop. Tierseuchen praktisch nicht vor.

Der geringe *Eiweißgehalt* der Wurzel- und Knollenfrüchte fällt bes. ins Gewicht. Dadurch tritt häufig **Proteinmangel** in der Ernährung auf.

In den Gesamttropen werden 70–90% der Eiweißversorgung über Pflanzen gedeckt, ⅔ der Pflanzeneiweiße aus Körnerfrüchten. Hülsenfrüchte liefern 18,5% des gesamten Pflanzenproteins (Abb. C).

Vom **Maniokstrauch** erntet man die bis über 50 cm langen und ca. 5 kg schweren Wurzelknollen,

die im Rohzustand durch das *Blausäureglykosid Linamarin* im Milchsaft giftig sind. Der Blausäureanteil verringert sich durch Auspressen, Kochen oder Trocknen (z. B. in der Sonne von 150 mg auf 5 mg).

Maniok liefert auf nährstoffarmen Böden, wo andere Anbaufrüchte fehlschlagen, leidl. Erträge (5–6 t ha^{-1}).

Durch die geringe Lagerfähigkeit (~8 Std.) und kontinuierl. Ernte vom 6. bis 24. Monat nach Pflanzung ist Maniok vorzugsweise für die **Subsistenzwirtschaft** geeignet.

Für Transport und Export muß die Knolle in Mehl, Stärke oder Sago *(Tapiokaprodukte)* verarbeitet werden.

Die **Batate** ist eine mehrjährige Pflanze, die im Anbau einjährig genutzt wird. Bataten werden sowohl als **cash-crop-Pflanzen** (Handelspflanzen) im intensiven Naß-Reis-Anbausystem sowie in Mischkulturen nach Brandrodung in der Subsistenzwirtschaft angebaut. Sie wachsen selbst an steilen Hängen, die für andere Kulturpflanzen ungeeignet sind.

Bataten produzieren mehr verwertbare Energie pro ha und Tag als andere trop. Kulturpflanzen (Abb. C).

Die bedeutendste Anbaufläche für **Yam** liegt in den wechselfeuchten Tropen Westafrikas mit Erträgen von 60–70 t ha^{-1}. In den feuchten Tropen mit > 3000 mm Jahresniederschlag werden nur 10–50 t ha^{-1} erreicht.

Yam erfordert fruchtbare Böden und ist häufig die Erstfrucht bei **shifting cultivation** (Wanderfeldbau).

Die **Banane,** eine Flachlandpflanze der feuchten und wechselfeuchten Tropen, benötigt > 1250 mm Jahresniederschlag und eine mittl. Mindesttemp. von 15,5 °C. Die *Obstbanane* enthält im reifen Zustand viel Zucker und wenig Stärke im Ggs. zur *Mehlbanane,* die stärkereich ist und nur zur eigenen Versorgung gekocht gegessen wird.

Geringe Aufwendung bei der Erstpflanzung, die Ernte schon nach einem Jahr und die fast ganzjährige Erntezeit sind Vorteile für die Selbstversorgung.

Neben shifting cultivation haben sich halbintensive und intensive Regen-Feldbausysteme entwickelt. Typisch sind die **Mischkulturen (mixed cropping).** Durch den gemischten Anbau wird eine bessere Ausnutzung der Lichteinstrahlung und des Niederschlags erreicht, die Bodenerosion (ca. 8 mal höher als in der gemäßigten Zone, Abb. B), der Schädlingsbefall sowie die Unkrauteinwanderung verringern sich. Der intensive Anbau geht in ein reguläres Ernte- und Anbaumuster über,

z. B. 2 Reihen Sorghum im Wechsel mit 1 Reihe Kichererbsen.

Meist verringert sich dabei die Zahl der Anbaufrüchte, die gleichzeitig auf einem Feld stehen; z. T. werden Pflanzen später dazwischengesetzt, z. B. Cassava zw. Reis und Mais.

Folgt die 2. Frucht, wenn die erste geerntet wurde, so spricht man von *Mehrfachernten.*

Im Falle von **Dauerkulturen** hat sich der Anbau von einjähr. Kulturpflanzen nur in Verbindung mit *mehrjähr. Strauch- und Baumkulturen (Pflanzungen)* bewährt.

Plantagen (Abb. D) sind markt- bzw. exportorientierte, großbetriebl. Pflanzungen, die über Aufbereitungsanlagen für ihre Ernteprodukte verfügen (Tee-, Zucker- und Sisalfabriken, Ölmühlen, Kaffeeaufbereitungsanlagen). Im Falle ballastreichen Erntegutes (Zuckerausbeute 7,5–13,4%, Faserausbeute bei Sisal 3–4%) wird die Fabriknähe bedeutungsvoll.

Qualitätsansprüche der Industrieländer machen die industr. Aufarbeitung notwendig.

Öl- und *Kokospalme* sowie *Kakaobäume* werden auch in bäuerl. Betrieben erfolgreich angebaut. Für einheim. Bauern bilden hohe Anfangsinvestitionen in der ertraglosen Jugendzeit

(Ölpalme braucht bis zur Kostendeckung 4, Kautschuk 6, Kakao 8 Jahre)

und der hohe Arbeitsaufwand, der nur bei entsprechenden Geldroherträgen bzw. niedrigem Lohnniveau möglich ist, die größten Schwierigkeiten. Im Ggs. zu shifting cultivation

liefern die Baum- und Strauchkulturen über Jahre sichere Erträge und verhindern Bodenerosion.

Neue Formen des trop. Landbaus versuchen, die ökolog. Situation durch waldähnl. Aufbau der Kulturpflanzen stärker zu imitieren *(Ecofarming).*

A₁ Mündungsgebiet der Emscher

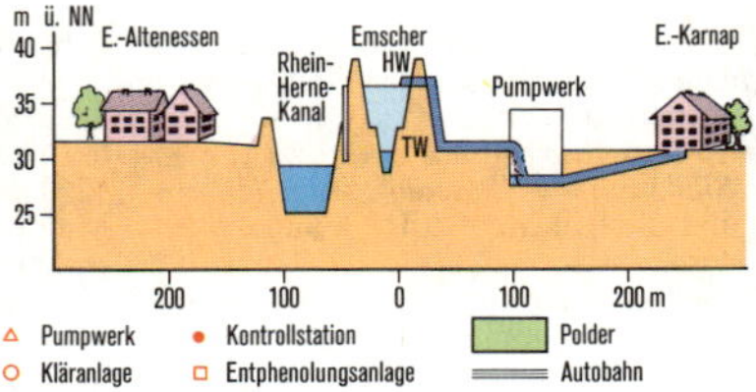

A₂ Emscher in Essen nach Bergsenkungen

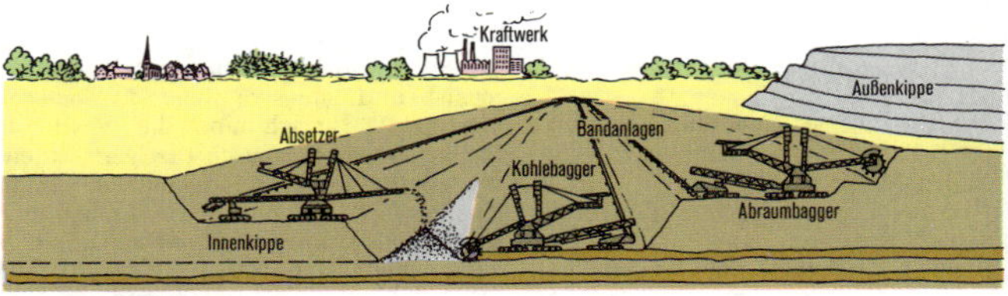

B Braunkohlentagebau

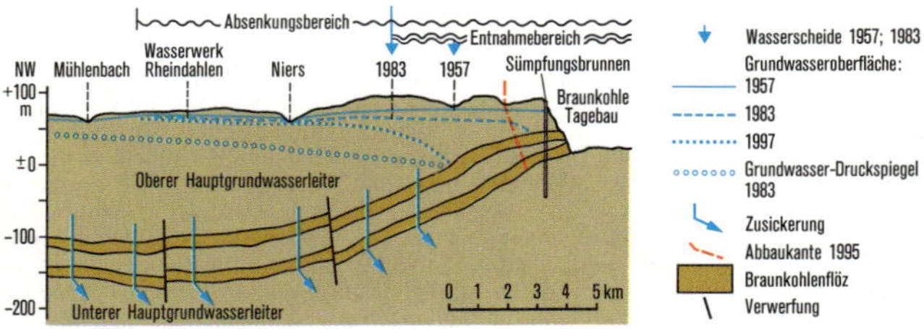

C Auswirkungen der Sümpfung

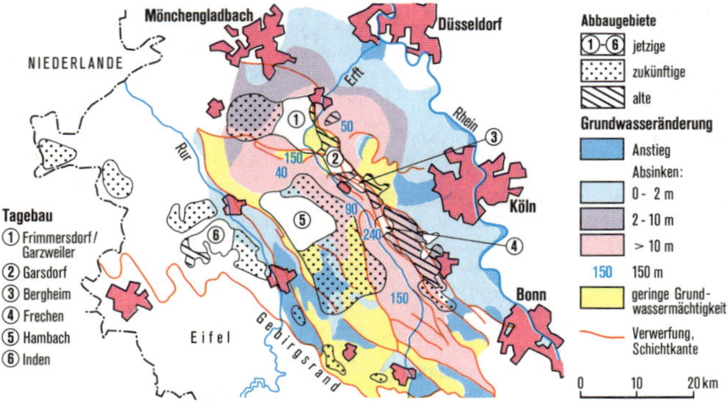

D Abbauwürdige Braunkohlenlagerstätten und Grundwasserveränderungen 1955-1985 in den oberen Stockwerken

Bergsenkungen, Grundwasserprobleme

Die **Rohstoffgewinnung** durch den Bergbau führt zu Schäden in der Landschaft und an der Vegetation.

Der **Untertageabbau** im Ruhrgebiet verursachte weiträumige Bergsenkungen bis 24 m, wodurch *Senkungssümpfe* entstanden, Bach- und Flußläufe neu reguliert werden mußten. Hebungen und Deichbauten bzw. Vertiefungen der Fließgewässer, Pumpwerke und Brückenneubauten wurden notwendig.

Insgesamt entstand im westl. Ruhrgebiet eine *Polderlandschaft,* die durch 90 Pumpwerke wasserfrei gehalten wird (Emscherpolder, Abb. A).

Die Emschermündung in den Rhein mußte wegen der Senkung im Mündungsgebiet 2mal nach Norden verlegt werden (1906-10 und 1949).

Der **Braunkohlen-Großtagebau** *(Rheinbraun)* in der Niederrhein. Bucht baut die größte Braunkohlenlagerstätte Europas ab. Die Tagebaumaßnahmen kollidieren mit der die hochwertigen Lößböden nutzenden Landwirtschaft, der dichten Besiedlung (410 E/km^2) und dem Verkehrsnetz.

Die **Belastungen des Raumes** liegen im **sozialen Bereich** (bis 1990 wurden ca. 30000 Menschen umgesiedelt), in der **Erdbebengefährdung,** in den **Staubemissionen,** die man durch Bedüsung mit Wasser beim Abbaggern einzudämmen versucht, den **Lärmemissionen** durch die km-langen Transportbänder und dem **Absenken des Grundwassers (Sümpfung).**

Im Tagebaubereich wird der Grundwasserspiegel durch Brunnengalerien bis auf 500 m Tiefe abgesenkt.

Wenn die *Grundwasserstockwerke* nicht trokken gelegt werden, fließt Wasser in den Tagebau und Böschungen stürzen ein.

1300 Entwässerungsbrunnen fördern 1,2 Mrd. m^3/a Grundwasser, wovon 13% als Kühlwasser für Braunkohlenkraftwerke, 3% für Trinkwasser und 2% für den Eigenbedarf von *Rheinbraun* verwendet werden.

Der Rest des salzhaltigen Grundwassers fließt in Kanälen bzw. Flüssen ab.

Das Grundwasser muß in mehreren Stockwerken abgepumpt werden (Abb. C), da es in unteren Stockwerken unter Druck steht. Die Sümpfung führt zu erhebl. Wasserverlusten in oberen und benachbarten Hauptgrundwasserleitern *(Leakage).*

Pro t Braunkohle werden 10-16 m^3 Grundwasser abgepumpt.

Bis 25-30 km vom Tagebau entfernte Gebiete sind von der Grundwassersenkung betroffen (Abb. D). Die Wasserversorgung (Wasserwerke) des Raumes ist stark gestört.

Bäche und **Feuchtgebiete** fallen trocken, Eichen, Eschen zeigen Trockenheitsphänomene. Kulturpflanzen mit relativ hohem Wasserbedarf (Zuckerrüben, Klee, Grünland) bringen geringere Erträge.

Für Pflanzen, die trockene Standorte vorziehen (Getreide), reicht der Niederschlag aus.

Bergschäden entstehen dadurch, daß Lockersteinschichten (Kiese, Sande, Tone) durch den Wasserentzug schrumpfen. Die *Bodensetzungen* führen zu Schäden an Gebäuden, Ver- und Entsorgungsleitungen.

Rekultivierungen sollen Landverluste für Land- und Forstwirtschaft ausgleichen und Flächen für die Erholung bereitstellen. Beim Rekultivieren *landwirtschaftl. Flächen* geht durch das Abbaggern ~⅓ des wertvollen Löß verloren. Er wird möglichst bis 2 m Mächtigkeit im Gemisch mit Wasser über Rohrleitungen aufgespült *(Naßverfahren)* oder abgekippt und planiert *(Trockenverfahren).*

Im aufgebrachten Löß ist das Bodenleben fast erloschen, der Humusgehalt von 2-3% auf 0,5% gesunken, der Nährstoffgehalt gering und die Bodenstruktur labil.

Feine Bodenteilchen fließen in Hohlräume und verstopfen sie *(Staunässen).* Auch tiefes Aufreißen rekultivierter Böden steigert das Gesamtporenvolumen nur kurzfristig. Befriedigende Erträge werden nur mit übermäßig hoher Düngung erreicht.

Verfahren *forstwirtschaftl. Rekultivierung:*

1) die natürl. Entwicklungsfolge (Sukzession) - sie dauert 150-200 Jahre - wird nachgeahmt; nach 15-30 Jahren werden Pioniergehölze ausgelichtet und Baumarten für den Endbestand gepflanzt.

2) Baumarten des Endbestandes werden direkt in den *Rohboden* gesetzt, ein Gemisch aus Kies/Sand mit einem zugemischten Lößanteil von mind. 20% (»Forstkies«). Pappeln im 6-mal-6-Meter-Raster sollen jungen Bäumen Windschutz bieten.

Auch hier führt die »innere Erosion« zu Bodenverdichtungen, so daß die Belüftung behindert wird. Wurzeln verkümmern.

Die **Anlage von Seen** bereitete Probleme. Flache Seen (<20 m) speicherten nicht genug Sauerstoff, um anfallende organ. Stoffe im Spätsommer zu zersetzen. Sickerwasserzufluß aus den umliegenden intensiv gedüngten, rekultivierten Ackerflächen eutrophierte die Seen zu sehr. Oft kam es durch die geschützte Lage und geringe Größe im Herbst und Frühjahr nicht zur nötigen Vollzirkulation.

Um den Grundwasserspiegel aufzufüllen, wurde jahrelang Wasser hinzugepumpt.

Die **Braunkohlenkraftwerke** *Rheinbraun* produzieren 7-8 Mio. t **Asche mit einem Sulfatgehalt von 5-7%** pro Jahr, die heute im Tagebau en bloc verfüllt werden. Dadurch

steigt der Sulfatgehalt im Grundwasser stellenweise über 1000 mg/l.

Bilanziert man die entkohlten und bewegten Massen, so bleiben nach Stillegung des Tagebaus große **Massendefizite.** Pro t Braunkohle werden 3-5 m^3 Abraum bewegt.

Im Tagebau *Hambach* werden 2,7 Mrd. m^3 Abraum zu ⅔ im laufenden Tagebau verkippt (Abb. B), ⅓ als Aufschüttung *(Sophienhöhe)* außerhalb gelagert. Ein Defizit von 5 Mrd m^3 ist nicht gedeckt.

Altöl	CKW DFP KW CSB Phe PAK
Arzneimittel	As CSB Hg
Batterieherstellung	Cd Cr Cu Pb Hg Zn
Bergbau / Hüttenwesen	As Cd Cr CN Cu Ni Pb Hg aSz Se Tl Zn
Druckgewerbe	As CKW KW CSB Hg
Elektronische Industrie	CKW CN Cu Pb Hg Se
Erdöl / Kohle / Kokerei	As CKW CN KW CSB Phe PAK Pb
Farben / Lacke	Cd CKW Cr CN KW Cu CSB Phe Pb Hg Se
Gießerei / Formsände	KW CSB Phe
Glasindustrie	F Pb
Holzverarbeitung	CKW Cr DFP KW Cu Phe PAK
Klärschlämme	Al As Cd CKW Cr DFP KW Cu Ni CSB Phe PAK Pb Hg Tl Zn
Kunststoffindustrie	Cd CKW DFP KW CSB Phe Pb
Lederwaren / Gerberei	As Cr F CSB Phe
Metallveredlung / Galvanik	Al Cd CKW Cr CN F Cu Ni Zn
Papierindustrie	CSB Hg
Schädlingsbekämpfungsmittel	As CKW CN DFP Cu CSB Phe Pb Hg Zn
Sprengstoffindustrie	As Cu CSB Pb Hg
Textilindustrie	Cr Cu CSB Phe
Verbrennungsrückstände / MVA	As Cd Cr DFP Cu Ni PAK Pb Hg rad aSz Tl Zn

Al = Aluminium **As** = Arsen **Cd** = Cadmium
CKW = leichtflüchtige chlorierte Kohlenwasserstoffe
Cr = Chrom **CN** = Cyanide **DFP** = Dioxine, Furane, PCB
F = Fluor **KW** = aliphatische u. aromatische Kohlenwasserstoffe
Cu = Kupfer **Ni** = Nickel
CSB = schwer abbaubare organ. Substanz, nach chem. Sauerstoffbedarf (CSB) **Phe** = Phenole
PAK = polycycl. aromat. Kohlenwasserstoffe **Pb** = Blei
Hg = Quecksilber **rad** = radioaktive Substanzen
aSz = anorganische Salze **Se** = Selen
Tl = Thallium **Zn** = Zink

Chemische Industrie ist nicht angeführt, da nur eine detaillierte Aufschlüsselung nach Produktionszweigen sinnvoll ist.

Produktionsspezifische Problemsubstanzen

Eingriffe durch Industrie
Zu den emissionsintensiven Industriezweigen zählen die chem. Industrie, Mineralölverarbeitung, Eisen- und Stahlerzeugung, Buntmetallverhüttung, Galvanisierbetriebe, Batterieherstellung, Gewinnung und Verarbeitung von Steinen und Erden, die Zellstoff- und Papiererzeugung. Zunehmende Massenproduktion und Giftigkeit vieler Stoffe können bei **Unfällen** zu **Umweltkatastrophen** führen (S. 173, 175 sowie S. 10f.).

Am 3.12. 1984 kurz nach 00 Uhr entwich aus einem der 3 Lagertanks des Zweigwerks der Fa. Union Carbide, das in **Bhopal** (Zentralindien) die Pestizide *Aldicarb* und *Carbaryl* herstellt, aus einem Leck *Methylisocyanat* (H_3C-NCO; MIC). Durch Verunreinigungen (Wasser, Eisen, NaOH) hatte wahrscheinlich die exotherme Polymerisation eingesetzt; der mit 56000 l MIC gefüllte Tank explodierte. Die Gaswolke (MIC siedet bei 37 °C und ist schwerer als Luft) zog durch die Stadt Bhopal und tötete ca. 5000 Menschen. Die Gefährlichkeit des anfänglich Hautentzündungen (Erblindung) und Asthmaanfälle verursachenden giftigen Gases war den Arbeitern nicht bekannt.

Am 1.11. 1986 brannten ca. 1300 t Chemikalien, Zwischen- und Fertigprodukte *(Pestizidwirkstoffe)* auf dem Industriegelände **Schweizerhalle bei Basel** (Lagerhalle 956 der Fa. Sandoz). Mit dem Löschwasser gelangten 1-3% der Gesamtmenge (30-40 t) in den Rhein. Der Fischbestand wurde bis 400 km stromabwärts vernichtet. Am Tag davor waren dort 400 l *Pflanzengift Atrazin* »wegen einer Panne« (Fa. Ciba-Geigy) ins Abwasser und in den Rhein geflossen. Ein Teil der Schadstoffe sedimentierte im Flußbett, ein anderer gelangte ins Watt der Nordsee.

Unter den **Kokereiemissionen** sind *kanzerogene Schadstoffe* (Benzol, Phenol, Benzo-a-pyren, 4-Aminodiphenyl, Benzidin, 2-Naphthylamin: Karzinome der Atmungs- und Harnwege). *Geruchsbelästigungen* entstehen durch H_2S, Schwefelkohlenstoff, Mercaptane, Ammoniak, Naphthalin und Phenol; *Staubemissionen* durch Verkokung und Kohleumschlag.
Die Abwässer der Kokereien sind *Industrieabwässer,* die zur Einleitung in öffentl. Kläranlagen von H_2S, NH_3, Mercaptanen, Cyaniden und Phenol gereinigt werden müssen.

Anfang der 80er Jahre entstand auf einem ehem. Zechen- und Kokereigelände (Dortmund) die Siedlung **Dorstfeld-Süd** für ca. 1000 Menschen. Leichtflüchtiges *Benzol* und geruchsintensives *Dicyclopentadien (DCP)* sowie *Hg* und *Benzo-a-pyren (BaP)* aus einem früheren **Klärschlammlager** hatten den Untergrund tiefgründig verseucht. Wegen unvereinbarer Positionen zwischen Zeche und Kommune kam es zu unverantwortl. Verzögerungen in der Gefahrenfeststellung. Das Gebiet wurde durch schwierige und kostspielige *Bodenauskofferung,* z.T. >6 m, saniert. 34000 m^3 wurden auf städt. Deponien in dafür erstellten Kassetten gelagert, 17000 m^3 stark organisch belastete Böden zwischengelagert, um sie später durch Erhitzung in Spezialöfen zu entgiften. 14000 m^3 schwermetallhaltige Böden wurden auf eine Sondermülldeponie nach Frankreich exportiert.

Verschiedenste Schwermetalle emittieren bei der **Buntmetallverhüttung** in zahlreichen Verbindungen häufig in fester Form (0,01 µm–10 µm) und bilden Aerosole.

Unter den Emissionen der **Aluminiumhütten** sind Al-, F-, S- und Sb-Verbindungen, wovon bes. Fluorverbindungen Schäden an Lebewesen verursachen.

Die **Zementindustrie** emittiert SO_4^{2-}, CO_3^{2-}, Silikate, CaF_2 und Thallium *(Thalliumchlorid, TlCl)*. Im Umkreis bis 5 km um den Emittenten steigen die Belastungen bis auf den 10000fachen Wert unbelasteter Gebiete an *(Lengerich, Leimen)*.

Durch den leichtfertigen Umgang mit Schadstoffen entstand eine Fülle von **kontaminierten Standorten** (Altlasten, S. 215). Durch die *Rekonstruktion der Nutzungsgeschichte* und *Probennahme* an wahrscheinl. Schadstoffherden (Produktionshalle, Lagerstätten, alten Leitungen) incl. festgelegter Untersuchungsparameter können *Altstandorte eingeschätzt* werden. Bisher fehlen generelle Orientierungswerte zur Bewertung, wenn eine bestimmte Nutzung Anlaß zur Besorgnis gibt.

Das **Verursacherprinzip,** dem Verschmutzer werden Kosten zur Vermeidung, zur Beseitigung oder zum Ausgleich von Umweltbelastungen angerechnet (keine Schadensersatz- oder Haftungspflichten), ist sinnvoll, kann aber kaum angewendet werden, da Verschmutzer häufig unbekannt, zahlungsunfähig oder ohne legalen Nachfolger sind bzw. durch offizielle Genehmigung des Produktionsprozesses geschützt sind.

Die **Bruttowohnbau-, Industrie- und Dienstleistungsfläche** der gesamten BRD liegt bei 4,8%.

Es gibt keine amtl. Statistik mit Flächenangaben des Industrie- und Dienstleistungssektors.

Die **begrenzten Raumreserven** rufen einen verschärften *Nutzungskonflikt* hervor. Die zentrale Lage als Produktionsstandort verlor an Bedeutung (zu hohe Bodenpreise, fehlende Flächen zur Erweiterung, Nähe zu emissionsempfindl. Nutzungen, Verkehrsanbindung), so daß Unternehmer periphere Standorte vorzogen.

Der *wirtschaftl. Strukturwandel* verstärkte außerdem die Entstehung **gewerblicher Brachflächen (Industriebrache).** Das sind Flächen mit ehem. Industrie- bzw. Gewerbebetrieben seit >1 Jahr ohne Nutzung.

Im **Ruhrgebiet** 2500 ha (incl. stillgelegter Zechen) zgl. 600 ha Verkehrsbrachen (Zechenbahnen, Kohleverladeeinrichtungen).

Die seltene *gewerbliche Wiedernutzung* soll gefördert werden. Mögliche Umnutzungen sind tertiäre Betriebe oder Wohngebiete, ggf. Grün- oder Freiflächen. Häufig übernehmen Betriebe mit großem Lagerbedarf (Verbrauchermärkte, Baustoffhandlungen, Schrotthändler).

Das **Flächenrecycling** ist ein wesentl. Element neuer Stadtentwicklungen.

Problematischer als die Grundstücksverwertung ist die Wiedernutzung der Gebäudesubstanz.

Die **staatlichen Investitionen für den Umweltschutz** liegen fast doppelt so hoch wie die des produzierenden Gewerbes. Insbes. haben die Wirtschaftsbereiche Energie- und Wasserversorgung, chem. Industrie, Metallerzeugung und -bearbeitung im Bereich Lärm und Luftreinhaltung investiert.

⁹⁄₁₀ des Umweltschutzes werden in der Industrie durch staatl. Auflagen erzwungen.

Die Kosten für den Umweltschutz werden weitgehend auf die Allgemeinheit abgeschoben *(externalisiert),* so daß Gewinnvorteile des Unternehmens zum Verlust der nationalen Wirtschaft werden. Die Folgekosten liegen um ein Vielfaches höher als die primären Kosten beim Verursacher.

Zur Zeit hat sich eine **Umweltschutz-Industrie** (Entsorgung, Recycling und Umweltüberwachung) entwickelt, die entstandene Schäden zu reparieren versucht, dabei aber nicht die Schadensursache behebt:

downstream- bzw. *end-of-pipe*-Technologie (d. h. Umweltschutz setzt stromabwärts bzw. am Ende des Schornsteins an).

Die Vermeidung von Umweltschäden kann nur durch *vorsorgliche, sich anpassende* Weiterentwicklung der Produktionsabläufe und der Produkte am Produktionsort geschehen (S. 233).

Die Kosten zur Vermeidung von Schadstoffemissionen steigen steil an *(Grenzkosten der Schadensvermeidung)*.

In einer OECD-Studie zur Luftverschmutzung durch SO_2 bei der Kohleverarbeitung wurde ermittelt, daß für die Beibehaltung der derzeitigen Verschmutzung in den europ. OECD-Ländern 1,2 Mrd. Dollar im Jahr aufzuwenden sind, für eine 37%ige Senkung 2,7 Mrd. Dollar.

Die Folgekosten der Umweltschäden sind 6fach höher.

Eine ökonom. **Bewertung von Umweltschäden** ist schwierig. Zur *Schadensanalyse* (Schadenserfassung und notwendige Eingriffe zur Beseitigung) muß der gesamte Ursache-Wirkung-Zusammenhang verfolgt werden.

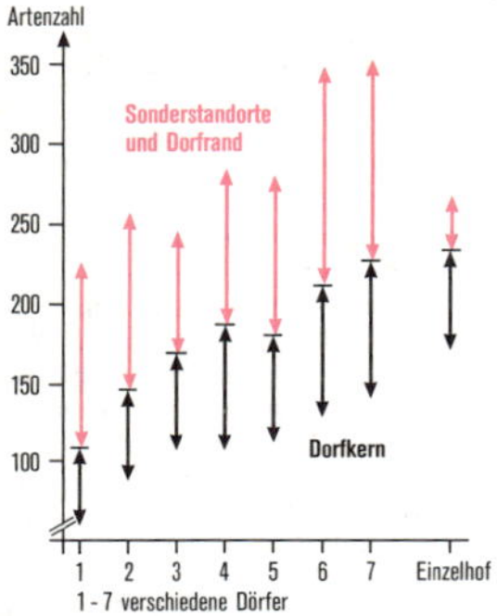

A Florenbestand in rheinhessischen Dörfern

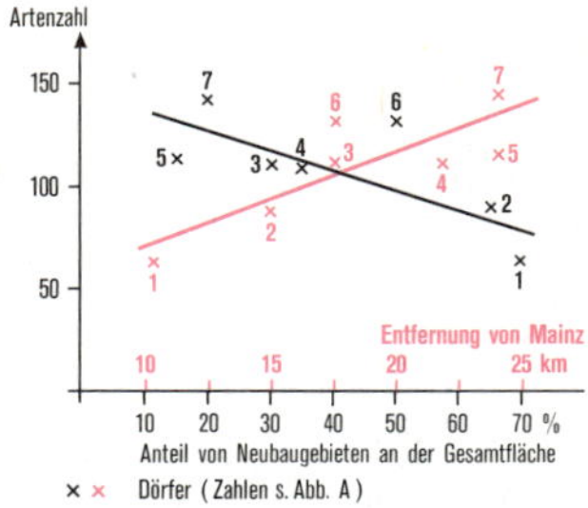

B Einfluß von Großstadtnähe (Mainz) und Neubaugebieten auf den Florenbestand von Dorfkernen (Rheinhessen)

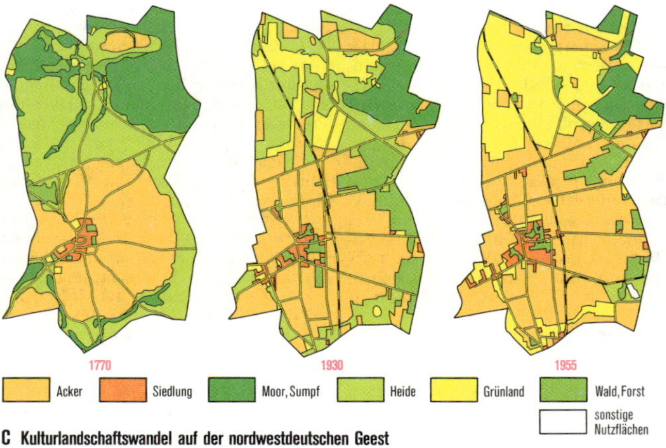

C Kulturlandschaftswandel auf der nordwestdeutschen Geest

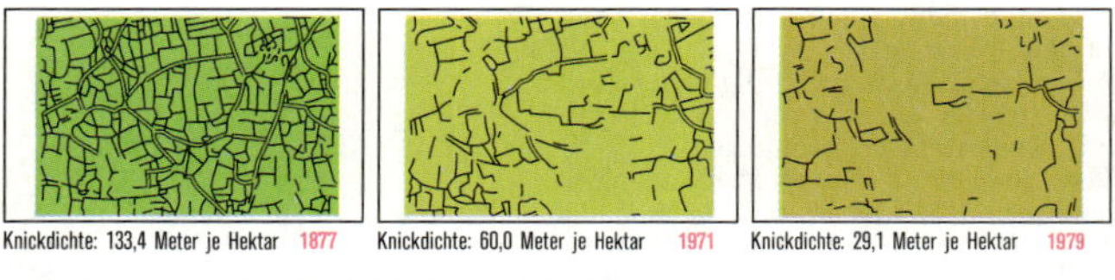

D Zerstörung von Hecken (Knicks) in Schleswig-Holstein

Ländl. Siedlungsformen, vom Einzelhof bis zum Haufendorf, wurden historisch als Wirtschaftstypen und Wohnstätten errichtet, um die *Naturlandschaft agrarisch zu erschließen.* Die Siedlung war als *anthropogenes Ökosystem* vielfältiger mit der Landschaft verschränkt als die Städte.

Das auf *Naturalwirtschaft* basierende Dorf hatte ein **Fließgleichgewicht** von menschl. Nutzung und Naturpotential aufgebaut, das als **synökologische Einheit** von Pflanze, Tier und Mensch im ökolog. Sinn stabil war (Idealfall!).

Alle der Natur entnommenen Güter und Anbauprodukte wurden im Dorf verwertet. Die Rückführung der Abfallprodukte schloß die Energie- und Nährstoffkreisläufe. Aus dem Zwang zur optimalen Anpassung an die natürl. Umgebung resultierte eine

ökolog. Gesamtverantwortlichkeit für den umgebenden Raum.

Das Dorf blieb z. T. bis in die 50er Jahre eine ökol. Einheit und versorgte sich (Kleidung, Wohnung, Nahrung) selbst **(Subsistenz).** Die Agrarproduktion war einziger Wirtschaftszweck.

Geringe dörfl. Überschüsse wurden in der Umgebung vermarktet. Gewinne dienten dem Ausgleich von Mängeln.

Flora

Im traditionellen Dorf und seiner Gemarkung hatte der Mensch Verhältnisse für stabile Biotope geschaffen, wie sie vor seinem Eingriff in die Landschaft nicht bestanden. Unter günstigeren *Nährstoff- und Wärmebedingungen* als in der freien Landschaft gesellten sich zu den **Kulturpflanzengesellschaften** auch **Spontangesellschaften** von instabilen *Einjährigenfluren* bis zu beständigen *Staudengesellschaften* in Schutzlage (Mauern, Gebüsche, Hecken, Steinhaufen).

Je nach Standort bildeten sich **Trittgesellschaften** (z. B. *Wegerich-Trittrasen),* **Ruderalgesellschaften** *(Brennessel-Bestände)* und **Saumbiotope** entlang der Wege, Böschungen *(Magerrasen),* Mauern *(Mauerfugen-Gesellschaft),* Zäune und Gewässer *(Wasserschwaden-Röhricht)* aus.

Nitrophile Arten wie *Guter Heinrich, Gemeine Osterluzei* (Weinbaugebiete), *Kleinblütige Malve* und *Echtes Herzgespann* können als **Indikatorarten** für den ökolog. Entwicklungsstand der dörfl. Siedlungsflächen dienen; *Katzenminze, Glaskräuter, Bilsenkraut, Kleines Flohkraut* und *Gemeiner Andorn* für den Dorfrand.

Hecken übernahmen ökologisch bedeutsame **Vernetzungsfunktionen** und stellen wichtige Biotope dar (Nahrungsquelle, Überwinterung, Schutz).

Sonderstandorte (Bauerngärten, Friedhöfe, später Bahnanlagen) erweitern das ländl. Artenspektrum und bedingen die unterschiedl. Reichhaltigkeit der dörfl. Flora (Abb. A).

Unter den dorftyp. Siedlungsbegleitern und Kulturfolgern unterscheidet man:

Archaephyten (»Altbürger«), wie den *Weißen Gänsefuß* oder das *Eisenkraut,* die zur Zeit der Rodungen von der Römerzeit bis zum Mittelalter einwanderten;

Neophyten sind durch überseeische Kontakte in der Neuzeit u. a. mit Saatgut eingesikkert, z. B. im 16. Jh. das *Bilsenkraut* und die *Judenkirsche,* im 17. Jh. der *Stechapfel,* um 1850 die *Strahlenlose Kamille.*

Fauna

In die anthropogenen ländl. Ökotope hat sich eine vielfältige Tierwelt eingemischt, deren Lebensbedingungen sich häufig gegenüber dem Naturraum verbesserten.

Ubiquisten (»Allerweltsarten«) mit geringen spezif. Ansprüchen an den Lebensraum und unempfindlich gegenüber Veränderungen sind verbreitet.

Das überreiche Nahrungsangebot und geringer Konkurrenzdruck ermöglichten eine hohe Individuenzahl von Freiflächenarten *(Star),* Baumarten *(Buchfink)* und Felsarten *(Steinmarder, Fledermaus).*

Spezialisten wie *Weißstorch* und *Waldkauz* fanden günstige Brutgelegenheiten; die meisten Nester der *Rauchschwalbe* befinden sich in Viehställen.

Waldeinwanderer wie *Kohlmeise, Ringeltaube* und, erst seit ca. 80 Jahren, die *Amsel* fanden in Gebüschen, Hecken, Alleen und Friedhöfen optimale Brut- und Nahrungsbedingungen.

Ökologischer Wandel

Seit den 50er Jahren ist das Dorf zunehmend in die städt. Markt- und Versorgungssysteme einbezogen, hat den Subsistenzcharakter verloren und *erleidet eine zunehmende ökolog. Destabilisierung.*

Nutzungsänderungen verwandelten die Landschaft unter Verringerung der Zahl und Vielfalt der Lebensräume (Abb. C).

Die *Technisierung* bei zeitgleichem Arbeitskräfteabbau erzwang den Einsatz größerer Maschinen und das Ausräumen der Landschaft **(Kultursteppe)** von unproduktiven Hecken und Kleingehölzen (Abb. D).

Die Mechanisierung und Ortsrandbebauung verstärkten die Verkehrsflächenerschließung in Dorf und Landschaft. Die Dorfkerne wurden versiegelt.

Die Grundstückspflege in Neubaugebieten verringert die Nischen für die Spontanvegetation – ebenso die Teilnahme am Wettbewerb *›Unser Dorf soll schöner werden‹.*

Der beträchtl. Artenschwund der Dorfflora steigt mit der Stadtnähe (Abb. B).

Der dörfl. Artenbestand ist unersetzlich, weil die Lebewesen nicht in andere Biotope ausweichen können:

Wiedehopf, Wendehals, Neuntöter, Steinkauz und *Amphibien* u. a. gehören zu den aussterbenden Arten.

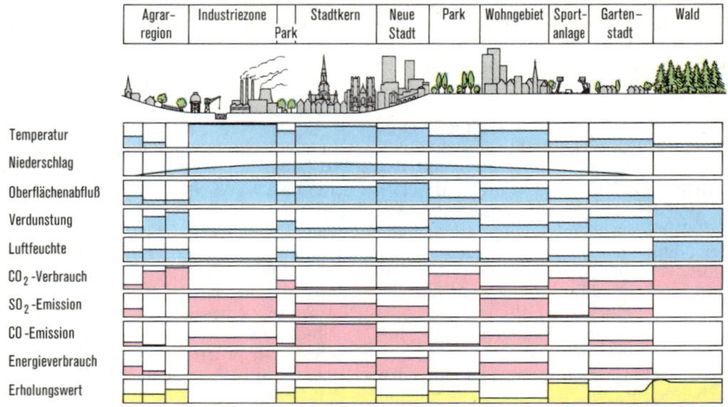

A Abiotische Struktur und Belastung des urbanen Ökosystems Brüssel (relative Intensitätswerte)

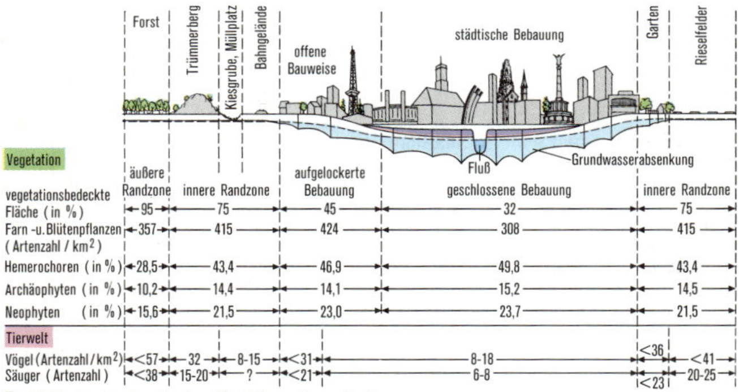

B Biotische Merkmale des Stadtökosystems Berlin

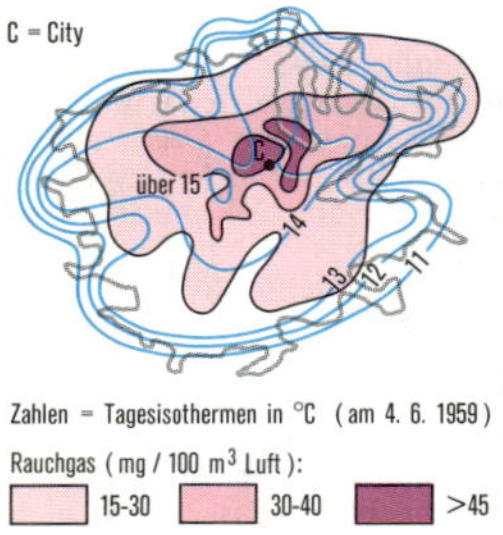

C Wärmeinsel London

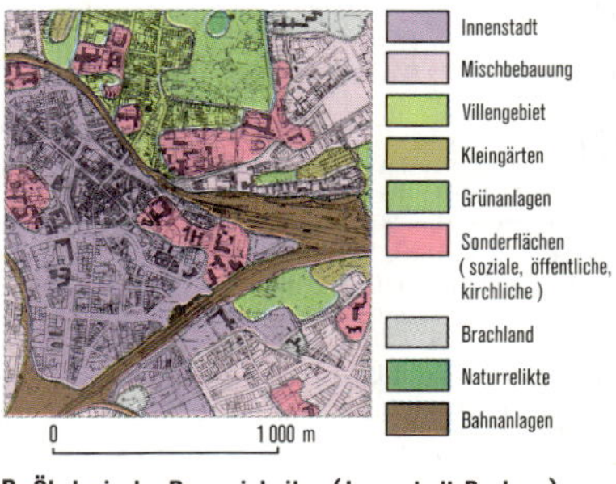

D Ökologische Raumeinheiten (Innenstadt Bochum)

Eine das menschl. Handeln einbeziehende, auf naturwiss. Zusammenhänge begrenzte Ökosystemdefinition lautet (Nachr. Ges. f. Ökologie 1980, 2, S. 14):

»Ein Ökosystem ist ein Wirkungsgefüge aus Lebewesen, unbelebten natürl. Bestandteilen und techn. Elementen, die untereinander und mit ihrer Umwelt in energet., stoffl. und informator. Wechselwirkungen stehen.«

Anthropogene Ökosysteme sind die **Agrar-** und **Forstökosysteme** sowie die *Techno-Ökosysteme:* **Urbane** und **Industrielle Ökosysteme.**

Städt. Verdichtungsräume gelten als extremste Ökosysteme. Sie sind durch nachhaltige Umweltprobleme gekennzeichnet, wie sie z. B. bei Smogwetterlagen offen zutagetreten (S. 167).

Die Umweltprobleme zeigen sich unmittelbar in der Überbauung großer Flächen und dem **Landschaftsverbrauch** am Stadtrand durch Ausdehnung der Siedlungsgebiete und Verkehrsflächen.

Die **Landschaftsbelastung** wird auch mittelbar durch die Verflechtung der Stadt mit der Umgebung über die Erschließung von Naherholungsgebieten, die Abfallbeseitigung (Abwasser, Müll, Luftverunreinigung) und die Artenwanderung u. a. deutlich.

Städte sind mit techn. Bestandteilen wie Bauten, Straßen, Leitungsnetzen, Maschinen und Geräten angereichert. Sie heben sich dadurch in allen abiot. und biot. Elementen des Ökosystems von der Umgebung ab (Abb. A, B; S. 61).

Die Ursachen sind in der zunehmenden **Flächenversiegelung** (Asphalt, Pflaster) und **Bodenverdichtung,** den **Emissionen** der Energiegewinnungs- und Industrieanlagen (z. B. Grundwasserbelastung), hohen **Abwärmemengen** und **Stadtentwicklungsplanungen** zu finden.

Die bes. **ökolog. Merkmale der Stadt** können durch Vergleich mit der ländl. Umgebung verdeutlicht werden:

Gesamtstrahlung:	−20%
UV-Strahlung im Winter:	−70 bis −100%
im Sommer:	−10 bis −30%
Bewölkung:	+5 bis +10%
Nebel (durch Aerosole) im Winter:	+100%
im Sommer:	+20 bis +30%
Jahresniederschlag:	+5 bis +10%
Tau-Niederschlag:	−65%
Schneefall:	−5 bis −10%
Jahrestemperatur:	+0,5 bis +1 °C
Winterminima der Temp.:	+1 bis +3 °C
Dauer der Frostperiode:	−25%
Frost- und Eistage:	−45%
Jahresverdunstung:	−30% bis −60%
Rel. Luftfeuchtigkeit:	−6%
Windgeschwindigkeit:	−20 bis −30%

Die Vegetationsperiode ist im Vergleich zur ländl. Umgebung im städt. Bereich zwar um 8–10 Tage verlängert, aber 35–45% der Gesamtfläche sind nur vegetationsbedeckt.

Die **Produzenten** treten artenreduziert auf. Sie können die **Konsumenten** nur unzureichend mit Nahrung versorgen, können also ihre Aufgabe, Energie in das Ökosystem einzuschleusen, nicht erfüllen.

Die notwendige Energiezufuhr erfolgt von *außerhalb* durch den Menschen.

Dadurch kehrt sich das natürl. Verhältnis der Produzenten und Konsumenten in der Nahrungspyramide zugunsten eines Übergewichts der Konsumenten Mensch und Tier um.

Das städt. Umfeld wirkt durch die hohe Bevölkerungsdichte des Menschen und seine intensiven und arrhythm. Eingriffe selektierend. Es entwickelt sich eine bes.

Stadtflora und **Stadtfauna,** die mit Ausnahme der Haustiere und Gartenpflanzen, selten auch Vögel, artenärmer ist als im Umland und sich durch eine charakterist. Artenzusammensetzung auszeichnet.

Die Intensität des menschl. Einflusses kann durch **Hemerobiegrade** (SUKOPP, BLUME/SUKOPP) gekennzeichnet werden, die sich im Anteil der Neophyten und Therophyten (einjährige Pflanzen) am Artenbestand der Gefäßpflanzen und durch spezif. Bodenbildungs- und Bodenveränderungsprozesse voneinander unterscheiden (Abb. B). SUKOPP unterscheidet:

Ideochoren = Arten, die in einem Gebiet vor dem menschl. Eingriff vorkamen;

Hemerochoren (Anthropochoren) = Arten, die durch die menschl. Einwirkung eingebürgert wurden (z. B. Kulturpflanzen);

Archäophyten = Alteinwanderer, die seit der Jungsteinzeit bis zum Mittelalter aus dem Mittelmeerraum und Vorderasien zuwanderten;

Neophyten = Zuwanderer der letzten 500 Jahre aus Übersee (z. B. Bisamratte).

Einzelne Arten treten wegen fehlenden Konkurrenzdrucks bei optimalen Lebensbedingungen in großer Zahl auf (Ratten, Mauerfarn).

Wegen der Bodenversiegelung und des Anfalls von schwer verwertbarem künstl. Abfall können **Destruenten** ihre abbauenden und Nährstoffe zurückführenden Aufgaben nicht erfüllen. Abfälle müssen deshalb in Mülldeponien gelagert werden. Da auch die Konsumenten nur eine unzureichende Rolle spielen,

fehlt anthropogenen Ökosystemen im Vergleich zu natürlichen die Fähigkeit zur Selbstregulation.

Stadttypisch ist der **Mosaikcharakter** des Ökosystems mit eng nebeneinander liegenden Kleinstlebensräumen (Abb. D):

Kulturwüste = Bauwerke;

belebte *terrestrische Habitate* wie Garten- und Grünanlagen, Friedhöfe, Sportplätze und Müllhalden;

limnische Lebensräume wie Flüsse, Teiche, Bäder, Brunnen.

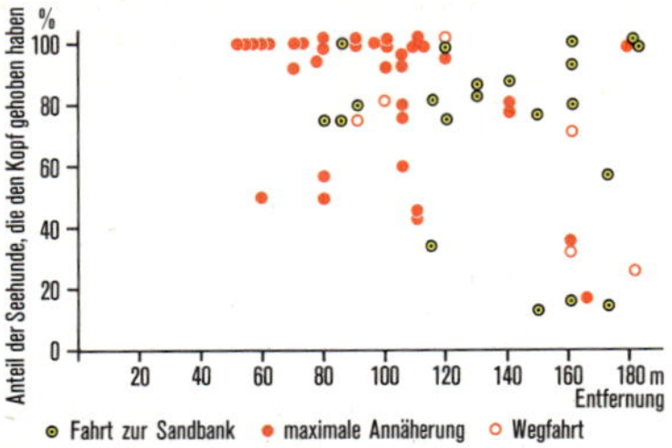

A Störung von Seehunden durch Ausflugsschiffe

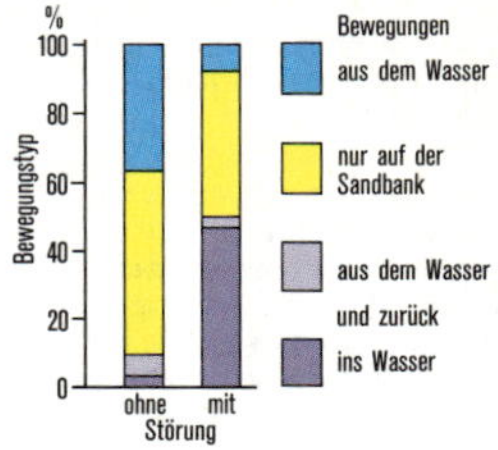

B Bewegungsrichtungen von Seehunden bei Störung durch Ausflugsschiffe

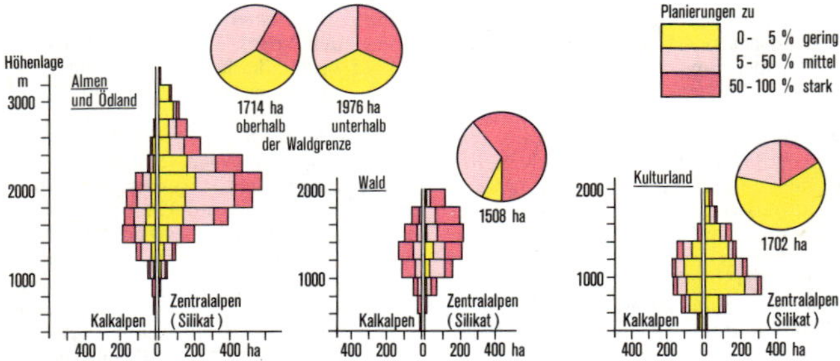

C Pistenflächen in Tirol (1980)

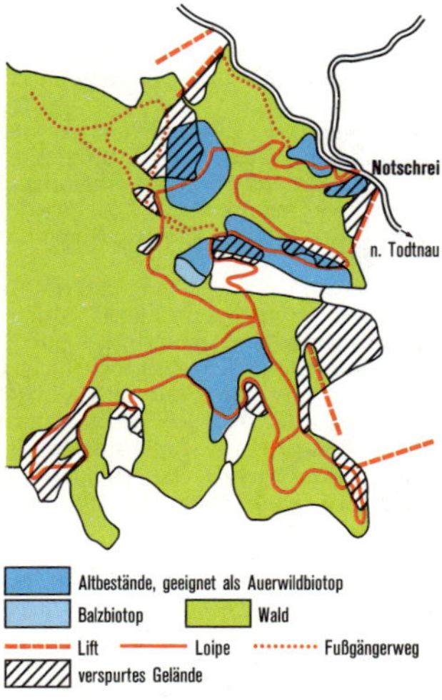

D Loipenzentrum Notschrei (Schwarzwald)

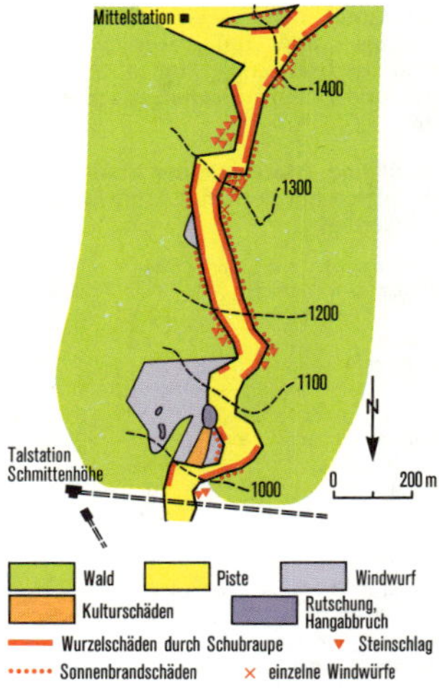

E Weltcupabfahrt Zell am See

Der zunehmende *Freizeitgewinn* (75% in ca. 30 Jahren) und *Mobilisierungsgrad* (Kraftfahrzeug in 90% der Arbeitnehmerhaushalte) bewirken eine steigende Landschaftsbelastung durch Freizeitaktivitäten (Naherholungsräume, Alpen u. a.). Ziel der Erholungsnachfrage ist die natürl. und naturnahe Landschaftsausstattung. Folgen sind Veränderungen und Belastungen von Naturhaushalt und Naturlandschaft.

Die Eingriffe beginnen mit allg. Infrastrukturmaßnahmen (Schnellstraßen, Parkplätze, Gastronomie) und enden in der intensiven Landschaftsnutzung mit erhebl. Naturflächenverbrauch.

Störend ist nicht nur die Anwesenheit des Menschen (Entnahme von Pflanzen, Lärm), sondern sind auch Belastungen durch Befahren, Lagern und Betreten (Tritt), Wasserverschmutzung und Abfall *(Eutrophierung)*, Beschädigungen und Brand.

Die Belastungen erfolgen oft unabsichtlich.

Landschaftsveränderungen und Biotopvernichtung werden aber auch geplant (Abb. E).

Störungen

Menschen stören Tiere durch *unbewußte Annäherung:* Unterbrechung des Balzverhaltens, der Nahrungsaufnahme, des Brutgeschäftes;

Verminderung tierischer Rückzugsräume: Skiwandern querfeldein, Wattwanderungen, Aufsuchen von Biotopen aus Schaugründen.

Wasservögel werden beim Brüten, Nahrungserwerb und Ruhen durch Wasserfahrzeuge, bes. Paddelboote und Surfer, gestört. Fluchtreaktionen beginnen bei vielen Arten schon bei 500 m Nähe (Brandgans), häufig bei 200 m.

Fahrten zu Seehundbänken (Abb. A, B) zwingen die Tiere zu häufigem Robben (Hautkrankheiten, bei Jungtieren Nabelentzündungen, Trennung von der Mutter).

Bei Brutvögeln (Albatros) auf Galapagos wurden Herzschlagerhöhungen von 85 auf 180 gemessen (*Streß* durch Näherung).

Freizeitanlagen, wie Langlaufloipen, werden trotz Vorkommen von Arten der Roten Liste eingerichtet (Abb. D).

Trittbelastung

Durch Tritt wird der Boden vertikal verdichtet *(Kompression)* oder horizontal bzw. hangparallel verschoben *(Translokation)*. Der Oberboden wird verlagert, zerkrümelt, ausgewaschen, verfestigt, und er vernäßt.

Auf kahlen Böden verändert sich das Mikroklima (Erhöhung von Temperatur und Verdunstung).

Merkmale gefährdeter Pflanzen (RINGLER):

hoher Wuchs, hochliegende Verzweigungs- und Vegetationspunkte; zarte Epidermis, unelast. und spröde Gewebe; langsames Wachstum; geringe Regenerations- und Vermehrungsfähigkeit; Blütezeit in der tourist. Hauptsaison vermindert Vermehrungs- und Keimfähigkeit; Änderung des Artengefüges.

Zwergsträucher sterben nach Abscheren der Endtriebe ab.

Das **Belastungsspektrum** für die Pflanzen umfaßt:

Beschädigungen, Wuchsdeformationen aller Arten;
Verringerung der Wuchshöhe;
Deckungsabnahme;
Verschwinden zarter Begleitarten;
oberhalb der Baumgrenze exponentielle Abnahme der Vegetationsbedeckung, unterhalb Einmischung von Trittzeigern mit hoher Reproduktionsrate.

Durch Pflücken werden seltene Arten verringert (wie Edelweiß, Enzian).

Der Tritteinfluß überwiegt gegenüber allen anderen biot. und abiot. Faktoren und begünstigt unempfindl. Pflanzen mit hoher Vermehrungsrate.

Rotschwingel erhöht sogar bei Trittbelastung die Triebzahl.

Die »Trittsukzession« führt häufig zu uniformen, kräuterarmen und grasreichen Ersatzgesellschaften (*Trittgesellschaften*, v. a. dem Lolio-Plantaginetum (Deutsches Weidelgras, Großer Wegerich).

Skisport

Der Skisport, bes. im subalpinen und alpinen Raum, forderte wegen der rigiden Eingriffe in die Landschaft (12000 Lifte und Seilbahnen, 40000 Skilifte zwischen Schladming und Grenoble) die ökolog. Diskussion heraus.

Bau und Betrieb der durch die Wälder geschlagenen Skipisten sind folgenreich (Abb. D, E).

Die mechan. Pistenpräparierung verursacht eine Bodenverdichtung (Störung des Bodenwasserhaushalts); mechan. Schäden durch Pistenraupen:

Schneeverdichtung – Eisbildung – verschlechterte Wärmeisolation – Bodengefrornis, Sauerstoffmangel (anaerobe Bodenatmung, Schneeschimmelbefall, Fäulnis).

An ungeschützten Hängen besteht Steinschlaggefahr.

Über die Entwässerungsgräben wird Schutt in den Wald gespült.

Die Pisten- bzw. Waldränder sind durch den Pistenbau unmittelbar gefährdet (Wurzelschäden, Rindenbrand durch direkte Sonnenbestrahlung).

Durch abkommende Skifahrer werden die Pisten künstlich erweitert. Bei geringer Schneehöhe und an Extremlagen (Kuppen, Steilhänge) verursachen die Skikanten mechan. Schäden an Vegetation und Untergrund.

Die Verdichtung durch den Skibetrieb läßt den Schnee 10–15 Tage verspätet ausapern und verkürzt so die Vegetationsperiode.

Schneeverschiebungen (Tiefschneefahrer, Saisonverlängerung) legen Pflanzen frei, die des Schneeschutzes bedürfen.

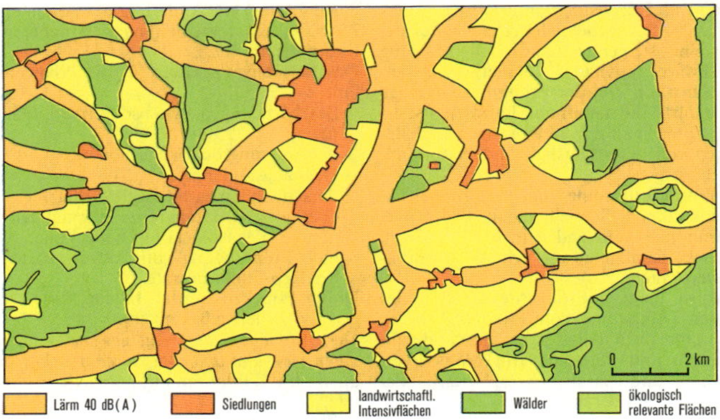

A Anthropogene Landschaftsbelastung und Verinselung

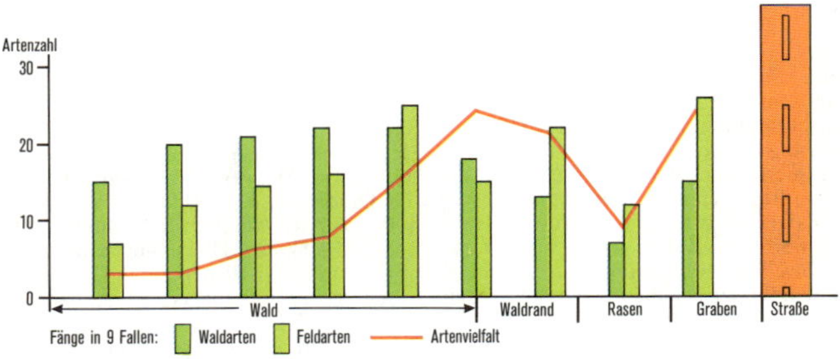

B Artenwandel im Straßenrandbereich

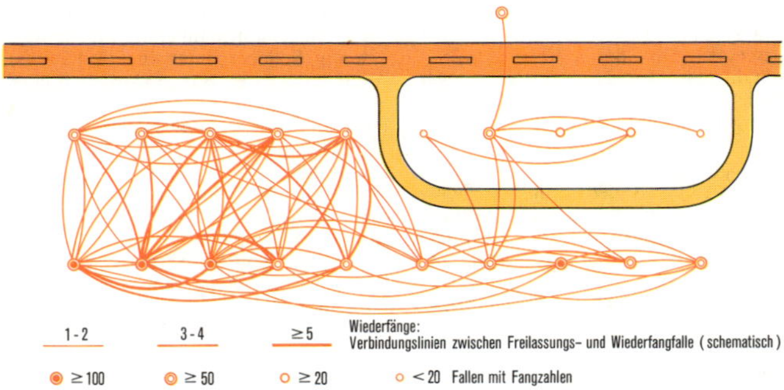

C Barrierewirkung einer Straße (Laufkäfer Abax ater)

Ökologische Wirkung von Straßen

Im Bereich von Verkehrsflächen entwickelt sich ein **Mikroklima.** Es reicht weit in die Randzonen hinein und ist im Straßenbereich mit natürl. Extremstandorten vergleichbar, mit höherer Ein- und Ausstrahlung, Temperatur und Verdunstung. Staubpartikel bilden Kondensationskerne für Nebel und Niederschläge. An Dammbauten und in Geländeeinschnitten kann sich Kaltluft ansammeln *(Kaltluftseen).*

In der Bauphase werden entlang der Verkehrstrasse Pflanzen und Tiere vernichtet.

Stenotope Arten der natürl. und naturnahen Saumbiotope wandern i. d. R. endgültig ab *(Arealregression).*

Während des Betriebs verschiebt sich, abhängig von der Randbepflanzung, das Artenspektrum.

Es kann sich durch das Einwandern euryöker Arten qualitativ und quantitativ durchaus vergrößern (Abb. B).

Den Verkehrsmitteln fallen viele Tiere zum Opfer. Euryöke Kulturfolger, wie *Amsel, Wildkaninchen* und *Igel,* haben die höchsten Verlustquoten.

Igel nutzen die Straße als Beuterevier (Regenwürmer, Insekten) und rollen sich tragischerweise bei Gefahr instinktiv ein.

Bes. gefährdet sind *Amphibien*populationen, wenn ihre Wanderwege zu den Laichgewässern von Verkehrswegen gekreuzt werden.

Flächenverluste

Nahezu 5% der Fläche der BR Dtl. ist von Verkehrswegen bedeckt. Die mittl. Dichte beträgt 2 km/km^2.

Im waldreichen Mittelschwarzwald sind 60% der unzerschnittenen Restflächen kleiner als 10 km^2, um Donaueschingen kleiner als 5 km^2 (Abb. A).

Der tägl. Landschaftsverbrauch in der BR Dtl. wird mit 165 ha angesetzt. 18,5% davon fallen auf Verkehrsflächen.

Flächenbedarf von Autobahnen

(in ha/km Straßenlänge)

eben, 4-spurig:	4.6
eben, 6-spurig:	7.7
hügelig, 4-spurig:	6.6
hügelig, 6-spurig:	11.1
Zusatzmaßnahmen:	3.7
Folgemaßnahmen:	2.4

Zusatzbeanspruchungen: Flächennutzung während des Baus (Trasse, Baustraßen, Lagerplätze, Sand- und Kiesabbau).

Folgemaßnahmen: Dammbauten, Geländeeinschnitte, Brücken, Anschlußstellen u. a.

Trennungseffekte, Verinselung

Straßen stellen für Kleinlebewesen wie Insekten und Kleinsäuger unüberwindl. Hindernisse dar **(Barriereeffekt).** Sie trennen Biotope und Reviere **(Zerschneidungseffekt).** Hauptursachen sind die fehlende Vegetationsdecke und die ständigen, unregelmäßigen Störungen durch Fahrzeugbewegungen und Geräusche.

Die trennende Wirkung kann man durch *Markierungs-Wiederfangversuche* nachweisen.

Ein Mobilitätsdiagramm erhält man durch schemat. Verbindungslinien zwischen den Aussetz- und Fangstellen (Abb. C).

Durch Verkehrslinien entstehen scharf konturierte Restbiotope mit fehlenden natürl. Ökosystemübergängen *(Ökotonen).*

Synökologische Folgen

Der *begrenzte Energiehaushalt* und das *verringerte Ressourcenspektrum* der **Inselbiotope** bewirken ein *reduziertes Artenspektrum* v. a. zu Lasten der höheren Trophiestufen der Nahrungspyramide.

Mit der Verkleinerung der Inselflächen verringert sich die Zuwanderung von Individuen, was zur *genetischen Verarmung* der Population bis zum Aussterben führt.

Inselbiotope können aber auch kurzzeitig als Rückzugs- und Brückenräume ein zufällig strukturiertes Artenspektrum aufweisen, das sich aus vorhandenen, aus dem Umfeld fliehenden *(Refugialarten)* und durchziehenden Arten zusammensetzt.

Es entwickelt sich ein *hoher Artendurchsatz mit Verlust der ökolog. Stabilität: Verdrängung von stenöken und seltenen Arten durch migrationsfreudige Allerweltsarten.*

Als erstes wandern große Arten ab, die eine geringe Besiedlungsdichte aufweisen und für ihre Daseinsfunktionen große zusammenhängende Flächen benötigen.

Das »Kappen der Spitze der Nahrungspyramide« verringert den ökolog. Druck auf die Lebensgemeinschaft, der die Artenvielfalt begünstigte, so daß es zu einer *Massenvermehrung weniger Arten* kommen kann.

Streusalz

Im Streusalz ist hauptsächlich Kochsalz enthalten. Es beeinflußt den Wasserhaushalt der Pflanzen, die die Na^+- und Cl^--Aufnahme nicht ausschließen können (z. B. *Linde*). Die Wirkung auf den stomatären und interzellulären Diffusionswiderstand hat eine *Reduktion der Transpiration* zur Folge. *Wasserentzug durch Salz* (physiolog. Trockenheit) ist nicht nachweisbar.

Die ökolog. Wirkung der Streusalze ist v. a. der Giftwirkung zuzuschreiben.

Durch *Ionenaustausch* werden Ca^{++}-, Mg^{++}- und K^+-Ionen ausgewaschen. Der Mangel ist für die Verringerung produzierender Pflanzenteile verantwortlich.

Na^+-*Ionen* weisen hohe Hydratationswerte auf und drängen im Boden Hohlräume durch Quellung zusammen. Der Boden verdichtet sich und verschlammt, wodurch sich die Lebensbedingungen des Edaphons und der Wurzeln verschlechtern.

Cl^--*Ionen* sind Zellgift und schädigen biochemisch aktive Teile (Blattnekrosen, Braunfärbung letztjähriger Nadeln, später Frühjahrsaustrieb).

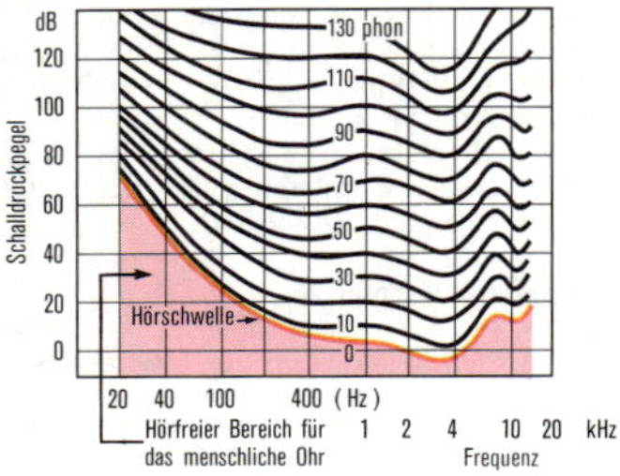

A Hörschwelle und Kurven gleicher Lautstärke für Sinustöne im freien Schallfeld. (Nach DIN 45630 Bl. 2)

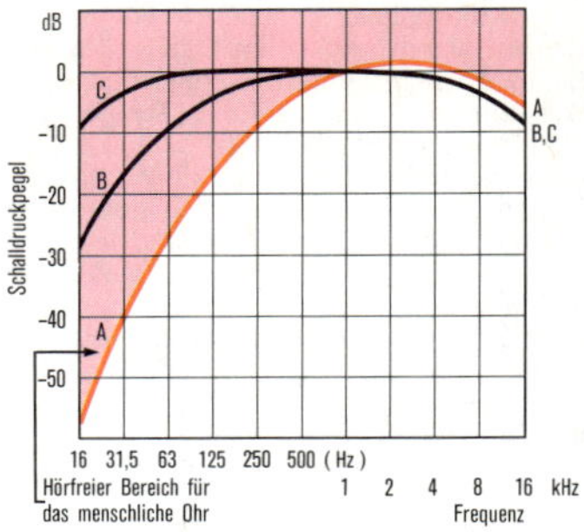

B Bewertungskurven A, B und C eines Schallpegelmeßgerätes

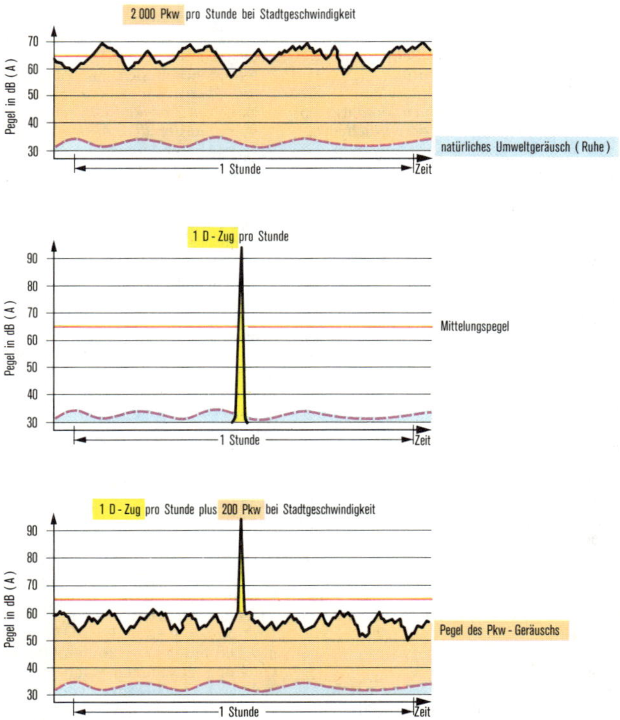

C Das Problem des Mittelungspegels

Hören und Mittelungspegel

Lärm ist unerwünschter, störender oder gesundheitsschädl. Schall (also keine physikal. Größe, sondern von der Wirkung her definiert).

Im Unterschied zu den meisten Immissionen wird Lärm bewußt wahrgenommen.

Die Begriffe »unerwünscht« und »störend« betreffen psych. und gesundheitsbeeinträchtigende Auswirkungen; gesundheitsschädlich wirkt Lärm durch Verletzungen des Hörorgans bis zum Hörverlust.

Schallreize gleicher Lautstärke können als Musik angenehm, als Verkehrsgeräusch belästigend empfunden werden.

Schall beruht auf mechan. Schwingungen von Festkörpern, Flüssigkeiten oder Gasen und breitet sich i. d. R. in der Luft in Form von Wechseldruckschwankungen von 343 m/sec aus. Gemessen werden können:

Frequenz (Tonhöhe) in Hertz (1 Hz = 1 Schwingung pro Sekunde),
Schalldruck (Lautstärke) in Pascal (1 Pa = 1 Newton/m^2),
Schallintensität (Schallenergie) in Watt/m^2.

Da das vom menschl. Ohr erfaßbare Schallspektrum Zahlenwerte umfaßt, die beim Schalldruck 10 Mio. und bei der Schallstärke mehr als 1 Mrd. Einheiten überschreiten, hat man sich auf eine logarithm. Skala geeinigt und die Einheit Dezibel (dB) für den sog. **Schallpegel** eingeführt.

Ein dB entspricht zahlenmäßig etwa einem »Phon«.

Der Null-Wert des Schallpegels ergibt sich aus der menschl. *Hörgrenze,* die bei 1000 Hz, 20 μPa bzw. 10^{-12} Watt/m^2 liegt.

Jeder Zunahme des Schallpegels um 10 dB entspricht eine Verdopplung der Lautstärke.

Der **Schallpegel** nimmt von punktförmigen Schallquellen bei Abstandsverdopplung um 6 dB, von einer linienförmigen (Straße, Schiene) um 3–5 dB und von einer flächenförmigen zunächst kaum ab.

Bei gleichem Schalldruckpegel in dB wird die Lautstärke bei tiefen und hohen Frequenzen größer empfunden als im Frequenzbereich von 500–5000 Hz (Abb. A).

Da dem Begriff Lärm die subjektiven Höreigenschaften des Menschen zugrundegelegt werden, berücksichtigt man auch diese bei Meßverfahren. In den Schallpegelmeßgeräten bilden elektron. Filternetzwerke die menschl. Hörkurve nach, die als Kurve A im Vergleich zu anderen Bewertungskurven B und C bezeichnet wird (Abb. B).

Meßwerte werden mit der Normkurve verglichen und in dB (A) angegeben *(Äquivalenzverfahren).*

Umweltgeräusche treten durch ihre Pegelhöhe, aber auch ihren Zeitverlauf hervor. Aus den Pegelhöhen und ihren Wirkungszeiten werden sog. **Mittelungspegel** errechnet. Dabei wird die Halbierung der Geräuschdauer der Erniedrigung des Schallpegels um 3 dB (A) gleichgesetzt.

Der *energieäquivalente Mittelungspegel* ist als Bewertungsgrundlage von Umweltgeräuschen umstritten, weil Ruhezeiten nicht genügend berücksichtigt werden. Gleiche Mittelungspegel werden bei völlig versch. Schallereignissen erreicht (Abb. C).

Die **Lärmwirkungen** umfassen:
Hörschädigungen;
Behinderung der akust. Kommunikation und Umweltorientierung;
Erregung des zentralen und vegetativen Nervensystems;
Störung von Schlaf und Entspannung;
Beeinträchtigung des Leistungsvermögens;
Belästigung.

Die Schädigung und Zerstörung der Hörsinneszellen in der Schnecke des Innenohrs sind v. a. Probleme der Arbeitswelt, wo Dauerschallpegel mit hoher Schallenergie und Schallimpulse (Knall) vorkommen. Außerberuflich erworbene Hörschädigungen folgen häufig lautstarken Hobbies (Schießsport, hochverstärkte Musik).

Die Behinderung der akust. Kommunikation (Gespräch, Rundfunkhören, Fernsehen) durch Überdecken mit Störschall wird sehr empfindlich wahrgenommen.

Lärm erregt das Nervensystem in Schlaf- und Entspannungsphasen, kann schreckhafte Erregungsreaktionen und dadurch gesundheitl. Schäden herbeiführen. Lärm erschwert und verzögert das Einschlafen. Aufwachreaktionen gibt es bei Dauerreizen mit gleichzeitig stärkeren Pegeländerungen (Wecker); sie sind gewöhnungsabhängig.

Nichtauditive Leistungen können durch Ablenkung und Belästigung beeinträchtigt sein (Autofahren bei Musik).

Kreatives Denken, Problemlösungsaktivität und Konzentration sind störanfälliger als einfache repetitive Leistungen.

Lärm wird individuell sehr unterschiedlich als Belästigung empfunden, z. B. durch Lautstärke, Impulshaftigkeit, Tonhöhe und Auffälligkeit gegenüber dem Umweltgeräuschpegel. Es scheint auch eine allg. Disposition zu erhöhter Empfindlichkeit zu geben sowie die Stimulierung zur Belästigungsanfälligkeit durch Umwelteinflüsse (Medien u. a.).

Lautstärke von Lärmquellen in dB (A):

Schußknall	170
Schmerzgrenze	120
Düsenmotor im Prüfstand	110–160
Beatmusik	bis 115
Schädigungsgrenze (Hör- und Gleichgewichtsstörungen)	80–90
Verkehrsstraße	70–80
Kopfschmerzbeginn	65
Unterhaltungssprache	50
mittlere Wohngeräusche	40
Blätterrauschen	10–20
Hörschwelle	0

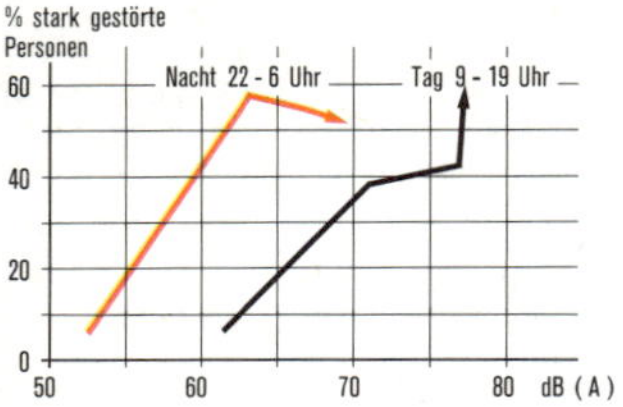

A Störung durch Straßenverkehrsgeräusche in Zürich

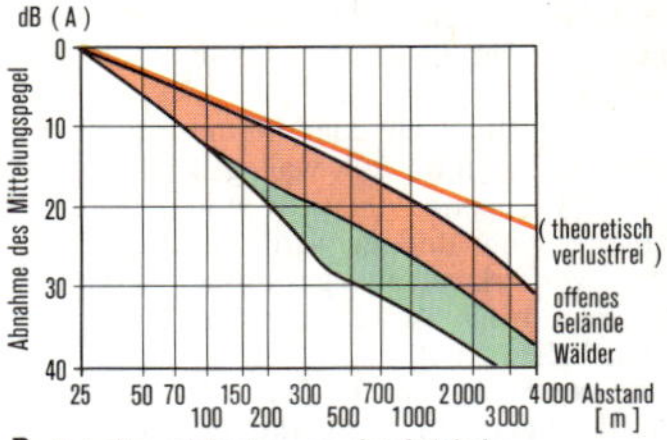

B Schallpegelabnahme an der Autobahn

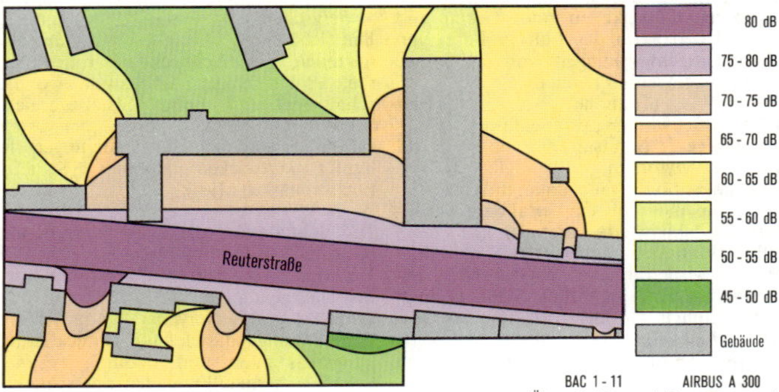

C Lärmausbreitung in Wohngebieten (Bonn)

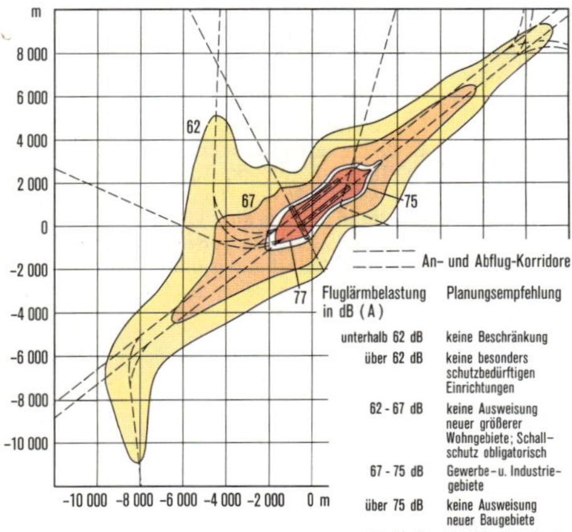

Fluglärmbelastung in dB (A)	Planungsempfehlung
unterhalb 62 dB	keine Beschränkung
über 62 dB	keine besonders schutzbedürftigen Einrichtungen
62 - 67 dB	keine Ausweisung neuer größerer Wohngebiete; Schallschutz obligatorisch
67 - 75 dB	Gewerbe- u. Industriegebiete
über 75 dB	keine Ausweisung neuer Baugebiete
über 77 dB	freiwillige Absiedlungsmaßnahmen

D Flughafen-Prinzip der Planungszonen

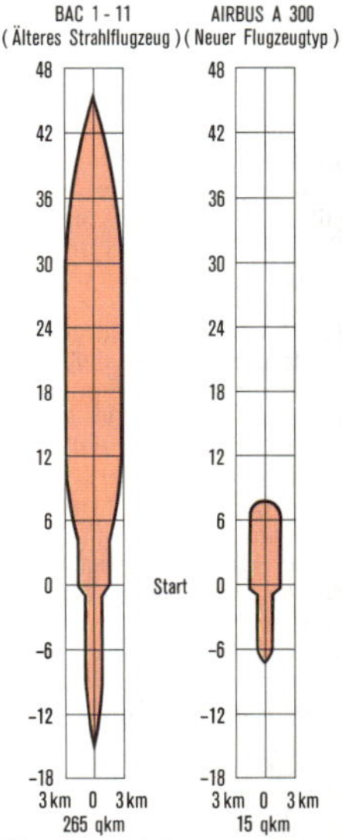

E Mit 75 dB (A) beschallte Fläche

Lärmstörung und Lärmausbreitung

Die **Lärmquellen** werden nach Geräuscharten, räuml. und zeitl. Auftreten, Verursachern und Zuständigkeiten der Lärmbekämpfung und Lärmabwehr zusammengefaßt:

Industrie- und Gewerbelärm (Arbeitslärm), *Verkehrslärm, Baulärm, Nachbarschaftslärm* und *Freizeitlärm.*

Am Arbeitsplatz sind in der BR Dtl. ca. 2,5 Mio. Beschäftigte einem Lärmpegel von mehr als 85 dB (A) ausgesetzt *(Hörschädigungsgrenze);* diesen Arbeitern müssen gesetzlich persönl. Schallschutzmittel zur Verfügung gestellt werden, die ab 90 dB (A) verpflichtend benutzt werden müssen.

Unter **Lärmschwerhörigkeit** leiden nach 10 Expositionsjahren

bei 100 dB (A) ca. 12%, bei 105 dB (A) ca. 25% und bei 110 dB (A) etwa 44% der Betroffenen.

Die Belästigungen durch **Industrie- und Gewerbelärm** treten bei Gemengelage von Wohn- und Arbeitstätten auf, die häufig industriehistorisch bedingt ist.

Die Entmischung von Wohn- und Arbeitsstätten löst das unmittelbare Problem, verschiebt es aber zur Verkehrsseite hin.

Die Geräuschemission kann auf der Verursacherseite durch Ummantelung direkt an den Maschinen und durch Verlagerung von Betrieben verringert werden, die Immission auf der Seite der Geschädigten durch Schutzmaßnahmen, wie Lärmschutzfenster.

Der **Verkehrslärm,** v.a. der Straßenlärm, gilt als *Hauptlärmquelle.* Anders als der in den letzten Jahren verringerte Industrielärm

wächst der Straßen-Verkehrslärm mit der zunehmenden Verkehrsdichte weiter.

Der Lärm durch Schienenfahrzeuge und Schiffe zeigt konstante Werte, der Fluglärm konnte vermindert werden.

Die *Dauerschallpegel* hängen von Emissionswerten, Betriebszustand, Geschwindigkeit, Verkehrsdichte, Lkw-Anteilen, Straßenbelag und Bebauung ab (Abb. C).

Der Lärm steigt bei Verdopplung der Verkehrsmenge um 3 dB (A), bei Verdopplung der Geschwindigkeit um 12 dB (A).

In den unteren Gängen der Pkw überwiegt der Motorlärm, ab 50 km/h das Rollgeräusch; bei einem Lkw immer das Motorgeräusch.

Die Schallimmission ist von der Tages- und Nachtzeit abhängig (Abb. A), die Schallausbreitung von der Geländenatur, dem Pflanzenbewuchs und der Art der Bebauung (Abb. B, C).

Straßenverkehrslärm kann durch Verkehrslenkungsmaßnahmen auf der Basis von *Lärmkarten* (Abb. C) bekämpft werden, z. B. durch

den Bau von Entlastungsstraßen, Geschwindigkeitsbegrenzungen, Fahrverbote für den Schwerverkehr, Verlagerung des Personentransports vom Individual- zum öffentl. Nahverkehr und Fußgängerzonen.

Die Verbesserung des Verkehrsflusses durch Einbahnstraßensysteme und Ampelphasen-Regelungen (»Grüne Welle«) beeinflussen die Lärmimmission nicht so sehr wie das Verhalten der Kraftfahrer durch Schnellstarts, Warmlaufenlassen der Motoren etc.

Der von einem Verkehrsstrang ausgehende Lärm kann durch Abschirmeinrichtungen gemindert werden:

Lärmschutzwände, -wälle, und -anpflanzungen; Führung der Trasse im Einschnitt oder Tunnel.

Eine bes. Belastung stellt der **Fluglärm** für die Anwohner der 11 großen Zivil- und 90 Militärflughäfen sowie der über 280 regionalen Verkehrsflugplätze in der BR Dtl. dar, weil die mittleren Überflugpegel zwischen 83,4 und 98 dB (A) liegen.

Die energie-äquivalenten Dauerschallpegel erreichen 67–84 dB (A), je nach Flugzeugtyp, und dauern unterschiedlich an (Abb. E).

1971 wurden auf der Basis des *Gesetzes gegen Fluglärm* für die Flugplätze Lärmschutzbereiche festgelegt (Abb. D).

Mantelstromtriebwerke und schallschluckende Bauteile vermindern die Schallabstrahlung der Flugzeuge. Im Flugbetrieb konnten die Lärmemissionen durch Vermeiden des Umkehrschubs zum Bremsen, Warmlaufenlassen in schallschluckenden Anlagen, lärmmindernde Start- und Landetechniken (z. B. steilere Abflugwinkel) sowie Nachtflugverbote vermindert werden.

Die Abflug- und Landestrecken wurden möglichst weit von den Siedlungen eingerichtet.

Unvermeidbarer Lärm entsteht in der Nähe der Start- und Landebahnen, der Rollwege, Vorfelder und sonstigen Betriebsanlagen, sowie unmittelbar unter oder in nächster Nähe der Abflugwege und der sog. Abfluggrundlinie.

Nachbarschafts- und **Freizeitlärm** (Sport- und Schießanlagen, Motorboote) ist durch die gerichtlich verfügte Schließung von Tennisanlagen und »Bolzplätzen« in die öffentliche Diskussion geraten.

Gesetzlich sind Immissionswerte für Geräusche festgelegt; die Geräuschpegel *(Beurteilungspegel)* dürfen in ausgewiesenen Gebieten nicht überschritten werden. Beurteilungspegel enthalten die ›Techn. Anleitung zum Schutz gegen Lärm‹ *(TA Lärm 1968)* und die für die Bauleitplanung verbindl. **»Planungsrichtpegel«** der DIN-Norm 18005 von 1976 für Baugebiete in dB (A):

	Tag	Nacht
reines Wohngebiet	55	45
Wochenendhausgebiet	55	45
allg. Wohngebiet	55	45
Kleinsiedelgebiet	55	45
Dorfgebiet	60	50
Mischgebiet	60	60
Kerngebiet der Städte	65	55
Gewerbegebiet	65	55
Industriegebiet	70	70
Sondergebiet	von 45	von 35
je nach Nutzung	bis 70	bis 70

	SO_2		NO		NO_2		Ozon	
	a	m	a	m	a	m	a	m
Atmosphäre ohne menschlichen Einfluß	0,5	–	0,2	–	1	100	–	–
Reinluftgebiete	5	100	1	–	5	30	80	180
ländliche Gebiete	20	300	2	–	10	80	–	–
Ballungsräume	70	1 000	40	800	40	400	30	300
hochbelastete Innenstadtbereiche	140	1 500	50	1 200	80	800	30	400

a = Jahresmittel, m = Jahresmaximum

A Immissionen in verschiedenenen Gebieten (t / km^2)

	MEK	MAK	MIK_K	MIK_D
Kohlenmonoxid	100	55	–	–
Stickoxide aus festen Brennstoffen	720 - 900	9	2	1
Stickoxide aus flüssigen Brennstoffen	450			
Schwefeldioxid	–	15	0,75	0,5
Chlorgas	–	1,5	1,5	0,3

B Vergleich von MEK-, MAK- und MIK-Werten (mg / m^3)

Substanz bzw. Gruppenname (farbig: krebserregend)	BRD MAK	UdSSR PDK	USA TWA
Acrylamid	0,3	0,2	0,3
Carbaryl	5	1	5
Schwefelkohlenstoff	30	1	30
Chloroform (krebserregend)	50	–	50
Dinitro-o-kresol	0,2	0,05	0,2
Ethylendichlorid	790	–	790
Schwefelwasserstoff	15	10	14
Malathion	15	0,5	10
Methylalkohol	260	5	260
Methylenchlorid	360	50	350
Parathion	0,1	0,05	0,1
Phenol	19	0,3	19
1, 1, 2, 2- Tetrachlorethan (krebserregend)	–	–	7
Tetrachlorethylen	345	10	335
Toluol	750	50	375
1, 1, 1- Trichlorethan	1080	20	1900
Trichlorethylen (krebserregend)	260	10	270
Xylol	440	50	435

C Internationaler Vergleich von Grenzwerten neurotoxischer Stoffe (mg / m^3)

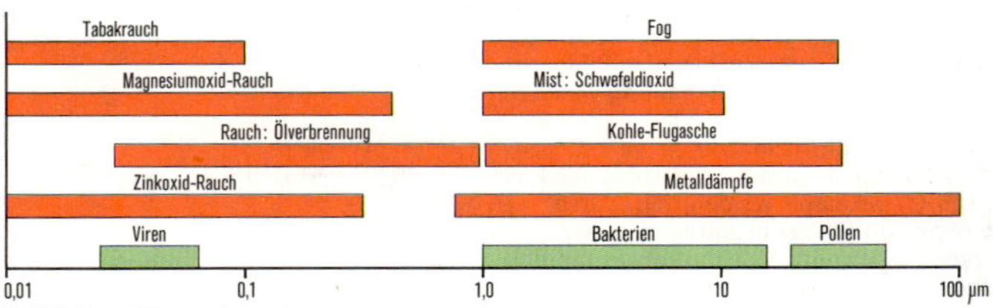

D Teilchengröße von Aerosolen

Luftverunreinigungen: Immissionen, Grenzwerte, Aerosole

»**Luftverunreinigung** liegt vor, wenn sich ein oder mehrere luftverunreinigende Stoffe oder Stoffgemische in solchen Mengen oder so lange in der Außenluft befinden, daß sie für Mensch, Tiere, Pflanzen oder Eigentum schädlich sind, zur Schädigung beitragen oder das Wohlbefinden oder die Besitzausübung unangemessen stören können« (Weltgesundheitsorganisation WHO).

Zu den **natürlichen Luftverunreinigungen** zählt man die Pollen der Blütenpflanzen, die Allergien hervorrufen, die Terpene von Nadelbäumen, die in heißen Gebieten durch photochem. Reaktionen Smog verursachen, sowie Staub- und Gasausstöße von Vulkanen.

Luftverunreinigende Stoffe sind gasförmige, flüssige oder feste Stoffe, die die natürl. Zusammensetzung der Atmosphäre ändern (Abb. A).

Gase sind Stoffe, die unter Normalbedingungen (Raumtemperatur, 1013 hPa) im gasförmigen Aggregatzustand vorliegen und erst bei tieferen Temperaturen verflüssigen (kondensieren), z. B. Kohlendioxid (CO_2), Schwefeldioxid (SO_2), Ozon (O_3).

Dämpfe sind Gase, die unter Normalbedingungen kondensieren, z. B. Wasserdampf.

Nebel, Rauch und **Staub** sind feinst verteilte Materieteilchen *(Aerosole)* von 0,01-100 µm Durchmesser (Abb. D).

Nebel werden aus Flüssigkeitströpfchen unterschiedl. Größe gebildet. Sind sie kleiner als 10 µm, bezeichnet man sie engl. als *mist* (feiner Nebel), sind sie größer, als *fog* (dichter Nebel).

Smog setzt sich aus den beiden engl. Worten **sm**oke und f**og** zusammen.

Rauch ist eine Mischung kleinster Feststoff- und Kolloidteilchen mit Flüssigkeitströpfchen.

Staub entsteht durch Zerteilung fester Materie in 10-100 µm kleine, fast kolloidale Teilchen. Das Wirkungspotential von Stäuben ist von der Korngröße (Lungengängigkeit), den physikal. (Adsorptionsvermögen für andere Stoffe) und chem. Eigenschaften abhängig.

Die Messungen von Schwebstoffkonzentrationen in Ballungsgebieten zeigen, daß 50-90% gefährl. Feinstäube sind.

Emissionen sind die von einer Anlage in die Atmosphäre abgegebenen Stoffe. Da sich diese Stoffe ausbreiten **(Transmission),** erreichen sie den Schädigungsort verdünnter als die an der Einwirkungsstelle meßbare Luftverunreinigung **(Immission).**

Emissionen werden an der Ausschüttungsquelle gemessen und in mg/m^3 (Menge) oder g/h (Zeit) angegeben.

Die Meßeinheiten gelten auch für die Immissionen, die i. d. R. in 1,5 m Höhe über dem Erdboden bzw. der Vegetation und einem Abstand von 1,5 m von Bauwerken gemessen werden.

1974 wurde das **Bundes-Immissionsschutzgesetz** verabschiedet; seit 1964 gibt es die **Technische Anleitung Luft** (TA Luft), die seit 1974 für 10 Stoffe *Immissionswerte* und inzwischen für mehr als 200 partikel-, gas- und dampfförmige Stoffe oder Stoffgruppen *Emissionswerte* enthält.

Zur Begrenzung der Schadstoffwerte wurden die **Maximale Emissionskonzentration** (MEK) und die **Maximale Immissionskonzentration** (MIK) eingeführt.

Mit den MEK-Werten sind die zulässigen Abgabemengen von Emissionen an der Schadstoffquelle unter Berücksichtigung der Möglichkeiten der Abgasreinigung festgelegt.

Die MIK-Werte berücksichtigen in erster Linie die Toxizität der Substanzen in ihrer Wirkung auf Lebewesen.

Da die *Giftwirkung der Stoffe* auch von der Einwirkungsdauer abhängt, werden zusätzlich die Werte **MIK_D** (Dauerbelastung) und **MIK_K** (Kurzbelastung) gemessen (Abb. B).

Die MIK-Kurzbelastung darf täglich dreimal jeweils 15 min nicht überschreiten.

Da der menschl. Organismus als relativ widerstandsfähig gilt und in den Großstädten und am Arbeitsplatz Belastungen ausgesetzt sein kann, die die MIK-Werte überschreiten, wurden **Maximale Arbeitsplatzkonzentrationen** (MAK) festgelegt.

Sie dürfen bei Einwirkung von 8 Stunden täglich und 40 Stunden wöchentlich auch über Jahre hinweg keine erkennbaren Schädigungen verursachen.

Biologische Arbeitsstoff-Toleranz-Werte (BAT-Werte) berücksichtigen die unterschiedl. Aufnahmefähigkeit der Oberflächen sowie das Stoffwechsel- und Ausscheidungsverhalten des menschl. Körpers unter spezif. Arbeitsbedingungen.

In der **biologischen Halbwertszeit** wird ein aufgenommener Fremdstoff zur Hälfte seiner Menge abgebaut oder ausgeschieden.

Die **Grenzwertfestlegung** beruht auf sog. *Luftqualitätskriterien,* Datensammlungen vorwiegend auf Erfahrungs- und Beobachtungsgrundlage, die international unterschiedlich gewichtet werden (Abb. C).

Gesetze und eth. Gesichtspunkte verbieten Experimente am Menschen. Die Erkenntnisgewinnung über Tierversuche gebietet die Berücksichtigung von Sicherheitsabständen bei der Festlegung der Grenzwerte für die gesundheitl. Belastung des Menschen.

Mit den Konzentrationswerten werden Gefahrenpotentiale nicht erfaßt, die sich aus der Langzeitwirkung von Belastungsstoffen und der Summation, der Ergänzung bzw. Potenzierung der Einwirkung ergeben.

Ein Zusammenhang zwischen Arbeitsstoffbelastung und Erkrankung, z. B. Krebs, Staublunge, Erbänderung, läßt sich häufig erst nach Jahrzehnten, u. U. erst in folgenden Generationen nachweisen.

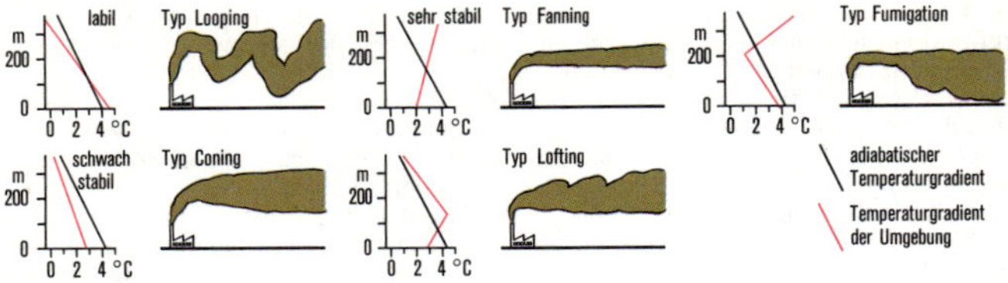

A Vertikaler Temperaturverlauf und Rauchgasfahnen

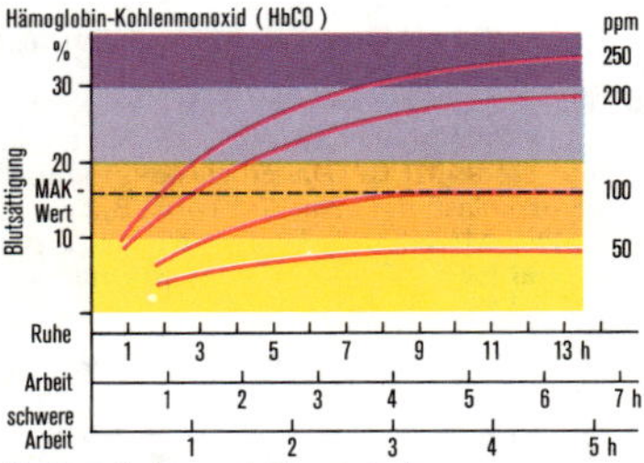

B CO-Aufnahme und Körperbelastung

HbCO %	Erscheinungen
> 70	tödlich in wenigen Minuten
60 - 70	tödlich in 10 Minuten bis 1 Stunde
40 - 60	tiefe Bewußtlosigkeit, Lähmung, Cheyne-Stokessche Atmung, Sinken der Körpertemperatur
20 - 40	Schwindel, Bewußtseinsschwund, Atmung abgeflacht, Kreislaufkollaps
10 - 20	leichter Kopfschmerz, Mattigkeit, Unwohlsein, Kurzatmigkeit bei Anstrengung, Herzklopfen
5 - 10	leichte, eben meßbare Einschränkungen der Sehschärfe

C CO-Vergiftungssymptome

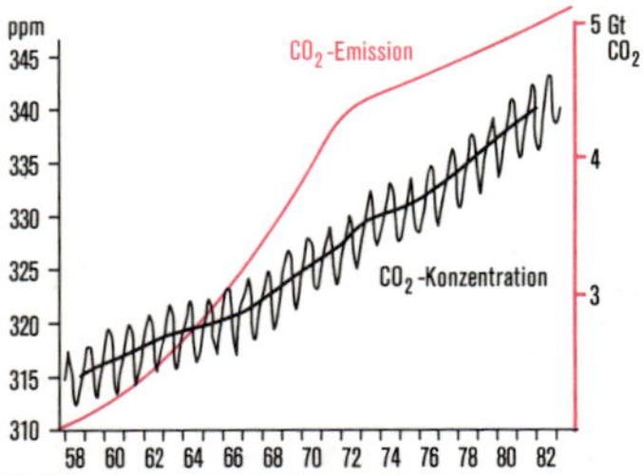

D CO_2-Anstieg in der Atmosphäre (Mauna Loa, Hawaii)

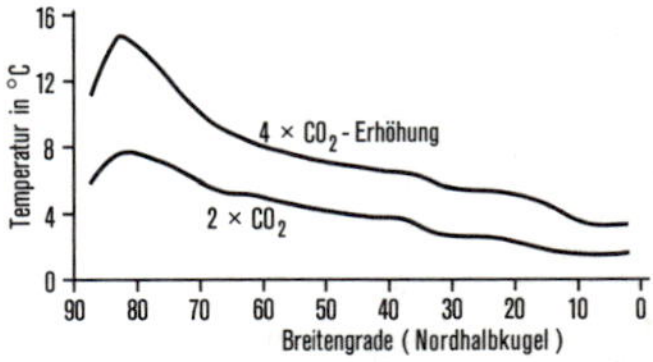

E Temperaturanstieg durch CO_2

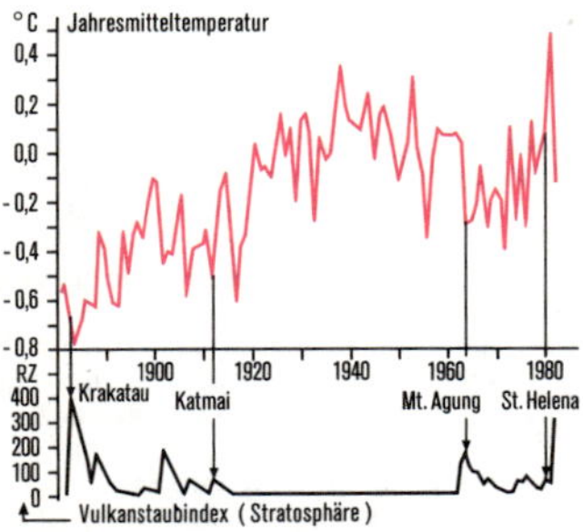

F Vulkanismus und Temperaturerhöhung

Gas		Anteil heute (ppm)	Zunahme bis 2020	ΔT_m (K)
CO_2		330	+ 25 %	+ 0,66
O_3	(Stratosphäre)	0,4	- 20 %	- 0,34
O_3	(Troposphäre)		+ 10 %	+ 0,17
H_2O	(Stratosphäre)	3	+ 50 %	+ 0,42
N_2O		0,28	+ 100 %	+ 0,56
CCl_2F_2, CCl_3F		$0{,}2 \times 10^{-3}$	× 10	+ 0,23
CH_4		1,6	+ 50 %	+ 0,12
$CCl_4 + CH_3Cl$, $NH_3 + SO_2$		10^{-3}	+ 100 %	+ 0,14

ΔT_m = Änderung der globalen Jahresmitteltemperatur

G Glashauseffekt durch Spurengase

Abgasbelastung durch CO, CO_2, Staub und Spurengase

Quellen der anthropogenen Luftverunreinigung sind die **industriellen Produktionsprozesse** und die **Energieerzeugung** in Industrie, Energiewirtschaft, Haushalten und Verkehr (S. 209). Die industr. Produktionsprozesse setzen Emissionen frei, die als Immission dann wirksam werden, wenn Umweltauflagen nicht beachtet werden bzw. Filteranlagen ausfallen.

In solchen Fällen werden spezielle Stoffe freigesetzt, die lokal eine Katastrophe auslösen können (z. B. *mehr als 3000 Tote beim Giftunglück von Bhopal/Indien,* S. 148).

Im Zusammenhang mit der industr. Fertigung spielen auch *Altlasten* eine Rolle:

u. a. *Dioxin aus Mülldeponien, Blei und Cadmium an Hüttenstandorten* (wie Oker und Stolberg, S. 147).

Bei Verbrennungsprozessen werden gasförmige, flüssige und feste Stoffe über die Kamine in die Atmosphäre freigesetzt. Entsprechend der Höhe der Kamine und den Temperaturverhältnissen verbreiten sich die Abgase aus den Haushalts- und Verkehrsquellen vorzugsweise im Nah- und Regionalbereich.

Sie erreichen aus Großanlagen mit unterschiedl. Verbreitungsmodus v. a. den Fernbereich (Abb. A).

Kohlenmonoxid (CO)

Alle zur Verbrennung eingesetzten Energierohstoffe enthalten Kohlenstoff in chem. Bindung, der zu Kohlendioxid (CO_2), bei unvollkommener Verbrennung zu Kohlenmonoxid (CO), oxidiert.

Kohlenmonoxid entsteht auf *natürl. Weise* im Stoffwechsel von Mikroorganismen und einigen Pflanzen und ist Quellgasbestandteil. Es strömt der Atmosphäre entweder zu oder entsteht in der Stratosphäre unter UV-Lichteinwirkung:

$2\,CO_2 + \text{UV-Licht} \rightarrow 2\,CO + O_2$
$CO_2 + H^*\text{-Radikal} \rightarrow CO + OH^*\text{-Radikal}$

CO wird auch in der troposphär. Abbaukette von Methan mit Hilfe von OH^*-Radikalen angereichert.

Die natürl. Quellen entsprechende Menge CO entsteht *anthropogen* bei der Verbrennung von Kohle und Kohlenwasserstoffen (Benzin u. a.).

67% stammen in der BR Dtl. aus Kraftfahrzeugen, in denen eine vollständige Verbrennung nur bei voller Leistung erreicht wird.

Einige Blütenpflanzen, wie die *Karotte,* können CO fixieren. Große Mengen werden im Boden gebunden und hier mikrobiell abgebaut. Die Restmengen entweichen in die höhere Atmosphäre.

CO ist ein für Tiere und Menschen gefährliches Gas. Es wird über die Lunge aufgenommen und anstelle des Sauerstoffs als HbCO 240mal stärker als Sauerstoff an das Fe-Zentralatom des *Hämoglobins* (Hb) gebunden. Der Vergiftungsgrad ist von der Blutsättigung (**HbCO-Wert**), vom CO-Gehalt der Luft und vom Atemvolumen abhängig (Abb. B).

Krankheitserscheinungen erfolgen durch (Abb. C):

eine Blockierung des O_2-Transports;
die dadurch verursachte Stauung des Atmungs-CO_2 in den Zellen mit nachfolgender Ansäuerung des Cytoplasmas und Stoffwechselstörungen;
den Haldane-Effekt: Je mehr CO-Moleküle an Fe-Atome gebunden sind, desto stärker binden andere den Restsauerstoff des Blutes, der an den Bedarfsorten nicht mehr abgegeben werden kann;
Enzymänderungen, z. B. die Hemmung der Cytochrom-a_3-Oxidase in Mitochondrien, mit Folgen ähnlich einer Blausäure- oder H_2S-Vergiftung;
Anstieg von Schlagvolumen und -frequenz des Herzens, um den O_2-Mangel auszugleichen; dadurch bes. Gefährdung von Herz- und Kreislaufkranken.

Kohlendioxid (CO_2)

Kohlendioxid ist als wichtigstes Glied des *Kohlenstoffkreislaufs* nahezu ungiftig und C-Lieferant der Photosynthese. CO_2 läßt in der Atmosphäre wie H_2O-Dampf die kurzwellige Solarstrahlung passieren und absorbiert die langwellige Rückstrahlung der Erde *(IR-Absorber),* wodurch sich die Luft erwärmt (**Treibhauseffekt**, S. 259).

Unter der CO_2-Atmosphäre der Venus wird eine Temperatur von 470 °C erreicht.

Wiss. Berechnungen gehen davon aus, daß eine Verdopplung des CO_2-Gehaltes der Luft *Temperaturerhöhungen* von 1,5 °C nach sich ziehen würde;

im terrestr. Bereich von 2 °C in den Tropen, von 4 °C in den mittleren Breiten und von 8 °C in der Arktis (Abb. E).

Die wichtigsten Folgen wären *Klimazonenverlagerungen* mit *Ausweitung der Trockengebiete,* der *Einengung subtrop. Winterregengebiete* und die *Verringerung der Niederschläge in den mittleren Breiten* mit katastrophalen Folgen für die Wasserversorgung der Industriestaaten.

Der anthropogene **CO_2-Anstieg** von 2,2% im Jahresmittel (mit jahreszeitl. Schwankungen durch die pflanzl. CO_2-Fixierung) läßt sich seit 1850 nachweisen.

Der Anstieg hat trotz verminderter Emissionen aus fossilen Brennstoffen nicht nachgelassen:

CO_2-Anstieg durch Abbrennen trop. Urwälder;
verminderte CO_2-Fixierung durch Ersatzvegetation (Abb. D).

Bei **Temperaturerhöhungen** reichert sich durch die Verdunstung und Wolkenbildung **Wasser** in der Atmosphäre an. Es verstärkt den Treibhauseffekt ebenso wie die **Spurengase,** z. B. die

Treibgase der *Aerosolsprühdosen* (Freone CCl_2F_2, CCl_3F) und das *Lachgas* N_2O, ein Endprodukt des Stickstoffdünger-Abbaus (Abb. G).

Kurzzeitig temperaturvermindernd wirken große **Vulkanausbrüche** (Abb. F).

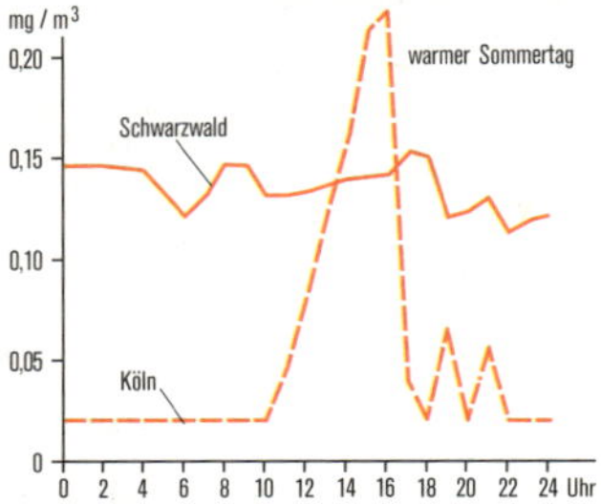

A Ozonkonzentration in der Luft

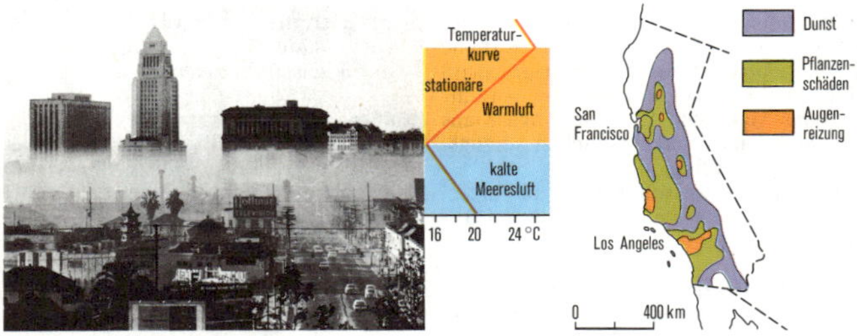

B Photosmog in Los Angeles

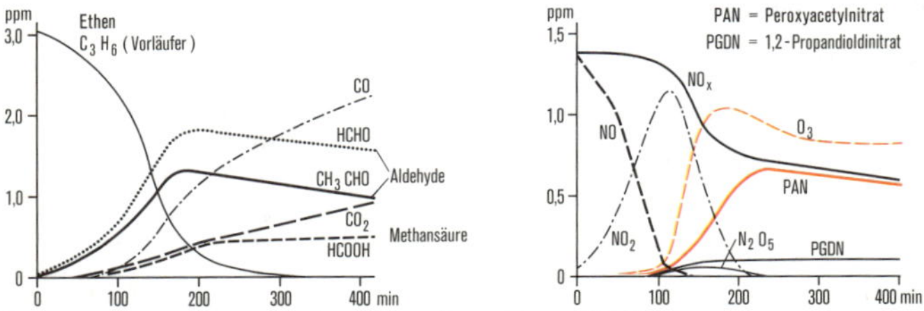

C Konzentrationsabläufe in einer Smogkammer (Bestrahlung mit Licht)

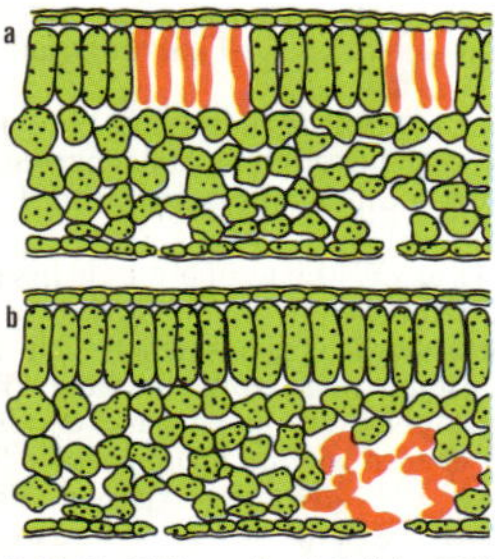

D Blattschädigung durch O_3 (a) u. PAN (b)

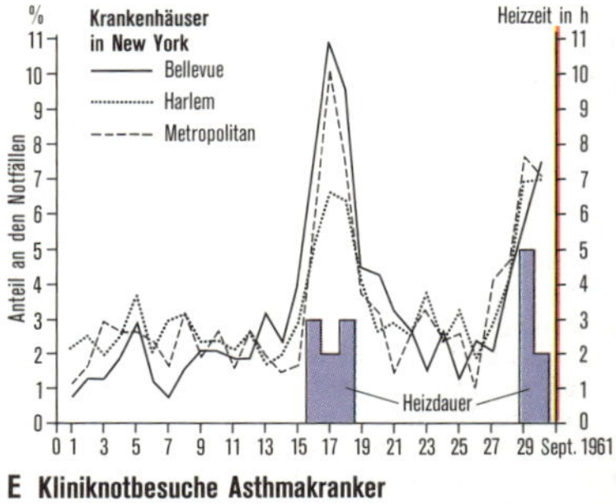

E Kliniknotbesuche Asthmakranker

Ozon und Smog

Ozon (O_3)

Ozon ist in der *Ozonschicht* der Stratosphäre von 15-35 km Höhe konzentriert (S. 12, Abb. A). Es entsteht aus O_2-Molekülen durch *Photodissoziation* mit Hilfe kurzwelliger UV-Strahlen in der gesamten Atmosphäre unter Mithilfe von Impulspartnern (M):

$$O_2 \xrightarrow{UV\ (\lambda = 242\ nm)} O + O; O + O_2 \xrightarrow{M} O_3$$

Bei größeren Wellenlängen wird Ozon wieder gespalten, wobei reaktionsfähige O*-Radikale entstehen, die Quellgase abbauen, z. B.

$H_2O + O^* \rightarrow 2\ OH^*$

O* zerstört, wie die Radikale NO*, H*, OH* und Cl*, die Ozonschicht durch katalyt. Wirkung.

In der Stratosphäre herrscht ein Gleichgewicht zwischen Ozon auf- und abbauenden Prozessen. Die *Störung des Gleichgewichts* wird v. a.

mit den Fluorchlormethanen *Freon-11* ($CFCl_3$) und *Freon-12* (CF_2Cl_2) aus **Spraydosen** und **Kältemitteln** in Verbindung gebracht.

Diese spalten unter UV-Einfluß Cl* ab, das katalytisch mehrere 1000 Ozonmoleküle spalten kann, bevor es mit Wasserstoff, meist aus organ. Verbindungen, zu HCl reagiert und ausgewaschen wird:

$$O_3 + Cl^* \rightarrow O_2 + OCl^*$$
$$O + OCl^* \rightarrow O_2 + Cl^*$$

Ozon absorbiert die UV-Strahlung von 260-320 nm. Durch die lückenhafte Ozonschicht (**Ozonloch**) erreichen kurzwellige energiereiche UV-Strahlen den Menschen *(Hautkrebs, genet. Schäden)*.

Gegen die Zerstörung der Ozonschicht wirken die Spurengase N_2O, CO, CH_4 und Bruchstükke der Freone. Der Ozongehalt schwankt tageszeitlich, von Jahr zu Jahr und abhängig vom Wetter, der Höhe, Vulkaneruptionen und der geogr. Breite (Abb. A). Ozon in der Troposphäre wird als eine der Ursachen für Waldschäden angesehen (S. 169).

Smog

Ozon, Stickoxide und Kohlenwasserstoffe sind die Schlüsselsubstanzen *(Vorläufer)* für den **photochemischen Smog** *(Los-Angeles-Typ)*. Er tritt über Großstädten mit hoher Verkehrsdichte und v. a. in Kalifornien auf (Abb. B). Kalte Meeresluft von Westen schiebt sich unter stationäre Warmluft und erzeugt *Inversionswetterlagen*. Die Temperaturen nehmen in der Kaltluft vom Boden nach oben ab, dann in der Warmluft zu. Es kann kein Gasaustausch über die Grenzflächen beider Luftmassen hinweg erfolgen. *Photosmog* entsteht bei 25-35 °C Lufttemp., niedriger Luftfeuchtigkeit und Windgeschwindigkeiten von weniger als 2 m/s:

Schon in den frühen Morgenstunden reichern sich aus den Abgasen der Kraftwerke und Autos in der Luft die Stickoxide NO und NO_2 sowie ein Gemisch zahlreicher Kohlenwasserstoffe (Alkene, höhere Alkane, Aromate) an.

Nach Sonnenaufgang kommt es unter UV-Einfluß ($\lambda < 420$ nm) zur photolyt. Zersetzung von $NO_2 \rightarrow NO + O$.

Der atomare Sauerstoff O reagiert v. a. mit molekularem O_2 zu Ozon O_3, aber auch mit Kohlenwasserstoffen (Abb. C).

Aus Kohlenwasserstoffen freigesetzte Radikale (OH*, HO_2^*)) oxidieren NO zu NO_2 und beschleunigen die Ozonsynthese. Die Photolyse von O_3 durch UV-Licht ($\lambda < 310$ nm) setzt angeregte O*-Atome frei, die mit Wasser OH*-Radikale bilden:

$$H_2O + O^* \rightarrow 2\ OH^*$$

Die OH*-Radikale bauen Kohlenwasserstoffe ab, wobei unter Beteiligung von O_2, NO und NO_2 versch. reaktive organ. Radikale und schließlich **Peroxyalkylnitrate** entstehen. Das **Peroxyacetylnitrat** CH_3-(CO)-O-O-NO_2 (**PAN**) entsteht aus den Vorläufern Ethan und Ethen.

Bei Sonnenuntergang wird O_3 durch Reaktion mit NO zerstört:

$$O_3 + NO \rightleftharpoons NO_2 + O_2$$

Kennzeichen des Photosmogs ist die Lufttrübung durch Aerosole, mit unter Sonneneinfluß gebildeten Reaktionsprodukten *(Oxidantien)* der Spurengase *(Vorläufer)*.

Photosmog reizt wegen der hohen PAN- und Aldehydgehalte die Schleimhäute (Abb. B, C).

O_3 ist gesundheitsschädlich und zerstört wie PAN Blattstrukturen (Abb. D).

Der **winterliche Smog** *(London-Typ)* entsteht bei Hochdruckwetterlagen, hoher Luftfeuchtigkeit (>80%) und bei −3 bis +5 °C in industr. und städt. Ballungsräumen.

Eine *Inversionsschicht* sperrt die Bodenluft ab, so daß sich Abgase, v. a. Staub und SO_2, aus Hausbrand- und Industrieanlagen anreichern.

Im Unterschied zum »Los-Angeles-Smog«, der durch den Peroxid-Gehalt oxidierend wirkt, hat der »London-Smog« reduzierende Eigenschaften:

Schwefeldioxid (SO_2) wird durch Sonnenlicht zum Radikal SO_2^* angeregt. Dieses reagiert mit Sauerstoff zum SO_4^*-Radikal, welches sofort unter O-Abspaltung zerfällt. Der atomare Sauerstoff kann ein weiteres SO_2-Molekül oxidieren:

$$SO_2^* + O_2 \rightarrow SO_4 \rightarrow SO_3 + O$$
$$O + SO_2 \rightarrow SO_3$$

Schwefeltrioxid reagiert mit Wasser zu Schwefelsäure, die Metalle angreift:

$$SO_3 + H_2O \rightarrow H_2SO_4$$

H_2SO_4 und SO_2 werden im alkal. Bereich der Mundschleimhäute neutralisiert. Da SO_2 aber von Staubpartikeln absorbiert wird und die hygroskop. Schwefelsäure Aerosole bildet, können beide Stoffe in die Lunge gelangen und Blutkapillaren verätzen.

Folgen sind *Pseudokrupp, Asthma und tödl. Lungenödeme* (Abb. E).

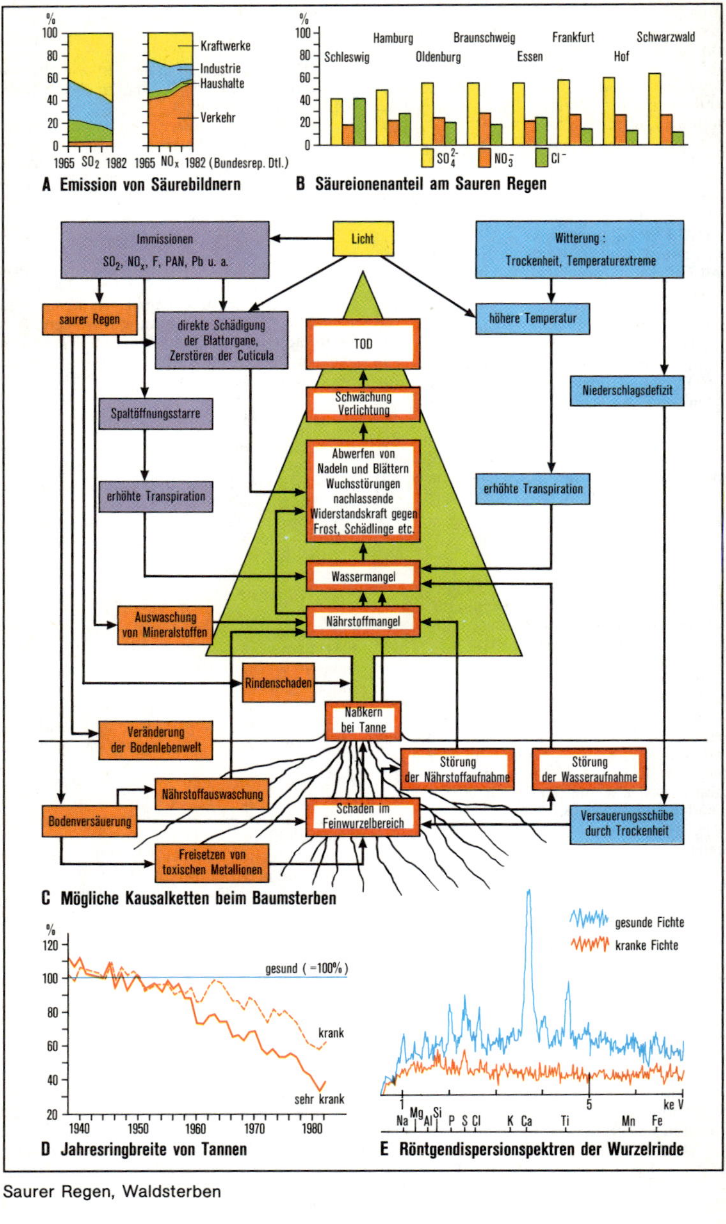

Saurer Regen, Waldsterben

Schwefeldioxid SO_2, *Stickoxide* NO_x und *Chlorwasserstoff* sind für den **zunehmenden Säuregehalt der Luft** verantwortlich. SO_2 löst sich in Wasser zu *Schwefliger Säure* H_2SO_3 und wird in der Troposphäre durch Ozon O_3 und Wasserstoffperoxid H_2O_2 zu SO_3 oxidiert, das sich mit Wasser zu *Schwefelsäure* H_2SO_4 verbindet. O_3 und Radikale wie OH* oxidieren NO zu NO_2, so daß *Salpetrige Säure* HNO_2 und *Salpetersäure* HNO_3 entstehen:

$$NO + O_3 \rightarrow NO_2 + O_2$$
$$2\ NO_2 + H_2O \rightarrow \mathbf{HNO_2} + \mathbf{HNO_3}$$
$$NO_2 + OH^* \rightarrow \mathbf{HNO_3}$$
$$NO + NO_2 + H_2O \rightarrow 2\ \mathbf{HNO_2}$$

Chlorwasserstoff HCl wird bei Müllverbrennung aus PVC freigesetzt. Das Gas verbindet sich mit Wasser zu Salzsäure. Die Schadstoffe können direkt *(trockene Deposition)* auf Materialien und Lebewesen einwirken oder als Lösung aus der Luft ausgewaschen werden (*nasse Deposition* = **Saurer Regen**).

Die Niederschläge sind in den meisten Gegenden der Erde von Natur aus sauer; errechnet wurde pH = 5,6 als natürl. Durchschnittswert.

Der anthropogene *Saure Regen* hat pH-Werte von 4–4,5. pH-Verschiebungen um 1,0, z. B. von 5,6 nach 4,6, bedeuten eine Verzehnfachung der Säurewasserstoff-Ionen.

SO_2 stammt meist aus konventionellen Kraftwerken, NO_x aus Kraftfahrzeugen (Abb. A).

SO_2 ist bei den meisten dt. Meßstationen zu ca. 50% am Säuregehalt der Niederschläge beteiligt (Abb. B).

Da das Gas eine hohe Lebensdauer hat und in großen Mengen emittiert wird, kann man es noch in mehr als 2000 km Entfernung von der Quelle nachweisen (S. 210, Abb. A).

Saurer Regen wird ursächlich mit dem **Waldsterben** in Verbindung gebracht und schädigt Gebäude und Gewässer (S. 177).

Die Gebäudeschäden in der BR Dtl. (1,5 Mrd. DM/a) sind v. a. durch die Gefährdung von Kulturdenkmälern allg. bekannt geworden.

Karbonathaltiges Gestein, wie Kalksandstein, Kalkmörtel und Marmor, reagiert mit Schwefelsäure zu *Gips* ($CaSO_4$),

$$CaCO_3 + H_2SO_4 \rightarrow CaSO_4 + CO_2 + H_2O$$

der unter Wasseraufnahme quillt und das Gesteinsgefüge sprengt; der Baustoff zerfällt. Der lösl. Gips kann zur Gesteinsoberfläche wandern und bildet dort Gipskrusten und -ausblühungen, die den Stein an der Oberfläche schichtenweise abheben.

Durch H_2SO_4 wittern Glasmalereien ab; SO_2 bleicht sie aus, Gläser werden trüb.

Waldsterben

Für das **Waldsterben** lassen sich als grundlegende Ursachen anführen: *Klima, waldbaul. Fehler, Pilze, Bakterien, v. a.* aber **immissionsbedingte Schädigungen.**

Baumsterben ist eine Folge komplex zuzuordnender Ursachen *(vernetztes Krankheitsgeschehen),* die in Wechselwirkung zueinander stehen (Abb. C).

Die Schäden gehen von den Immissionen aus und werden z. B. in sonnenreichen Jahren verstärkt, wenn die Schädigung durch trockene Deposition zustande kommt. Schädlinge wie Pilze, Bakterien und Borkenkäfer nutzen die Schwächung der Bäume aus.

Die Schadstoffe setzen v. a. an den Blättern bzw. Nadeln oder über den Boden und die Wurzeln an (Abb. E).

Die Primärursache der *Blatt- und Nadelschädigung* wird im Ozon (**Ozonhypothese**) oder in den sauren Oxiden SO_2 und NO_x (**Ökosystemare Hypothese**) gesehen.

Ozon schädigt die Kutikula der Blätter und Nadeln. Es dringt über die Spaltöffnungen in das Gewebe ein und bildet mit dem Zellwandwasser OH*-Radikale, die die Thylakoidmembran der Chloroplasten schädigen.

Das Mg^{2+}-Zentralatom des Chlorophylls wird durch **saure Niederschläge** ausgewaschen *(leaching).*

Nadeln vergilben, die Assimilationsleistung wird vermindert. Die Wurzeln nehmen weniger Nährsalze auf und können Mg^{2+}-Verluste nicht mehr ersetzen. Die Wachstumsgeschwindigkeit des Baums sinkt (Abb. D).

Die Nährstoffauswaschung wird durch die direkte Ozonwirkung verstärkt. $\mathbf{O_3}$ greift Doppelbindungen und die SH-Gruppen der Phospholipide der Membran an, deren Permeabilität sich erhöht. Auf Ozon reagieren die Spaltöffnungen durch Verschluß und infolgedessen Verringerung der Photosyntheserate.

$\mathbf{SO_2}$ öffnet die Spaltöffnungen, wodurch die Verdunstungsrate erhöht wird. Die Pflanze gerät in trockenen Jahren unter *Wasserstreß.*

Ein Überangebot von $\mathbf{NO_2}$ führt zur Nitratanreicherung (NO_3^-) im Blatt. NO_3^- wird enzymatisch zu Nitrit (NO_2^-) und weiter zum verwertbaren Ammonium (NH_4^+) abgebaut. Da die Nitratreduktion schneller abläuft als die des Nitrits, reichert sich in der Zelle bei Nitratüberschuß Nitrit an, das die Thylakoidmembran angreift.

Die **Böden** puffern den Säureeintrag ab, solange Kalk vorhanden ist:

$$2\ CaCO_3 + H_2SO_4 \rightarrow 2\ CaSO_4 + 2\ HCO_3^-$$

Hydrogencarbonat HCO_3^- bindet Metallionen (Ca^{2+}, Mg^{2+}).

Metallhydrogencarbonate werden aus dem Boden ausgewaschen.

Weitere H^+-Ionen ersetzen die K^+-, Na^+-, Mg^{2+}- und Ca^{2+}-Ionen der Tonminerale *(Silikatpuffer).* Wenn die Pufferkapazität erschöpft ist, werden $\mathbf{Al^{3+}}$**-Ionen** freigesetzt, die dem Boden als hochmolekulare Aluminiumhydroxokationen erhalten bleiben.

Al^{3+} und die mit-freigesetzten Schwermetall-Kationsäuren zerstören das Wurzelsystem.

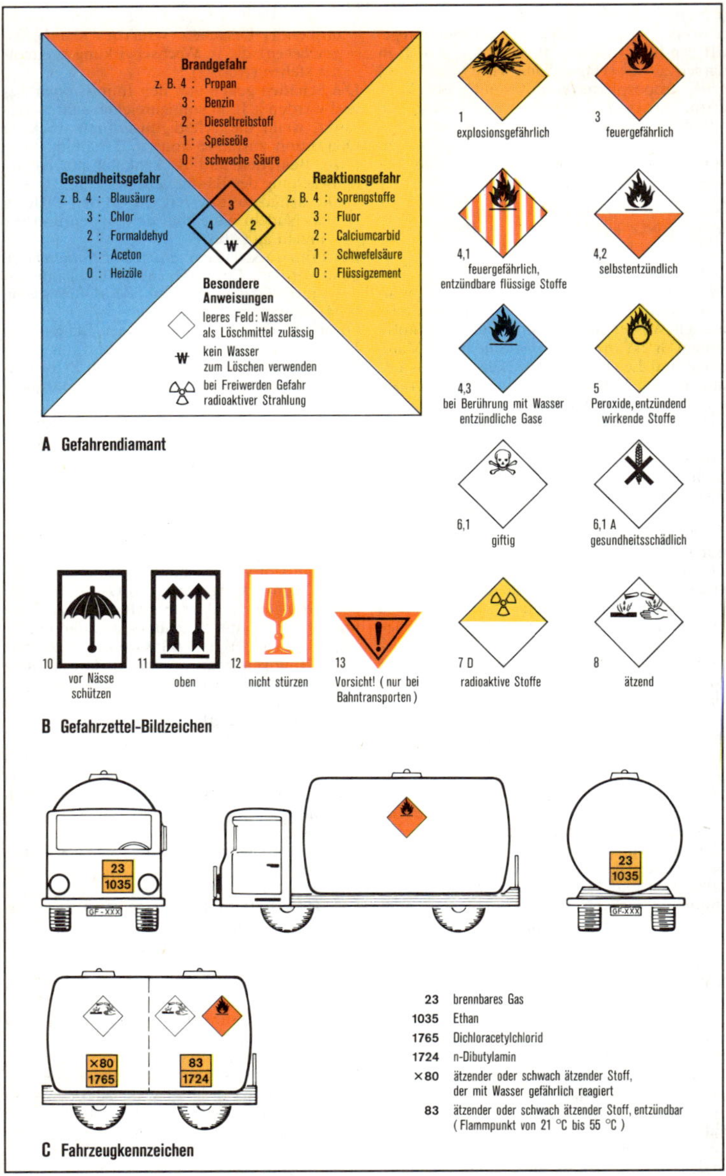

Gefahrenkennzeichen

Gefährliche Arbeitsstoffe im Sinne gesetzl. Verordnungen sind:
Ausgangs-, Betriebs- und Hilfsstoffe einschließlich Zubereitungen, aus denen oder mit deren Hilfe Gegenstände erzeugt oder Dienstleistungen erbracht werden, wenn sie
explosionsgefährlich, brandfördernd, leicht entzündlich (Flammpunkt < 21 °C), *entzündlich* (Flammpunkt 21-55 °C), *giftig, gesundheitsschädlich (mindergiftig), ätzend* oder *reizend* sind.
Die Verarbeitung, Abgabe und der Transport dieser Stoffe unterliegen bes. Bestimmungen (Auskunftspflicht, Verpackung u. a.) und Kennzeichnungen, die nach Unfällen eine unmittelbare Beurteilung von Gefahren möglich machen.

International werden Gefahrengüter mit dem in den USA entwickelten sog. **Gefahrendiamanten** gekennzeichnet (Abb. A):
Die drei unmittelbaren Hauptgefahren Gesundheitsgefährdung, Brand- und Reaktionsgefahr sind direkt ablesbar.
Gefährdungsstufen werden durch Ziffern von 1 bis 4 erfaßt.
Im unteren weißen Feld werden Löschhinweise gegeben und Hinweise auf die Gefahr freiwerdender Radioaktivität.

Im nationalen Bereich wird der Umgang mit gefährl. Stoffen (Transport, Erste Hilfe, MAK-Werte u. a.) durch die **Gefahrenstoffverordnung** (GefStoffV) geregelt, in der in Angleichung an EG-Richtlinien über 2000 Stoffe erfaßt sind.
Lagerung und Transport gefährl. Güter werden europaweit nach dem sog. **RID-System** (**R**eglement **I**nternational concernant le transport des marchandises **d**angereuses par chemins de fer) gekennzeichnet, das dem UN-System **IMDG-Code** (**I**nternational **M**aritime **D**angerous **G**oods) angeglichen ist. Es gilt prinzipiell für die Kennzeichnung aller Lagerbehälter und Versandstücke und wird durch Bildsymbole auf sog. *Gefahrenzetteln* ausgedrückt, die den Gebinden beigefügt sind (Abb. B). Versandstückladungen und Tankzüge mit gefährlichen Gütern werden durch **Warntafeln** gekennzeichnet (Abb. C).
In der *oberen Gefahrennummer* ist der Gefährdungsgrad verschlüsselt.
Die *erste Ziffer* bezeichnet die Hauptgefahr:
2 = Gas; **3** = entzündbarer flüssiger Stoff; **4** = entzündbarer fester Stoff; **5** = entzündend (oxidierend wirkender Stoff oder organ. Peroxid); **6** = giftiger Stoff; **8** = ätzender Stoff.
Die *zweite Ziffer* kennzeichnet zusätzl. Gefahren:
1 = Explosion; **2** = Entweichen von Gas; **3** = Entzündbarkeit; **5** = entzündend (oxidierend); **6** = Giftigkeit; **8** = Ätzbarkeit; **9** = Gefahr einer heftigen Reaktion, nach Selbstzersetzung oder Polymerisation.
Durch Verdopplung einer Ziffer wird die bes. Gefahr hervorgehoben, höchste Gefährdung durch zwei Ziffern.
Bei Reaktionsfähigkeit mit Wasser wird der Ziffer ein **X** vorgesetzt.
Die *untere UN-Nummer* dient der genauen Stoffkennzeichnung. Der Stoff kann einer nach diesen geordneten Liste entnommen werden.

Gefährl. Arbeitsstoffe wirken bei unsachgemäßer Handhabung, v. a. nach Unfällen, umweltbelastend. Es kommt aber nicht selten vor, daß Wirkungszusammenhänge spät erkannt oder falsch gewichtet werden.

Asbest, ein natürlich vorkommendes Fasermaterial, ist Bestandteil von Asbestzement, Brems- und Kupplungsbelägen, Dichtungsmassen und Feuerschutztextilien. Aus diesen können feine Fasern bei der Bearbeitung, Gebrauch (Bremsbeläge) und durch Verwitterung in die Umwelt gelangen. Eingeatmete Partikel (Länge 5-200 µm, Dicke < 3 µm) können nicht, wie körniger Feinstaub, über die Lymphbahnen abgeführt werden, sondern werden in den peripheren Lungenbläschen und lungennahen Bindegeweben deponiert. Chronische Entzündungen und Störungen des Gasaustauschs folgen *(Asbestose).*
Nach 15-50 Jahren Latenzzeit können *bösartige Tumoren, Bronchialkarzinom* sowie *Rippen-* und *Bauchfellkarzinome (Mesotheliome)* auftreten.
Wie bei allen krebsauslösenden Stoffen ist eine Grenzwertfestlegung zweifelhaft. Problemlösungen bieten sich in Verboten, wie in den USA und Schweden für asbesthaltige Brems- und Kupplungsbeläge, und in der Entwicklung von Ersatzstoffen an.

Formaldehyd (Methanal, MAK-Wert 0,1 ppm) wird für zahlreiche chem. Synthesen gebraucht. Es gelangt durch Desinfektionsmittel und Harnstoff-Formaldehyd-Harze (Aminoplaste), die als Klebstoffe von Spanplatten dienen, in die Innenräume. Der Stoff wird durch Zerfall der instabilen Kunstharze frei, oder wenn bei der Produktion Formaldehyd im Überschuß eingesetzt wurde. Die Spanplatten geben über Jahre hinweg das Gas v. a. bei hoher Temperatur und Feuchtigkeit ab.
Formaldehyd reizt bis 10 ppm die Schleimhäute, bei höheren Dosen treten *Husten, Bronchitis, Atem- und Orientierungsschwächen* auf, ab 50 ppm sterben Schleimhäute ab.
Da der stechende Geruch warnt, gibt es keine bekannten Fälle von Inhalationsvergiftungen. Aus Tier- und In-vitro-Versuchen hat man Genveränderungen erkannt. Sie wirken lokal, weil Formaldehyd rasch über den Stoffwechsel abgebaut wird. Durch Zellkulturtests konnte die karzinogene Wirkung des Stoffs nachgewiesen werden. Beim Menschen sind unmittelbare Krebswirkungen umstritten.

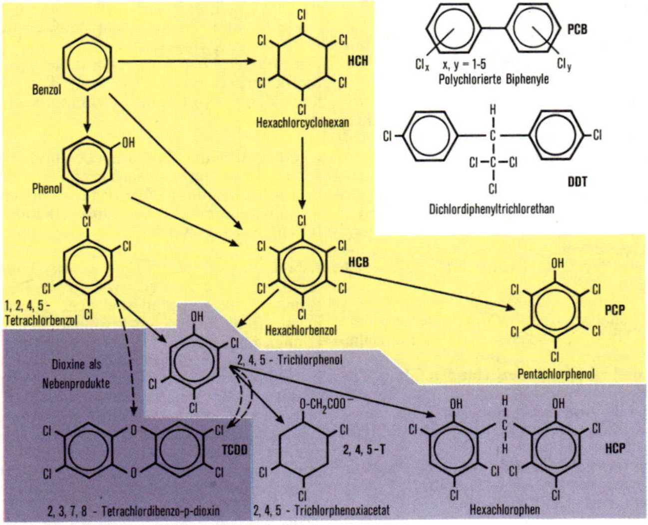

A Polychlorierte Kohlenwasserstoffe (Auswahl)

	DDT	HCH	HCB	PCB
Frauenmilch				
Streuung (mg / kg Milchfett)	0,5 - 5	0,1 - 0,5	0,1 - 5	0 - 10
Maximum (mg / kg Milchfett)	16	1,0	1,0	13
Überschreitung der Höchstmenge (%)	40 - 90	?	50 - 90	-
Aufnahme des Säuglings (1,0 = für Erwachsene zumutbare Menge)	1,5 - 90	3 - 4	9 - 35	-
Kuhmilch				
Streuung (mg / kg Milchfett)	0,1 - 0,4	0,02 - 0,1	0,01 - 0,5	0,01 - 1,6
Maximum (mg / kg Milchfett)	1,0	0,2	0,5	-

B Chlorkohlenwasserstoffe in der Milch

	Jahr	ppm
USA	1942	0
USA	1950	5,3
USA	1955	19,9
USA	1962 / 63	10,3
Bundesrep. Dtl.	1958 / 59	2,2
Frankreich	1961	5,2
Ungarn	1960	12,4
Israel	1963 / 64	19,2
Indien	1964	26,0

C DDT im menschlichen Fettgewebe

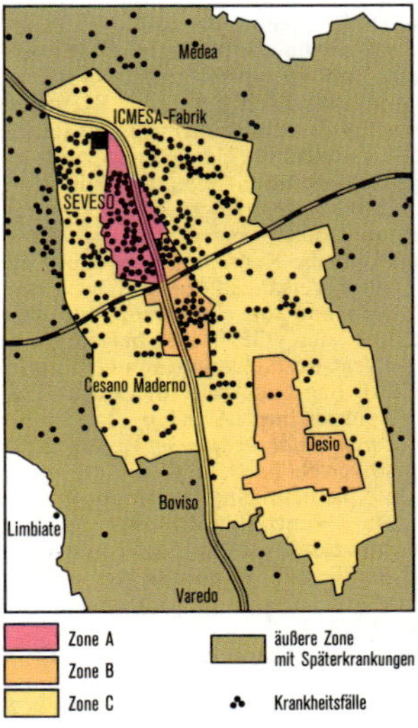

D Das Dioxin-Unglück von Seveso

Chlorierte Kohlenwasserstoffe kommen in der Natur nicht vor. Sie werden technisch erzeugt und als Lösungsmittel (z. B. Tetrachlormethan, CCl_4), als Grundstoffe für Kunststoffe (z. B. Vinylchlorid für PVC), als Holzschutzmittel, Isolierstoffe und Schädlingsbekämpfungsmittel eingesetzt.

Diese vom Benzol i. w. S. abgeleiteten Stoffe stellen ökologisch ein bes. Gefährdungspotential dar, werden doch zahlreiche von ihnen dazu benutzt, als Pestizide Leben zu vernichten.

Die **Pestizide** teilt man nach den Zielgruppen ein (S. 196 f.):

Herbizide (Pflanzen), *Defoliantien* (Entlaubung), *Bakterizide* (Bakterien), *Fungizide* (Pilze), *Insektizide* (Insekten), *Akarizide* (Milben), *Nematizide* (Nematoden), *Rodentizide* (Nagetiere), *Molluskizide* (Schnecken).

Hexachlorcyclohexan (HCH, Lindan) wird zur Bekämpfung saugender und beißender Insekten im Obst-, Garten- und Ackerbau eingesetzt. HCH ist ein Atemgift, ähnlich dem DDT, wirkt aber erheblich toxischer. Da einige HCH-Isomere durch biolog. Stoffwechselvorgänge schwer abbaubar sind, wurde der Gebrauch von Misch-HCH in der BR Dtl. seit 1980 eingeschränkt.

HCH-Abfälle wurden in Hamburg über Pyrolyse zu Trichloracetat abgebaut (Abb. A). Hierbei fiel das Seveso-Dioxin 2,3,7,8-TCDD an, das über Abfälle und die Abluft die Umgebung erreichte.

Das Pflanzenschutzmittel (Fungizid) **Hexachlorbenzol (HCB)** ist wegen Krebsverdachtes seit 1981 in der BR Dtl. verboten. Es ist u. a. Ausgangssubstanz für das Holzschutzmittel (Bakterizid, Fungizid, Insektizid) **Pentachlorphenol (PCB).**

Das starke Zellgift (Aufnahme über die Haut und Nahrung) greift in die oxidative Phosphorilierung der Atmungskette und die Energieversorgung der Zelle ein.

PCB-imprägniertes Holz gibt den Stoff ständig ab. Folgen sind Atemstörungen, Kopfschmerzen, Krämpfe und lang anhaltende Schäden an Leber und Niere. PCB ist in Holzschutzmitteln deklarationspflichtig, zumal Begleitsubstanzen (Dibenzodioxine, Dibenzofurane) die Toxizität erhöhen.

Das Herbizid **2,4,5-Trichlorphenoxyacetat (2,4,5-T),** Bestandteil des Entlaubungsmittels **Agent Orange** (Vietnam), ist wegen Dioxin-Beimischungen für die Spätschäden von Kriegsveteranen verantwortlich.

Das Bakterizid **Hexachlorophen (HCP)** findet als Bestandteil von Desinfektionsmitteln (Deodorants) Verwendung.

Es wirkt in höheren Dosen neurotoxisch, allergen und hautreizend und wurde als Bestandteil von Kinderpflegemitteln verboten.

Dioxin ist ein Sammelbegriff für polychlorierte Verbindungen, die sich vom *Dibenzo-p-dioxin* ableiten. Ihnen werden wegen des gleichen Wirkungsspektrums auch die polychlorierten Abkömmlinge der *Dibenzofurane* zugeordnet.

Ca. 12 Dioxine und Dibenzofurane, die sich durch die Zahl und Anordnung der Chloratome am Molekül unterscheiden, gelten als *Ultragifte,* so auch das **Seveso-Dioxin** 2,3,7,8-Tetrachlordibenzo-p-dioxin (TCDD, Abb. A).

TCDD bleibt lange im Organismus (30 Jahre). Die Anreicherung und Speicherung wird durch die Fettlöslichkeit begünstigt.

Folgen einer Dioxinvergiftung sind schwere Hautschäden (Chlorakne), Krebs, Erbschäden, Mißbildungen bei Neugeborenen u. a.

TCDD verweilt lange im Boden, weil es von Pflanzen schwer aufgenommen wird.

Beim Bersten eines Triphenol-Rührkessels der Kosmetikfirma Icmesa bei **Seveso** 1976 wurden ca. 2 kg TCDD frei.

Das verseuchte Gebiet wurde in Zonen unterteilt (Abb. D). Die Zone A wurde von allen Bewohnern geräumt. In der Zone B sind 4–5000 Bewohner unmittelbar gefährdet. In der C-Zone konnten Erkrankungen festgestellt werden, die auf verschlepptes Dioxin (Verwehung, Abspülung) zurückzuführen waren.

Es starben unmittelbar 4 Menschen. 50000 Tiere wurden geschlachtet oder starben. Die Zahl der Mißbildungen bei Neugeborenen stieg an (1975: 8, 1976: 95, 1977: 120, 1978: 110).

Die 209 Isomere der **polychlorierten Biphenyle (PCB)** sind kaum wasserlöslich, sowie chemisch und thermisch sehr stabil. Die zur Isolierung von Transformatoren und in Getriebeölen, Farben, Lacken und Einwickelpapieren verwendeten ölartigen PCB sind fettlöslich und reichern sich, vergleichbar dem DDT und TCDD, über die Nahrungskette und fetthaltigen Gewebe, Nervenzellen, Keimdrüsen und die Muttermilch an (Abb. B).

Wegen bisher geringer Mengen sind akute Erkrankungen selten; chron. Wirkungen führen u. a. zu Wachstumshemmungen.

Mit dem Insektizid **Dichlordiphenyltrichlorethan (DDT)** wurden weltweit bei der Schädlingsbekämpfung große Erfolge erzielt, z. B. bei der Bekämpfung des *Kartoffelkäfers* nach dem 2. Weltkrieg sowie der *Anopheles-Mücke* (Malaria, Gelbfieber) und der *Tse-Tse-Fliege* (Schlafkrankheit) in den Tropen. Wegen der eingesetzten großen Mengen kann das Kontakt-, Fraß- und Atemgift weltweit in den Lebewesen nachgewiesen werden.

DDT wurde in den Industrieländern wegen der Mutagenität verboten.

Ein dauerhafter Einsatz ist nicht nur wegen der Toxizität und Anreicherung in Nahrungsketten zweifelhaft (Abb. C), sondern auch der zunehmenden *Schädlingsresistenz* (S. 197).

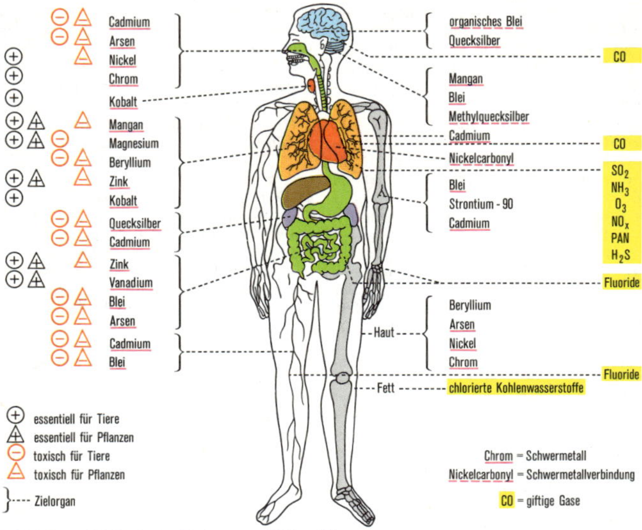

A Metalle und Luftschadstoffe im menschlichen Körper

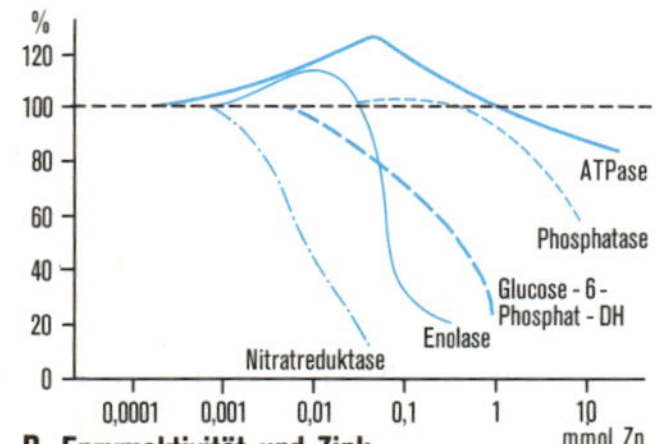

B Enzymaktivität und Zink

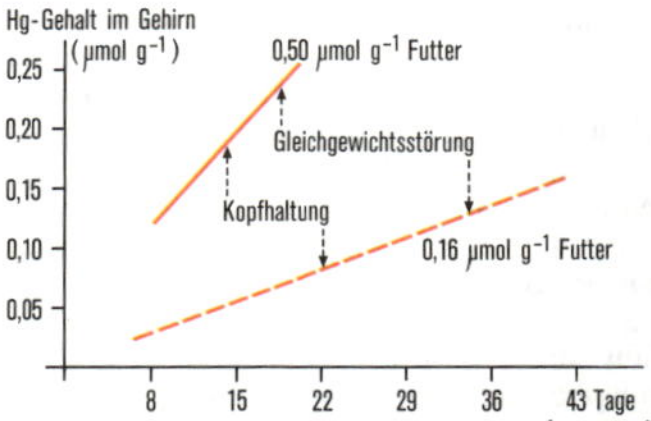

C Quecksilber und Verhaltenssymptome (Mäuse)

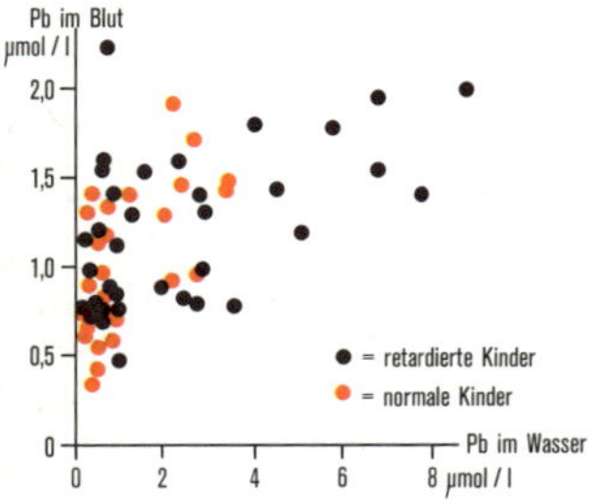

D Blei und Entwicklung

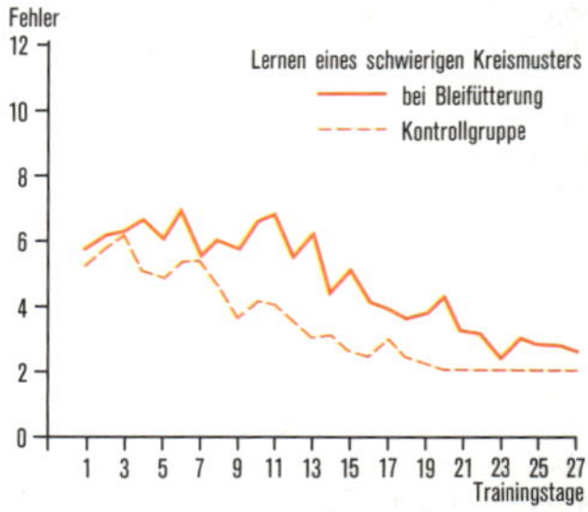

E Blei und Lernverhalten (Mäuse)

Belastung durch Schwermetalle

Schwermetalle haben eine Dichte von mehr als 4,6 g/cm^3 (WINNACKER/KÜCHLER). Sie sind *natürlicher Bestandteil* der Lithosphäre.

Anthropogene Schwermetallquellen sind Verhüttungs- und Wärmegewinnungsprozesse, Kraftfahrzeugverkehr, die Verwendung schwermetallhaltiger Werkstoffe und Chemikalien, die Korrosion techn. Bauwerke, Bergbau und Abfalldeponierung.

Schwermetalle werden vorwiegend über Flugstaub und dessen Ablagerung auf dem Boden und den Blättern in die Umgebung eingebracht *(trockene Deposition)*.

Die natürl. Schwermetalleinträge verteilen sich über die Stofftransportwege i. d. R. homogen und großflächig. Konzentrationen entstehen anthropogen trotz geringer Mengenumsätze durch stetige Massenströme (Kfz-Verkehr, Handwerk), durch Verarbeitung hochkonzentrierter Materialien (Lacke, Glas, Metalle) oder durch Anreicherung auf therm. (Kraftwerke, Müllverbrennung) oder elektrolyt. Wege (Galvanik).

Schwermetalle sind als Spurenelemente lebensnotwendig (*essentiell,* Abb. A). Sie können aber auch, je nach Art und Menge, unterschiedliche

toxische Wirkungen auslösen. Ihr Wirkungsort ist spezifisch.

In der Umwelt dominieren als giftige Metalle Blei (Pb), Cadmium (Cd) und Quecksilber (Hg).

Blei stammt in den Städten vorzugsweise aus organ. Bleialkylen (v. a. Bleitetraethyl, Bleitetramethyl), die Benzin als Antiklopfmittel zugesetzt werden. *Oberflächenkontaminationen* gefährden v. a. Kinder in der Nähe von Bleihütten (Stolberg, Oker), die Staub inhalieren oder ingestiv über verschmutzte Hände aufnehmen, aber auch Erwachsene über die Nahrungsaufnahme (Blattgemüse) sowie Nahrungskette (Fleisch, Milch).

Die ständige Bleiaufnahme kann zu *chronischen Erkrankungen* führen, im Unterschied zu *akuten Vergiftungsfällen* im gewerbl. Bereich.

Jede Bleiaufnahme ist eine Belastung des Organismus. Pathogene Angriffspunkte sind die roten Blutkörperchen, die glatte Muskulatur und das motor. Nervensystem. Wirkungen auf die Nieren, das Blutkreislaufsystem und die Fortpflanzungsorgane (Frühgeburten, Spermadefekte) sind bekannt. Blei hemmt Enzyme für die Bildung roter Blutkörperchen und führt zur sog. *hypochromen Anämie*. Die Angriffe auf die glatte Muskulatur der Blutgefäße und des Darms führen zu *Gefäß- und Darmstörungen*. Kontraktionen der Hirn- und Hirnhautgefäße verursachen psych. Störungen, wie *Intelligenzdefekte, Wahrnehmungs- und Gedächtnisschwächen* und *Entwicklungsrückstände* (Abb. E).

Kinder sind bes. gefährdet, weil die Blut-Hirn-Schranke, die bei Erwachsenen das Eindringen von Fremdsubstanzen in das Gehirn verhindert, noch nicht vollentwickelt ist (Abb. D).

Die Degeneration motor. Neurone betrifft die oberen Extremitäten und kann zu einer völligen Lähmung der Hand führen *(Streckerschwäche, Fallhand)*.

Organ. Bleiverbindungen, wie Triethylblei, sind giftiger als anorganische und wirken ausschließlich neurotoxisch.

Triethylblei wird mit dem *Waldsterben* in Verbindung gebracht, weil es von den terpenhaltigen Nadeln der Fichten und Tannen gut aufgenommen wird und sie schädigt.

Cadmium ist ein Nebenprodukt der Zinkverhüttung und wird zur Herstellung von gelben Farbpigmenten und Cadmium-Nickel-Batterien (Knopfzellen) verwendet. Es ist wie Blei nicht lebensnotwendig. Cd reichert sich im menschl. Körper in der Leber und Niere an und hat eine biolog. Halbwertszeit von 10 Jahren. Es gerät vorwiegend über die Nahrung und Zigarettenrauch in den Körper.

Cd wirkt phytotoxisch *(Chlorosen, Nekrosen durch Gewebe- und Chlorophyllzerstörung)*.

Mikroorganismen reagieren schon bei 1 µg/l durch Erkrankung, 2 µg/l sind für Süßwasserplankton tödlich.

Bei langjähriger Inhalation Cd-haltigen Staubes wird die Membran zwischen Blutgefäßen und Lungenbläschen geschädigt, wodurch die Atmung zusammenbricht *(Lungenödem)*.

Problematisch ist die Anreicherung von Cd in der Niere *(Nierenfunktionsstörungen)* und die Verdrängung von Calcium aus der Knochensubstanz.

Das Krankheitsbild mit Skelettverformungen und Körperschrumpfung bestimmte das Giftunglück von Fuchu (Japan), wo das Trink- und Bewässerungswasser durch Cd-haltige Abwässer verunreinigt wurde *(Itai-Itai-Krankheit)*.

Auch geringe Cd-Emissionen müssen wegen kanzerogener, teratogener und mutagener Effekte vermieden werden.

Quecksilber ist durch größere Giftunfälle in Pakistan, Irak und Japan *(Minamata-Krankheit)* als gefährl. Schwermetall bekannt geworden. Hg erreicht v. a. aus Thermometern, Batterien und Fungiziden über die Nahrungsketten die Stoffkreisläufe. Die Bioakkumulation erfolgt v. a. in Fischen und Schalentieren.

Alle Hg-Verbindungen sind giftig. Die größte Toxizität zeigen metallorgan. Verbindungen, v. a. Methylquecksilber. Erkrankungen sind vielfältig, u. a.

führen Anreicherungen im Gehirn zu *geistigen Störungen und Entwicklungshemmungen bei Kindern* (vgl. Abb. C).

Da Hg-Verbindungen die Plazentaschranke überwinden, wird der Fötus in seiner Entwicklung gestört.

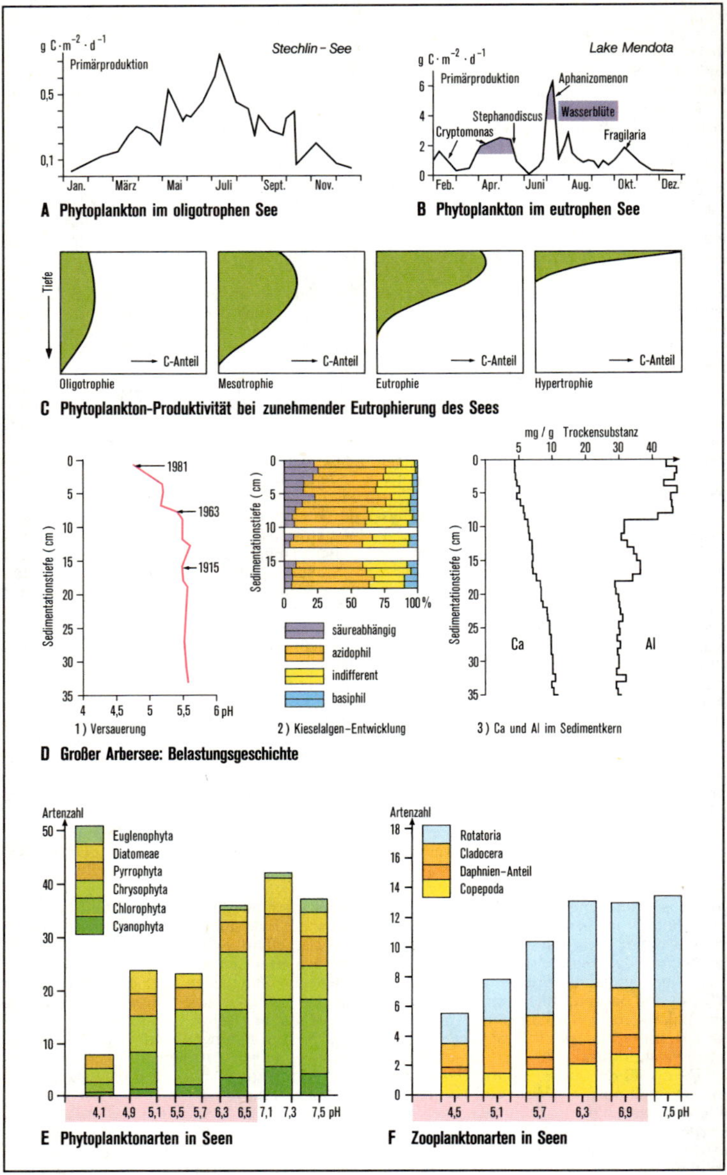

A Phytoplankton im oligotrophen See

B Phytoplankton im eutrophen See

C Phytoplankton-Produktivität bei zunehmender Eutrophierung des Sees

D Großer Arbersee: Belastungsgeschichte

E Phytoplanktonarten in Seen

F Zooplanktonarten in Seen

Eutrophierung, Versauerung

Oligotropher See

Natürliche tiefe (z. B. subalpine) Seen sind nährstoffarm *(oligotroph)* und produzieren wenig organ. Substanz (Abb. A, C). Typ. Merkmale sind:

Sichttiefe bis 10 m; blaue bis grüne Wasserfarbe; geringe Sedimentation, Fehlen von Faulschlamm; gleichmäßiger Sauerstoffgehalt; Plankton, Grünalgen und Bodenfauna sind artenreich und individuenarm, angepaßt an geringe Sauerstoffschwankungen *(Stenoxibionten);* wenige Makrophyten auf schmalem Ufergürtel.

Pflanzenwachstum wird durch das Vorhandensein der atomaren Bestandteile der Biomasse begrenzt (*Atommassen-Verhältnis* C:H:O:N:P = 106:180:44:16:1).

Zu geringe Mengen eines der Elemente wirken wachstumsbegrenzend. Phosphor ist der dominierende *wachstumslimitierende Faktor.*

Gelegentliche Stickstoffmängel werden durch N-fixierende Blaualgen ausgeglichen. Die kleine, meist organisch gebundene Phosphormenge stammt vorwiegend aus Zuflüssen. Die in sauerstoffreichem Wasser vorhandenen freien Fe^{3+}-Ionen binden sedimentierendes Phosphat schwerlöslich als $FePO_4$ und entziehen es dem Stoffkreislauf des Sees. Die Wachstumsrate der Biomasse bleibt gering.

Eutropher See

Im nährstoffreichen *(eutrophen)* See, ist das Hypolimnion *(Zehrschicht)* in der Sommerzeit wegen der mikrobiellen sauerstoffverbrauchenden Abbauvorgänge des reichlich aus dem Epilimnion anfallenden Detritus sauerstoffarm. Das Epilimnion ist durch die Stoffwechseltätigkeit der Autotrophen häufig mit Sauerstoff übersättigt.

Aus dem anaeroben Sediment können lösl. Fe^{2+}-Salze, z. B. $Fe_3(PO_4)_2$, in den Wasserkörper diffundieren und bei Vollzirkulation die Nährstoffzufuhr des Epilimnions erhöhen:

rasante Eutrophierung im Frühherbst.

Eutrophe Seen haben eine dicht bewachsene, breite Uferzone und sind bei geringen Sichttiefen grün-braun gefärbt. Der Boden ist von einer dicken, aus organ. Planktondetritus bestehenden *Halbfaulschlammschicht (Gyttia)* bedeckt, in der eine artenarme, aber zahlreiche Bodenfauna lebt, die die großen O_2-Wechsel (Stagnation, Vollzirkulation) erträgt *(Euryoxibionten).* Best. Algenarten erreichen jahreszeitlich begrenzt immense Vermehrungsraten und dominieren dann kurzzeitig (Abb. B).

Sie färben den See, z. B. durch eingelagerte Öltröpfchen irisierend, charakteristisch (»Wasserblüte«).

Die maximale Produktivität erreichen Seen bei zunehmender Nährstoffzufuhr wegen des noch tief eindringenden Lichtes beim Übergang vom oligotrophen zum eutrophen Zustand (**Mesotrophie**). Das zunehmende Phytoplankton verringert die Durchlichtung des Wassers. Es kann sich nur noch in den obersten Schichten des Epilimnions optimal entwickeln, so daß die Gesamtproduktivität bei extremer Eutrophierung sinkt.

Die Artenzahl (Produzenten, Konsumenten) verringert sich, der See »kippt um« (**Hypertrophie,** Abb. C).

Gewässeranreicherung mit Pflanzennährstoffen (**Eutrophierung**) durch Haushaltsabwässer (Waschmittel) und Oberflächenabfluß (Düngemittel) fördert das Pflanzenwachstum.

Der Schlamm aus absterbenden Pflanzenteilen erhöht den Seeboden langsam und führt, auch unter natürl. Verhältnissen, zur *Verlandung* des Sees.

Gewässerversauerung

Die Gewässer werden zunehmend durch Säureeintrag belastet, was durch Kieselalgenreste in Sedimenten nachgewiesen werden kann. Best. Kieselalgen leben in engen Säure-Toleranzbereichen eines Gewässers. Ihre beständigen Silikat-Hüllen

zeigen in Sedimentkernen noch nach Jahrzehnten die Entwicklung des Säuregrads eines Sees an (Abb. D).

Vor dem Eingriff des Menschen (Gletscheruntersuchungen) lag der durchschnittl. pH-Wert der Gewässer bei 5, heute werden um 3 Zehnerpotenzen niedrigere Werte gemessen (pH 4,7).

Ursache ist der **»saure Regen«.**

Er wirkt weniger direkt auf das Seewasser ein als indirekt über den Bodenabfluß. Seen sind, wie die Böden, durch die Pufferwirkung von Huminstoffen und des Carbonat-/Bicarbonat-Gehalts relativ pH-stabil. Hohe Säureeinträge verringern die Pufferwirkung der im Wasser gelösten Stoffe:

$$CO_3^{2-} + H^+ \rightleftharpoons HCO_3^- + H^+ \rightleftharpoons H_2CO_3$$

Durch den ersten Reaktionsschritt wird aus Kalk ($CaCO_3$) Ca^{2+} freigesetzt, das den Benthusorganismen der jüngsten Sedimentschichten fehlt. In den Böden ersetzen H^+-Ionen Metall-Kationen wie Al^{3+}, die ausgewaschen und in den Gewässern angereichert werden (Abb. D, 3). Sie wirken als *Zellgifte* und verstärken

die *säurebedingte Artenverarmung* aller Ökosystemgruppen der Gewässer (Abb. E, F).

Das Phytoplankton reagiert schon bei pH 5,7 empfindlich durch Arten- und Individuenverminderung, v. a. der Diatomeen. Beim Zooplankton erfolgt eine Artenverschiebung zulasten der Wasserflöhe (Daphnien). Insgesamt kommt es bei der Gewässerversauerung

zu einer Verschiebung von den planktischen zu den benthischen Primärproduzenten unter Artenreduktion.

Zeigerarten der Gewässerversauerung sind Torfmoose *(Sphagnum).* Sie entziehen der Umgebung durch ihre Ionenaustauschkapazität Ca^{2+}- und Mg^{2+}-Ionen im Austausch gegen H^+-Ionen (Verstärkung der Bodenversauerung, Verarmung der Bodenfauna).

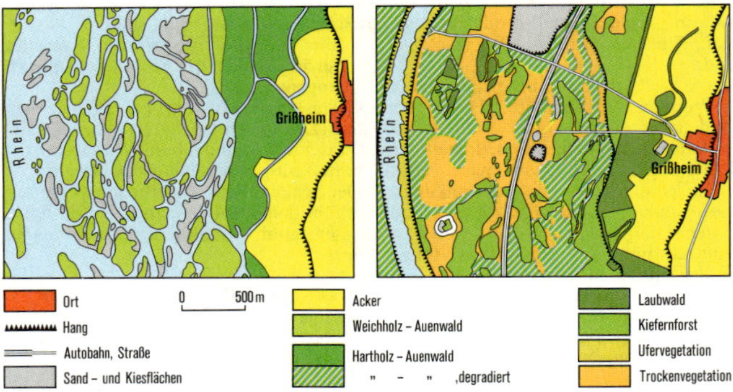

A Landschaftswandel in der Rheinniederung bei Grißheim 1838 / 1974

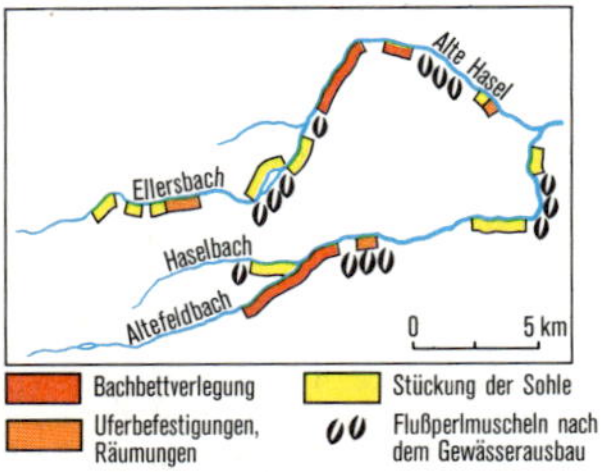

B Folgen des Gewässerausbaus

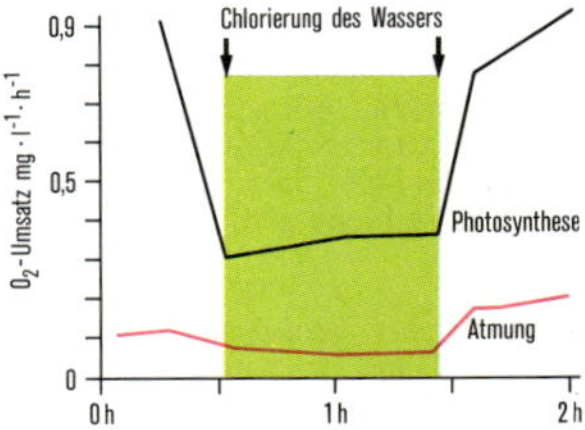

C Phytoplanktonreaktion auf Chlor

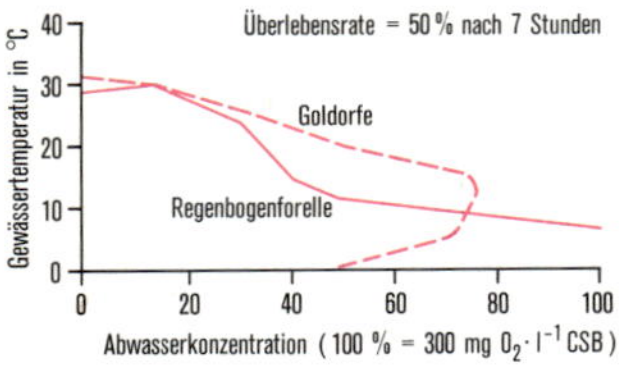

D Überlebensrate von Fischen

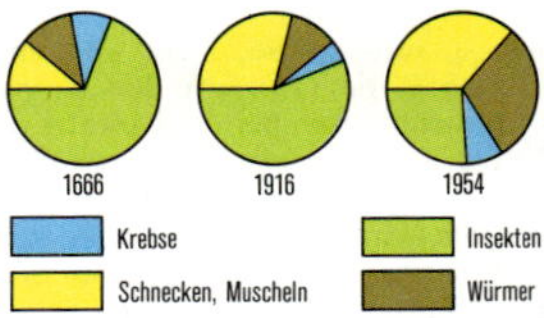

E Artenwandel bei niederen Wasserorganismen

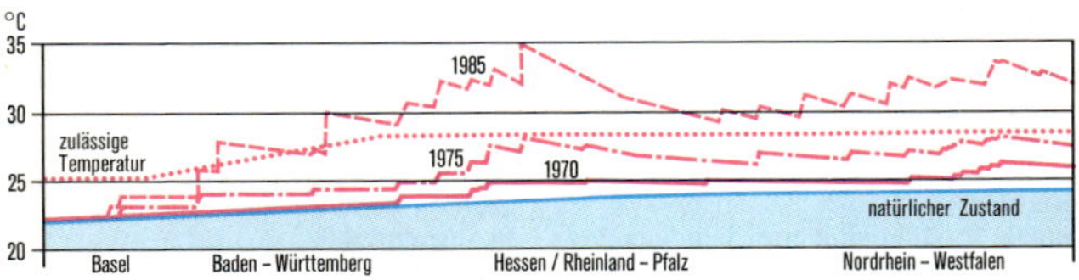

F Sommer-Wärmelastplan Rhein (Temperaturprognose 1971)

Artenwandel

Die **Fließgewässerbelastung** erfolgt durch Wasserbaumaßnahmen für die Energiegewinnung, Schiffahrt und Landeskultur, Trink- und Brauchwasserentnahme, Schadstoff- und Abwärmeeinleitung.

Wasserbau

Die *Wasserbaumaßnahmen* begannen mit dem Bevölkerungswachstum und der Industrialisierung, v. a. nach der von J. G. TULLA am Oberrhein durchgeführten sog. *Rhein-Korrektion (Rektifikation)* mit dem Ziel der Hochwasserbannung durch Erniedrigung des Wasserspiegels. Das wurde erreicht durch *Begradigung und Einengung des Flußbetts* auf 200–250 m Breite mittels Abriegelung der Seitenarme, der Furkationen und Durchstich der Flußmäander.

Die Begradigung führt zur Beschleunigung des Abflusses durch Erhöhung der Strömungsgeschwindigkeit, die die Verstärkung der Tiefenerosion zur Folge hat. Der Verlust der Rückhalteeigenschaften der ehemals amphib. Landschaft vergrößerte die Zahl der Hochwasserereignisse und verringerte die Niedrigwasserführung.

Durch die Maßnahmen wurde das Grundwasser abgesenkt und Ackerbaufläche gewonnen. Die natürl. Feuchtbiotope wurden zugunsten terrestr. Nutzlandschaften vernichtet.

Die Veränderung ging mit erhebl. Artenrückgang einher und führte zur Versteppung der Landschaft (Abb. A).

Für den Gewässerausbau wird häufig der Uferbewuchs entfernt. Die Aufhebung von Licht- und Schattenwechseln führt zur Homogenisierung des Artenbestandes. Ufer- und Sohlenbefestigungen verdrängen Spezialisten aus den angestammten Lebensräumen (Abb. B).

In lichtreichen, durch künstl. Staustufen langsam fließenden Gewässern kommt es zu fluviatilem Massenwachstum mit Eutrophierungsfolgen. Ökologisch wichtige Stillwasserzonen und Kolke *(Brut- und Kleinbiotope)* werden durch Trockenlegung und Uferbefestigungen beseitigt.

Die Ausräumung der Gewässersohle, schon die Baumaßnahmen, vermindern den pflanzl. Artenbestand, v. a. der Wasserpflanzen, und es folgt die Artenverarmung der Tierwelt.

Die Erhöhung der Fließgeschwindigkeit verstärkt die Erosion und weitere Vertiefung des Flußbetts. Durch Gewässerverbauung gegen diesen Vorgang und durch die Errichtung von Kraftwerkstreppen (z. B. Lech) werden die Flüsse zu aneinandergereihten Stillwasserzonen. Sie weisen Pegelschwankungen und Trokkenfallen auf, die die für Fließgewässer typ. Kreisläufe stören und unterbrechen. Die Biotope erhalten Seencharakter.

In der BR Dtl. können nur noch 10% der Fließgewässer als naturnah bezeichnet werden; allein nach 1945 wurden 40 000 km Fließgewässerstrecke ausgebaut.

Die **Schadstoffeinleitung** umfaßt *Salze, Schwermetallverbindungen* sowie *biologisch leicht und schwer abbaubare Stoffe*.

Eine ungewollte ökolog. Belastung stellt z. B. die *Chlorierung des Trinkwassers* dar (Abb. C).

Alle Belastungen sind mit unterschiedl. Wirkungsgrad, v. a. aber durch die Summation, eine große Gefahr für den Artenbestand der Flüsse (Abb. D, E).

Versalzung

Die hohe Salzbelastung von Flüssen wird durch die Endlaugen des Kalibergbaus und durch Grubenabwässer verursacht. Sie enthalten die pflanzenschädl. Magnesiumsalze und Kochsalz sowie die für die Tiere toxischen K^+-Ionen.

Rhein, Werra und *Weser* sind bes. belastet.

Die Artenentwicklung der versalzten Flüsse gehorcht dem **2. biozönot. Grundprinzip** (THIENEMANN):

»Je mehr sich die Lebensbedingungen eines Biotops vom Normalen und für die meisten Organismen Optimalen entfernen, desto artenärmer, aber individuenreicher kann die Biocoenose werden. Je spezialisierter ein Biotop ist, umso charakteristischer ist auch die Biocoenose.«

In der **Werra** konnte um 1930 eine starke faunist. Artenverarmung, begleitet von Fischsterben, nachgewiesen werden. Zunehmend wurde der Fluß von Salzwasserarten besiedelt.

So hat der halophile Flohkrebs *Gammarus tigrinus* die Stelle des ausgestorbenen *Gammarus pulex* eingenommen.

Außer salztoleranten *(euryhalinen)* Arten weisen salzwasserabhängige *(stenohaline)* Meeresformen auf den hohen Salzgehalt der Werra hin. Insgesamt gesehen ist eine starke Verminderung der Wirbellosen, wichtigen Gliedern der Nahrungskette, festzustellen und nachfolgend eine deutliche Dezimierung des Fischbestandes.

Abwärme

Temperaturerhöhungen in Gewässern vermindern den Sauerstoffgehalt und erhöhen die chem. Reaktionsgeschwindigkeit (RGT-Regel). Die Erhöhung der Reaktionsgeschwindigkeit beschleunigt die Selbstreinigungsgeschwindigkeit des Fließgewässers. Da das Wasser aus der Durchlaufkühlung der Kraftwerke i. d. R. mit Sauerstoff gesättigt wird, ist diese Belastung kein bes. Problem.

Problematisch sind Warmwassereinleitungen für lokal betroffene Biotope, wenn Temperaturtoleranzgrenzen überschritten werden, v. a. im Zusammenhang mit Abwasserbelastungen (Abb. D).

Für abwärmebelastete Flüsse werden *Wärmelastpläne* aufgestellt, die Planungsabsichten enthalten (Abb. F). Ihre noch so kurzzeitige Überschreitung verschiebt das fluviatile Artenspektrum.

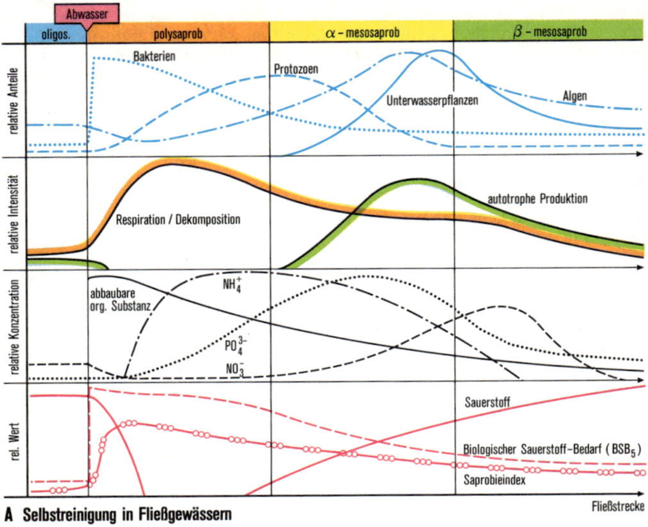

A Selbstreinigung in Fließgewässern

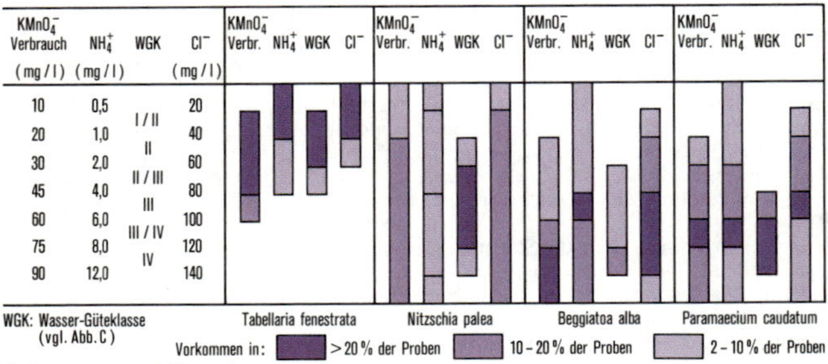

B Frequenzen von Leitorganismen

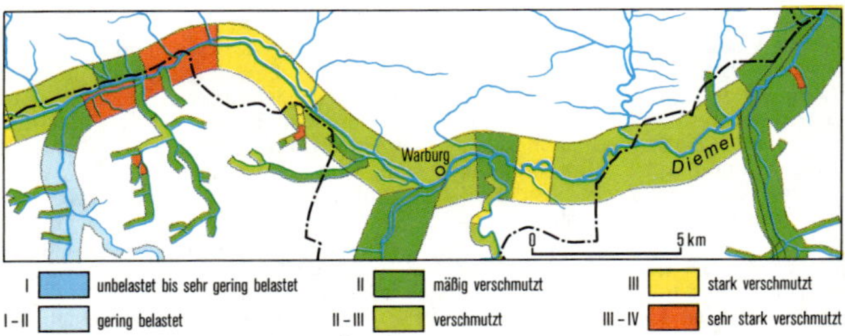

C Saprobiestufen an der Diemel (Hessen)

Die **Bestimmung des Verschmutzungsgrades** eines Gewässers ist wegen der Komplexität der biochem. Abläufe nach der Einleitung von Abwasser mit zahlreichen natürl. oder künstl. Inhaltsstoffen schwierig. Nach der Abwassereinleitung verändern sich die physikal.-chem. Grundwerte eines Gewässers sowie die Artenzusammensetzung und der Aufbau der Biozönosen (Abb. A).

Die Wirkungszusammenhänge erfaßt man mit der **Saprobität.** Sie wird nach der sog. ›Prager Konvention‹ definiert:

»Saprobität ist im Rahmen der Bioaktivität des Gewässers die Summe aller der Primärproduktion gegenüberstehenden Umsatzprozesse, also der mit einem Verlust an potentieller Energie verknüpften Vorgänge.«

Sie ist der Maßstab für die Intensität der Zersetzung und kann mit der Gesamtatmung eines Gewässers und so dem Sauerstoffverbrauch gleichgesetzt werden.

Der *Sauerstoffverbrauch* kann indirekt durch den **Chemischen Sauerstoff-Bedarf (CSB)** gemessen werden.

Durch Oxidation, z. B. mit Kaliumpermanganat ($KMnO_4$), wird die gesamte Menge oxidierbarer organ. Substanz bestimmt.

Der **Biochemische (Biolog.) Sauerstoff-Bedarf (BSB)** gibt über die *biologisch abbaubaren organ. Verbindungen* Aufschluß.

Grundlage ist die Nachahmung der natürl. Selbstreinigung. Man reichert eine Abwasserprobe mit Belebtschlamm (Bakterien, bakterienfressende Ciliaten) an und mißt bei 20 °C den Sauerstoffverbrauch. Nach 2 Tagen (**BSB_2**) hat man die sofort abbaubaren Stoffe erfaßt; nach 5 Tagen (**BSB_5**) sind i. d. R. die Abbauprozesse abgeschlossen. Die Reststoffe sind schwer abbaubar.

In der BR Dtl. werden 54 g Sauerstoff/Tag für den Abbau der Abfallstoffe eines Menschen eingesetzt (= **Einwohnergleichwert, EGW**).

Der BSB_5-Wert von 54 g O_2 entspricht dem EGW. In den USA beträgt der EGW 75 g Sauerstoff.

Für die Abgrenzung von Verschmutzungszonen der Gewässer werden außer den biochem. Merkmalen (O_2-Gehalt, BSB_2, BSB_5, CSB, NO_3^-, NH_4^+, PO_4^{3-}) die biozönot. Verhältnisse herangezogen. SLEDACEK beschreibt die Varianten der Gewässernatur in einem allumfassenden **Saprobiensystem:**

Katharobität = ausschließlich Grundwasser mit Trinkwasserqualität;

Limnosaprobität = reines bis verunreinigtes Oberflächenwasser der Verunreinigungsstufen (n. KOLKWITZ/MARSSON) **xenosaprob, oligosaprob, β-mesosaprob, α-mesosaprob** und **polysaprob;**

Eusaprobität = belebte städt. und industrielle Abwässer;

Ultrasaprobität = abiot. Flüssigkeiten.

Die Limnosaprobität umfaßt die ökologisch relevante Stufung. Ausgehend von den *oligosaproben* und *xenosaproben Zonen* werden die Prozesse untersucht, die sich nach der Abwassereinleitung in ein Fließgewässer während der **Selbstreinigung** ergeben.

Zunächst erfolgt in der *polysaproben Zone* eine völlige Denaturierung des Gewässers von autotrophen Arten. Es überwiegen Reduktionsprozesse der heterotrophen Destruenten, die organ. Material unter Sauerstoffzehrung zu anorgan. Stoffen abbauen. In der *mesosaproben Zone* werden die Reduktionsprozesse zunehmend von Oxidationsprozessen abgelöst, die dann in der *oligosaproben Stufe* mit geringer chem. Aktivität beendet sind (Abb. A).

Den *Saprobienstufen* können **Leitorganismen** zugeordnet werden, deren Reaktionsbreite genau bestimmt werden muß, denn die einzelnen Arten zeigen gegenüber best. Umweltfaktoren eine unterschiedl. Empfindlichkeit und somit Frequenz der Vorzugsräume (Abb. B).

Die biot. Gewässeranalyse muß über möglichst viele Arten vorgenommen werden, denn Verdriftung, jahreszeitl. Entwicklung, Erschöpfung spezieller Nährstoffe, artlich fixierte Entwicklungszyklen und ökolog. Konkurrenz variieren das Artenspektrum. Diese Variabilität wird über **Saprobienindizes** berücksichtigt.

Saprobienindex *S* nach ZELINKA und MARVAN:

$$S = \frac{\sum_{i=1}^{n} h \cdot s \cdot g}{\sum_{i=1}^{n} h \cdot g}$$

h = Häufigkeit einer Art, Individuenzahl in einer Wasserprobe; n = Zahl der erfaßten Arten; s = Einstufung in eine der 4 Güteklassen, denen man Zahlenwerte zuordnet: oligosaprob (o) = 1; β-mesosaprob (β) = 2; α-mesosaprob (α) = 3; polysaprob (p) = 4. Das sog. Indikatorgewicht g ist ein Indexwert zwischen 1 und 5, durch den die Eignung einer Art als Leitorganismus für eine bestimmte Gewässergüteklasse K festgelegt wird, z. B.:

Gewässerklasse:	**o**	**β**	**α**	**p**	*g*	*K*
Spirostomum teres	–	–	+	10	5	o
Euplotes patella	–	8	2	–	4	β
Paramaecium caudatum	–	5	5	+	3	α
Pyxidium nutans	+	4	5	1	2	α
Codonosiga botrytis	1	3	5	1	1	α

Die Grenze zwischen der oligosaproben und β-mesosaproben Stufe ist über stenöke Organismen ziemlich scharf festlegbar. Die über den Saprobienindex erzielten Ergebnisse überträgt man in

Wassergütekarten, in denen auch die Einwohnergleichwerte der Kläranlagen erfaßt werden (Abb. C).

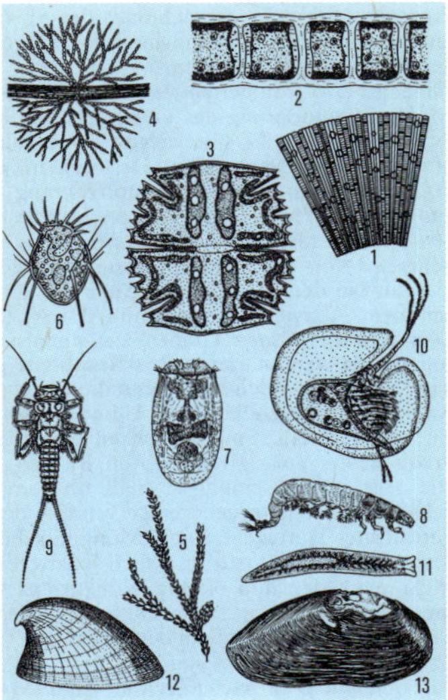

(I) oligosaprobe Zone

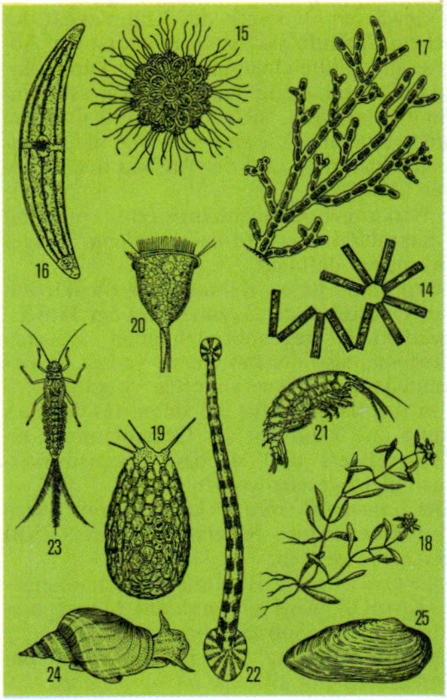

(II) β - mesosaprobe Zone

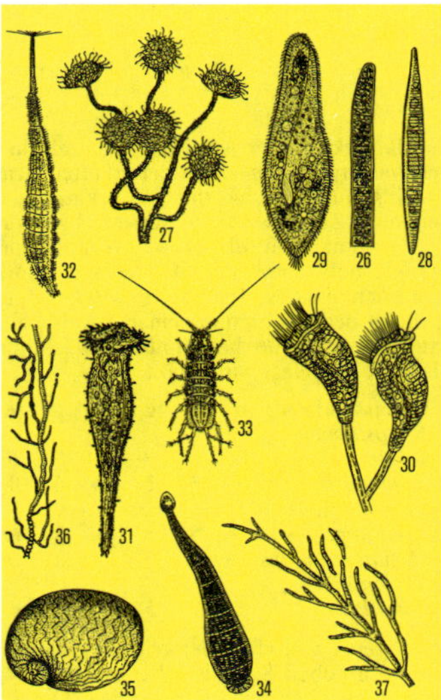

(III) α - mesosaprobe Zone

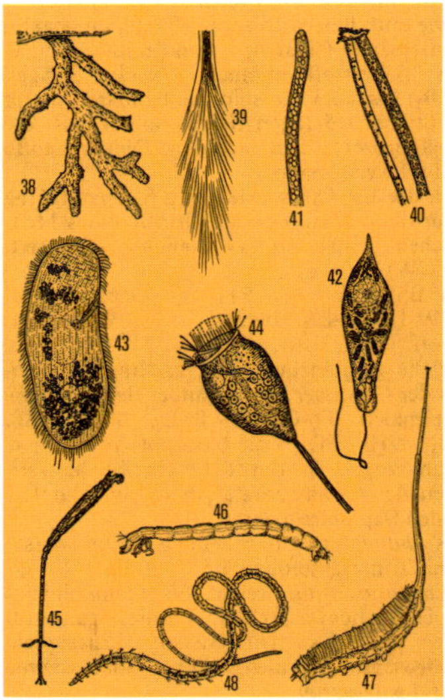

(IV) polysaprobe Zone

Leitorganismen

Gewässergütestufen

Oligosaprobe Zone (Güteklasse I)
Das Wasser ist klar und nahezu O_2-gesättigt; vollständige Aufnahme des geringen Nährstoffeintrags in den Stoffkreislauf; hohe Gesamtartenzahl, aber geringe Individuenzahl einer Art. Makroorganismen herrschen vor; die zahlreichen Mikroorganismen haben Zeigercharakter.
Bakterienzahl: unter 100/ml Wasser
Produktion (Respiration + Abbau): $\approx 1:1$
Saprobienindex: 1,0- <1,5
O_2-Gehalt: >8 mg/l
NH_4-Stickstoff: Spuren
BSB_2: 0,5 mg/l; *BSB_5:* ≤ 3 mg/l
CSB: 1-2 mg/l

β-mesosaprobe Zone (Güteklasse II)
Optimale Lebensbedingungen im schwach verunreinigten Gewässer, deshalb Einwanderung von Arten der Nachbarzonen. Die Artenzahl ist vielfältig, Artenkonstanz und -dichte sind hoch. Der zunehmende Detritus wird von den Destruenten gerade noch bewältigt; aber schon Ablagerung von in der Zone erzeugtem Restmaterial.
Bakterienzahl: ca. 10000/ml Wasser
Produktion (Respiration + Abbau): $\approx 1:1$
Saprobienindex: 1,8- <2,3
O_2-Gehalt: 6-8 mg/l
NH_4-Stickstoff: $\approx 0,3$ mg/l
BSB_2: 1,1-2,2 mg/l; *BSB_5:* 3-5,5 mg/l

α-mesosaprobe Zone (Güteklasse III)
Durch Fremdstoffe stark verunreinigte Gewässer; hoher O_2-Bedarf für die Oxidationsprozesse abbauender Mikroben; durch optimale Nährstoffverhältnisse zunächst Erweiterung des Artenspektrums (Produzenten, Konsumenten). Mit zunehmender Verschmutzung verringert sich die Artenzahl der Oxobionten zugunsten der anoxibionten Abwasserarten.
Bakterienzahl: bis 100000/ml Wasser
Produktion (Respiration + Abbau): <1
Saprobienindex: 2,7-3,2
O_2-Gehalt: 2-4 mg/l
NH_4-Stickstoff: >0,5 mg/l
BSB_2: 4-7 mg/l; *BSB_5:* 5,5-14 mg/l
CSB: 20-65 mg/l

polysaprobe Zone (Güteklasse IV)
Extreme Substratkonzentration; völlige O_2-Zehrung durch Mikroorganismen; unvollständiger Abbau der hochkonzentrierten organ. Abwässer. Die anaeroben Abbauprozesse enden häufig in Fäulnisgiften wie Schwefelwasserstoff, Aminen und Ammoniak (fauliger Geruch).

Mikroorganismen, wie *Bakterien, in Massenvorkommen* (>100000/ml Wasser) beherrschen das Artenspektrum.

Produzenten und höhere tier. Lebewesen sind selten. Es dominieren Destruenten mit niedrigem Sauerstoffbedarf.

Leitorganismen (oligosaprobe Zone)
1 Meridion circulare (Kieselalge)
2 Ulothrix zonata (Grünalge)
3 Micrasterias truncata (Jochalge)
4 Batrachospermum vagum (Rotalge)
5 Fontinalis antipyretica (Moos)
6 Halteria cirrifera (Wimpertierchen)
7 Asplanchna priodonta (Rädertierchen)
8 Hydropsyche sp. (Köcherfliegenlarve)
9 Perla sp. (Steinfliegenlarve)
10 Holopedium gibberum (Blattfußkrebs)
11 Planaria alpina (Strudelwurm)
12 Ancylus fluviatilis (Schnecke)
13 Margaretifera margaretifera (Muschel)

Leitorganismen (β-mesosaprobe Zone)
14 Tabellaria fenestrata (Kieselalge)
15 Synura uvella (Goldalge)
16 Closterium moniliferum (Jochalge)
17 Audouinella violacea (Rotalge)
18 Callitriche verna (Wassersterngewächs)
19 Euglypha alveolata (Wurzelfüßer)
20 Vorticella campanula (Wimpertierchen)
21 Gammarus pulex (Flohkrebs)
22 Piscicola geometra (Rüsselegel)
23 Cloëon sp. (Eintagsfliegenlarve)
24 Lymnaea stagnalis (Schnecke)
25 Unio pictorum (Muschel)

Leitorganismen (α-mesosaprobe Zone)
26 Oscillatoria brevis (Blaualge)
27 Anthophysis vegetans (Goldalge)
28 Nitzschia palea (Kieselalge)
29 Paramaecium caudatum (Wimpertierchen)
30 Carchaesium polypinum (Wimpertierchen)
31 Stentor coeruleus (Wimpertierchen)
32 Stratiomys chamaeleon (Waffenfliegenlarve)
33 Asellus aquaticus (Wasserassel)
34 Herpobdella octoculata (Schlundegel)
35 Theodoxus danubialis (Schnecke)
36 Mucor racemosus (Pilz)
37 Leptomitus lacteus (Pilz)

Leitorganismen (polysaprobe Zone)
38 Zoogloea ramigera (Bakterium)
39 Sphaerotilus natans (Bakterium)
40 Thiothrix nivea (Bakterium)
41 Beggiatoa alba (Bakterium)
42 Euglena viridis (Augenflagellat)
43 Colpidium colpoda (Wimpertierchen)
44 Vorticella microstoma (Wimpertierchen)
45 Rotaria neptunia (Rädertierchen)
46 Chironimus thummi (Zuckmückenlarve)
47 Eristalis tenax (Schwebfliegenlarve)
48 Tubifex tubifex (Gliederwurm)

Fließgewässer-Merkmale

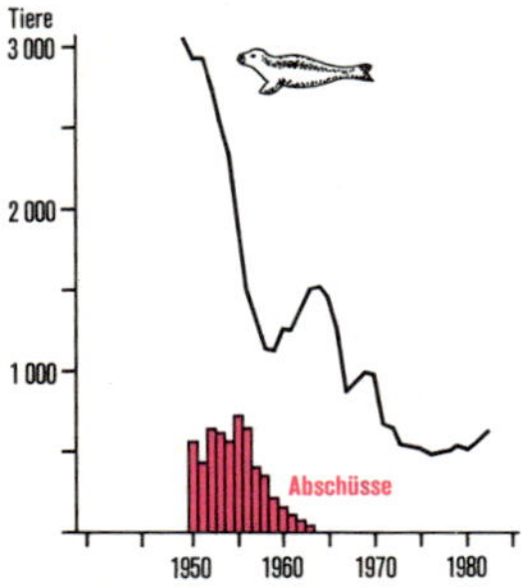

A Entwicklung der Seehundpopulation im holländischen Wattenmeer

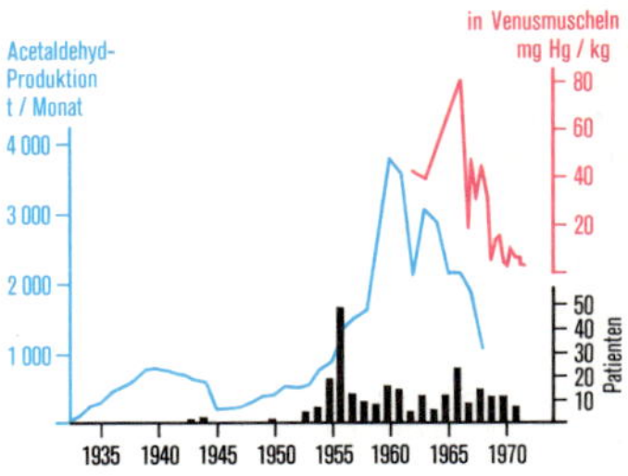

B Quecksilbervergiftungen in der Minamatabucht (Japan)

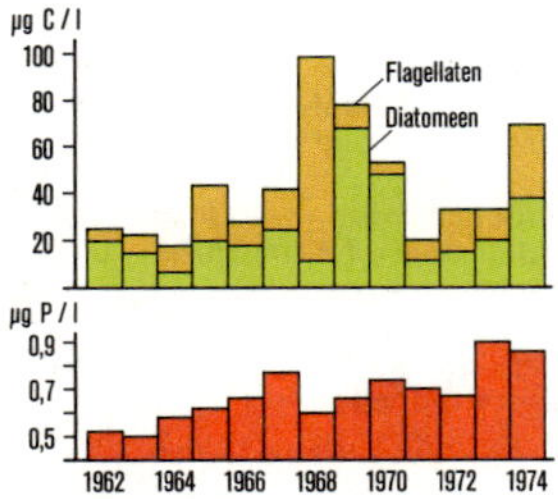

C Phosphateinträge und Phytoplanktonentwicklung (oben) in der Nordsee

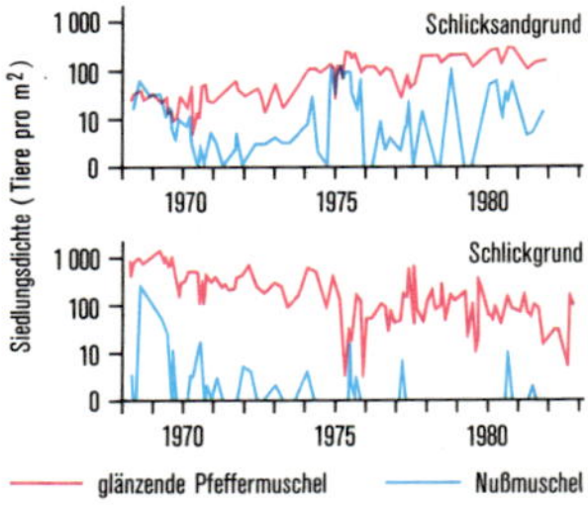

D Bestandsentwicklung zweier Muschelarten im Nordseebenthos

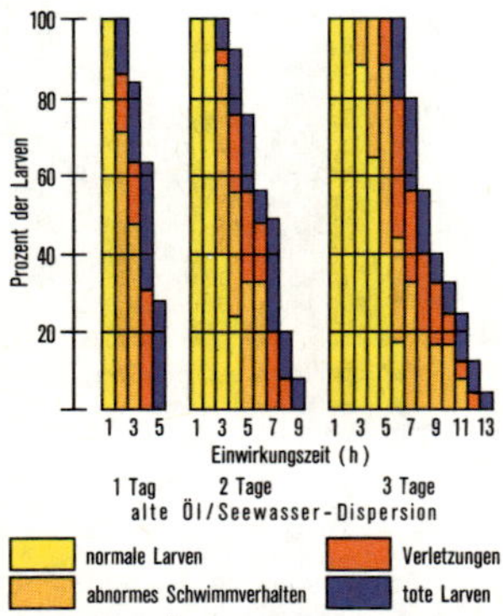

E Folgen der Ölverschmutzung auf Heringslarven (1 ml Erdöl / l Wasser)

Vogelart	Zahl der Brutpaare im Jahr					
	1960	1965	1967	1973	1977	1978
Baßtölpel	1 150	2 600	2 500	3 800	4 450	4 500
Krähenscharbe	195	175	125	140	150	100
Mantelmöwe	28	28	25	40	52	57
Heringsmöwe	350	80	70	25	18	17
Silbermöwe	4 000	4 200	3 700	3 900	3 200	2 550
Dreizehenmöwe	51	30	25	34	51	66
Trottellumme	400	200	50	140	200	130
Tordalk	350	340	40	20	60	35
Papageitaucher	3 000	2 000	240	360	430	240
Ölkatastrophe			März / April 1967 Torrey Canyon			April 1978 Amoco Cadiz

F Entwicklung des Brutbestandes von Seevögeln nach Ölkatastrophen (Bretagne)

Folgen der Meeresverschmutzung

Die **Meeresverschmutzung** erfolgt vom *Land* her (Flüsse, Direkteinleitung von Abwässern, Klärschlamm und Abfällen), aus der *Atmosphäre* (Luftschadstoffe) und von *See* her durch Schiffe (Entsorgung flüssiger und fester Abfälle), Unfälle (Tanker, Pipelines, Bohrungen) sowie durch die Gewinnung von Rohstoffen vom Meeresgrund (Erdölbohrung und -förderung durch Bohrinseln).

Die Wasserverschmutzung führt in der Nähe von Städten und Flußmündungen

zur schleichenden, kaum merklichen Veränderung im Artenspektrum und zum Artenrückgang,

der auch durch Naturschutzmaßnahmen, wie Abschußverbote für Seehunde (Niederlande 1968, Abb. A), nicht rückgängig gemacht werden kann.

Die Hochsee ist von der Verschmutzung weniger betroffen als Randmeere mit geringem *(Nordsee)* bzw. stagnierendem Wasseraustausch im Sommer *(Ostsee).*

Häusliche Abwässer

führen dem Meer v. a. Stickstoff und Phosphor als *Nährsalze* zu, *Krankheitskeime* (Coli-Bakterien) sowie *organ. Stoffe,* z. B. die die Oberflächenspannung herabsetzenden *Tenside* aus Reinigungsmitteln. Die Eutrophierungsgefahr durch Nährstoffzufuhr (P, N) wird noch unterschätzt, weil der natürl. Salzgehalt der Randmeere ohnehin hoch liegt. Die Nährstoffzufuhr führt zur Erhöhung der Pflanzenproduktion, v. a. des Algenwachstums (Abb. C):

Algenblüten treten auch natürlich auf, z. B. Phaeocystis-Blüte; abgestorbene Teile können sich an den Stränden als Schlamm meterhoch auftürmen.

Die Belastung durch Pflanzendetritus wird durch die Einleitung organ. Stoffe verstärkt. Ihr Abbau führt zu *Sauerstoffschwund* und zum *Wandel des Artenspektrums* zu Lasten der O_2-stenöken Arten, schließlich zum

Artenschwund, der schon im Nordseebenthos nachweisbar ist (Abb. D).

Die Artenverluste stehen im Zusammenhang mit der allg. Meeresverschmutzung, denn sie nehmen von der Küste zur offenen See ab.

Ein rel. junges Problem stellen die **Müllmengen** dar, v. a. Kunststoffe und Al-Dosen, die nach Stürmen in großen Mengen als Strandgut anlanden.

Verschluckte Plastikteile beeinflussen den Fetthaushalt von Meeresvögeln nachhaltig und verursachen tödl. Darmverschlüsse. Metallteile, z. B. Dosenverschlüsse, werden von Vögeln und Fischen mit Nahrung verwechselt, verursachen innere Verletzungen.

Industrielle Abfälle

Industriebetriebe leiten Abwässer direkt in das Meerwasser ein.

Die Vergiftungen der Bevölkerung an der **Minamata-Bucht** durch eingeleitete *Hg-Verbindungen* aus der Acetaldehydproduktion haben die Gefährdung durch Schwermetalle aufgezeigt (Abb. B).

Abfälle werden über Schiffe durch **Verklappung** beseitigt. Bedenklich ist v. a. die Verklappung von Dünnsäure aus der Titan-Pigmentproduktion (bis zu 25% Schwefelsäure, versch. Schwermetallsalze, v. a. $FeSO_4$). Sie wird in Zusammenhang mit der Zunahme von Hauterkrankungen bei Fischen gebracht.

Ein weiteres Problem ist die **Verbrennung** chem. Abfälle, v. a. halogenierter Kohlenwasserstoffe, auf hoher See. Der Verbrennungsgrad von 99,9% schließt die Freisetzung von *Ultragiften (Dioxine)* nicht aus.

Ölverschmutzung

Rohöl hat eine niedrigere Dichte als Wasser und schwimmt großflächig auf der Wasseroberfläche. Die kaum giftigen Alkane verdampfen in den ersten 8 Tagen. Die langkettigen Paraffine werden biologisch abgebaut. Die Abbaufähigkeit sinkt mit dem Grad der Verzweigung.

Die ringförmigen Cycloalkane (Naphthene) sind hochgradig giftig und abbaustabil. Frische Rohöle entfalten eine starke Giftwirkung, die sich rel. schnell abbaut, wenn die niedrigmolekularen Naphthene verdampft sind (Abb. E).

Bei den Aromaten steigt die Toxizität mit der Ringzahl.

Nach 3 Monaten sind die hydrophoben Erdölreste unter 15%iger Volumenverminderung verklumpt. Die hydrophilen nehmen bis zu 80% ihres Volumens Wasser auf und bilden wenig stabilen *Ölschlamm (mousse).*

Die Ölbekämpfung mit Dispergatoren, meist Tensiden, ist ökologisch unsinnig, weil sie giftiger sind als Öl, das seine Giftwirkung um so besser entfalten kann, je kleiner die Teilchen sind.

Die Verweilzeit der Ölreste an den Stränden ist vom Wellenschlag abhängig. Sie ist auf wellenexponierten Fels- und Sandstränden kurz (2–3 Monate), auf Wattflächen und Salzwiesen sehr lang (über 5 Jahre).

Durch die Ölverschmutzung sind bes. stenöke Arten gefährdet. Manche Muscheln und Schnecken können ihre Gehäuse bei Ölbedekkung schließen und gegenüber empfindlichen Tieren einen Selektionsvorteil gewinnen.

Seevögel leiden besonders unter der **Ölpest** (Abb. F).

Wasserlandende Vögel, wie die meisten Möwen, sind extrem gefährdet. Tauchvögel (wie Tordalk und Papageitaucher) verwechseln Ölflecken mit Nahrung und vergiften sich.

Das Öl verklebt das Gefieder, die Wärmeisolation wird durchbrochen. Um die Körperwärme zu erhalten, wird der Stoffumsatz erhöht, wodurch die Fettreserven verbraucht werden. Der Vogel stirbt an Erschöpfung. Durch den Putztrieb wird das Öl über die Federn verbreitet bzw. gelangt in den Magen-Darm-Trakt.

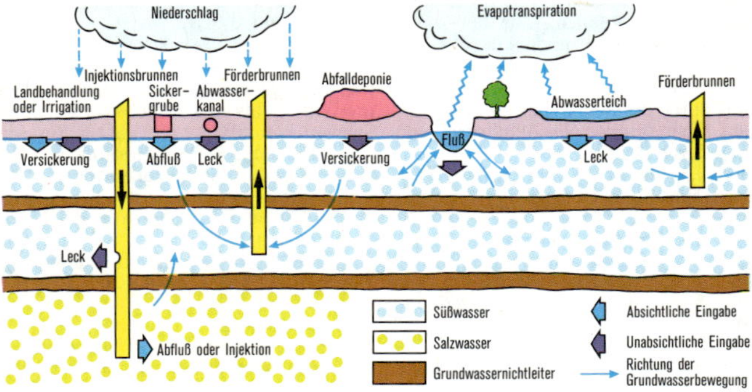

A Transportwege der Grundwasserbelastung

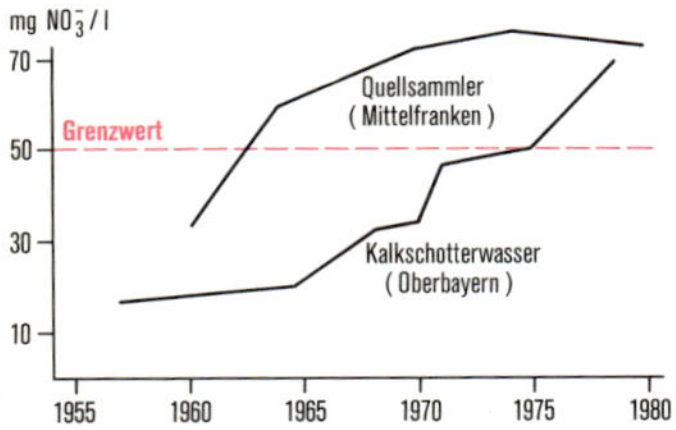

B Steigende Nitratbelastung des Grundwassers

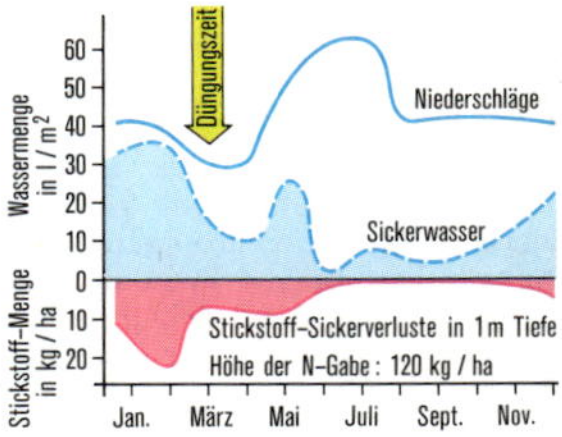

C Stickstoff - Sickerverluste

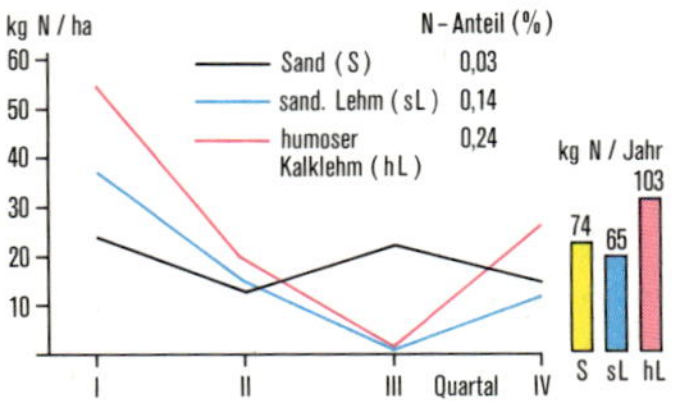

D Nitratauswaschung im Boden (Lysimeterversuch)

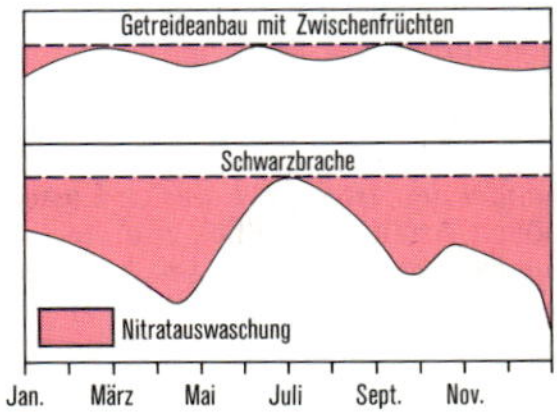

E Nitratauswaschung bei landwirtschaftlicher Nutzung

Landwirtschaftliche Nutzung	Stickstoffzufuhr durch Düngung (kg / ha · a)			Nitratkonzentration an der Grundwasseroberfläche (mg NO_3^-/l; EG-Richtwert = 50 mg / l)		
	Min.	Mittel	Max.	Min.	Mittel	Max.
Grünland	3	20	68	5	30	100
Ackerland, Normalnutzung	34	68	136	50	100	200
Ackerland, Intensivnutzung	68	170	339	100	250	500

F Nitratanreicherung im Grundwasser

Grundwasserbelastung

Natürl. **Grundwasser** ist Teil des Wasserkreislaufs, das den Untergrund über den Boden aus Niederschlägen und Oberflächengewässern erreicht. Der Boden hält einen Teil des Sickerwassers als Haftwasser zurück (Porenwinkelwasser, Häutchenwasser), das die Bodenteilchen als dünnen Film umhüllt. Es bleibt fließfähig und kann Schadstoffe gelöst oder adhäsiv gebunden in das Grundwasser transportieren.
Über einer undurchlässigen Bodenschicht *(Grundwassernichtleiter)* staut sich das Grundwasser in porösem Gestein *(Grundwasserleiter)* auf und fließt bei Gefälle (z. B. in grobkörnigem Kies 50 m/Tag).

Schadstoffeinleitung
Auf seinem Weg nimmt das Wasser Schadstoffe aus der Luft, Gewässern und dem Boden aus unterschiedl. Quellen mit (Abb. A).
Wesentliche **Schadstoffquellen** sind:
undichte und *ungeordnete Deponien,* v. a. auch mit *Altlasten,* z. B. aus Kokereien, Industriebetrieben und Haushalten (Problem: Kohlenwasserstoffe);
Straßenverkehr (Chloride aus Streusalz, Blei, Mineralölprodukte);
intensive Landwirtschaft (Nitrat, Pestizide, Herbizide, durch Phosphate Schwermetalle und Fluoride);
thermische Belastungen (Kühlwasser, Wärmeausbeute durch Wärmepumpen);
falsche Regulierung von Fließgewässern.

Nitratproblem
Die **Nitratbelastung** des Grundwassers wird zunehmend zum Problem bei der Trinkwasseraufbereitung, v. a. für die Selbstversorger mit Hausbrunnen im ländl. Raum (Abb. B).
Nitrat selbst ist kaum giftig. Die **Toxizität** ergibt sich aus der Reaktionskette
Nitrat - Nitrit - N-Nitroso-Verbindungen.
Im Körper wird Nitrat enzymatisch und durch Mikroorganismen zu Nitrit reduziert. Dieses kann Hämoglobin zu Methämoglobin oxidieren, das keinen Sauerstoff mehr aufnehmen kann.

Beim Erwachsenen wird Methämoglobin vom Enzym Diaphorase wieder reduziert. Säuglinge verfügen über wenig roten Blutfarbstoff, mit einem hohen Anteil an leicht oxidierbarem fetalem Hämoglobin F und wenig Diaphorase. Die Nitritbildung verläuft rasch, deshalb gilt für Säuglinge eine Gefährdungsgrenze von 10-20 mg NO_3^- pro Liter Trinkwasser (WHO) gegenüber 50 mg NO_3^-/l für Erwachsene.

Krankheitsmerkmale sind (bei steigendem Methämoglobinanteil) *Blausucht (Zyanose), Muskelschwäche, Puls- und Atemstörungen;* bei 40-70%-Anteilen tritt der Tod ein. Nitrit reagiert mit sekundären und tertiären Aminen im Körper zu N-Nitroso-Verbindungen, z. B. zu den stark krebserregenden *Nitrosaminen.* Sie erzeugen, abhängig von der chem. Struktur, spezifisch in allen wesentl. Organen bösartige Tumoren.

Quellen der steigenden Nitratbelastung sind Abwässer:
- aus den sich häufenden festen Abfallstoffen (Gartenabfälle, Haushaltsmüll);
- aus der künstl. Düngung mit mineralischen Stickstoffdüngern;
- aus der Anreicherung des Stickstoffpools des Bodens um jährlich 1-3% durch Mineralisierung von Ernteresten und Gründünger der intensiven Landwirtschaft;
- aus mit Gülle überdüngten Böden.

Das Gülleproblem
Durch die *Intensivierung der Landwirtschaft* mit immer größerem Viehbestand pro Betriebseinheit, die Umstellung der Stall-Großviehhaltung von Strohentmistung auf Spaltenbodenhaltung mit Gülleausspülung, die sich auch in der Geflügel-Massenzucht durchsetzte, fallen in der BR Dtl. jährlich ca. 300 Mio. m^3 Gülle (Flüssigmist) mit einem N-Gehalt von ca. 800000 t an. Gülle ist an sich wertvoller Stickstoffdünger.

Das Gülleproblem entsteht, weil die Mastbetriebe immer seltener über die notwendigen Anbauflächen verfügen, auf denen die Gülle in sinnvollen Mengen ausgebracht werden kann.

Das Nitrat gelangt in den als Entsorgungsfläche mißbrauchten Boden (**Nitrateinwaschung**). Von den Pflanzen nicht aufgenommene Salzreste werden aus dem Wurzelraum in tiefere Bodenschichten und schließlich ins Grundwasser verfrachtet (**Nitratauswaschung**), wenn sie vorher nicht mikrobiell abgebaut werden (Abb. D).

Das geschieht insbesondere, wenn Gülle außerhalb der Wachstumszeiten ausgebracht wird (Abb. C-E).

Die Nitratauswaschung ist von den Sickerwassermengen (Abb. C), der Bodenbeschaffenheit und dem Nitratgehalt des Bodens (Abb. D) sowie der Art der Bodennutzung abhängig (Abb. E, F). Die Auswaschung nimmt vom Grünland mit ständiger NO_3^--Inanspruchnahme über Getreide-, Mais- und Hackfruchtanbau zu.

Pflanzen reichern Nitrat an, wenn es ihnen im Überschuß angeboten wird. Dienen sie als Viehfutter, verstärkt der Kreislauf Vieh - Gülle - Futterpflanze - Vieh das Gülleproblem.

Es wird befürchtet, daß sich aus der Schadstoffeinleitung in den Boden ein Langzeitproblem für die Trinkwasserversorgung entwikkelt, weil vielerorts Grundwasser genutzt wird, das schon vor 10-30 Jahren entstand.
Die **Pufferkapazität** des Bodens, mit Hilfe denitrifizierender Bakterien NO_3^- zu gasförmigem N_2 abzubauen, hat stellenweise schon die obere Belastungsgrenze erreicht.

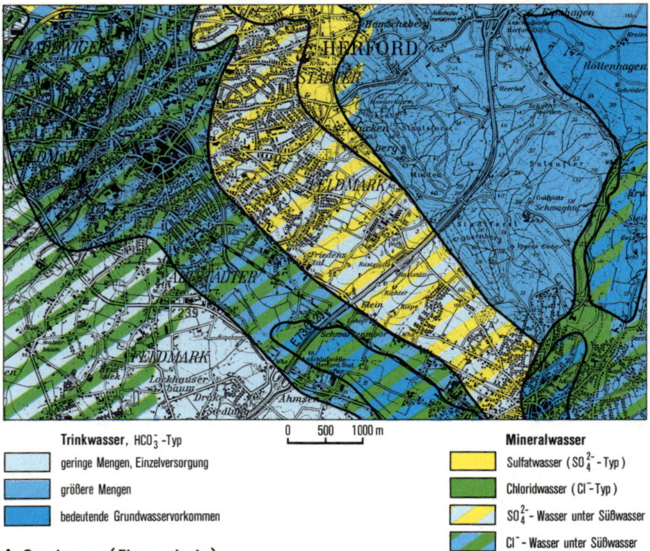

A Grundwasser (Planungskarte)

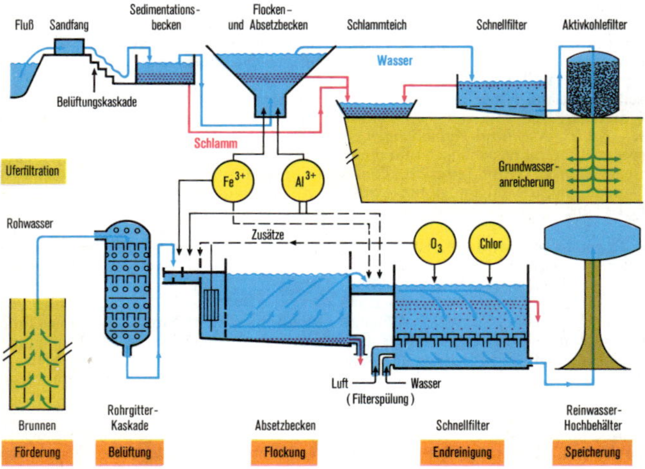

B Uferfiltration und Rohwasseraufbereitung

Trinkwassernachweis, Wassergewinnung

Trinkwasser stammt in der BR Dtl. zu 71% aus Grund- und Quellwasser, zu 12% aus angereichertem Grundwasser, zu 7% aus Talsperren, zu 6% aus Uferfiltrat, zu 3% aus See- und zu 1% aus Flußwasser.
Brauchwasser wird zu ⅔ Oberflächengewässern entnommen.

Trinkwasser soll klar, farb- und geruchlos, sauerstoffreich und frei von pathogenen Bakterien sein (weniger als 10 Keime/ml).

Die Anforderungen an die Gesamthärte (Kalkgehalt) liegen bei 6-8° dH ($\triangleq$ 10 mg CaO in 1 l Wasser).
Um die Trinkwasserversorgung zu sichern, werden **Wasserschutzgebiete** ausgewiesen:

die *innere Zone* umfaßt den unmittelbaren Fassungsbereich der Entnahmestellen;
in der engeren *Schutzzone II* ist nur landwirtschaftl. und forstl. Nutzung erlaubt, eine die übliche Bodenbearbeitung überschreitende Nutzung der Deckschichten ist verboten;
in der *Schutzzone III* sind Wohnsiedlungen, Industrie- und Gewerbebetriebe beschränkt möglich; kanalisierte Abwasserentsorgung ist Zwang.

Die **50-Tage-Linie,** die sog. *hygien. Grenze,* trennt die Zonen II und III (nach 50 Tagen Verweilzeit im Boden zwischen der Einsickerung und der Erfassung nach der Bodenwanderung sind erfahrungsgemäß alle Bakterien und Viren abgestorben).
Wasserwirtschaftliche Rahmenpläne dienen der Ermittlung der nutzbaren Grundwasservorräte (Abb. A).
Trinkwasser, das durch Meerwasserentsalzung gewonnen wird, ist rein, ebenso die meisten Grundwasseraufschlüsse.

Trinkwasseraufbereitung (Abb. B)
Oberflächenwasser läßt man zunächst künstlich versickern (*Grundwasseranreicherung,* z. B. Berlin). Dabei werden Schmutzbestandteile durch Bodenkolloide in monatelanger Passage ausfiltriert *(Uferfiltration)* und organ. Belastungsstoffe von Mikroorganismen biologisch abgebaut. Ufernahe Brunnen führen das vorgereinigte Wasser **Wasserwerken** zu.
Hier werden im ersten Reinigungsschritt Schwebstoffe entfernt.

Siebrechen und **Sandfang** halten Grobbestandteile auf.
In **Sedimentationsbecken** setzen sich alle suspendierten Stoffe durch Verringerung der Fließgeschwindigkeit ab.

Kolloide und Belastungsstoffe geringerer Dichte verbleiben im stehenden Wasser.

Sie werden durch **Flockenfiltration** v. a. mit Hilfe von Al(III)-, seltener Fe(III)-Salzen, entfernt.

Die dreiwertigen Salze neutralisieren die geladenen Kolloide. Diese lagern sich durch Adsorption und Van-der-Waals-Kräfte zu unfiltrierbaren Mikroflocken zusammen *(Koagulation, perikinet. Effekt).*

Das am häufigsten eingesetzte Aluminiumsulfat wird hydrolytisch gespalten:

$$Al_2(SO_4)_3 + 6\ H_2O \rightarrow 2\ Al(OH)_3 + 6\ H^+ + 3\ SO_4^{2-}$$

Aluminiumhydroxid bildet große gelartige Flocken (Micellen). Die Micellen verkitten durch ihre starken Anziehungskräfte die Mikroflocken *(Floccolation)* und schließen durch Vernetzung und Adsorption außer Schwebstoffen gelöste organ. Substanzen, Schwermetallsalze und Phosphate ein *(orthokinet. Effekt).* Die Makroflocken sedimentieren.
Flockenreste können durch **Filtration im Schnellsandfilter** entfernt werden:

das Wasser aus der Flockung wird durch ein 0,5-1 m dickes Sandbett geleitet und bakteriologisch und geringfügig auch physikalisch durch Adsorption gereinigt.

Die hohe Durchflußgeschwindigkeit von 5 m/h wird durch den Druck der 3 m hohen Wassersäule über dem Sand erreicht (Abb. B).
Effektiver arbeiten einfacher gebaute **Langsamsandfilter** für die Reinigung rel. unbelasteten Rohwassers. Das Wasser durchfließt die 1 m dicke Sandschicht mit 5-10 cm/h.

An der Sandoberfläche baut sich eine wenige mm dicke autotrophe Organismenschicht auf, die organ. Stoffe, Nitrate, Phosphate und CO_2 verbraucht und O_2 für oxidative Abbauprozesse, z. B. der Pilze, bereitstellt.

Eine darunterliegende, bis zu 30 cm dicke heterotrophe Bakterienschicht zersetzt organ. Stoffe bis zu N_2, CO_2, H_2O und H_2S.
Hygienisch bedenkl. Mikroverunreinigungen sowie unangenehme Geschmacks- und Geruchsstoffe können durch **Aktivkohle-Adsorption** entfernt werden. Die Schadstoffe lagern sich an den riesigen inneren Oberflächen an.
Sauerstoffarmes Rohwasser enthält häufig Fe(II)-, Mn(II)- und NH_4^+-Ionen. Durch **Belüftung** (Sprühanlagen, Kaskadenbelüftung) werden Ionen oxidiert, können ausgefällt oder dem Abbau im Sandfilter zugeführt werden.

Verwendet man Ozon als Oxidationsmittel, so erreicht man gleichzeitig eine Inaktivierung von Viren, Abtötung von Keimen sowie Zerstörung von Geruchs-, Geschmacks- und Farbstoffen.

Die **Entkeimung** kann auch durch die umstrittene Behandlung mit Chlor und Chlorverbindungen, wie Chlorkalk, erreicht werden, sowie durch UV-Bestrahlung.
Die **Fluoridierung** des Trinkwassers mit $Na_2(SiF_6)$ zur Karies-Vorbeugung ist wegen möglicher Nebenwirkungen und der Einschleusung eines Fremdstoffes in die Ökosysteme bedenklich.
Der CO_2-Gehalt (**pH-Wert-Korrektur**) wird so eingestellt, daß zu saures Wasser die Leitungen nicht korrodiert, Kalk als Hydrogencarbonat gelöst bleibt und nicht als *Kesselstein* in den Leitungen abgesetzt wird *(Kalkhärte):*

$$CaCO_3 + CO_2 + H_2O \rightleftharpoons Ca(HCO_3)_2$$

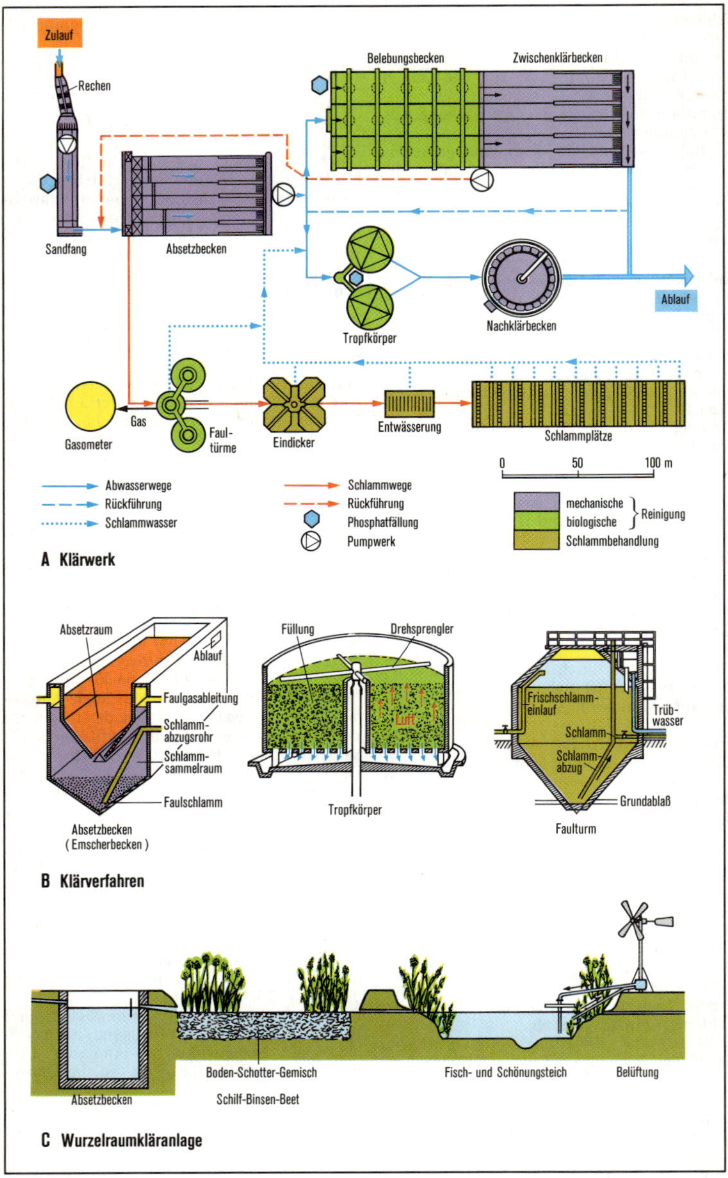

Kläranlagen

Abwässer werden in **Kläranlagen** (Abb. A–C) gereinigt, die, vollausgebaut, über drei Reinigungsstufen verfügen.

1) mechanische Reinigungsstufe: dient der Entfernung der ca. 20–30% *festen Schweb- und Schwimmstoffe*. **Rechenwerke** halten Grobstoffe zurück.
Im **Sandfang** richtet man die Fließgeschwindigkeit des Abwassers so ein, daß sich die schweren Sandkörner absetzen.
Eine weitere Verringerung der Strömungsgeschwindigkeit läßt in
Absetzbecken (z. B. Emscherbecken, Abb. B) *geflockte, sedimentierbare Schwebstoffe* als Schlamm zu Boden sinken.
Die Absetzgeschwindigkeit kann in **Zentrifugalabscheidern** (Hydrozyklonen) vergrößert werden, in denen Feststoffe nach außen geschleudert werden und das geklärte Wasser innen abfließen kann.
Aufschwimmende *Fette* und *Öle* werden durch **Schwimmstoffabscheider** entfernt.
Die mechan. Reinigungsprozesse können durch techn. Maßnahmen und chem. Zusätze verbessert werden. In **Flotationsbecken** werden Schmutzpartikel durch Einblasen von Luft an die Oberfläche getrieben. Flotationsmittel verbessern dabei die Anheftung der Luftbläschen an die Oberflächen der Teilchen. Kolloide werden durch Zusatz von Fe^{3+}-Salzen ausgefällt.

2) biologische Reinigungsstufe: zur möglichst vollständigen Umwandlung (Mineralisierung) der *leicht abbaubaren organ. Abwasseranteile* zu anorgan. Endprodukten (H_2O, CO_2, NH_4^+, NO_2^-, NO_3^-, PO_4^{3-}, SO_4^{2-}).
Das vorgeklärte Wasser wird mit **Belebtschlamm** versetzt, organ. Detritus mit Bakterien und Wimpertierchen (Ciliaten), die sich als heterotrophe Lebewesen von Bakterien ernähren und die Flockenbildung verstärken.
Als Bioreaktoren der Kläranlagen dienen **Belebungsbecken,** in denen das *Abwasser-Belebtschlamm-Gemisch* ständig umgewälzt und belüftet wird. Aus Zwischenklärbecken können sedimentierte Belebtschlammflocken abgepumpt werden.
Tropfkörper sind mit Hartkoks oder Lavaschlacke 2–5 m hoch aufgefüllt, auf deren Oberflächen Bakterien zu einem *biolog. Rasen* aufwachsen, der von bakterienfressenden Ciliaten, Insektenlarven und Würmern bewohnt wird.
Die Zufuhr von Luft von unten über Gitterroste sorgt für aerobe Bedingungen. Das Abwasser wird von oben durch Drehsprengler über die Füllmasse verteilt.
Dicke Wachstumsstücke des biolog. Rasens werden abgeschwemmt und in **Nachklärbecken** entfernt, ebenso wie die erheblichen Schlammengen der Belebtbecken, in denen die Organismen ca. 70% des Kohlenstoffes des Abwassers assimilieren. Ein Teil des *Klärschlamms* wird in die Belebungsbecken zurückgeführt.
Der Überschuß wird in **Schlammfaulungsanlagen** aufgearbeitet.
Hier wandeln Saprophyten hochmolekulare organ. Schmutzstoffe unter anaeroben Bedingungen zu H_2S, CO_2 und Zwischenprodukten wie Alkohol und organ. Säuren um, die dann dem Endabbau von Methanbakterien zugeführt werden (Endprodukte: 70% Methan CH_4, 30% CO_2 im Faulgas, NH_3 und H_2S gelöst im Faulwasser).
Das Faulgas dient Heizzwecken. Der Restschlamm wird eingedickt, entwässert, verbrannt oder deponiert.
Um die *organ. Reststoffe* (Belastung des BSB_5) abzubauen, sind, v. a. zweistufigen Kläranlagen, **Schönungsteiche** zur Fortsetzung des biolog. Abbaus nachgeschaltet.
Abwässer werden biologisch auch in **Abwasserteichen** gereinigt, hypertrophen flachen Gewässern, in denen die gesamte Nahrungskette von den photosynthet. Algen (O_2-*Zufuhr*) bis zu den Krebsen bzw. Fischen (**Abwasserfischteiche**) abläuft. Eine hohe Konsumentendichte ist notwendig, um die Sekundärverschmutzung (O_2-*Zehrung*) durch Abbau abgestorbener Algen zu vermeiden.
Auf natürl. Weise kann Abwasser über landwirtschaftl. Flächen (**Rieselfelder**) entsorgt werden, wo Bodenorganismen die Abbauvorgänge bewältigen und Kulturpflanzen Nitrat und Phosphat assimilieren.
In **Pflanzenkläranlagen** (*Wurzelraumkläranlagen*, Abb. C) durchläuft das Abwasser flache, mit Makrophyten (Schilf, Rohrkolben, Binsen) bestandene, überschwemmte Becken.
Die Pflanzen führen dem Boden über Luftgewebe (Aerenchyme) Sauerstoff zu, so daß Aerenchymbakterien und Boden-Mikroorganismen leicht verschmutztes Abwasser aerob reinigen können. Im wurzelferneren Milieu, dem Faulturm vergleichbar, findet anaerober mikrobieller Abbau statt.
Pflanzenkläranlagen sind in der Lage, Schwermetalle zurückzuhalten, Krankheitskeime zu entfernen und, durch die Verzahnung von aeroben und anaeroben Abbauprozessen den Anteil schwer abbaubarer Kohlenwasserstoffe zu verringern.

3) chemische Reinigungsstufe: Da *Phosphor-*, aber auch *Stickstoffverbindungen* nicht vollständig von der biolog. Klärung erfaßt werden, muß zur Vermeidung der Eutrophierung der Vorfluter für eine Beseitigung gesorgt werden.
PO_4^{3-} wird mit Hilfe von Fe^{3+}- und Al^{3+}-Salzen in **Flockungsbecken** ausgefällt (S. 188, Abb. B), die der biolog. Reinigung als 3. Stufe nachgeschaltet sind.
NH_4^+-Ionen werden in **Nitrifikationsbecken** zu Nitrat oxidiert. In **Denitrifikationsbecken** reduzieren heterotrophe anaerobe Bakterien NO_3^--Ionen bis zum Luftstickstoff N_2.

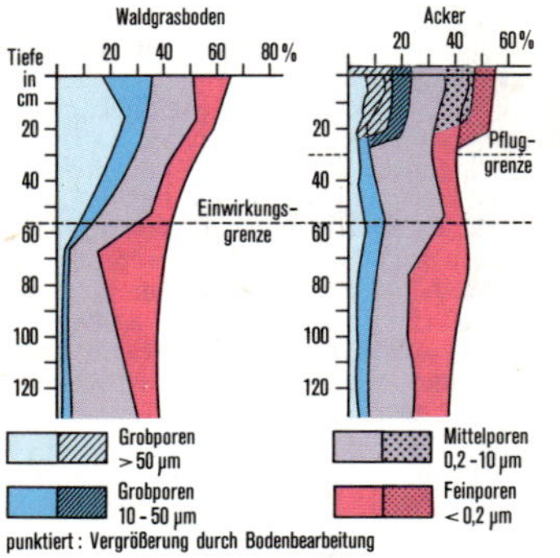

A Porengrößenverteilung in Löß-Parabraunerden (% -Volumen)

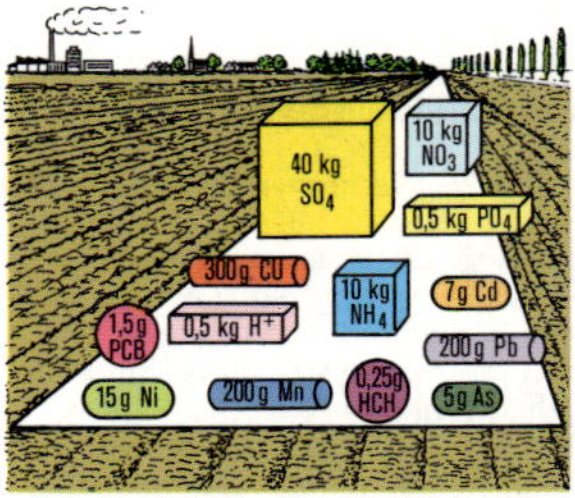

HCH = Hexachlorhexan PCB = Polychlorierte Biphenyle

B Mittlere jährliche Deposition in ländlichen Gebieten pro ha (geschätzt)

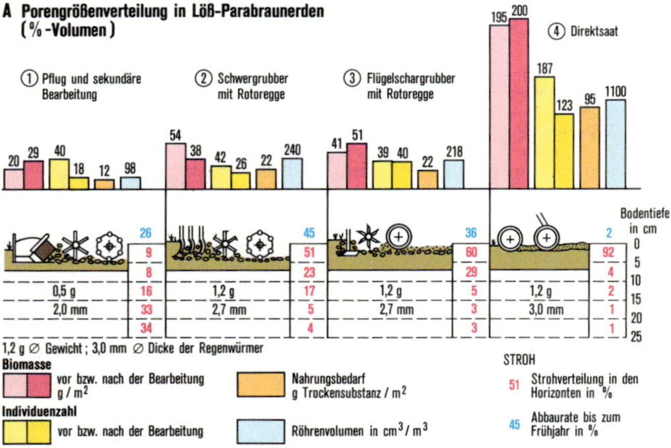

C Regenwürmer: Auswirkung unterschiedlicher Bodenbearbeitung (Getreidefruchtfolge, jährliche Strohdüngung; 5. Versuchsjahr)

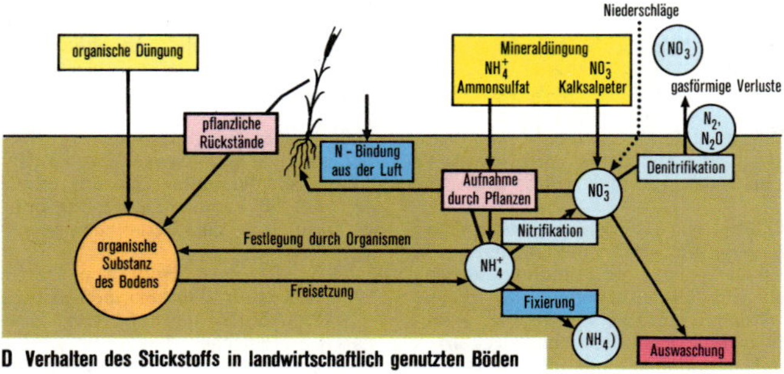

D Verhalten des Stickstoffs in landwirtschaftlich genutzten Böden

Der **Boden** ist Grundlage für die *Produktion von Nahrungs- und Futtermitteln, organ. Rohstoffen, Speicherraum für Pflanzennährstoffe und Niederschlagswasser.* Er wirkt als *Filter, Puffer, Grundwasserneubildner und -reiniger.*

Eingebrachte Stoffe können mikrobiell abgebaut, fest an Bodenteilchen gebunden werden oder unverändert passieren.

Seit Beginn des Ackerbaus sind in Hanglagen **Bodenerosionen** aufgetreten. Zusammengelegte große Flächen und »ausgeräumte« Landschaften nach den *Flurbereinigungen* sind den Klimaeinflüssen stärker ausgesetzt.

So überschreitet auch heute in Mitteleuropa der jährl. Bodenverlust von 13–15 t/ha die jährl. Bodenneubildung 50–100fach.

Bodenerosion führt durch Nährstoff- und Humusverlust zu Ertragseinbußen. Bodenablagerungen schädigen den Pflanzenwuchs andernorts durch Verschlämmung. Hinzu kommt die Belastung durch den Nährstoffeintrag und die Sedimentation in Gewässern.

Die **Erosion** setzt im kleinen auf ungeschütztem Boden durch *Tropfenaufprall* ein.

Bodenpartikel werden bis 2 m weit geschleudert und verschlämmen dort die Bodenoberfläche.

Die dadurch verringerte Wasseraufnahmefähigkeit des Bodens verstärkt den Oberflächenabfluß.

Starkregen tragen über 500 t/ha ab.

Bodenverdichtungen durch Befahren reichen bis 60 cm tief und erhöhen ebenfalls die Erosionsgefahr.

Das *Porenvolumen,* bes. die Grobporen, nimmt ab und der veränderte Luft- und Wasserhaushalt beeinträchtigt sämtl. Bodenfunktionen (Abb. A).

Durch die jährl. Bearbeitung der Ackerböden ist eine *Homogenisierung des Oberbodens (Ap)* eingetreten. Es wird mit den Bodengeräten zwar kurzfristig eine Lockerung bis 40 cm Tiefe erreicht, aber die mechanische Bearbeitung bringt keine Regeneration der **Bodenstruktur**, das *Stabilitätsgefüge* (Krümelstruktur durch Organismentätigkeit = »Lebendverbauung«) verringert sich.

Für Durchlüftung wichtige Grobporen gehen weitgehend verloren (Abb. A, C).

Mit Grubber und Rotoregge bearbeitete Böden haben bis zur Ernte ein höheres Gesamtporenvolumen als gepflügte Böden.

75–90% der organ. Masse auf der Bodenoberfläche bleiben in den oberen 10 cm, dem intensiv durchwurzelten Raum, nach Bearbeitung mit Grubbern und Eggen.

Beim Wenden der Scholle, dem *Pflügen,* verbleiben <20% der organ. Gesamtmasse in den oberen 10 cm.

60% werden in den Bereich von 15–25 cm vergraben, wo sie bis zum Frühjahr nur bis zu ¼ abgebaut werden, im Ggs. zur knappen Hälfte auf gegrubberten Böden.

Mit abnehmender Bearbeitungsintensität und oberflächennaher Einarbeitung organ. Materials (Stroh, Abb. C) wird die Entwicklung der *Regenwürmer* gefördert.

Der gepflügte Boden weist nach 5 Bearbeitungsjahren ein plattig-kantiges Gefüge auf mit ca. 50% unverrottetem Material und geringerer Durchwurzelung.

Der mit Grubbern bearbeitete Boden hat eine krümelige Struktur, ausgeprägte Porenkontinuität und zeigt eine gute Durchwurzelung. Diese Böden sind durch die stabile Krümel- und Porenstruktur besser vor Erosion durch Wind und Wasser geschützt.

Stoffeintrag

Beim Stoffeintrag in landwirtschaftl. Böden unterscheidet man zwischen *beabsichtigtem Einbringen (Düngung, Pflanzenschutzmittel)* und *unbeabsichtigter Belastung* aus versch. anthropogenen Emissionen über die Atmosphäre, die nicht mit der Bodenbearbeitung zusammenhängen (*Schwermetalle, organ. Schadstoffe,* Abb. B).

Zur Ertragssteigerung werden versch. Düngungsverfahren angewendet. **Mineraldünger** soll dem Boden entzogene Nährstoffe als Salze wieder zuführen (z. B. K, Nitrat und Phosphat). Dadurch leidet die Bodenfruchtbarkeit nicht grundsätzlich,

langzeitig fehlen aber Humusbildner, die Ernährungsgrundlage für das *Edaphon* sind.

Der lösl. Mineraldünger wird bei Nährstoffanreicherung im Boden mit dem Sickerwasser ausgewaschen. Nitrat spielt hier eine bes. Rolle, da es kaum an Bodenteilchen gebunden und leicht ausgewaschen wird (Abb. D).

Je nach Herkunft des Rohphosphats ist im mineral. P-Dünger **Cd** enthalten,

so gelangen 2–3 g Cd/ha bei Düngung von 70 kg P_2O_5/ha auf den Boden.

Der **Wirtschaftsdünger (Gülle, Mist und Stroh)** fällt als organ. Dünger in den Betrieben an.

Die **Gülle** (Kot-Harn-Streugemisch) ist v. a. Nährstoffträger und nur in geringem Maße Humuslieferant.

In Handelsfuttermitteln für die Schweineaufzucht sind zur besseren Futterverwertung und Tiergesundheit hohe Cu-Mengen enthalten, die mit der Schweinegülle auf die Felder kommen.

Rinder- und Schweinegülle wirkt auf Regenwürmer und Mesofauna giftig.

Die Kulturpflanzen entziehen dem Boden 160–200 kg N und 50–70 kg P_2O_5 pro ha. Um diesen Nährstoffentzug auszugleichen, reicht die Gülle von 1,5 *Großvieheinheiten* pro ha (Dungeinheit/ha). Da für die **intensive Massenviehhaltung** Futtermittel importiert werden, übersteigt die Gülleproduktion den Bedarf im eigenen Betrieb bei weitem.

Das ist ein riesiger *Nährstofftransfer aus Futterexportländern in einheim. Böden.*

Die vor der Frühjahrssaat ausgebrachte Gülle kann von den Pflanzen zu ⅔ genutzt werden, im Herbst ausgebrachte nur zu ⅕ (S. 139).

HERBIZIDE	Rückstände in %
3, 4 – Dichloranilin	90
Pirimicarb	70
Pentachlorphenol (PCP)	45
Methabenzthiazuron	41
Dichlorphenoxy – Essigsäure (2, 4 – D)	28
INSEKTIZIDE	
Phosalon	80
Fenitrothion	50
Carbaryl (Sevin – Wirkstoff)	32 – 49
Parathion	18 – 45
Dichlordiphenyltrichlorethan (DDT)	25

Phenoxy – Essigsäure
Harnstoffderivat
Phosphorsäureester
substituierte Benzolverbindung
Chlorkohlenwasserstoff

A Anteil gebundener Pestizid – Rückstände im Boden in % ^{14}C der Ausgangssubstanz

Element	mg pro kg lufttrockener Boden: häufig gemessen	besondere bzw. kontaminierte Böden	tolerierbar
Arsen	0,1 – 20	8000	20
Cadmium	0,01 – 1	200	3
Chrom	2 – 50	20000	100
Kupfer	1 – 20	22000	100
Fluor	50 – 200	8000	200
Quecksilber	0,01 – 1	500	2
Nickel	2 – 50	10000	50
Blei	0,1 – 20	4000	100
Zinn	1 – 20	800	50
Thallium	0,01 – 0,5	40	1
Zink	3 – 50	20000	300

häufig gemessen
besondere bzw. kontaminierte Böden
tolerierbar

B Gesamtkonzentration von Elementen in Kulturböden

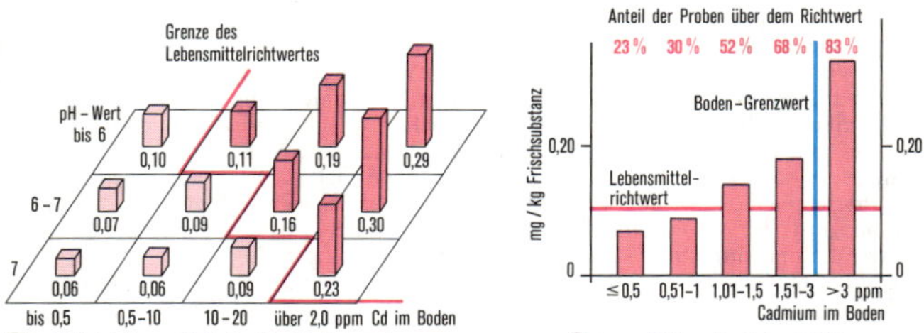

① In Abhängigkeit vom pH – Wert u. Cd – Gehalt des Bodens
② An verschiedenen Standorten (NRW)

C Cadmiumgehalt im Winterweizen – Korn in mg / kg Frischgewicht

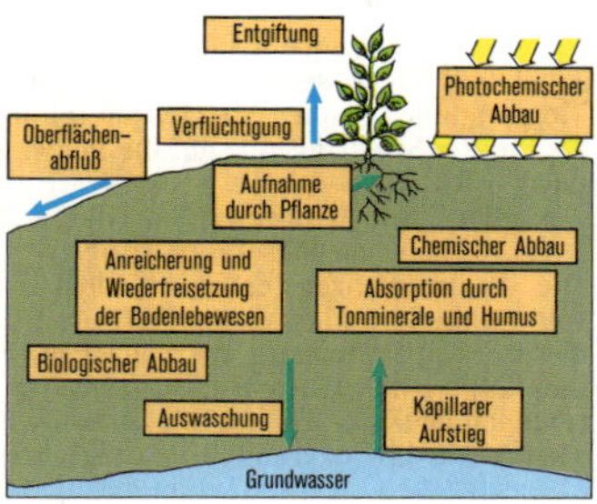

D Verhalten von Herbiziden im Boden

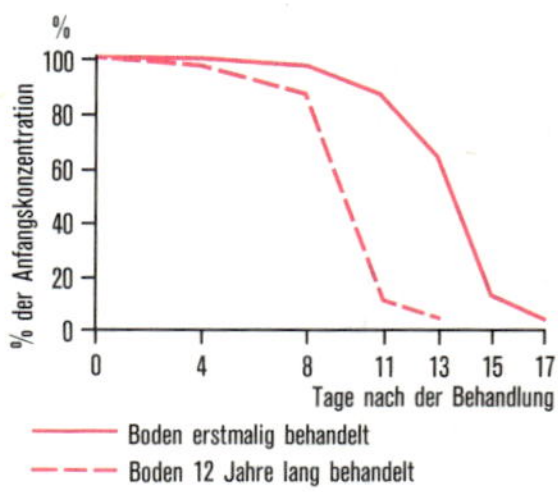

E Abbau von 2,4 – Dichlorphenoxy – Essigsäure (2,4 – D) im Boden

Schwermetalle und Pflanzenschutzmittel im Boden

Die Anwendung von **Stallmist** ist durch die stroharme Massenviehhaltung stark zurückgegangen.

Stallmist fördert das Bodenleben und die Humusbildung.

Jedoch können Dauerstadien von Krankheitserregern überleben. Der saprophyt. Pilz *(Gaeumannomyces graminis),* Verursacher der **Schwarzbeinigkeit,** und der parasitäre Pilz *(Pseudocercosporella herpotrichoides),* Erreger der **Halmbruchkrankheit,** befallen vor allem Winterweizen und -gerste.

Auch durch **Gründüngung** kann eine Ertragssteigerung erreicht werden. Untergepflügte Zwischenfrüchte, wie z. B. Raps, Senf, Gräser oder Leguminosen, werden von Bakterien rasch abgebaut. Das Mycelwachstum der Pilzkrankheiten wird gehemmt, die Bildung von Vermehrungsstadien jedoch gefördert.

Bei guter Verrottung kann Strohdüngung über mehrere Jahre hinweg günstig wirken.

Strohverbrennung schädigt die Milben im Boden.

Komposte und **Siedlungsabfälle** steigern den Humusgehalt des Bodens mehr als Stallmist, Stroh und Gründüngung. Ohne Schwermetalle oder andere Fremdstoffe sind sie ideal für die Bodenfruchtbarkeit.

Klärschlämme sind wegen Überdüngung mit Stickstoff und des Eintrags von **Schwermetallen** problematisch (Abb. B).

Schwermetalle wirken in geringen Dosen schon giftig. Sie können nicht abgebaut oder aus den Böden entfernt werden.

Inwiefern Schwermetalle von Pflanzen aufgenommen werden, hängt vom pH-Wert (Abb. C), der Kationen-Austauschkapazität und dem Humusgehalt ab *(Pflanzenverfügbarkeit).* As, Cr, Hg und Pb werden vom Boden stark adsorbiert. Cd, Ta und Zn sind dagegen für Pflanzen leicht verfügbar. Die Intensität der Schwermetallaufnahme durch Pflanzen folgt in etwa der Reihe

$Cd \approx Zn \approx Ta > Ni \approx Cu > Pb > Cr > Hg$.

Sie können angereichert werden und gelangen über die Nahrungskette bis zum Menschen.

Pb wird von den Pflanzen überwiegend in die Wurzeln eingelagert und nur in geringem Maße in der Pflanze transportiert.

In die Nahrungskette kommt **Pb** v. a. durch äußere Verunreinigungen der Pflanzen.

Zn, Cd und **Ta** können in der Umgebung metallverarbeitender Betriebe hohe Konzentrationen erreichen.

Schon bei 1 ppm Cd im Boden steigen die Cd-Mengen in der Pflanze stark an (Abb. C_1), so daß *Lebensmittelrichtwerte* überschritten werden.

Zur Begrenzung der Bodenkontamination mit Schwermetallen sind **Bodengrenzwerte** ungeeignet, denn der Schwermetallgehalt im Boden wirkt sich je nach Pflanzenart und Standort verschieden aus (Abb. C_2).

Die Wirkung der Schwermetalle auf die Bodenorganismen ist unterschiedlich. Am stärksten sind die mikrobiellen Stoffwechselvorgänge (Ammonifikation, Nitrifikation und Luftstickstoffbindung) betroffen. Regenwürmer reichern Schwermetalle im Körper an (Zn 4–13fach, Cd 11–22fach) und belasten die biolog. Nahrungsnetze.

Pflanzenschutzmittel

Bei vorschriftsmäßiger Anwendung erhält der Boden ca. 1–3 kg **Pestizide** pro ha im Jahr ($= 1\text{–}3\ mg/dm^2 = 2\text{–}3\ mg/kg$ in 15 cm der obersten Bodenschicht). Auf die obersten mm können sich bis 20 mg/kg konzentrieren. Im Boden werden die Pestizide von den Boden- bzw. Humusteilchen adsorbiert, in den Organismen angereichert, chem. oder biolog. abgebaut bzw. mit dem Sickerwasser ins Grundwasser gewaschen (Abb. D).

Der Anteil der fest gebundenen Rückstände ist erheblich, so daß

unvollständige Untersuchungen starke Abbaubarkeit vortäuschen (Abb. A).

Aromatische Molekülteile der Abbauprodukte **(Metaboliten)** versch. Wirkstoffe mit den funktionalen Gruppen **-OH** oder **-NH_2** können kovalente Bindungen mit Huminstoffen eingehen.

Wasserlösliche *halogenierte Fettsäuren* werden kaum adsorbiert. Daher ist hier die Auswaschung bes. hoch.

Biolog. abbaubare Pestizide dienen den Bodenbakterien als Energiequelle. Der Abbau erfolgt mit einer gewissen Verzögerung *(lag-Phase),* die dadurch erklärt wird, daß entweder nur wenige der Mikroorganismen Pestizide abbauen können und sich dann vermehren, oder die notwendigen Enzyme erst durch Herbizide induziert werden müssen.

Bei Anwendung gleicher Herbizide wurden versch. schnelle Abbauraten ermittelt. Im Boden bleiben Reste für lange Zeit (Abb. E).

Die **Auswirkungen von Pflanzenschutzmitteln auf die Bodenlebewesen** sind je nach Wirkstoff und Organismenart verschieden.

Nebenwirkungen auf die biolog. Aktivität bis 90 Tage nach Anwendung gelten als tolerierbar.

Bodentiere kommen mit den Agrochemikalien in Kontakt durch direktes Besprühen, Aufnahme der Herbizide mit der Nahrung bzw. flüchtiger Substanzen über die Atmungsorgane oder durch herbizidversetztes Bodenkapillarwasser.

Spinnen, Ameisen, Käfer und Laufkäfer *(epigäische Arthropoden)* kommen als Räuber am häufigsten in direkten Kontakt mit den Wirkstoffen.

Insektizide (Parathion, Carbofuran und Aldicarb) sowie *Fungizide (Benomyl und Thiophanat)* gefährden oder töten auch Regenwurmpopulationen. Diese reichern die Wirkstoffe 5–10fach gegenüber dem Boden an.

Schon $0{,}003\ ml/dm^2$ des Herbizids 2,4,5T verringern die Lebensdauer der Laufkäfer.

PESTIZIDE chemischer Gruppenname Beispiele	Formel	biologische Wirkung	Ratten: orale LD_{50} in mg/kg	Toxizität: Mensch / Säuger	Fische	Insekten	Milben	Nematoden	Pflanzen	Pilze	Resistenz beobachtet	Persistenz	Rückstände	Bienengefährlichkeit	Anwendung, Hinweise
aliphatische Halogen-kohlenwasserstoffe Methylbromid	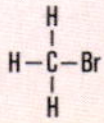	STW u. ZNS; M. oxidiert schwefelhaltige Verbindungen (Cystein, Glutathion u. Enzyme)		+		±				+					Begasung in Lagerhäusern bes. Nagetiere
Mineralöle		Ersticken durch umhüllende Ölschicht				+	+								ovizid
Schwermetallsalze org. Quecksilberverbindungen		STW-Blockierung: sie verbinden sich mit reaktionsfähigen SH-Gruppen der Proteine					1) +		+						Beizmittel für Saat; Kraut- u. Knollenfäule; Mehltau
Kupferoxichlorid										+					
org. Nitroverbindungen 2,4-Dinitrophenol 4,6-Dinitro-o-kresol	a) 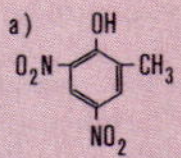	Blockierung der ATP-Bildung (Phosphorylierung) in Atmungskette	60	+		+	+		+					×	■ u. ovizid
Tetranitrokarbazol (Nitrosan)	b) 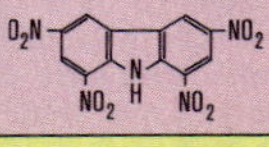	-nicht untersucht-				+									● Forstwirtschaft
Nikotin	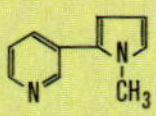	NS: cholinerge Synapsen (Acetylcholinrezeptor blockiert)	50 - 70	+	+	+					–		–		● □ (■) Räuchergift in Gewächshäusern
Rotenoide o Rotenon	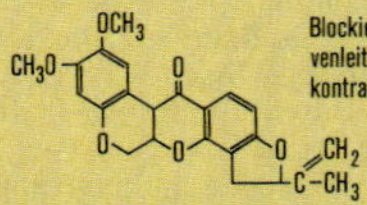	Blockierung der Nervenleitung u. Muskelkontraktion		–	+	+									● ■ Saatgut, Dasselfliegenbekämpfung, Läuse u. Krätzmilben d. Menschen
Pyrethrine o	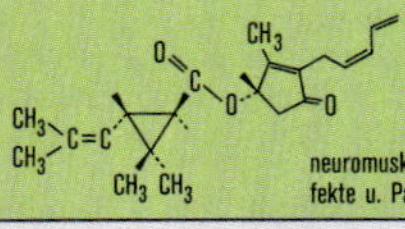	neuromuskuläre Effekte u. Paralyse		–	+	+					×				
chlorierte Kohlenwasserstoffe Dichlordiphenyltrichlorethan (DDT)	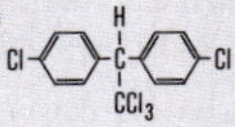	Einlagerung in Nervenzellmembran (Rezeptorstellen o. Ionenkanäle) Na^+-Fluß extrem verlangsamt	113 200	±	?	+	?				×	+	+	×	■ weltweit gegen Seuchen eingesetzt, Malariabekämpfung; seit 1977 in der BRD verboten
Hexachlorcyclohexan (HCH, Lindan)	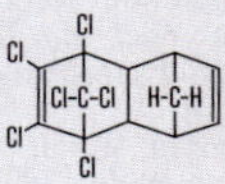	NS: Hemmung der Cholinesterase-Aktivität	88	+		+					×		±	×	■ ● seit 1980 in der BRD verboten; nur auf wilddicht eingezäunten Flächen erlaubt (Obstanlagen ohne Unterkultur)
Aldrin / Dieldrin		NS: präsynaptische Membran	39/48	+	+	+			2) +		×		+	×	

Naturstoffe

chem. Synthese

(chem. Formel vom unterstrichenen Präparat angegeben)

o durch Photooxidation unwirksam
NS Nervensystem
STW Stoffwechsel
ZNS Zentralnervensystem

Toxizität: + hoch ± mittel – gering

1) Bodenorganismen
2) samenfressende Vögel
3) auch bakterizid
4) toxisch für Vögel
5) im Boden

■ Kontaktgift
● Fraßgift
▲ systemisches Gift
□ Inhalationsgift

Als **Schädlinge** werden alle Organismen bezeichnet, die Kulturpflanzen durch Fraß, Krankheit, Nährstoffkonkurrenz u. a. schädigen.

Man schätzt, daß weltweit Schädlinge die Erträge um 33% mindern.

Bekämpfungsmaßnahmen sind v. a. in der Land- und Forstwirtschaft, im Vorratsschutz sowie in der Human- und Veterinärhygiene notwendig.

Die ursprüngl. Vorstellung, Schädlinge auszurotten, hat sich als sinnlos erwiesen; deshalb ist heute das Ziel der Schädlingsbekämpfung, die Schädlingspopulationen unter die *wirtschaftl. Schadensschwelle* zu drükken.

Es gibt **physikalische Verfahren** (Fallen, Bestrahlung, Ölfilme auf Wasseroberflächen oder Pflanzen), **chemische Verfahren** (Pestizide) und **biologische Verfahren** (Kulturmaßnahmen, biolog. Schädlingsbekämpfung).

Der Einsatz organ.-chem. Pflanzenschutzmittel im großen Umfang begann erst 1939.

Chemische Verfahren werden am häufigsten angewendet, weil **Pestizide** leicht zu handhaben sind und eine schnelle Wirkung versprechen.

Die meisten Pestizide vernichten die natürl. Feinde der Schadorganismen *(Nützlinge)* mit, so daß sich danach Schädlinge schneller vermehren, was zu zusätzl. Pestizidanwendung führt.

Die Einteilung der Pestizide nach ihren Zielgruppen täuscht begrenzte Giftwirkung auf diese Gruppen vor:

Herbizide (Pflanzen), **Fungizide** (Pilze), **Insektizide** (Insekten), **Akarizide** (Milben), **Nematizide** (Fadenwürmer), **Rodentizide** (Nagetiere), **Molluskizide** (Schnecken) u. a.

Das ist problematisch, denn die meisten Pestizide greifen in grundlegende Stoffwechselprozesse ein (Photosynthese, ATP-Bildung, Membranfunktionen und -aufbau) und können deshalb nicht auf eine Organismengruppe beschränkt werden. Viele Insektizide wirken z. B. auf Fische hochgiftig.

Nur wenige Pestizide wirken dadurch selektiv, daß bestimmte Wirkstoffe von einigen Arten besser und von anderen schlechter aufgenommen werden.

Wie stark sich die Belastung in ländl. Ökosystemen auswirken muß, läßt sich z. B. am **Verbrauch von Pflanzenschutzmitteln** in der BR Dtl. abschätzen:

1973 bis 1979 stieg er von 24415 t auf 33650 t (stagniert seitdem; 1986: 31417 t).

Herbizide stehen mit 61% an 1. Stelle, es folgen *Fungizide* mit 21%, *Insektizide* und *Akarizide* mit 6%. Der Rest verteilt sich auf Nematizide, Molluskizide, Rodentizide, Wachstumsregulatoren u. a.

Nur ein Teil der Pestizide erreicht sein Ziel, der andere fällt zu Boden und gelangt durch Auswaschen ins Grundwasser.

Pestizide können als *Aerosole* bis 5000 km transportiert werden und belasten Nachbarökosysteme.

Die meisten verwendeten Pestizide sind synthet. organ. Verbindungen, ca. 3% der Insektizide sind pflanzl. Herkunft. Letztere sind für die Belastung des Ökosystems unbedenklicher, in der Herstellung aber wesentlich aufwendiger.

Das anzuwendende Pestizid muß nach der Zielgruppe und der besten Möglichkeit, diese zu erreichen, ausgelegt werden, denn

bis zum **Wirkungsort** müssen mehrere Barrieren überwunden werden (Außenhaut, Zellmembranen), um die Organelle im Gewebe zu erreichen.

Die Wirkung des Pestizids hängt häufig von der **Anwendungsmethode** ab.

Im Freiland werden sie verstäubt (Korngröße $< 40\ \mu m$, für Raupenfraß $< 10\ \mu m$), verspritzt *(Lösungen, Emulsionen oder Suspensionen)* oder in geschlossenen Räumen als *Aerosole* (Rauch, Nebel) ausgebracht.

Dadurch erreicht man die oberird. Pflanzenteile direkt, nicht aber hinzuwachsende Pflanzenorgane.

Im Boden lebende Schädlinge kann man durch Bodenbehandlung oder **systemische Gifte** erreichen.

Sie werden vom Wirtsorganismus, z. B. Pflanze, aufgenommen und verteilen sich in ihm, ohne diesen zu schädigen.

Sie wirken bes. auf fressende und saugende Schädlinge als **Systemgift.**

Das Mittlermedium ist wichtig, weil viele Pestizide in organ. Lösungsmitteln oder Ölemulsionen giftiger wirken als in wässriger Lösung. Fettlösl. Wirkstoffe dringen dann leichter durch die lipophile Kutikula und Zellmembran. Insekten können Pestizide durch Kontakt über dünne Hautpartien, Sinnesorgane und Gelenkhäute aufnehmen.

Fettlösl. Pestizide dringen auch durch den Chitinpanzer **(Kontaktgift).**

Andernfalls erfolgt Aufnahme über den Verdauungstrakt **(Fraßgifte)** oder durch Einatmen **(Inhalationsgift).**

Der Wirkstoff kann durch den Stoffwechsel des Organismus verändert werden und in stärker toxische Verbindungen **(Aktivierung)** oder in weniger toxische umgebaut werden (**Detoxifikation** = *Entgiftung*).

Stoffwechselwege zur Entgiftung:

der Wirkstoff wird zu Hydroxyverbindungen oder Carbonsäuren oxidiert, kann dann kondensieren und ausgeschieden werden;

chlorierte Kohlenwasserstoffe können enzymatisch *dehydrochloriniert* werden (HCl abgespalten);

körpereigene Moleküle (z. B. Schutzproteine) werden an das Giftstoffmolekül gebunden *(Konjugation).*

Die Möglichkeit der Entgiftung hängt von der Enzymausstattung des jeweiligen Schädlings bzw. vom physiolog. Zustand ab.

PESTIZIDE chemischer Gruppenname Beispiele	Formel	biologische Wirkung	Ratten: orale LD_{50} in mg/kg	Toxizität: Mensch / Säuger	Fische	Insekten	Milben	Nematoden	Pflanzen	Pilze	Resistenz beobachtet	Persistenz	Rückstände	Bienengefährlichkeit	Anwendung, Hinweise
org. Phosphorsäureester		NS: sie besetzen das aktive Zentrum an der Cholinesterase (Phosphorylierung an der Hydroxylgruppe des Serin)									×				
Parathion (E 605) / Methylparathion	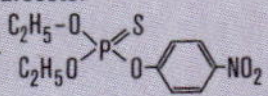		2 / 44	+		+	+				×			×	■
Desmethyl-dichlorvos (DDVP)	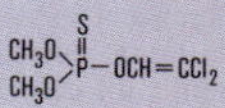		56	+		+									
Demeton / Methyldemeton (Systox / Metasystox)	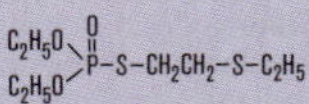		50 - 60	±		+	+								▲ ■
Malathion	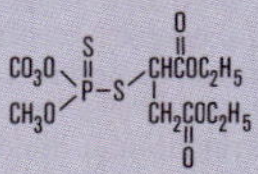		885	−	+	+	+				×			×	■ ▲ ●
Mevinphos (Phosdrin)	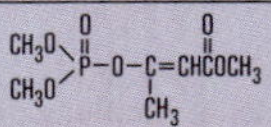		4	+	+	+							−	×	■ ▲ ● □
Karbamate (Urethane) ionisierte Form, stark basisch; nicht ionisierbare Form; Carbaryl (Sevin)	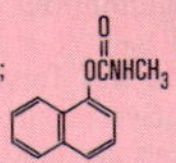	NS: sie hemmen Cholinesterase, postsynaptische Membran	300	+ − −		− + +	+	+			×			× ×	■ ▲ ■ ●
Thiokarbamate / Dithiokarbamate Thiram; Zineb / Maneb	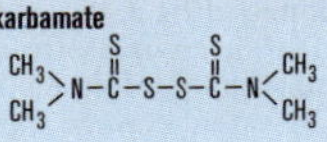		5 000	4) + ±						3) + +					Apfelschorf, Grauschimmel an Erdbeeren, Krautfäule, Peronospora in Reben
Phthalimide Captan	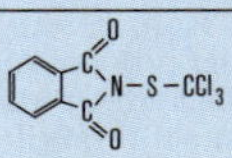		4 000	±						+		5) +			Mehltau, Schorf, Saatgutbeize, Bodenbehandlung
Triazine Atrazin	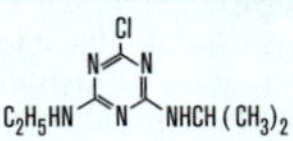	Elektronentransporthemmer in der Photosynthese	3 080	−					+		×	+			toxisch auf Bodenlebewelt
Phenoxisäuren 2,4-Dichlorphenoxiessigsäure (2,4-D); 2,4,5-Trichlorphenoxipropionsäure (2,4,5-T)	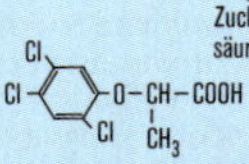	STW-Blockierung: Konjugieren mit Zuckern u. Aminosäuren		+ + +					+ + +						Blattherbizid
Cumarin Warfarin	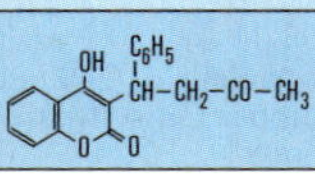	verhindert Blutgerinnung, erhöht Durchlässigkeit der Blutadern (innere Blutungen)	323	+								5) +			■ Rodentizid (Ratten u. Mäuse)

Legende siehe Seite 196

Fettlösliche Insektizide z. B. reichern sich im Fettkörper der Tiere an und bleiben zunächst ohne Giftwirkung. Erst im Hungerzustand oder bei der Verpuppung (Metamorphose) werden die Giftstoffe frei und wirken tödlich.

Bei fast allen Schädlingspopulationen konnte man eine Abnahme der Wirksamkeit gegenüber lange angewendeten Pestiziden beobachten **(Resistenz)**.

Physiologisch kann die Resistenz über verstärkte Detoxifikationsmechanismen wirken, oder durch Erbvarianten mit bes. Enzymausstattung erklärt werden, wie z. B. unempfindl. Cholinesterase bei der Carbamat- und Organophosphatresistenz der Hausfliege, Viehzecke und Malariamücke.

Resistente Tiere entziehen sich der Giftwirkung und vermehren sich stärker.

Die Eigenschaft der Pestizide, längere Zeit unverändert im Ökosystem zu überdauern, nennt man **Persistenz.**

Die biolog. Halbwertszeit chlorierter Kohlenwasserstoffe beträgt mehrere Jahre.

Weniger persistente Pestizide können entweder im Boden von Mikroorganismen schnell abgebaut werden (z. B. Harnstoffherbizide) oder sind chemisch instabil (z. B. Parathion in wäss. Lösung), sie zerfallen nach wenigen Tagen bis Wochen.

Die Moleküle der häufig verwendeten Herbizide werden durch Absorption des kurzwelligen Sonnenlichtes zerstört.

Ein Nachteil pflanzl. Insektizide *(Pyrethrine, Rotenoide)* ist die durch Lichtstrahlen aktivierte Oxidation **(Photooxidation),** die ihre Wirkung einschränkt.

Herbizide werden hauptsächlich im Ackerbau (Getreide-, Rüben-, Maisbau) angewendet (S. 200, Abb. E). Nur ein Teil der Herbizide, der von der Pflanzenoberfläche und durch die Wurzeln aufgenommen wird, erreicht den Wirkort. Der andere wird im Stoffwechsel umgebaut oder zu inaktiven Stellen in der Pflanze transportiert.

Die **Photosynthese-Herbizide** greifen (1) an den Thylakoidmembranen der Chloroplasten an und hemmen den Elektronentransport zw. dem Photosystem II (PS II) und PS I (S. 41), (2) entziehen der Photosynthese Elektronen, (3) trennen den Elektronentransport von der Photophosphorylierung *(Entkopplung)* oder (4) hemmen die ATP-Bildung.

PS-II-Herbizide (Harnstoffderivate, Triazine, Nitrophenole, Benzimidazole) enthalten die -C-N-Verbindung und können sich dadurch an bestimmten Stellen eines Peptids in der Thylakoidmembran binden. Die schützenden Pigmente der Chlorophyllmoleküle *(Carotinoide)* werden durch Licht oxidiert und abgebaut.

PS-I-Herbizide (Paraquart, Diquart u. a.) leiten Elektronen auf den Sauerstoff, ohne NADP zu reduzieren. Dadurch kann CO_2 nicht mehr zu Zuckern synthetisiert werden. Es kommt zur *Lichtbleichung* und *Austrocknung*. Diquart oxidiert in sauerstoffhaltigen Lösungen Wasser zu H_2O_2, das als giftiger Stoff zelluläre Membranen zerstört.

Die **Pflanzenhormone** *(Auxine, Gibbereline, Cytokinine, Ethylen, Abscisinsäure)* steuern das Pflanzenwachstum. Als **Auxin-Herbizide** wirken Phenoxisäuren, Indolessigsäure- (IES-) und Benzolsäurederivate.

Sie verstärken die Hormonwirkung des Auxins und führen zu *Wachstumsanomalien* bzw. wirken als Gegenspieler des Auxins, die um die Bindungsstelle am Auxin-Rezeptor-Protein konkurrieren.

Fungizide dienen entweder zur *prophylaktischen Behandlung* (*Oberflächenschutz,* der je nach Witterung erneuert werden muß) oder zur *eradikativen Behandlung,* d. h. sie wirken als Systemgift gegen Pilze, die im Organismus wachsen.

Die am häufigsten verwendeten **Blattfungizide** werden als Stäube oder Spritzmittel durch Hubschrauber/Flugzeuge auf die oberird. Pflanzenteile gebracht.

Bodenfungizide werden im Wein und Hopfenbau sowie im Weizen- und Kartoffelanbau eingesetzt und sollen die dort lebenden Pilze vernichten. Hochtoxische Quecksilberchloride (z. B. *Methylethylquecksilberchlorid*) wurden als Saat-Beizmittel benutzt. *Beizmittel* sollen die am Saat- oder Pflanzgut anhaftenden Erreger abtöten.

Die Anwendung von Quecksilbermitteln ist seit 1982 in der BR Dtl. verboten.

Thiokarbamate werden von Pflanzen gut vertragen und haben eine breitbandfungizide Wirkung. Sie dienen auch als **Bodenentseuchungsmittel.**

Bedenklich sind die stabilen Umsetzungsprodukte, die kanzerogen bzw. hemmend auf die Schilddrüse wirken können.

Von den *Phthalimiden* wird *Captan* als gut pflanzenverträgl. Mittel häufig eingesetzt.

Eine *akute Toxizität* geht bei ordnungsgemäßer Pestizidanwendung von landwirtschaftl. Produkten nicht aus.

Bei *chronischer Aufnahme* wirken schon geringe Pestizidmengen karzinogen oder mutagen, daher ist auf Pestizidrückstände in Nahrungsmitteln bes. zu achten.

Die **Begrenzungswerte** sind nicht mit den **toxikologischen Schwellenwerten** gleichzusetzen. Es sind lediglich vom Gesetzgeber für die Praxis festgelegte Werte. Da sich jedes Pestizid anders verhält, sind ausführl. Untersuchungen notwendig:

1) um die *Rückstandsmengen* in den Kulturpflanzen zu ermitteln,
2) die Auswirkungen auf die Bodenlebewelt und Bodenfruchtbarkeit abzuschätzen,
3) die Abwanderung ins Grundwasser, das der Trinkwassergewinnung dient, und
4) die Anreicherung in Flüssen bzw. deren Sedimenten in bestimmbaren Grenzen zu halten.

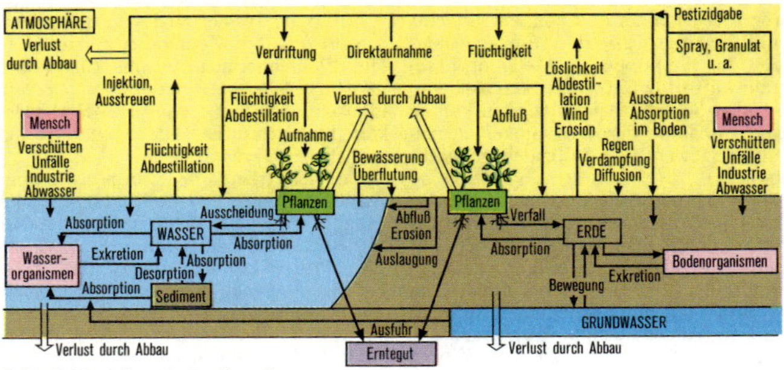

A Pestizidverteilung in der Umwelt

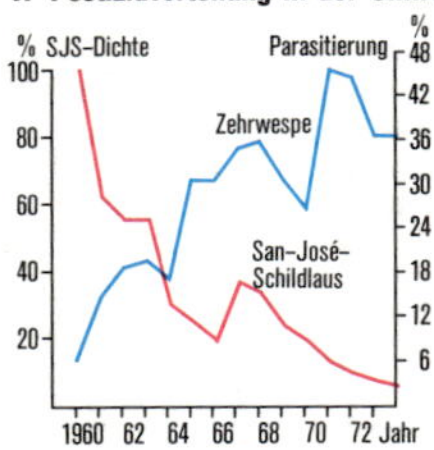

B Abnahme der Dichte der San-José-Schildlaus und Zunahme der Parasitierung (SW-Dtl.)

	Ratte oral	Ratte kutan	Hausfliege topikal	Ratte orale Tagesdosis, symptomlos vertragen (mg / kg / Tag)	Mensch orale Tagesdosis, symptomlos vertragen (mg / kg / Tag)
	(mg / kg Körpergewicht)				
Nikotin	50–70	–	500 1)	–	–
Carbaryl	500	>4000	>900	10	0,02
Mevinphos	3,7	4,2	1,5	0,05	–
Demeton	2,5	8,2	0,75	0,05	0,0025
Parathion	3,6	6,8	1,2	0,05	0,005
Aldrin	60	98	2,25	~0,025	0,0001
Malathion	1000	>4444	26,5	5	0,2
DDT	118	2510	2	~0,05	0,01
Lindan	91	900	0,85	1,25	0,0125
Bioresmethrin *	8000	–	0,4	–	0,04 +
Methopren °	>34600	–	0,02 2)	–	–

1) injiziert 2) Tenebrio molitor-Puppen * Pyrethroide (synthetisch veränderte Pyrethrine) ° Juvenoid + Pyrethrine

C LD_{50}-Werte. Akute orale und kutane Toxizität bzw. chronische Toxizität (Tagesdosis im Dauerversuch)

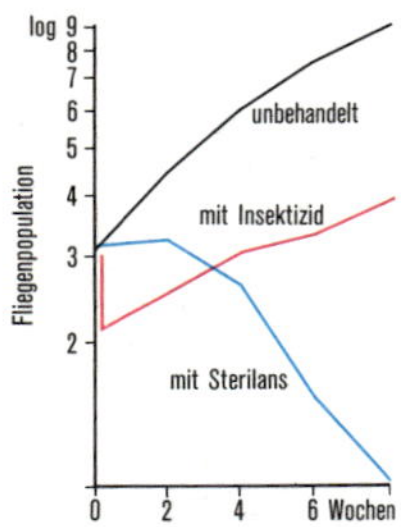

D Hausfliegenpopulationen nach unterschiedlicher Behandlung

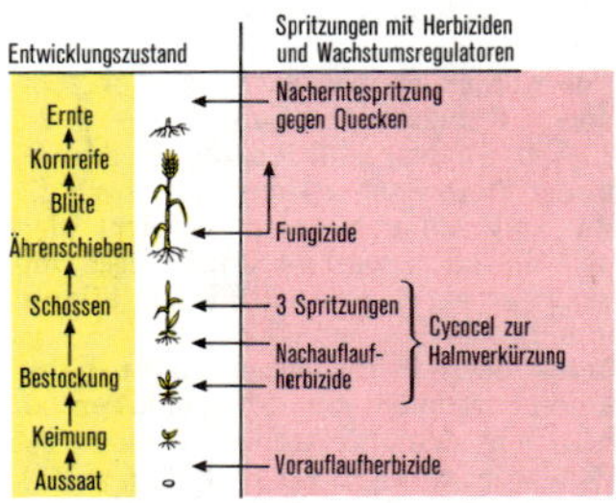

E Behandlung von Winterweizen mit Herbiziden und Wachstumsregulatoren

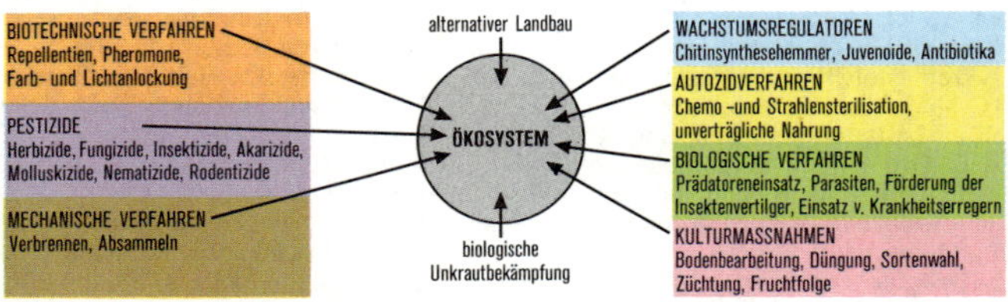

F Mittel und Methoden des integrierten Pflanzen- und Gesundheitsschutzes

Die **Pestizide** müssen im Labor durch *orale und kutane Applikation* an Ratten geprüft werden. Die tödl. Wirkung ist abhängig von der Dosis in Relation zum Körpergewicht des Testtieres. Man ermittelt die **letale Dosis (LD_{50})**, bei der 50% der Versuchstiere sterben (Wert in mg Wirkstoff/kg Körpergewicht; Abb. C).

Wegen der physiolog. Unterschiede zw. Ratte und Mensch läßt der Wert keinen direkten Rückschluß auf die *akute Toxizität* für den Menschen zu.

Um Langzeitwirkungen abschätzen zu können, führte man in der WHO/FAO die **ADI-Werte** ein (acceptable daily intake = DTA, duldbare tägliche Aufnahme).

Das soll diejenige Pestizidmenge in mg/kg Körpergewicht angeben, die der Mensch täglich auf Lebenszeit zu sich nehmen kann, ohne klinisch nachweisbare Gesundheitsschäden befürchten zu müssen.

Basierten die Werte zunächst auf Erfahrungen, die Personen im tägl. Umgang mit den Stoffen machten, müssen heute Fütterungsversuche an mindestens 2 Tierarten über deren Lebensdauer und über 2 Folgegenerationen durchgeführt werden. Die höchste Tagesdosis ohne feststellbare toxische Auswirkungen wird durch 100 dividiert, um einen sicheren ADI-Wert zu bekommen. Aus dem ADI-Wert (A) und dem Körpergewicht (G) errechnet man die zulässigen Rückstandsmengen (PL = permissible level) für den Menschen:

$$PL = \frac{A \cdot G \cdot 1000}{E} mg/kg$$

E steht für den durchschnittl. Tagesverbrauch des untersuchten Lebensmittels.

Der Einsatz von Pestiziden im Freiland führt immer zur Verringerung des Artenspektrums, darum suchte man nach neuen Methoden.

Beim **Autozid-Verfahren** sterilisiert man einen Teil der Schädlingspopulation (z. B. Männchen) durch chem. Mittel (z. B. hochgiftige Aziridine) oder durch Röntgenstrahlung und läßt sie zum Zeitpunkt der Kopulation frei. Die sterilisierten Artgenossen müssen genauso vital sein wie die freilebenden.

Juvenoide hemmen den Abbau von Insektenhormonen (z. B. *Juvenilhormone*) und stören dadurch die Fortpflanzungsfähigkeit. Überzählige Häutungen treten auf.

Chitinsynthesehemmer *(Benzoylharnstoffderivate)* sind für Säuger und Vögel kaum giftig und wirken als Fraßgift für Insekten, deren Larven bei der Häutung absterben, weil die Chitinvorstufen *(UDP-Acetylglukosamin)* nicht polymerisieren.

Nachteilig ist, daß saugende Insekten (Blattläuse und Spinnmilben) nicht bekämpft werden können, weil der Wirkstoff nicht in die Pflanze eindringt.

Im Boden wird die Bodenfauna, in aquat. Ökosystemen der Krebsbestand geschädigt.

Die Arbeit mit *Lockstoffen* zur Findung der Geschlechter bzw. zur Ansammlung der Insekten **(Sexual- bzw. Aggregationspheromone)** erfordern genaue Kenntnisse über Biologie und Verhalten der Schädlinge. Gewisse Erfolge gab es, wenn Pheromone aus Trägerstoffen (Kautschuk, Wachse, Polyester) langsam freigesetzt wurden. Die Insekten, die nur kurze Zeit in der Nähe bleiben, müssen mit *Fallen* (Leimfallen u. ä.) beseitigt werden.

Beim *Borkenkäfer* wurden zur Überwachung der Population Pheromonfallen mit einem Pheronkomplex vom Buchdruckerkäfer (Pheropax) als Aggregationspheromon erfolgreich eingesetzt.

Die Methode ist nur wirksam, wenn die Imagines vor der Fortpflanzung gefangen werden.

Die umweltfreundlichste Methode ist die **biologische Schädlingsbekämpfung.** Man versucht, die *natürl. Feinde (Räuber, Schmarotzer oder Krankheitserreger)* zu stärken bzw. einzusetzen (Abb. B). Die eng an ihre Wirte angepaßten Nützlinge können nach einer gewissen Anlaufzeit zur Vermehrung die Schadwirkung begrenzen. Daher erreicht diese Methode mit zunehmender Schädlingsdichte ihren höchsten Wirkungsgrad.

Erfolgreich begrenzte man Schäden von in den USA eingeschleppten Schädlingen (Zitrus-Wollschildlaus, San-José-Schildlaus) mit deren importierten Feinden.

Der Krankheitserreger *Bacillus thuringiensis* wirkt auf bestimmte Raupen tödlich (Kohlweißling, Gespinstmotten, Eichenwickler und Maiszünsler).

Der Einsatz von **Insektenvertilgern (Entomophagen)** wird in der Kulturlandschaft durch Monokulturen und großflächige Unkrautbekämpfung behindert; z. B.

parasitische Schlupfwespen und Tachiniden (Raupenfliegen) benötigen Doldenblütler als Nahrung.

Ebenso fehlen Überwinterungsquartiere und Nistmöglichkeiten (Hecken und Feldgehölze).

Neuere Untersuchungen knüpfen an den **natürl. Abwehrsystemen** der Pflanzen an.

Mechanisch können sich Pflanzen durch Stacheln, Brenn- und Drüsenhaare gegen Freßfeinde schützen.

Zur chem. Abwehr können sie insektizide Stoffe *(Pyrethroide, Rotenoide)* oder Juvenilhormon-Analoge *(Phytoecdysteroide)* bilden.

Hinzu kommen *fraßabschreckende* bzw. *schlecht schmeckende Stoffe* **(antifeedants),** häufig Terpenoide.

Hochgezüchteten Kulturpflanzen fehlen derartige Abwehrstoffe.

Die Maßnahmen zur Schädlingsbekämpfung dürfen sich nicht allein am Schädling orientieren. In Hinblick auf möglichst geringe Belastung der Ökosysteme sind verschied., biolog. verträgl. Verfahren zu kombinieren **(integrierter Pflanzenschutz)** (Abb. F).

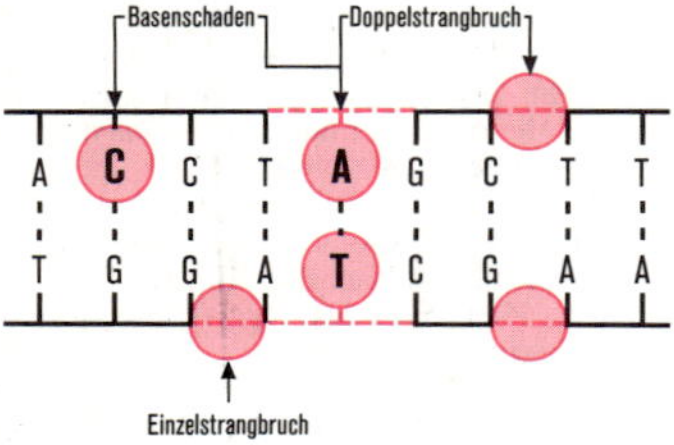

A Strahlenschäden am DNS-Molekül

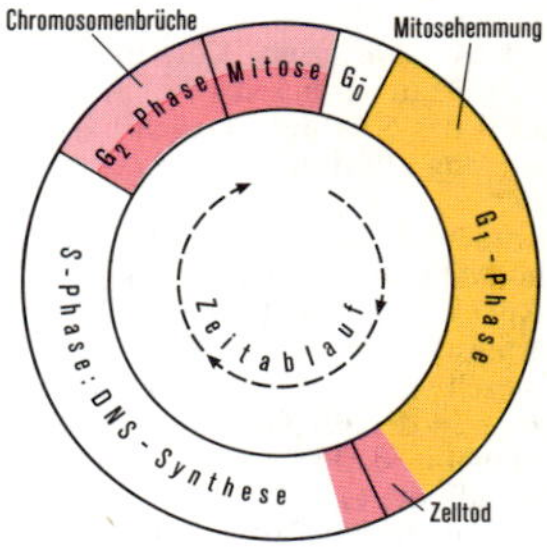

B Strahlenbelastung im Zellzyklus

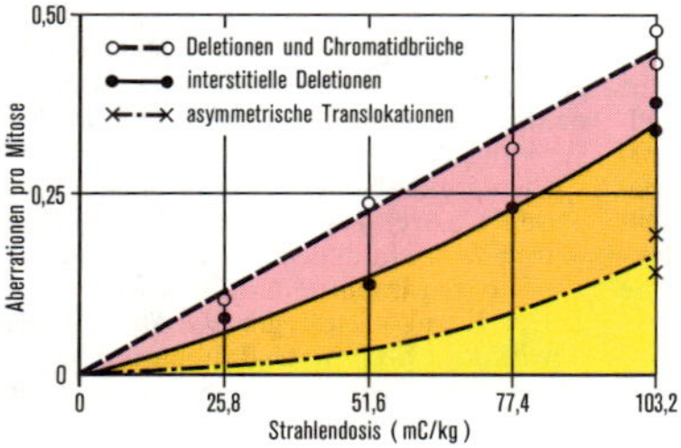

C Chromosomenbrüche bei Thymozyten, 24 Stunden nach Ganzkörperbestrahlung

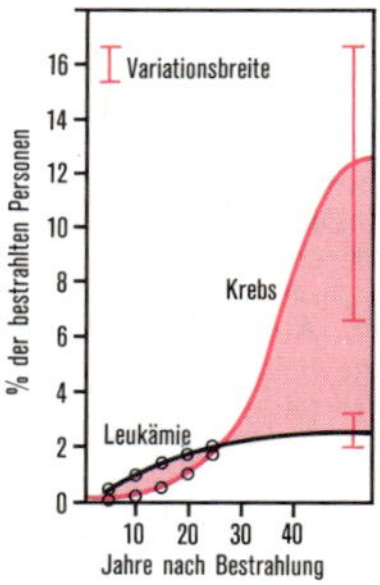

D Strahleninduzierte Spätschäden (Hiroshima)

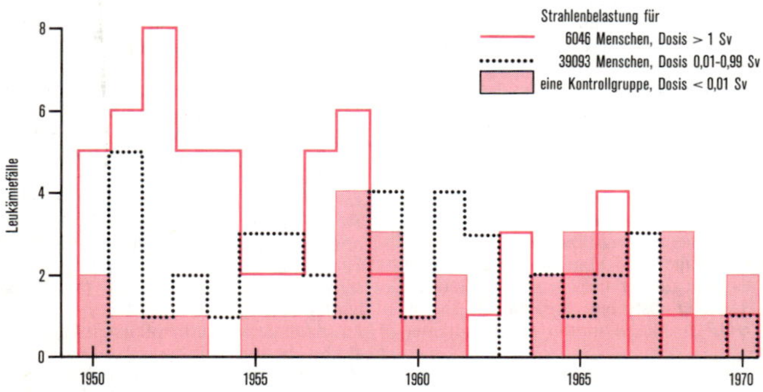

E Leukämieerkrankungen in Hiroshima 1950-1970

Strahlenschäden

Die Nutzung der Kernenergie scheint *bei Berücksichtigung der Sicherheitsauflagen* von der techn. Seite her wenig Probleme aufzuwerfen. Biologen und Mediziner sehen in der **nicht vermeidbaren Zunahme der Strahlenbelastung** durch die Nutzung der Kernenergie ein herausragendes Problem. **Radioisotope** wirken nicht nur *krankheitserregend,* sondern auch *mutagen.*

Mutationen sind frühestens in der nächsten Generation erkennbar, können aber auch als rezessive Anlagen erst viele Generationen später phänotypisch auftreten, wenn der Zusammenhang mit einer Strahlenüberdosis nicht mehr nachweisbar ist.

Radionuklide sind durch *Strahlungsaktivität* gekennzeichnet (S. 59), die von der Zerfallsgeschwindigkeit abhängt. Größere Radionuklid-Partikel erreichen die Erde durch **Fall-out,** die direkte Ablagerung von Feststoffteilchen und Tröpfchen. Niederschläge können Schadstoffteilchen aus der Luft auswaschen **(Wash-out).** Nuklidhaltige Aerosole bilden in feuchter Luft Kondensationskerne, die lokale Niederschläge mit hoher Strahlendosis auslösen **(Rain-out).**

Für die *biolog. Wirksamkeit* von Radionukliden ist die Energiemenge verantwortlich, die auf die Materie des Organismus übertragen wird **(Energiedosis).**

Entscheidend ist die Verweildauer eines Nuklids im Organismus, die **biolog. Halbwertszeit,** nach der die Hälfte der ursprünglich aufgenommenen Nuklidmenge ausgeschieden bzw. zerfallen ist.

Die **Äquivalentdosis** berücksichtigt, daß die Strahlenarten beim Durchgang durch den Organismus, auch abhängig vom Gewebetyp, unterschiedlich große Energiebeträge übertragen; diese können Atome in Ionen umwandeln **(Ionisation).** Wegen des unterschiedl. Energiegehalts der Strahlenarten ist die **Ionisationsdichte** und die von ihr abhängige *biolog. Wirksamkeit* verschieden groß.

In der strahlenbiolog. Wirkungskette unterscheidet man Primär- und Sekundärreaktionen. α- und β-Strahlen reagieren mit Atomen in **Primärreaktionen** und verfügen bei geringer Durchdringungsfähigkeit über eine hohe biolog. Wirksamkeit, weil sie ihre gesamte Energie an die Zellen abgeben.

Die Gefährdung des Organismus ist v. a. dann gegeben, wenn α- und β-Strahler eingeatmet, mit der Nahrung aufgenommen werden oder über Wunden eindringen; gasförmige Nuklide wie $^{222}_{86}Rn$ (Radon) sind radiobiolog. bes. gefährlich.

Die Ionisationsdichte von α-:β-:γ-Strahlung verhält sich wie 10000:100:1. Strahlenarten mit hoher Ionisationsdichte (α-Strahlen, schnelle Neutronen) zeigen einen linearen Verlauf der Dosis-Wirkungs-Kurve, der von den Strahlenarten mit niedriger Ionisationsdichte (β-, γ-Strahlen) erst nach anfänglich flachem Verlauf erreicht wird.

In den **Sekundärreaktionen** geben langsame Neutronen und γ- bzw. Röntgenstrahlen Energie an Elektronen ab. Diese werden aus der Elektronenhülle der Atome gelöst und können auf ihrem Weg durch die Materie tausende Atombindungen zerstören.

Strahlenschäden

Das Ergebnis der Primär- und Sekundärwirkung sind chem. Reaktionen in den Körper- und Keimzellen, v. a. des genet. Materials (Abb. A).

Zellteilungen werden gestört (Abb. B).

Die Zellform und -größe kann verändert werden.

Durch Resonanzschwingungen mit energiereichen Teilchen werden komplexe Moleküle wie DNS zerbrochen (Abb. A).

Akute **somatische Strahlenschäden** treten beim Menschen bei intensiver Bestrahlung von 1 Sv an auf *(Hautverbrennungen, Haarausfall, Veränderung des Blutbildes).*

Auf Organebene führen Zellteilungsstörungen zu malignen Wucherungsprozessen *(Krebs)* und in den ersten Schwangerschaftsmonaten zu *embryonalen Mißbildungen,* v. a. des Gehirns *(Mikrocephalien).*

Wegen der höheren Zellteilungsfrequenzen sind Jugendstadien von Lebewesen stärker gefährdet als Erwachsene.

Schon bei einer Äquivalentdosis von 0,5 Sv tritt als Strahlungssyndrom *Übelkeit und Durchfall* auf. Ab 2 Sv kann die Dosis tödlich sein, ab 5 Sv ist sie es zwingend.

Niedrigen Dosen folgen keine somat. Frühschäden; die Strahlenwirkung ist aber nicht schwächer, sondern nur seltener.

Bei einer Bestrahlung von 10000 Menschen mit 1 Sv sind gleichgroße Strahlenfolgen zu erwarten wie bei der Bestrahlung von 1 Mio. Menschen mit 1 mSv. 10 mSv zusätzl. Strahlenbelastung erhöhen statistisch für 100 von 1 Mio. Menschen das Krebsrisiko. Somat. Spätschäden sind *Leukämie* und, verzögert, weitere Krebsarten (Abb. D, E).

10 mSv verschieben im genet. Gleichgewicht das Risiko zugunsten neuer Mutationen um 0,2% zulasten des alten Chromosomenbestandes einer Population. Schon Punktmutationen am DNS-Doppelstrang durch *Basenschäden* ändern den genetischen Code (Abb. A: aus A-C-C wird A-C-T) und stören die Ablesbarkeit für die m-RNS.

Basenschäden und *Einzelstrangbrüche,* die schon bei 1 mSv auftreten, beheben zelleigene Reparatursysteme.

Doppelstrangbrüche ab 50 mSv führen zu irreparablen **Deletionen** (Verlust von Chromosomenstücken) und **Translokationen** (Anlagerung von Chromosomenstücken) und i. d. R. zum Tod des Lebewesens (Abb. C).

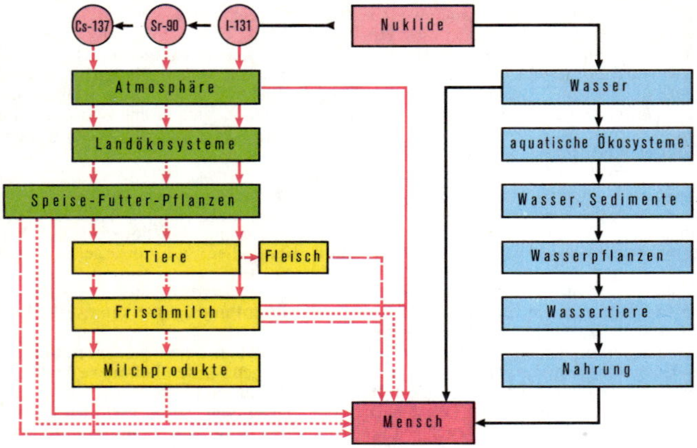

A Strahlenexpositionswege

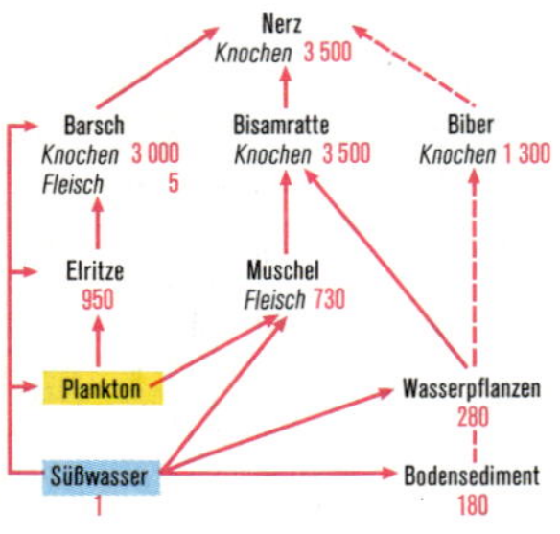

B Anreicherung von Sr-90

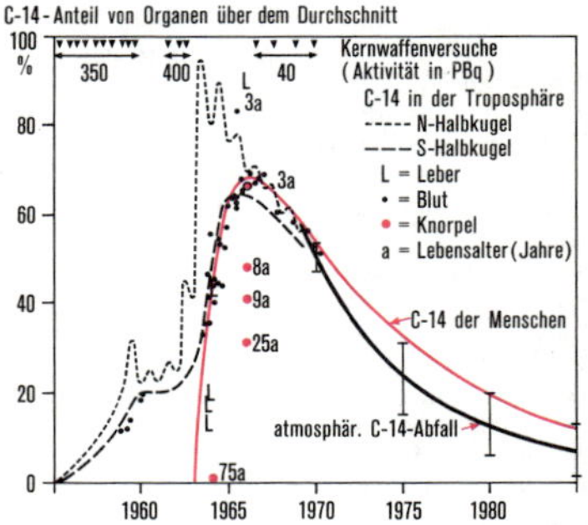

C Kernwaffen und Strahlenexposition

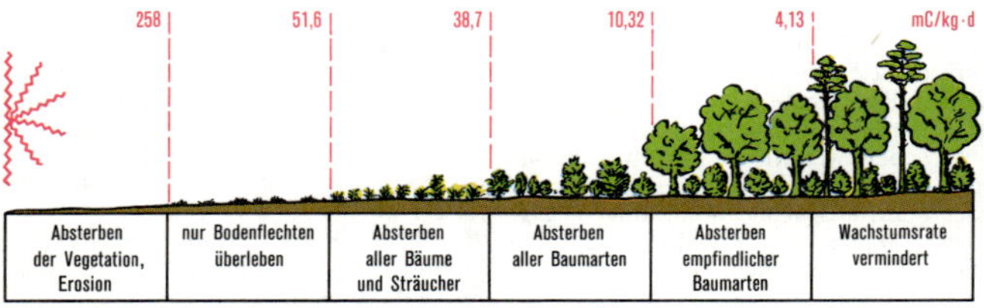

D Strahlenbelastung in einem terrestrischen Ökosystem (Wald)

Exposition und Belastung

Die **Radioökologie** beschäftigt sich mit dem Verhalten und der Auswirkung radioaktiver Stoffe in der Biosphäre. Von der Freisetzung an wird der Transport der Radionuklide durch den abiot. Teil der Biosphäre untersucht. Ihre Aufnahme, Verteilung und Verbreitung durch die Individuen, ihre Anreicherung in den Nahrungsketten bis hin zu den Endkonsumenten wird verfolgt **(ökologischer Expositionsweg).**

Nuklide können auf jeder Trophiestufe eine Biozönose beeinflussen (Abb. A).

Auf dem **physikalischen Expositionsweg** verlassen Radionuklide Industrieanlagen über die Kamine oder das Abwasser und bestrahlen die Lebewesen direkt *(externe Bestrahlung, Submersion).*

β-Strahlen schädigen wegen ihrer geringen Durchdringungstiefe nur die Haut, γ-Strahlen verursachen eine Ganzkörperbestrahlung.

An Arbeitsplätzen, an denen mit Radionukliden gearbeitet wird, können diese direkt auf die Körperoberfläche gelangen *(äußere Kontamination).*

Durch das Einatmen *(Inhalation)* gasförmiger Stoffe und von Aerosolen und durch die Nahrungsaufnahme *(Ingestion)* gelangen Nuklide auf dem **physiologischen Expositionsweg** in den Körper, werden hier verteilt und bestrahlen den Organismus von innen *(innere Bestrahlung).* Bei der Ingestionsbelastung unterscheidet man als wichtigste Belastungswege:

als gefährlichsten den *Weide-Kuh-Milch-Pfad,* auf dem wegen der raschen und großen Umsätze (Frischmilch) auch kurzlebige Nuklide (I-131, Halbwertszeit 8 Tage) z. B. Kleinkinder erreichen können.

Auf dem *Futter-Fleisch (Fisch)-Mensch-Pfad* erreichen die Nuklide einen hohen Anreicherungsgrad, wenn sie viele Lebewesen (Trophiestufen) durchlaufen haben und sich im Muskelfleisch und inneren Organen, wie der Leber, ablagern (Abb. C).

Auf dem *Pflanze-Mensch-Pfad* erreichen die Nuklide aus dem Fall-out und nach künstl. Bewässerung den Menschen (Abb. A).

Auf dem Weg von der Emissionsquelle über die Nahrung zum Endverbraucher reichern sich die Radioisotope art- und organspezifisch an (Abb. B, C); in den Organen des Menschen, z. B. von der Luft mit einem Belastungsfaktor 1 ausgehend,

im Nasen-Rachen-Raum auf das Doppelte, in der Luftröhre auf das 3-fache, in der Lunge auf das 4-fache und im Blut auf das 10-fache.

Pu-*Isotope* werden in den Lymphknoten sinnlos angereichert.

I-*Isotope* sammeln sich in der Schilddrüse funktionsgerecht, was man bei radiolog. Untersuchungen des Organs nutzt.

Erfolgt die Anreicherung in den Organen (z. B. Sr-90 in Knochen), die für die Ernährung des nächsten Konsumenten keine Rolle spielen, so ist sie ökologisch weniger bedeutend (Abb. B).

Der **Anreicherungsfaktor** kann zwischen 1 und 1 Mio. liegen (P-32 in Fadenalgen des White Oak Sees: 850000; KRUMHOLZ/FORSTER 1957). Hohe Werte werden bei Mikroorganismen und Algen für Radionuklide wie P-32 (Einbau in Phosphat), C-14 (alle organ. Moleküle) und H-3 (H_2O- und alle organ. Moleküle) gemessen.

Hohe Anreicherungswerte erreichen Isotope mit ähnl. chem. Eigenschaften wie von der Zelle benötigte Elemente, mit denen sie dann in Konkurrenz treten, wie Sr-90 mit Ca in den Knochen und Cs-134 mit K in den Nerven.

Die Wanderung der **Nuklide im Ökosystem** ist von der Bodenstruktur abhängig, die Atome verschieden fest bindet. Die Einschleusung in die Biozönose wird von der Pflanzenart, ihrem Alter, der Temperatur und Feuchtigkeit sowie der Nährstoffzusammensetzung des Bodens bestimmt. Die Weitergabe an die Konsumenten ist wieder art- und altersabhängig. Sie erfolgt nach dem Ernährungszustand, der Vitamin- und Spurenelemente-Versorgung.

Eine gute Ca-Versorgung verhindert den Einbau von Sr-90 in den Knochen.

Ist die Schilddrüse mit genügend inaktivem Jod versorgt, wird I-131 nicht angereichert. Aus diesem Grund werden für die Bevölkerung Jod-Tabletten als Vorsorgemaßnahme für radioaktive Unfälle bereitgehalten.

Für den Übergang der Nuklide vom Boden in die Pflanze und von den Pflanzen zu den Konsumenten werden **Transferfaktoren** erarbeitet, die wegen der Zahl der Variablen für die Eingabe in die Biozönose schwierig zu definieren sind. Sie berücksichtigen die Aktivität eines Produkts (z. B. Milch) im Vergleich zur Aktivität der Ausgangsmenge (hier Futter).

Pflanzen sind gegenüber Strahlen unterschiedlich empfindlich.

Wachstumshemmungen und Absterben können in einem Biotop das Artenspektrum verschieben.

Tiere reagieren empfindlicher als Pflanzen und unterschiedlich in den versch. Entwicklungsstadien.

Insektenlarven sterben schon bei einer Energiedosis von 2 Gy, ausgewachsene Tiere werden bei 50–80 Gy steril und sterben bei 500–1000 Gy.

Die Gefährdung nimmt von den höheren Wirbeltieren über die niederen und die Insekten zu den Einzellern ab.

Die Verschiebung des Artenspektrums verändert die Biotope und letztlich die Ökosysteme (Abb. D).

20–30 mGy/Tag reduzieren die Tierarten, 200–300 mGy/Tag schwächen die Laubbäume, deren Anfälligkeit für Insektenbefall erhöht wird.

In Gewässern ist die Ökoakkumulation ein Gefährdungsfaktor, wodurch die Artenvielfalt negativ zugunsten niedrigerer Trophiestufen verringert wird.

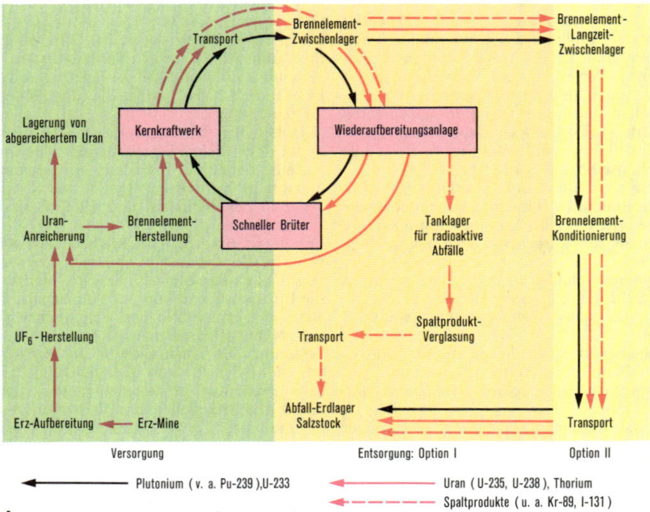

A Kernbrennstoffkreislauf und Entsorgungskonzepte

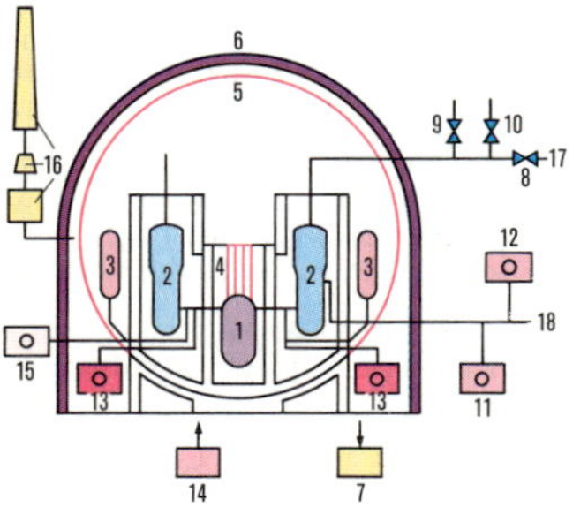

1 Reaktordruckbehälter
2 Dampferzeuger
3 Druckspeicher (Not- und Nachkühlsystem)
4 Reaktorschnellabschaltsystem
5 Sicherheitsbehälter
6 Stahlbetonhülle
7 Abgas- und Abwassersystem
8 Frischdampf-Schnellschluß-schieber
9 Frischdampf-Sicherheitsventil
10 Abblasregelventil
11 Notspeisewassersystem
12 Notstandssystem
13 Not- und Nachkühlsystem
14 Reaktorschutzsystem
15 Volumenregelsystem (bedingt ein Sicherheitssystem)
16 Abluftsystem
17 zur Turbine
18 von den Hauptspeise-wasserpumpen

B Sicherheitssysteme eines Kernkraftwerks

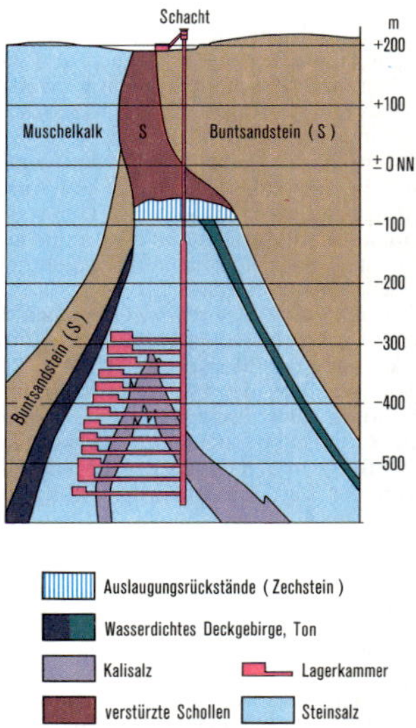

C Endlagerung im Salzbergwerk Asse

Kernbrennstoffkreislauf, Sicherheitssysteme, Entsorgung

Die potentiell größtmögliche künstl. **Strahlenbelastung** kommt durch die militär. Nutzung der Kernenergie. Ihre friedl. Nutzung durch **Kernkraftwerke** (KKW) stellt wegen der Anlagendichte in den Industrieländern eine bes. Herausforderung für Sicherheitsingenieure dar (s. S. 257, *Tschernobyl*). Das Problem der Kernenergienutzung beginnt im Uranbergbau, setzt sich über die Isotopenanreicherung, die Reaktoren und Brennelemente-Aufarbeitung fort, um dann das Abfall- und Entsorgungsproblem zu hinterlassen (Abb. A).

Uranerzbau: Da im natürl. Zerfallsprozeß das flüchtige Rn-222, ein α-Strahler, entsteht, der, an Aerosol-Partikel gebunden, eingeatmet werden kann, bedarf die Erzförderung bes. Belüftungsmaßnahmen, die 5-10mal höher angesetzt werden müssen als in sonstigen Bergwerken.

Die **Aufarbeitung** der Erze hat zusätzlich zu den Problemen im Bergwerk die Betriebssicherheit auf der Grundlage der Strahlenschutzbestimmungen zu berücksichtigen.

Aus *Abraumhalden* können Tochternuklide der natürl. Zerfallsreihen in die Böden und das Grundwasser eingespült werden und über die Nahrungsketten in den Organismen angereichert werden.

In den **Anreicherungsverfahren** und zur **Herstellung der Brennelemente** wird der U-235-Gehalt des Natururans von 0,7% (99,3% macht U-238 aus) auf 2-4% erhöht;

es fallen nieder- und mittelaktive feste, flüssige und gasförmige Abfälle aus den ständigen Spaltvorgängen an, die der Endlagerung zugeführt werden müssen.

Zentrale Probleme des **Kernkraftwerks-Betriebs** sind die *Betriebssicherheit* und die *Entsorgung* der »abgebrannten« Brennstäbe. Alle Kernenergieanlagen sind für den Betriebs- und Notfall mit Sicherheitseinrichtungen nach dem *Mehrfachbarrierenprinzip* ausgestattet (Abb. B).

Reaktorschnellabschaltungssysteme dienen der Unterbrechung der Kettenreaktion, so daß die Energieproduktion im Reaktorkern auf die Nachzerfallswärme reduziert werden kann.

Das *Notspeisewassersystem* kann die Nachzerfallswärme abführen und zum Absenken der Kühlmitteltemperatur eingesetzt werden.

Alle wichtigen aktivitätführenden Anlagenteile sind im gasdichten *Stahl-Sicherheitsbehälter* eingeschlossen, den eine *Stahlbetonhülle* umgibt, die die sensiblen Teile vor Außenbeschädigungen (Flugzeugabsturz, Explosionen, Erdbeben, Hochwasser, Sturm, Blitzschlag) schützen soll.

Ein **KKW** gibt Radionuklide in Spaltgasen (Xe-133), Aerosolen (Sr-90, Cs-137) und fester Form (I-131, C-14) ab.

Der Erfahrungswert liegt z. B. für I-131 bei 1/30 des Genehmigungswertes.

Schnelle Brutreaktoren (SBR) werden im geschlossenen Brennstoffkreislauf technisch noch für notwendig erachtet, um die Natururanvorräte zu strecken. In den herkömml. Leicht- und Druckwasserreaktoren wird das leicht spaltbare U-235 eingesetzt.

Im **SBR** gibt Pu-239 *(Plutonium)* schnelle energiereiche Neutronen ab, die stabile U-238-Kerne in spaltfähiges Pu-239 umwandeln.

Theoretisch erbrüten 4 Pu-239-Atome unter U-238-Verbrauch 5 spaltbare Pu-Atome. Die freiwerdende Wärme dient der Stromgewinnung.

Sicherheitsprobleme betreffen das 500 °C heiße flüssige Wärmeaustauschmittel Natrium, mit dem der Reaktor gekühlt wird und das die Wärmeenergie über einen Na-Sekundärkreislauf in geschlossenen Rohrsystemen auf das Turbinenwasser überträgt.

Das größte Gefährdungspotential besteht in den großen Umsätzen an radioakt. Plutonium und dessen Mißbrauch (*Nagasaki-Bombe:* Pu-239).

Die Sicherheit des Versuchsreaktors **SNR 300 (Kalkar)** soll wie bei Kernkraftwerken durch aufeinanderfolgende gasdichte Sicherheitshäute gewährleistet sein, ergänzt durch Abschalt- und Nachwärmeabfuhrsysteme, sowie interne und externe Auffangbehälter für das Natrium.

Die **Entsorgung der Brennstäbe** stellt das ökolog. Schlüsselproblem für den Betrieb der Kernkraftanlagen dar. Diskutierte Entsorgungstechniken sind die

direkte Endlagerung (Abb. A, Option II) oder das

integrierte Entsorgungskonzept mit **Wiederaufbereitung** (WAA, Option I).

Die direkte Endlagerung ist um 30% preiswerter, die Wiederaufbereitung spart 35% des Brennmaterials ein.

Beim Endlagerungskonzept muß mit einer 10-15% höheren Strahlenbelastung des Betriebspersonals, bezogen auf den gesamten Brennstoffkreislauf, gerechnet werden;

jede weitere kerntechn. Anlage, z. B. Wiederaufbereitungsanlagen (WAA), gefährdet die Bevölkerung radiologisch stärker.

WAA setzen H-3, C-14, Kr-85, I-129, α- und β-Aerosole frei, sowie kurzlebige Edelgase und das Ozon *(Waldsterben, Ozonloch)*, die die Bildung von Photooxidantien fördern.

Für die nicht mehr errichtete WAA Wakkersdorf wurden 440 t O_3/a errechnet (natürl. Weltproduktion 5800 t/a).

Die dem **Endlager** zugeführten Spaltprodukt-Abfälle sollen in Glasblöcke eingeschlossen und in korrosionsfesten Stahlbehältern in einem Salzstock *(Gorleben)* eingelagert werden. Voraussetzung für ein Endlager ist eine geologisch standfeste wasserfreie Gesteinsformation (Salz, Granit). Salz wird wegen seiner größeren Wärmeleitfähigkeit bevorzugt.

Im *Salzbergwerk Asse* ist die Einlagerung von schwach- und mittelaktiven Abfällen erprobt (Abb. C).

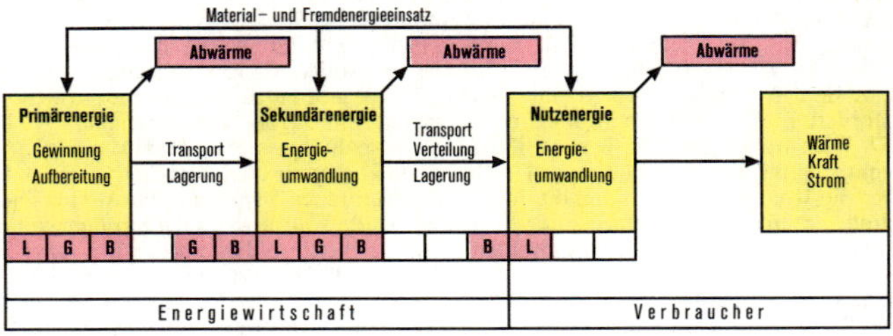

A Umweltbelastungen durch Energienutzung (L = Luft, G = Gewässer, B = Boden)

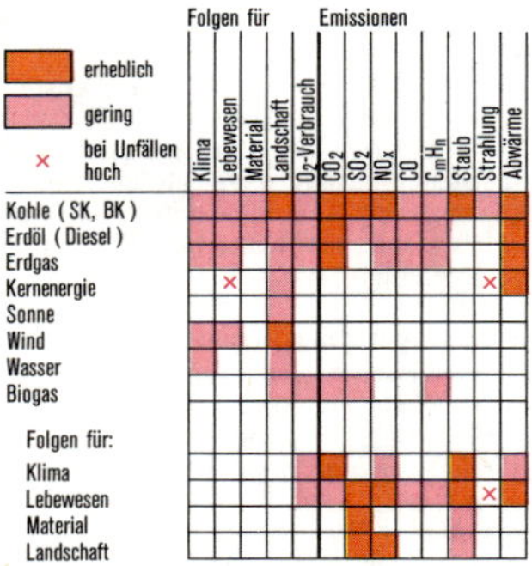

B Belastungen durch Energieerzeugung

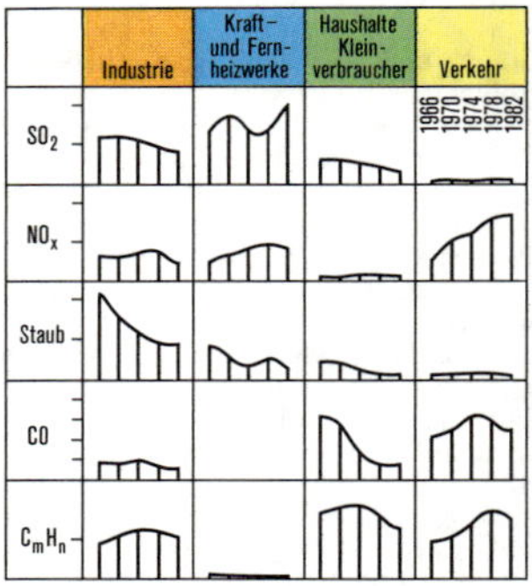

C Emissionen in der BR Deutschland (relativer Anteil)

am Verbrauchsort (g / MWh Endenergie)	SO_2	NO_x	CO	C_mH_n	Staub
Ölheizung	500	180	360	54	9
Gasheizung	3,6	108	252	5	-
Ofen / Braunkohle	432	43	25200	540	1188
Ofen / Steinkohle	1584	180	36000	1440	1260
Gaswärmepumpe	3,6	3600	720	540	-
Dieselwärmepumpe	500	2340	720	360	90
am Umwandlungsort (g / MWh Primärenergie)	Zahlen in Klammern sind Schätzwerte				
Raffinerien	171	190	80	50	34
Kohlekraftwerk (alt)	3840	1900	60	12	682
Kraftwerke (⌀)	2185	1013	32	12	183
Kohlekraftwerke (GFAV)	500	2100	315	12	63
Kohlekraftwerke (Wirbelschicht)	320	517	60	12	104
Kohleveredlung	300	190	80	74	34
Müllverbrennung	(1500)	(575)	(750)	(670)	(220)

D Schadstoffemissionen von Energiegewinnungsanlagen

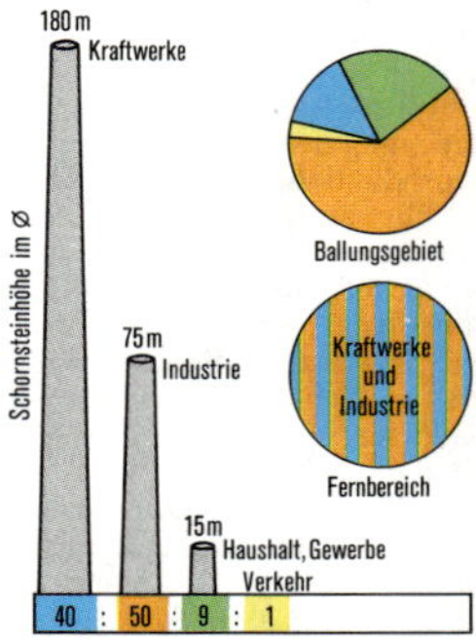

E Verhältnis der Emissionen (links) und der Immissionen (rechts oben)

Energieumwandlung und Umweltbelastungen

Die für den Menschen notwendige Energiegewinnung ist immer mit Umweltbelastungen verbunden, sei es, daß die Energie aus fossilen Brennstoffen, durch die Nutzung der Kernenergie oder den Einsatz regenerativer Energien gewonnen wird (Abb. B).

Die *Primärenergie* (chem. Energie in Erdöl, Kernenergie, Solarenergie u. a.) wird in die *Sekundärenergien* Wärme und Strom umgewandelt, die dann, häufig nach weiteren Umwandlungsprozessen, zum Verbraucher gelangen (Abb. A).

Gewinnung der Primärenergieträger

Der Abbau von *Steinkohle* (SK) im unterird. Schachtbau und der *Braunkohle* (BK) im Tagebau verursacht Umweltbelastungen:

Bergschäden an der Oberfläche nach Bergsenkungen im Untergrund (SK);
Abraum, 30–40% der Fördermenge bei SK, Landschaftwandel durch Halden (SK, BK);
SO_2-Belastung durch Schwelbrände in Halden (SK);
Grundwasserabsenkungen (SK, BK), daraus folgend Vegetationsschäden;
Salzfracht der Abwässer (13 m^3 Förderwasser pro t BK, Waschwasser bei der SK-Aufbereitung);
Staub- und Lärmbelastungen.

Erdöl-Tiefbohrungen bringen bis zu 50% Salzwasser zutage. Wegen der hohen Viskosität dringt Erdöl aus Lecks nur in die obere Bodenschicht ein, aber

verschmutzt das Wasser, v. a. durch untermeer. Förderung und Hochseetransport.

Erdgas ist ein relativ sauberer Primärenergieträger, weil es nach der Förderung gereinigt (v. a. entschwefelt) werden kann.

Energieumwandlung

Die größten Umweltbelastungen bei der Nutzung fossiler Energieträger treten bei Umwandlung der chem. Energie in Wärmeenergie zum Antrieb der Kraftwerksturbinen, Kfz-Motoren und zu Heizzwecken auf. Man war zunächst bemüht, Emissionskonzentrationen an einem Ort aus den Verbrennungsprozessen großtechn. Anlagen durch *Erhöhung der Schornsteine* zu vermindern, hat aber

das Immissionsproblem nur auf den Fernbereich verschoben, wo Wälder und Seen durch ausgewaschene gasförmige Belastungsstoffe *(Saurer Regen)* geschädigt werden (Abb. E; S. 210, Abb. A).

Energieumwandlung ohne *Abwärme* ist nicht möglich:

pro 1 kWh Strom werden ½–2 kWh in Form ungenutzter Wärme frei.

Die Wärmeabgabe erfolgt bei der Trockenkühlung an die Atmosphäre, bei den Naßkühlverfahren an die Gewässer (Abb. A).

Energietransport

Energietransporte (Abb. A) erfolgen über Pipelines, Fahrzeuge oder Stromleitungen. Das Gefahrenpotential durch Defekte an Pipelines ist beim untermeer. Transport und in kalten Gebieten wegen des Korrosions- und Bruchrisikos hoch.

Der Fahrzeugtransport stellt die größte Belastungsquelle dar:

das Risiko nimmt von der Seeschiffahrt über den Bahntransport und die Binnenschiffahrt zum Straßenverkehr zu.

Die Trassen der Strom-Freileitungen durchschneiden aus Sicherheitsgründen in bis zu 200 m breiten Schneisen die Landschaft, isolieren Biotope und beeinträchtigen den Erholungswert.

Energieverbrauch

Der Energieverbrauch durch Industrie, Verkehr, Haushalte und Kleinverbraucher, z. B. Handwerksbetriebe, stellt durch die Konzentration auf Ballungsgebiete ein bes. Problem dar.

Die *Emissionen* sind für die einzelnen Industriezweige spezifisch (z. B. Cyanide beim Hochofenprozeß, Fluor bei der Al-Verhüttung), ebenso auch für die versch. Möglichkeiten der häusl. Energiegewinnung.

Nutzungsänderungen verschieben i. d. R. nur die Emissionsprobleme.

Treibstoffgetriebene Verkehrsmittel belasten die Umwelt durch Lärm (S. 158ff.), CO, Pb, SO_2, NO_x und Kohlenwasserstoffe mit steigender Tendenz (Abb. C).

Die mit der Energiegewinnung verbundenen Risiken werden in der BR Dtl. über gesetzl. Grenzwertfestlegungen, durch die Strahlenschutzverordnung, die Techn. Anleitung Luft (TA Luft) und die Großfeuerungsanlagenverordnung (GFAV) kontrolliert und vermindert, wie auch durch finanzielle Anreize für den Einbau des Katalysators im Kfz.

Grenzwerte sind immer ein polit. Kompromiß zwischen Produktion mit Emissionen und Nichtproduktion.

Der **Risikovergleich** zwischen den versch. Energiegewinnungsarten geht von Erfahrungswerten und Hochrechnungen aus und wurde bisher v. a. für den Vergleich von Kohle/Kernenergie sowie fossile/regenerative Energieträger vollzogen.

Die Daten und Ergebnisse werden kontrovers interpretiert:

S. C. Black und F. Niehaus sehen in der Nutzung der Kohle ein geringeres Risiko als in der Errichtung und Betreibung von solaren Turmkraftwerken.

H. A. Bethe weist für den Kohleeinsatz ein größeres Risiko für die Beschäftigten und die Bevölkerung nach als für die Nutzung der Kernenergie.

D. Teufel, S. Loeben und W. Schoff gewichten die radioaktiven Emissionen von Kernkraftwerken vierfach höher als das Emissionsrisiko durch konventionelle Kohlekraftwerke.

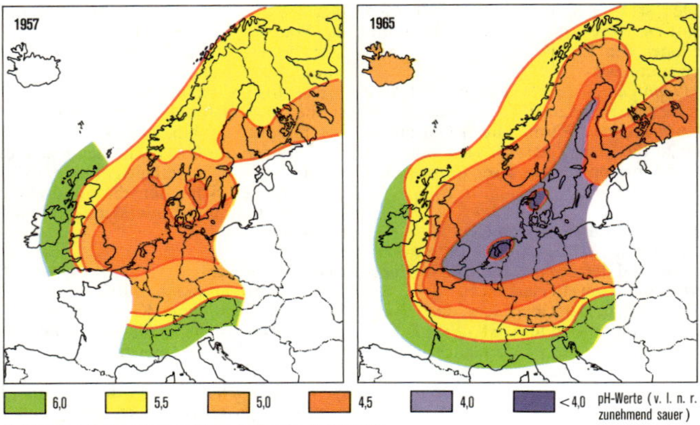

A Säurewerte der Niederschläge in Europa 1957 / 1965

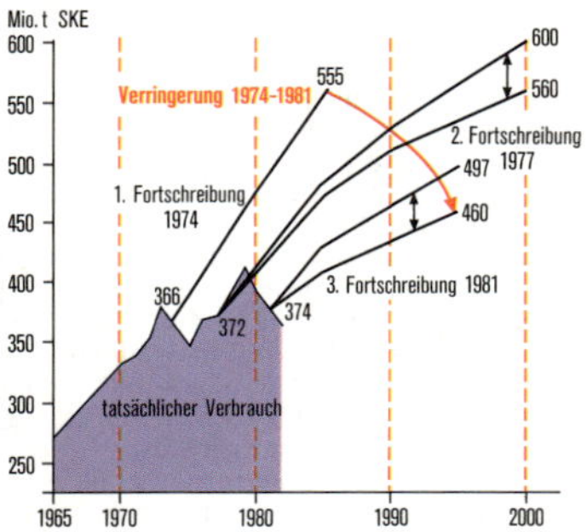

B Energiebedarfsprognosen (Bundesrepublik Deutschland)

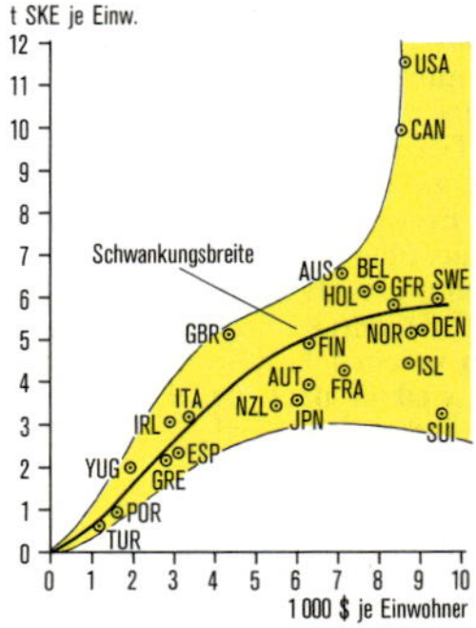

C Energieverbrauch und Wirtschaftsleistung

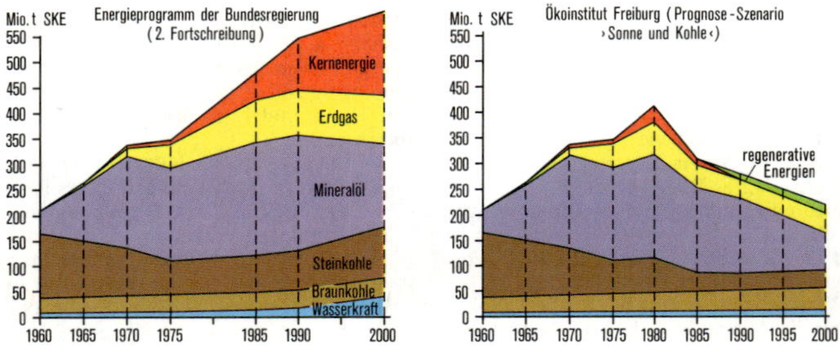

D Energieverbrauchsprognosen für die Bundesrepublik Deutschland 1980

Bis zu Beginn der Industrialisierung war die **Energienachfrage** durch den Wärmebedarf bestimmt, Antriebsenergie wurde mit Hilfe von *Tieren* und *Wasserkraft* gewonnen. In Deutschland war um 1850 die Nachfrage nach *Holz* und *Steinkohle* noch etwa gleich. Die neuen Technologien erhöhten den Energiebedarf, der zunächst über Festbrennstoffe (Dampfmaschine) und seit 1900 zusätzlich durch *Erdöl* (Motorantrieb) gedeckt wurde. Mit der Erfindung des Generators zur Erzeugung *elektrischen Stroms* (W. v. SIEMENS, 1866), mit der zunehmenden Modernisierung der Maschinen, dem Wachstum der Bevölkerung und der Wohlstandsansprüche stieg der Elektrizitätsbedarf und weltweit die Kraftwerkskapazität. Der zusätzliche Energiebedarf wurde nach 1945 durch Erdöl, Erdgas und Kernenergie gesichert.

Das Anwachsen der Kraftwerkskapazitäten und die Zunahme des Kraftfahrzeugbestandes verursachten einen Anstieg der Emissionen, durch ihre Verteilung über Flüsse, Meere und die Luft ein internat. Problem; z. B.:

Verschmutzung von Rhein, Elbe und Werra; Wald- und Seensterben in Skandinavien durch Abgase aus den Industrierevieren Mittel- und Westeuropas (Abb. A); Tschernobyl (S. 257).

Lange Zeit wurde ein linearer Zusammenhang zwischen **Energieverbrauch und Wirtschaftswachstum** als unabänderlich angesehen. Trotz steigendem Strombedarf und zunehmendem Entwicklungsstand

stagniert aber die Energienachfrage in Europa, bzw. gelten spezif. Verhältnisse für die versch. Staaten (Abb. C).

Der anwachsende Strombedarf und Erdölkrisen begünstigten den Ausbau der Kernenergie. In den Entwicklungsländern der warmen Zonen könnten regenerative Energien eine wichtige Versorgungsaufgabe übernehmen.

In **Energieprogrammen** wird der zukünftige Energieverbrauch geschätzt und für Planungsvorhaben festgeschrieben (Abb. B).

Für Errichtung eines Großkraftwerks müssen ca. 10 Jahre Bauzeit geplant werden.

Global wirken Energieversorgungsentscheidungen der Industrieländer, z. B. die Option für Kernenergie, und Zukunftsplanungen der Entwicklungsländer, z. B. Desertifikation durch Holzeinschlag, auf die Umwelt.

Die **Energiekrise** der 70er Jahre förderte die Entwicklung energiesparender Techniken;

Bedarfsschätzungen mußten laufend nach unten korrigiert werden (Abb. B).

Polit. Zielvorstellungen über z. B. den Anteil der Kernenergie, lassen versch. Prognosen der Energieentwicklung zu (Abb. D).

Eine Enquete-Kommission des Bundestages hat 1980 eine **Modellstudie mit Energieverbrauchs-Strategien** unter Berücksichtigung von mehr oder weniger Kernenergie und Energieverbrauch erstellt (s. u.).

		Pfad 1		Pfad 2		Pfad 3		Pfad 4	
Charakterisierung									
Wirtschaftswachstum pro Jahr									
– vor 2000		3,3 %		2,0 %		2,0 %		2,0 %	
– nach 2000		1,4 %		1,1 %		1,1 %		1,1 %	
Strukturwandel in der Wirtschaft		mittel		mittel		stark		stark	
Wachstum der Grundstoffindustrie		wie BSP / 2		wie BSP / 2		Null		Null	
Energieeinsparungen		Trend		stark		sehr stark		extrem	
	1978	2000	2030	2000	2030	2000	2030	2000	2030
Nachfrageseite [1]									
Primärenergiebedarf	390	600	800	445	550	375	360	345	310
Endenergiebedarf	260	365	446	298	317	265	250	245	210
Strombedarf [2]	36	92	124	47	57	39	42	36	37
Nicht-energetischer Verbrauch	32	50	67	43	52	34	34	34	34
Angebotsseite									
Stein und Braunkohle	105	175	210	145	160	145	160	130	145
Erdöl und Erdgas	265	250	250	190	130	190	130	165	65
Kernenergie in GWe	10	77	165	40	120	0	0	0	0
– davon Brutreaktoren	–	–	84	–	54	–	–	–	–
Regenerative Energiequellen	8	40	50	40	50	40	70	50	100
Sonstiges									
Kohleverstromung	65	80	80	29	22	76	77	52	33
Synthetisches Erdgas aus Kohle	–	18	50	18	56	–	–	–	–
Stromanteil in %									
– an der Raumwärme	3	14	17	5	7	3	2	2	0
– an der Prozeßwärme	7	19	17	8	8	8	8	7	6
Natururanbedarf in 1 000 t kumuliert		bis 2030		bis 2030					
– ohne Wiederaufarbeitung		650		425					
– mit Brutreaktoren		390		255					

1) Wenn nicht anders angegeben, beziehen sich alle Werte auf Millionen t SKE. 2) Der Strombedarf bezieht sich auf den Endenergiebedarf an Strom, nicht auf die Bruttostromerzeugung. Er ist hier in Millionen t SKE angegeben. 1 Million t SKE Strombedarf entspricht 8,13 TWh.

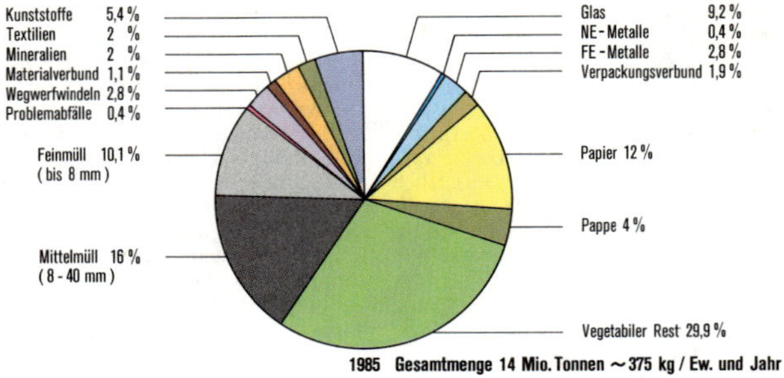

A_1 Hausmüllzusammensetzung in Gew.-% (BRD)

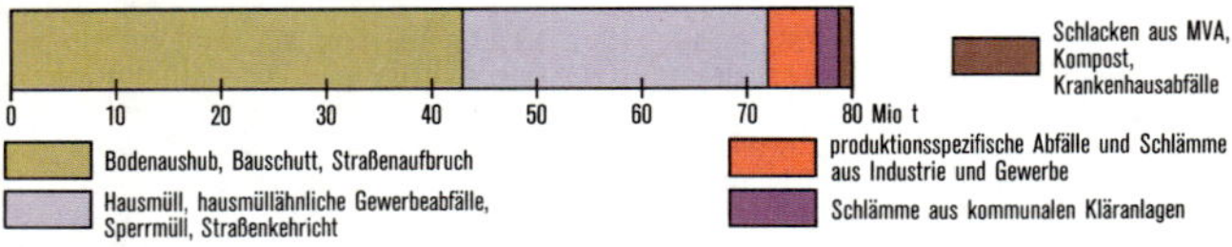

A_2 Abfallmengen 1982

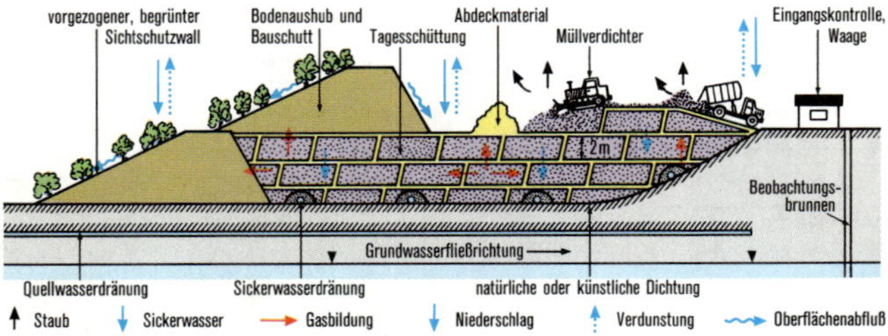

B Querschnitt einer Deponie und wichtige Stoffflüsse

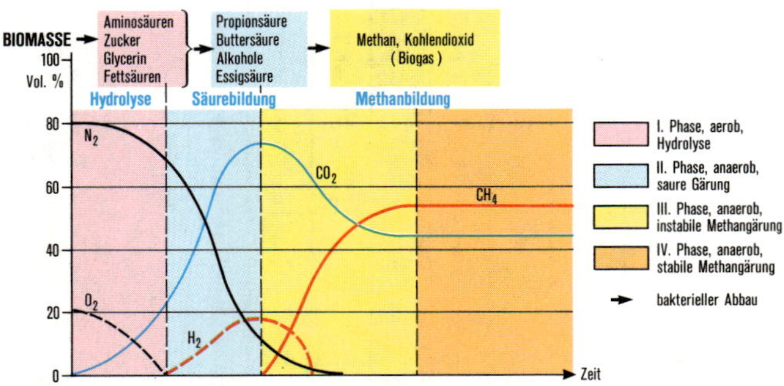

C Abbauprozesse organischer Stoffe und Deponiegaszusammensetzung

Abfallarten, Übertagedeponierung

Seitdem der Mensch wirtschaftet, entstehen **Abfälle.** Sie wurden früher schon gesammelt und außerhalb des tägl. Lebensraumes ausgestreut, vergraben oder über Gewässer abgeführt. Da man die Abfallbeseitigung nicht beachtete, wurde sie häufig Ursache für Seuchen und Epidemien.

Der Hausmüll bestand früher zu 60% aus Asche und Schlacken (Kohleofen), 20-25% organ. Abfällen, geringen Mengen Papier, Pappen, Glas oder Metallen. Kunststoffe gab es nicht. Häusliche Abfälle wurden im Ofen mitverbrannt.

Die **Abfallmenge** hat bis heute ständig zugenommen. Aufwendigere Verpackungen, oft aus Kunststoffen, häufigere Neuanschaffungen der Gebrauchsgegenstände (Möbel, Haushaltsgeräte, PKW) veränderten die Zusammensetzung des Mülls (Abb. A).

Abfallwirtschaft

1972 wurde in der BR Dtl. das **Abfall-Beseitigungsgesetz** erlassen, um weiterer ungeordneter »Beseitigung« vorzubeugen. Seitdem entsorgt die Müllabfuhr *bundesweit* den Abfall aus privaten Haushalten über Müllgefäße. Da alle Stoffe früher oder später in die Stoffkreisläufe gelangen, gibt es *keine Beseitigung* der Abfälle. Müll kann nur

in **Deponien** abgelagert oder

in **Müllverbrennungsanlagen (MVA)** verbrannt werden bzw. können

durch **Pyrolyse** aufbereitete Anteile der **Wiederverwertung (Recycling,** S. 247) zugeführt werden.

Die ökolog. sinnvollste Form, dem Müllproblem zu begegnen, ist die **Müllvermeidung.**

Deponie

Eine **Deponie** ist eine geordnete und kontrollierte Ablagerung von Abfall auf dafür geeigneten Flächen (Abb. B).

6 *Deponieklassen* werden unterschieden:

Deponien für Bodenablagerungen, Mineralstoffe, Siedlungsabfälle, Gewerbe- und Industrieabfälle, Sonderabfälle und *Untertagedeponie für Sonderabfälle.*

In Deponien gelagert werden 65% der festen Siedlungsabfälle, ca. 60% der problemat. Gewerbeabfälle und >90% Inertabfälle (Bauschutt, Bodenaushub).

Die Zahl der Deponien ist zugunsten von Großdeponien reduziert worden (ca. 50000 vor 1972; 1982 ca. 365 und 2621 Bauschuttdeponien).

Wenn nicht natürlich dichter Untergrund vorliegt (Tone, Feinschluffe), muß die Deponiebasis zum Schutz des Grundwassers künstlich abgedichtet werden. Als Abdichtungen können Bitumen, Kunststoffolien, Böden mit Kunstharzen, silikat. oder anderen Bindemitteln dienen.

Problematisch ist die technisch als sinnvoll angesehene *Dichtigkeit von 30-50 Jahren.* Denn es gibt keine Materialien, die unter allen Bedingungen gegen alle Stoffe dauerhaft dicht sind.

Eine Abfallverwertung ohne Reste ist bisher nicht abzusehen, darum sind Deponien notwendig.

Der Müll wird in Schichten bis zu 2 m gelagert, maschinell verdichtet und mit einer Lage Bauschutt, Klärschlamm o. ä. bedeckt (Abb. B).

Im abgedichteten Müll herrschen zuerst *aerobe* Verhältnisse.

Proteine, Kohlenhydrate und Fette werden zu Aminosäuren, Zuckern, Glycerin und Fettsäuren gespalten **(Hydrolyse).**

Mit der **Säurebildung** beginnt die *anaerobe Phase.*

Der Abbau zu kurzkettigen Fettsäuren durch Bakterien setzt CO_2 und H_2 frei.

Danach entstehen durch *Methanbakterien* **(Methangärung)** giftige, brennbare bis explosive Gasgemische aus ca. 55% Methan und ca. 45% CO_2, in geringen Mengen H_2S, CO, N_2 und NH_4 (Abb. C).

Die Gase müssen über Rohrsysteme abgeführt werden **(Entgasung)** und können bei angeschlossener Rauchgasreinigungsanlage als *Brenngase* verwertet werden.

Die Gasbildungen in abgeschlossenen Deponien erschweren Rekultivierungsmaßnahmen (austretende Gase schädigen Pflanzenwurzeln).

Das **Sickerwasser** (5-10 m^3/ha u. Tag) enthält zahlreiche gelöste organ. Stoffe und Fremdstoffe (Salze, Pestizide, Chlorkohlenwasserstoffe) in schwankenden Mengen, die sich nach Jahren auf ein gleichbleibendes Niveau einstellen.

Maßnahmen zur *Entwässerung und Abwasserklärung* sind notwendig, damit Sickerwasser nicht ins Oberflächen- oder Grundwasser kommt.

Wegen der *Umweltbelastungen durch Stäube, Rauch von Schwelbränden, Gase, Gerüche, verwehtes Leichtmaterial (Papier, Plastiktüten), Sickerwasser und Ungeziefer* wird es immer schwieriger, geeignete Deponiestandorte zu finden.

Einbringung der Abfälle auf See

Die in die Nordsee mündenden Gewässer (bes. der Rhein) tragen mehr Schadstoffe ein als die Luftverschmutzung und Abfallbeseitigung auf See. Schiffe bringen Abfälle durch **Verklappen, Versenken** bzw. **Verbrennen** ein.

Beim Verklappen wird z. B. *Dünnsäure,* die in 8facher Menge pro t hergestelltem Titandioxid (Weißpigment für Farben, Kosmetika und Zahnpasta) anfällt, ein Gemisch aus H_2SO_4, Eisensulfat u. a. Metallverbindungen, in den Schraubenstrahl des Schiffs gepumpt.

In nach oben offenen Öfen werden auf Verbrennungsschiffen bes. halogenierte KW bei >1200 °C verbrannt, wobei hochtox. Rückstände in die Atmosphäre gelangen.

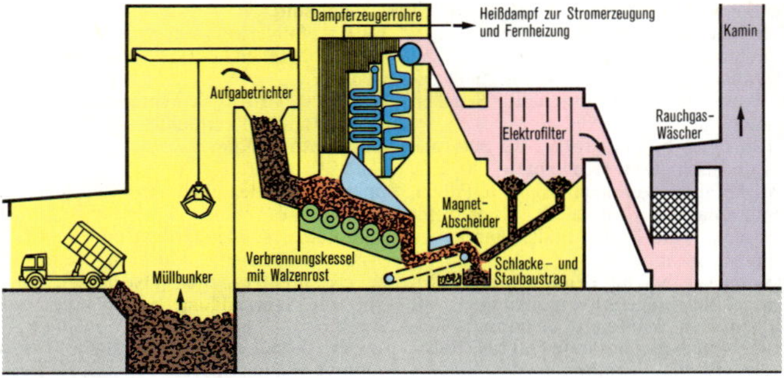

A Müllverbrennungsanlage mit Energieerzeugung

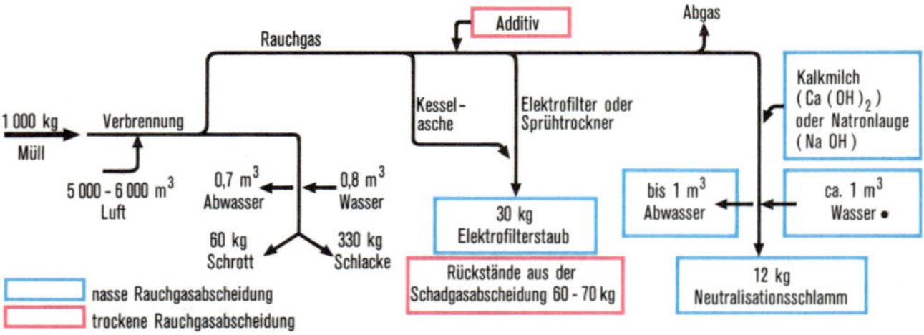

B Reststoffmengen bei der Müllverbrennungsanlage

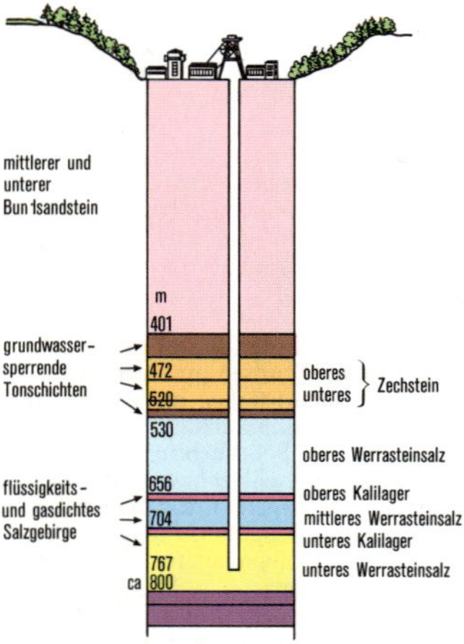

C Untertage-Deponie Herfa-Neurode (geologisches Profil)

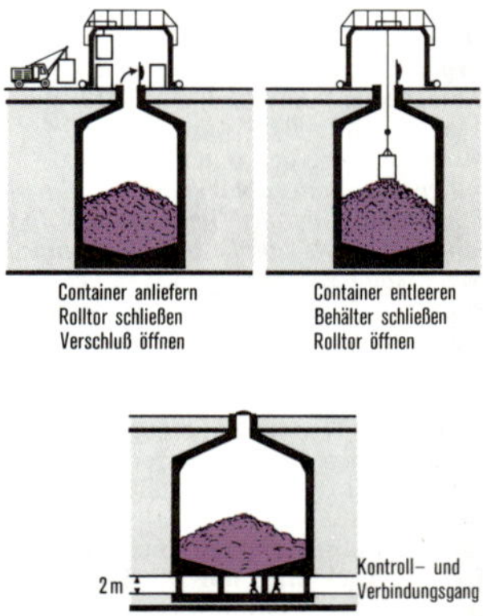

D Künstliche Hochsicherheitsdeponien (Betrieb und Variante mit Unterkellerung)

Müllverbrennung und Sondermüll

Müllverbrennungsanlage (MVA)
In der BR Dtl. verbrennen 47 MVA ungefähr 8,5 Mio. t Abfälle pro Jahr (≙ 34% der Gesamtentsorgung beim Hausmüll). Obwohl 40 der MVA mit angeschlossener Wärmerückgewinnung arbeiten, bleibt der Beitrag der Energieerzeugung < 0,6% der in der BR Dtl. genutzten Primärenergie.

Die MVA (Abb. A) erreichen eine *Volumenreduktion auf 10–20%*, eine *Gewichtsminderung auf 30–50%* des Ausgangsmaterials (Abb. B).

Da nicht aufbereiteter Müll ein schlechter Brennstoff ist, wird er zerkleinert und vermischt mit Heizöl oder Gas verfeuert. In der **Wirbelschichtfeuerung** kann der brennbare Anteil bis auf 1 Gew.% absinken, ohne daß die Feuerung (750–950 °C) zusammenbricht. Kalkstein- und Dolomitzugaben können Schwefel binden (S. 241).

Die Umweltbelastungen liegen v. a. in den **Gasemissionen** (HCl, HF, SO_2, NO_x) und *Schwermetallen* (Pb, Cd, Cr, Ni, Hg, Zn).

Chlorkohlenwasserstoffe (CKW) werden bei Temperaturen von < 1000 °C nicht vollständig verbrannt.

Pro t Müll entstehen 5000–6000 m^3 Rohgas (Abb. B). Zur **Rauchgasreinigung** werden *Gewebe-* und *Elektrofilter* eingesetzt, *Naßabscheider* führen zu starker Wasserbelastung. Verringert werden v. a. Staub, anorgan. Cl-Verbindungen, SO_2.

Problematisch sind **Hg,** Cd, Pb, Cu und Zn, halogenierte KW (Dioxine und Furane: im Reingas 20–227 ng/m^3 PCDD, 31–361 ng/m^3 PCDF), die gasförmig emittieren.

Die mit Salzen hochbelasteten Rückstände, hochalkal. Restschlacke und Flugstaub können nicht weiter verwendet werden und müssen auf Sondermülldeponien gebracht werden.

Sonderabfälle
sind überwachungspflichtige Abfälle, die wegen ihrer Umweltgefährlichkeit nicht in den üblichen Anlagen deponiert bzw. verbrannt werden dürfen, z. B.

Cyanide aus der Stahloberflächenveredlung, hochchlorierte Kohlenwasserstoffe, Arsenverbindungen aus der Buntmetallverhüttung, Quecksilberreste aus Batterien, organ. Hg-Verbindungen aus Erdgasaufbereitung, Galvanikrückstände, chem. Destillationsrückstände, Filtrations-, Eindampf- und Klärfilterrückstände, Farbstoff- und Produktionsrückstände der Pflanzenschutzmittel, Kondensatoren, Rückstände aus Verbrennungsanlagen.

Das alte Prinzip der *Verdünnung durch Verteilung der Stoffe* im Ökosystem wird aufgegeben, es geht um den Entzug der nicht wiederverwendbaren Schadstoffe aus den ökolog. Stoffkreisläufen.

Nach Möglichkeit sollen Sonderabfälle vor der **Zwischen-** bzw. **Endablagerung** *neutralisiert bzw. entgiftet* werden.

Die bleibenden Rückstände müssen auf Sondermülldeponien gelagert werden. Hier sollen nur mineralisierte Rückstände und die, die keiner chem. Umwandlung unterliegen, gelagert werden.

Die Abdichtung dieser Deponien muß ein **Mehrfach-Barrieren-System** aufweisen, dessen Dichtigkeit *nachprüfbar* und *reparierbar* ist. Die Ablagerung muß *überwacht* werden, und die abgelagerten Stoffe müssen *rückholbar* sein. Oberflächenabdichtung verhindert das Eintreten von Niederschlägen, die Basisabdichtung das Austreten von Sickerwasser.

Neue Systeme als **Hochsicherheitsbehälter** aus Stahlbeton (Flaschen-, Zellen-, Schachtdeponien) mit Dichtungssystemen und Kontrolldrainage werden diskutiert (Abb. D).

Sie sind standortunabhängiger, verschiedenartige Abfälle können getrennt gelagert werden und sie sind rückholbar. Sie können als Zwischenlager von Sondermüll genutzt werden. Eine Endlagerung ist problematisch, da es keine dauerhaft funktionierenden techn. Systeme gibt.

Um hochgiftige Abfallstoffe langfristig von den Ökosystemen auszuschließen, scheinen **Untertagedeponien** in *Bergwerken* oder *Salzkavernen* geeignet.

Stollen des **Salzbergwerks Herfa-Neurode** (in Nordhessen; Abb. C) sind von ca. 100 m wasser- und gassperrenden Tonschichten überlagert. Die Einlagerung erfolgt in Einzelcontainern (1986: 77 300 t eingelagert; bei 80 000 t/a reicht der Hohlraum für 25 Jahre). Nach Verfüllen der Stollen werden diese zugemauert.

Salzkavernen können mit Wasser über Bohrlöcher ausgespült und mit gasförmigen, flüssigen oder festen Sonderabfällen beschickt und verschlossen werden.

Altlasten
sind **kontaminierte Standorte,** die durch stillgelegte Deponien *(Deponien nach dem neuesten Stand der Technik sind Altlasten von morgen),* Aufhaldung und Verfüllung mit umweltgefährdenden Produktionsrückständen, kontaminierte Betriebsgelände, abgelagerte Kampfstoffe, defekte Abwasserkanäle entstehen.

Spektakuläre Schadensfälle (Deponie Georgswerder, Hamburg, mit austretendem Dioxin; in Bielefeld-Brake die mit Wohnhäusern bebaute ehem. Schlammdeponie mit tox. Substanzen) brachten die Altlastenfrage in die Öffentlichkeit.

Probleme bereiten die fehlenden Informationen über kontaminierte Standorte. Von 30 000 Altablagerungen in der BR Dtl. werden 10% als umweltgefährdend eingeschätzt.

Schritte zur Gefahrenabwendung sind:
Erfassung (Altlastenkataster),
Gefährdungsabschätzung bzw. **Bewertung,**
Überwachungs- bzw. **Sanierungsmaßnahmen.**

Die **Sanierung** von kontaminierten Standorten ist schwierig.

Lebensmittel	Cd Median	Cd 98. Perzentil	Cd Richtwert	Hg Median	Hg 98. Perzentil	Hg Richtwert	Pb Median	Pb 98. Perzentil	Pb Richtwert
Milch	0,002	0,025	0,0025	0,010	0,010	0,01	0,002	0,025	0,03
Eier	0,006	0,200	0,05	0,005	0,119	0,031	0,100	0,620	0,25
Rindfleisch	0,005	0,099	0,1	0,001	0,010	0,01	0,020	0,48	0,25
Schweinefleisch	0,010	0,290	0,1	0,001	0,037	0,03	0,005	0,456	0,25
Rinderleber	0,090	0,460	0,5	0,006	0,189	0,1	0,240	1,058	0,8
Rinderniere	0,400	3,289	1,0	0,023	0,647	0,1	0,270	0,909	0,8
Hühner	0,011	0,208	0,1	0,010	0,045	0,03	0,025	0,528	0,1
Süßwasserfische	0,015	0,250	0,1	0,135	1,500	1,0	0,050	0,286	0,5
Seefische	0,010	0,050	0,1	0,100^{+}	1,569^{+}	1,0	0,102	0,860	0,5
Hg-Problemfische				0,950	3,160	1,0	0,130$^{\blacktriangle}$	3,330$^{\blacktriangle}$	1,0$^{\blacktriangle}$
Weizen	0,046	0,189	0,1	0,001	0,117	0,3	0,028	0,118	0,3
Blattgemüse	0,021$^{\times}$	0,190$^{\times}$	0,1$^{\times}$	0,010	0,048	0,05	0,060	1,023	0,8
Spinat	0,073	2,300	0,5						
Wurzelgemüse	0,029$^{\bullet}$	0,170$^{\bullet}$	0,1$^{\bullet}$	0,003	0,029	0,05	0,030	0,361	0,25
Sellerie	0,740	1,900	0,2						

Median: Konzentration, die von 50 % der Proben unterschritten wird
98. Perzentil: Konzentration, die von 98 % der Proben unterschritten wird
× ohne Spinat • ohne Sellerie
\+ ohne Hg-Problemfische ▲ Fischkonserven
[Kasten] Richtwert überschritten

A Schwermetallgehalte in Lebensmitteln (mg / kg Frischgewicht)

Farbstoffe

E-Nr.	Name	Farbe			
E 100	Kurkumin	gelb	×	△	
E 101	Lactoflavin (Riboflavin)	gelb	×	△	■
E 102	Tartrazin	gelb		△	
E 104	Chinolingelb	gelb		△	○
E 110	Gelborange S	orange		△	
E 120	Cochenille (echtes Karmin)	rot	×		
E 123	Amaranth	rot		△	■
E 124	Cochenillerot A	rot		△	○
E 127	Erythrosin	rot		△	■
E 131	Patentblau V	blau		△	
E 132	Indigotin I	blau		△	
E 140	Chlorophylle a, b	grün	×		
E 141	Kupferkomplexe der Chlorophylle	grün		△	○
E 150	Zuckercouleur	braun		△	
E 151	Brillantschwarz BN	schwarz		△	○
E 153	Carbo medicinalis vegetabilis	schwarz	×		
E 160 a	Carotin	gelb	×		
E 160 b	Bixin, Norbixin, Annatto, Orlean	orange	×		
E 160 c	Capsanthin / Capsorubinorange	orange, rot	×		
E 160 d	Lycopin	orange	×	△	
E 160 e	Apo-8-Carotinal	gelb	×	△	
E 160 f	Apo-8-Carotinsäureethylester	gelb	×	△	
E 161 a-f	Xanthophylle	gelb, orange	×	△	
E 161 g	Canthaxanthin	orange		△	■
E 162	Beetenrot / Betanin	rot	×		
E 163	Anthocyane	violett, rot	×		
E 170	Calciumcarbonat	weiß / grau	×		
E 171	Titandioxid	weiß	×		
E 172	Eisenoxide, -hydroxide	gelb, rot		△	
E 173	Aluminium	silbergrau		△	

Konservierungsstoffe

E-Nr.	Name			
E 200-203	Sorbinsäure u. ihre Salze		△	
E 210-213	Benzoesäure u. ihre Salze		△	■
E 214-219	Parahydroxybenzoesäureester		△	■
E 220	Schwefeldioxid		△	■
E 221-227	Sulfite		△	■
E 230	Biphenyl		△	■
E 231	Orthophenylphenol		△	■
E 232	Na-Orthophenylphenolat		△	■
E 233	Thiabendazol		△	■
E 236-238	Ameisensäure u. ihre Salze	×	△	
E 250	Natriumnitrit		△	■
E 251	Natriumnitrat		△	■
E 252	Kaliumnitrat		△	■
E 260-263	Essigsäure u. ihre Salze	×	△	
E 270	Milchsäure	×	△	
E 280-283	Propionsäure u. ihre Salze		△	■
E 290	Kohlendioxid	×	△	

Antioxidantien

E-Nr.	Name			
E 300-302	L-Ascorbinsäure u. ihre Salze	×	△	
E 304	6-Palmitoyl-L-Ascorbinsäure		△	
E 306	Tocopherole	×		
E 307-309	Alpha-, Gamma-, Delta-Tocopherol		△	
E 310	Propylgallat	×	△	■
E 311	Octylgallat	×	△	■
E 312	Dodecylgallat	×	△	■
E 320	Butylhydroxyanisol (BHA)		△	■
E 321	Butylhydroxytoluol (BHT)		△	■
E 322	Lecithine	×		
E 325-327	Salze der Milchsäure	×		
E 330-333	Zitronensäure u. ihre Salze	×		
E 334-337	L (+) Weinsäure u. ihre Salze	×		
E 338-343	Orthophosphorsäure u. ihre Salze	×		○

Bindemittel

E-Nr.	Name			
E 400-404	Alginsäure u. ihre Salze	×		○
E 405	Propylenglykoalginat	×	△	○
E 406	Agar-Agar	×		
E 407	Carragen	×		○
E 410	Johannisbrotkernmehl	×		
E 412	Guarkernmehl	×		○
E 413	Traganth	×		
E 414	Gummi arabicum	×		○
E 415	Xanthan	×		

Geschmacksverstärker

E-Nr.	Name			
E 620-625	Glutaminsäure u. ihre Salze		△	■
	Ethylmaltol		△	■
	Cyclamat		△	○
	Saccharin		△	○
	Aspartame		△	■

Sonstige

E-Nr.	Name			
E 420	Sorbit		△	○
E 421	Mannit		△	
E 422	Glycerin		△	
E 440 a	Pektine	×		
E 450 a-c	Mehrfach-Phosphate	×		
E 460	Cellulose	×		

× natürliche Stoffe ○ Nebenwirkungen diskutiert
△ synthetische Stoffe ■ Nebenwirkungen bedenklich

B Nahrungsmittelzusatzstoffe, in der BRD zugelassen

Der Mensch nimmt Stoffe mit schädigender Wirkung über die *Atemluft* (Aerosol, Staub), durch *Nahrungsmittel* oder *Trinkwasser* und nur in geringem Maße durch die *Haut* auf.

Schadstoffe werden z. T. entgiftet und ausgeschieden oder reichern sich im Gewebe an.

Die Zeit, in der die Menge eines Stoffes im Körper auf die Hälfte der Ausgangskonzentration zurückgeht, nennt man **biologische Halbwertszeit.**

Für viele Schadstoffe - nicht für alle (z. B. krebserzeugende Stoffe) - läßt sich eine *Dosis-Wirkung-Beziehung* feststellen.

Unterhalb eines bestimmten **Schwellenwertes** ist keine schädigende Wirkung zu beobachten *(no effect level),* bei zunehmender Dosis erfolgt ein mehr oder weniger steiler Anstieg der Wirkung.

Höchstwerte oder **Grenzwerte** sind vom Gesetzgeber festgesetzte Werte, deren Überschreiten eine Straftat darstellt.

Richtwerte sind Empfehlungen, die nach Möglichkeit vom Erzeuger einzuhalten sind. Bei ihrer Überschreitung sollen die Ursachen ermittelt werden (Abb. A).

Der häufig geforderte zweifelsfreie Nachweis der Unschädlichkeit ist auch nach langjähriger Überprüfung nicht immer eindeutig zu erbringen. Verdünnen bzw. Verarbeiten von schadstoffreichen Nahrungsmitteln mit unbedenklichen Erzeugnissen, um die Grenzwerte zu unterschreiten, erhöht die Allgemeinbelastung erheblich.

Kombinationswirkungen von Schadstoffen sind weitgehend unerforscht und werden in Labortests häufig nicht erfaßt.

Die Grenzwerte für Lebensmittel werden wie folgt ermittelt:

die **Warenkorbmethode** bestimmt die Schadstoffkonzentration in verzehrfertiger Nahrung, indem sie vom statist. Gesamtverzehr der Lebensmittel in der BR Dtl. ausgeht und mit der pro Kopf verzehrten Nahrungsmenge die mögl. Schadstoffaufnahme berechnet.

Bei der aufwendigeren **Duplikat-Methode** werden vom Tagesverzehr der Testperson genaue Duplikate abgewogen und analysiert, so Eßgewohnheiten berücksichtigt.

Lebensmittel werden durch eine Reihe techn. Verfahren verändert.

Zusatzstoffe sollen Verarbeitung, Lagerung oder Transport erleichtern *(Konservierung)* bzw. den Konsum fördern (Abb. B).

Optische und organoleptische (die übrigen Sinne betreffende: Geruchs-, Geschmacks-, Aussehen-, Form- und Konsistenzverbesserer) Eigenschaften werden den Wünschen der Käufer angepaßt.

Natürliche Schadstoffe

Zu den **natürlichen Schadstoffen** zählen toxische Verbindungen, die durch chem. oder bakterielle Zersetzung entstehen **(Verderbnis),** die durch pathogene Mikroorganismen gebildet werden **(Kontamination)** und die durch best. Pflanzen synthetisierten toxischen Verbindungen.

Einige toxische Substanzen von Pilzen **(Mykotoxine)** und von Algen **(Phytoplanktontoxine)** sind bekannt.

Der übergroße, schwarze Getreidekörner verursachende Pilz *Claviceps purpurea* (Mutterkorn, v. a. beim Roggen) bildet Alkaloide (Ergotamin), welche die *Kriebelkrankheit* (Muskelschwäche, Zittern, Erbrechen, Delirien) verursachen.

Hochgiftige **Aflatoxine** entstehen durch den gelb-grünen Schimmelpilz *Aspergillus flavus* u. a., der auf allen, bes. auf fetthaltigen Lebensmitteln wächst.

Aflatoxine sind hitzebeständig. Damit kontaminierte Lebensmittel können nicht mehr genutzt werden.

Sie rufen v. a. Leberkrebs hervor, indem sie in die Genregulation der Zellen eingreifen.

Phytoplanktontoxine werden von schwebenden Algen gebildet und reichern sich bei Massenvermehrung in Süßgewässern an. In die menschl. Nahrungskette gelangen diese Giftstoffe durch Trinkwassergewinnung oder Verzehr von Muscheln und Fischen.

Auch mit stark phytoplanktonhaltigem Wasser getränktes Vieh reichert die Toxine an.

Die Wurzelknollen des Maniok (Cassava), Hirse, Bambussprossen, bittere Mandeln und Obstkerne bilden blausäureentwickelnde Substanzen **(Cyanogene).** Sie werden durch Bearbeitung (Auswaschen, Erhitzen) verringert.

Rohe Sojabohnen u. a. Bohnen enthalten **Protease-Hemmstoffe,** die, roh gegessen, Verdauungsbeschwerden, Allergien oder Verklumpen der roten Blutkörperchen verursachen.

Infektionen und Vergiftungen

Mit verunreinigter Nahrung oder mit Wasser können Krankheitserreger aufgenommen werden (z. B. *Tuberkel-, Typhus-Bakterien, Cholera-Vibrionen*). Ca. 80% der Lebensmittelvergiftungen gehen von **Salmonella-Bakterien** aus.

Rohes Hackfleisch, Gefriergeflügel (Eiswassertauchbad bei der Massenschlachtung) und Feinkostsalate sind die häufigsten Infektionsquellen.

Bekannte **Parasiten,** die mit der Nahrung aufgenommen werden, sind *Band-, Spulwürmer, Trichinen* und *Ruhr-Amöben.*

Durch mangelnde Küchenhygiene treten *Staphylokokken-Infektionen* auf.

Das Bakterium *Clostridium botulinum* bildet unter Luftabschluß hochgiftige Neurotoxine (0,1 - 1,0 μg töten den Menschen, *Botulismus*).

15-minütiges Erhitzen bzw. stärkeres Ansäuern zerstören das Toxin.

Clostridium perfringens bildet in eiweißhaltigen Gerichten das hitzelabile *Enterotoxin,* das Brechdurchfall verursacht.

Ein von den Muscheln aufgenommener *Dinoflagellat (Gonyoulax)* bildet hitzestabiles **Saxitoxin,** das in weniger als 1 Std. zu Erkrankungen führt (10% tödlich).

Verunreinigungen kommen durch Emissionen (Verkehr, Industrie, Verpackung u. ä.) in die Nahrungsmittel. Sie entstehen durch Schwermetalle, von denen der Körper Fe, Cu, Co und Zn in Spuren benötigt.

Cd, Hg, Pb und As dagegen sind problematisch. Sie reichern sich bei ständiger Zufuhr im Körper an und wirken als *Enzymgifte* (S. 216, Abb. A).

Cd gelangt durch Abluft oder Abwässer der Metallhütten, metallverarbeitender Betriebe, durch Verbrennen von Erdöl und Kohle, durch Cd-verunreinigten Phosphordünger oder durch Müllkomposte sowie Klärschlämme in die Nahrungskette. 75% des aufgenommenen Cd stammt aus pflanzl. Nahrungsmitteln. Der Mensch resorbiert ca. 5% des zu sich genommenen Cd und reichert es bes. in der Nierenrinde an (*Itai-Itai-Krankheit,* S. 175). Cd ist fast ubiquitär verteilt.

Untersuchungen von belasteten und unbelasteten Standorten zeigen eine Aufnahme von 0,094 mg im Rheintal und 0,083 mg/Woche u. Person im Mittelgebirge (Nahrungsduplikat-Methode).

Eigenversorgung verringert die Aufnahmewerte kaum. Rauchen ist eine bed. Cd-Immissionsquelle, so daß Organe von Rauchern doppelt so hohe Werte aufweisen.

Hg bzw. Hg-Verbindungen entstehen bei der Chloralkali-Elektrolyse, PVC-Produktion und Papierherstellung. Sie gelangen durch Abwässer, Klärschlämme und Düngemittel in die Umwelt. Der Hg-Gehalt ist in pflanzl. Lebensmitteln niedrig, in den Tierorganen (Leber, Niere) höher und erreicht in Pilzen und Fischen höchste Werte (S. 216, Abb. A).

Seefische (Nutzhaie, Blauleng und einige Buttarten) sind *Hg-Problemfische.* Je nach Alter, Größe und Lebensraum überschreiten die Hälfte der Fische die Höchstwerte von 1 mg/kg (*Minamata-Krankheit,* S. 175).

Die gefährlichen organ. Hg-Verbindungen werden leicht resorbiert, weil sie fettlöslich sind. Sie wurden früher als Fungizid und Saatbeizmittel verwendet.

Schon eine tägl. Aufnahme von 4 µg Methyl-Hg pro kg Körpergewicht führt zur Vergiftung.

Pb wird von den Pflanzen weniger intensiv aufgenommen und gelangt eher durch verschmutzte Pflanzenoberflächen oder durch Konserven (Verwendung Pb-haltiger Lote, Abb. A) in die Nahrungskette. Akute Pb-Vergiftungen sind selten, chronische häufiger.

Versuche mit 100 mg Pb/kg belastetem Heu (≙ 100facher Durchschnittswert) zeigten einen 3-4fachen Anstieg des Pb-Gehalts in der Kuhmilch.

95% des aufgenommenen Pb werden mit dem Kot, 0,2% im Urin und 0,017% in der Milch abgegeben. Knochen, Leber und Nieren speichern größere Mengen.

Beim Getreide zeigten die höchsten Pb-Gehalte die Blattspitzen und Spelzen, deutlich geringer waren die Werte der Keime und Hüllschichten des Getreidekorns, am geringsten das Korninnere.

Der **As-Gehalt** in pflanzl. Lebensmitteln ist niedrig. Höchste Werte erreichen Fische und Krustentiere (S. 216, Abb. A), wo das As jedoch in weniger toxischen organ. Verbindungen gespeichert wird.

Futtermittel wie Fischmehl können 420 ug/kg As enthalten.

Rückstände

von Stoffen gelangen produktionsbedingt in die Nahrung (Pestizide, Folgeprodukte der Düngung, Wachstumsregulatoren und Arzneimittel bei Massentierhaltung).

Unter den **halogenierten Kohlenwasserstoffen** (S. 173) verursachen die Pestizide DDT und seine Umwandlungsprodukte, Hexachlorcyclohexan, das Fungizid Hexachlorbenzol, Dieldrin, Heptachlorepoxid und die polychlorierten Biphenyle wegen der hohen Persistenz Rückstandsprobleme.

Ihre Fettlöslichkeit führt zur Anreicherung im Fettgewebe.

Die seit einiger Zeit in der BR Dtl. verbotenen Verbindungen bleiben ein Problem durch die Importe.

Herbizide bewirken bei Einhaltung der Wartezeit zwischen Anwendung und Ernte kaum Rückstandsprobleme.

80% der Werte liegen zw. 0,05-0,1 mg/kg; Ausnahme: *Atrazin* im Mais (0,4 mg/kg).

Wachstumsregulatoren wie *Chlor-Cholin-Chlorid (CCC)* gelangen überwiegend in die Halme und Wurzeln. Restmengen von ca. 0,05 mg/kg sind im Weizenkorn zu erwarten.

Auch »naturreine« Lebensmittel bzw. Lebensmittel ohne Pflanzenschutzmittel-Behandlung sind nicht ohne feststellbare Rückstandsmengen.

Polychlorierte Biphenyle (PCB, S. 173) kommen als Weichmacher in Kunststoffen vor.

Durch die weltweite Verbreitung, die hohe Persistenz und Fettlöslichkeit des PCB kommt es zur Anreicherung in tier. Organen, bes. im Fettgewebe.

PCB soll heute nur noch in geschlossenen Systemen zur Anwendung kommen.

Die **polycyclischen aromatischen Kohlenwasserstoffe (PAK)** entstehen bei der Verbrennung von Holz, Kohle, Heizöl und Benzin sowie beim Braten, Grillen und Räuchern. Die Umweltbelastung der Wiesen und Äcker wird mit 0,05-0,5 mg/kg angegeben.

Beispiel: *Benzo(a)pyren,* wird in der Leber zum krebserregenden *Benzo(a)pyren-4,5-epoxid* umgebaut.

Die Außenhaut von geräucherten Lebensmitteln und stark rauchende Kohlen beim Grillen sollten gemieden werden.

In vielen Bereichen der Nahrungsmittelökologie muß sich das Verhalten der Konsumenten ändern.

In der **mod. Tierhaltung** werden *Arzneimittel* zur Vorbeugung und zur Behandlung von Krankheiten eingesetzt.

Die Einhaltung der vorgeschriebenen Wartezeiten zwischen Verabreichung und Verarbeitung des Tieres werden durch Stichproben kontrolliert.

Eine dauerhafte Behandlung mit **Antibiotika** erzeugt resistente Krankheitserreger.

Rückstände in Milch und Eiern sind häufig.

Anabolika sind Stoffe mit Sexualhormoncharakter und wirken fleischaufbauend.

Die Anwendung ist bei Rindern, Schweinen, Schafen und Ziegen nach dem Alter von 1½ Jahren für therapeut. Zwecke erlaubt, für Geflügel und Fische ist sie verboten.

Östrogene, in der Geflügelzucht, machen das Muskelfleisch zarter, verbessern die Hautbeschaffenheit und vermehren das Unterhautfettgewebe.

Thyreostatika hemmen die Schilddrüsenfunktion und erhöhen die Wasseraufnahme des Fleisches.

Probleme bereiten die **Tranquilizer,** die den Schlachttieren verabreicht werden, damit sie den Transport lebend überstehen.

Das Fleisch der Tiere ist erst nach 1-2 Tagen frei von Rückständen.

Zucht und Behandlung mit Pharmaka haben zum **Fleisch minderer Qualität** geführt.

Das *PSE-Fleisch* (pale, soft, exuditive = blaß, weich, wäßrig), verliert beim Braten viel Saft, fällt stark zusammen, wird zäh und bräunt schlecht.

Im Ggs. dazu unterscheidet man das *DFD-Fleisch* (dark, firm, dry = dunkel, fest, trocken).

Zusatzstoffe können den Nahrungsmitteln aufgrund gesetzl. Regelungen zugegeben werden, um bes. Eigenschaften zu erzielen. Der Nachweis der gesundheitl. Unbedenklichkeit und der technolog. bzw. wirtschaftl. Notwendigkeit sind Voraussetzung der Zulassung.

In der EG gibt es ca. 150 zugelassene Stoffe (mit E-Nummern, s. S. 216, Abb. B).

Seit 1983 muß die Verwendung von Zusatzstoffen auf der Verpackung angegeben werden. Sie dienen zur *Verbesserung des Aussehens,* der *Geschmacks- und Geruchsverbesserung,* der *Konservierung,* der *Erhöhung des ernährungsphysiologischen Wertes* (Vitamine, Mineralien) und der *Trinkwasseraufbereitung.*

Die **Farbstoffe** bringen keinen ernährungsphysiolog. Nutzen. *Natürl. Farbstoffe,* die zugesetzt werden, sind nicht kennzeichnungspflichtig, wenn sie auch von Natur aus im Nahrungsmittel enthalten sind.

Das krebserregende »Buttergelb« *(Dimethylaminoazobenzol)* ist inzwischen verboten.

Bei einigen Farbstoffen besteht über den Abbau im Körper noch Unklarheit.

Geschmackverbessernde Substanzen sind *Aromastoffe, Geschmackverstärker* und *Süßstoffe.*

Die *natürl. Aromastoffe* sind vielfältige Gemische und werden aus natürl. Ausgangsstoffen extrahiert (Vanille, Zedernöl).

Die *naturident. Aromastoffe* gleichen den natürl. Aromastoffen chemisch (Vanillin, Menthol u. a.).

Synthet. Aromastoffe sind (im Ggs. zu den natürlichen) Einzelsubstanzen. Beispiele:

Glutamat, dient als Geschmackverbesserer, unterdrückt Fehlgeschmack und kann über die Qualität der Lebensmittel hinwegtäuschen.

Als Süßstoffe werden *Cyclamat* und *Saccharin* häufig eingesetzt.

Auswirkungen von Umwandlungsprodukten (Cyclohexylamin) bzw. Zusammenwirken mit anderen Stoffen werden diskutiert.

Die **Konservierungsmittel** sollen den mikrobiellen Verderb sowie die Oxidation, das Welken oder Reifen der Nahrungsmittel verhindern.

Bei Beachtung der Höchstmengen ist wahrscheinlich keine Gesundheitsgefährdung zu erwarten, obwohl Nebenwirkungen auftreten können (S. 216, Abb. B).

Die *Schwefelung* mit schwefliger Säure wird bei Trockenfrüchten (Rosinen, Pfirsich, Aprikosen), Kartoffelprodukten und Meerrettich angewandt. Außerdem wird das Braunwerden bei Pommes frites, Äpfeln, Pfirsichen, Spargel und Mais verhindert.

Als **Antioxidantien** werden bei der Nahrungsmittelaufbereitung Vitamin C, E, Zitronen- und Gallussäure eingesetzt, um die Reaktion von Fetten u. a. Substanzen mit Luftsauerstoff zu verhindern.

Nitrat (NO_3^-) kann sich in der Roten Rübe, im Salat, in Kohlarten, jungen Möhren und im Spinat anreichern. Überdüngung oder geringe Beleuchtungsintensität verstärken diesen Vorgang.

Nitrit (NO_2^-) ist toxischer als das Nitrat. Es kann exogen durch mikrobielle Reduktion bei der Lagerung gebildet werden oder endogen durch Umbau des Nitrats im Körper.

Nitrit reagiert im sauren Milieu des Magens zu den krebserregenden *Nitrosaminen.* Sie entstehen auch beim Erhitzen der Lebensmittel. Man schätzt, daß durchschnittlich 0,5 µg/Tag Nitrosamine mit der Nahrung aufgenommen werden; bei einem Konsum von 20 Zigaretten sind es 10-20 µg.

Der Nitritgehalt im Pökelsalz wurde auf 0,4 g/kg Salz festgesetzt. Da Nitrit die Haltbarkeit des Fleisches erhöht, sind 150 mg Nitrit pro kg Fleischware zugelassen.

Im Hinblick auf die **Welternährung** lassen sich einfache Überlegungen zur energet. Ausnutzung landwirtschaftl. Produkte anstellen.

Ernährt sich der Mensch vom Getreide, so wird ihm die Energie direkt zugeführt.

Ernährt er sich vom Fleisch, so mußte zur »Veredlung« der Nutztiere die mehrfache Menge eingesetzt werden (Huhn 12fach, Rind 10fach, Schwein 3fach).

In der BR Dtl. wird ein hoher Anteil des Getreides (Hafer 92%, Gerste 71%, Roggen 48%) als Viehfutter verwendet.

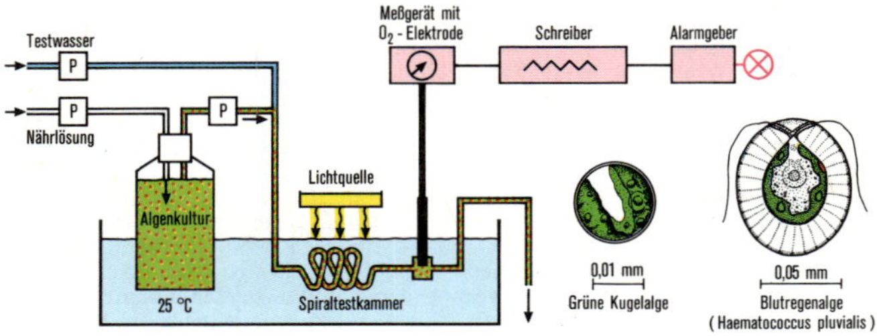

1 **Versuchsanordnung für Algen-Test**

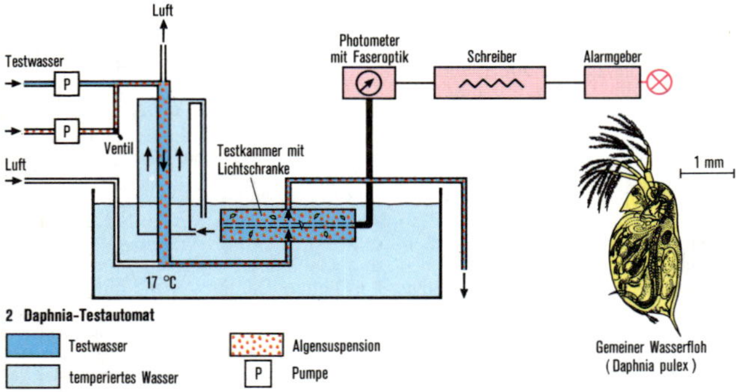

2 **Daphnia-Testautomat**

A Versuchsanordnungen für Algen- und Daphnien-Test

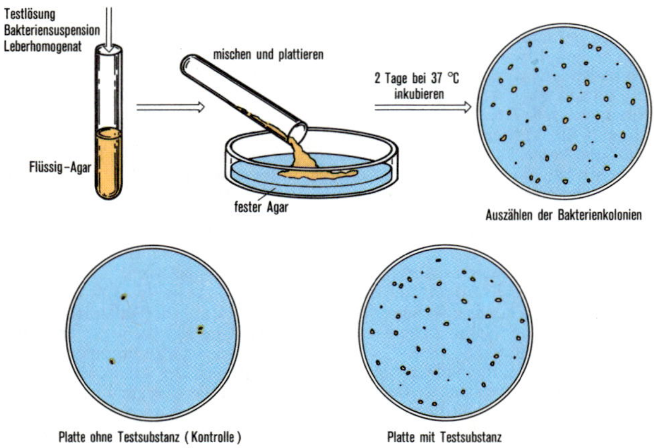

B Ames-Test

Aquatische Systeme

Toxizitätstests oder **Biotests** für Süßwasser sind häufig *Assimilations-Zehrungstests,* durch die die Schadstoffbelastung auf Algen und Bakterien gemessen wird. In einer Verdünnungsreihe versetzt man das Probenwasser 24 Std. lang mit den Testorganismen, um anschließend den O_2-Gehalt zu bestimmen (Algen: Änderung der Photosyntheseleistung; Bakterien: Änderung des O_2-Verbrauchs).

Zur Erfassung wasserlösl. Schadstoffe im Trinkwasser wird die Grünalge *Haematococcus pluvialis* eingesetzt. Das Testwasser wird mit äquivalenten Algenmengen vermischt und nach 2 Std. der O_2-Gehalt gemessen (Abb. A).

Chlorella pyrenoidosa dient zur Bestimmung photosynthesehemmender Herbizidrückstände im Gewässer und Boden.

Rückschlüsse auf die Wasserqualität sind auch dadurch möglich, daß man das Wachstum 21 Tage an den Algenarten *Chlamydomonas gelatinosa* oder der Blaualge *Microcystis aeroginosa* beobachtet.

Biomassetiter-Algen (BMT_A): Zur Feststellung der Wasserbelastung wird den Wasserproben die Grünalge *Scenedesmus quadricauda* zugesetzt, nach 10 Tagen die Trübung bestimmt und mit Kontrollen verglichen.

Beim **Biomassetiter-Bakterien (BMT_B)** wird *Escherichia coli* entsprechend getestet. Das heterotrophe Bakterium kann nur nicht-mineralischen Stickstoff aufnehmen und wird zur Bestimmung organ. Verunreinigungen im Wasser herangezogen.

Lochplattentest: In die Mitte einer Nähragarplatte mit aufplattierten Bakterien wird ein Loch gestanzt, dann steril gefiltertes Probenwasser eingefüllt. Schadstoffe diffundieren in den Agar und hemmen das Bakterienwachstum.

Nach 24 Std. Bebrütung kann der Hemmhof als Maß für die Toxizität angesehen werden.

Ames-Test: Um krebserzeugende Wirkungen von Stoffen abschätzen zu können, werden Bakterien, die die Aminosäure Histidin nicht aufbauen können, auf histidinarmen Nährböden ausgebracht. Um wachsen zu können, müssen Bakterien unter Einwirkung des Teststoffes mutieren (Abb. B).

Die Ergebnisse sind nicht ohne weiteres auf den Menschen übertragbar.

Beim **biologischen Abbaubarkeitstest** inkubiert man Bakterien nur mit einer Minerallösung und der Prüfsubstanz als einziger Energiequelle 28 Tage. Der Abbau der gelösten organ. Substanz (DOC = dissolved organic carbon) wird durch die CO_2-Produktion bzw. O_2-Abnahme gemessen.

Biologisch leicht abbaubare Stoffe sind die, bei denen 60–70% des vollständigen DOC-Abbaus erreicht wird.

Biologisch nicht leicht abbaubare Stoffe werden höheren Bakterienkonzentrationen ausgesetzt und länger bebrütet.

Dabei ist zu prüfen, ob Stoffe vollständig abgebaut werden oder stabile Zwischenprodukte entstehen.

Der **Wasserfloh- oder Daphnientest** kann als
1) *statischer Test* über 24 h ohne Austausch des Mediums,
2) *semistatischer Test* über 14 oder 21 Tage mit 2-tägigem Lösungsaustausch oder
3) *dynamischer Test* mit kontinuierl. Durchlauf der Lösung

durchgeführt werden. Man verwendet 6–24 h alte Daphnien, die in einer Verdünnungsreihe dem Probenwasser zugegeben werden (1 Daphnie/2 ml Testlösung) und mit Kontrollansätzen verglichen werden. Die Tests eignen sich für Trinkwasser-, Fließgewässer- und Abwassereinleiterkontrolle.

1) Nach 24 h werden die toten Daphnien gezählt: alle Tiere, die nach leichtem Schütteln keine Schwimmbewegungen ausführen. Als Maß wird die Daphnienverträglichkeit **(LC_{50}-Wert)** formuliert. Das ist die Konzentration der Testsubstanz, bei der 50% sterben.
2) Im Ggs. zu 1) werden hier die Daphnien gefüttert. Nach 7–10 Tagen sollen sich Eier gebildet haben und Jungtiere schlüpfen. Diese werden alle 2 Tage gezählt und entfernt, Sterbe-, Wachstums- und Vermehrungsrate mit dem Kontrollversuch verglichen.
3) Durch eine Testkammer von 50 ml mit 25 Daphnien fließen beim 24 h-Test 200 ml/h. Der dynam. Test ist empfindlicher als der stat. Test. Beim automatisierten Verfahren wird die Schwimmaktivität der Daphnien in der abgedunkelten Testkammer durch eine Lichtschranke getestet. Bleiben Unterbrechungen des Lichtstrahls aus, wird ein Signal ausgelöst (Abb. A_2).

Biotests mit Fischen: Im akuten Test wird die Giftigkeit eines Stoffes nach 48- bzw. 96-std. Einwirken ohne Austausch des Mediums geprüft. Man ermittelt die LC_{50}.

Die **LC_0** ist die höchste Konzentration, bei der innerhalb der Testdauer alle Fische am Leben sind, die **LC_{100}** ist die niedrigste Konzentration, bei der alle Fische tot sind.

Um die Tests empfindlicher zu machen und schon subletale Schäden festzustellen, wurde der **Rotationskammer-Test** entwickelt. Das Verhalten der Fische, sich gegen die Strömung zu stellen und den Standort beizubehalten, ist bei Vergiftungen sehr früh gestört.

Um die Fische nicht zu ermüden, wechselt die Strömungsrichtung zwischen horizontal und vertikal. Zur Auswertung wird das Schwimmverhalten beobachtet, Orte der Ruhe- und Streßphasen bestimmt.

Das An-der-Oberfläche-Schwimmen *(Surfacing)* ist ein Belastungskriterium.

1 Meßrohr für Neutronensonde
2 Regenmesser
3 Klimahütte
4 Windmesser
5 Auffanggefäß für Stammabfluß
6 Bodenthermometer
7 Sickerwassersammler
8 Probeentnahmepunkte

A Meßfeld einer komplexen Standortanalyse (klimatischer und bodenwasserhaushaltlicher Schwerpunkt)

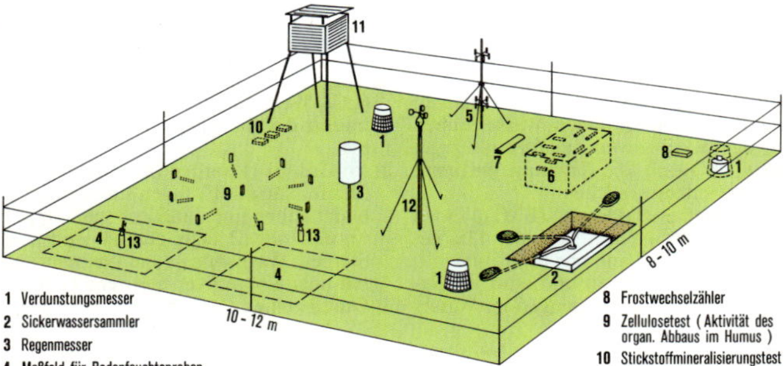

1 Verdunstungsmesser
2 Sickerwassersammler
3 Regenmesser
4 Meßfeld für Bodenfeuchteproben
5 Stativ mit Ampullen (Invertzucker-Temperaturmessung)
6 vergrabene Ampullen (Invertzucker-Temperaturmessung)
7 bodennahes Minimumthermometer
8 Frostwechselzähler
9 Zellulosetest (Aktivität des organ. Abbaus im Humus)
10 Stickstoffmineralisierungstest
11 Wetterhütte
12 Windmesser
13 Bodenlösungssammler

B Meßfeld einer komplexen Standortanalyse (mikroklimatischer, wasser- und nährstoffhaushaltlicher Schwerpunkt)

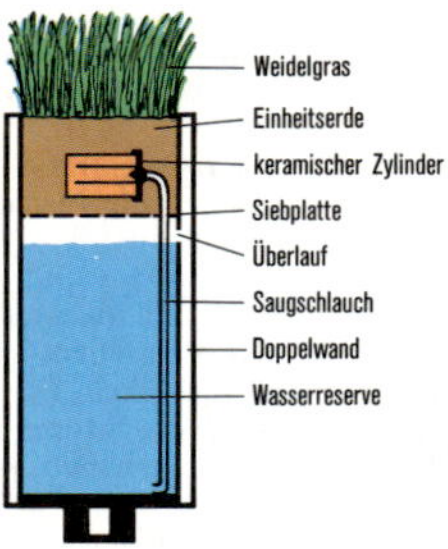

C Expositionsgefäß für Bioindikator-Pflanzen

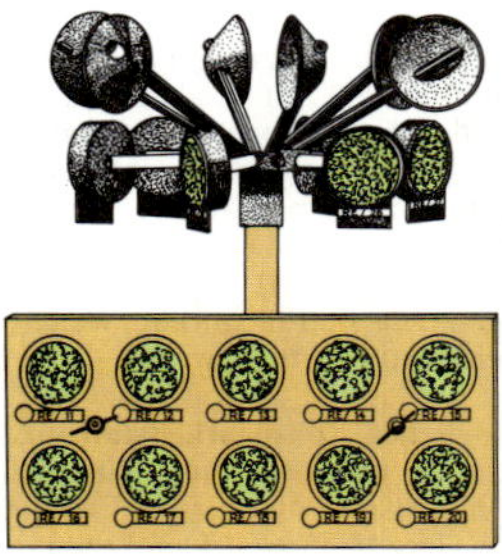

D Expositionstafel für Flechten (z. B. Hypogymnia physodes)

Terrestrische Systeme

Zur **komplexen Standortanalyse (Geosystemanalyse)** wird ein Landschaftsausschnitt gewählt und exakt begrenzt. Beim Messen unterscheidet man zwischen

Grundgrößen (Strahlung, Temperatur, Niederschlag, Verdunstung u. ä.), die von allg. Bedeutung für die ökolog. Vorgänge sind, und

Indikatorgrößen (Bodenwasserhaushalt, Biomasseproduktion, Mineralisation u. ä.), die den Einfluß wichtiger Landschaftsbestandteile wiedergeben (Abb. A, B).

In der Regel setzt man Schwerpunkt-Meßprogramme an, da die Meßdaten in jedem Fall nur einen Ausschnitt der Wirklichkeit wiedergeben können (S. 69).

Flechtenexposition: Die Blattflechte *Hypogymnia physodes* ist weit verbreitet und zeichnet sich durch ihre mittlere Schadstoffempfindlichkeit aus. Sie eignet sich daher zur Analyse von hoch belasteten Immissionsgebieten.

In weniger belasteten Gebieten werden für eine Flechtentafel 10 kreisförmige (∅ = 45 mm) Rindenstücke (häufig Eiche) ausgestanzt und in einer Holztafel 1,5 m über bewachsenem Untergrund aufgestellt (Abb. D). Die Schädigungen (Thallusverfärbungen) hält man fotografisch fest, um sie auszuwerten.

Kombinationen mit sehr empfindlichen Arten sind zur Erfassung versch. Schadwirkungen (z. B. Fluor) sehr hilfreich.

Standardisierte Graskulturen dienen zur Bestimmung von Schwermetallimmissionen.

Das Weidelgras *Lolium multiflorum* wird in genormten Gefäßen (Abb. C) in 1,5 m Höhe exponiert, nach 14 Tagen gewaschen *und* ungewaschen untersucht.

Beim **standardisierten Bioindikatorfächer** werden mehrere, unter gleichen Bedingungen gezogene Pflanzenarten gleichzeitig 14 Tage in ca. 1 m Höhe exponiert und untersucht.

Gute Ergebnisse erzielte man mit der Kombination Tabak, Buschbohne, Spinat, Rotklee, Radieschen, Ackerbohne und Kleiner Brennessel.

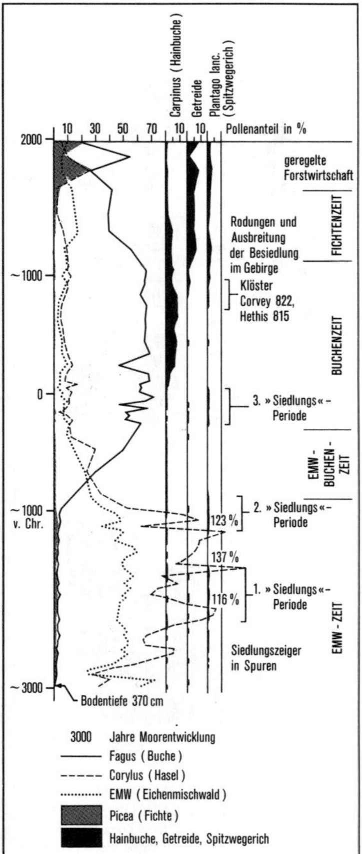

Pollendiagramm. Solling, Torfmoor, 495 m ü. NN

Die **Pollenanalyse** ist eine paläobotan. Methode, mit der man die Häufigkeit von *fossilen Sporen* und *Pollen* in Sedimenten (z. B. Torfmooren) bestimmt, um auf die Vegetations- und Klimageschichte des Raumes schließen zu können.

Kleine *Sedimentproben* werden zerrieben, in Kalilauge erwärmt und mikroskopisch ausgewertet. Die *Eichenmischwaldzeit,* zu der bes. Pollen von Eiche, Ulme, Linde, Esche und außerdem von der Hasel gehören, geht nach 1000 v. Chr. über in die Buchenzeit.

Spuren des **siedelnden Menschen** sind durch *Getreide-* und *Wegerichpollen* angezeigt. Von dort an beeinflußte der Mensch die Vegetation immer stärker.

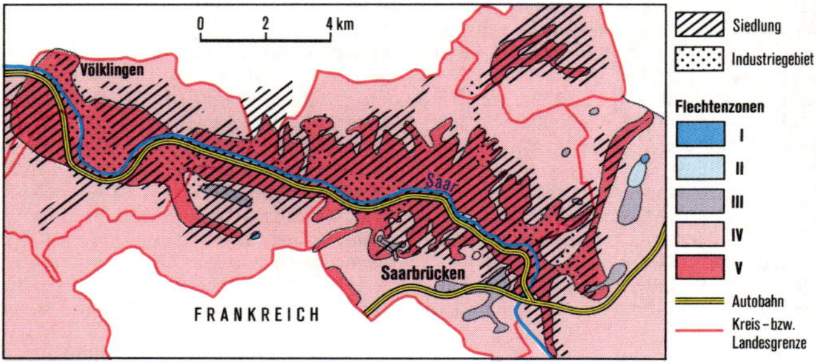

A Flechtenzonierung in Saarbrücken und Völklingen

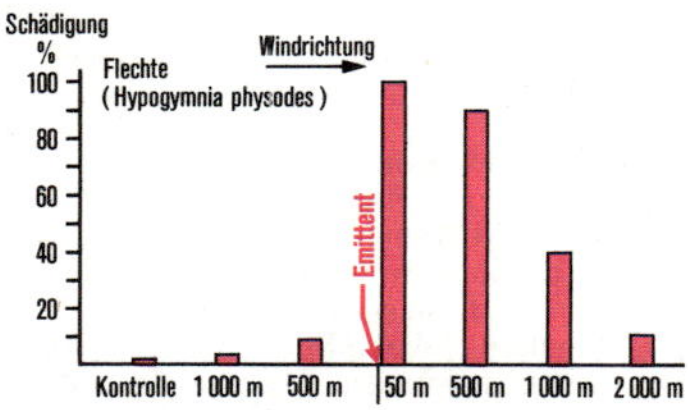

B Schädigung in Umgebung einer Aluminiumhütte (48 Tage Expositionszeit)

Flechtengruppe	Deckungsgrad	Flechtenzone	Waldgefährdung
Bartflechte	kommt vor	I Reinluftzone; II äußere Kampfzone	keine
Strauchflechte	kommt vor		
Blattflechte	> 50 %	III mittlere Kampfzone	
	10-50 %		beginnend
	< 10 %	IV innere Kampfzone	
Krustenflechte	häufig		
	Spuren	V Flechtenwüste	stärkere
Algen	> 50 %		starke
	10-50 %		sehr starke
	< 10 %		

C Beurteilung der Waldgefährdung durch Epiphytenwuchs

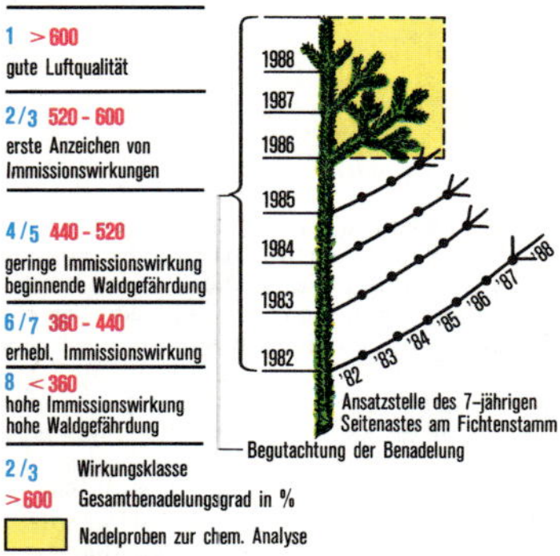

D Fichtenzweig zur Bonitur der Benadelung

E Tabakpflanze (Nicotiana tabacum Bel W 3) durch PAN (Peroxiacetylnitrat) und O_3 (Ozon) geschädigt

Flechten und Pflanzen

Ein **Bioindikator** ist ein Lebewesen oder eine Lebensgemeinschaft, die auf Schadstoffbelastungen mit Veränderungen reagiert **(Wirkungs-, Reaktionsindikator)** oder Schadstoffe anreichert **(Akkumulationsindikator).**

Chem.-physikal. Meßmethoden liefern zwar exakte Daten einzelner Schadstoffkonzentrationen *(Emissions- bzw. Immissionsüberwachung),* Bioindikatoren dagegen zeigen tatsächlich auftretende Wirkungen (Gesamtbelastungen, Schädigungen) bzw. Schadstoffanreicherungen.

Bioindikatoren sollten:
genetisch einheitlich sein,
empfindlich genug sein,
möglichst spezifisch und quantifizierbar auf Schadstoffe reagieren.

Das Verfahren sollte leicht handhabbar, reproduzierbar und standardisierbar sein.

Zeigerorganismen sind Indikatoren für best. Standortbedingungen im Ökosystem (pH-Wert, Schwermetallgehalte im Boden).

Durch ihr Verschwinden oder Vermehren kann auf Umweltveränderungen geschlossen werden.

Die Quantifizierung der Einflußgrößen ist i. d. R. nicht möglich.

Testorganismen werden im Labortest eingesetzt, sie reagieren spezifisch auf geringe Schadstoffmengen durch veränderten Stoffwechsel (z. B. Enzymaktivität). Die Verfahren sind standardisiert und dienen dazu,

direkte Gefahren für den Menschen frühzeitig zu erkennen (z. B. Trinkwassergewinnung, Schwermetallimmissionen, S. 221).

Monitororganismen (Biomonitoren) sollen Schadstoffe und deren Verbreitung *qualitativ und quantitativ* erfassen helfen.

Sie werden häufig zur *Immissionsüberwachung* eingesetzt.

Akkumulationsindikatoren sind meist gegenüber Schadstoffen tolerant und reichern sie an, so daß diese analytisch erfaßbar sind.

Wirkungsindikatoren antworten mit einer spezif. Reaktion auf Schadstoffeinflüsse.

Pflanzen sind häufig geeignete Bioindikatoren, weil sie standortgebunden sind und oft in großer Zahl vorkommen.

Tiere liefern durch ihre Beweglichkeit und Nahrungsaufnahme bessere Daten über Raumausschnitte im Ökosystem.

Pflanzliche Biomonitoren

Algen sind durch ihre leichte Anzucht, genet. Gleichheit (vegetative Vermehrung in Hydrokulturen) v. a. für Labortests geeignet. Mit ihnen durchgeführte **Biotests** dienen der

Bestimmung von Wasserqualität, Herbizidrückständen und der Trinkwasserüberwachung (S. 221).

Flechten sind als poikilohydre Epiphyten von Luftfeuchte und Niederschlag abhängig. Ihre Thalli besitzen keine Kutikula, so daß Schadstoffe leicht eindringen und ohne Ausscheidungsmöglichkeit gespeichert werden.

Schadstoffwirkungen erkennt man bei Immissionen von SO_2, O_3, HF, Schwermetallen und Staub.

Im Vergleich zu höheren Pflanzen reagieren Flechten empfindlicher.

Im *passiven Monitoring* untersucht man Individuen-, Artenzahl und Flächendeckung am natürl. Standort.

Die drei Komponenten nehmen mit der Nähe zu Emittenten (Industriegebieten, Großstädten) bis zum völligen Fehlen ab (**Flechtenwüste,** Abb. A, B).

Bei der *Bonitierung* (Beurteilung der Wuchsleistung und Vitalität) muß die zunehmende Lufttrockenheit (Stadtklima) beachtet werden.

Der Flechtenbewuchs kann zur Beurteilung der Waldgefährdung herangezogen werden (Abb. D).

Bei der *Kartierung* wird der Flechtenbewuchs gleichalter Bäume einer Art notiert, Artenzusammensetzung und Flächenbedeckung verglichen, um Flechtenzonen zu ermitteln (Abb. A).

Im standardisierten Verfahren werden Organismen (z. B. Flechten, vgl. S. 223; Graskulturen) ausgebracht, um Schadstoffbelastungen zeitlich und räumlich zu messen und die Ursache der Schädigung einschätzen zu können *(aktives Monitoring).*

Die Absterberate in % der abgestorbenen Thallusfläche dient als Schädigungskriterium.

Höhere Pflanzen werden v. a. als Indikatoren für Luftverunreinigungen, seltener als Zeiger- und Testorganismen verwendet.

Im *aktiven Monitoring* zeigen die **Wirkungsindikatoren Buschbohne** und die **Tabakpflanze** hohe Empfindlichkeit gegenüber Luftverunreinigungen, z. B. PAN (S. 167) und O_3 (Abb. E).

Laub- und Nadelbäume reichern Schadstoffe in Blättern, Zweigen und Jahresringen an.

Vom Schadbild kann nicht direkt auf den Schadstoff geschlossen werden. Die Borke speichert Schadstoffionen, die durch pH-Wert- und Leitfähigkeitsänderungen bestimmt werden können.

Nadelbäume sind den Luftverunreinigungen stärker ausgesetzt als Laubbäume. Die 3–7 Jahre alt werdenden Nadeln kämmen die Immissionen intensiver aus, so daß es zu vorzeitigem Nadelverlust kommt, eine zuverlässige Bioindikation für den Schädigungsgrad (Abb. D).

Jahresringuntersuchungen zeigten, daß die Jahresringweite von den Immissionsbelastungen abhängt, aber schadstoffunspezifisch ist. Klima und Alterung müssen als Faktoren berücksichtigt werden.

Unter den **Tieren** sind für das *passive Monitoring* **Schnecken** und **Regenwürmer** als *Akkumulationsindikatoren* (Schwermetalle) geeignet. **Vögel** (Elster, Waldkauz u. Habicht) reichern Schwermetalle in Knochen, Federn, Leber und Niere an, chlorierte Kohlenwasserstoffe im Fettgewebe.

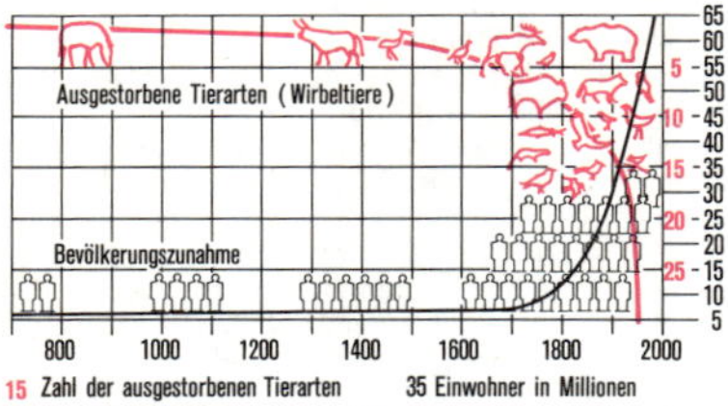

A Bevölkerungszuwachs auf dem Gebiet der BRD und ausgestorbene Wirbeltierarten

	Zahl der einheimischen Arten	ausgestorbene Arten Anzahl	/ %	gefährdete Arten Anzahl	/ %
Wirbeltiere:	449	31	7	253	56
Säugetiere	93	7	8	50	53
Vögel	255	20	8	132	52
Kriechtiere	12	–	–	9	75
Lurche	19	–	–	11	58
Fische (Süßwasser)	70	4	6	50	71
Wirbellose Tiere	ca. 44 100	?		?	
ausgewählte Gruppen:	6 484	147	2	2 522	39
Muscheln	31	1	3	17	55
Schnecken	270	2	1	128	47
Großschmetterlinge	1 300	27	2	534	41
Käfer	ca. 4 000	96	2	1 686	42
Libellen	80	4	5	43	54
Webspinnen	803	17	2	114	14
Pflanzen:	ca. 7 700	126	2	2 296	30
Blütenpflanzen, Farne	2 476	60	2	862	35
Moose	ca. 1 000	15	2	139	14
Armleuchteralgen	34	2	6	28	83
Flechten	ca. 1 850	26	1	416	23
Großpilze	2 337	23	1	851	36

B Ausgestorbene und gefährdete Tier- und Pflanzenarten in der BRD

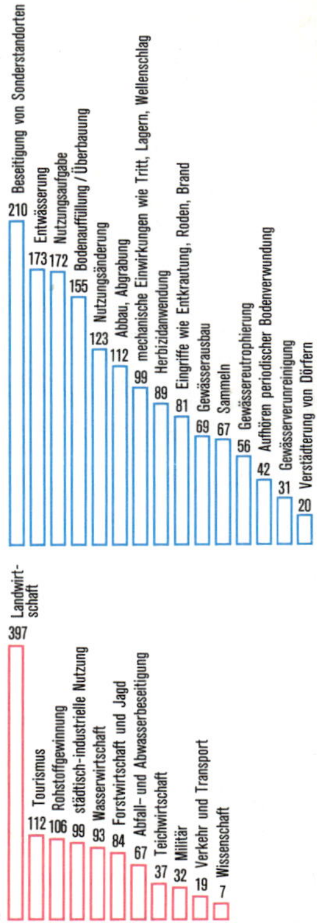

C Zahl der verschwundenen Arten der Höheren Pflanzen (mit Mehrfachnennungen) nach Ursachen (oben) und nach Verursachern (unten)

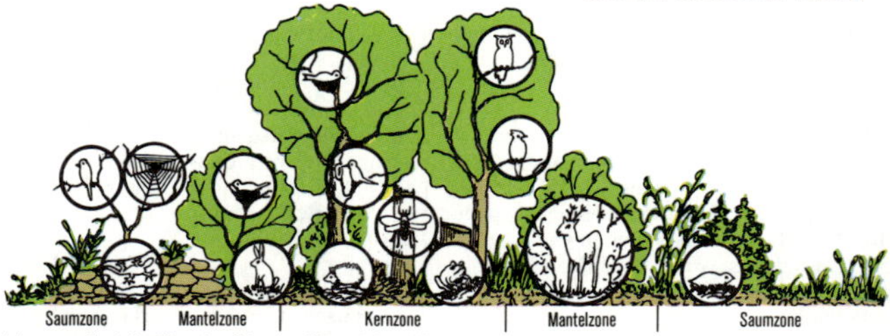

D Bedeutung der Feldgehölze für die Tiere

Artenschwund

Der **Naturschutz** sieht seine Aufgabe in Maßnahmen zur Erhaltung der Naturlandschaften, naturnaher Landschaften bzw. Teilen davon sowie im Schutz von Pflanzen- und Tierarten.
Seit über 100 Jahren gibt es Bemühungen, Naturschutz zu betreiben, zunächst auf privater Ebene und häufig an augenfälligen Objekten (z. B. *Vogelschutz*). Früh wurde erkannt, daß sich viele Aufgaben nur organisiert oder in internat. Zusammenarbeit lösen lassen. Zahlreiche Organisationen und Programme wurden erstellt (vgl. Anhang, S. 261).
Die **Aktivität des Menschen** bewirkte einen Artenrückgang, der schon vor Jahrhunderten begann und sich exponentiell beschleunigte (Abb. A). Nur auf einigen vom Menschen neu geschaffenen Standorten (*Heiden, Niederwald, Streuwiesen* u. ä.) stellte sich ein relativ stabiles Artenspektrum ein.

Gefährdungen und **Aussterben** sind i. d. R. Langzeitfolgen, wobei heute häufig vorkommende Arten ohne erkennbare Anzeichen in kurzer Zeit gefährdet sein können und mit herkömml. Schutzstrategien nicht zu sichern sind.

Ökologisch wertvolle Flächen verschwinden zunehmend (auch in Schutzgebieten), so daß nur wenige % für den **Biotop-** und **Artenschutz** verbleiben. Verursacher für die Lebensraumzerstörung und den Artenrückgang sind schwer zu ermitteln, da es selten nur einen Verursacher gibt. Dennoch ist

die *Landwirtschaft* für Artenrückgang der Pflanzen der Hauptverursacher und die *Beseitigung von bes. Standorten* die wichtigste Ursache (Abb. C).

Nach dem **Naturschutzgedanken** sollen Schutzgebiete den Auswirkungen von Wirtschaft und Technik so weit wie möglich entzogen werden, gegen den Zugriff und die Vermarktung best. Arten Ordnungsmaßnahmen ergriffen werden und Schutz-, Pflege- und Entwicklungsmaßnahmen Arten vor dem Aussterben bewahren.

Der **Artenschutz,** in der BR Dtl. gesetzlich verankert, ist nur bei hinreichendem Biotopschutz möglich.

Gefährdete Pflanzen und Tiere, die in den letzten 100 Jahren auf dem Gebiet der BR Dtl. siedelten, werden in der sog. **›Roten Liste der gefährdeten Tiere und Pflanzen in der BR Dtl.‹** geführt und nach ihrem Gefährdungsgrad eingestuft:

0 = *ausgestorben oder verschollen:*
nachweisbar ausgestorben oder trotz 10jähr. Suche nicht nachzuweisen;
1 = *vom Aussterben bedroht:*
Schutzmaßnahmen dringend notwendig;
2 = *stark gefährdet:*
im nahezu gesamten einheim. Verbreitungsgebiet;
3 = *gefährdet:*
in großen Teilen des einheim. Verbreitungsgebiets;
4 = *potentiell gefährdet:*
nur wenige und kleine Vorkommen.

Über ein Drittel der Pflanzen und fast die Hälfte der Wirbeltiere sind in der BR Dtl. ausgestorben oder gefährdet (Abb. B).
Die meisten Arten kommen in **gefährdeten Biotopen** vor, die zugleich Vorrangflächen für den Naturschutz sind:

Quellaustritte, oligotrophe Moore und Gewässer, Bach- und Flußauen, Trocken- und Halbtrockenrasen.

Auch der Schutz nicht gefährdeter Arten ist wichtig. So führt die zunehmende Lebensraumzerstörung zu qualitativen und quantitativen Biotopveränderungen bzw. strukturell und stofflich degradierten Biotopen. Verkleinerungen und Zerschneidungen führten zu **Biotopverlusten.**

Die krit. Arealgröße, um Lebensansprüche (Brut, Aufzucht, Rast und Nahrung) zu sichern, ist von Art zu Art höchst unterschiedlich, z. T. unbekannt.

Die **Isolation von Biotop-Restflächen** *(Verinselung)* kann so durchgreifend wirken, daß ein Austausch der Populationen durch Zu- und Abwandern zum notwendigen Genaustausch unterbleibt. Siedlungen, Straßen, Intensivkulturen und Wildschutzzäune wirken unüberwindbar:

niedrige Zahl der Vogelüberflüge von Intensivkulturen, Unüberwindbarkeit der Asphaltstraßen für flugunfähige Insekten.

Areale mit großer Artenvielfalt müssen wegen des bed. Genreservoirs geschützt werden. Kleine Populationen einer Art erlöschen durch den beschränkten Genpool.

In der BR Dtl. unterscheidet der Naturschutz:
Naturschutzgebiete (NSG) unterliegen zur Erhaltung der Biozönosen oder wegen ihrer Seltenheit oder Eigenart bzw. aus wiss. oder naturgesch. Gründen einem bes. Schutz.
Nationalparke sind vom Menschen wenig beeinflußte großräumige Gebiete von bes. Eigenart, erfüllen in großen Teilen die Voraussetzungen eines NSG und dienen der Erhaltung eines reichhaltigen heim. Artenbestandes.
Landschaftsschutzgebiete (LSG) sollen die Leistungsfähigkeit des Naturhaushaltes oder die Nutzungsfähigkeit der Naturgüter *(Frischluft, Wasser, Boden, Pflanzen- und Tierarten)* erhalten bzw. wiederherstellen, wegen Vielfalt, Schönheit des Landschaftsbildes und für die Erholung des Menschen geschützt werden.
Naturparke sind große, einheitlich zu entwickelnde und zu pflegende Gebiete mit überwiegend LSGen und NSGen, zur Erholung geeignet bzw. vorgesehen.
Naturdenkmale sind Einzelobjekte, die wie NSG zu schützen sind.
Geschützte Landschaftsbestandteile (*Baumbestände, Hecken* (Abb. D), *Teiche* u. ä.) sind wie LSG zu schützen, liegen aber in Siedlungen oder landwirtschaftlich intensiv genutzten Gebieten und dienen zur *Kleinklimaverbesserung, dem Erosionsschutz, Uferschutz und als Laichbiotope.*

Grundlage für die Bewertung sind in erster Linie die **gefährdeten Arten.** Sie können aufgrund spezieller Biotopansprüche, nicht oft vorkommender Biotope oder großer Aktionsräume der Individuen (z. B. Wildkatze, Uhu, Adler) selten sein.

So wurden in den letzten Jahrzehnten vor allem Arten in *oligotrophen Lebensräumen* und auf *feuchten* sowie *trockenen Standorten* verdrängt.

Jede Bewertung muß die Lage der Biotope, Gebiets- und die Standorteigenschaften der jeweiligen Landschaft berücksichtigen.

Eine **Bewertung der Landschaften** kann nach dem Konzept der *differenzierten Bodennutzung* (s. u.), *Größe von Monostrukturen und Nutzungsmischung* erfolgen.

Der Anteil der schutzwürdigen Biotope an der Gesamtfläche oder Artengruppen, die aufgrund ihres Aktionsraumes ein größeres Gebiet umfassen (Wolf 400-500 km^2, Steinadler 200 km^2, Habicht 50 km^2), können zur Beurteilung herangezogen werden.

Kleintiere der Krautschicht, viele Bodentiere und Pflanzen liefern Informationen für die kleinflächige Standortbewertung.

Naturschutzmaßnahmen

Es wird geschätzt, daß 10% der Gesamtfläche als **Vorrangflächen für Arten- und Biotopschutz** ohne jede Nutzung reserviert werden müssen oder durch artenschutzfreundl. Bewirtschaftung (*Biotoppflege:* z. B. Beweidung von Magerwiesen und Heiden) bereitzustellen sind, um wirksam Naturschutz zu betreiben.

Die heutigen Flächen der Naturschutzgebiete sind zu klein, um gefährdeten Arten das Überleben zu garantieren.

Als Mindestgröße für die Vegetation werden 50-100 ha angegeben, für Arten an der Spitze der Nahrungspyramide (Vögel, Säuger) 1000-10000 ha.

Zu berücksichtigen ist, daß Fledermäuse, Gänse, Amphibien und Tagfalter versch. Biotope *(Laich- und Nahrungsplätze, Winter- bzw. Sommerquartiere)* beanspruchen.

Verbindende Feldgehölze, Feuchtwiesen, Hekken oder Bachauen zwischen den Naturschutzgebieten können die Isolierung aufheben und »Trittsteinbiotope« für viele Arten sein. Der Naturschutz muß ein zusammenhängendes System von Schutzgebieten erarbeiten. Dabei geht es um die Erfassung wertvoller Biotope *(Biotopkartierung),* die Bewertung, Sicherung und Biotopneuentwicklung in verarmten Gebieten.

Ausgleichsflächen mit ähnl. Lebensraumcharakter um die Naturschutzgebiete können diese vor Einflüssen aus Nachbargebieten intensiver Nutzung schützen.

Alter, Trophiezustand, Wasserhaushalt und Einzugsgebiete sowie pH-Wert und Lichtverhältnisse sind als Faktoren einzubeziehen.

Neupflanzungen (*Hecken,* S. 226, Abb. D) erreichen erst nach Jahrzehnten den ökolog. Wert von Altbeständen. Desgleichen sind nur >4 m-breite Wegraine in strukturierten, alten Beständen wertvoll, wenn sie nicht im Sommer gemäht werden. Sie stellen Übergangsbiotope zu wertvollen Nachbarbiotopen dar. Auf schmalen Säumen mit eutrophierten Böden siedeln sich nur Allerweltsarten an.

Entwicklung auf Gesteinen oder Rohböden sind positiver zu bewerten als Rekultivierungen auf Humus.

Im **differenzierten Bodennutzungskonzept** sollen negative Auswirkungen durch Nutzungsmischung mit Hilfe geeigneter Ausgleichsflächen aufgefangen werden:

städt.-industr. Nutzflächen mit *Immissionsschutzstreifen, Lärmabstandflächen* und *Unkrautfluren;*

Landwirtschaftsflächen mit *Erosionsschutzstreifen* und *Ufersäumen;*

Forstwirtschaftsflächen mit *Altholzinseln, naturnahen Wäldern* und *Uferwäldern.*

In Einzelaktionen kann das Bewachen der Horste (Uhu, Seeadler, Wanderfalken), Aufhängen von Nistkästen (Höhlenbrüter, Fledermäuse) notwendig sein.

Das *Wiederaussetzen* von gezüchteten Populationen ist eine letzte Notlösung (mangelnde genet. Varianz), wenn alle anderen Maßnahmen ausgeschöpft sind.

Ziele und Forderungen

Naturschutzziele müssen *gleichrangig* mit anderen Nutzungszielen (Nahrungsmittelerzeugung, Industrieproduktion und Infrastrukturbereitstellung) verfolgt werden.

Der **Artenschutz** muß für die gesamte Landesfläche gelten.

Emissionen sind quantitativ und räumlich zu begrenzen.

Das System des Biotop- und Artenschutzes muß durch den Schutz von **Kleinstrukturen** wie Einzelbäumen, Hecken, Gras- und Staudenrainen ergänzt werden, in die sich Arten zurückziehen können, die auf intensiv genutzten Flächen nicht überleben können.

Nur im **Verbund mit der Landwirtschaft** kann Naturschutz betrieben werden, so daß hier die flächenmäßig bedeutendsten Ökosysteme ins Gleichgewicht kommen.

Wichtige **Forderungen** sind:

Vermeidung jegl. Nutzungsintensivierung;

Begrenzung der Schlaggröße, breite Randstreifen;

Erweiterung der Fruchtfolgen mit regionaler Art- und Sortenwahl anstatt zentral gezüchteter Hochleistungsrassen;

Reduktion des Düngeraufwandes und Mitteleinsatzes;

keine Gülleentsorgung auf landwirtschaftl. Böden, dafür Recycling organ. Abfälle;

Unterstützung naturgemäßer Wirtschaftsweisen;

Übergang von Produktionssubventionen auf flächenbezogene Subvention;

Berücksichtigung der Leistungen der Landwirtschaft für die Sicherung des Naturhaushaltes.

Der **Umweltschutz** umfaßt alle Maßnahmen, die zur Vermeidung *(Umwelthygiene)* und zur Beseitigung von Belastungen sowie Schäden der natürl. Umwelt dienen.

Beim *technisch-hygienischen Umweltschutz* geht es um Reinhaltung von Luft und Wasser, Beseitigung der Abfälle, Schutz vor Lärm, harten Strahlen, Umweltchemikalien und Bodenschutz.

Der *biologisch-ökologische Umweltschutz (Landespflege)* beinhaltet den Naturschutz, die Landschaftspflege, das Erholungswesen und die Grünordnung in den Siedlungen.

Der Umweltschutz wird in der BR Dtl. seit 1970 als selbständige *polit. Aufgabe* gesehen:

»**Umweltpolitik** *ist die Gesamtheit aller Handlungen, die darauf abzielen, Umwelteingriffe zu vermeiden, zu vermindern, und eingetretene Umweltschäden zu beseitigen*« (HARTKOPF, 1983).

Konkrete Ziele und **Programme** bezogen sich zunächst auf die Festsetzung von Grenzwerten für umweltschädl. Emissionen, Einsparung von Energie, Förderung der Abwärme und der Wiederverwertung von Altmaterialien bzw. Abfällen, Erhaltung gesunder Wälder und der natürl. Selbstreinigungskraft von Gewässern (mind. Wassergüteklasse 2 aller Oberflächengewässer), Einführung abgasarmer Autos und bleifreien Benzins, Förderung umweltfreundl. Verbraucherverhaltens.

Die **Grundprinzipien der Umweltpolitik** sind das Vorsorge-, Verursacher- und das Kooperationsprinzip.

Vorsorgeprinzip: Bei allen Entscheidungen sind ökolog. Gesichtspunkte zu berücksichtigen, um umweltbelastende Entwicklungen zu verhindern. Die Reparatur von Umweltschäden ist erheblich kostenaufwendiger als die rechtzeitigen Vorkehrungen.

Probleme bei der Durchsetzung bestehen vor allem im Widerstand betroffener Interessengruppen.

Verursacherprinzip:

»Die Kosten für die Vermeidung und Behebung von Umweltbelastungen hat grundsätzlich der Verursacher zu tragen« (Umweltprogramm der Bundesregierung 1971).

Das Verursacherprinzip soll Kosten von Steuerzahlern abwenden.

Probleme bei der Durchsetzung gibt es bei Altlasten, wenn Verursacher nicht zu ermitteln sind, beim Zusammenkommen versch. Schadwirkungen und wenn nicht zu verantwortende Gefahrensituationen eintreten, wobei die Ermittlung der Verursacher oder das Verfahren zur Schadensabwendung zu zeitaufwendig sind.

Kooperationsprinzip: Die Bundesregierung sieht in der frühzeitigen Beteiligung der gesellschaftl. Kräfte am umweltpolit. Willensbildungs- und Entscheidungsprozeß die Möglichkeit, ein ausgewogenes Verhältnis zwischen individuellen Freiheiten und gesellschaftl. Bedürfnissen herzustellen. Zur Gestaltung der Umweltpolitik sind möglichst umfassende und genaue Kenntnisse der Umweltsituation notwendig. Folgende Institutionen und Einrichtungen sollen Daten dazu liefern:

Umweltforschung, Umweltstatistiken des *Statist. Bundesamtes* und das *Informations- und Dokumentationssystem Umwelt* (UMPLIS) des Umweltbundesamtes.

Die **Umweltprobenbank,** seit 1. 1. 1985 eingerichtet, soll die Umweltsituation durch *repräsentative Probennahmen* und *Aufbewahrung* dokumentieren.

In 10–20 repräsentativen Untersuchungsgebieten werden Proben von Böden, Gewässern, Getreide, Blättern, Vogeleiern, Gewässersedimenten, Algen, Muscheln, Fischen und vom Menschen genommen.

Weitere Aufgaben sind:

die Bestimmung von *Stoffkonzentrationen* (Schadstoffe),

Trendaussagen über die Umweltbelastungen und

die *Kontrolle des Erfolgs durchgeführter Umweltschutzmaßnahmen.*

Das **Bundesraumordnungsgesetz (BROG)** schreibt vor, *in allen Gebieten allen Menschen die Voraussetzungen für gleichwertige Lebenschancen zu schaffen.*

Im **Raumordnungsverfahren** wird seit einigen Jahren die *ökolog. Leistungsfähigkeit* gegenüber *vorhandener* bzw. *zu erwartender Umweltbelastung* abgewogen.

Die Landschaftsbehörden und weitere Dienststellen (z. B. Ämter für Wasserwirtschaft, Straßenbau, Landwirtschaft, Verkehr und die betroffenen Gemeinden) überprüfen alle raumbedeutsamen Projekte (z. B. Flugplätze, Autobahn-, Bundesstraßentrassen, Kraftwerke, Industriebetriebe, Feriensiedlungen) und erstellen Gutachten hinsichtlich

der Flächenansprüche, der sozioökonom. Entwicklungstendenzen und ökolog. Auswirkungen **(Umweltverträglichkeitsprüfung, UVP).**

An diesem Verfahren werden auch Naturschutzverbände beteiligt. Neben dem öffentl. Interesse sollen der Netzcharakter der Ökosysteme und die Umweltvorsorge sichergestellt werden.

In der **Landschaftsplanung** stehen der öffentl. Gesamtplanung auf den verschied. Ebenen entsprechende ökolog. Programme gegenüber, die aber während der Durchsetzungsphase kaum beachtet werden, denn es fehlen personale Besetzungen im Naturschutz auf den öffentl. Ebenen.

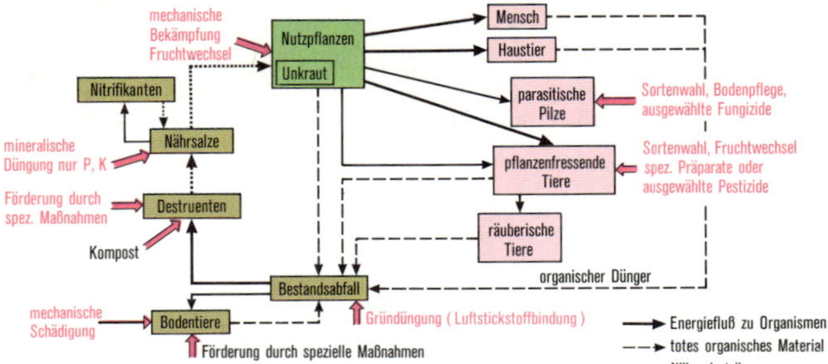

A Agrarökosystem des Alternativen Landbaus

Aufwand für Düngung	ökologisch	konventionell	konventionell intensiv	*ökologisch*	*konventionell*	biologisch dynamisch
Stickstoff (100–150 kg)		7743	11615			
Phosphor (70–100 kg)		979	1402	*9402* (})		
Kali (70–100 kg)		674	697			
Düngerstreuen		360	360			
Kompostherst. 15 t / ha	1193					634
Kompoststreuung	317					203
natürl. Phosphate (200 kg)	42					52
Lithothamne (Algenkalk)	96			*2394* (})		
Gesteinsmehle (GM)	402					
Ausstreuung von GM	544					267
Herbizide						
Herstellung		1005	1005		*1005*	
Spritzung		360	360	*360*		
Präparate-spritzung						219

Bodenbearbeitung	ökologisch	konventionell	konventionell intensiv	*ökologisch*	*konventionell*	biologisch dynamisch
Hacken	544					150
Eggen / Striegeln	142			*1000* (})	*400* (})	400
Walzen						200
Saatgut	–	–	–	*2500*	*5000*	2880
Aufwand für Aussaat	293	502	628			240
Aufwand für Kraftstoff				*3173* (})	*3657* (})	
Bodenbearb. (Aussaat)	1785	2553	2553			1858
Ernten, Dreschen	837	837	837			967
Strohverwertung						338
Maschinen-aufwand	1674	1674	1674	*1674*	*1674*	2309
Zwischenfrucht						1162
Gesamt-input / ha	8162	16658	21388	*10741*	*21498*	11882
Gesamt-output / ha	51500	59000	62000	*66986*	*83710*	63360
Input / Output	0,158	0,282	0,345	*0,160*	*0,257*	0,188

Landbau: ökologisch, konventionell, konventionell intensiv — FRANKREICH; biologisch dynamisch — BUNDESREP. DEUTSCHLAND

11615 / *9402* verschiedene Autoren

B Gesamtenergiebilanz für den Anbau von 1 ha Weizen (in Megajoule)

	t / ha · a	Trocken-masse	org. Substanz	N	P_2O_5	K_2O
Festmist	7	260	170	6	2,8	15,7
Flüssigmist (1:3 verdünnt)	10	52	38	1,5	0,7	2,3
Heidekrautstroh	2	850	830	10,7	0,6	1,6
Kompost aus Heidekrautsoden	9	270	250	5,7	0,3	0,4

① Zusammensetzung des eingesetzten, betriebseigenen organ. Materials (g / kg)

	N	P_2O_5	K_2O
Bilanz ohne Mineralstoffzufuhr von außen	– 65	– 13	– 55
Kompost aus Heidekrautsoden (direkte Ausbringung aufs Feld)	+ 51	+ 3	+ 4
Heidekrautstroh (indirekt über Stalleinstreu)	+ 21	+ 1	+ 3
② Mineralstoffbilanz nach Zufuhr organ. Materials aus benachbarter Naturlandschaft (kg / ha · a)	**+ 7**	**– 9**	**– 48**

C Bodenfruchtbarkeit ① und Mineralstoffbilanz ② im biologisch-dynamischen Betrieb (Nordostpolder, Niederlande)

In der **Bodenbewirtschaftung** kann man den Aufwand nicht mit gleichbleibendem Erfolg beliebig steigern. Es kommt bei zusätzlichem gleichbleibendem Aufwand zu abnehmenden Ertragszuwachsraten (MITSCHERLICH).

Durch Intensivierungsmaßnahmen der Landwirtschaft verarmen Tier- und Pflanzengesellschaften.

Eine Entschärfung der Probleme (Umweltbelastung und Überproduktion) wird in folgenden Konzepten gesehen: Extensivierung der Landwirtschaft, Brache bzw. »Sozialbrache«.

Unter **Extensivierung** versteht man die quantitative Verringerung des Einsatzes von Produktionsfaktoren. Ein evtl. Rückgang des Ertrags bzw. Bewirtschaftungserschwernisse werden durch ökolog. Ziele aufgewogen:

artenreichere Bestände, besserer Schutz von Pflanzen- und Tierarten.

So kann z. B. eine neu in die Fruchtfolge aufgenommene Kulturpflanze, die hinter den Leistungen der anderen bleibt, für den Anbau attraktiv sein, wenn sie zur Gesundung der Fruchtfolge beiträgt oder den Einsatz von Betriebsmitteln senkt.

Durch *Vermeiden von Überdüngung* und *prophylakt. Pflanzenschutzmittel-Einsatz* können die Betriebsmittel gesenkt werden.

Nach dem **Schadschwellenprinzip** wird auf eine Behandlung solange verzichtet, wie der zu erwartende Minderbetrag geringer ist als die Kosten für die Schutzmaßnahme.

Auch die **Brache** bzw. **Flächenstillegung** wird als Mittel zur langfristigen Ertragssicherung der LNF und zum Abbau von Überschüssen diskutiert. In der Brachhaltung unterbricht man die Nutzpflanzenproduktion regelmäßig, um die Gesamtfruchtfolge zu verbessern.

Dagegen fallen in der **»Sozialbrache«** bisher landwirtschaftl. genutzte Flächen durch soziale Entwicklungen in der Gesellschaft an. Das sind **Ödlandflächen,** keine eigentl. Brachflächen, häufig auf ungünstigen Standorten.

Eine Extensivierung der Landwirtschaft mit *vielseitigen Fruchtfolgen, umlaufender Brache* und *Flächen für ökolog. Zwecke (Naturschutz, Ausgleichs- und Rückzugsgebiete)* könnte zur **»ökologiegerechteren Kulturlandschaft«** beitragen.

Der **alternative Landbau** geht darüber hinaus. Er wendet sich von einer einseitig energie-, kapital- und chemieintensiven Landwirtschaft ab zu

einer *ganzheitl. ökolog. Betrachtung* der landwirtschaftl. Produktion.

Ein möglichst geschlossener, vielfältig strukturierter Betriebskreislauf soll nach dem Stoffkreislauf im Ökosystem zwischen Boden, Pflanze, Tier und Mensch aufgebaut werden (Abb. A).

Dafür sind nur *Gemischtbetriebe* (Pflanzenanbau *und* Viehzucht) geeignet.

Betriebseigene bzw. örtl. Rohstoffe und Betriebsmittel werden bevorzugt eingesetzt, wobei Umweltbelastungen vermieden oder reduziert werden sollen.

Der **ökologische (biologische) Landbau** strebt die Erzeugung ernährungsphysiologisch gesunder, hochwertiger Nahrung an und verzichtet auf Herbizide und andere synthet. Biozide. Er setzt biolog. Produkte und Verfahren zur Abwehr von Schädlingen und Krankheitserregern ein. Die Unkrautbekämpfung erfolgt überwiegend mechanisch (z. B. Abflämmen mit Propangas). Er betreibt Boden- und Humuspflege, indem er versucht, eine ganzjährige Pflanzendecke zu erhalten, den Boden möglichst wenig mechanisch bearbeitet und vorwiegend organisch düngt (Stallmist o. Komposte). Das Ziel ist eine

ausgewogene, vielfältige Fruchtfolge und artgerechte Tierhaltung.

Die landwirtschaftl. Biotope werden durch Anpflanzen von Hecken, Feldgehölzen und Anlegen von Teichen bewußt gepflegt. Sie wirken der

Artenverarmung entgegen und stärken die Fähigkeit zur Selbstregulation im Ökosystem.

Sie bieten vielfältige Lebensbedingungen auf kleinstem Raum und schwächen den Wind ab. Der Ertragsverlust in unmittelbarer Heckennähe gleicht sich durch den Gewinn in der windgeschützten Zone aus.

Ein Problem stellt die **Nährstoffbilanz** in einem Betrieb dar (Abb. C). Durch die Entnahme und den Verkauf von Ernteprodukten entstehen für die Mineralien Defizite, die sich im Ökosystem nicht von selbst regenerieren.

Die Zufuhr von zusätzl. Mineralstoffen (N, P, K) ist notwendig.

Der Arbeitsaufwand ist im organ.-biolog. Gemischtbetrieb um 10–20% höher als im vergleichbaren konventionellen Gemischtbetrieb. Mehr Aufwand steckt im Hackfruchtanbau (Kartoffel, Rüben). Durch den Verzicht auf Agrochemikalien (Pflanzenschutzmittel, synthet. Dünger, Futterzusatzstoffe) werden die Kosten gesenkt. Tierarztkosten sind in ökolog. Betrieben geringer.

Es können Erträge erzielt werden, die mit dem konventionellen Landbau vergleichbar sind.

Der **biologisch-dynamische Landbau** beruht auf den Ideen des Anthroposophen R. STEINER (1924). Die ganzheitl. Betrachtungen schließen kosm. Einwirkungen auf die Organismen ein. Bodenbearbeitung und Aussaat werden bei best. Gestirnkonstellationen durchgeführt. Die Präparateherstellung erfolgt durch Verarbeiten von Kleinstmengen ohne Metallberührung, häufig pflanzl. Wirkstoffen ähnlich wie in der Homöopathie.

A. HOWARD entwickelte 1924–31 Kompostierverfahren, die dem Recycling entsprechen.

In der Schweiz, Dtl. und Frankreich entwickelten sich versch. Schulen des *organisch-biologischen Anbaus.*

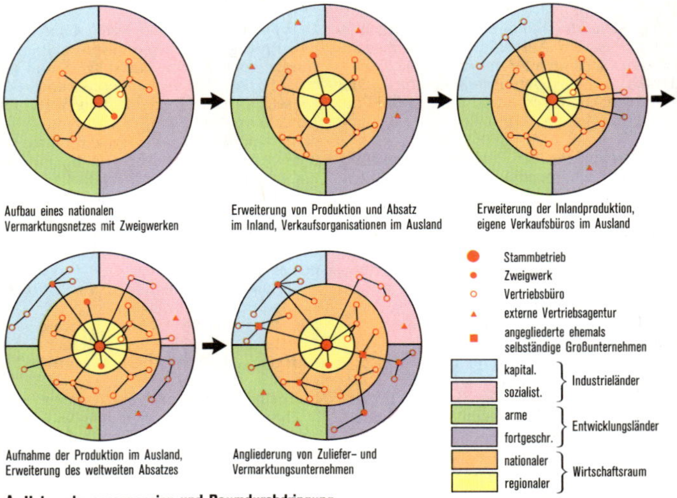

A Unternehmensexpansion und Raumdurchdringung

Befriedigung der Grundbedürfnisse

Trägt die Technologie zur Befriedigung der Grundbedürfnisse wie Nahrung, Kleidung, Unterkunft, Gesundheit, Bildung, Kommunikation bei?
Sind Waren / Dienstleistungen auch den Bedürftigsten zugänglich?

Entwicklung der lokalen Gegebenheiten

Werden Arbeitsplätze geschaffen,
wird Kapital gespart / geschaffen,
werden Rohstoffe / Energie gespart / erzeugt?
Werden Fachkenntnisse / Forschung / Entwicklung gefördert und zur technolog. Entwicklung genutzt?

Gesellschaftliche Entwicklung

Wird lokal / regional / national Abhängigkeit abgebaut, Eigenständigkeit gefördert?
Werden Ungleichheiten reduziert:
zwischen beruflichen, ethnischen, Geschlechts- und Altersgruppen;
zwischen ländlicher und städtischer Bevölkerung;
zwischen Staaten (Wissenschaft / Technologie)?

Kulturelle Entwicklung

Werden einheimische technische Traditionen genutzt?
Paßt sich die Technologie erhaltenswerten Elementen der Kultur an?

Menschliche Entwicklung

Ist kreative Beteiligung möglich?
Befreit sie Menschen von erniedrigender, zu schwerer und schmutziger Arbeit?

Ökologische Entwicklung

Wird Verschwendung, Raubbau und Verschmutzung verringert (Nutzung erneuerbarer Ressourcen, Recycling)?
Paßt sich die Technologie in ökologische Zusammenhänge ein?
Verbessert sie die natürliche und die vom Menschen geschaffene Umwelt?
Begünstigt sie die Komplexität und Vielfalt der Ökosysteme?

B Auswahlkriterien für neue Technologien

Produktionstheorie (VERNON)
Jedes Produkt wird nach einer best. Lebensdauer von einem neuen, verbesserten verdrängt. Nach Einführung des Produkts wächst die Stückzahl langsam an, hoher Einführungspreis ermöglicht hohe Gewinne, da wenige Anbieter den Markt beliefern. Wiss.-techn. Know-how und günstige Standorte (Nähe zu Forschungszentren, Märkten) sind bedeutungsvoll *(Innovationsphase)*. Das Management entwickelt langfristige Strategien und stellt Investitionskapital bereit *(Reifephase)*. Schließlich werden die Kosten der Produktion weniger vom Material als von Lohnzahlungen und Kapital bestimmt. Die Standortgunst ist dort, wo billige Arbeitskräfte, Infrastrukturen und geringe Abgaben, Steuern zu zahlen sind *(Standardisierungsphase)*.
Hohe Investitionskosten und abnehmende Gewinne drängen kapitalschwache Firmen aus dem Markt *(Unternehmenskonzentration)*.

Organisationstheorie
Zur Zeit der Gründung ist ein Betrieb in seinen Liefer- und Absatzbeziehungen auf die Region beschränkt. Mit Ausbau der Produktionskapazität wird eine neue Organisation des Vertriebsnetzes notwendig *(Zweigbetriebe in der Region)*. Zur günstigen Zulieferung können verwandte Produktionsstätten und Produkte übernommen werden *(horizontale Diversifikation)*. Das Verkaufsnetz verdichtet sich im Inland.
Der Auslandsmarkt wird durch Verkaufsniederlassungen erobert. Steigende Nachfrage und Transportkosten, Zölle u. ä. rentieren den Aufbau eigener Produktionsstätten und Verkaufsnetze im Gastland *(vertikale Integration)*, dem eine Aufgliederung des Unternehmens in sektorale und regionale Einheiten mit dezentraler Leitung folgen kann.
I. d. R. bleibt die Hauptverwaltung (Kontrolle und Investitionsentscheidungen) im Ursprungsland (*internat. Konzerne,* deren Umsätze das BSP mittlerer Länder übersteigen können; Abb. A).
Die übernat. Integration von Industrie und Banken erleichtert Geld-, Güter- und Informationstransfers, aber auch den regionalen Arbeitsplätzeabbau.

Die **technischen Möglichkeiten** radikalisieren Chancen und Gefahren, schaffen Wohlstand, zementieren zugleich soziale Ungleichheiten in der Gesellschaft *(Dualisierung)*, sichern den Menschen vor Naturgewalten und bedrohen ihn durch Naturzerstörung, schaffen Vorbedingungen der Freiheit und stabilisieren Herrschaft (U. E. SIMONIS).
Zweifel und Kritik an der *großindustriellen Wachstumsgesellschaft* und der *verschwenderischen Produktionsweise* stellen die z. Z. verfolgte Wirtschaftsordnung in Frage. **Wachstum** als ökonom. Leitgedanke, zunehmende pro Kopf-Produktion mit dem BSP als Maß spiegeln die derzeitige wirtschaftl. Situation nicht adäquat wider.
Die Grundlage für Massenproduktion und Massenkonsum ist die Verfügbarkeit billiger Rohstoffe und Energien.
Zu Zeiten HENRY FORDS ging man davon aus, daß in der Wirtschaft ein willkommener Kreislauf mit positiver Rückkopplung entsteht:
höhere Löhne erhöhen die Kaufkraft, bedingen größeren Absatz und größere Produktion von Konsumgütern, ermöglichen höhere Gewinne, mehr Investitionen, die dann mehr Arbeitsplätze und wiederum größere Lohnsummen ermöglichen usw.
Das Wirtschaftswachstum in der Nachkriegszeit schien das zu bestätigen, bis *Rezessionen* in den 70er Jahren ein Wachstum der Produktion mit relativ sinkendem Verbrauch von Rohstoffen und Energie bewirkten *(entkoppeltes Wachstum)*, das durch die Automatisierung in ein Wachstum ohne Arbeitsplatzsteigerung überging *(jobloses Wachstum)*.
Der **Einsatz neuer Technologien** im Industriesystem vernichtet einerseits *Arbeitsplätze,* andererseits läßt er (nicht so viele) neue, meist qualifiziertere entstehen.
Es kommt zur Verschiebung der Arbeitsplätze vom industriellen in den *tertiären Sektor* (Dienstleistungsbereich), eine Parallele zur Entwicklung im primären Sektor (Landwirtschaft) in der Vergangenheit.
Absagen an best. technolog. Entwicklungen werden immer noch tabuisiert. Macht großer bzw. multinationaler Konzerne unterbindet Selbstverwirklichung und Selbständigkeit des Menschen.
Angepaßte bzw. humane, den ökosystemaren Prozessen sich *anpassende Technologien* werden gefordert und diskutiert (Abb. B).
Wirtschaftssysteme müssen über *negative Rückkopplungen zur Selbstregulation* eines evolutionsfähigen Systems heranreifen.
Alle Produkte, Funktionen und Organisationsformen sollten mit der Biologie des Menschen und der Biosphäre vereinbar sein. Dabei besteht ein Zwang, *antizipatorisch zu denken,* um wegen der Langzeiteffekte eine *Integration in die Biosphäre* zu erreichen (F. VESTER).
Angepaßte, alternative und **sanfte Technologien** *(menschengemäß, umweltschonend, energie- und rohstoffsparend)* werden gefordert, dezentralisierte Technik mit hoher Flexibilität und Krisensicherheit, fortschrittl. und hochentwickelte Kleintechnologie, eingebettet in humanist. Wertvorstellungen unter ökolog. Perspektive (E. F. SCHUMACHER).

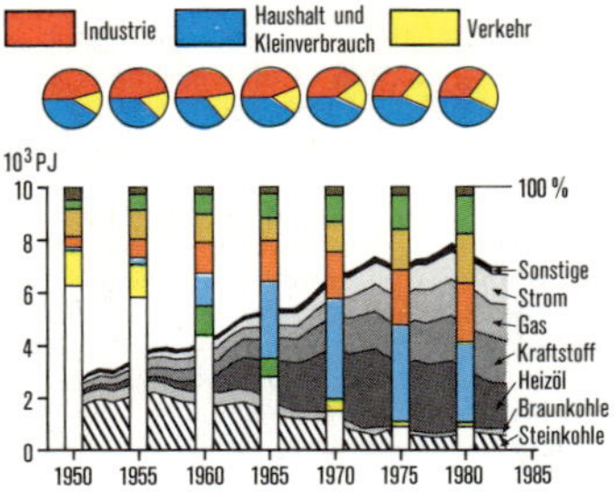

A Energieverbrauch in der Bundesrep. Dtl.

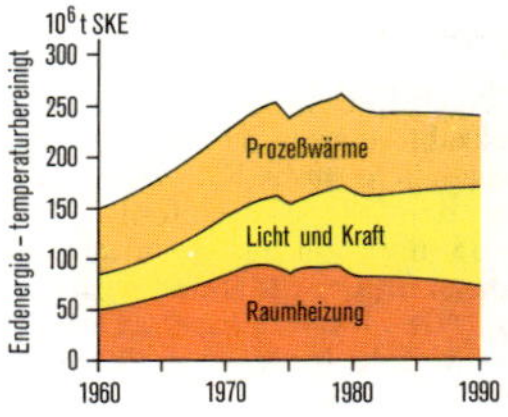

B Endenergieverbrauch (Bundesrep. Dtl.)

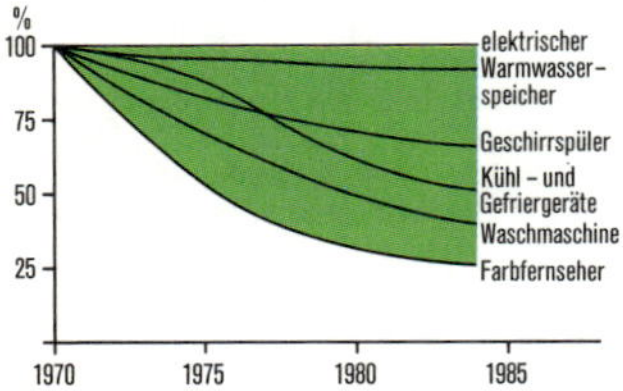

C Spezifischer Stromverbrauch (Haushaltsgeräte)

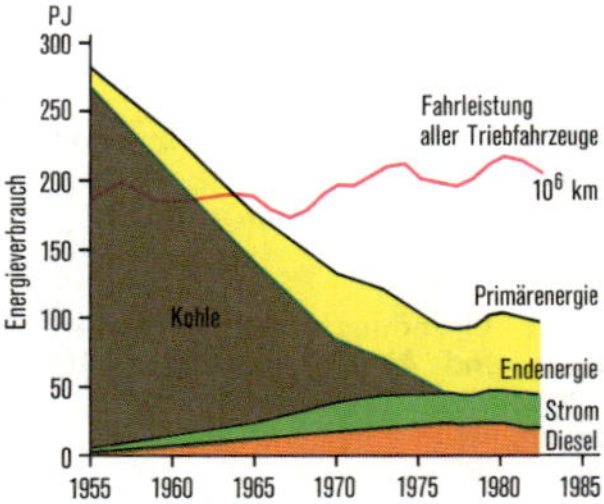

D Energieverbrauch (Deutsche Bundesbahn)

Verarbeitende Industrie	Strom-verbrauch GWh	%	Brennstoff-verbrauch GWh	%
Bedarfsänderung insges.	32679	100	-135326	-100
davon				
Aktivitätseffekt	17835	54,6	104720	77,4
Struktureffekt	6805	20,8	- 66456	- 49,1
Intensitätseffekt	8039	24,6	-173590	-128,3

E Strom- und Brennstoffverbrauch (1970 - 83)

	Schätzungen 1980 2030	Schätzungen 1976 1983	Istwerte 1976 1983
	alle Werte in 10^6 t SKE		
Raumheizung	- 40	- 5,8	- 8,3
Prozeßwärme	- 18	- 2,6	- 13,5
Verkehr	- 40	- 2,7	+ 7,8
Licht und Kraft (ohne Verkehr)	- 4,5	- 0,6	+ 3,7
Gesamt	- 102,5	- 11,7	- 10,3

F Energieeinsparung (Bundesrep. Dtl.)

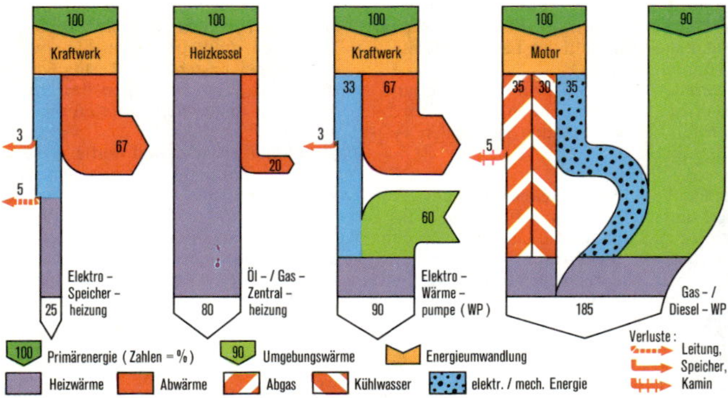

G Energieumwandlung bei verschiedenen Heizungssystemen

In der BR Dtl. dienen ca. ⅔ des Energiebedarfs der Wärmeversorgung, mit rückläufiger Tendenz durch Energieeinsparung und Strukturwandel in der Industrie (Abb. B, F: Prozeßwärme).

Durch *Aufklärung* kann **unnötiger Verbrauch** verringert werden, indem auf den hohen Energieeinsatz durch Wärmeversorgung hingewiesen wird:

85 Stunden Elektrorasur,
17 Stunden Brennen einer 60 W-Glühbirne und nur
2–3 min Duschen erfordern die gleiche Energiemenge von 1 kWh.

Die Hinwendung zu **veredelten Energieträgern** (Heizöl verdrängte Festbrennstoffe, dann Erdgas und Strom das Heizöl) verbesserte den Nutzungsgrad bei der Energieumwandlung (Abb. A).

Die Entwicklung kann am Beispiel der Dt. Bundesbahn verdeutlicht werden:

Ablösung der Dampflokomotiven mit geringem Wirkungsgrad durch Diesel- und Elektroloks (Abb. D).

Technische Maßnahmen helfen, den Energieverbrauch zu verringern:

Wärmedämmung von Gebäuden vermindert v. a. bei freistehenden Häusern die Energieverluste (Heizungsbetrieb 32%, Fenster 28%, Wände 18%, Dach 16%).

Wärmeschutzverordnungen verlangen Verbesserungen der wärmetechn. Isolationen von Neubauten.

Durch optimale Orientierung und Gestaltung der Fensterflächen von Gebäuden ist die **passive Sonnenenergienutzung** möglich.

Der **spezifische Verbrauch** von Kfz wurde durch strömungsgünstige Karosserien, sparsame Motoren und leichtere Materialien verringert.

Der zunehmende Gesamtenergieverbrauch im Straßenverkehr bleibt energie- und umweltpolit. Belastungsproblem (Abb. A, F).

In der industr. Fertigung wurden Energiespartechniken aus Kostengründen schon immer angewandt (Abb. E: *Intensitätseffekt* = Veränderung des spezif. Verbrauchs).

Die Umstellung von der energieintensiven Grundstoffproduktion auf neue Technologien verringert den Nutzenergiebedarf (Abb. E: *Struktureffekt* = Verschiebung der Produktionspalette).

Struktur- und Intensitätseffekt haben in der BR Dtl. einen Teil der Verbrauchssteigerung durch Anstieg des Nettoproduktionswertes (Abb. E: *Aktivitätseffekt*) ausgeglichen.

Die **Stoffrückführung** *(Recycling)* kann den Energieaufwand beträchtlich vermindern:

Energieaufwand für die Erzeugung von Aluminium
aus Bauxit 280 MJ/kg,
aus Metallabfällen 15 MJ/kg;
Hohlglasherstellung
aus Rohstoffen 16,6 MJ/kg,
aus Scherben 11 MJ/kg.

Die **Verbesserung des Nutzungsgrads** bei der Energieumwandlung durch den Einsatz verbesserter Steuerungs- und Regelungstechniken in Industrie und Verkehr (elektron. geregelte Kraftstoffeinspritzung, schub- und lastabhängige Zylinderabschaltung) verringert den Energieverbrauch und Schadstoffausstoß.

Die **Wärmerückführung** wird in Industrie und Gewerbe längst betrieben.

Im häusl. Bereich bietet sich die Nutzung der Abwärmeströme durch **Wärmepumpen** an. Vom Wirkungsgrad her sind sie hocheffektiv. Sie entziehen der Umgebung Niedertemperaturwärme, die sie durch Umkehrung des Kühlschrankprinzips auf Nutztemperaturhöhe bringen (S. 238, Abb. D). Im thermodynam. Prozeß wird wenig Energie für den Motorantrieb dazu benutzt, viel Umgebungswärme auf ca. 50 °C »hochzupumpen«. Weil die Abwärme der Verbrennungsmotoren mitgenutzt werden kann,

können Wirkungsgrade von mehr als 100%, bezogen auf die eingesetzte Primärenergie, erzielt werden (Abb. G).

Eine **Dezentralisierung** der Versorgung bietet Entlastungsmöglichkeiten durch Energiegewinnung auf kleintechnolog. Basis (Sonnenkollektoren, kleine Wasserkraftwerke, Biotechnologie) und für eine bessere Energieausbeute, z. B. durch die Nutzung der Kraftwerks- und Motorenabwärme für *Fern- und Nahwärmenetze* **(Wärme-Kraft-Kopplung, Block-Heizkraftwerke).**

In konventionellen Wärmekraftwerken zur Stromerzeugung wird ein Wirkungsgrad von 30–45% erreicht, d. h.,

daß 55–70% der eingesetzten Primärenergie als Abwärme verloren gehen

(in der BR Dtl. ist das insgesamt mehr als der Wärmebedarf der Privathaushalte). Durch Nutzung der Abwärme verringert sich nicht nur die therm. Belastung von Oberflächengewässern, sondern auch die Umweltbelastung über gasförmige Emissionen durch Verminderung der Menge verbrannter Primärenergieträger.

Das grundlegende Verfahren der Ab- und Umweltwärmenutzung ist die **Kraft-Wärme-Kopplung,** bei der Abwärme der Stromgewinnung in Fernheiznetze eingespeist wird.

Heizkraftwerke mit Auslegungsschwerpunkt Wärmeerzeugung **(Wärme-Kraft-Kopplung)** setzen

ca. 25% der Primärenergie in Strom und 40% in Nutzwärme um.

Die in der Nähe der Verbraucher eingesetzten **Blockheizwerke** vermeiden lange Energietransportwege. Erdgas- oder Diesel-Motoren treiben Generatoren an, um Strom zu erzeugen. Die für Heizzwecke verwendete Abwärme stammt aus dem Kühlwasser und den Abgasen der Motoren.

Die Primärenergie liefert ca. 60% Nutzwärme und 30–35% Strom oder mechan. Energie zum Betreiben von Wärmepumpen.

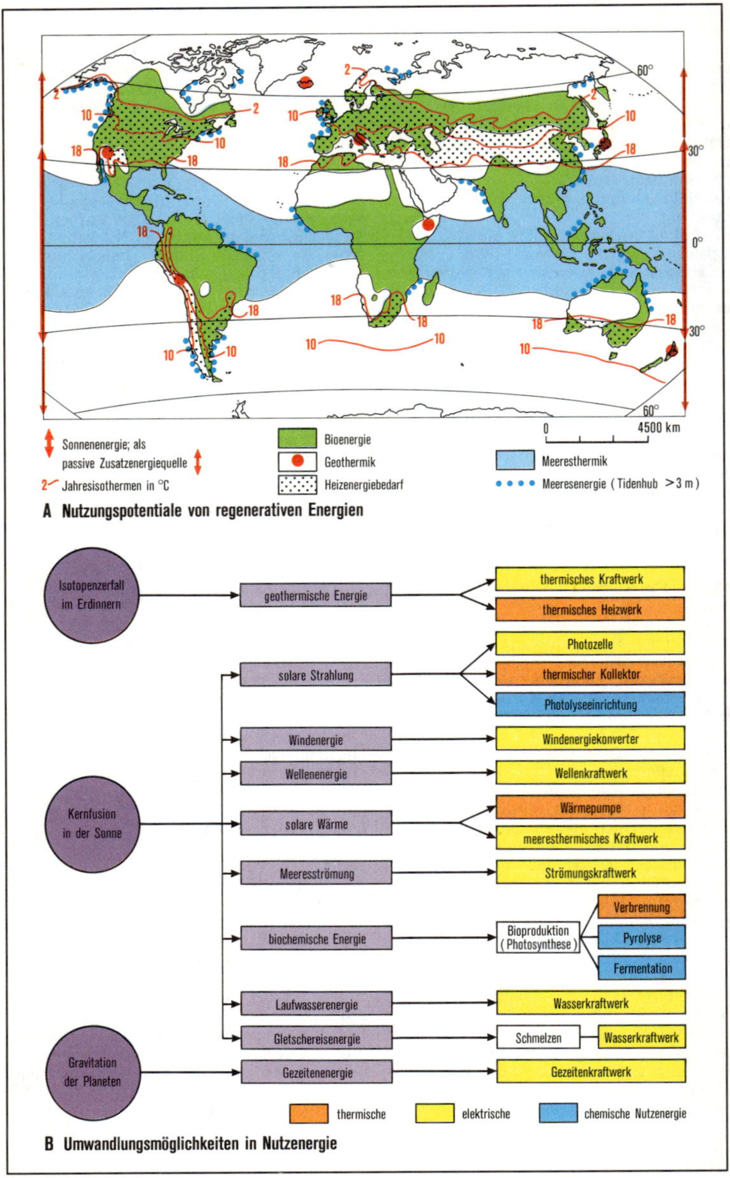

Regenerative Energiequellen und ihre Nutzungsmöglichkeiten

In der Energiediskussion spielen *Energieeinsparungen* und *regenerative Energien* eine zentrale Rolle. Nach Energieversorgungskrisen und dem Reaktorunglück von Tschernobyl wird verstärkt über die Einsatzmöglichkeiten regenerativer Energiequellen auch in den klimatisch benachteiligten kühlen Regionen nachgedacht, zumal ihre Nutzung mit erheblich geringeren Umweltbelastungen verbunden ist als die Umwandlung fossiler Brennstoffe.
Die **regenerativen** (erneuerbaren, ergänzenden; fälschlicherweise »alternativen«) **Energien** werden von natürl. Energiespendern erneuert, sind also absehbar unerschöpflich. Man unterscheidet die *geothermische Energie,* die *Sonnenenergie* und die *Gezeitenenergie* (Abb. B).
Das theoret. Potential an regenerativer Energie übersteigt auch in unseren Breiten bei weitem den heutigen, wohl auch den zukünftigen Bedarf.

Auf die Fläche der BR Dtl. treffen pro Jahr $2{,}5 \cdot 10^{14}$ kWh auf, das mehr als 80fache des Primärenergiebedarfs.

Die **geothermische Energie** (Abb. A) stammt aus dem Zerfall von Radionukliden im Erdinnern. Sie kann in Regionen mit Vulkanismus sowie geolog. Anomalien genutzt werden, bes. dann, wenn Wasser in der Nähe der Erdoberfläche auf erheblich über 100 °C erhitzt und als Wasserdampf zur Stromerzeugung auf Turbinen geleitet werden kann. An die Oberfläche tretendes heißes Wasser wird direkt genutzt (Island: Heizung; Thermalbäder).
Ökolog. Probleme ergeben sich aus den Bewegungen des vulkan. Untergrundes und aus Verunreinigungen des Wassers.

Sonnenenergie, Strahlungsenergie, die aus Kernfusionen der Sonne stammt, stellt den Hauptteil der regenerativen Energien. Sie kann in der *photovoltaischen Stromerzeugung* direkt in Elektrizität umgewandelt werden *(Solarzellen).* Wegen des geringen Wirkungsgrades von 6–18% der eingestrahlten Energie bietet sich der Einsatz von Solarzellen bisher nur für isolierte Orte (Inseln, Sender) an.

Für 1300 MW elektr. Leistung, die der Leistung des KKW Biblis entsprechen, wird eine Fläche von 170 km² benötigt.

Die direkte Nutzung des Sonnenlichts zur Spaltung von Molekülen *(Photolyse),* z. B. des Wassers, ist wenig vielversprechend und befindet sich im Experimentalstadium.
Erfolgversprechender ist die Erzeugung elektr. Energie durch *solarthermische Stromerzeugung,* bei der die Strahlen über Spiegelsysteme gebündelt Hochtemperaturkraftwerke antreiben. Probleme ergeben sich aus

dem geringen Wirkungsgrad von bis zu 10% und dem dadurch großen Flächenanspruch für die zahlreichen Hochtemperaturkollektoren *(Sonnenfarm).*

Ein Teil der Sonnenenergie wird auf der Erdoberfläche, im Wasser und in der Luft als therm. Energie gespeichert. Sie stellt das größte erneuerbare Nutzungspotential dar, das über *Wärmepumpen* und *Wärmekollektoren* dezentral mit geringen Umwelteingriffen genutzt werden kann (S. 235, 239).

Meeresthermische Kraftwerke arbeiten nach dem Wärmepumpenprinzip und erfordern zwischen Oberflächen- und Tiefenwasser Temperaturunterschiede von mindestens 20 K.

In den USA sind meerestherm. Versuchskraftwerke von 5 bzw. 25 MW in Planung.

Ein Teil der Solarenergie wird auf der Erde in kinet. Energie umgesetzt (Wind- und Wellenenergie, Meeresströmungen) sowie im Wasser gespeichert und transportiert (Wolken, Niederschlag, Gewässer, Eis).

Die **Windenergie** treibt über Rotoren Pumpen, Mahlwerke und Generatoren zur Stromerzeugung an. Da größere Anlagen Windgeschwindigkeiten von mindestens 4 m/sec erfordern, ist ihre Einsatzmöglichkeit beschränkt, v. a. auf die Küstengebiete.

Der Flächenbedarf für 1300 MW beträgt 80 km², wozu ca. 400 Windräder von 185 m Höhe erforderlich wären.

Die Zukunft der Windenergienutzung liegt in *dezentralen Kleinanlagen.*

Wellenkraftwerke werden nur für Sonderzwekke, z. B. Leuchtbojen, eine Rolle spielen.
Meeresströmungskraftwerke wären nur als gigant. Anlagen effektiv, z. B. schwimmend im Golfstrom.
Die solare Energie, die über den Wasserkreislauf zur Verfügung steht, wird in den Niederschlägen zur Erde geführt. Das Wasser fließt oder schmilzt ab und wird entweder in
Laufwasserkraftwerken der Flüsse sofort oder nach Rückhaltung durch Stauwerke (Verbesserung der Verfügbarkeit und Energiedichte) in
Speicherkraftwerken der Stromgewinnung zugeführt. Wasserkraftanlagen sind trotz des Erholungswertes immer ein Landschaftseingriff, der sich v. a. auf natürl. Fließgewässer auswirkt (Flußregulierung u. a.).

Größere Anteile der Sonnenenergie werden als **Biomasse** gespeichert. Diese Energie kann in therm. und elektr. Energie umgewandelt werden (S. 239).

Für 1300 MW Leistung sind ca. 22 000 km² landwirtschaftl. Anbaufläche erforderlich, die in Konkurrenz zum Nahrungsmittelanbau stehen würde.

Die dritte primäre regenerative Energiequelle ist die **Gravitation.** Die Rotation von Erde und Mond ist zusammen mit der Massenanziehung der Himmelskörper verantwortlich für die Gezeiten. Bei einem Tidenhub von mehr als 3 m können
Gezeitenkraftwerke elektr. Energie erzeugen (z. B. in der Rancemündung).

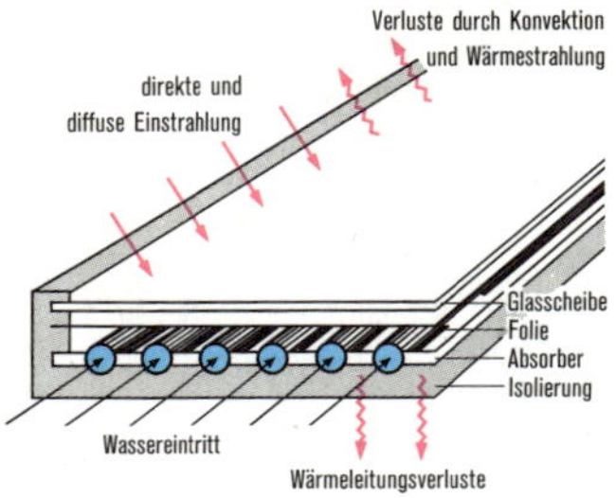

A Modell eines Flachkollektors

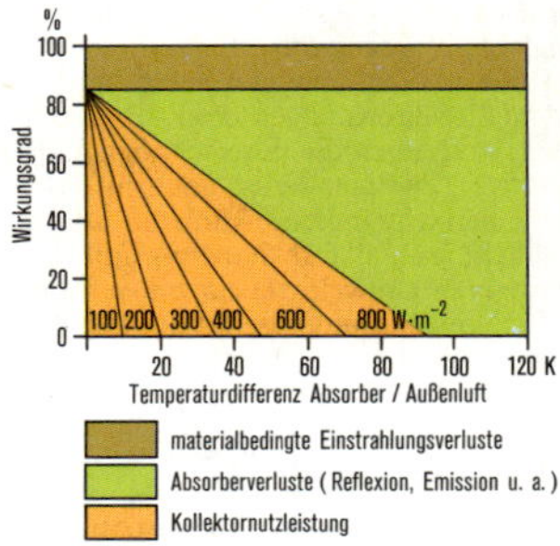

B Wirkungsspektrum eines Flachkollektors

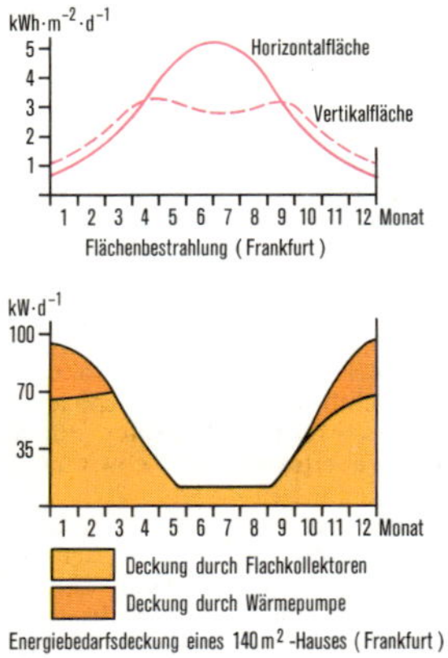

C Strahlung und Energiebedarf

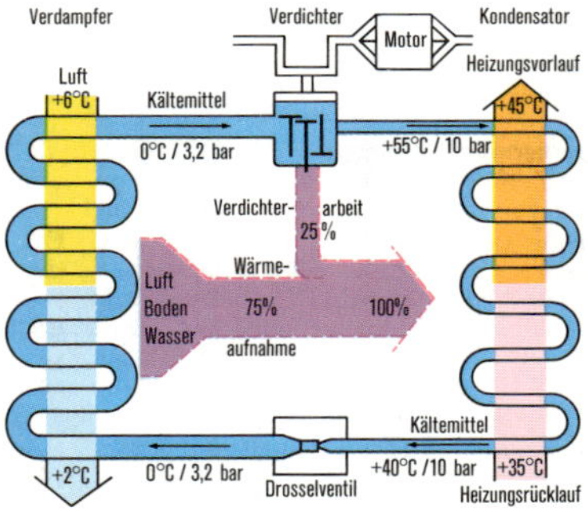

D Kompressionswärmepumpe (Prinzip)

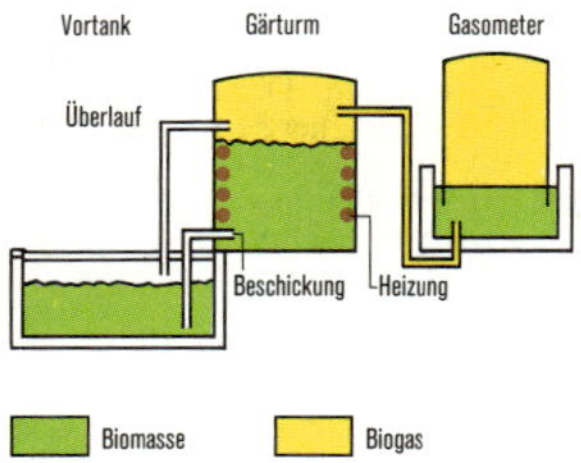

E Biogasanlage (Prinzip)

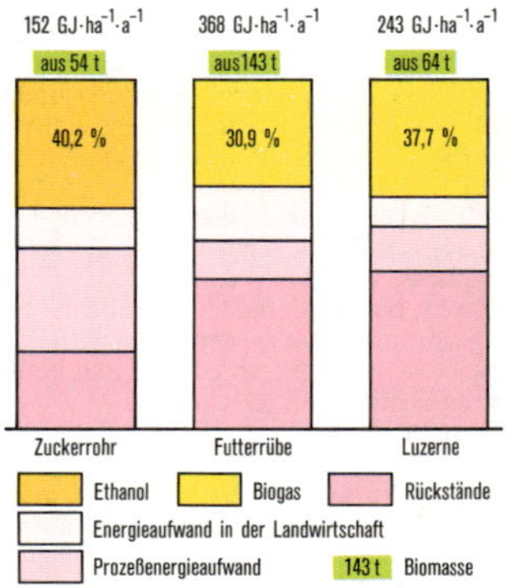

F Biomassen-Energiebilanzen

Flachkollektoren, Wärmepumpe, Biomasse

Bei einem geschätzten Primärenergieverbrauch von 4150 TWh/Jahr im Jahr 2000 in der BR Dtl. wird für die regenerativen Energien ein maximaler Anteil von 8–9% angenommen. Man schätzt, daß von der nutzbaren Sonnenenergie 9% direkt als therm. Energie (Flachkollektoren für Warmwasser und Heizung), indirekt 24% als Wasserkraft (Lauf- und Speicherkraftwerke), 7% als Windenergie und 60% durch Ausnutzung der Umgebungswärme eingesetzt werden können.

Thermische Solarkraftwerke zur Stromerzeugung sind nur bei hoher Strahlungsdichte und -dauer, z. B. in den Subtropen rentabel. **Solarzellen** liefern lokal Strom (Versuchsanlage auf Pellworm), spielen aber wegen hoher Investitionskosten noch eine geringe Rolle. Schwerpunkt des Sonnenenergieeinsatzes ist in den gemäßigten Breiten die Gewinnung von Niedertemperaturwärme über *Sonnenkollektoren, Wärmepumpen* und *Biogastechnologie.*

Flachkollektoren (therm. Niedertemperatur-Kollektoren) nutzen die direkte und die diffuse Solarstrahlung, sind also auch bei bedecktem Himmel wirksam (Abb. A). Sie können

Wasser auf 40–60 °C erwärmen und für Haushalte 50–70% des warmen Brauchwassers bereitstellen.

Obwohl die Wirtschaftlichkeit durch hohe Herstellungs- und Einbaukosten eingeschränkt ist, werden sie schon für die Schwimmbad-Beheizung eingesetzt.

In Flachkollektoren wird die hohe Strahlungs-Absorptionsfähigkeit schwarzer Körper genutzt, die die Energie wieder als Wärmestrahlung abgeben. Der Kollektor besteht aus einer oberflächlich geschwärzten Absorberplatte, z. B. aus Kupfer, die üblicherweise von aufzuheizendem Wasser durchflossen wird (Abb. A). Die Platte erwärmt sich im Betrieb auf 60 °C und muß isoliert werden – auf der lichtzugewandten Seite mit durchsichtigem Material –, um Wärmeleitungs-, Wärmestrahlungs- und Konvektionsverluste zu verringern. Bewährt haben sich Folien mit selektiver Strahlendurchlässigkeit.

Da der *Wirkungsgrad* von der Temperaturdifferenz zwischen Absorber und Außenluft und von der Strahlungsintensität abhängt, ist er im heizungsintensiven Winter am niedrigsten (Abb. B, C).

Wärmepumpen verwerten die in der Luft, den Gewässern oder dem Erdreich gespeicherte solare Energie sowie die Abwärme von Motoren und Industrieanlagen. Diese Umgebungswärme ist für die direkte Nutzung zu niedrig. Man nutzt die vorhandene Temperatur, um in den bisher üblichen Kompressionswärmepumpen eine Kühlflüssigkeit mit niedrigem Siedepunkt zu verdampfen *(Verdampfer).* Der Dampf wird in einem *Kompressor* verdichtet und dadurch erhitzt. In einem *Wärmeaustauscher* wird die Energie auf Wasser übertragen, wodurch sich das Kühlmittel abkühlt und verflüssigt *(Kondensor).* Ein *Drosselventil* entspannt das noch unter Druck stehende Kühlmittel auf den Ausgangsdruck (Abb. D).

Monovalente Wärmepumpen werden von Treibstoffmotoren angetrieben und können größere Gebäudekomplexe allein versorgen.

Bivalente Heizungen bestehen aus einer meist elektrisch betriebenen Wärmepumpe und einem konventionellen Heizkessel zum Überbrücken der kältesten Tage.

Bioenergie

Ein entscheidender Durchbruch des Einsatzes regenerativer Energien könnte durch die Nutzung der *Biomasse* gelingen. Pflanzen speichern Sonnenenergie durch die Photosynthese in den chem. Bindungen der Biomasse. Aus ihnen kann wie aus fossilen Brennstoffen Wärme und dann Strom gewonnen werden.

Die Heizwerte der Biomasse sind niedrig:

Holz 18, Hausmüll 8 MJ/kg (Steinkohle 35, Methan 50,1 MJ/kg).

Biomasse kann durch Verbrennung, Pyrolyse, alkoholische und Methangärung aufgeschlossen werden (Abb. F).

Die *Verbrennung von Biomasse* kann in den Anlagen für fossile Brennstoffe erfolgen.

Durch **Pyrolyse** wird die Biomasse unter Luftabschluß zersetzt:

Niedertemperaturpyrolyse 400–500 °C, Hochtemperaturpyrolyse 700–900 °C. Es entstehen brennbare Gemische (H_2, CH_4, CO, Ruß).

Die Pyrolyse ist ökologisch vorteilhaft, weil keine krebserregenden Kohlenwasserstoffe entstehen (S. 247).

Die **alkohol. Gärung** geht von Glukose aus, die technisch aus Biomasse vorerzeugt wird. Mikroorganismen, v. a. Hefen, vergären die Glukose mit einem hohen energet. Wirkungsgrad

zu Ethanol (Abb. F), das z. B. in Brasilien Benzin beigemischt wird.

Die **Biogaserzeugung (Methangärung)** erfolgt in Gärbehältern unter Luftabschluß, z. B. in den Faultürmen der Kläranlagen (S. 191).

Acidogene Bakterien, wie das *Propionibakterium,* zerlegen polymere Fette, Proteine und Kohlenhydrate zunächst u. a. in Milch- und Propionsäure, die *acetogene Bakterien* zu Essigsäure abbauen:

$$CH_3CH_2COOH + H_2O \rightleftharpoons CH_3COOH + H^+ + HCO_3^- + 3H_2$$

Methanbakterien nutzen die Kohlensäure und spalten die Essigsäure (Azetat):

$$4H_2 + HCO_3^- + H^+ \rightleftharpoons 3H_2O + CH_4$$
$$CH_3COO^- + H^+ \rightleftharpoons CO_2 + CH_4$$

Das Methan (CH_4) und Wasserstoffreste enthaltende **Biogas** kann in Kleinanlagen und großtechnisch gewonnen und verbraucht werden (Abb. E, F).

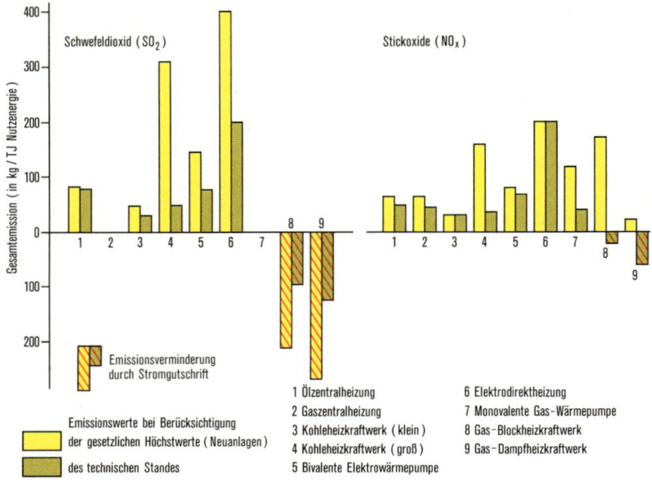

A Umweltwirkungen von Wärmeversorgungssystemen

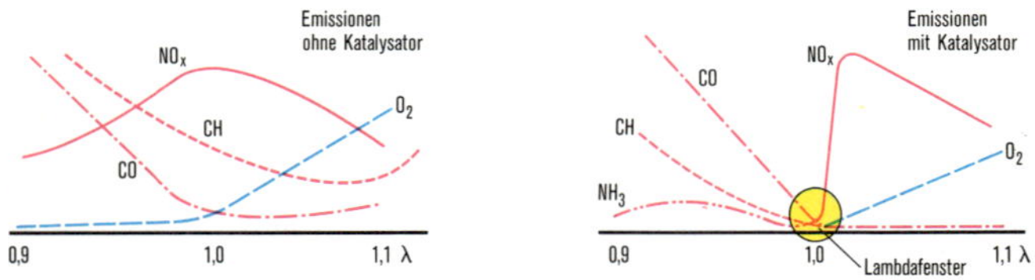

B Abgasreinigung durch den Dreiwegekatalysator

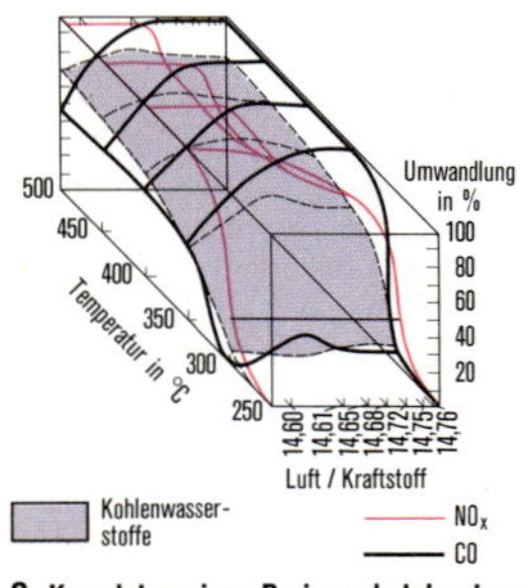

C Kenndaten eines Dreiwegekatalysators

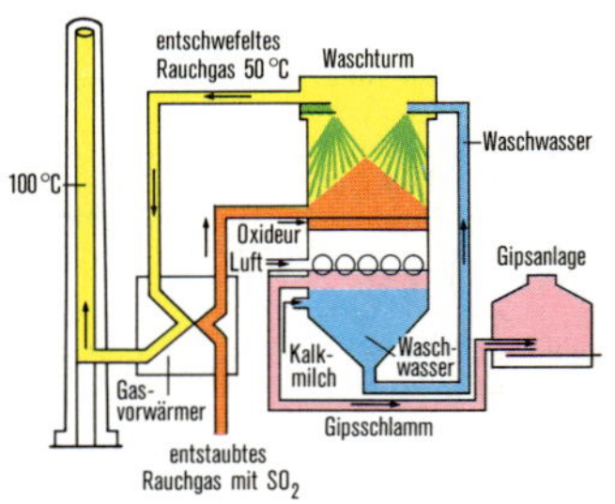

D Abluftreinigung durch Naßwäsche

Die mengenmäßig hervortretenden **Schadstoffe** aller Verbrennungsanlagen sind:

CO_2, NO_x, SO_2 und organ. Verbindungen.

Im Unterschied zur eingegrenzt mögl. Entsorgung bzw. Reinigung von Böden und Gewässern können Luftverschmutzungen nur am Entstehungsort vermindert werden:

Vermeidung durch Verfahrenstechnik (schadstoffarme Kfz., Wirbelschichtfeuerung), *Filteranlagen, Katalysatoren* und *andere der Vorsorge dienende Maßnahmen,* wie die **Technische Anleitung Luft** (TA Luft, seit 1. 3. 1986) und die **Großfeuerungsanlagen-Verordnung** (seit 1. 7. 1983).

Nach dem festgeschriebenen *Verursacherprinzip* werden die Kosten zur Vermeidung, Beseitigung oder zum Ausgleich von Umweltbelastungen möglichst vollständig dem Verursacher zugerechnet.

Luftreinhaltepläne, Emissions-, Immissions- und *Wirkungskataster* erfassen Belastungen und dienen als Material für die Fortschreibung gesetzlich festgelegter Grenzwerte.

Grenzwerte können z. B. dadurch eingehalten werden, daß Schadstoffe durch *Ersatzstoffe* abgelöst werden, z. B. Steinkohle durch Erdgas, Benzin durch Alkohol und Wasserstoff.

Haushalte

Emittiert werden v. a. SO_2 und CO (S. 208, Abb. C).

Die Umweltbelastung durch Haushalte nimmt in der BR Dtl. ab.

Der Wandel beruht auf der **Umstellung** von *Einzel-* auf *Sammelheizungen* und von *Kohle* und *Heizöl* auf *Erdgas*. Erdgas ist relativ leicht an der Quelle zu entschwefeln.

Eine Verminderung der Abgasmenge kann durch Modernisierung von Heizungs- und Warmwasseranlagen erreicht werden, die *steuerlich begünstigt* wird. *Abgaskontrollen* (Schornsteinfeger) sind angeordnet, um hohe Schadstoffgehalte der Abgase festzustellen und verringern zu lassen.

Gas-Blockheiz- und *Dampf-Heizkraftwerke* **(Fernwärme)** stellen wegen der **Nutzung der Abwärme** optimale Wärmeversorgungssysteme dar, weil der zusätzlich zur Wärme gewonnene Strom andere Kraftwerke überflüssig macht (S. 235).

Verkehr

Die Verkehrsmittel sind an den Emissionen von NO_x, CO und flüchtigen organ. Verbindungen hauptbeteiligt. Sie können in den Abgasen mit Hilfe von **Katalysatoren** oder durch Verbrennung bei niedrigeren Temperaturen **(Tempolimit, Magergemisch-Motoren)** vermindert werden.

Im gebräuchl. Einbett-**Dreiwegekatalysator** umhüllt ein Stahlmantel einen feinporigen Keramikkörper (62 Zellen/cm^2), der mit einem katalytisch wirksamen Gemisch von ca. 3 g Edelmetallen (Pt, Rh) bedampft ist, das drei Abgaskomponenten gleichzeitig entfernt:

Rh reduziert NO_x zu N_2, Pt oxidiert CO zu CO_2 und organ. Kohlenwasserstoffe (»CH«) zu CO_2 und H_2O.

Nur bei einem optimal verbrannten Gemisch im Bereich des sog. *Lambdafensters* arbeitet der Katalysator einwandfrei (Abb. B, C).

Das wird beim stöchiometrisch idealen Kraftstoff/Luft-Gemisch von 1:14,7, dem sog.

Lambdawert $\lambda = 1$ (= theoret. vollständige Verbrennung)

erreicht ($\lambda < 1$: Magergemische; $\lambda > 1$: fette, kraftstoffreiche, O_2-arme Gemische). Mit einem Sauerstoff-Meßfühler *(Lambdasonde)* wird der immer vorhandene Rest-Sauerstoffgehalt im Auspuffkrümmer oder Abgasrohr vor dem Katalysator gemessen. Abweichungen von $\lambda = 1$ werden durch Regelung der Einspritzanlage oder eines elektron. gesteuerten Vergasers ausgeglichen.

Bleifreies Benzin ist für den Katalysator-Betrieb unverzichtbar, weil Blei die dünne Edelmetallschicht bis zur Unwirksamkeit überdekken würde.

Kraftwerke

Kohle- und Ölkraftwerke sind v. a. für SO_2-Emissionen verantwortlich.

Rauchgasentschwefelung:

Beim *Trockenverfahren* wird SO_2 von einem Adsorptionsmittel, z. B. Aktivkoks, festgehalten und schließlich als sog. SO_2-Reichgas gewonnen, das u. a. der Schwefelsäureproduktion zugeführt werden kann.

Aktivkoks hat katalyt. Eigenschaften, durch die auch Chlor, Fluor und NO_x entfernt werden. Das Verfahren ist wegen des Kokspreises nur bei hohen Entstickungsnormen interessant.

Durchgesetzt hat sich die *Naßwäsche* nach dem Calciumverfahren (Abb. D).

Die heißen, SO_2-haltigen entstaubten Abgase werden in einem Waschturm mit Kalkmilch (Ätzkalk CaO/Kalk $CaCO_3/H_2O$) vermischt. Durch chem. Reaktionen bis zum Gips ($CaSO_4$) als Endprodukt wird das Schadgas abgebaut.

Wirbelschichtfeuerung (für kleinere Kraftwerke erprobt):

Staubkohle wird nicht auf einem Rost, sondern mit Asche und Kalk verwirbelt verbrannt. Aufgrund der Teilchenbewegung wird eine bessere Wärmeübertragung erreicht. Abwärmeverluste sind um 80% geringer als bei konventionellen Anlagen.

Bei Zugabe von 8% Kalk wird SO_2 in Gips gebunden und ohne Filteranlagen eine Entschwefelung von 95% erreicht. Die Anlagen arbeiten bei nur 800–900 °C und dadurch mit niedrigen NO_x-Emissionen, die bei höheren Temperaturen durch Oxidation von Luftstickstoff entstehen.

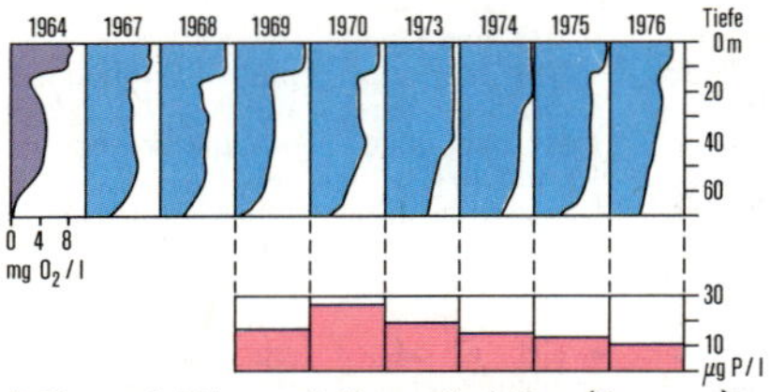

A Wasserentwicklung nach Abwasserfernhaltung (Tegernsee)

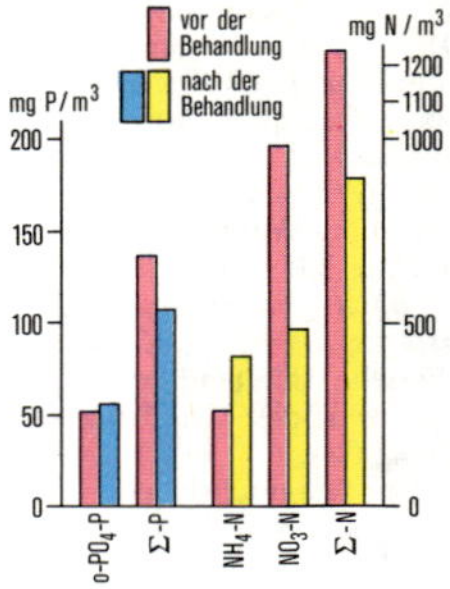

B Seensanierung durch Nitratoxidation (Lillesjön, Schweden)

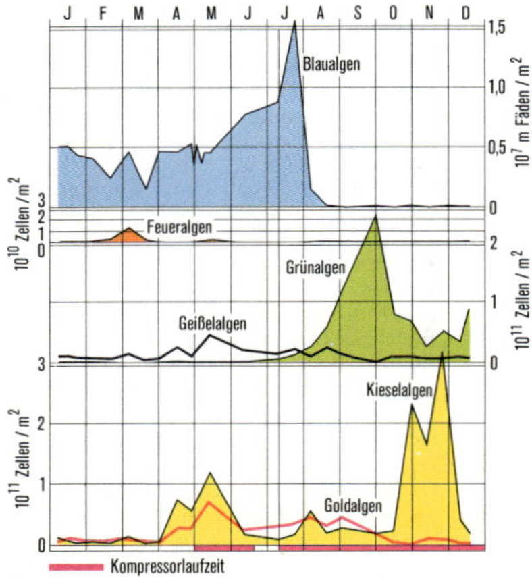

C Phytoplanktonwandel durch Zwangszirkulation (Fischkaltersee)

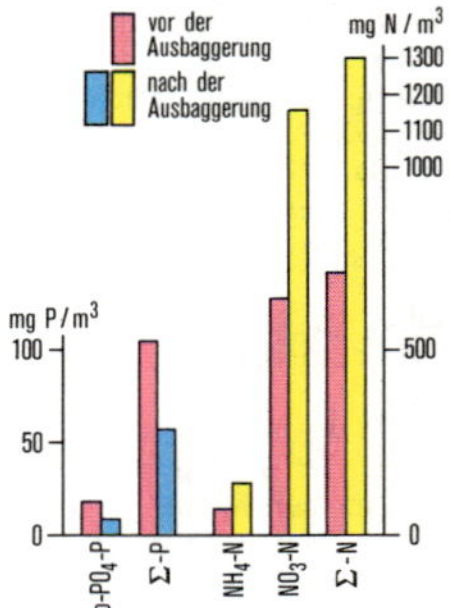

D Entschlammung (Freudensee)

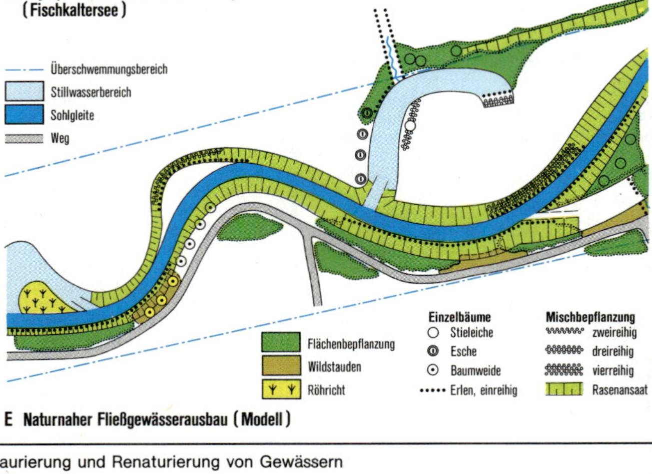

E Naturnaher Fließgewässerausbau (Modell)

Restaurierung und Renaturierung von Gewässern

Natürl. Gewässer sind durch menschl. Nutzung gefährdet (S. 176–187).
Sanierungsmaßnahmen streben die Rückführung eines belasteten Gewässers in den natürl. Zustand an, erreichen dieses Ziel aber nur selten.
Die **Gewässersanierung** umfaßt die externe **Fernhaltung** von Belastungsstoffen und Giften, die interne **Seenrestaurierung** sowie **Fließgewässerrenaturierung.**
Die Phosphat- und Nitrat-Verringerung stehen wegen der Eutrophierungsgefahr im Mittelpunkt der Bemühungen.

Fernhaltung von Abwässern
Bei größeren Seen (Chiemsee, Tegernsee) werden die Abwässer in ufer- und seeverlegten *Ringleitungen* erfaßt und einer zentralen Sammelkläranlage zugeführt. Ein Seeabfluß dient als Vorfluter für das gereinigte Abwasser.
Da, wo Ringleitungen wegen der Gewässergröße unrentabel sind, kann die *direkte Phosphatfällung* in den Zuflüssen und im Seewasser helfen, wie am Bodensee erfolgreich erprobt.
Die *Phosphat- und Nitratrückhaltung* erfolgt in den Kläranlagen durch Fällung bzw. biolog. Abbau (S. 191).
Zur langfristigen Verbesserung müssen aber die Nährstoffeinträge (Haushalte, Landwirtschaft v. a.) im gesamten Gewässereinzugsgebiet vermindert werden.

Seenrestaurierung

Chemische Verfahren:
Sedimentoxidation bedient sich der denitrifizierenden Gewässerorganismen, die leicht abbaubares organ. Material mit Hilfe von zugeführtem Nitrat zu gasförmigem Stickstoff und Kohlendioxid abbauen (Abb. B).
Kalkung saurer Gewässer bringt keine bleibenden Erfolge. Sie muß ständig wiederholt werden. Der häufige kurzzeitige
Wechsel der pH-Werte führt zu unkontrollierbaren Artenwechseln und langfristigem Schwund stenöker Arten.

Mechanische Methoden:
Entkrautung bietet sich v. a. für das Freihalten von Wasserflächen in Bade-, Hafen- und Kraftwerkszonen an, aber auch in kleinen Fließgewässern z. B. zum Erhalt der Lebensräume für Forellen.
In Seen folgt der Entkrautung häufig wegen der jetzt größeren Durchlichtung erneut Phytoplanktonwachstum (Eutrophierungsgefahr, S. 177).
Entschlammung ist zur Restaurierung kleiner Seen geeignet und hat die Beseitigung des aus abgestorbenen Pflanzenteilen gebildeten Nährstoffdepots zum Ziel. Nach der Ausbaggerung steigt wegen der aussetzenden Denitrifikation (entfernte Blaualgen) bzw. des verringerten Pflanzenwachstums der Stickstoffgehalt des Sees an (Abb. D).
Sedimentabdeckung (Folien, Aluminiumsulfat + Ton) behindert den Nährstoffaustausch zwischen Gewässerboden und Freiwasser, aber auch das Aufkeimen der Makrophyten.
Dem Sauerstoffmangel von Gewässern kann mit *Belüftung* (Druckluft, Luftverwirbelung über Schiffsschrauben, Wehre) begegnet werden.
Der hypolimn. O_2-Gehalt kann durch *Tiefenwasserbelüftung* erhöht werden, um die PO_4^{3-}-Freisetzung aus dem Sediment in reduktivem Gewässermilieu zu unterbinden, ohne die natürl. Schichtung des Wassers zu stören.
Der *Abzug von Tiefenwasser*
reduziert dessen Nährstoffgehalt und damit die Sauerstoffzehrung;
bewirkt durch die Volumenverringerung des Hypolimniums das jahreszeitlich frühere Einsetzen der Herbstzirkulation.
Im durchmischten Wasser wird der Abbau organ. Restmaterials gefördert.
Zwangszirkulation mit Hilfe von Druckluft: Mit ihr wird die therm. Schichtung von Seen mit der Gefahr der Biomassenanreicherung (Algenblüte) sowie die zu geringe Frühjahrs- und Herbstdurchmischung meromikt. Seen bekämpft.
Die Entschichtung (Destratifikation) führte im *Fischkaltersee* (Bayern) zunächst durch Nährstoffzufuhr aus der Tiefe zu starker Blaualgenblüte. Die Phytoplanktonvielfalt steigerte sich mit dem Absterben der Blaualgen. Die ständige Vermischung von Tiefen- und Oberflächenwasser verbesserte die Konkurrenzsituation der aeroben Arten wegen der größeren Durchlichtungstiefe und besseren O_2-Verteilung (Abb. C).
Mit einer Verschlechterung des Lichtklimas durch *Beschattung* (Bäume, künstl. chem. Trübung, Folien u. a.) kann die übermäßige Verkrautung und Veralgung v. a. in Kleingewässern bekämpft werden.

Biologische Verfahren
Einsetzen von Organismen: wie Amur-Karpfen gegen Makrophyten und Silberkarpfen gegen Phytoplankton.
Erfolgreich kann der *Eingriff in Nahrungsketten* verlaufen.
Großfiltrierer, wie Rädertierchen, ernähren sich vom Phytoplankton. Sie werden bevorzugt von Weißfischen gefressen. Fischt man diese ab, so kommt es zu starker Verringerung der plankt. Primärproduktion.

Fließgewässerrenaturierung
hat das Ziel, den gesamten Verbund des fluviatilen Ökosystems *naturnah* wiederherzustellen.
Zu den Maßnahmen gehören naturnahe Querschnittsgestaltung und Trassierung, Verbesserung der Wasserqualität, Freilassung von Uferstreifen, Bepflanzung mit potentiell natürl. Vegetation (Abb. E).

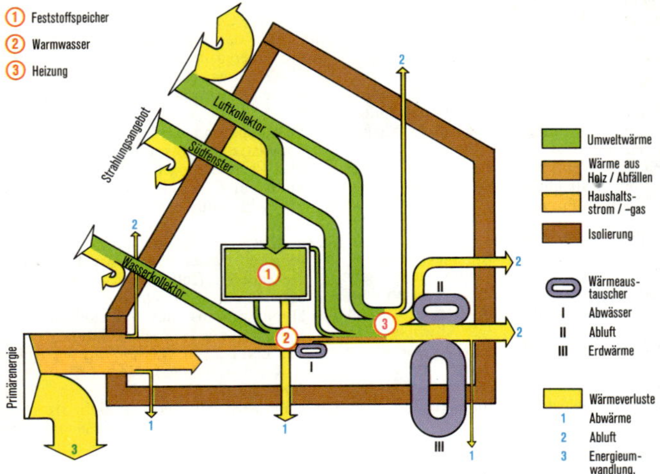

A Energiehaushalt mit passivem Wärmegewinn (Reihen-Mittelhaus, Berlin)

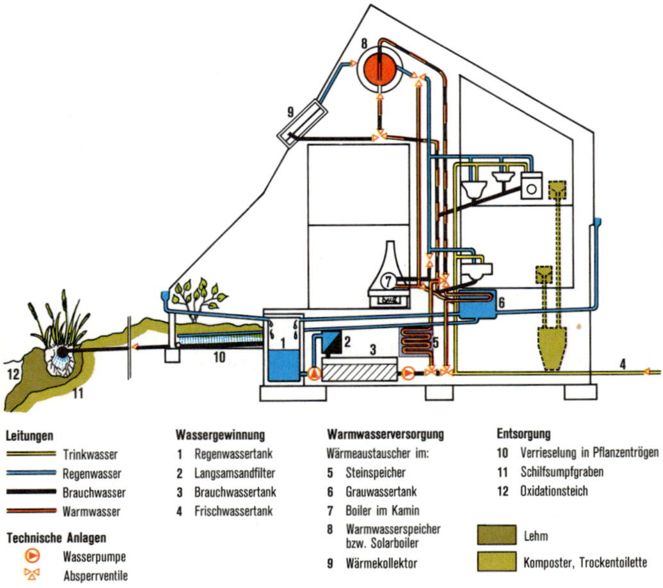

B Wasserhaushalt eines Ökohauses im Winter (Berlin-Lichterfelde)

Der Oberbegriff »**Ökologisches Bauen**« umfaßt **alternatives** und **klimagerechtes Bauen, Bioarchitektur (Biotektur), Bionik** (Anwendung biolog. Bau-Prinzipien in der Technik) und **Baubiologie.**
Jedes Gebäude stellt einen Eingriff in die Natur dar. Ökolog. Architektur kann deshalb Belastungen auch nicht ganz vermeiden, sondern nur reduzieren.

Ökologisches Bauen fordert:
Vermeidung von Umweltbelastungen;
Vernetzung mit natürl. Kreisläufen;
gemeinschaftliches, nicht individuelles Bauen (Anstreben sozialen Handelns);
Funktionsvielfalt von Wohnen, Arbeiten, Freizeit und Einkaufen.

Baudurchführung
Ökolog. Bauen erfordert einen sparsamen Umgang mit der nicht vermehrbaren Landschaft, kostengünstiges Bauen und den Einsatz umweltneutraler Baustoffe.
Durch *gemeinsames Bauen* können Grundstücke optimal ausgenutzt werden, Verkehrsflächen sowie Versorgungs- und Entsorgungsleitungen reduziert werden.
Systembau verringert Kosten.
Typisierung ermöglicht den Einsatz und die Vorfertigung gleicher Bauteile.
Eigenleistungen zur Kostenverringerung und bindenden Identifizierung sind erwünscht.

Materialhaushalt
Baumaßnahme: Verwendung lokaler Baustoffe, die nach Abriß bzw. Verrottung im Naturhaushalt wiederverwertbar sind;
Einsatz von Sekundärrohstoffen und Altmaterialien;
Vermeidung knapper, gesundheitsschädl. und energieintensiver Baustoffe;
Verringerung des Materialeinsatzes durch gezielte Konstruktionsvorgaben;
Feuchte- und Temperaturausgleich durch Lehmbauweise;
Verbesserung des Wohnklimas (Temperaturausgleich) durch wärmespeichernde Baustoffe mit geringer Wärmeleitfähigkeit.
Nutzungsplanung: Auch in ökolog. Haushalten fallen Rohstoffe als Abfall an. Es ist zu vermeiden, daß diese durch Vermischung zu Müll werden (S. 247). Die getrennte Sammlung ermöglicht die teilweise *Selbstverwertung:*
brennbare Stoffe (Energiegewinnung);
organ. Abfälle werden der Tierhaltung zugeführt; sonst
kompostiert oder Biogasanlagen zur Ausfaulung zugeführt.
Nahrungsversorgung: sollte mit einem Umgebungsnetz verknüpft werden:
Aufträge für Nahrungsanbau und Tierhaltung in Nachbarbetrieben und deren Einbeziehung in die organ. Abfallentsorgung;
Selbstversorgung mit Gemüse durch Gärten.

Energiehaushalt (Abb. A)
Die Unabhängigkeit von zentraler Energieversorgung soll durch den Bau von **biologischen Sonnenhäusern** erreicht werden, die *lokale regenerative Energiequellen* nutzen (S. 239) und *Energie einsparen* (S. 235), ergänzt durch *Bedarfsreduzierung* sowie *sparsame Nutzung* nicht regenerativer Energieträger.

Regenerative Energiequellen
passive Nutzung der Sonnenenergie:
Südverglasung;
integrierte Gewächshäuser mit hoher Speicherkapazität (Wasserbehälter, Lehmwände);
wärmespeichernde Baustoffe.
aktive Nutzung der Sonnenenergie:
Windenergie und photovoltaische Zellen zur Stromerzeugung;
Stromspeicherung (Akku);
Nutzung der Umweltwärme und -strahlung durch Wärmepumpen und -kollektoren;
Wärmespeicherung in Überschußzeiten (Feststoffblöcke, Flüssigkeitstanks).

Energieeinsparung
Standort:
S- bzw. SW-Orientierung der größten Fassadenflächen;
windgeschützte Lage;
ungünstig sind Tallagen (Kaltluftseen) und exponierte Höhenlagen (Wind), günstig Flachlandlagen in lichtem Wald, Südhanglagen (Besonnung), eingrabende Bauweise u. a.
Verminderung von Energieverlusten:
Isolation durch zweischalige Mauerwerke;
Wärmedämmung, notfalls Isolierglas (kosten- und energieintensiver Werkstoff);
Pflanzendächer und Fassadenbegrünung (Reduzierung der Windangriffsfläche);
Vermeidung von Lüftungswärmeverlusten;
Verminderung der Transmissionswärmeverluste (Aufbau einer Temperaturhierarchie vom warmen Hauskern nach außen, vorgelagerte Pufferzonen, wie Werk- und Vorratsräume im N;
Verringerung der Fensterflächen.

Wasserhaushalt (Abb. B)
Ziel ökolog. Bauens ist die Entlastung der Wassergewinnungsgebiete und Oberflächengewässer. **Wassereinsparung** durch
Bedarfsreduzierung;
Regenwassernutzung (Speicherung in Vegetationssystemen, Teichen, Zisternen);
Wiederverwendung von Grauwasser (Brauchwasser);
getrennten Einsatz der versch. Wasserarten (Trinkwasser, Waschwasser, WC-Spülwasser) sowie *Mehrfachnutzung.*
Entlastung der Kläranlagen: Vermeidung von Gift- und Schadstoffen im Haushalt; *dezentrale biolog. Kläranlagen.*
Kompostierungsanlagen vermindern die organ. Fracht der Abwässer.

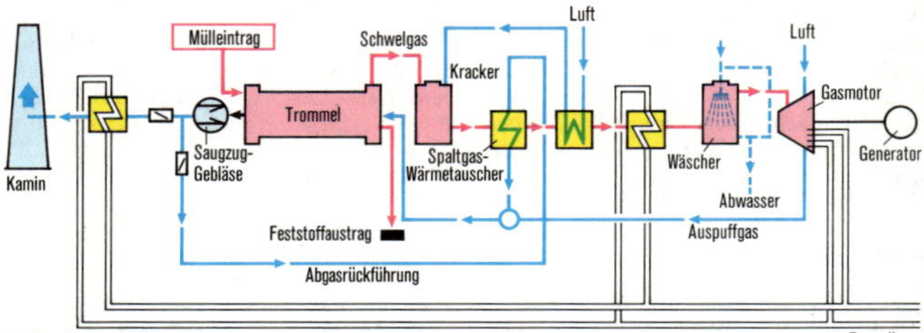

A Pyrolyse-Verfahren

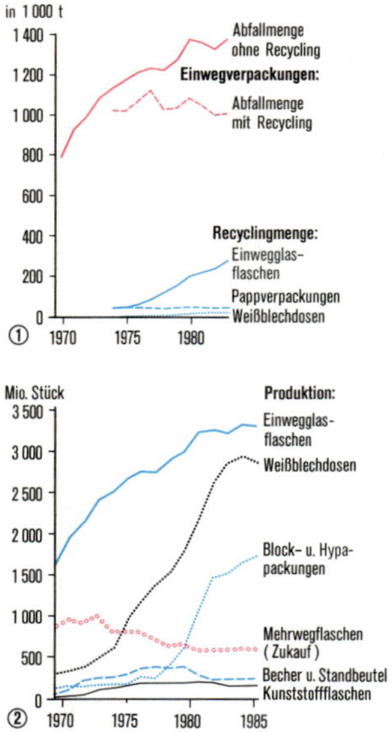

B Einweggetränkeverpackungen ①, Vergleich der Einweg- und Mehrwegverpackungen ②

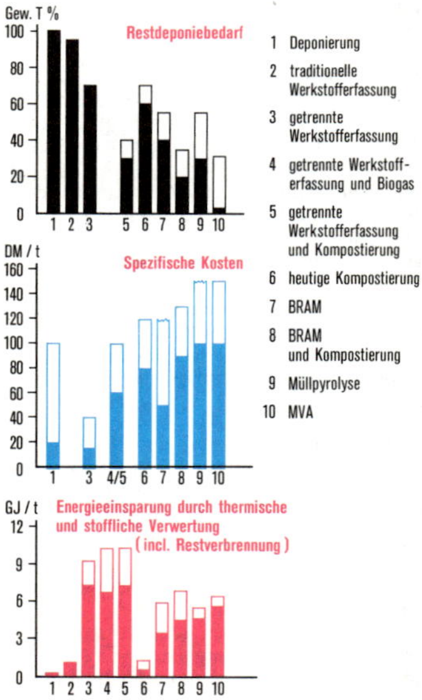

C Vergleich der Verfahren in der Abfallwirtschaft (hell: Schwankungsbreite)

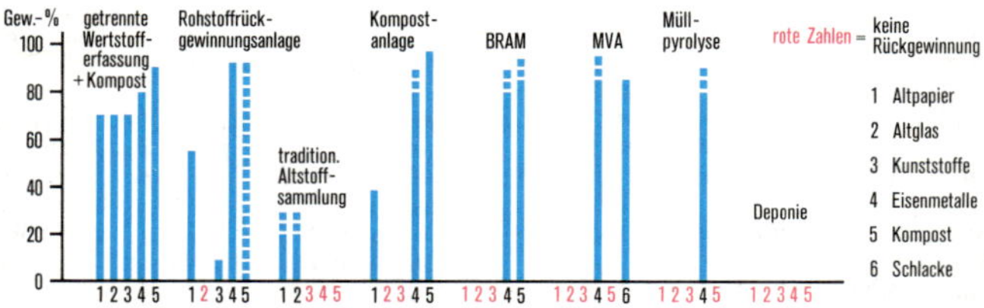

D Rohstoffrecycling (gestrichelt: Schwankungsbreite)

Abfallwirtschaft im Vergleich

Um die Ressourcen zu schonen und die Müllmenge zu reduzieren, ist die **Rückgewinnung von Wertstoffen (Sekundärrohstoffen)** und ihre **Wiederverarbeitung in der Produktion** dringend notwendig.

Das **Recycling** folgt den Gesetzen der Stoffkreisläufe im Ökosystem.

Ein Material oder Produkt kann für den gleichen Zweck wiederbenutzt werden (*Wiederverwendung* von z. B. Pfandflaschen, runderneuerten Reifen, Abb. B),
für neue Produktionsbereiche eingesetzt werden (*Weiterverwendung* von Altreifen und Kunststoffen für Füllmaterial beim Bau) oder
Grundstoffe können für die Produktion rückgewonnen werden (*Weiterverwertung* von Glas, Altpapier).

Brennmaterial aus Müll (BRAM) zu gewinnen, erfordert eine *Sortieranlage,* wo heizwertreiche organ. Stoffe von den restl. Stoffen getrennt und zu *Pellets* oder *Briketts* gepreßt werden (70–85 Gew.-% Pappe und Papier, 10–13% Kunststoffe, 5–16% anderes Brennmaterial und unbrennbarer Rest) mit einem Brennwert <50% der Kohle.

Wegen der hohen Schadstoffemissionen beim Verbrennen ist BRAM in Anlagen ohne Rauchgaswäsche abzulehnen.

In der **Pyrolyse** können Rohstoffe zurückgewonnen werden; die verschied. Verfahren *(MVU = Mannesmann-Veba Umwelttechnik, Babcock-Krauss-Maffei, Kiener-Pyrolyse)* stehen in der Erprobungsphase (Abb. A).

Aus zerkleinertem Haus- und Industriemüll werden durch *Schwelung* bis 500 °C in einem Drehofen Brenngase hergestellt, die durch Cracking in Kohlenwasserstoffe und zumeist zu CO, H_2 und CH_4 umgewandelt werden. Auch hier ist Abgasreinigung notwendig. Im Drehofen zugegebener Kalk bindet gasförmige Schadstoffe (Chlorwasserstoff, SO_2, H_2S, HF).

Der Vorteil liegt darin, daß *Brenngas* ohne starke Luftverschmutzung erhalten wird, das den Pyrolyse-Prozeß betreibt oder in Gasmotoren für Stromerzeugung und für Fernwärme genutzt werden kann. Als Brennstoffe bzw. Rohstoffe fallen Teere, Öle und Brenngase an; feste Reststoffe sind Schlackegranulat, Schwelkoks, Metalle, Glas u. Inertmaterialien, von denen Ruß, Schwelkoks und Metalle wieder vermarktet werden könnten.

In der *Kunststoffpyrolyse* gelingt die Herstellung reiner Rohprodukte (z. B. Öle).

In der *Kiener-Pyrolyse* fallen Abwassermengen von 1–2 l/Einw. und Tag an, beim *Babcock-Krauss-Maffei-Verfahren* entsteht kein Abwasser. HCl, HF und Schwermetalle sind v. a. in den festen Pyrolyse-Rückständen enthalten.

Die günstigste Abfallverwertung beginnt mit der *Stofftrennung* der Abfälle am Entstehungsort, um Verschmutzung der Wertstoffe zu vermeiden (Abb. C, D).

Positive Erfahrungen gibt es mit dem **Mehrkammer-Müllsystem** (MKMS), Glas/Papier und Restmüll werden in 2 Kammern sortiert. Das Verfahren ist kostengünstig, benutzerbequem; die Kammerauslastung kann problematisch sein.

In der **»grünen Tonne«** oder **Biotonne** werden organ., kompostfähige Abfälle gesammelt, die Komposte hoher Qualität liefern.

Die *Kompostierung* des Hausmülls ist wegen zahlreicher Inertstoffe und der Schwermetalle, die aus den Kleinmaterialien (Nägel, Schrauben, Kronkorken, Reißverschlüssen, Kugelschreiberminen) stammen, problematisch.

Recycling-Sammelplätze mit Containern für Papier, Glas, Trockenbatterien, Weißblech, Kunststoffe, Textilien und Gartenabfälle zeigen gewisse Erfolge, setzen aber die Bereitschaft der Bürger voraus, versch. Werkstoffe zu sortieren.

»Umweltschutzpapier«-Herstellung aus Altpapier spart Energie, belastet Luft und Abwasser weniger und verbraucht weniger Frischwasser. Pappen werden fast vollständig aus Altpapier hergestellt. Bei jedem weiteren Verwendungszyklus verschlechtert sich die Faserqualität des Papiers.

Altglas wird zerkleinert, gesiebt und abgesaugt. Magnete entfernen Eisenteile. Keramik, Porzellan müssen per Hand aussortiert werden. Buntglasscherben lassen sich nur zu Grünglas verarbeiten. Bedarf gibt es für Weißglasscherben.

Schrott und *Weißbleche* lassen sich leicht per Magnet aus dem Müll gewinnen und werden bis zu 350 kg/t Stahl im Schmelzofen zugesetzt.

Aluminium wird bis zu 35% wiederverwertet; der Energieeinsatz ist 1/20 der Energie für die Herstellung aus Bauxit.

Die Wiederverwendung von sortenreinen *Kunststoffen* ist problemlos, jedoch nur bei reinen Industrieabfällen möglich. Die Mischung aus Polyethylen und Polypropylen 60%, Polystyrol 20%, Polyvenylchlorid (PVC) 15% und Polyamiden u. a. Resten im Hausmüll bereitete bislang Schwierigkeiten. In den letzten Jahren sind Recycling-Verfahren entwickelt worden, in denen *minderwertige Kunststoffprodukte* für Einfriedungen, Rasenkantensteine, *undefinierte Gemische* für Blumentöpfe, Leitpfosten und *reine Kunststoffe* zu Bau- und Landwirtschaftsfolien oder Flaschenkästen verarbeitet werden.

Bei der *Rückgewinnung von Silber und Quecksilber* aus Batterien stellt **Hg** das größte Problem dar.

10 t Hg in Knopfzellen, 40 t Hg in Alkali-Mangan-Zellen und 3 t Hg in den übrigen Zellen wurden 1982 in der BR Dtl. verarbeitet.

11 t (1/5) Hg wurden zurückgewonnen.

Mehr als 150 t Hg stammen jährlich aus Abgängen der Leuchtstoffröhren, Schalter usw.

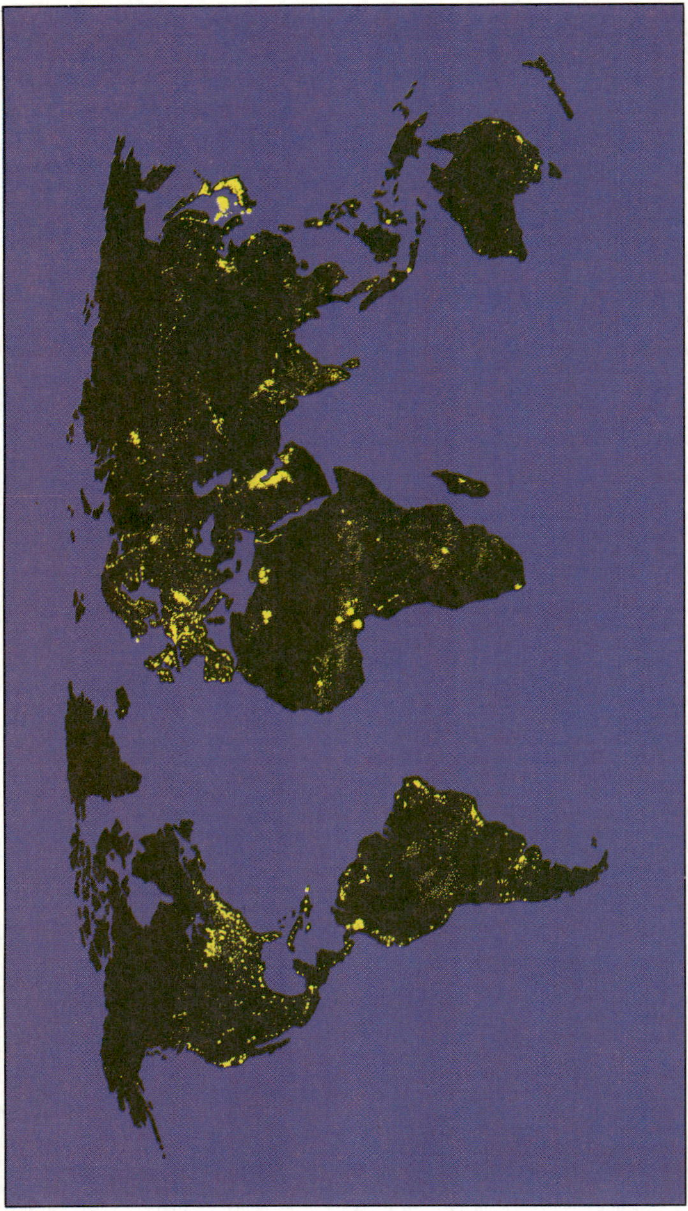

Lichtpunkte in der Nacht als Markierungen für Eingriffe des Menschen

Die Menschheit ist dabei, ihren Lebensraum, den Planeten Erde, unbesonnen und gefährdend im globalen Maßstab zu verändern.

Vergleicht man das **Bevölkerungswachstum** auf der Erde mit dem *Wachstum von Bakterien* in einer nährstoffreichen Petrischale, einer »begrenzten Welt«, erkennt man, daß ein rasches Wachstum durch Vermehrung nicht aufrechtzuerhalten ist.

Nach Verbrauch der verfügbaren Ressourcen und dem Untertauchen in den eigenen Abfällen kommt es zur Stagnation und zum Kollaps.

Der Vergleich trifft nicht ganz zu: Bakterienkulturen haben keine Kontrolle über sich und keine Verantwortlichkeit für ihre Kollision mit der begrenzten Welt. Aus unserem Wissen und aus der Perspektive, uns selbst von außen (z. B. Weltraum) zu sehen, erwächst die Verantwortung, den Planeten Erde maßvoll und lebenserhaltend zu nutzen.

Die Lichtpunkte in der Abb. sind Zeichen der Eingriffe der Menschen auf der Erde, wie sie nachts von Satelliten gesehen werden. Es handelt sich um eine gemittelte Darstellung, da der Tag/Nacht-Unterschied fehlt. Viele Lichtquellen schwanken jahreszeitlich (z. B. Feuer). Die Hauptlichtquellen sind die städt. Ballungsräume, das Abfackeln von Erdgas (Sibirien, Persischer Golf), Brandrodungen (Südamerika) und Grasland-Brände (Afrika).

Flutlichter der Fischerflotten zum Anlocken von Tintenfischen beleuchten das Japanische Meer.

Lichterketten zeichnen die Transsibirische Eisenbahn und das Niltal.

Die *unerhörte Geschwindigkeit,* die *Ausmaße* und die *Komplexität* der **menschlichen Eingriffe** haben niemals vorher gekannte Größenordnungen in der **Umweltzerstörung** erreicht, die die wirtschaftl. Entwicklung unterminieren und das Überleben der Menschheit bedrohen.

5 Mrd. Menschen bewohnen heute den Planeten Erde, die Material in Höhe von 40% der jährl. Netto-Photosynthese an Land verbrauchen (= 2 t Kohle bzw. 150 kg Stahl/Person).

Den größten *Einfluß auf die Umwelt* haben **Landwirtschaft, Industrie** und **Energiewirtschaft.**

In den letzten 300 Jahren haben Landwirtschaft und Industrie den *Methangehalt* in der Atmosphäre verdoppelt, die *CO_2-Konzentration* um ¼ erhöht. Die weltweite Freisetzung der Elemente **S** und **N** durch menschl. Aktivitäten entspricht heute der natürlichen oder übersteigt sie. Die durch Menschen verursachte Emission von Spurenmetallen überschreitet die natürl. Freisetzung bei **Pb, Cd** und **Zn** um das 18-, 5- bzw. 3-fache, bei **As, Hg, Ni** und **V** das 2-fache.

Seit 1900 hat sich die **Weltbevölkerung** mehr als verdreifacht, die **Weltwirtschaft** expandierte auf das 20fache, der **Verbrauch der fossilen Brennstoffe** ist um das 30fache gewachsen, die **industrielle Produktion** um das 50fache gestiegen. ⅘ der Steigerung fand nach 1950 statt.

Viele Ursachen der globalen Umweltprobleme sind im *gängigen Weltwirtschaftssystem* und *Zivilisationsmodell* zu suchen. Sie funktionieren

energieintensiv,
konsumintensiv,
technologisch innovativ und
sind auf betriebs- und volkswirtschaftliche Gewinnmaximierung ausgerichtet.

Rückwirkungen des Weltwirtschaftssystems auf das globale ökologische System sind:

Treibhauseffekt,
Ozonloch,
saurer Regen in Europa und Nordamerika,
Wald- und *Bodenzerstörung,*
vom Umkippen bedrohte Randmeere (Nord-, Ostsee und Mittelmeer),
Artenverluste u. v. a.

Alle Prozesse beschleunigen sich noch. Es kann *nicht* davon ausgegangen werden, daß es bei den globalen Umweltproblemen zu **präventiven Selbstkorrekturen durch den Menschen** kommen wird. Viel Einzelverantwortung wird gefordert, zu wenig Gesamtverantwortung geleistet.

Was für eine Erde wir wollen, ist eine **Frage der Wertvorstellungen**, z. B.

welche Artenvielfalt zu erhalten ist,
wie sehr das Bevölkerungswachstum durch Geburtenkontrolle zu begrenzen ist,
wieviel Klimaänderung,
ob bzw. wieviel Armut annehmbar scheint.

Wissenschaften können diese Themen beleuchten, aber die Fragen nicht beantworten.

Aus der wirtschaftl. Leistungsfähigkeit ergibt sich eine Einteilung der Erde in die Gruppe der Industrieländer, Schwellenländer und Entwicklungsländer verschiedener Stufen.

Die **Industrieländer** sind verantwortlich für die Bürde eines unverhältnismäßig großen Anteils der globalen Umweltlasten auf unserem Planeten.

In den USA erreicht der Primärenergieverbrauch pro Kopf das 5-6fache des Weltdurchschnitts.

Allein der Verkehr in den USA verbraucht so viel Erdöl, wie Japan insgesamt an Energie verbraucht (S. 250, Abb. A).

In den **Entwicklungsländern** wird der größte Anteil der Energie für Industrie und Verkehr (Erdöl) verbraucht. Den Löwenanteil bei der Energiegewinnung liefern die fossilen Brennstoffe.

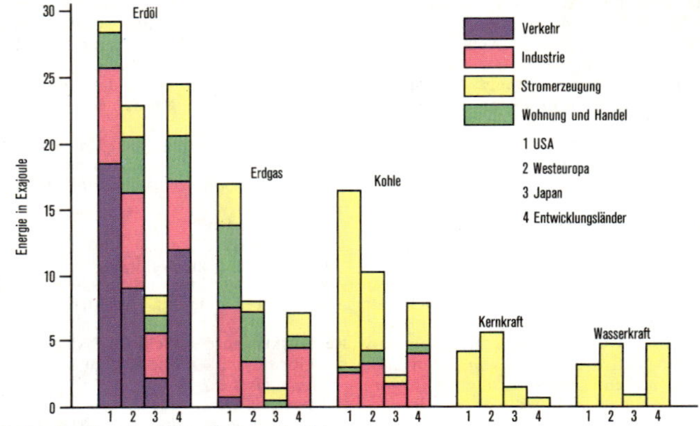

A Energieverbrauch wichtiger Regionen der Erde

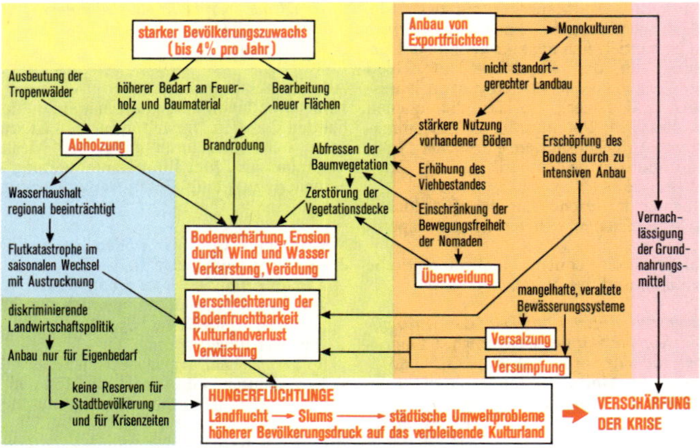

B Flüchtlinge als Folge der Umweltschäden in der Dritten Welt

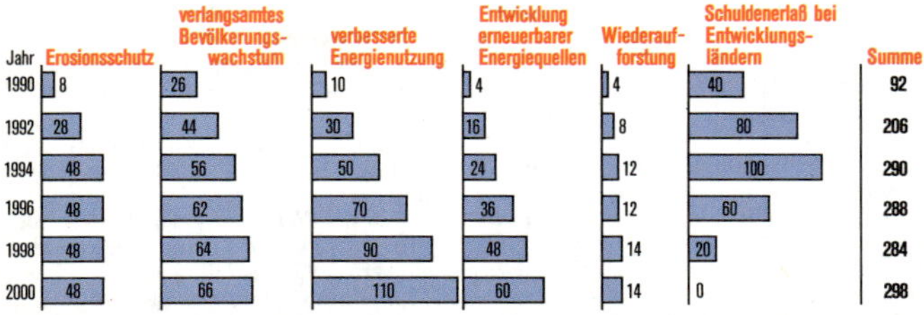

C Erforderliche Aufwendungen für 1990 - 2000 für eine global tragfähige Entwicklung in Mrd. DM (geschätzt, World-Watch-Institut)

Nord-Süd-Problem, Gemeingüter

Das **ökonomische Kapital der Entwicklungsländer** besteht hauptsächlich aus ihren Vorräten an Umwelt-Ressourcen:

Böden, Wälder, Wasser, Fischreichtum.

Es wird schneller verbraucht, als es wiederhergestellt oder ersetzt werden kann. Einige Entwicklungsländer haben nahezu ihr gesamtes ökolog. Kapital erschöpft und sind am Rande des wirtschaftl. Bankrotts mit der Folge

zunehmenden Hungers, sozialer Instabilität und politischer Krisen.

Ressourcenerschöpfung und **Degradation** treiben zahllose *Flüchtlinge* über nat. Grenzen (Abb. B).

Äthiopiens Waldfläche: vor 40 Jahren 30%, vor 12 Jahren 4%, heute 1%.

Die **Schuldenlast der Entwicklungsländer** muß abgebaut werden, bevor der ökonom. und ökolog. Abbau noch größere Dimensionen erdrückender Armut hervorruft.

Subventionen in der Landwirtschaft (Nordamerika, Westeuropa, Japan) ermutigen die Landwirte, marginales Kulturland beizubehalten und Wälder zu roden, mit der Folge übermäßigen Verbrauchs von Dünger und Pestiziden und der Vergeudung von Grund- und Oberflächenwasser zur Bewässerung.

Das bedeutet *Handelsbarrieren* für Entwicklungsländer und *Überproduktion* der Industrieländer.

Die heutigen **Handelsstrukturen** bewirken einen massiven

Transfer von Umweltkosten des globalen Bruttosozialproduktes auf die ärmeren, auf Ressourcen basierenden Wirtschaften der Rohstoffländer

(geschätzt: 14 Mrd. $/Jahr = ⅓ der gesamten jährl. geleisteten Entwicklungshilfe).

Vorindustrielle Völker bewahrten ihre Lebensgrundlage aus Erfahrung. **Fortgeschrittene Technologien** verstärken scheinbar den Gedanken, daß der Mensch unbegrenzt Macht über die Natur habe. Unterentwickelte und sich industrialisierende Länder zeigen ein Fortschrittsstreben auf Kosten der Umwelt:

Waldzerstörung, Ersatz der heim., umweltschonenden Landwirtschaft durch exportorientierten Anbau *(cash crop)* mit dem Übergriff auf empfindl. Böden und dem Aufbau industr. Zentren ohne entsprechende Umweltschutzmaßnahmen.

Lokale Entwicklungsmaßnahmen müssen mit den **globalen Umweltzielen** in Einklang gebracht werden.

Das von einigen Gruppen getragene **Umweltbewußtsein** hatte bisher keine entscheidenden Auswirkungen auf das Leben der meisten Menschen. Ein **neues auf die tragfähige, dauerhafte Entwicklung ausgerichtetes Bewußtsein** müßte beinhalten:

die Spezies Mensch ist ein Teil der Natur, in ihrer Existenz abhängig, die Bedürfnisse aus einer begrenzten natürl. Welt zu ziehen, im Fortbestand abhängig, die Zerstörung sich regenerierender natürl. Systeme zu vermeiden.

Die Wirtschaftstätigkeit muß ihre Umweltkosten in Rechnung stellen, denn ein wachsender Teil unseres Wohlstandes ist von unseren Nachkommen gestohlen.

G. Hardin spricht von der **Tragödie der Gemeingüter Atmosphäre, Meer, See, Fisch** und **Waren im öffentl. Besitz.**

Die bloße *Akzeptanz veränderter Wertstrukturen* reicht nicht für Veränderungen in der Umwelt aus. Klare Wertsetzungen, die mit dem an langfristiger Überlebensfähigkeit orientierten Bewußtsein übereinstimmen, müssen von Führenden in der Öffentlichkeit und Wirtschaft artikuliert werden. Motivationen, die diese Werte unterstützen, müssen aufgebaut, Institutionen entwickelt und gestärkt werden, um diese wirksam anzuwenden.

Wirksamer Umweltschutz ist nicht allein durch Gesetze und techn. immer ausgefeiltere Vorschriften zu erreichen.

Mit einer schrittweisen Integration der Umweltfragen in wirtschaftl. Entscheidungen sollten *Fonds* gegründet werden, um Umweltkosten zu decken oder zurückliegende Schäden zu beheben (Atmosphären-Konferenz, 1988, Toronto, Fonds für Klimaschutz gegen den Treibhauseffekt leider nur vorgeschlagen), ggf. *Ökosteuern* (z. B. Energie, Verschmutzung, Verpackung).

Verfolgte man die unten genannten Ziele, so wäre mit jährl. Ausgaben von 45 Mrd. $ 1990 ansteigend bis auf 150 Mrd. $ im Jahr 2000 zu rechnen (Abb. C):

Verringerung des Bevölkerungswachstums,
Schutz des Kulturlandbodens,
Wiederaufforstung weltweit,
Effektivitätssteigerung der Energienutzung,
Entwicklung erneuerbarer Energienutzung,
Rücknahme der Schulden der Entwicklungsländer.

Militärkosten repräsentieren einen enormen *Vorrat an Kapital, menschlichen Erfindungen* und *Ressourcen.*

Die Nationen vergeben fast 1 Billion $ pro Jahr für militär. Sicherheit (> 2,7 Mrd. $ pro Tag).

Entwicklungsländer haben ihren Waffenetat in den letzten 20 Jahren verfünffacht, einige verbrauchen mehr für ihr Militär als für Erziehung, Gesundheit, Wohlfahrt und Umwelt zusammen.

Eine **globale Außenpolitik für Umwelt und Entwicklung** könnte helfen, größere Einheitlichkeit auf diesen Gebieten einzuleiten, wenn das *Konfliktpotential* nicht ansteigen soll.

Die wichtigsten **internationalen Institutionen** in der Welt heute sind die des *Geldes, Handels* oder der *nationalen Verteidigung* (NATO, Weltbank, multinationale Unternehmen), die der Ökologie sind nicht dabei.

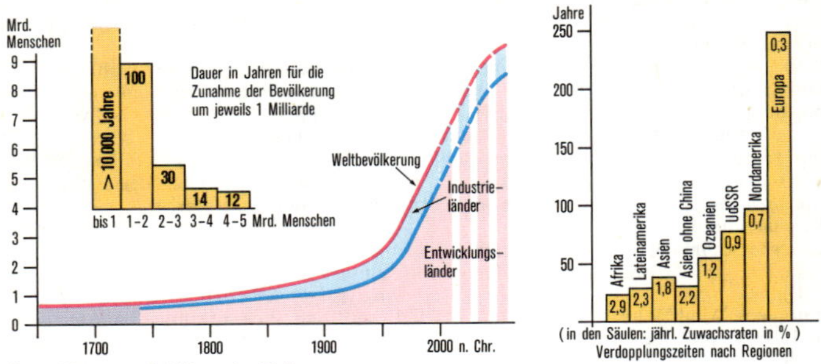

A Bevölkerungsentwicklung der Welt

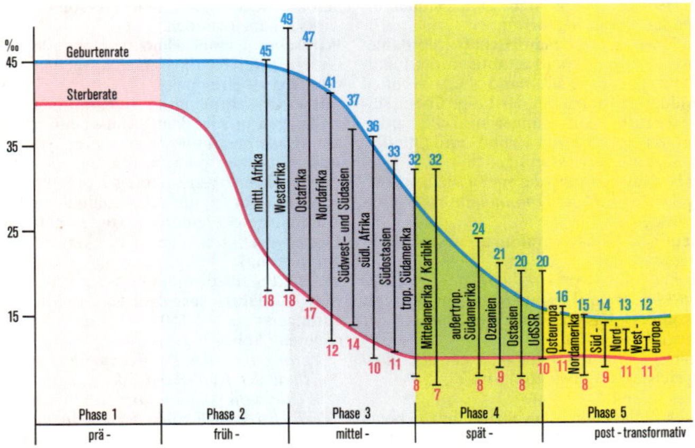

B Übergangsmodell (Stand verschiedener Großräume eingezeichnet)

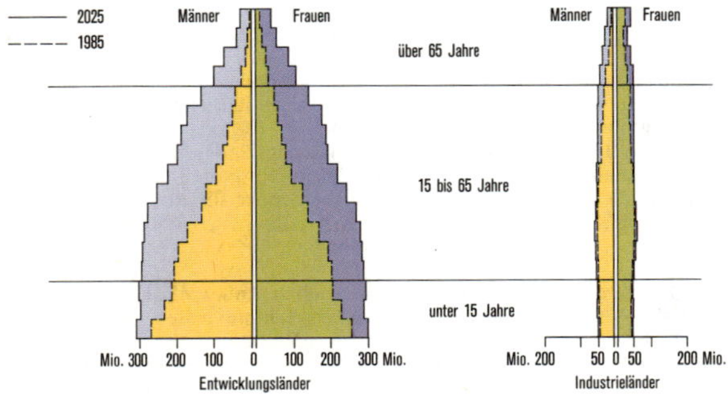

C Alterspyramiden der Bevölkerung

Bevölkerungsexplosion; regionale Unterschiede

In den letzten Jahren betrug die jährl. Wachstumsrate der **Weltbevölkerung** (1990: 5,3 Mrd.) 1,8% (= Verdopplung in 39 Jahren), 1970 noch 1,98%.

Der Anstieg bis zur 1. Mrd. um 1800 n. Chr. dauerte >10000 Jahre, von der 4. zur 5. Mrd. nur 12 Jahre (Abb. A).

Das bedrohliche Wachstum, die **»Bevölkerungsexplosion«**, zeigt große regionale Unterschiede:

Industrieländer (I.-Länder) 0,6%,
Entwicklungsländer (E.-Länder) 2,0%.

92% der **jährl. Bevölkerungszunahme (B.-Zu.)** entfallen auf die *E.-Länder,* in denen ¾ der Menschheit lebt.

Die **Verdopplungszeiten** bei derzeitigem Wachstum liegen regional zwischen 24 (Afrika, 2,8% B.-Zu.) und 240 (Europa, 0,3% B.-Zu.) Jahren (Abb. A).

Noch größere Unterschiede bestehen auf Länderebene. In *Kenia* mit der höchsten B.-Zu. (4,2%) würde sich die Bevölkerung in 17 Jahren verdoppeln, in *Rwanda, Tansania, Nigeria, Simbabwe, Jordanien* und *Syrien* mit einer B.-Zu. von ca. 3,5% in gut 20 Jahren.

Nigeria (100 Mio. Ew.) würde bei gleichbleibender B.-Zu. nach 140 Jahren auf die heutige Weltbevölkerung anwachsen.

Dem **Nullwachstum** nahe kommen *Schweden, Österreich, Belgien, DDR* und *Italien* (0–0,1%). **Stagnation** bzw. **Abnahme** zeigen *BR Dtl., Dänemark, Ungarn* (–0,1 bis –0,2%).

Die **natürliche Zuwachsrate** ist die Differenz aus der *Zahl der Lebendgeborenen* und der *Sterbefälle* (d. h. Änderung der Bevölkerung ohne Wanderungen).

Die **Geburtenziffer** (Geburten auf 1000 Ew.) spiegelt das unterschiedl. *generative Verhalten (Fruchtbarkeit, Fertilität)* wider:

E.-Länder 31‰, *I.-Länder* 15‰.

Kenia, Rwanda, Niger, Malawi: 50‰; *BR Dtl., Dänemark, Italien:* 10‰.

Unterschiede der **Sterbeziffern** sind geringer:

E.-Länder: 11‰; *I.-Länder:* 9‰.

Wenige Staaten Afrikas *(Gambia, Sierra Leone, Tschad)* erreichen 25‰ u. mehr.

Viele Ursachen des unterschiedl. Bevölkerungswachstums liegen im **altersstrukturellen Aufbau** begründet (Abb. C).

Anteil der **Jugendlichen <15 Jahre:**

E.-Länder 39%, *I.-Länder* 23%
(Welt 35%).

Anteil der **alten Menschen ≥65 Jahre:**

E.-Länder 4%, *I.-Länder* 12%
(Welt 6%).

Demographisches Übergangsmodell

Die in den *I.-Ländern Europas,* in *Nordamerika* und *Australien* beobachtete **Bevölkerungsentwicklung** vom vorindustr. bis zum nachindustr. Zeitalter zeigt 5 Phasen (Abb. B):

1 hohe Geburten- und Sterberate → geringes Wachstum,
2 Abnahme der Sterberate bei hochbleibender Geburtenrate → hohes Wachstum,
3 absinkende Sterberate und absinkende Geburtenrate → noch hohes Wachstum,
4 gleichbleibend niedrige Sterberate und absinkende Geburtenrate → abnehmendes Wachstum,
5 Sterbe- und Geburtenrate auf niedrigem Niveau eingependelt → geringes Wachstum bis Stagnation oder Abnahme.

Zuerst verringerte der *medizin.-techn. Fortschritt* die **Sterberate** erheblich, die Anpassung der **Geburtenrate** folgte mit deutlicher Verzögerung.

Das Modell dient bis heute regional und global für *Hochrechnungen der Bevölkerungsentwicklung* und zur *Typisierung des demographischen Entwicklungsstandes* versch. Länder (Abb. B).

Die Abnahme der Sterberate vollzieht sich in den E.-Ländern schnell und unter exogenem Einfluß (Transfer aus I.-Ländern), z. B. Impfungen, Hygiene, erfolgreiche Bekämpfung von Infektionskrankheiten.

Die Veränderungen der Geburtenziffer sind i. d. R. völlig verschieden zu begründen:

Z. B. lagen die höchsten früher in Mitteleuropa registrierten Wachstumswerte (35‰) damals weit unter den heutigen der III. Welt (~50‰).

Zur Erklärung werden Unterschiede im **Heiratsverhalten** (Heiratsalter, -häufigkeit) angeführt. In der III. Welt liegt das durchschnittl. Heiratsalter der Frau <20 Jahren, der Anteil der nie verheirateten Frauen ist geringer:

E.-Länder bzw. *I.-Länder um 1900:*
25–29 jährige Frauen: 5% bzw. >20%
45–49 jährige Frauen: 1% bzw. 10–20%

Gewünschte Kinderzahl der Frauen in E.-Ländern: 4–7

Die **Fertilitätsunterschiede** werden durch folgende Beziehungen erklärt:

Fruchtbarkeit und wirtschaftl. Faktoren *(»development is the best contraceptive«);*
Fruchtbarkeit und Modernisierungsindikatoren (Schulbildung, Verstädterung);
Fruchtbarkeit und Familienprogramme.

Der **Fertilitätsrückgang** ist in Teilen *Asiens, v. a. China* (1,07 Mrd. Ew.) von 40‰ (1963) auf 15‰ (1986), beachtlich, in *lateinamerikan. Ländern* leicht fortschreitend, in *Nordafrika* minimal und in *Schwarzafrika* nicht vorhanden.

Viele **Planungsprogramme zur Geburtenkontrolle** *(Informationen, Zugang zu Kontrazeptiva)* hatten nur beschränkt Erfolg. Es müssen wohl Veränderungen im sozioökonom. Bereich zusammen mit der Familienplanung stattfinden, damit es zur Abnahme der Geburten kommt.

Auch bei einem sofortigen Wandel des generativen Verhaltens zu einem »2-Kinder-pro-Frau«-Modell würde die Weltbevölkerung, bedingt durch die breite Basis der Jugendlichen in der III. Welt, noch um 2 Mrd. Menschen wachsen.

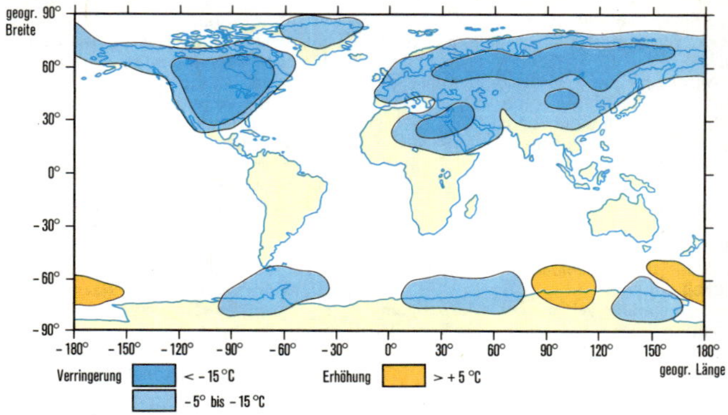

A Temperaturänderungen 5 - 10 Tage nach einem Atomkrieg

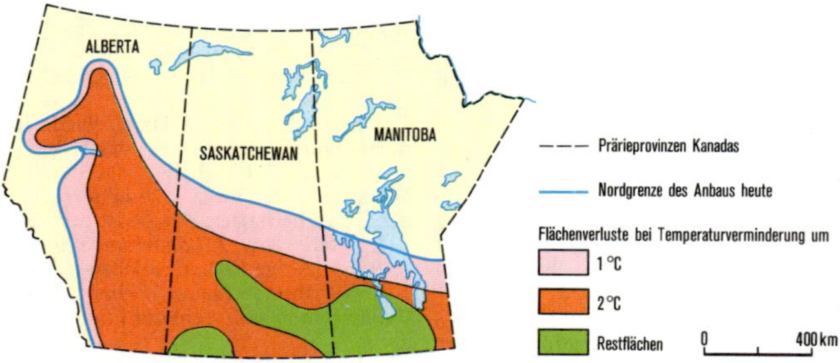

B Verlust von Anbauflächen für Sommerweizen nach einem Atomkrieg

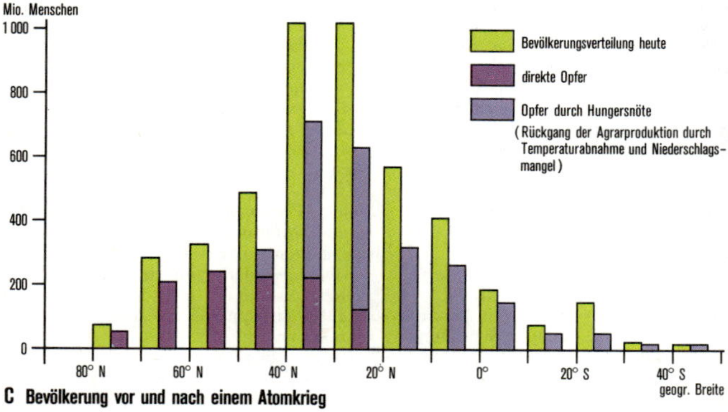

C Bevölkerung vor und nach einem Atomkrieg

Folgen eines Atomkrieges

Die Militärpakte erproben in Manövern den Atomkrieg, obwohl nach den Atombombenabwürfen von *Hiroshima* und *Nagasaki* und in entsprechenden Szenarien (SCOPE, AMBIO, CRUTZEN/HAHN u. a) die verheerenden Zerstörungen und ökolog. Folgen des atomaren Infernos bekannt bzw. detailliert errechnet wurden. Eine nennenswerte *Abrüstung der Kernwaffen* von ca. 12000 Mt Sprengkraft TNT (entsprechend 1 Mio. Hiroshima-Bomben) ist noch nicht erkennbar.
Die versch. Szenarien gehen von einem **Atomkrieg** zwischen 30° und 60° nördl. Breite mit Einsatz der Hälfte des Kernwaffenpotentials aus.

Radioaktive Strahlung
Der Zündung einer Kernwaffe folgt radioaktiver Niederschlag auf mind. 100 km² innerhalb von 24 Stunden **(lokaler Fallout).** Die tödl. Strahlendosis überschreitet 4,5 Gy/48 h.

Bei einem Atomkrieg in den Bereichen der NATO und des Warschauer Paktes wären bei 6000 Mt explodierter Bomben bis zu 100 Mio. Menschen innerhalb von 48 Stunden gestorben.

Der **globale Fallout** aus der Troposphäre würde durch Niederschläge 30 Tage anhalten, aus der Stratosphäre erheblich länger. Langfristige Folgen wären hohe Krebsraten (v. a. Leukämie) und genet. Mutationen (S. 203).

Druckwelle
Etwa 50% der Energie einer in niedriger Höhe gezündeten Bombe wird als Stoßwelle frei. Der Überdruck läßt Gewebe platzen und zerstört Materialien, v. a. Versorgungsleitungen (Gas, elektr. Strom), wodurch *sekundäre Brände* ausgelöst werden, die die primären bombenverursachten vielfach verstärken.

Thermische Strahlung
7 km² der Stadtfläche von Nagasaki, 13 km² von Hiroshima verbrannten im »Hitzestoß«. In dieser Zone waren die geringsten Folgen für den Menschen Hautverbrennungen 3. Grades und Blindheit. Das Zünden einer 1 Mt-Bombe verursacht eine Brandfläche bis zu 1000 km². Der Hitzestoß der Bombe aktiviert die Reaktion von Luftstickstoff mit Ozon zu Stickoxiden. Folgen wären:
- beim Einsatz von Bomben im Mt-Bereich *Zerstörung der stratosphärischen Ozonschicht,* hautschädliche UV-Strahlung erreicht die Erdoberfläche;
- beim Einsatz kleinerer Bomben *Anreicherung von Stickoxiden* an der Tropopause, 6%ige Verringerung der Sonnenstrahlung und *Abkühlung der Erde* mit Abbau der Photosyntheseleistung um 25%.

Indirekte Folgen der Bombenexplosionen
Globale Veränderungen werden sich durch die bekannten Kriegsziele ergeben, die Konzentration der Angriffe auf die Städte, Industriezentren und militär. Ziele in Waldgebieten. Brände der Gebäude, Kunststoffe, Energieträger, Wälder, des Asphalts u. a. werden *Rauch-* und *Ruß*-Wolken freisetzen, deren denkbar schlimmste Auswirkungen mit **»nuklearer Winter«** umschrieben wurden. Sie umfassen (AMBIO, modifiziert von CRUTZEN/HAHN):
- *Verringerung des Tageslichts* auf weniger als 1% des Normalwerts;
- *Einstellung der Photosynthese;*
- *Entzündungen* und *Vergiftungen* durch Rauchgase;
- *Veränderung der vertikalen Temperaturverteilung* durch Abkühlung der Bodenoberfläche in einem Sommerkrieg für wenige Tage um 20–40 °C, für 1–6 Monate um 5–30 °C und für 1 Jahr um 10 °C; die Winterwerte lägen niedriger (Abb. A);
- *Aufwärtskonvektion* der aufgeheizten Luft in die obere Atmosphäre bis zum Rand der Stratosphäre, *Verringerung der Temperaturunterschiede* vom Boden zur Höhe mit *Niederschlagsminderungen* um mindestens 25%, z. T. über 50%;
- *kalte Landwinde* zum Meer verursachen Küstennebel und -niederschläge;
- *Rücktransport feuchter Meeresluft* zum Land, Dauernebel aus Rauch, Rauchgasen und Wasserdampf, Schneefall;
- vollständiger *Ernteausfall* bei einem Sommerkrieg;
- *Verkürzung der Vegetationsperiode,* Rücknahme der Anbaugrenzen in der nördl. Hemisphäre (Abb. B), Ertragsminderung durch den häufigen Anbau an klimat. Risikogrenzen;

Bei einem globalen Atomkrieg werden mehr Menschen durch landwirtschaftl. Verluste (Klimawandel) sterben als durch die unmittelbare Bombenwirkung (Abb. C).

Natürl. Ökosysteme würden geschädigt:
- **aquatische Ökosysteme:** durch Verringerung der Strahlungsenergie Abtötung des am Anfang zahlreicher Nahrungsketten stehenden Phytoplanktons;
- **Kältebiome:** geringe Beeinträchtigung, da Organismen an Temperatur-Extremwerte angepaßt sind;
- **Waldökosysteme der gemäßigten Breiten:** schwerste Streßwirkungen durch Kälte, Dürre, Strahlung, toxische Gase v. a. im Sommerkrieg (Vegetationsperiode);
- **Wälder der Tropen und Subtropen:** Gefährdung aller Lebewesen (Trockenheit, Brände, Niederschlagsverminderung), da sie an extreme Temperaturverringerung nicht angepaßt sind; Vernichtung der Vegetation bei Temperaturen um 0 °C;
- **Graslandschaften:** Vernichtung der Vegetation schon bei geringen Veränderungen (Abb. B), da die Biome an extremen Klimagrenzen liegen. Pflanzenfresser, Reptilien u. a. würden sterben, Fleischfresser längere Zeit überleben.

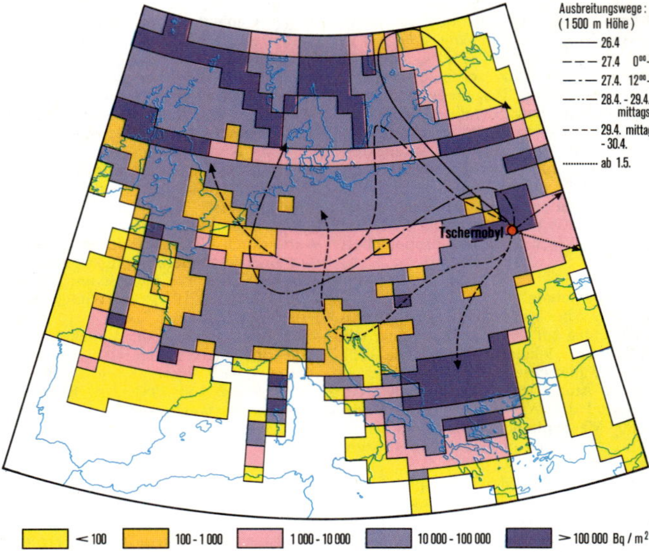

A Belastungen nach dem Unfall von Tschernobyl (Cs-137-Deposition)

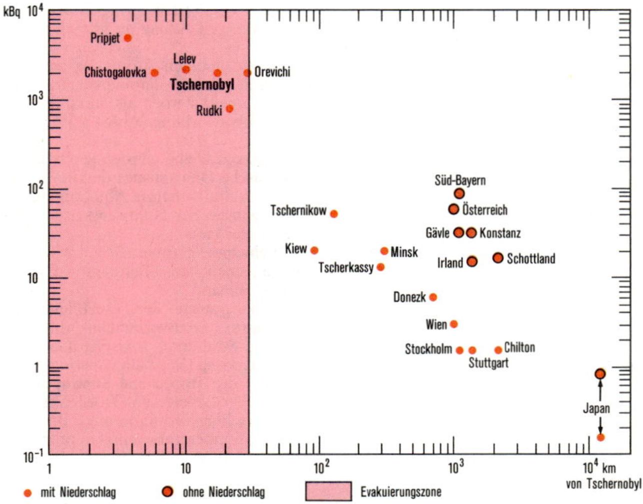

B Weltweite radioaktive Belastung nach dem Unfall von Tschernobyl

Tschernobyl: Radioaktive Belastungen

Kaum eine wirtschaftspolit. Entscheidung hat die öffentl. Diskussion so beschäftigt wie die Nutzung der Kernenergie (Kernkraftwerke, KKW).

Wie hoch ist das Unfallrisiko?

Die Bevölkerung wurde verunsichert durch:

ständige **Störfälle** in Kernkraftanlagen,

die **Vertuschung und Geheimhaltung** von Unfällen (*Winscale 1957:* menschl. Fehlverhalten durch Unkenntnis; *Ural 1958*),

Skandale im Zusammenhang mit Betrieben der Brennelementeherstellung *(Nukem, Alkem in Hanau),*

die Probleme im Zusammenhang mit **Fragen der Entsorgung** hochradioaktiver abgebrannter Brennstäbe (*Gorleben,* Transporte auf öffentl. Straßen, Exporte nach Schweden oder Frankreich),

die **Reaktorunfälle** von *Harrisburg* mit Teilschmelze des Reaktorkerns und *Winscale,* v. a. aber den

GAU (größter anzunehmender Unfall) von *Tschernobyl.*

Die *Ablehnung von KKW* steigerte sich durch die inkompetente Informationspolitik der Bundesländer und Staatsregierungen Europas zum Reaktorunglück.

Den meisten Menschen bereitet der Umgang mit den physikal. Einheiten Probleme:

Man kann weder mit 40000 Becquerel/kg Lebensmittelbelastung (in Bayern) noch mit 2,0 Millisievert Ganzkörperbestrahlung (in Österreich) etwas anfangen. Man will nur wissen, wie stark man gefährdet ist.

Obwohl kritischer geworden, zeigen die Menschen geringe persönl. Bereitschaft zur Verringerung des Energieverbrauchs (z. B. verbrauchsbezogene Stromtarife), die den weiteren Ausbau von Kraftwerkskapazitäten vermeiden helfen könnte.

Tschernobyl

Als eines der Hauptmerkmale der sowjet. sog. »RBMK-Reaktorlinie« nennt Born (1983):

»die Verläßlichkeit des ganzen Systems ist sehr hoch dank der Überwachungs- und Kontrollmöglichkeit der einzelnen horizontal liegenden Kanäle aus Zirkon«.

Ursache des schwersten Unfalls in der Geschichte der Nutzung der Kernenergie war **menschliches Versagen.**

Am Reaktor sollten am 25. 4. 1986 die jährl. Revision und sog. konventionelle elektrotechn. Versuche durchgeführt werden. Der Reaktor wurde zurückgefahren,

durch einen Bedienungsfehler der Versuchsmannschaft unter die verbotene 20%-Leistungsgrenze auf 1%.

Am jetzt schlecht regelbaren Reaktor wurden entsprechend dem Versuchsprogramm Kühl- und Notabschaltsysteme außer Betrieb gesetzt.

Der folgende Leistungsanstieg um 1% verursachte eine Temperaturerhöhung von unter 800 auf 4000-5000 °C.

Am **26. 4. 1986,** um 1^{00}23′44″ wurden der **Reaktorkern** und das nicht druckfest ausgelegte **Reaktorgebäude explosionsartig zerstört.**

Nach einigen Stunden entzündete sich das erst oberhalb von 800 °C brennbare Graphit: Die 1700 t werden zur Moderation (Abbremsen) der schnellen Neutronen auf therm. Geschwindigkeit benötigt.

Vom 27. 4. bis 10. 5. 1986 wurde der Reaktorkern mit Borcarbid, Dolomit, Lehm, Sand und Blei zugeschüttet und mit Stickstoff gekühlt, wodurch der Graphitbrand gelöscht und die Spaltproduktfreisetzung verringert werden konnte.

In der **Explosionsphase** wurden die *radioaktiven Edelgase* und *1% des restl. radioaktiven Inventars* bis in 1,5 km Höhe geschleudert.

Durch die Verschüttung folgte ein Abklang der Nuklidfreisetzung, dann aber vom 5.-10. Tag noch einmal ein Anstieg auf 70% der Ersttagswerte.

Der Reaktor wurde mit Stahl und Beton sorgfältig ummantelt. Er ist nicht entsorgbar.

Folgen der Katastrophe

3-4% der radioaktiven Stoffe des Reaktors mit $1{,}8 \times 10^{18}$ Bq wurden freigesetzt. Das sind 8-500mal (je nach Nuklidtyp) soviele Radionuklide, wie durch die oberird. Kernwaffenversuche 1945-1980 freigesetzt wurden.

Von den 42 zur Brandbekämpfung eingesetzten Feuerwehrleuten starben 35 durch **akute Strahlenexposition** mit einer Äquivalenzdosis von 2 bis 16 Sv.

135000 Menschen im Umkreis bis 30 km Entfernung wurden 0,16-0,3Sv ausgesetzt und evakuiert. Bei ihnen v. a. wird sich die Strahlendosis

in **somatischen Spätschäden** bzw. **genetischen Strahlenfolgen** zeigen.

In der nördl. Hemisphäre sind 400 Mio. Menschen betroffen, allerdings in unterschiedl. Maße (Abb. A).

Die *radioaktive Wolke* verteilte sich gemäß den Wetterbedingungen flächenhaft auf versch. Ausbreitungswegen (*Trajektorien,* Abb. A). *Wash out* verstärkte die Strahlendeposition um das 15-20fache.

Trockene Standorte in 100-200 km Entfernung von Tschernobyl erhielten die gleiche Strahlendosis wie der Alpenrand Bayerns und Österreichs (Abb. B).

Feuchte Orte Japans und trockene Orte Dänemarks wurden gleich belastet.

In Statistikmodellen wurde errechnet, daß weltweit 28000 Menschen vorzeitig an **Tschernobyl-Folgen** sterben werden, davon 50% in der UdSSR, 13000 in Europa außerhalb der UdSSR, davon 4000 in W-Europa.

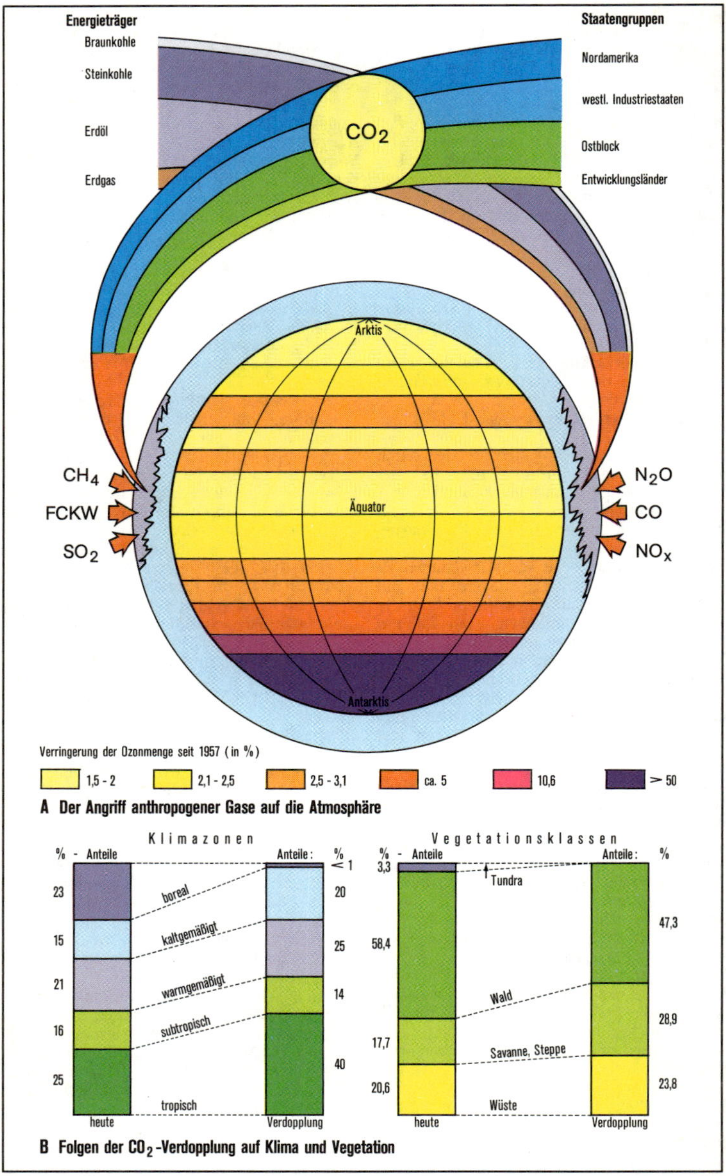

A Der Angriff anthropogener Gase auf die Atmosphäre

B Folgen der CO_2-Verdopplung auf Klima und Vegetation

Treibhauseffekt und Ozonloch

Treibhauseffekt

Die die Erde erreichende Sonnenenergie wird zu 30% direkt in den Weltraum reflektiert (Wolken, Luft, Boden). Würden auch die restl. 70% durch Wasserdampf, Wolken und Böden absorbierte Energie als Infrarotstrahlung (Wärme) in den Weltraum zurückgestrahlt, betrüge die Oberflächentemperatur der Erde −18 °C. Die vom Erdboden abgestrahlte Wärme wird aber von den Wolken und Spurengasen zu ca. 85% zur Erde zurückgeworfen und erwärmt diese um 33 °C.

Ohne diesen *»natürl. Treibhauseffekt«* wäre Leben auf der Erde undenkbar.

Anteil am Erwärmungseffekt haben heute:

Wasserdampf mit 62% (20,6 °C),
Kohlendioxid mit 21,8% (7,2 °C),
bodennahes Ozon mit 7,3% (2,4 °C),
Distickstoffoxid mit 4,2% (1,4 °C),
Methan mit 2,4% (0,8 °C),
FCKW u. a. mit 2,1% (0,7 °C).

Spurengase machen weniger als 0,1 Vol.-% der Gashülle der Erde aus, können aber trotzdem das Gleichgewicht der Atmosphäre bedrohen. *Fluorkohlenwasserstoffe (FCKW)* mit dem geringen Volumenanteil von 0,01 Billionstel werden hauptverantwortlich mit dem Ozonabbau in der Stratosphäre in Verbindung gebracht.

FCKW sind aber auch mit z. Zt. 17% am **anthropogenen Treibhauseffekt** beteiligt, zus. mit Kohlendioxid (50%), Methan (19%), Ozon in der Troposphäre (0,8%), Distickstoffoxid (4%) und Wasserdampf (2%).

Im Verlauf der letzten 100 Jahre erhöhte sich die CO_2-Menge in der Atmosphäre um 20%, die von Methan (Reisanbau, Rinderzucht, Müll-Fäulnis v. a.) um fast 90%.

Der jährl. Zuwachs von CO_2 wird mit 0,5-2,2 ppm angegeben. Weltweit sind das 20 Mrd. t CO_2.

Die Hochrechnung der Zuwachsrate aller Spurengase wird bis 2030 zu einer Erwärmung führen, die einer Verdopplung des heutigen CO_2-Anteils (ca. 340 ppm) entspricht.

400-450 ppm CO_2-Anteil bewirken eine Temperaturerhöhung von 1-1,5 °C, 600-700 ppm katastrophale 2-3 °C, nach anderen Berechnungen 4-5 °C; vom Äquator (+1 °C) zu den Polen (bis +14 °C) zunehmend.

Einschneidende Folgen wären (Abb. B):

- Abschmelzen des Nordpolareises;
- langsamer Meeresspiegelanstieg (Grönlandeis 5 m, Antarktis 60-70 m), falls das Inlandeis abschmilzt und durch therm. Ausdehnung des erwärmten Meerwassers;
- Überflutung dicht besiedelter Küstengebiete (Nigerdelta, Bangla Desh);
- Steigerung der Regenfälle aufgrund stärkerer Verdunstung, die zwischen 35 und 70° nördl. Br. schon nachweisbar ist, ebenso wie die Verringerung zwischen 5 und 35 °C nördl. Br.;
- Verlagerung der wichtigsten Anbauzonen nach N in Gebiete mit schlechten Böden (Podsole, Permafrostböden, Laterite);
- Verlagerung der Trockenzonen der Erde nach N um 400-800 km in die dicht besiedelten subtrop. Gebiete;
- Flächenverminderung und N-Versetzung der mediterranen Klimazone;
- Verlust der Tundrenzone;
- Verminderung des Permafrosts mit Ausdehnung der Wälder bis an die arkt. Küsten.

Ozonloch

1968 wurde das *»Ozonloch«* über der Antarktis entdeckt. Seit 1978 vergrößert es sich, ein ständiger Rückgang des Ozongehalts ist zu beobachten, der aber auch andere Regionen betrifft (Abb. A).

Ozon ist hochgiftig (Waldsterben). Die Menge hat sich in der Troposphäre, unserem Lebensraum, seit der Industrialisierung verdoppelt, macht aber nur 10% der Gesamtmenge der Lufthülle aus.

Die 90% Ozon (O_3) der Stratosphäre bilden sich aus Sauerstoffmolekülen (O_2) mit Hilfe der »harten UV-Strahlung« (<242 nm). Diese sog. UV-B-Strahlung verursacht Hautkrebs beim Menschen und schädigt Meeresalgen, die ca. 50% des Atemsauerstoffs der Heterotrophen der Erde produzieren.

Eine Abnahme des O_3-Gehalts der Luft von 2-5% fördert bei weißen Menschen Basalzellen-Karzinome, von 5-10% tiefersitzende Schuppenzellkarzinome der Haut.

Für die Ozonzerstörung werden versch. chem. Reaktionen mit Spurengasen verantwortlich gemacht:

Horizontale Luftbewegungen führen der Antarktis Abgase aus Industrie und Landwirtschaft zu, die in der Polarnacht innerhalb des stationären Tiefdruckwirbels verharren.

Stickoxide (NO_x) reagieren mit Wasser zu Salpetersäure, die (bei den Extremtemperaturen von −70 °C) an Staubteilchen sublimiert, die in tiefere Schichten fallen.

Normalerweise reagiert NO_x mit OH-Radikalen. Diese jetzt freien Radikale spalten aus Salzsäure (HCl) Chlor ab. Cl reagiert mit Ozon.

HCl und weiteres Chlor entsteht im ersten Sonnenlicht (UV) des Frühjahrs durch Photolyse von FCKW.

$$O_3 + Cl \rightarrow O_2 + ClO$$
$$ClO + O \rightarrow Cl + O_2 \quad \text{usw.}$$

Ein Cl-Atom kann bis zur Bindung in anderer Reaktion 10000 O_3-Moleküle zerstören.

So genügen schon nur geringe FCKW-Anteile zur Zerstörung der Ozonschicht.

Auch Distickstoffoxid (Lachgas, N_2O) aus Überdüngung und Verbrennung ist ein »Ozonkiller«:

$$N_2O + O \rightarrow 2NO$$
$$NO + O_3 \rightarrow NO_2 + O_2$$
$$O_3 + [UV] \rightarrow O_2 + O$$
$$O + NO_2 \rightarrow NO + O_2 \quad \text{usw.}$$

Anhang

Größen und Einheiten

Größe, Formelzeichen		Einheit
abs. Luftfeuchte		$g\ m^{-3}$
Arbeit	W	$J = kg\ m^2\ s^{-2}$
Beleuchtungsstärke	E	lx
Beschleunigung	$\vec{a}$	$m\ s^{-2}$
Brennweite	f	m
Dichte	ϱ	$kg\ m^{-3}$
Diffusionskoeff.	D	$m^2\ s^{-1}$
Druck	p	$Pa = Nm^{-2} = kg\ m^{-1}\ s^{-2}$
Energie	W	$J = kg\ m^2\ s^{-2}$
Fläche	A	m^2, a, ha, km^2
Frequenz	f, ν	$Hz = s^{-1}$
Geschwindigkeit	$\vec{v}$	$m\ s^{-1}$
Kraft	$\vec{F}$	$N = kg\ m\ s^{-2}$
Lautstärke	L_n	phon
Leistung	P	$W = J\ s^{-1} = kg\ m^2\ s^{-3}$
Lichtstärke	I	cd
Masse	m	g, kg
molare Verbrennungswärme		$J\ mol^{-1}$

Größe, Formelzeichen		Einheit
Oberflächenspannung	σ	$J\ m^{-2}$
osmot. Druck	π	Pa
Planck-Konstante	h	$J\ s = kg\ m^2\ s^{-1}$
rel. Luftfeuchte		%
Schallstärke	P	dB
spezif. Wärmekapazität	c	$J\ K^{-1}\ kg^{-1}$
Stoffmenge	ν	mol
Strahlung	Ly	4,1868 J/cm^2 (1 cal/cm^2) 1 Ly/min = 697,35 $Watt/m^2$
Strömungswiderstand	W	$N\ m^2$
Temperatur	T, t	K, °C
Gaskonstante	R	$JK^{-1}mol^{-1} = kgm^2s^{-2}K^{-1}mol^{-1}$
Volumen	V	m^3, l
Wärmemenge	Q	J
Wellenlänge	λ	m
Zeit	t	s, min, h, d, a

Größen und Einheiten zur Bestimmung von Radioaktivität

Größe	SI-Einheit	Definition	alte Einheit		Umrechnung
Aktivität	Becquerel (Bq) 1 Bq = 1 s^{-1}	Anzahl radioakt. Kernumwandlungen pro Zeit	Curie	Ci	1 Ci = 3,7 10^{10} Bq
Energiedosis	Gray (Gy) 1 Gy = 1 J/kg	Gesamte in einem Massenelement absorbierte Strahlungsenergie pro Massenelement	Rad	rd	1 rd = 10^{-2} Gy
Äquivalentdosis	Sievert (Sv) 1 Sv = 1 J/kg	Energiedosis multipliziert mit dem dimensionslosen Bewertungsfaktor der jeweiligen Strahlenart	Rem	rem	1 rem = 10^{-2} Sv
Ionendosis	Coulomb pro kg (C/kg)	Elektrische Ladung eines Vorzeichens der in einer luftgefüllten Volumeneinheit erzeugten Ionen, dividiert durch die Masse der darin enthaltenen Luft	Röntgen	R	1 R = 2,58 10^{-4} C/kg
Energiedosisleistung	Gray pro Sekunde oder Stunde (Gy/s bzw. Gy/h)	Energiedosis pro Zeit	Rad/s bzw. h	rd/s rd/h	1 rd/s = 10^{-2} Gy/s 1 rd/h = 10^{-2} Gy/h
Äquivalentdosisleistung	Sievert pro Sekunde oder Stunde (Sv/s bzw. Sv/h)	Äquivalentdosis pro Zeit	Rem/s bzw. h	rem/s rem/h	1 rem/s = 10^{-2} Sv/s 1 rem/h = 10^{-2} Sv/h
Ionendosisleistung	Ampere pro kg (A/kg)	Ionendosis pro Zeit	Röntgen/s bzw. h	R/s R/h	1 R/s = 2,58 10^{-4} A/kg 1 R/h = 7,17 10^{-8} A/kg

Internationale Konferenzen, Programme, Konventionen, Abkommen und Organisationen

Jahr: Zahl der Abkommen (Auswahl)

1868–99: 2
Forderung nach einem internat. Übereinkommen zum **Schutz der land- und forstwirtschaftl. Vögel,** *Wien 1868*
Gründung einer internat. **Vereinigung gegen die Verschmutzung von Flüssen,** *1877*

1900–09: 2
Internat. Übereinkommen zur **Erhaltung der ursprüngl. Fauna und Flora in Afrika,** *1900*
1. Pariser Vogelschutzkonvention, *1902*

1910–19: 1
1. Internat. Naturschutzkonferenz, *Bern 1913*

1920–29: 4

1930–39: 3

1940–49: 33
Gründung der **Internat. Naturschutz-Union (IUPN),** *Brüssel 1943; 1961* in **International Union for Conservation of Naturale and Natural Resources (IUCN)** umbenannt

1950–59: 55

1960–69: 92
Gründung der **Welt-Naturschutz-Stiftung World Wildlife Fund (WWF),** *1961*
Vertrag zum **Atomwaffentestverbot in der Atmosphäre, im Weltraum und unter Wasser,** *Moskau 1963*
Unesco-Konferenz: **Nutzung und Erhaltung der Biosphäre,** *Paris 1968:* Programm **Mensch und Biosphäre**

1970–79: 88
Internationales Übereinkommen zum **Schutz von Feuchtgebieten, Ramsar Konvention** *1971*
Konvention zum **Schutz der Kulturschätze und des gemeinsamen Erbes der Menschheit (Natural Heritage),** *Paris 1972*
UNO-Konferenz **Der Mensch in seiner Umwelt,** *Stockholm 1972*
Umweltprogramm UNEP, *Nairobi 1972*
Konvention zur **Verhinderung der Meeresverschmutzung durch das Einschütten von Abfall,** *London, Mexiko, Moskau, Washington 1972*
Abkommen über **biolog. und chem. Waffen,** *London, Moskau, Washington 1972*
Konvention zur **Verhinderung von Umweltverschmutzung durch Schiffe (MARPOL),** *London 1973*
Internat. Übereinkommen über den **internat. Handel mit gefährdeten Arten freilebender Tiere und Pflanzen (Washingtoner Artenschutz Übereinkommen),** *1973*
Europ. Übereinkommen zur **Erhaltung der Tier- und Pflanzenwelt und natürl. Lebensräume (Europarats-Konvention),** *1979*
Abkommen gegen **weiträumige grenzüberschreitende Luftverschmutzung (›Convention on Long Range Transboundary Air Pollution‹),** *1979*

1980–89: 94
Abkommen zur Bekämpfung der **Verschmutzung des Mittelmeeres vom Lande her,** *Athen 1980*
Beschluß der Internat. Walfangkommission, **Fangquoten für Wale** zu reduzieren, *Brighton 1980*
›World Conservation Strategy‹ (WCS), von der UNEP beauftragter Entwurf einer **globalen Umweltschutzstrategie,** *1980*
Mittelmeer-Umweltschutzkonvention zur Einrichtung von **Naturschutzgebieten,** *Barcelona 1982*
2. Sondertagung der UNEP, *Nairobi 1982*
Erklärung von Nairobi zur **Umweltbedrohung;** UN-Generalvers. beschließt **Weltcharta für die Natur,** *New York 1982*
›London Dumping Convention‹ (LCD) gegen die **Entsorgung von Atommüll im Meer,** *London 1983*
Abkommen über die **Nutzung und den Schutz der Meeresumwelt im Karib. Meer,** *Cartagena 1983*
World Commission on Environment and Development: *1983* als eigenständige Weltkommission für Umwelt- und Entwicklungsfragen der UNO gegründet
Multilaterale Umweltschutzkonferenz der UN-Wirtschaftskommission für Europa (ECE), *München 1984*
Sitzung der UN-Wirtschaftskommission für Europa; Beschluß, die **Schwefeldioxid-Emissionen** um 30% zu senken, *Genf 1984*
Internat. **Nordseeschutz-Konferenz,** *Bremen 1984*
›World Industry Conference on Environmental Management (WICEM)‹: *1984 in Versailles* von der UNEP und Internat. Handelskammer ICC organisiert
Umweltkonferenz der Interparlamentar. Union (IPU), *1984:* Parlamentarier aus 44 nat. Parlamenten erarbeiten Empfehlungen für nat. und internat. Maßnahmen
›Global Possible‹, Konferenz des World Resources Institute (WRI), *1984:* Maßnahme-Empfehlungen zu: **Bevölkerungswachstum, Armut und Entwicklung, Tropenwälder, biolog. Vielfalt, Klima und Atmosphäre** u. a.
UNO-Konferenz über den **Schutz der Ozonschicht,** *Wien 1985:* Konvention mit dem Ziel der **Kontrolle, Einschränkung und Reduzierung der FCKW-Emissionen**
OECD-Konferenz über **gefährl. Abfälle,** *Basel 1985:* Problem der Grenzüberschreitung

OECD-Konferenz über **sauren Regen,** *Paris 1985*

IWC-Jahreskonferenz beschließt **Fangverbot für Pottwale im Atlantik,** *Bournemouth 1985*

13. Konsultivkonferenz der Staaten des **Antarktisvertrags** beschließt schärfere **Umweltschutzbestimmungen,** *Brüssel 1985*

Internat. Konferenz über den **Baum und den Wald (Silva),** *Paris 1986:* Programme gegen das **Waldsterben** und das **Vordringen der Wüste**

Tagung der Internat. Kommission für Umweltschutz und Entwicklung, *Moskau 1987*

UN-Tagung zum **Schutz der Ozonschicht,** *Wien 1987*

Abschlußbericht der UN-Weltkommission für **Umwelt und Entwicklung,** *1987*

Internat. Expertentreffen über **Maßnahmen zum Schutz der Ozonschicht,** *Genf 1987*

›Quality Status Report of the North Sea‹ (QSR) einer europ. Expertengruppe, *London 1987:* **Schadstoffbelastungen der Nordsee und ihre Auswirkungen**

Internat. Umweltkonferenz zum **Schutz der Ozonschicht,** *Montreal 1987*

Tagung der Internat. Konferenz zum **Schutz des Rheins vor Verunreinigungen (IKSR),** *Straßburg 1987*

OECD-Konferenz, *Paris 1988:* **Schadensverhütung bei Chemieunfällen**

Weltklima-Konferenz, *Toronto 1988,* Hauptthema: **Erwärmung der Erde**

UN-Umweltkonferenz, *Oslo 1988*

4. Kongreß der **Internat. Tropenholz-Organisation (ITTO),** *Rio de Janeiro 1988:* weltweit einziges Abkommen zur Nutzung des Tropenholzes, Stärkung ökolog. Prinzipien, Forstwirtschaft; Forderung nach einer **»Tropenholz OPEC«**

11. Jahrestagung der **London Dumping Convention (LDC),** *London 1988:* **Verbot der Verbrennung extrem schädlicher und dauerhafter Abfälle auf hoher See**

Konferenz (UNEP) zum **Schutz der Ozonschicht,** *Den Haag 1988*

Internat. Kongreß **›Klima und Entwicklung‹,** *Hamburg 1988:* Auswirkung der Klimakatastrophe auf Entwicklungsländer

Konferenz zur **Rettung der Ozonschicht,** *London 1989*

Umweltkonferenz, *Den Haag 1989:* **Haager Erklärung** fordert Maßnahmen zur **Herstellung eines neuen Gleichgewichts zwischen Mensch und Biosphäre**

Konferenz zum **Schutz der Ozonschicht,** *Helsinki 1989*

Konferenz der acht an das Amazonasbekken angrenzenden Länder, *Manaus 1989;* sie verabschieden eine **›Erklärung Amazoniens‹:** »Bekräftigung des souveränen Rechts eines jeden Staates, seine Reichtümer nach freier Entscheidung zu verwalten«

EG-Kommission schlägt Einrichtung einer **Europ. Umweltagentur** vor: Sammlung und Auswertung von Daten, *1989*

UNEP-Konferenz über **Umweltschutz,** *Tokio 1989*

14. Weltenergiekonferenz, *Montreal 1989:* Energieperspektiven unter den Gesichtspunkten **saurer Regen, Ozonloch, Treibhauseffekt, Radioaktivität**

1. Internat. Alpenkonferenz, *Berchtesgaden 1989:* innerhalb von 2 Jahren soll völkerrechtlich verbindl. Konvention zum **Schutz der Alpen** beschlossen werden

15. Antarktiskonferenz, *Paris 1989:* Kontroverse »Antarktis als Naturpark« oder »wirtschaftl. Nutzung«, eingeschränkt durch Umweltschutz-Konvention

KSZE-Umweltkonferenz, *Sofia 1989:* **grenzüberschreitende Probleme:** Verschmutzung der Wasserläufe und Seen, Industrieunfälle; **Umgang mit gefährl. Chemikalien**

1990

3. Nordseeschutzkonferenz, *Den Haag (März)*

Literatur- und Quellenverzeichnis

Allgemeine Ökologie

Altenkirch, W.: Ökologie. Frankfurt a. M. 1977

Anderson, J. M.: Ecology for environmental sciences: Biosphere, ecosystems and man. London 1981

Barth, W.-E.: Prakt. Umwelt- und Naturschutz. Berlin 1987

Bick, H.: Ökologie. Grundlagen, terrestr. und aquat. Ökosysteme, angewandte Aspekte. Stuttgart 1989

Brauns, A.: Prakt. Bodenbiologie. Stuttgart 1968

Brockhaus-abc: Biologie (2. Bd.). 6. A. Leipzig 1986

Buchwald, K./Engelhardt, W. (ed.): Hdb. für Planung, Gestaltung und Schutz der Umwelt. Bd. 1-4. München 1978

Cleffmann, G.: Stoffwechselphysiologie der Tiere. Stuttgart 1979

Czihak, G./Langer, H./Ziegler, H.: Biologie. Berlin 1976

Darwell, R. M.: Ecology and Man. Dubuque 1973

Engelhardt, W.: Umweltschutz. München 1985

Fabian, P.: Atmosphäre und Umwelt. Berlin 1984

Fellenberg, G.: Ökolog. Probleme der Umweltbelastung. Berlin 1985

Fellenberg, G.: Umweltforschung. Berlin 1985

Furley, P. A./Newey, W. W.: Geography of the Biosphere. London 1983

Horne, R. A.: The Chemistry of Our Environment. New York 1978

Jonas, H.: Das Prinzip Verantwortung. Frankfurt 1987

Kreeb, K.-H.: Vegetationskunde: Methoden und Vegetationsformen unter Berücksichtigung ökosystem. Aspekte. Stuttgart 1983

Larcher, W.: Ökologie der Pflanzen auf physiolog. Grundlage. Stuttgart 1976, 1980

Merian, E.: Metalle in der Umwelt. Weinheim 1984

Müller, H. J.: Ökologie. Stuttgart 1984

Myers, N. (ed.): GAIA - Der Öko-Atlas unserer Erde. Frankfurt a. M. 1985

Nebel, B. J.: Environmental Science - the way the world works. New Jersey 1981

Odum, E. P.: Grundlagen der Ökologie. Bd. 1-2. Stuttgart 1980

Odzuck, W.: Umweltbelastungen. Stuttgart 1982

Olschowy, G. (ed.): Natur- und Umweltschutz in der BR Dtl. Hamburg 1987

Remmert, H.: Ökologie. Berlin 1984

Schubert, R. (ed.): Lb. der Ökologie. Jena 1984

Schultz, J.: Die Ökozonen der Erde. Stuttgart 1988

Smith, R. L.: Ecology and Field Biology. New York 1980

Strasburger, E. u. a.: Lb. der Botanik. Stuttgart 1967, 1978

Streit, B.: Ökologie. Stuttgart 1980

Stugren, B.: Grundlagen der Allg. Ökologie. Stuttgart 1978

Tischler, W.: Einf. in die Ökologie. Stuttgart 1984

Tschumi, P. A.: Umweltbiologie - Ökologie und Umweltkrise. Frankfurt 1981

Umweltbundesamt (ed.): Daten zur Umwelt. Berlin 1984, 1987, 1989

Universität Tübingen. Inst. für Chem. Pflanzenphysiologie: Fernlehrgang Ökologie und ihre biolog. Grundlagen. Tübingen 1982-86

Walter, H.: Allg. Geobotanik. Stuttgart 1973

Walter, H./Breckle, S.-W.: Ökologie der Erde. Bd. 1-3. Stuttgart 1983/1984/1986

Wetzel, R. G.: Limnology. Philadelphia 1975

Whittaker, R. H.: Communities and Ecosystems. New York 1975

Grundlagen der Ökologie

Baden, W./Kuntze, H./Niemann, J./Schwerdtfeger, G./Vollmer, F.-J.: Bodenkunde. Stuttgart 1969

Campbell, I. M.: Energy and The Atmosphere. London 1977

Deevey, E. S.: Mineral Cycles. In: The Biosphere, S. 81 ff. San Francisco 1970

Gates, D. M.: Energy, Plants and Ecology. In: Ecology 46, 1-14, 1965

Geiger, R.: Die Atmosphäre der Erde. Darmstadt 1965

German, R.: Einf. in die Geologie. Stuttgart 1981

Griffith, J. F.: Climate and the environment. London 1976

Häckel, H.: Meteorologie. Stuttgart 1985

Müller-Hohenstein, K.: Die Landschaftsgürtel der Erde. Stuttgart 1979

Müller, P.: Biogeographie. Stuttgart 1980

Scheffer, F./Schachtschabel, P.: Lb. der Bodenkunde. Stuttgart 1982, 1984

Schüler-Duden: Die Geographie. Mannheim 1978

Troll, C./Paffen, K. H.: Karte der Jahreszeiten der Erde. Bonn 1964

Walter, H.: Vegetation und Klimazonen. 4. Aufl. Stuttgart 1979

Walter, H./Harnickell, E./Mueller-Dombois, D.: Klimadiagrammkarten der einzelnen Kontinente und die ökologische Klimagliederung der Erde. Stuttgart 1975

Ökologische Elementarprozesse

Böhlmann, D.: Ökophysiolog. Praktikum. Grundlagen des Pflanzenwachstums. Berlin 1982

Buschmann, C./Grumbach, K.: Physiologie der Photosynthese. Berlin 1985

Dunger, W.: Tiere im Boden. Leipzig 1963

Eisenbeis, G./Wichard, W.: Atlas zur Biologie der Bodenarthropoden. Stuttgart 1985

Haberer, K.: Physikal. und chem. Eigenschaften des Wassers. Wien 1969

Hock, B./Bartunek, A.: Ektomykorrhiza. Naturwiss. Rundschau, S. 437 ff. Stuttgart 1984

Kingsolver, J. G.: Schmetterlinge als techn. Konstruktionen. In: Spektrum der Wiss. S. 124 ff. Heidelberg 1985

Koelzer, W.: Lexikon zur Kernenergie. Karlsruhe 1981

Landtag NRW: Drucksache 8/5640. Düsseldorf 1980

Mückenhausen, E.: Bodenkunde. Frankfurt a. M. 1985

Nultsch, W.: Allg. Botanik. Stuttgart 1971

Penzlin, H.: Kurzes Lb. der Tierphysiologie. Jena 1970

Stephenson, W. K.: Grundlagen der Zellbiologie. Pareys Studientexte 27. Berlin 1980

Ökosystem

Bolin, B.: The Carbon Cycle. In: Scientific American 223, 125-132. 1970

Cloud, P./Gibor, A.: The Oxygen Cycle. In: Scientific American 223, 57-68. 1970

Colinvaux, P.: Ecology. New York 1986

Ellenberg, H.: Ökosystemforschung. Ziele und Stand der Ökosystemforschung. Berlin 1973

Freitag, H.: Einf. in die Biogeographie Mitteleuropas. Stuttgart 1962

Klug, H./Lang, R.: Einf. in die Geosystemlehre. Darmstadt 1983

Leser, H.: Zum Ökologie-, Ökosystem- und Ökotopbegriff. In: Natur u. Landschaft 59, S. 351ff. 1984

Mosimann, T.: Landschaftsökolog. Komplexanalyse. Stuttgart 1984

Müller, P.: Arealsysteme und Biogeographie. Stuttgart 1981

Tivy, J.: Biogeographie. A study of plants in the ecosphere. London 1982

Wilmanns, O.: Ökolog. Pflanzensoziologie. Heidelberg 1978

Populationsökologie

Begon, M./Mortimer, M.: Population ecology. Oxford 1981

Cheng, T. C.: Aspects of the biology of Symbiosis. Baltimore 1971

Hartmann, S.: Populationen. In: Inst. f. chem. Pflanzenphysiologie Univ. Tübingen, Bd. 3. Tübingen 1982

MacArthur, R. H.: Population ecology of some warblers of northeastern coniferons forests. In: Ecology 39, S. 599ff. 1958

MacArthur, R. H./Connell, J. H.: Biologie der Populationen. München 1970

Schewiakoff, W.: Die Acantharia des Golfes von Neapel. In: Fauna-Flora Neapel 37. 1924

Terrestrische Ökosysteme

Bourlière, F. ed.: Ecosystems of the World 13. Tropical Savannas. Amsterdam 1983

Castri, F. di/Goodall, D. W./Specht, R. L.: Ecosystems of the World 11. Mediterranean-Type Shrublands. Amsterdam 1981

Ellenberg, H.: Vegetation Mitteleuropas mit den Alpen in ökolog. Sicht. Stuttgart 1982

Ellenberg, H./Mayer, R./Schauermann, J. (ed.): Ökosystemforschung. Ergebnisse des Solling-projekts. Stuttgart 1986

Franz, H.: Ökologie der Hochgebirge. Stuttgart 1979

Golley, F. B. ed.: Tropical Rain Forest Ecosystems. Ecosystems of the World 14. Amsterdam 1983-89

Huntley, B. J./Walker, B. H. (ed.): Ecology of Tropical Savannas. Berlin 1982

Meurer, M.: Höhenstufung von Klima und Vegetation. In: Geogr. Rundschau, S. 395ff. Braunschweig 1984

Overbeck, F.: Botan.-geolog. Moorkunde. Neumünster 1975

Rathiens, C.: Geographie des Hochgebirges; 1. Der Naturraum. Stuttgart 1982

Sonesson, M. ed.: Ecology of a Subarctic Mire. Ecological Bulletins No. 30. Stockholm 1980

Stäblein, G.: Permafrost. In: Geogr. Rundschau. 322ff. Braunschweig 1985

Tieszen, L. L. ed.: Vegetation and Production Ecology of an Alaskan Arctic Tundra. New York 1978

Van Cleve, K./Chapin III, F. S./Flanagan, P. W./Viereck, L. A./Dyrness, C. T. (ed.): Forest Ecosystems in the Alaskan Taiga. Ecological Studies 57. New York 1986

Vareschi, V.: Vegetationsökologie der Tropen. Stuttgart 1980

West, N. E. ed.: Ecosystems of the World 5. Temperate deserts and semi-deserts. Amsterdam 1983

Wielgolaski, F. E. ed.: Fennoscandien Tundra Ecosystems. Part 1, 2. New York 1975

Limnische Ökosysteme

Biebl, R./Germ, H.: Praktikum der Pflanzenanatomie. Wien 1950

Binder, W.: Grundzüge der Gewässerpflege. In: Schriftenreihe Bayer. Landesamt für Wasserwirtschaft, H. 10. München 1979

Butcher, R. W.: Studies on the Ecology of Rivers I. On the distribution of macrophytic vegetation in the rivers of Britain. In: Journal of Ecology 21, 58-89. 1933

Dyck, S./Peschke, G.: Grundlagen der Hydrologie. Berlin 1983

Ellenberg, H.: Vegetation Mitteleuropas mit den Alpen in ökolog. Sicht. Stuttgart 1982

Hynes, H. B. N.: The biology of polluted waters. Liverpool 1960

Kirkpatrick, P. A./Pugh, P. R.: Siphonophores and Velellids. London 1984

Klee, O.: Angewandte Hydrobiologie. Stuttgart 1985

Maitland, P. S.: Biology of Fresh Waters. Glasgow 1978

Niemeyer-Lüllwitz, A./Zucchi, H.: Fließgewässerkunde. Frankfurt 1985

Raymont, J. E. G.: Plankton and Productivity in the Oceans, Bd. 1, 2. Oxford 1980, 1983

Rietz, K.: Der Fluß als ökolog. System. In: Münchener Beiträge zur Abwasser-, Fischerei- und Flußbiologie Bd. 26, S. 27ff. München 1975

Ruttner, F.: Grundriß der Limnologie. Berlin 1962

Schmitz, W.: Fließgewässerforschung - Hydrographie und Botanik. In: Verh. Internat. Verein. Limnol. XIV, S. 541ff. Stuttgart 1961

Sernow, S. A.: Allg. Hydrobiologie. Berlin 1958

Streble, H./Krauter, D.: Das Leben im Wassertropfen. Stuttgart 1978

Wesenberg-Lund, C.: Biologie der Süßwassertiere. Wien 1939

Whitton, B. A. (ed.): River ecology. Oxford 1975

Wittig, R.: Wasser - Lösungsmittel, Lebensraum und Ökofaktor. Wiesbaden 1979

Marine Ökosysteme

Barnes, R. S. K./Hughes, R. N.: An introduction to marine ecology. Oxford 1982

Bullock, T. H.: Compensation for temperature in the metabolism and activity of poikilotherms. In: Biol. Review 30, S. 311ff. 1955

Dörjes, J.: Das Watt als Lebensraum. In: Reineck, H.-E., Das Watt, 107-143. Frankfurt a. M. 1978

Friedrich, H.: Meeresbiologie. Berlin 1965

Gessner, F.: Meer und Strand. Berlin 1957

Hardy, A. C./Bainbridge, R.: Effect of pressure on the behaviour of decapod larvae (crustaceae). In: Nature 167, S. 354ff. London 1951

Hedgpeth, J. W.: The classification of estuarine

and brackish waters and the hydrographic climate. In: Report No. 11 of National Research, Council Committee on a Treatise on Marine Ecology and Paleoecology, 49-56. 1951
Hulburt, E. M.: Phytoplankton in the Southwestern Sargasso Sea and North Equatorial Current, February 1961. In: Limnol. Oceanogr. 7, S. 307 ff. 1962
Nienburg, W.: Die festsitzenden Pflanzen der nordeurop. Meere. In: Hdb. der Seefischerei Nordeuropas, Bd. 1. Stuttgart 1930
Reineck, H.-E. ed.: Das Watt. Ablagerungs- und Lebensraum. Frankfurt a. M. 1978
Reise, K.: Experiments on epibenthic predation in the Wadden Sea. In: Helgoländer wiss. Meeresunters. 31, S. 55 ff. 1978
Reise, K.: Tidal Flat Ecology. Berlin 1985
Schlieper, C.: Biolog. Wirkungen hoher Wasserdrucke. In: Veröff. Inst. f. Meeresforsch. Bremerhaven. Sonderband 1963, S. 31 ff. 1963
Schmidt, J.: The breeding places of the eel. In: Smithon. Rep. for 1924, S. 279 ff. 1925
Tait, R. V.: Meeresökologie. Stuttgart 1971
Thorson, G.: Erforschung des Meeres. Eine Bestandsaufnahme. München 1972
Valiela, I.: Marine Ecological Processes. New York 1984
Zenkevitch, L. A.: Erforschung der Tiefseefauna im nordwestl. Teil des Stillen Ozeans. In: Union Intern. Soc. Biol. Ser. B. 16, S. 72 ff. 1954
Zenkevitch, L. A./Birstein, J. A.: Studies of the deep-water fauna and related problems. In: Deep-Sea Res. 4, S. 54 ff. 1956

Eingriffe des Menschen

Barkowski, D./Günther, P./Hinz, E./Röchert, R.: Altlasten-Hdb. zur Ermittlung und Abwehr von Gefahren durch kontaminierte Standorte. Karlsruhe 1987
Cernusca, A.: Beurteilung der Schipistenplanierungen in Tirol aus ökolog. Sicht. In: Verh. d. Ges. f. Ökologie Bd. XII, S. 137 ff. Bern 1984
Dechent, H.-J./Müller-Schönborn, J./Sperber, H.: Untersuchungen und Vorschläge zur Kartierung der Dorfflora in Rheinland-Pfalz. In: Natur und Landschaft 61, S. 268 ff. Köln 1986
Dietrich, K./Koepff, C.: Erholungsnutzung des Wattenmeeres als Störfaktor für Seehunde. In: Natur und Landschaft 61, H. 7/8, S. 290 ff. Köln 1986
Duvigneaud, P.: L'écosystème urbain. Brüssel 1975
Ehlers, E.: Die agraren Siedlungsgrenzen der Erde. In: Geogr. Rundschau H. 7, S. 330 ff. Braunschweig 1985
Ellenberg, H./Müller, K./Stoffele, T.: Ökologie und Straße. Bonn 1981
Gläßer, E./Vossen, K.: Aktuelle landschaftsökolog. Probleme im Rhein. Braunkohlenrevier. Ein Beitrag zu den Arealkonflikten zwischen Bergbau, Landwirtschaft und Wasserhaushalt. In: Geogr. Rundschau H. 5, S. 258 ff. Braunschweig 1985
Haggett, P.: Geographie. Eine moderne Synthese. New York 1983
Hartmann, W.: Kulturlandschaftswandel im Raum der Mittleren Wümme seit 1970. Untersuchungen zum Einfluß von Standort und Agrarstrukturwandel auf die Landschaft. In: Landschaft und Stadt, Beih. 2. Stuttgart 1969
Hinterstoisser, H./Mayer, H.: Waldbaul. Auswirkungen der Standard- (Weltcup-) und Traßschiabfahrt an der Schmittenhöhe/Zell am See. Sonderdruck aus: Allg. Forstzeitung, Nr. 2. Wien 1982
Hodder, B. W.: Economic Development in the Tropics. London 1983
Kirschgens, A./Wolf, B./Heimbrock, F./Lins, Q.: Verheizte Heimat. Braunkohlentagebau und seine Folgen. Aachen 1985
Mader, H. J.: Biotopisolierung durch Straßenbau am Beispiel ausgewählter Arten. - Folgerungen für die Trassenwahl. In: Ber. Akad. Naturschutz und Landschaftspflege 3, S. 56 ff. 1979
Mader, H. J.: Die Isolationswirkungen von Verkehrsstraßen auf Tierpopulationen, untersucht am Beispiel von Arthropoden und Kleinsäugern der Waldbiozönose. In: Schriftenreihe für Landschaftspflege und Naturschutz H. 19, S. 1 ff. Bad Godesberg 1979
Mader, H. J.: Biotopverbundsysteme in intensiv bewirtschafteten Agrarlandschaften. In: Natur- und Landschaftskunde 24, S. 1 ff. 1988
Mader, H. J.: Feldwege - Lebensraum und Barriere. In: Natur und Landschaft 63 (6), S. 251 ff. 1988
Magel, H.: Das Dorf als Lebensraum. In: Natur und Landschaft 58, H. 9, S. 327 ff. Köln 1983
Magel, H.: Dorfökologie in der Dorferneuerung - Möglichkeiten und Grenzen. In: Natur und Landschaft 62, H. 7/8, S. 284 ff. Köln 1987
Marxen, H.: Entwicklungen einer Agrarlandschaft, dargestellt am Beispiel des Raumes Süderbrarup und Sterup. In: Dipl. Arb. Agrarwiss. Fakultät der Univ. Kiel 1979
Nitz, H.-J.: Ackerwirtschaft mit knappen Wasserressourcen in semiariden Räumen Indiens. In: Geogr. Rundschau H. 2, S. 62 ff. Braunschweig 1984
Norman, M. J. T./Pearson, C. J./Searle, P. G. E.: The ecology of tropical food crops. Cambridge 1984
Reichelt, G.: Landschaftsverlust durch Straßenbau. In: Natur und Landschaft 54 (10), S. 335 ff. 1979
Richter, D.: Energie und Umwelt. In: Kirchberg, G.: Westermann-Colleg Geographie. Braunschweig 1986
Rostankowski, P.: Getreideerzeugung nördlich 60 ° N. In: Geogr. Rundschau H. 4, S. 147 ff. Braunschweig 1981
Schulte, W.: Modell einer stadtökolog. Raumgliederung auf der Grundlage der Florenanalyse und Florenbewertung. In: Natur und Landschaft 60, H. 3, S. 103 ff. Köln 1985
Thannheiser, D./Treude, E.: Masi (Nordnorwegen) - Jüngere Strukturwandlungen in einem lapp. Dorf. In: Butzin, B. ed.: Entwicklungs- und Planungsprobleme in Nordeuropa. Münstersche Geogr. Arbeiten. Paderborn 1981
Volk, H.: Wintersport und Biotopschutz. Hat das Auerhuhn in Skilanglaufgebieten eine Chance? In: Natur und Landschaft 58, S. 454 ff. 1963

Problemkreise

Allhorn, H./Birnbaum, U./Huber, W.: Kohleverwendung und Umweltschutz. Berlin 1983
Amberger, A.: Belasten Güllenährstoffe das

Grundwasser. In: DLG-Mitteilungen 14, S. 836ff. 1978

Arzet, K./Steinberg, C.: In Ermangelung von langjährigen Meßreihen: Paläolimnologie. In: Umweltbundesamt Gewässerversauerung in der BR Dtl. S. 169ff. Berlin 1984

Barndt, G./Bohn, B.: Biolog. und chem. Gütebestimmung von Fließgewässern. Ein flächenübergreifendes Ökologieprojekt für den Sekundarbereich II. Berlin 1985

Bayerische Staatsforstverwaltung: Information 1/83. München 1983

Berichtsband der Fachtagung Radioökologie des Dt. Atomforum e.V. vom 2.-3. Okt. 1979 im Wiss.-Zentrum Bonn (ed.): Radioökologie. Bonn 1979

Besch, W.-K./Hamm, A./Lenhart, B./Melzer, A./Scharf, B./Steinberg, C.: Limnologie für die Praxis. Landsberg 1984

Beuschold, E.: Problem Wasser. Köln 1984

Borries, D. von/Krause, O.: Umweltbelastungen durch Transport, Speicherung und Verteilung von Energie. In: Informationen zur Raumentwicklung H. 7/8. Bonn 1984

Borsch, P./Wagner, H.-J.: Energie und Umwelt. In: Kernforschungsanlage Jülich GmbH, Perspektiven der Kernenergie, S. 49ff. Jülich 1984

Brock, T. D.: An Eutrophic Lake. New York 1985

Brook, A. J./Baker, A. L.: Chlorination at Power Plants: Impact to Phytoplankton Productivity. In: Science 176, S. 1414ff. New York 1972

Bundesminister des Inneren: Umweltbrief 28: Abwärme: Auswirkungen, Verminderung, Nutzung. Bonn 1982

Bundesminister für Forschung und Technologie (BMFT) (ed.): Zur friedl. Nutzung der Kernenergie. Bonn 1978

ders.: Dt. Risikostudie Kernkraftwerke. Bonn 1979

ders.: Nukleare Entsorgung - Eine Bürgerinitiative. Bonn 1979

Casper, S. J.: Lake Stechlin. Dordrecht 1984

Dankelman, I.: Nature conservation in the Wadden Sea Area. 1983

Ehrlich, P. R./Ehrlich, A. H./Holdren, J. P.: Ecoscience. San Francisco 1977

Engelhardt, W.: Was lebt in Tümpel, Bach und Weiher. Stuttgart 1962

Ernst, W. H. O./Joosse-van Damme, E. N. G.: Umweltbelastung durch Mineralstoffe. Stuttgart 1983

Euler, H.: Umweltverträglichkeit von Energieversorgungskonzepten. Bonn 1984

Faith, W. L./Atkisson, A. A. J.: Air Pollution. New York 1972

Fellenberg, G.: Ökolog. Probleme der Umweltbelastung. Berlin 1985

Fleischer, G.: Argumente für die Berücksichtigung der Ruhe in der Lärmbekämpfung. In: Kampf dem Lärm 25, S. 69ff. Hamburg 1978

Flohn, H.: Das CO_2-Klima-Problem. In: Geogr. Rd. 35, H. 5, S. 238ff. Braunschweig 1983

Franz, J. M./Krieg, A.: Biolog. Schädlingsbekämpfung. Berlin 1982

Gehrke, B. u. a.: Naturnahe Klärverfahren aus landesplaner. Sicht. Berlin 1986

Gerlach, S. A.: Meeresverschmutzung. Berlin 1976

Guderian, R.: Air Pollution. New York 1977

Hagmeier, E.: Variations in phytoplankton near Helgoland. In: Rapp. P. - v. Reun. Cons. perm. int. Explor. Mer. 1976

Harada, M./Smith, A. M.: Minamata disease: a medical report. In: Smith, W. E./Smith, A. M.: Minamata, a Warning to the World, S. 180-192. 1975

Heil, K. H.: Wärmebelastung der Flüsse. In: Steimle, F.: Abwärme. S. 17-34. Karlsruhe 1973

Heitefuß, R.: Pflanzenschutz: Grundlagen der prakt. Phytomedizin. Stuttgart 1987

Hendricks, J. (ed.): Umweltschutz - Informationen und Materialien für den Unterricht. Schriftenreihe des Westfäl. Heimatbundes. Münster 1987

Hess. Minister für Landwirtschaft und Umwelt: Gewässergüte und Abwasserbehandlung im Lande Hessen. Wiesbaden 1978

Hochgürtel, H.: Ist Fluglärm vermeidbar? Köln 1977

Hommel, G.: Hdb. der gefährl. Güter. Berlin 1986ff.

Hynes, H. B. N.: The biology of polluted waters. Liverpool 1960

Isenbeck, M./Mattheß, G.: Schadstoffeinträge in den Boden und ihre Auswirkungen auf das Grundwasser. In: Forschungen zur Raumentwicklung Bd. 14, S. 33ff. Bonn 1985

Jungbluth, J. H.: Probleme und Möglichkeiten des Arten- und Biotopschutzes bei Muscheln. In: Natur und Landschaft 55, S. 9ff. Köln 1980

Karcher, H. L.: Zwischen Umweltgift und Spurenelement. In: Selecta 43 23. 10. 78, S. 3871ff. 1978

Kernforschungsanlage Jülich GmbH: Kernfragen. Jülich 1982

Koch, E. R./Vahrenholt, F.: Seveso ist überall. Frankfurt/M. 1980

Koch, T. C./Seeberger, J./Petrik, H.: Ökolog. Müllverwertung. Karlsruhe 1986

Köhler, B. M.: Neurotox. Substanzen als Beispiele für gesundheitsgefährl. Arbeitsstoffe. In: Umschau, H. 1, S. 50-55. Frankfurt 1986

Kumpf, W./Maas, K./Straub, H.: Hdb. zur Müll- und Abfallbeseitigung. Berlin 1988

Kuttler, W.: Spurenstoffe in der Atmosphäre - ihre Verteilung und regionale Ablagerung. In: Geoökodynamik Bd. 5, S. 29ff. Darmstadt 1984

Landesamt für Wasser und Abfall NW: Jahresbericht 79. Düsseldorf 1980

Landesanstalt für Immissionsschutz: Info-20: Waldschäden durch Ozon? Essen 1983

Lichtenthaler, H. K./Buschmann, C.: Das Waldsterben aus botan. Sicht. Karlsruhe 1984

Liebmann, H.: Handbuch der Frischwasser- und Abwasser-Biotope. Bd. 1 und 2. München 1962/1960

Linden, O.: Acute effects of oil/dispersant mixture on larvae of Baltic herring. In: Ambio 4, S. 130ff. 1975

Litz, N.: Verhalten der Umweltchemikalie 2,4,5-T in Böden unter Feld- und Laborbedingungen. Berlin 1985

Loub, W.: Umweltverschmutzung und Umweltschutz. Wien 1975

Mead, C.: Amoco Cadiz oil desaster: The ringing recoveries. In: B. T. O. News 93, S. 1ff. 1978

Merian, E.: Metalle in der Umwelt. Weinheim 1984

Merkle, W./Rausch, P.: Nitrat als gesamtökolog. Problem. Düsseldorf 1986

Ministerium für Arbeit, Gesundheit und Soziales des Landes NW (MAGS): Schallausbreitung in bebauten Gebieten. Düsseldorf 1975

Monnat, J. Y.: Effects du petrole de l'›Amoco Cadiz‹ sur les oiseaux de mer. In: Journée spéciale ›Amoco Cadiz‹, Serie ›Actes de Colloques‹ 6, S. 135 ff. Brest 1978
Nehrkorn, A.: Statist. Untersuchung zur Ökologie der Saprobien. In: Arch. Hydrobiol. Beih. 9, S. 95 ff. Stuttgart 1977
Nieder, H.: Nitrat im Grundwasser. Frankfurt 1985
Noll, M.: Die aktuelle und chron. Belastung des Rheins. In: Geographie heute 8, H. 50, S. 4 ff. 1987
Obermann, P./Bundermann, G.: Untersuchungen über Grundwasserveränderungen durch Nitrat infolge landwirtschaftl. Nutzung. In: Selenka, F. ed.: Nitrat - Nitrit - Nitrosamine in Gewässern. Weinheim 1982
Odzuck, W.: Umweltbelastungen. Stuttgart 1982
Oliver, J. E.: Climate and man's environment. New York 1973
Purdom, P. W.: Environmental science. Columbus 1980
Purdom, P. W. ed.: Environmental health. New York 1980
Rachor, E.: Eutrophierung in der Nordsee - Bedrohung durch Sauerstoffmangel. In: Abh. d. Naturwiss. Ver. z. Bremen 40 H. 3, S. 283 ff. Bremen 1985
Rat von Sachverständigen für Umweltfragen: Sondergutachten März 1981: Energie und Umwelt. Stuttgart 1981
Ravera, O.: Biological Aspects of Freshwater Pollution. Oxford 1979
Reijnders, P. J. H.: The harbour seal population in the Wadden Sea: size and composition. In: Neth. J. Sea Res. 10, S. 223 ff. 1976
Reineking, B./Vauk, G.: Seevögel - Opfer der Ölpest. Historie, Ursachen, Wirkung, Hilfen. Otterndorf 1982
Rudolf, B.: Metereolog. Aspekte im Umweltschutz. In: Geowiss. unserer Zeit 4, S. 45 ff. Weinheim 1986
Sartorius, R.: Stoffl. Belastung des Bodens über die Atmosphäre. In: Dt. Rat für Landespflege, Bodenschutz, S. 39 ff. Bonn 1986
Sauerbeck, D.: Funktionen, Güte und Belastbarkeit des Bodens aus agrikultur-chem. Sicht. Stuttgart 1985
Schmeing, F.: Langzeitmessungen des Nitratgehaltes in Grundwasser im Einzugsgebiet Bayern. In: Dt. Landwirtschaftl. Gesellschaft: Nitrat - ein Problem für unsere Trinkwasserversorgung? S. 140-146. Frankfurt a. M. 1983
Schmidt, G. H.: Pestizide und Umweltschutz. Braunschweig 1986
Schönwiese, C.-D./Diekmann, B.: Der Treibhauseffekt. Der Mensch ändert das Klima. Stuttgart 1987
Selenka, F. ed.: Nitrat - Nitrit - Nitrosamine in Gewässern. Weinheim 1982
Smith, W. E./Smith, A. M. ed.: Minamata, a Warning to the World. London 1975
Spreer, F.: Dezentrale Wärmeversorgung - Neue Wege zur besseren Energie-Nutzung. In: Bild der Wiss. 19, H. 9, S. 120 ff. 1982
Steimle, F.: Abwärme. Karlsruhe 1973
Steinberg, C./Meier, R./Palm, U./Nirschl, H.: Chem.-stratigraph. Untersuchungen an Sedimenten der Bayerwald-Seen. In: Gewässerversauerung in der BR Dtl. Berlin 1984
Stern, A. C.: Fundamentals of Air Pollution. London 1984
Stienen, H./Rademacher, P.: Abiot. und biolog. Aspekte des Waldsterbens. In: Natur und Museum 113, S. 157 ff. Frankfurt 1983
Streble, H./Krauter, D.: Das Leben im Wassertropfen. Stuttgart 1978
Stroscher, G.: Kohlenmonoxid - eine akute Bedrohung? In: Med. Klinik 76, S. 28 ff. 1981
Tebrügge, F.: Neuere Bearbeitungsverfahren in ihrer Wechselwirkung auf Bodenstruktur und Bodenertrag. In: Dt. Rat für Landespflege, Bodenschutz, S. 56 ff. Bonn 1986
Thomé-Kozmiensky, K. J. ed.: Deponie: Ablagerung von Abfällen. Berlin 1987
Tomany, J. P.: Air Pollution. New York 1975
Umweltbundesamt (ed.): Die Auswirkungen von CO_2 auf das Klima. Berlin 1983
das.: Feststellung der Deposition von sauren und langzeitwirksamen Luftverunreinigungen aus Belastungsgebieten. Berlin 1983
das.: Rettet die Luft, sonst bleibt sie uns weg! Berlin 1983
Verband der chem. Industrie (VCI): Chemie und Umwelt: Wald. Frankfurt/M. o. J.
Wein, H.: Die Austrocknung der südl. Oberrheinniederung. Änderungen im Landschaftshaushalt aufgrund anthropogener Eingriffe. In: Geogr. Rundschau 29 (1), S. 16 ff. Braunschweig 1977
Winneke, G.: Blei in der Umwelt. Berlin 1985

Ökosystembewertung

Arndt, U./Nobel, W./Schweizer, B.: Bioindikatoren. Möglichkeiten, Grenzen und neue Erkenntnisse. Stuttgart 1987
Beratungsgremium für umweltrelevante Altstoffe (BUA) der Ges. Dt. Chemiker (GDCh) (ed.): BUA-Stoffbericht 5-7. Weinheim 1987
Erz, W.: Artenschutz im Wandel. In: Umschau, S. 695 ff. 1983
Mosimann, T.: Landschaftsökolog. Komplexanalyse. Stuttgart 1984
Seitz, W.: Flechtenwuchs und Luftverunreinigung im Großraum von Saarbrücken. In: Ber. Dt. Bot. Ges. Bd. 85, S. 239 ff. 1972

Lösungsansätze

Albrecht, R./Paker, L./Rehberg, S./Reiner, Y.: Umweltentlastung durch ökolog. Bau- und Siedlungsweisen, Bd. I, II. Berlin 1984
Bach, W.: Gefahr für unser Klima - Wege aus der CO_2-Bedrohung durch sinnvollen Energieeinsatz. Karlsruhe 1982
Bierter, W.: Mehr autonome Produktion - Weniger globale Werkbänke. Karlsruhe 1986
Cobary, C. C.: Sonnenkraft im Zentrum alternativer Energien. Stuttgart 1981
Hamm, A.: Nutrient load and untriend balance of some subalpine lakes after sewage diversion. In: Verh. Internat. Verein. Limnol. 20. 1978
Hamm, A.: Herkunft und Rolle des Phosphors als wesentl. Eutrophierungsfaktor von Seen; besprochen an einigen Beispielen bayr. Seen. In: Ak. f. Natursch. u. Landschaftspflege, S. 15 ff. 1979
Heil, B.: Das Abgas-Problem. In: mot 16, S. 76 ff.; 17, S. 73 ff.; 18, S. 34 ff. 1984
Hendricks, J. ed.: Umweltschutz - Informationen und Materialien für den Unterricht. Schriftenreihe des Westfäl. Heimatbundes. Münster 1987

Hennicke, P./Johnson, J. P./Kohler, S./Seifried, D.: Die Energiewende ist möglich. Frankfurt 1985
Herrmann, H.: Zauberformel Ökotechnik. In: Umschau 78, H. 16, S. 501 ff. Frankfurt 1978
Informationszentrale der Elektrizitätswirtschaft e. V. (IZE) ed.: Stromthemen 2, Nr. 1. Frankfurt 1985
Kernforschungsanlage Jülich (KFA): Perspektiven der Kernenergie. Jülich 1984
Kleemann, M./Melìß, M.: Nutzungsmöglichkeiten regenerativer Energiequellen in der BR Dtl. In: Kernforschungsanlage Jülich (KFA): Perspektiven der Kernenergie, S. 63 ff. Jülich 1984
Koberstein, E.: Katalysatoren zur Reinigung von Autoabgasen. In: Chemie in unserer Zeit 18, Nr. 2, S. 37 ff. Weinheim 1984
Koch, T. C./Seeberger, J./Petrik, H.: Ökolog. Müllverwertung. Karlsruhe 1986
Kremers, W./Thiele, J./Wahl, F.: Neue Wege der Energieversorgung. Tübingen 1982
Kucklentz, V.: Möglichkeiten der Seenrestaurierung. In: Bayer. Landesanstalt für Wasserforschung (ed.): Aktuelle Fragen zur Abwasserbehandlung und zum Gewässerschutz. S. 335 ff. München 1979
Landesamt für Wasser und Abfall Nordrhein-Westfalen: Fließgewässer in Nordrhein-Westfalen. Düsseldorf 1980
Matthöfer, H. ed.: Energiequellen für morgen. Frankfurt/M. 1976
Nuhn, H.: Industriegeographie. In: Geogr. Rundschau, H. 4, S. 187 ff. Braunschweig 1985
Nuhn, H.: Industriestruktureller Wandel und Regionalpolitik. In: Geogr. Rundschau, H. 12, S. 592 ff. Braunschweig 1985
Rat von Sachverständigen für Umweltfragen: Umweltgutachten 1978. Bonn 1978
Ruske, B./Teufel, D.: Das sanfte Energie-Handbuch. Reinbek 1980
Schäfer, H.: Ist Energiesparen noch aktuell? Vier Wege zur rationelleren Energienutzung. In: Energiewirtschaftliche Tagesfragen 4, S. 328 ff. 1986
Scharf, B. W./Hamm, A./Steinberg, C.: Seenrestaurierung. In: Besch, W.-K./Hamm, A./Lenhart, B./Melzer, A./Scharf, B./Steinberg, C.: Limnologie für die Praxis. Landsberg 1985
Vogtmann, H./Boehncke, E./Fricke, I. ed.: Öko-Landbau – eine weltweite Notwendigkeit. Karlsruhe 1986

Globale Problemkreise

ApSimon, H. M./Gudiksen, P./Khitrov, L./Rodhe, H./Yoshikawa, T.: Lessons from Chernobyl: Modeling the Dispersal and Deposition of Radionuclides. In: Environment 30, S. 17 ff. 1988
Bähr, J.: Bevölkerungswachstum in den Industrie- und Entwicklungsländern. In: Geogr. Rundschau, H. 11, S. 544 ff. Braunschweig 1984
Crutzen, P. J./Hahn, J.: Atmosphär. Auswirkungen eines Atomkrieges. In: Physik in unserer Zeit 16, S. 3 ff. 1985
Crutzen, P. J./Hahn, J.: Schwarzer Himmel. Frankfurt 1986
Crutzen, P. J./Müller, M.: Das Ende des blauen Planeten? München 1989
Gibbons, J. H./Blair, P. D./Gwin, H. L.: Strategien für die Energienutzung. In: Spektrum der Wissenschaft 11, S. 116 ff. Heidelberg 1989
Hohenemser, C./Renn, O.: Chernobyl's other Pegacy. In: Environment 30, S. 4 ff., 40 ff. 1988
Keyfitz, N.: Probleme des Bevölkerungswachstums. In: Spektrum der Wiss. 11, S. 98 ff. Heidelberg 1989
MacNeill, J.: Strategien für die Wirtschaftsentwicklung. In: Spektrum der Wiss. 11, S. 136 ff. Heidelberg 1989
Malone, R. C./Auer, L. H./Glatzmaier, G. A./Wood, M. C./Toon, O. B.: Influence of solar heating and precipitation scavenging on the simulated lifetime of postnuclear war smoke. In: Science 230, S. 317 ff. 1985
Malone, R. C./Auer, L. H./Glatzmaier, G. A./Wood, M. C./Toon, O. B.: Nuclear Winter. Three-dimensional simulations including interactive transport, scavenging, and solar heating of smoke. In: Journal of Geophysical Research 91, S. 1039 ff. 1986
Schneider, S. H.: Veränderungen des Klimas. In: Spektrum der Wiss. 11, S. 70 ff. Heidelberg 1989
Schönwiese, C.-D./Diekmann, B.: Der Treibhauseffekt. Stuttgart 1989
Scientific American. September 1989, Vol. 261, Nr. 3. New York 1989
Wöhlcke, M.: Umweltzerstörung in der Dritten Welt. München 1987

Abbildungsnachweis

Sämtliche Abbildungen wurden für diesen dtv-Atlas neu gezeichnet; als Vorlagen dienten folgende Quellen:

12 A: Schüler-Duden, Die Geographie (1978); 14 A: Gates (1965); 14 B: Campbell (1977); 14 C: Geiger (1965); 14 D: Tschumi (1981); 16: Müller-Hohenstein (1979), Troll/Paffen (1964); 18: Walter (1979), Walter/Harnickell/Mueller-Dombois (1975); 20 A: Griffith (1976); 20 B: Larcher (1976); 20 C: Häckel (1985); 22 A-C: German (1981); 22 D, E, G: Scheffer/Schachtschabel (1984); 22 F: Baden/Kuntze/Niemann/Schwerdtfeger/Vollmer (1969); 24 A-D: Scheffer/Schachtschabel (1984); 24 E: Baden et al. (1969); 26 A-D: Scheffer/Schachtschabel (1984); 26 E: Strasburger et al. (1978); 28: Walter/Breckle, Bd. 1 (1983); 30 A: Müller (1980); 30 B: Deevey (1970);
32 C: Haberer (1969); 32 D: Haberer (1969), Nebel (1981); 32 E: Nebel (1981); 32 F: Wetzel (1975); 34 D, F: Strasburger et al. (1978); 34 E: Walter (1983); 36 A: Strasburger et al. (1978); 36 B: Nultsch (1971); 36 C, E: Böhlmann (1982); 36 D: Scheffer/Schachtschabel (1984); 36 F: Larcher (1980); 38 A: Penzlin (1970); 38 B: Müller, H.J. (1984); 38 C: Kingsolver (1985); 38 D-F: Larcher (1980); 40 A: Nultsch (1971); 40 B, C, E: Buschmann/Grumbach (1985); 40 D: Stephanson (1980); 42 A, C: Buschmann/Grumbach (1985); 42 D: Strasburger et al. (1978); 42 E, B: Larcher (1980); 44 A: Remmert (1984); 44 B: Buschmann/Grumbach (1985); 46 A, D, E: Baden/Kuntze/Niemann/Schwerdtfeger/Vollmer (1969); 46 C: Scheffer/Schachtschabel (1984); 46 F: Walter (1973); 48 A: Horne (1978); 48 B: Universität Tübingen (1982-1986); 48 C: Scheffer/Schachtschabel (1984); 48 D: Baden/Kuntze/Niemann/Schwerdtfeger/Vollmer (1969); 50 A, B: Mückenhausen (1985); 50 C: Walter (1973); 50 E: Hock/Bartunek (1984); 50 F: Nultsch (1971); 52 B: Dunger (1963); 52 C: Eisenbeis/Wichard (1985); 52 D: Brauns (1968), Eisenbeis/Wichard (1985); 54 D: Strasburger et al. (1978); 54 E: Tischler (1984); 56 A, E: Walter/Breckle (1983); 56 B: Strasburger (1978); 56 C: Larcher (1980); 56 D: Remmert (1984); 58 A: Landtag NRW (1980); 58 B: Koelzer (1981);
60 A: Klug/Lang (1983); 60 B: Ellenberg (1973); 62 A: Bolin (1970); 62 B: Cloud/Gibor (1970); 64 A: Furley/Newey (1983); 66 A: Kormondy (1969); 66 B: Likens/Borman u.a. (1977); 66 C: Whittaker (1975); 68 A: Leser (1984); 68 B: Mosimann (1984); 68 C: Klug/Lang (1983); 70 A, B: Müller (1981); 70 C: McArthur (1972); 70 D: Freitag (1962); 72 D: Tivy (1982); 72 E: Wilmanns (1978); 72 F: Colinvaux (1986);
74 A: Schubert (1984); 74 C: Remmert (1984); 74 D: Hartmann (1982); 74 E: Czihak (1976); 74 F: McArthur/Connell (1966), Müller (1984); 74 G: Czihak (1966); 76 F: Begon/Mortimer (1981); 78 A, B, D: Cheng (1971); 78 E: Schewiakoff (1926); 80 A: McArthur (1958); 80 B, C, D: Brockhaus-abc (1986); 80 E: Anderson (1981);
82 A: Stäblein (1985), Walter/Breckle (1986); 82 B-D: Walter/Breckle (1986); 82 E: Wielgolaski (1975); 82 F: Tieszen (1978); 84 A: Cleve/Chapin/Flanagan/Viereck/Dyrness (1986); 84 B-D: Walter/Breckle (1986); 86 A, C, D, F: Walter/Breckle (1986); 86 B: Overbeck (1975); 86 E: Sonesson (1980); 86 G: Smith (1980); 88 A-C: Walter/Breckle (1986); 90 A-F: Ellenberg et al. (1986); 92 A_1, B, D-F: Walter/Breckle (1986); 92 A_2: Smith (1980); 92 G: West (1983); 94 A: Rathiens (1982); 94 B-D: Ellenberg (1982); 96 A, C: Franz (1979); 96 B: Meurer (1984); 96 D: Ellenberg (1982); 98 A: Castri/Goodall/Specht (1981); 98 D: Lamotte/Bourlière (1978); 100 A-F: Walter/Breckle (1984); 102 A-C, E: Walter/Breckle (1984); 102 D: Huntley/Walker (1982); 104 A, D-F: Bourlière (1983); 104 C: Huntley/Walker (1982); 106 A: Golley et al. (1982); 106 C: Vareschi (1980); 108 B: Golley et al. (1982); 108 C: Walter/Breckle (1984); 110 A-C: Walter/Breckle (1984); 110 D: Rathiens (1982);
112 A: Maitland (1978), Streble/Krauter (1978), Sernow (1958); 112 B: Streble/Krauter (1978), Kirkpatrick/Pugh (1984); 112 C: Raymont (1983), Sernow (1958); 112 D: Streble/Krauter (1978), Wittig (1979); 112 E: Sernow (1958); 114 A, B, C: Strasburger (1967); 114 D: Biebl/Germ (1950); 114 E: Cleffmann (1979); 116 A: Tschumi (1981), Ruttner (1962); 116 B: Dyck/Peschke (1983); 116 C: Schubert (1984); 118 B: Wetzel (1975); 118 C: Schönborn und Brooks in Wetzel (1975), Wesenberg-Lund in Schubert (1984); 120 A: Binder (1979), 120 B: Klee (1985), Niemeyer-Lüllwitz/Zucchi (1985); 120 C: Rietz (1975); 120 D: Ellenberg (1982); Hynes (1960); 122 B: Butcher (1933) in Schmitz (1961); 122 C: Whitton (1975); 124 B: Valiela (1984); 124 C: Bullock (1955) in Friedrich (1965); 124 D: Hedgpeth (1951) in Odum (1983, II); 126 A, B: Friedrich (1965); 126 C: Schmidt (1925) in Friedrich (1965), Tait (1971); 126 D: Hardy/Bainbridge (1951) in Friedrich (1965), 126 E: Schlieper (1963); 128 A: Nienburg in Gessner (1957); 128 B: Spencer-Davies (1971) u. Stoddart (1971) u. Mergner (1971) in Barnes/Hughes (1982); 130 A, C: Dörjes (1978); 130 B: Reise (1978, 1985); 132 A: Hulburt (1962); 132 B: Zenkevitch (1954); 132 C: Zenkevitch/Birstein (1956); 132 D: Thorson (1972);
134 A: Kreeb (1979); 134 B-D: Buchwald/Engelhardt (1978); 136 A: Rostankowski (1981); 136 B: Larcher (1980); 136 C: Thannheiser/Treude (1981); 138 A-D: Umweltgutachten (1978); 140 A: Ehlers (1985); 140 C: Nitz (1984); 142 A-D: Norman/Pearson/Searle (1984); 142 E: Hodder (1983); 144 A, C: Norman/Pearson/Searle (1984); 144 E: Hodder (1973); 146 A: Richter(1986); 146 B-D: Kirschgens/Wolf/Heimbrock/Lins (1985); 146 D: Gläßer/Vossen (1985); 148 A: Barkowski/Günther/Hinz/Röchert (1987); 150 A, B: Dechent/Schönborn/Sperber (1986); 150 C: Hartmann (1969) in Buchwald/Engelhardt Bd. 1 (1978); 150 D: Marxen (1979), 152 A: Duvigneaud (1975); 152 B: Sukopp et al. (1983); 152 C: Haggett (1983); 152 D: Schulte (1985); 154 A, B: Dietrich/Koepff (1986); 154 C: Cernusca (1984); 154 D: Volk (1983); 154 E: Hinterstoisser/Mayer (1982); 156 A: Reichelt (1979); 156 B: Mader (1979) in Ellenberg u.a. (1981); 156 C: Mader (1988);
158 A, B: Buchwald/Engelhardt (1978); 158 C: Fleischer (1978); 160 A, B: Buchwald/Engelhardt (1978); 160 C: Ministerium für Arbeit, Gesundheit und Soziales NW (1975); 160 D, E: Hochgürtel (1975); 162 A: Verband der Chemischen Industrie (o.J.); 162 B: Fellenberg (1985); 162 C: Köhler

(1986); 162 C: Tomany (1975); 164 A: Rudolf (1986); 164 B/C: Stroscher (1981); 164 D, F: Schönwiese/Diekmann (1987); 164 E, G: Flohn (1983); 166 A: Landesamt für Immissionsschutz NRW (1983); 166 B: Faith/Atkisson (1972); 166 C: Umweltbundesamt (1983); 166 D: Guderian (1977); 166 E: Oliver (1973); 168 A: Umweltbundesamt (1984); 168 B: Kuttler (1984); 168 C: Elstner in Bayer. Staatsforstverwaltung (1983); 168 D: Kenk in Lichtenthaler/Buschmann (1984); 168 E: Stienen/Rademacher (1983); 170: Hommel (1986ff.); 172 B: Hapke in Odzuck (1982); 172 C: Ehrlich u. a. (1977); 172 D: Koch/Vahrenholt (1980); 174 A: Purdom (1980), Merian (1984); 174 B, C: Ernst/Joosse-van Damme (1983); 174 D: Karcher (1978); 174 E: Winneke (1985); 176 A: Casper (1984); 176 B: Brock (1985); 176 C: Wetzel (1975); 176 D: Arzet/Steinberg (1984), Steinberg/Meier/Palm/Nirschl (1984); 176 E/F: Almer in Besch u. a. (1984); 178 A: Wein (1977); 178 B: Jungbluth (1980); 178 C: Brook/Baker (1972); 178 D: Bundesmin. des Innern (1982); 178 E: Noll (1987); 178 F: Heil (1973); 180 A: Hynes (1960), Schubert (1984); 180 B: Nehrkorn (1977); 180 C: Hess. Min. für Landwirtschaft und Umwelt (1978); 182: Engelhardt (1962), Streble/Krauter (1978), Barndt/Bohn (1984), Ravera (1979), Liebmann (1962); 184 A: Reijnders (1976) in Dankelman (1983); 184 B: Harada/Smith (1975) in Gerlach (1976); 184 C: Hagmeier (1976) in Gerlach (1976); 184 D: Rachor (1985); 184 E: Linden (1975) in Gerlach (1976), Mead (1978), Monnat (1978); 184 F: Reineking/Vauk (1982); 186 A: Isenbeck/Mattheß (1985); 186 B: Schmeing (1983); 186 C: Nieder (1985); 186 D: Amberger (1978); 186 E: Merkle/Rausch (1986); 186 F: Obermann/Bundermann (1982); 188 A: Landesamt für Wasser und Abfall NW, Jahresbericht (1980); 190 B: Beuschold (1984); 190 C: Gehrke u. a. (1986); 190 E: Beuschold (1984), Loub (1975); 192 A, C: Tebrügge (1986); 192 B: Sartorius (1986); 192 D: Sauerbeck (1987); 194 C: Sartorius (1986); 194 D: Litz (1985); 194 E, F: Heitefuß (1987); 200 A, C, F: Schmidt (1986); 200 B: Franz/Krieg (1982); 200 E: Fellenberg (1985); 202 B, C, D: Radioökologie (1979); 202 E: Bundesmin. für Forschung und Technologie (1979), Odzuck (1982); 204 C: Darwell (1973) in Odzuck (1982); 206 A: Kernforschungsanlage Jülich (1982); 206 B: Bundesmin. für Forschung und Technologie (1979); 206 C: Bundesmin. für Forschung und Technologie (1978); 208 A: Spreer (1982); 208 B: Odzuck (1982), v. Borries/Krause (1984); 208 C: Borsch/Wagner (1984); 208 D: Euler (1984); 208 E: Allhorn u. a. (1983); 210 A: Smith (1980); 210 B: Univ. Tübingen, H. 9 (1984); 210 C, D: Rat von Sachverständigen (1981); 212 A: Daten zur Umwelt (1986/87); 212 B: Hendricks (1987); 212 C: Kumpf/Maas/Straub (1988); 214 A, B: Koch/Seeberger/Petrik (1986); 214 C: Kumpf/Maas/Straub (1988); 214 D: Thomé-Kozmiensky (1987); 218 A: Daten zur Umwelt (1984); 218 B: Univ. Tübingen (1984);

220 A, B: Mosimann (1984); 220 C, D: Arndt/Nobel/Schweizer (1987); 222 A: Arndt/Nobel/Schweizer (1987); 222 B: Ges. Dt. Chemiker (1987); 224 A: Seitz (1972); 224 B-F: Arndt (1987); 226 A, C: Erz (1983); 226 D: Buchwald/Engelhardt (1978);

230 A: Umweltgutachten (1978); 230 B, C: Vogtmann/Boehncke/Fricke (1986); 232 A, B: Nuhn (1985); 232 C: Bierter (1986); 234 A-F: Schäfer (1986); 234 G: Ruske/Teufel (1980); Herrmann (1978); 236 A: Bach (1982), Kremers/Thiele/Wahl (1982), Matthöfer (1976); 236 B: Kleemann/Melиß (1984); 238 B, F: Kremers/Thiele/Wahl (1982); 238 C: Cobary (1981); 240 A: Hennicke/Johnson/Kohler/Seifried (1985); 240 B: Heil (1984); 240 C: Koberstein (1984); 240 D: Informationszentrale der Elektrizitätswirtschaft (1985); 242 A: Hamm (1978) in Hamm (1979); 242 B, D: Kucklentz (1979); 242 C: Scharf u. a. (1985); 242 E: Landesamt für Wasser und Abfall NW (1980); 244 A, B: Albrecht u. a. Bd. 1 (1984); 246 A: Hendricks (1987); 246 B, C: Daten zur Umwelt (1986/87); 246 D: Koch/Seeberger/Petrik (1986);

248: Scientific American (1989, 9); 250 A: Gibbons/Blair/Gwin (1989); 250 B: Wöhlcke (1987); MacNeill (1989); 252 B: Bähr (1984); 252 C: Keyfitz (1989); 254 A: Malone u. a. (1985, 1986); 154 B, C: Crutzen/Hahn (1985); 256 A: ApSimon/Gudiksen/Khitrov/Rodhe/Yoshikawa (1988); 256 B: Hohenemser/Renn (1988); 258 B: Schönwiese/Diekmann (1989).

Sach- und Namenregister

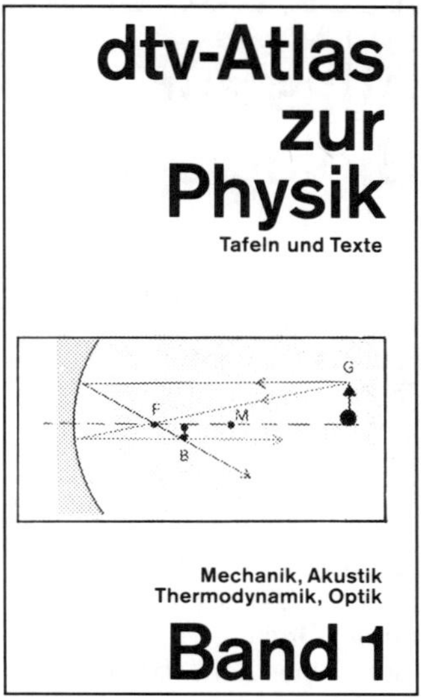

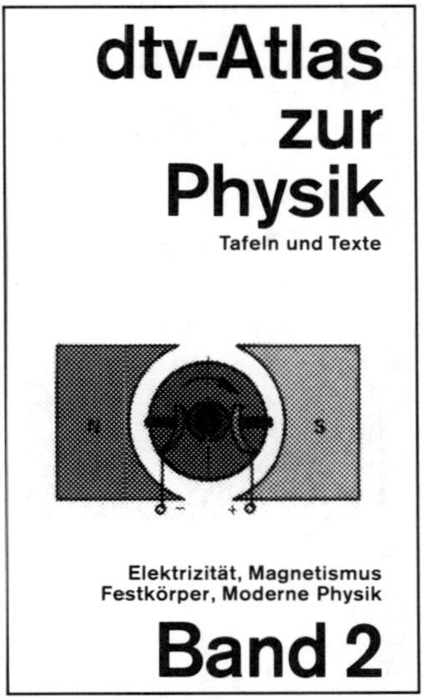

dtv-Atlas zur Physik
von Hans Breuer
Tafeln und Texte
2 Bände
Originalausgabe
dtv 3226/3227

Aus dem Inhalt des ersten Bandes: Physikalische Größen, SI-Einheiten und Symbole. Messen und Meßfehler. Geschwindigkeit und Beschleunigung. Fall und Wurf. Masse und Kraft. Impuls, Arbeit, Leistung. Reibung. Strömungen. Schwingungen. Wellen. Schall und Schallquellen. Wärmekapazität. Gasgesetze. Maschinen und Arbeitsdiagramme.
Diffusion. Lichtausbreitung.
Reflexion und Spiegel.
Elektronenoptik. Strahlungsgesetze. Laser. Interferenz des Lichtes. Register.
Mit 95 Farbtafeln.

Aus dem Inhalt des zweiten Bandes:
Elektrische Ladungen. Leiter. Dipole. Felder und Feldlinien. Influenz. Potential. Kapazität. Piezoeffekt. Strom. Widerstand. Akkumulator. Thermoelektrische Effekte. Magnetostatik.
Lorentz-Kraft. Gleichstrom.
Wechselstrom. Drehstrom.
Generatoren. Elektromagnetische Wellen. Freie Elektronen.
Elektronenröhren. Halbleiter.
Rückkopplung. Impedanz.
Kathoden- und Kanalstrahlen.
Kristalle und Gitter.
Quantentheorie. Raum, Zeit und Relativität. Anhang.
Register für beide Bände.
Mit 93 Farbtafeln.

dtv

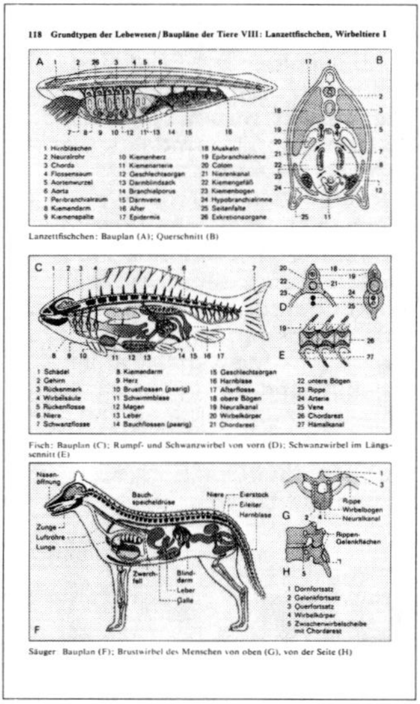

Atlas zur Biologie

dtv-Atlas zur Biologie
von Günter Vogel und
Hartmut Angermann
Tafeln und Texte
Originalausgabe
3 Bände

Aus dem Inhalt:
Band 1: Wissenschaftstheorie.
Zellen. Organe.
Grundtypen der Lebewesen.
Fortpflanzung. Entwicklung.
Register.
Band 2: Ökologie.
Stoffwechsel. Hormone.
Sinne. Nerven. Bewegung.
Register.
Band 3: Vererbung.
Molekulargenetik.
Genom-Änderung.
Evolution. Systematik.
Bibliographie.
Gesamtregister.

dtv 3221/3222/3223

dtv-Atlas
zur
Chemie

Tafeln und Texte

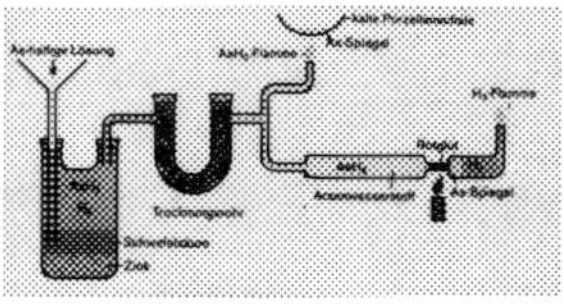

Allgemeine und
anorganische Chemie

Band 1

dtv-Atlas zur Chemie

von Hans Breuer
Tafeln und Texte
2 Bände
Originalausgabe

Aus dem Inhalt:
Band 1: Aufbau der Stoffe. Bindung. Reaktion. Zustand der Stoffe. Elektrolyse. Gleichgewicht. Oxidation und Reduktion.
Edelgase bis Platinmetalle.
Register.
Mit 117 Farbtafeln.

dtv-Atlas
zur
Chemie

Tafeln und Texte

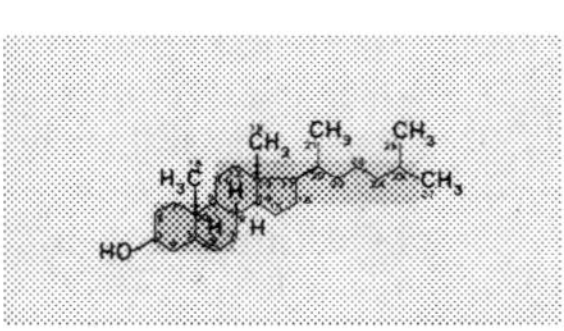

Organische Chemie
und Kunststoffe

Band 2

Band 2: Nomenklatur und Benennungen. Isomerie. Reaktion. Bindung. Polarität. Reinheit. Optische Aktivität. Kohlenwasserstoffe. Aromaten. Metallorganische Verbindungen. Nitroverbindungen. Amine. Azoverbindungen. Alkohole. Phenole. Ether. Aldehyde. Ketone. Carbonsäuren. Ester. Fette und Öle. Seifen. Aminocarbonsäuren. Peptide. Proteine. Nucleinsäuren. Terpene und Steroide. Kohlenhydrate. Vitamine. Hormone. Kunststoffe. Farbstoffe.
Register für beide Bände.
Mit 89 Farbtafeln.

dtv 3217/3218